经营城市：

地方政府专项债券创新与实践

安新华 著

中国财经出版传媒集团
中国财政经济出版社

图书在版编目（CIP）数据

经营城市：地方政府专项债券创新与实践／安新华著. --北京：中国财政经济出版社，2022. 7

ISBN 978-7-5223-1186-9

Ⅰ. ①经… Ⅱ. ①安… Ⅲ. ①地方政府－债券发行－研究－中国 Ⅳ. ①F812. 7

中国版本图书馆 CIP 数据核字（2022）第 023291 号

责任编辑：孙 琛　　责任校对：胡永立

封面设计：王 颖　　责任印制：党 辉

中国财政经济出版社 出版

URL：http：//www. cfeph. cn

E-mail：cfeph@ cfeph. cn

社址：北京市海淀区阜成路甲 28 号 邮政编码：100142

营销中心电话：010-88191522

天猫网店：中国财政经济出版社旗舰店

网址：https：//zgczjjcbs. tmall. com

北京密兴印刷有限公司印刷 各地新华书店经销

成品尺寸：185mm×260mm 16 开 32. 5 印张 636 000 字

2022 年 7 月第 1 版 2022 年 7 月北京第 1 次印刷

定价：118. 00 元

ISBN 978-7-5223-1186-9

（图书出现印装问题，本社负责调换，电话：010-88190548）

本社质量投诉电话：010-88190744

打击盗版举报热线：010-88191661 QQ：2242791300

再版说明

本书第一版于2019年1月问世，是当时全国第一本专项债券发行有关的专业著作，对专项债券的发行专业知识普及推广发挥了一定的作用。地方政府专项债券这一中国财政创新制度的建立是一个不断完善、持续优化的过程。近三年国家和地方又陆续出台了一系列专项债券发行和管理政策，进一步完善了地方政府债券发行管理、信息披露等规范机制，多次明确专项债券投向领域，制定专项债券资金投向领域禁止类项目清单，并出台了《地方政府专项债券项目资金绩效管理办法》等一系列政策制度文件，地方政府在这三年里也进行了大量专项债券的实务工作，积累了很多的经验，但专项债券仍然有很多问题需要研究探索实践。

因此，本书第二版是在第一版的基础上，结合我们过去几年的地方政府专项债券理论研究与工作实践，再次进行总结提炼而成，我们希望《经营城市：地方政府专项债券创新与实践》能够随着中国地方政府债券制度的发展不断更新，使之能够持续在地方政府专项债券发行管理领域发挥指导参考价值。不断温故知新，在继承发展中不断创新，《经营城市：地方政府专项债券创新与实践》（第二版）延续了第一版的知识体系和结构，更新完善了最新的制度规范，全部更新了最新的专项债券典型案例，进一步厘清了专项债券的前沿难点问题。写作过程中，我们越来越深切地感受到专项债券对中国地方政府治理体系和治理能力提升的作用和影响，这种提升的过程本身是地方政府执政能力和治理能力提升的过程，也是地方治理体系不断完善的过程，《经营城市：地方政府专项债券创新与实践》版本的不断更新，将真实地记录中国地方政府城市治理不断进步的历程。

安新华

2022年6月25日

前　　言

地方政府专项债券的发行无疑是近年来中国金融一次最重要的创新之举。专项债体现了中国对于地方政府隐性债务治理从“堵”到“疏堵并重”的思路与方式转变。防范化解地方政府隐性债务风险是党中央、国务院作出的重大决策部署，是坚决打好防范化解重大风险攻坚战的重要内容。财政部严格贯彻落实《中华人民共和国预算法》和《国务院关于加强地方政府性债务管理的意见》精神，坚持“开前门、堵后门”的理念，会同有关部门加快建立规范的地方政府举债融资机制，以增强地方经济财政发展可持续性，打开地方政府债券发行的前门，堵死地方政府违规融资的后门，从而真正有效地控制和管理地方政府债务风险。

专项债券的发行更是体现了地方政府建设资金筹资模式的重点变革。2017 年 6 月，随着财政部印发《关于试点发展项目收益与融资自求平衡的地方政府专项债券品种的通知》（财预〔2017〕89 号，以下简称“89 号文”），中国版“市政收益债”的改革探索之路正式拉开帷幕。这是“开前门”的重要组成部分：一方面，将地方政府专项债券发行严格控制在国务院及财政部门设定的各省级政府专项债务限额之内，避免地方政府债务无序增长，同时大幅提升专项债的透明度；另一方面，引导社会资本通过地方政府专项债精准投放至各地急需重点推进的基础设施和公共服务项目，对服务区域内实体经济和保障民生服务至为关键。项目收益与融资自求平衡的地方政府专项债券（以下简称“项目收益专项债券”）优先选择土地储备、政府收费公路、棚户区改造等领域在全国范围内开展试点，出台了相关试点文件，并鼓励有条件的地方立足本地区实际，围绕省（自治区、直辖市）党委、政府确定的重大战略，积极探索在有一定收益的公益性事业领域分类发行专项债券。

地方政府专项债券作为一个较为新兴的债券品种，项目的设计、债券发行、债券资金使用管理和债券偿还都属于新事物，需要社会各方充分参与才能保证这一中国版“市政收益债”创新成果健康成长。本书内容源自我们对地方政府债券发行理论研究与实务工作的经验总结，忠慧律师事务所作为最早参与地方政府债券发行具体工作的专业机构，我们深刻感受到地方政府债券对于地方政府发展的巨大价值与影响，同时也感受到地方政府债券发行的难度。一个地方政府债券项目的成功发行，除了地方政府财政部门和具体项目部门的努力，还需要咨询专家、法律专家、财务专家等众多专业人士以及广大金融机构的广泛参与。毫不夸张地说，每一个专项债券都是一个以项目为核心的系统工程，多方配合才能实现项目目标。

忠慧地方政府专项债券工作团队边进行项目工作边总结项目经验，吸收各方的专业意见，把专项债券的理论研究与实务工作充分结合，把专项债券法律与财政、会计、金融专业知识融为一体，最终形成了本书的结构与内容。本书充分体现了我们一直以来的坚持与理念，法律、管理、科技、金融在具体项目工作面前不能各自独立，而是应当充分融合形成综合专业能力，才能更加有效地应对解决各种项目难题。

最后，感谢为本书的完成提供帮助的机构与朋友，感谢西南交通大学经济管理学院黄登仕院长、中国人民大学财政金融学院吕冰洋教授对我们的支持，感谢中国人民大学政府债务治理研究中心的支持，感谢北京市忠慧律师事务所、大华会计师事务所等专业机构专家分享实务操作经验，使本书更加具有操作指导性。感谢地方政府领导对我们的信任，让我们能够把我们的专业知识变成一个个成功的项目发行，希望本书能够成为更多人了解和认识中国地方政府债券发行的敲门砖，祝愿中国地方政府专项债券在法治化市场化这条道路上健康发展！

目　录

导　读

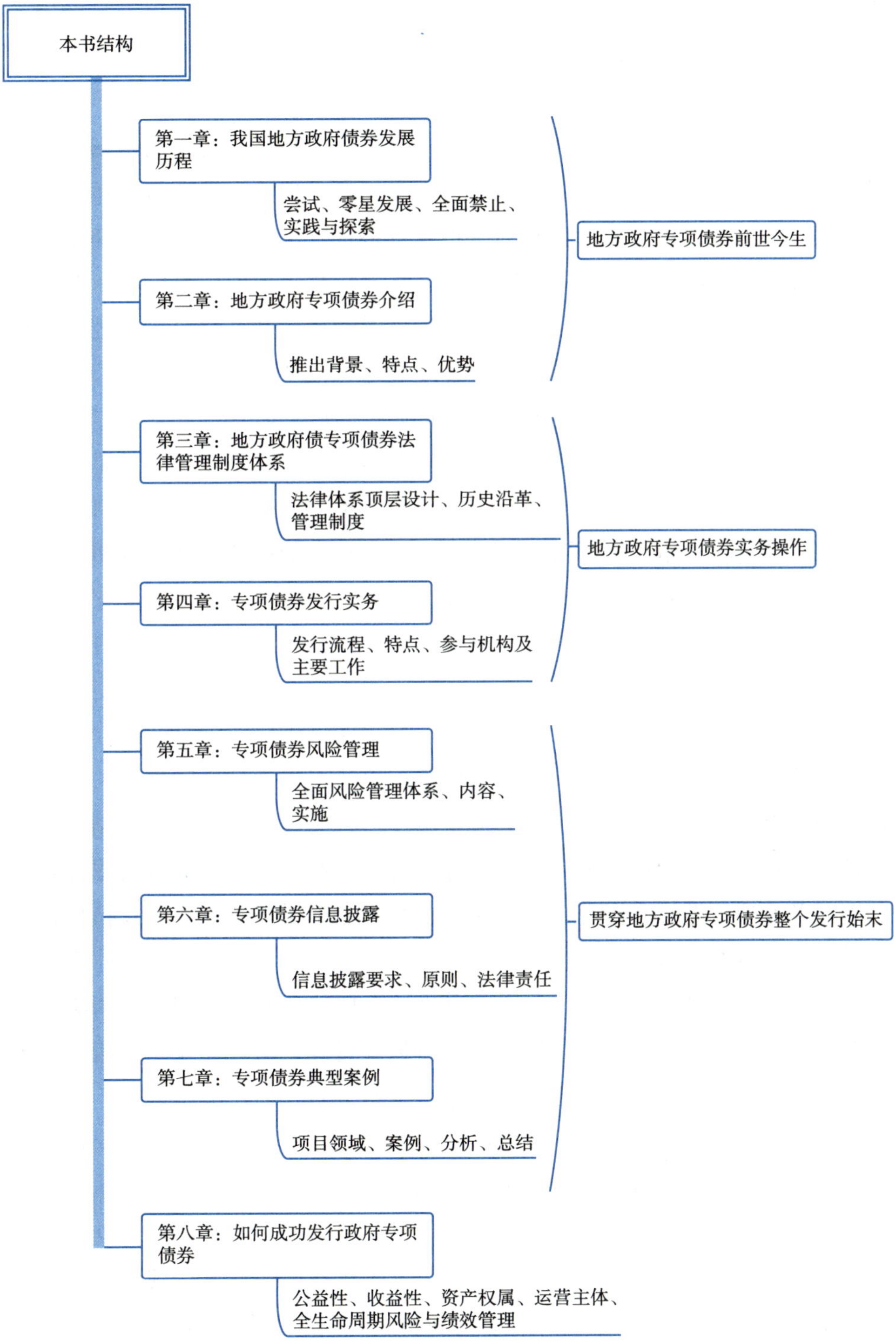
本书结构
第一章：我国地方政府债券发展历程
尝试、零星发展、全面禁止、实践与探索
第二章：地方政府专项债券介绍
推出背景、特点、优势
地方政府专项债券前世今生
第三章：地方政府债专项债券法律管理制度体系
法律体系顶层设计、历史沿革、管理制度
第四章：专项债券发行实务
发行流程、特点、参与机构及主要工作
地方政府专项债券实务操作
第五章：专项债券风险管理
全面风险管理体系、内容、实施
第六章：专项债券信息披露
信息披露要求、原则、法律责任
第七章：专项债券典型案例
项目领域、案例、分析、总结
贯穿地方政府专项债券整个发行始末
第八章：如何成功发行政府专项债券
公益性、收益性、资产权属、运营主体、全生命周期风险与绩效管理本书由八章组成，具体归纳如下。

第一章：我国地方政府债券发展历程。本章综合讲解了我国地方政府债券的发展历程、地方政府债券发展的机遇期及日本地方政府债券发展情况。我国地方政府债券从最初的尝试到零星发展，再到全面禁止最后到实践探索阶段，可以说是经历了一个曲折的发展历程。而正是在这种曲折发展历程的基础上，我国地方政府债券发展迎来了机遇期，地方政府债券不断发展创新。

第二章：地方政府专项债券介绍。本章在上一章的基础上对目前市场最火热的项目收益专项债券进行了层层解析。先是对财政部发布文件的几类项目收益专项债券进行了讲解，之后对地方政府专项债券的特点及优势进行了分析，有助于即使前期没有接触过此类债券项目的人群也可以更容易地了解项目收益专项债券，之后再与 PPP 项目进行比较，由此发现其中的不同之处，以及专项债券与 PPP 结合的可能性分析。两者在发行主体、还款来源、信息披露、融资方式及债务规模方面均有所不同。因而，地方政府中层领导者及操作执行者对两者的区别应有所认知。

第三章：地方政府债专项债券法律制度管理体系。本章重点讨论的是地方政府专项债券法律制度体系的搭建过程，其中，第二节、第三节介绍了各类项目收益专项债券相关领域的法规，对相关发行要求及规定进行了清晰的描述，详细说明了地方政府各个部门的主要工作及分工。第四节、第五节介绍并分析了专项债券配套融资制度和专项债券用作资本金制度。通过本章阅读，读者可以迅速了解到地方政府债券的基本要素，对专项债券制度框架有清晰的认识。

第四章：专项债券发行实务。本章综合论述了专项债券的发行结构、发行流程，以及发行主要参与机构及其工作。在本章中不仅论述了专项债券的操作，还从项目筛选、项目发行有关主体确定、项目依法合规性评估、项目建设运营方案制定、项目收益平衡测算、项目风险管理方案制定、债券发行计划制定、债券信息披露计划制定八个阶段对各类专项债券的操作进行了讲解。本章有助于相关专业人士及操作执行人士更加熟悉专项债券的操作。

第五章：专项债券风险管理。本章重点论述专项债券风险管理存在的必要性以及专项债券风险识别和应对。本章主要是从发行风险管理、项目建设风险管理、项目运营风险管理、项目资金使用风险管理几个模块进行分析，通过分析，我们可以掌握专项债券所对应的项目容易出现哪些风险以及如何应对。本章的内容不仅提示债券发行者应未雨绸缪，也提示债券市场的投资者关注风险。

第六章：专项债券信息披露。本章重点讲述了专项债券各个阶段的信息披露，以及违反信息披露规定所应承担的法律责任。信息披露贯穿项目发行到债券偿还的全过程，因此本章不仅对决策层和操作层有参考价值，对专业人士也有可借鉴之处。

第七章：专项债券典型案例。本章主要对目前市场已发行的交通基础设施、能源、农林水利、生态环保、社会事业、城乡冷链物流基础设施、市政和产业园区、国家重大战略、保障性安居工程、新型基础设施建设、新型城镇化建设和重大工程建设等类别专项债券典型案例，以及专项债券作为资本金、专项债券配补充中小银行资本金等案例进行介绍分析，使各位阅读者可以迅速了解各类型专项债券的特点以及项目基本内容。

第八章：如何成功发行政府专项债券。本章主要是对项目的公益性界定、项目收益界定，以及项目资产权属、项目运营主体、全生命周期风险与绩效管理等重难点进行论证。

阅读建议

本书既面向希望了解专项债券的广大读者群（包括金融背景有限的读者），我们尽可能详尽、全面地介绍地方政府专项债券，也可以用作地方政府及相关专业人士的主要参考工具和培训指南，读者如果时间有限，并非要阅读全书，可以选择感兴趣的或者依以下阅读建议选读章节。我们的阅读建议如下：

对于地方政府领导，本书旨在告诉您，面对本地、本区域内众多项目，应该如何选择符合条件的政府投资项目尝试专项债券融资，以解决当前地方政府城市建设资金投入不足的问题。因此，我们建议您从后往前选择合适章节，本书第八章重点讨论了项目收益专项债券项目选择的前提性问题：公益性、收益性、项目资产权属、项目运营主体、全生命周期风险与绩效管理。随后您可以阅读第三章地方政府专项债券法律制度体系，迅速了解最新法律和制度文件变革及目前政府发债的相关管理制度，如果还有兴趣，可以阅读第二章对地方政府专项债券的介绍。

对于地方政府财政部门，本书旨在向您全面介绍地方政府专项债券的发行历史演变、法律制度理论和发行实操，以及相关案例，帮助您掌握债券发行的全部要点，这使您不仅能够向本部门负责人和上级部门提出意见建议，还能具体参与到实务之中。此时，我们建议您按顺序阅读，可以选择跳过第一章或者简读，然后研读第二章、第三章，了解地方政府举债融资的历史变革，掌握地方政府发行专项债券的法律和制度体系，熟识专项债券的发行特点及主要工作。根据您参与的具体项目，认真研读第四章发行实务，然后可以选择具体案例作为工作参考。

对于有志于从事专项债券发行的专业人士，可能您已经对地方政府债券发行理论和实务有一定的了解，或者您还没有具体参与过实务而正准备参与，本书旨在告诉您地方政府专项债券在发行过程中法律方面还需要注意哪些要点，财务方面需要进行哪些审核，以及信用评级或者咨询方面实施方案的编制要点。我们建议您先从第三章或第四章开始，选择您所在专业领域的参与部分，有兴趣者也可以了解其他专业机构涉及的内容，以便在实践中做好各专业机构中的相互配合，推动债券成功发行。

在这本书里，我们以地方政府专项债券的相关法律法规以及发行实务等为主线，对地方政府发行专项债券工作中遇到的问题进行了详尽的解释。但是基于专项债券发行历史不算长，全国范围内尚未实现统一规范的操作，总体来说仍处于探索发行的阶段，经验总结难免不足，加之时间紧、任务重，如有疏漏或不足之处还请读者不吝指出，反馈至邮箱：anxh@ lat. cn，我们会在后续的改版中不断提升、完善。

超级版图：地方政府专项债券全景透视

2015 年以来，地方政府专项债券作为我国重要的积极财政政策创新工具不断被运用，到 2021 年年末已成为仅次于国债和政策性金融债的中国债市第三大债券品种。在我国经济面临需求收缩、供给冲击、预期转弱三重压力，尤其受疫情、能耗“双控”等多种因素影响下，通过拉动部分产业、民生和基础设施的产出和投资，有效改善了经济的供给能力，对消费提升、经济增长的持续拉动效应不断加强，为稳定宏观经济大盘提供了有力支撑。

从 2018 年以来，总理政府工作报告连续 5 次提到地方政府专项债券，党中央、国务院多次强调要用好政府投资资金，保障国民经济增长稳定。那么这 5 年来，地方政府专项债券发挥了什么作用，对我国社会经济发展又有什么影响？现在，我们尝试对 2018 年以来的地方政府债券发行情况做一次全景透视，让更多人能够认识和了解地方政府专项债券这一中国经济行稳致远的重要力量。

一、从债务视角全景透视地方政府专项债券

（一）专项债券的发行金额

到 2021 年年末，全国地方政府专项债券累计已发行 190799 亿元，专项债券余额为 166775 亿元。全国地方政府债券余额 303077. 75 亿元，加上非政府债券形式存量政府债务 1622. 55 亿元，全国地方政府债务余额为 304700. 30 亿元，控制在全国人大批准的债务余额限额 332774. 30 亿元之内。

表 1　　2015—2021 年全国地方政府债券发行概况　　单位：亿元

项目		2015 年	2016 年	2017 年	2018 年	2019 年	2020 年	2021 年
发行期数（期）		1035	1159	1134	930	1093	1848	1995
发行规模		38350. 62	60458. 40	43580. 94	41651. 68	43624. 27	64438. 12	74898
按类型分	一般债券	28606. 92	35339. 84	23619. 35	22192. 19	17742. 02	23033. 65	25669
	专项债券	9743. 70	25118. 56	19961. 59	19459. 49	25882. 25	41404. 47	49229

续表

项目		2015 年	2016 年	2017 年	2018 年	2019 年	2020 年	2021 年
按用途分	新增债券	5912	11699	15898	21704.54	30560.75	45524.85	43709.09
	新增一般债券	4953	7662	7961	8177.22	9073.45	9506.15	7865.46
	新增专项债券	959	4037	7937	13527.32	21487.30	36018.70	35843.63
	置换债券	31985.18	47833.8	27683	13130.35	1579.23	—	—
	再融资债券	—	—	—	6816.79	11484.29	18913.27	31189

数据来源：根据财政部官网及财政部政府债务研究和评估中心公开资料统计、整理。

表 2　2015—2021 年全国地方政府债券还本付息及余额情况　单位：亿元

项目	2015 年	2016 年	2017 年	2018 年	2019 年	2020 年	2021 年
债券还本	1714	2437	2415	8389	13152	20757	26685
其中：专项债券	0	0	0	1616	4280	6518	11381
债券付息	481	1807	3423	5037	6567	7963	9280
其中：专项债券	3	373	1092	1860	2652	3678	4738
债券余额	48260	106282	147448	180711	211183	254864	303078
其中：专项债券	9744	34862	54824	72615	94046	128927	166775

数据来源：根据财政部官网及财政部政府债务研究和评估中心公开资料统计、整理。

（二）专项债券的发行期限

在 2018 年至 2021 年期间已发行项目中，按 10 年期限发行的项目数最多，约占总发行项目数的 25.12%，其次是 5 年期限和 15 年期限，分别占总发行项目数的 21.52% 和 20.53%。结合 2019 年财政部提出“逐步提高长期债券发行占比”意见，从各地方政府已发行专项债券项目中可看出，2 年和 3 年期在近三年发行债券中寥寥无几，且无 1 年期项目，10 年期及以上的项目数占总项目数比例达 68.42%。

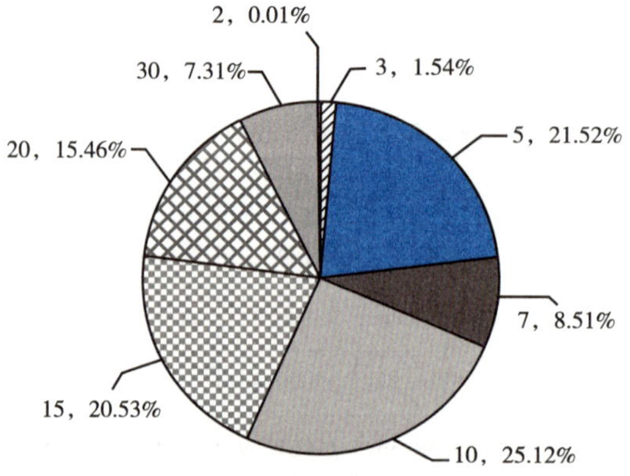

图 1　2018—2021 年各期限品种专项债券占比

2018 年和 2019 年发行的专项债券以 5 年期最为集中，分别占当年已发行专项债券项目总数的 71.26% 和 52.24%，但 2019 年相对于 2018 年的 7 年期和 10 年期专项债券项目数有明显增加，分别从 9.96% 和 11.55% 提高到 13.40% 和 20.32%；2020 年发行的专项债券以 10 年期占比最多，为 32.31%，其次依次是 15 年、20 年、30 年，分别占当年已发行专项债券项目总数的 22.04%、13.83%、16.48%；2021 年已发行的专项债券中 15 年期占比最多，占比为 24.01%，其次是 20 年期，占比 21.56%。

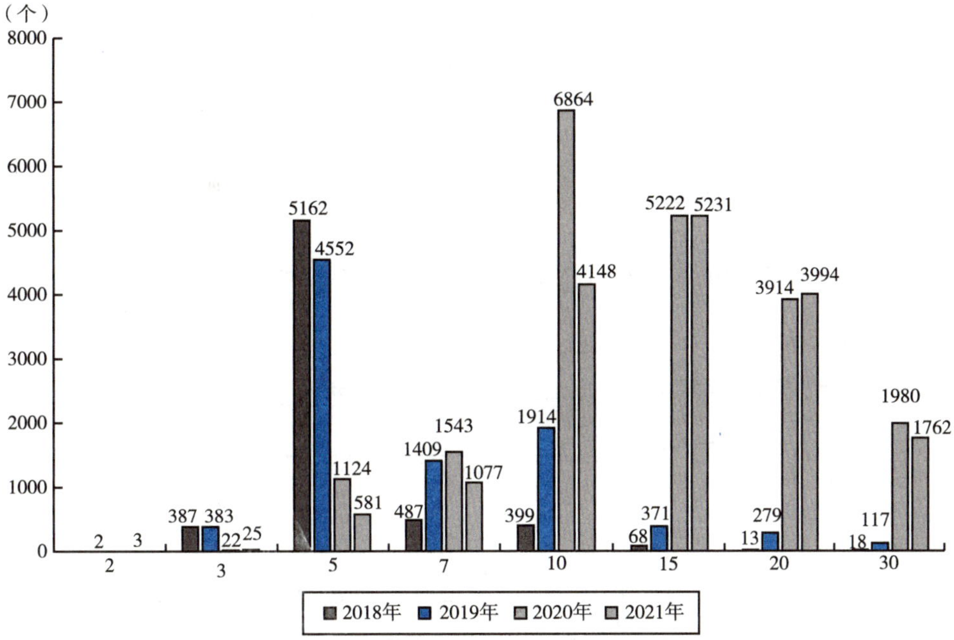

图 2　2018—2021 年各期限专项债券项目分布

财政部在 2019 年提出“逐步提高长期债券发行占比”，专项债期限比例出现调整。从 2018 年、2019 年以 5 年期为主，到 2020 年 10 年期占比最多，2021 年已发行的专项债券中 15 年期占比最多，其次是 20 年期和 10 年期。

据财政部统计，近几年地方债的发行规模明显增加，发行期限普遍延长。到 2021 年地方政府专项债券平均发行期限 14.16 年，10 年期及以上债券 46421.97 亿元，占比 61.98%。地方债发行期限延长抬升了发行成本，并将使偿债责任后移。

地方政府通过发行 10 年以上期限专项债券，有效地实现了宏观政策适应跨周期调节和逆周期调节，保持了对经济恢复必要支持力度。

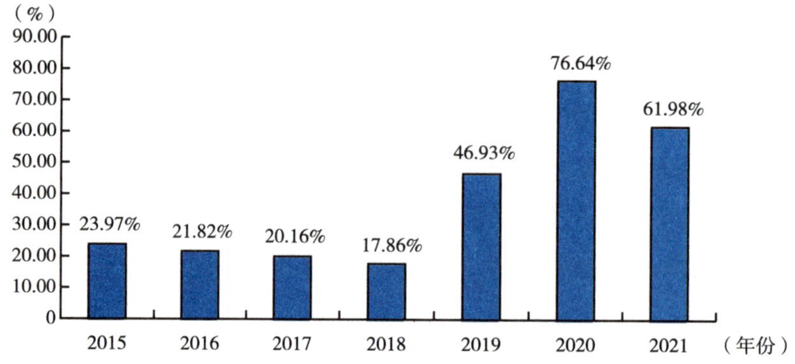

图 3　2015—2021 年 10 年期及以上专项债券占比

数据来源：地方政府债券市场报告（2021 年 12 月）。

（三）专项债券的融资成本

2018—2021 年的专项债券发行利率与同期银行利率对比如图 4 所示：

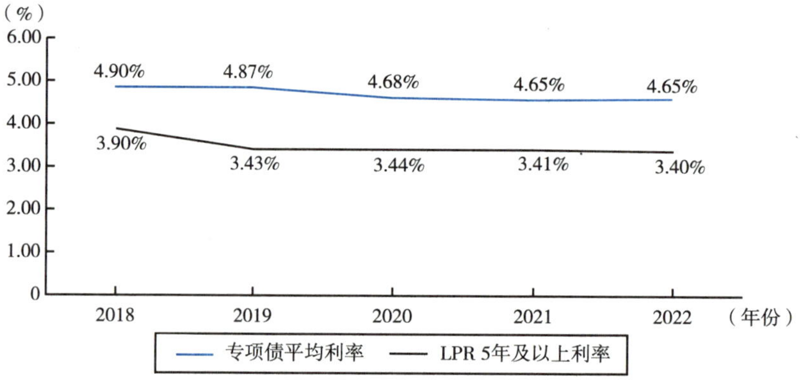

图 4　专项债发行利率及 LPR（5 年期）利率变化（2022 年为预估）

数据来源：根据人民银行及财政部政府债务研究和评估中心公开资料统计、整理。

2018—2021 年专项债发行额度分别为 19459.49 亿元、25882.25 亿元、41404.4 亿元、49229 亿元。结合财政部公布的专项债平均利率和中国人民银行公布的 LPR（5 年期及以上）利率的对比，可以计算出，2018 年至 2021 年通过发行专项债融资与银行融资相比节约的利息成本约为：194.5949 亿元、372.9201 亿元、513.0704 亿元、610.4396 亿元。

地方政府专项债券是债券市场上仅次于国债的低利率债券，大大低于企业通过平台公司银行融资或市场化发行债券的利率，这些年仅利息成本就节约了近 1700 亿元。按照目前专项债发行额和利率进行预估，未来 10 年，专项债还将节约至少 2 万亿元以上成本。

二、从项目视角全景透视地方政府专项债券

（一）专项债项目发行整体情况

据我们不完全统计，2018—2021 年全国已发行专项债项目数量 56044 个。按项目数量看，主要投向社会事业领域 14073 个，市政和产业园区基础设施领域 13291 个，占总项目数量的比例为 48.83%。生态环保、农林水利领域的项目数量分别为 4726 个、2225 个，在美化城市形象、改善和整治区域生态环境的同时，推动了乡村产业的发展，提升了人民的生活体验，对于促进当地经济的可持续发展具有重要作用。保障性安居工程和土地储备类项目的数量分别为 9029 个、7485 个，其中棚改类项目占保障性安居工程项目数量的 83.05%，这与当时的城市发展遗留问题密切相关。棚改类项目的实施解决了城市发展存在的危旧住房、老破烂房问题，完善了城市配套，保障了群众出行、住房安全，是顺应时代和经济发展的重要基础设施改造项目；土地储备类项目的实施，有效地调节了城市土地的供应和管理，促进土地资源的节约利用，有利于城市实现长期发展规划，促进当地经济的可持续发展。

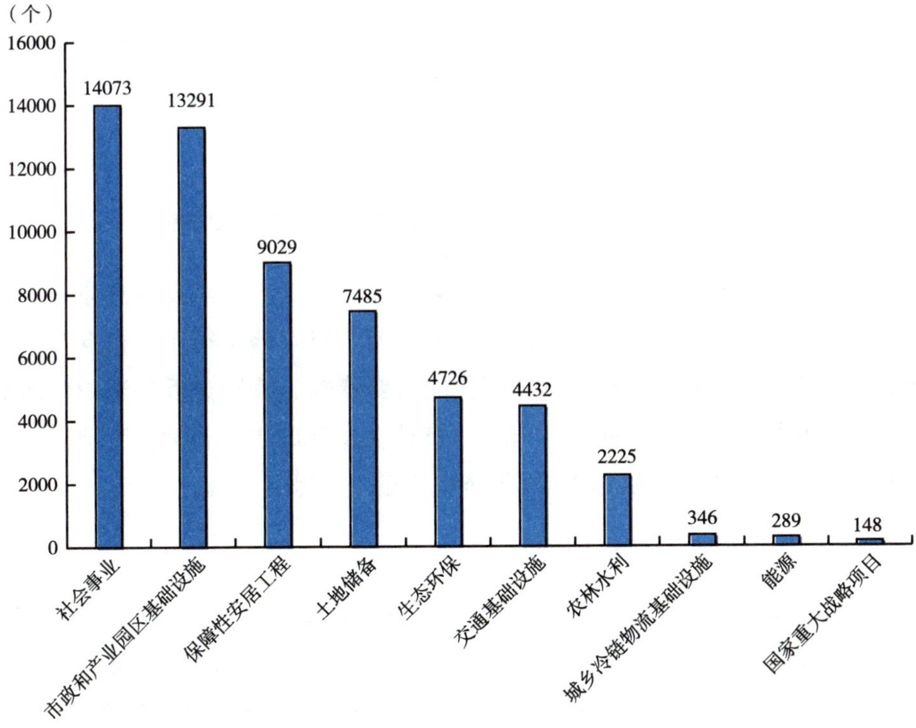

图 5　2018—2021 年地方政府专项债券各投向项目发行数量

按发行规模看，投向最多为市政和产业园区基础设施领域，所投额度为 25005.88 亿元，占总规模的比例为 23.81%；交通基础设施领域的项目发行额度达到了 19570.07 亿元，这说明交通基础设施的建设是一项投资金额大、耗费周期长的城镇更新项目，其建设对于城市的发展、加强互联互通，从而推动地域人口、物资流动、促进各经济产业的发展具有长远的战略意义。专项债推动基础设施建设，有效地解决了各区域“补短板、强弱项”难题，对于保障民生、提升人民生活体验具有重要作用。

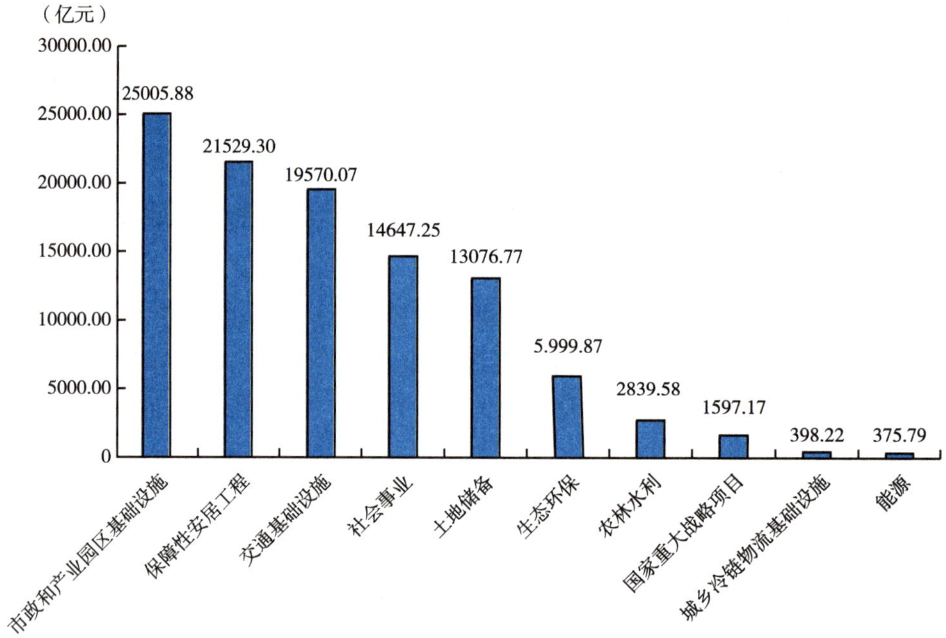

图 6　2018—2021 年地方政府专项债券各投向项目发行额

通过研究可以看出，专项债券的投向与国家支持发展的重点领域息息相关，并根据当年工作重点动态调整。国务院会议的意见导向、财政部于每年年初发布的相关通告，均是把握当年专项债券投向特点和变化的重要依据。特别是近年来中国面临着较大的经济下行压力，结合“十四五”规划经济社会发展的主要目标，专项债券顺应政策要求加速促进经济增速，为我国实现经济高质量发展保驾护航。

（二）专项债项目类型变化趋势

2018 年政府债务置换进入收尾阶段，地方政府债券发行受其影响由以置换债券为主开始逐渐向新增债券过渡。投资领域在上年收费公路专项债券和土地储备专项债券发行基础上，新增了棚户区改造专项债券，并丰富了债券品种，新增包括保障性住房、乡村振兴、公立医院、公立高校、生态环保、水利、交通、市政基础设施等多种投向，但投资偏低，发展相对较缓。从各投向规模来看，2018 年地方政府专项债券资本大部分投资在收费公路、土地储备和棚户区改造这三大领域，当年投向收费公路、土地储备、棚户区改造和其他领域的专项债券额度比例分别达到1.41%、51.19%、17.72%和29.68%。

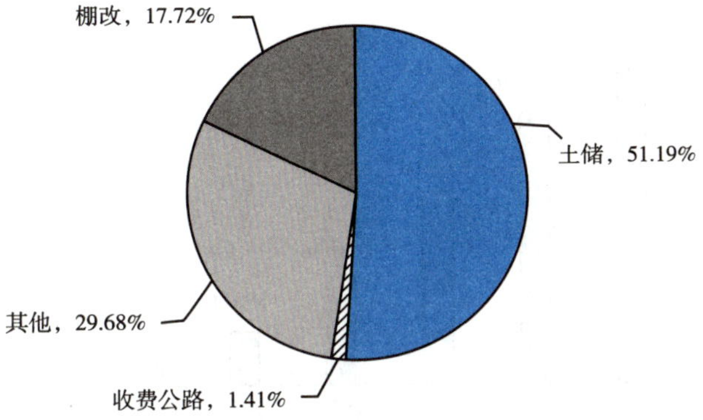

图7　2018年土储、棚改、收费公路及其他类项目数量占比

2019年地方政府专项债券投向延续了2017年、2018年趋势，资金大部分投资在收费公路、土地储备和棚户区改造领域。但从投资规模可以看出，2019年政府用于服务民生、市政等基础设施建设方面的投资相比2018年有了明显提升，但总体来看发展依旧缓慢。

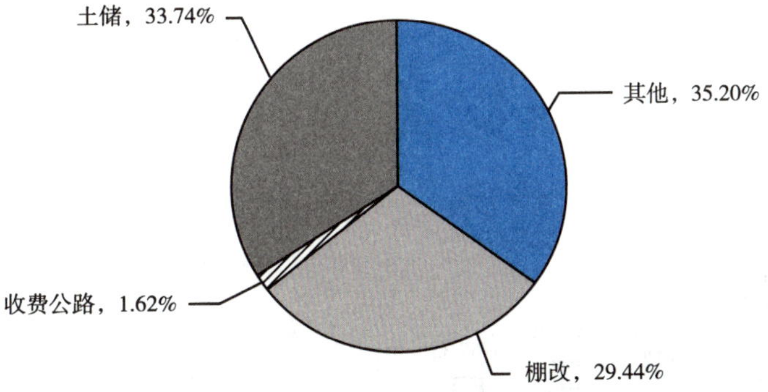

图8　2019年土储、棚改、收费公路及其他类项目数量占比

2020年，国常会指出专项债券资金不得投资于土地储备领域和房地产相关领域，使得土地储备和棚户区改造这两类专项债发行数量大幅减少，发行规模仅4389.41亿元，约占当年发行总额度的12.1%（其中土地储备占0.17%、棚户区改造占11.93%）（2020年总发行额度按除置换债券、再融资债券和补充中小银行资本金外的其他类型专项债券额度计算），当年发行项目主要投向如图9所示。

2021年专项债支持投向中国家重大战略项目将对各省际之间专项债券额度分配产生结构性影响；保障性安居工程中老旧小区改造债券延续了2020年的额度趋势，棚户

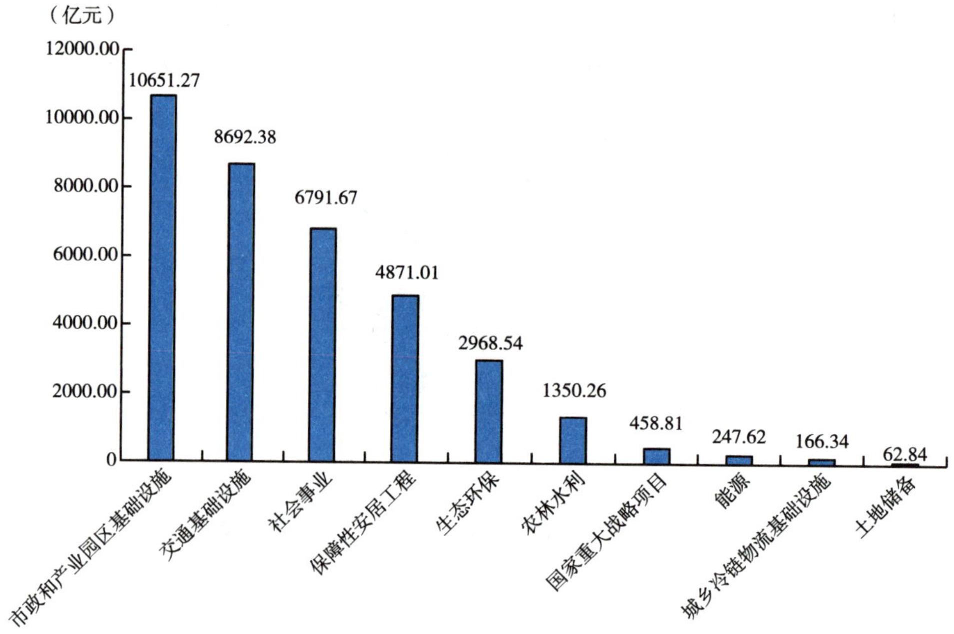

图 9　2020 年地方政府专项债券各投向发行额

区改造相比于2020年的额度有较小幅度的扩大，保障性租赁住房是2021年新增的、可投向用于租赁住房建设的土地储备项目。全年发行项目主要投向如图10所示。

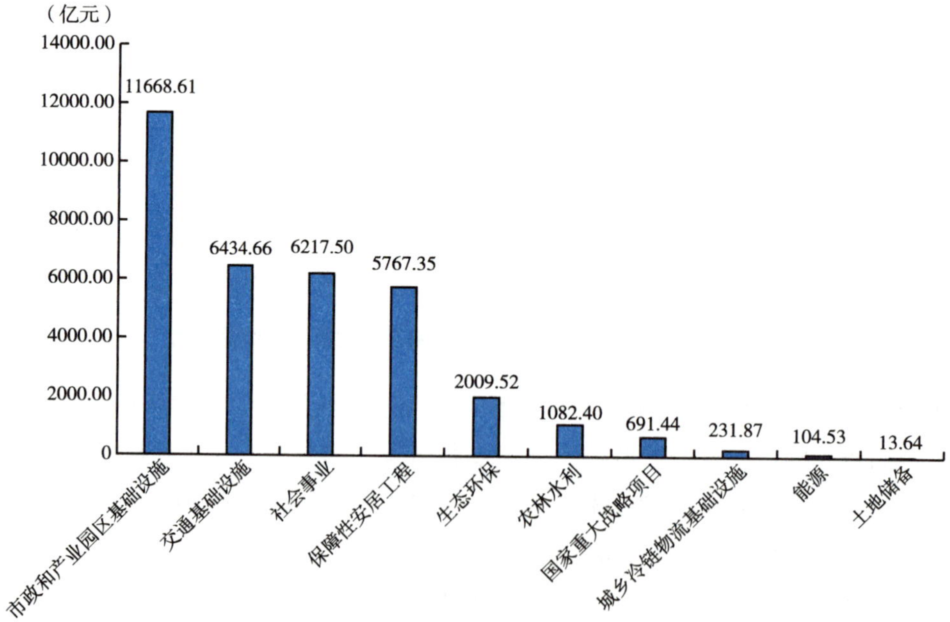

图 10　2021 年地方政府专项债券各投向发行额

专项债券投向正在朝市政基建、交通设施、社会事业等领域不断延升发展，投向收费公路、土地储备和棚户区改造三大专项债券最早的“标准类”项目的数量逐年下降。据不完全统计，投向棚户区改造的项目数量从 2018 年的 17.72%，到 2021 年缩减为 14.49%；投向土地储备的项目数量更是从 2018 年的 51.19%，降到了 2021 年的 0.04%；投向其他类项目（非收费公路、土地储备和棚户区改造领域）的数量从 2018 年的 29.68%，上升到了 2021 年的 85.47%。具体如图 11 所示。

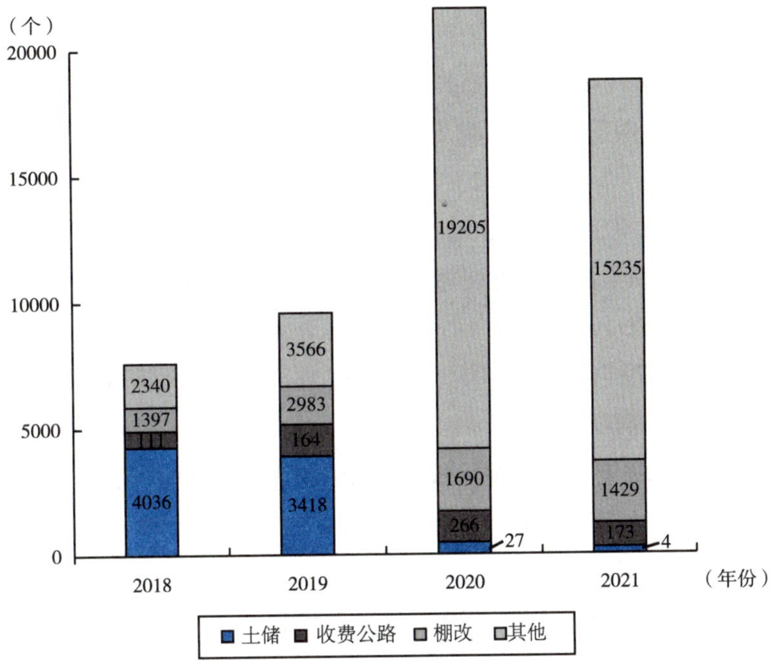

图 11　2018—2021 年土储、棚改、收费公路及其他类项目趋势

专项债券投向领域随着国家政策和宏观经济环境的变化，趋于多元化、丰富化，体现出我国政府对基建领域建设的决心和对提升人民生活环境水平的要求。

（三）专项债项目发行期限分布

根据分析 2018—2021 年专项债券数据，从各领域投向对应项目期限来看，保障性安居工程领域以 5 年期项目投资额度最大，占此投向总专项债券额度的 42.3%，其次是 7 年和 10 年期项目，投资额占比分别为 27.65% 和 18.56%。

城乡冷链物流基础设施领域以 15 年期项目投资额最多，占此投向总专项债券额度的 46.32%，其次分别是 10 年和 20 年期项目，投资额占比分别为 22.43% 和 18.41%，低于 10 年期的项目极少，且无 2 年和 3 年期项目。

国家重大战略项目是2021年按照国务院统一部署，财政部在《关于梳理2021年新增专项债券项目资金需求的通知》（财办预〔2021〕29号）首次提出将京津冀协同发展、长江经济带发展、粤港澳大湾区建设等国家重大区域战略项目纳入2021年地方政府专项债券重点支持范围。因开启时间较短，相对于其他九大领域投资额度略低，但此类项目建设内容与地区经济可持续发展直接挂钩，专项债券发行期限相对较长。从数据来看，国家重大战略项目以30年期投资额最多，占此类总投资额的37.07%，其次是10年期，占比29.28%，15年和20年期相对持平，分别占11.77%和11.71%，无2年期项目。

交通基础设施领域因其项目性质多为收费公路、铁路、城市轨道交通等，收益平稳但回报线长，债券期限多为10年期及以上，投资额占比前三种期限是30年、10年、15年，分别为25.66%、24.21%和23.42%。

能源领域中各期限项目投资额相对持平，从数据来看，投资主要集中在10年、15年、20年、30年，分别为此类总投资额的28.13%、24.77%、28.55%和12.69%。

农林水利领域中以10年期项目投资额度最大，占此投向总专项债券额度的30.83%，其次分别是20年占18.74%、30年占18.03%、15年占17.06%，3年期项目投资最少，且无2年期项目。

社会事业领域中以10年期项目投资额度最大，占此投向总专项债券额度的32.88%，其次是15年和20年期项目，投资额占比分别为27.7%和19.48%，3年期项目投资最少，且无2年期项目。

生态环保领域10年期相对投资额相对其他期限较多，占总数的39.79%，3年期项目投资极少，且无2年期项目。

市政和产业园区基础设施领域在十大投向中投资额度较大，且此类投向建设内容相对于其他领域最广，从已发行专项债券金额来看，以10年期项目为主，投资额占比达29.89%，15年、20年、30年期项目次之，分别占23.28%、21.22%、14.99%，10年期及以上项目投资额占此类总投资额度的89.38%，且无2年期项目。

土地储备领域的项目发行主要集中在2018年和2019年，发行期限尤其在5年期限最为集中，达86.89%，3年期限的项目次之，为9.81%，仅3年和5年两种期限项目投资额就占到总投资额度96.7%。

结合数据可以看出，专项债资金跟着项目走，以项目为核心的政府投资模式，大大提升了投资的精准性与效率，项目融资期限与实际建设运营收益实现匹配，政府通过投向引导可以保证资金投入最需要的建设领域。

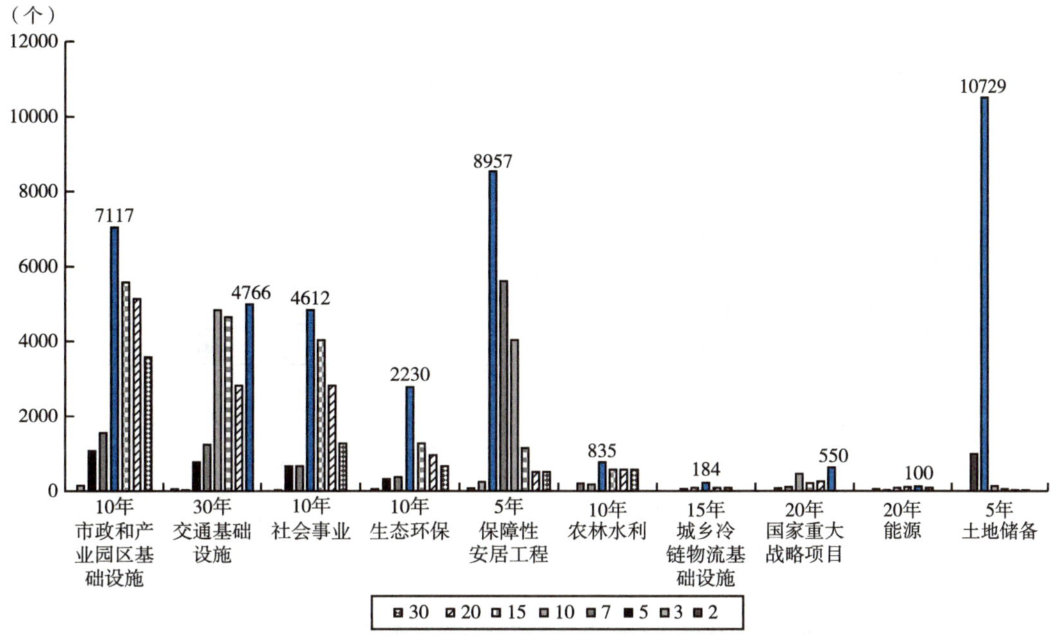

图12　2018—2021年专项债券支持领域中各期限项目分布

三、从国家战略视角全景透视地方政府专项债券

根据国家“十四五”发展规划以及相关发展规划的指示，全国可以分为京津冀协同发展区、长江经济带发展、“一带一路”建设、粤港澳大湾区建设、长江三角洲区域一体化发展、推进海南全面深化改革开放、黄河流域生态保护和高质量发展、成渝地区双城经济圈、西部大开发、东北全面振兴共十个综合经济区。

（一）“一带一路”建设

“一带一路”战略地区包括新疆维吾尔自治区、重庆市、陕西省、甘肃省、宁夏回族自治区、青海省、内蒙古自治区、黑龙江省、吉林省、辽宁省、广西壮族自治区、云南省、西藏自治区、上海市、福建省、广东省、浙江省、海南省，共18个省（自治区、直辖市）。

根据《推动共建丝绸之路经济带和21世纪海上丝绸之路的愿景与行动》文件要求，“一带一路”的互联互通项目将推动沿线各国发展战略的对接与耦合，发掘区域内市场的潜力，促进投资和消费，创造需求和就业，增进沿线各国人民的人文交流与文明互鉴，让各国人民相逢相知、互信互敬，共享和谐、安宁、富裕的生活。

据不完全统计，“一带一路”涉及的上述18个省份自2018年到2021年发行地方

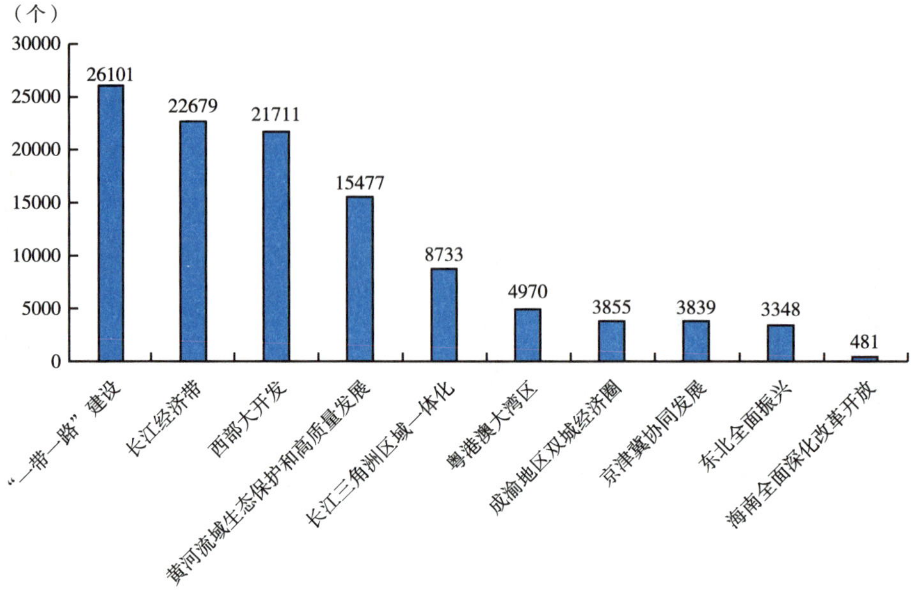

图 13　2018—2021 年十个综合经济区地方政府专项债券项目发行数量

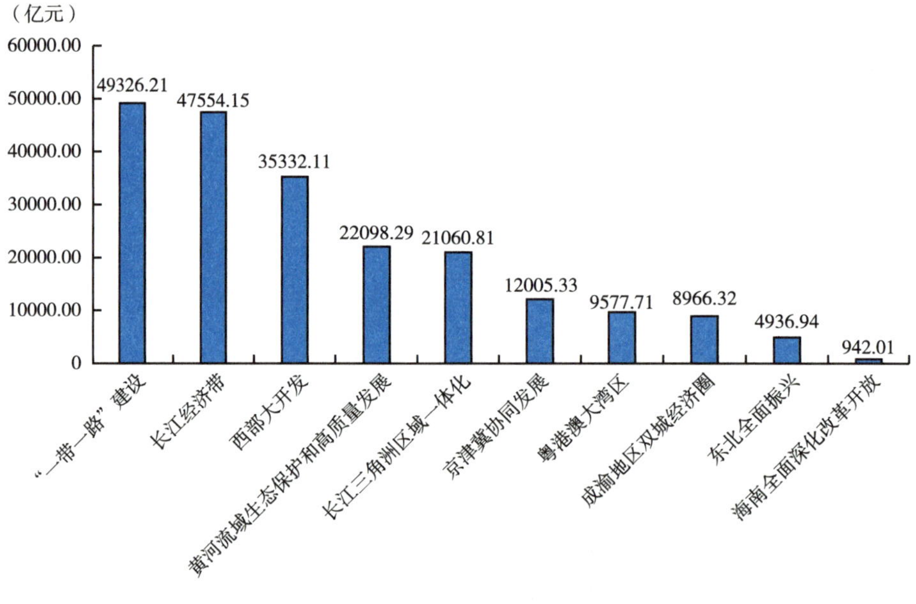

图 14　2018—2021 年十个综合经济区地方政府专项债券发行金额

政府专项债券项目数量为 26101 个，额度为 49326. 21 亿元，其中交通基础设施类项目发行额度为 11622. 82 亿元，占总发行额的比例为 23. 56%，位列第一，其次是市政和产业园基础设施、土地储备、保障性安居工程、社会事业类项目发行额度分别为 11612. 47 亿元、7562. 2 亿元、7189. 2 亿元、6628. 33 亿元，占总发行额的比例分别为 23. 54%、15. 33%、14. 57%、13. 44%。

“一带一路”建设以交通便利性为突破，注重交通基础设施建设，对于实现亚洲区域的互联互通具有重要作用。

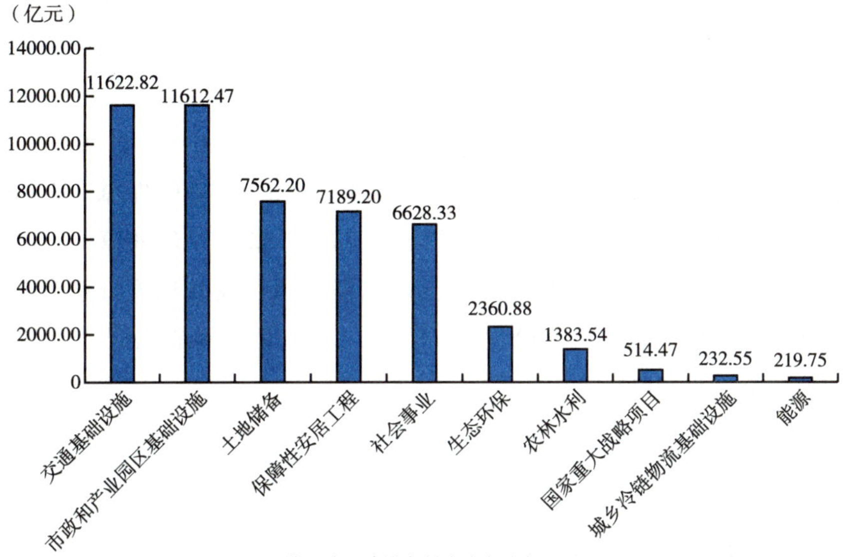

“一带一路”建设各投向发行金额

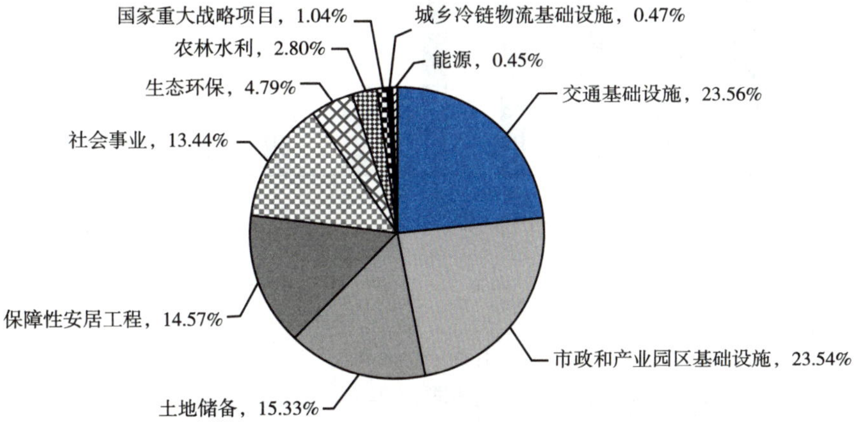

“一带一路”建设各投向发行占比

图 15　2018—2021 年“一带一路”建设地区地方政府专项债券各投向发行额及其占比

（二）长江经济带发展

长江经济带包括上海市、江苏省、浙江省、安徽省、江西省、湖北省、湖南省、重庆市、四川省、云南省、贵州省，共 11 个省（直辖市）。

《长江经济带发展规划纲要》围绕“生态优先、绿色发展”的基本思路，确立了长江经济带“一轴、两翼、三极、多点”的发展新格局。“一轴”是以长江黄金水道为依托，发挥上海、武汉、重庆的核心作用，构建沿江绿色发展轴。推动经济由沿海溯江而上梯度发展。“两翼”分别指沪瑞和沪蓉南北两大运输通道，这是长江经济带的发展基础。通过促进交通的互联互通，增强南北两侧腹地重要节点城市人口和产业集聚能力。“三极”指的是长江三角洲、长江中游和成渝三个城市群，充分发挥中心城市的辐射作用，打造长江经济带的三大增长极。“多点”是指发挥三大城市群以外地级城市的支撑作用，加强与中心城市的经济联系与互动，带动地区经济发展。

据不完全统计，长江经济带发展涉及的上述 11 个省份 2018 年到 2021 年发行地方政府专项债券项目数量为 22679 个，额度为 47554. 15 亿元，其中保障性安居工程类项目发行额度为 10095. 38 亿元，占总发行额的比例为 21. 23%，位列第一，市政和产业园基础设施、交通基础设施、社会事业、土地储备类项目发行额度分别为 9914. 58 亿元、9119. 7 亿元、7057. 59 亿元、6874. 65 亿元，占总发行额的比例分别为 20. 85%、19. 18%、14. 84%、14. 46%。

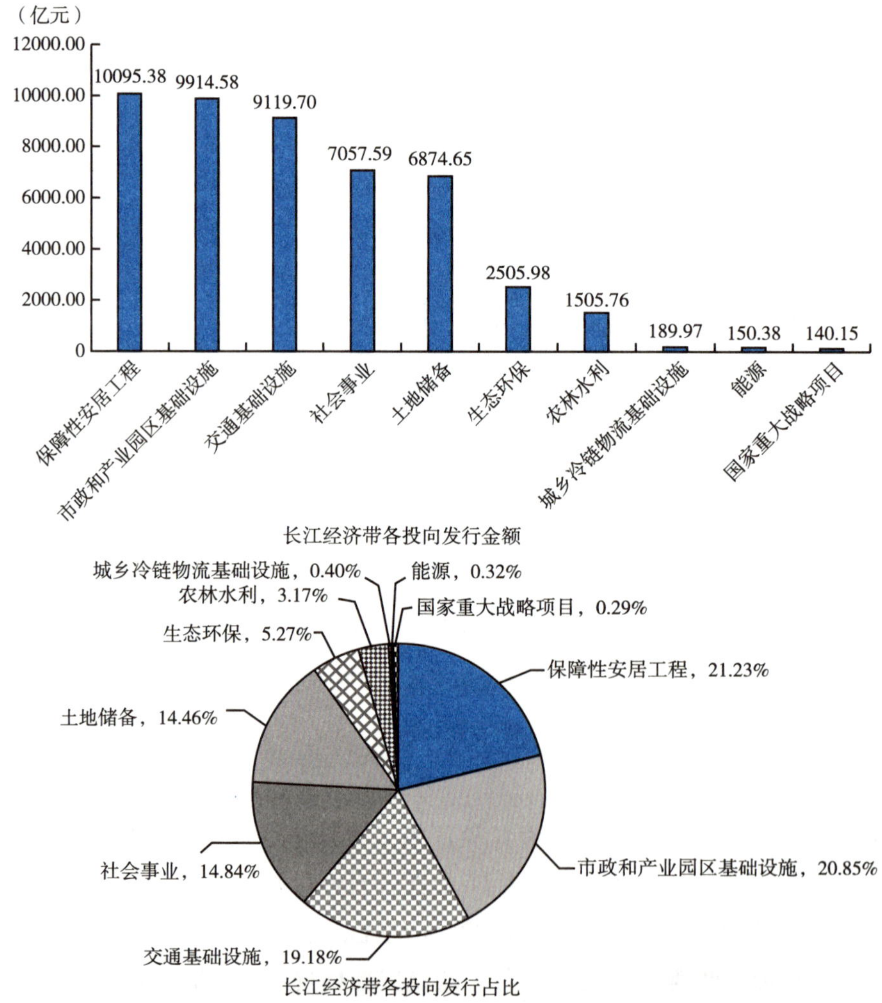

图 16　2018—2021 年长江经济带地区地方政府专项债券各投向发行额及其占比

（三）西部大开发

西部大开发地区包括四川省、陕西省、甘肃省、青海省、云南省、贵州省、重庆市、广西壮族自治区、内蒙古自治区、宁夏回族自治区、新疆维吾尔自治区、西藏自治区、湖北省恩施土家族苗族自治州、湖南省湘西土家族苗族自治州、吉林省延边朝鲜族自治州，共12个省（自治区、直辖市）和3个自治州。

强化举措推进西部大开发形成新格局，是党中央、国务院从全局出发，顺应中国特色社会主义进入新时代、区域协调发展进入新阶段的新要求，统筹国内国际两个大局作出的重大决策部署。《中共中央　国务院关于新时代推进西部大开发形成新格局的指导意见》提出强化举措抓重点、补短板、强弱项，形成大保护、大开放、高质量发展的新格局，推动经济发展质量变革、效率变革、动力变革，促进西部地区经济发展与人口、资源、环境相协调，实现更高质量、更有效率、更加公平、更可持续发展。到2035年，西部地区基本实现社会主义现代化，基本公共服务、基础设施通达程度、人民生活水平与东部地区大体相当，努力实现不同类型地区互补发展、东西双向开放协同并进、民族边疆地区繁荣安全稳固、人与自然和谐共生。

据不完全统计，西部大开发涉及的上述15个省份2018年到2021年发行地方政府专项债券项目数量为21711个，额度为35332.11亿元，其中市政和产业园基础设施、交通基础设施类项目发行额度分别为8753.85亿元、7248.01亿元，位列前两位，占发行总额的比例分别为24.78%、20.51%，保障性安居工程、社会事业、土地储备、生态环保类项目的发行额度分别为6259.17亿元、5318.67亿元、4669.58亿元、1470.56亿元，占比分别为17.72%、15.05%、13.22%、4.16%。

西部大开发经济区比较注重基础设施建设，基础设施建设是城市发展的基础，能够有效激活当地发展的活力，对于促进西部大开发具有重要意义。

（四）黄河流域生态保护和高质量发展

黄河流域生态保护和高质量发展包括青海省、四川省、甘肃省、宁夏回族自治区、内蒙古自治区、陕西省、山西省、河南省、山东省，共9个省（自治区）。

《习近平在黄河流域生态保护和高质量发展座谈会上的讲话》中提出，黄河流域在我国经济社会发展和生态安全方面具有十分重要的地位，黄河流域生态保护和高质量发展是重大国家战略。黄河流域构成我国重要的生态屏障，是我国重要的经济地带，也是打赢脱贫攻坚战的重要区域。

据不完全统计，黄河流域生态保护和高质量发展涉及的上述9个省份2018年到2021年发行地方政府专项债券项目数量为15477个，额度为22098.29亿元，其中保障

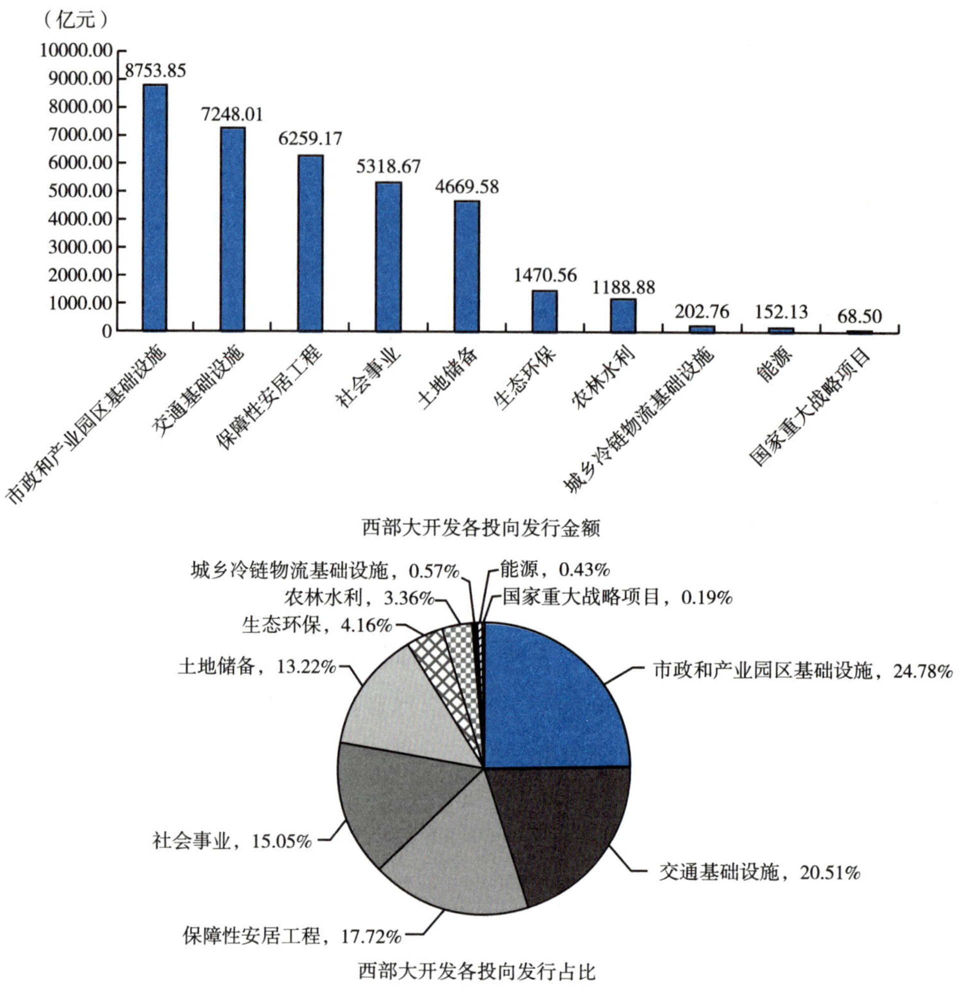

图 17　2018—2021 年西部大开发地方政府专项债券各投向发行额及其占比

性安居工程及市政和产业园基础设施类项目发行额度分别为 6104. 54 亿元、5199. 26 亿元，位列前两位，占总发行额的比例为 27. 62%、23. 53%，交通基础设施、社会事业、土地储备、生态环保类项目的发行额度分别为 3957. 7 亿元、3433. 65 亿元、1533. 8 亿元、987. 67 亿元，占比分别为 17. 91%、15. 54%、6. 94%、4. 47%。

（五）长江三角洲区域一体化发展

长江三角洲区域一体化发展地区包括上海市、江苏省、浙江省、安徽省、宁波市，共 4 个省（直辖市）和 1 个计划单列市。

长江三角洲地区是我国经济发展最活跃、开放程度最高、创新能力最强的区域之一，在国家现代化建设大局和全方位开放格局中具有举足轻重的战略地位。推动长三角一体化发展，增强长三角地区创新能力和竞争能力，提高经济集聚度、区域

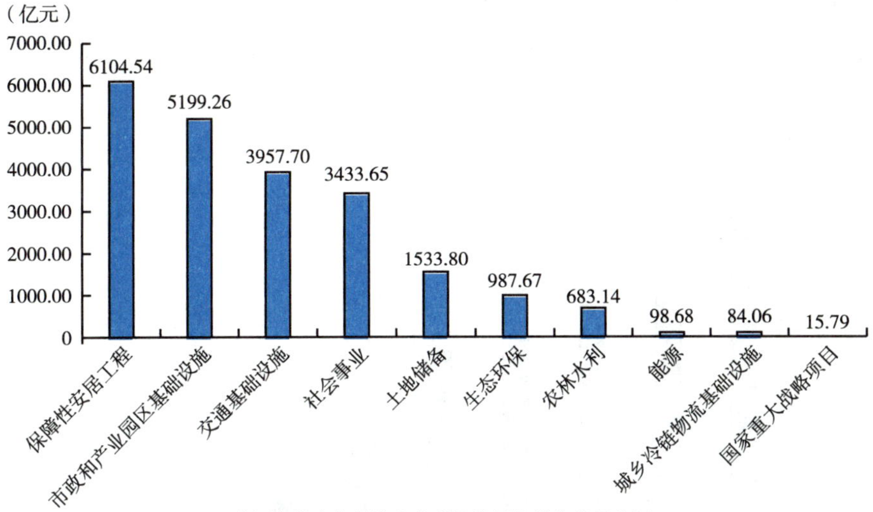

黄河流域生态保护和高质量发展各投向发行金额

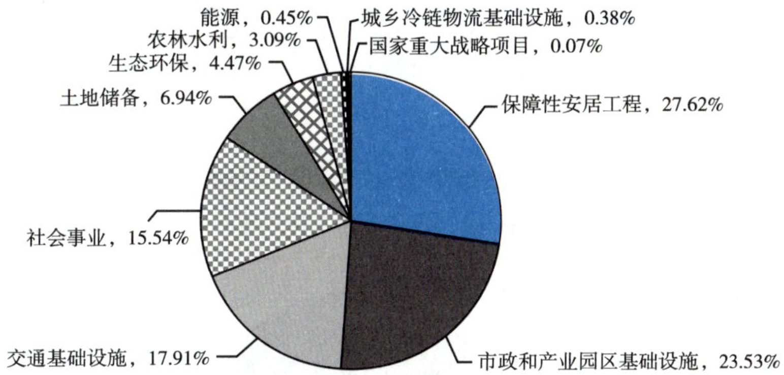

黄河流域生态保护和高质量发展各投向发行占比

图 18　2018—2021 年黄河流域生态保护和高质量发展地区地方政府专项债券各投向发行额及其占比

连接性和政策协同效率，对引领全国高质量发展、建设现代化经济体系意义重大。《长江三角洲区域一体化发展规划纲要》提出，将长江三角洲地区打造为全国发展强劲活跃增长极、全国高质量发展样板区、率先基本实现现代化引领区、区域一体化发展示范区、新时代改革开放新高地。到 2025 年，长三角一体化发展取得实质性进展。跨界区域、城市乡村等区域板块一体化发展达到较高水平，在科创产业、基础设施、生态环境、公共服务等领域基本实现一体化发展，全面建立一体化发展的体制机制。

据不完全统计，长江三角洲区域一体化发展涉及的 4 个省份和 1 个计划单列市 2018 年到 2021 年发行地方政府专项债券项目数量为 8733 个，额度为 21060. 81 亿元，其中保障性安居工程类项目发行额度为 5481. 35 亿元，位列第一，占总发行额的比例分别为 26. 03%，交通基础设施、土地储备、市政和产业园区基础设施、社会事业、生态环保类项目的发行额度分别为 4178. 58 亿元、3424. 52 亿元、3370. 25 亿元、2740. 8 亿元、1272. 37 亿元，占比分别为 19. 84%、16. 26%、16%、13. 01%、6. 04%。

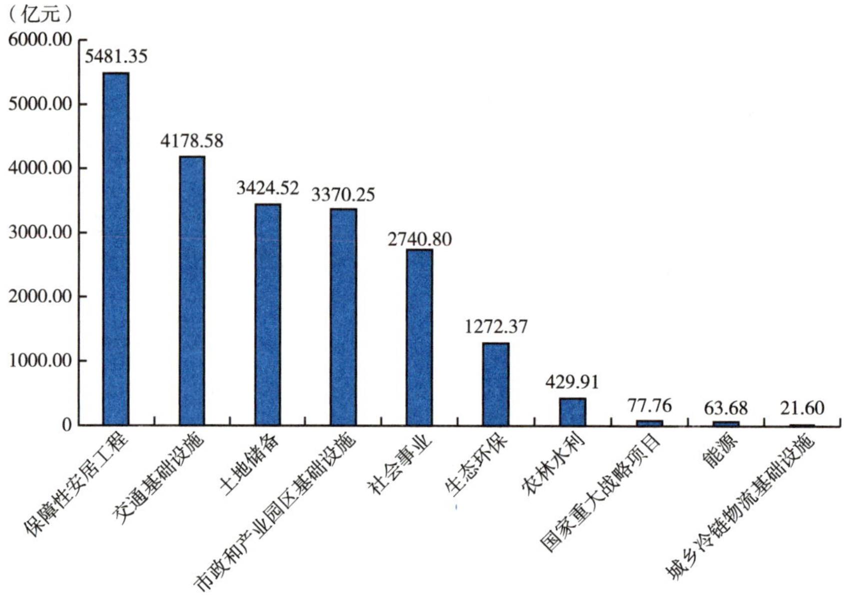

长江三角洲区域一体化发展各投向发行金额

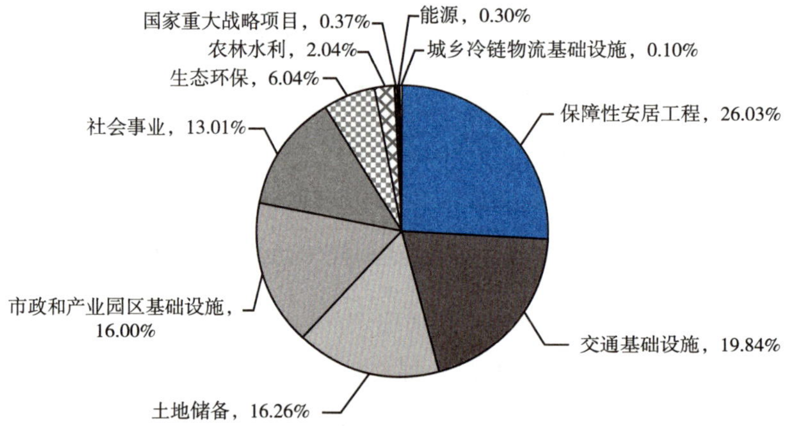

长江三角洲区域一体化发展各投向发行占比

图 19　2018—2021 年长江三角洲区域一体化发展地方政府专项债券各投向发行额及其占比

（六）京津冀协同发展区

京津冀协同发展区包括北京市、天津市、河北省，共 3 省（直辖市）。

《京津冀协同发展规划纲要》中提出，京津冀整体定位是“以首都为核心的世界级城市群、区域整体协同发展改革引领区、全国创新驱动经济增长新引擎、生态修复环境改善示范区”。京津冀三省市定位分别为：北京市，“全国政治中心、文化中心、国际交往中心、科技创新中心”；天津市，“全国先进制造研发基地、北方国际航运核心区、金融创新运营示范区、改革开放先行区”；河北省，“全国现代商贸物流重要基地、产业转型升级试验区、新型城镇化与城乡统筹示范区、京津冀生态环境支撑区”。

据不完全统计，京津冀协同发展区涉及的3省份2018年到2021年发行地方政府专项债券项目数量为3839个，额度为12005.33亿元，其中市政和产业园基础设施类项目、保障性安居工程项目发行额度分别为3423.45亿元、2906.17亿元，位列前两位，占总发行额的比例分别为28.52%和24.21%，土地储备、交通基础设施、社会事业、国家重大战略、生态环保类项目的发行额度分别为1356.47亿元、1258.87亿元、999.67亿元、992.16亿元、923.92亿元，占比分别为11.3%、10.49%、8.33%、8.26%、7.7%。

京津冀协同发展区比较注重国家重大战略领域的投资，这些地区经济较为发达，有着较好的发展条件和营商环境，是经济发展的战略要地。

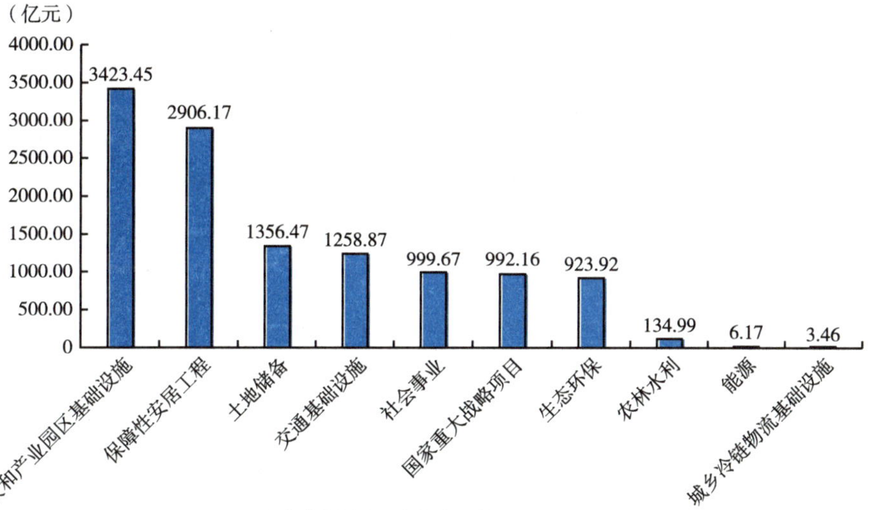

京津冀协同发展各投向发行金额

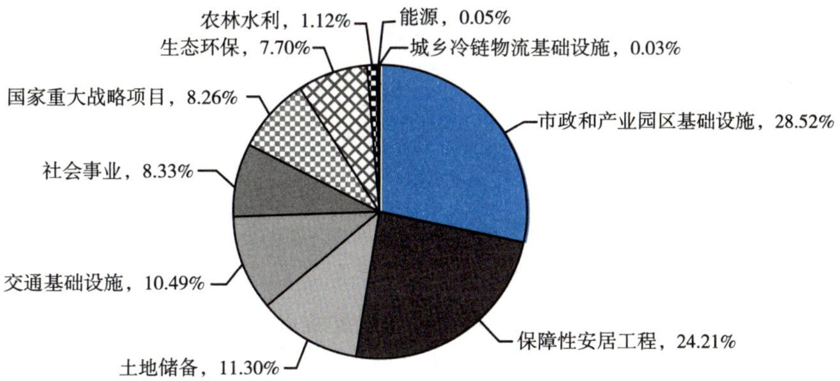

京津冀协同发展各投向发行占比

图20　2018—2021年京津冀协同发展地区地方政府专项债券各投向发行额及其占比

（七）粤港澳大湾区建设

粤港澳大湾区包括香港特别行政区、澳门特别行政区、广东省（广州、深圳、珠海、佛山、惠州、东莞、中山、江门、肇庆）（本次统计以中国大陆地区为主，中国澳门特别行政区、中国香港特别行政区暂未计入）。

粤港澳大湾区是我国开放程度最高、经济活力最强的区域之一，在国家发展大局中具有重要战略地位。《粤港澳大湾区发展规划纲要》明确，建设粤港澳大湾区，既是新时代推动形成全面开放新格局的新尝试，也是推动“一国两制”事业发展的新实践。粤港澳大湾区建设的战略定位是充满活力的世界级城市群、具有全球影响力的国际科技创新中心、“一带一路”建设的重要支撑、内地与港澳深度合作示范区、宜居宜业宜游的优质生活圈。

据不完全统计，粤港澳大湾区建设涉及地区 2018 年到 2021 年发行地方政府专项债券项目数量为 4970 个，额度为 9577.71 亿元，其中交通基础设施、市政和产业园基础设施类项目发行额度分别为 2573.17 亿元、2403.91 亿元，分别位列前两位，占总发行额的比例分别为 26.87%、25.1%，社会事业、土地储备、生态环保、国家重大战略类项目的发行额度分别为 1311.98 亿元、1242.19 亿元、1106.39 亿元、441.97 亿元，占比分别为 13.7%、12.97%、11.55%、4.61%。

粤港澳大湾区针对交通基础设施项目发行额度较大，这对促进广东、澳门、香港的正常交往和交流提供了便捷性，很大程度上缩短了彼此间沟通的距离，减少了时间成本。

（八）成渝地区双城经济圈

成渝地区双城经济圈包括成都市、重庆市。

成渝地区双城经济圈建设是习近平总书记亲自谋划、亲自部署、亲自推动的国家重大区域发展战略。推动成渝地区双城经济圈建设，有利于形成优势互补、高质量发展的区域经济布局，有利于拓展市场空间、优化和稳定产业链供应链，是构建以国内大循环为主体、国内国际双循环相互促进的新发展格局的一项重大举措。《成渝地区双城经济圈建设规划纲要》主要内容以“一干多支”发展战略为重要支撑，强化川渝互动、极核带动、干支联动，促进成渝地区中部崛起、南翼跨越、北翼振兴，加快实现区域空间布局整体优化、功能体系整体完善、发展能级整体提升，突出重庆、成都两个中心城市的协同带动，注重体现区域优势和特色，促进成渝地区成为具有全国影响力的重要经济中心。

成都作为四川政治经济发展的中心，省会城市的发展也辐射带动着周边城市发展，

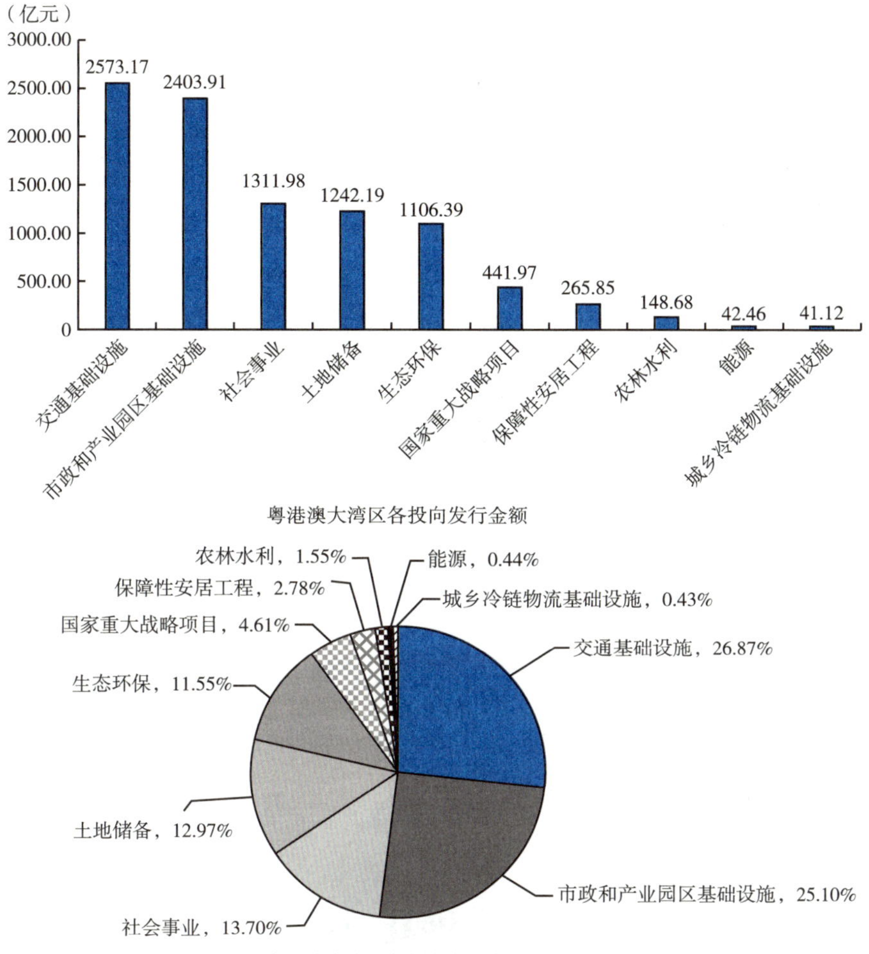

粤港澳大湾区各投向发行金额

粤港澳大湾区各投向发行占比

图 21　2018—2021 年粤港澳大湾区地方政府专项债券各投向发行额及其占比

形成集聚效应。以成渝两个中心城市为引领的成渝地区双城经济圈，为新一轮的经济发展指明了方向，成渝地区合作和协同对整个四川省和重庆市来说，都会产生显著的社会经济效益，因此本次对成渝地区双城经济圈的分析站在四川省和重庆市的角度考虑。

据不完全统计，2018 年到 2021 年四川省和重庆市发行地方政府专项债券项目数量为 3855 个，额度为 8966. 32 亿元，其中保市政和产业园基础设施和土地储备类项目发行额度分别为 2675. 56 亿元、1632. 68 亿元，位列前两位，占总发行额的比例为 29. 84%、18. 21%，社会事业、交通基础设施、保障性安居工程、生态环保类项目的发行额度分别为 1440. 51 亿元、1387. 79 亿元、830. 39 亿元、495. 97 亿元，占比分别为 16. 07%、15. 48%、9. 26%、5. 53%。

成渝地区市政和交通基础设施的建设能够有效实现互补互惠，成渝两地的交通网的"越织越密"，有效促进了两地的经济交流与合作。

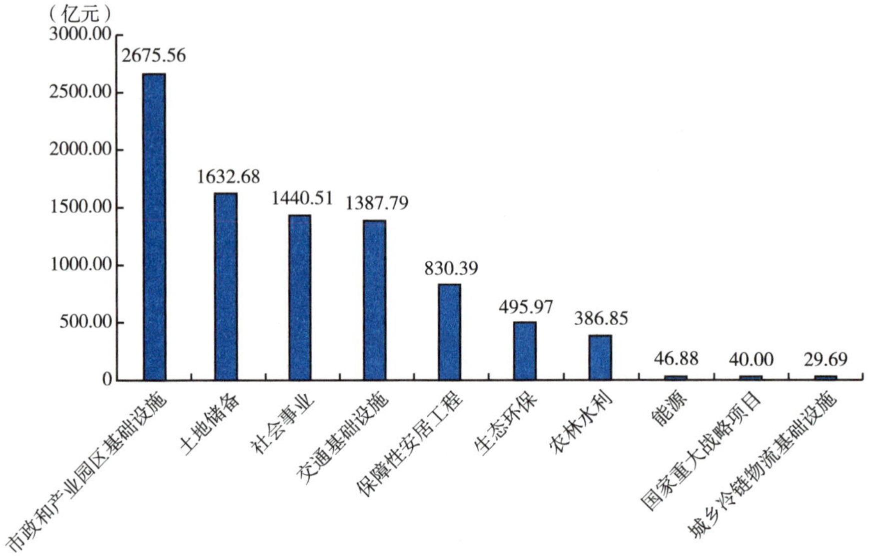

成渝地区双城经济圈各投向发行金额

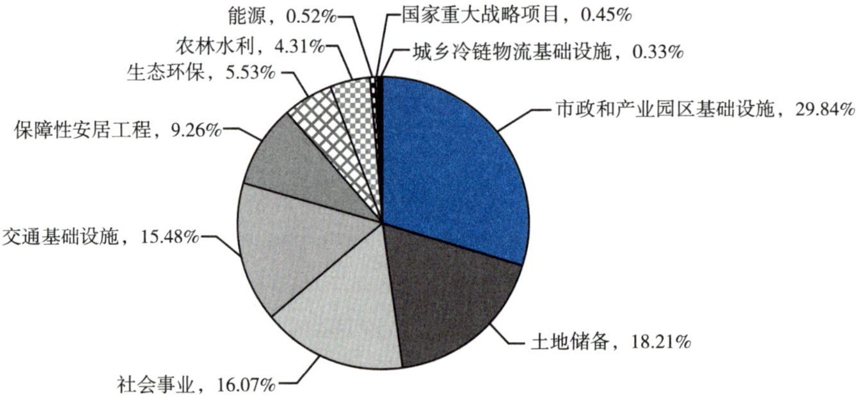

成渝地区双城经济圈各投向发行占比

图 22　2018—2021 年成渝地区双城经济圈地方政府专项债券各投向发行额及其占比

（九）东北全面振兴

东北全面振兴地区包括内蒙古自治区、辽宁省、吉林省、黑龙江省、大连市，共 4 个省（自治区）和 1 个计划单列市。

《东北全面振兴"十四五"实施方案》以推动高质量发展为主题，以深化供给侧结构性改革为主线，以改革创新为根本动力，以满足人民日益增长的美好生活需要为根本目的，统筹发展和安全，从推动形成优势互补高质量发展的区域经济布局出发，着力破解体制机制障碍，着力激发市场主体活力，着力推动产业结构调整优化，着力构建区域动力系统，着力在落实落细上下功夫，走出一条质量更高、效益更好、结构更优、优势充分释放的发展新路，推动东北全面振兴实现新突破。

据不完全统计，东北全面振兴涉及的 4 个省份和 1 个计划单列市 2018 年到 2021 年发行地方政府专项债券项目数量为 3348 个，额度为 4936. 94 亿元，其中市政和产业园基础设施类项目发行额度为 1458. 07 亿元，位列第一，占总发行额的 29. 53%，交通基础设施、保障性安居工程、土地储备、社会事业类项目的发行额度分别为 1070. 47 亿元、881. 45 亿元、635. 34 亿元、512. 73 亿元，占比分别为 21. 68%、17. 85%、12. 87%、10. 39%。

东北全面振兴经济区更加注重基础设施建设，基础设施建设是城市发展的基础，能够有效激活当地发展的活力，对于重振东北经济具有重要意义。

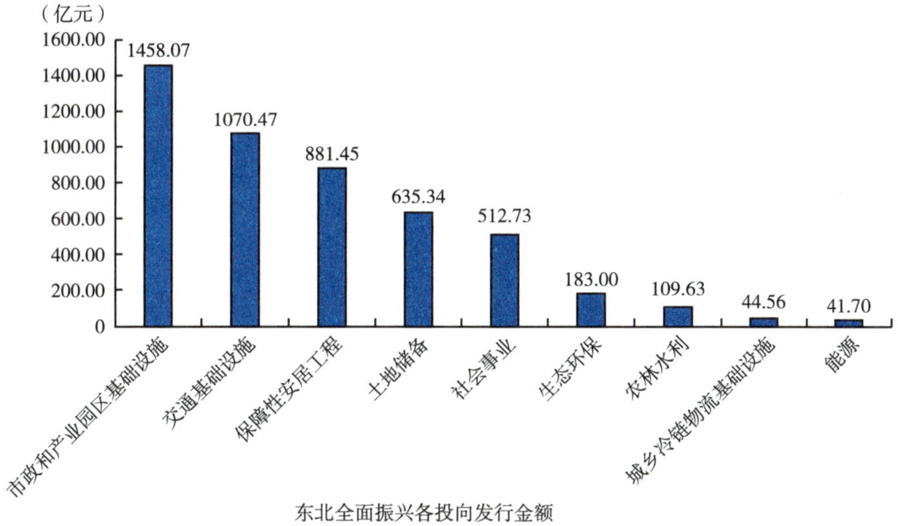

东北全面振兴各投向发行金额

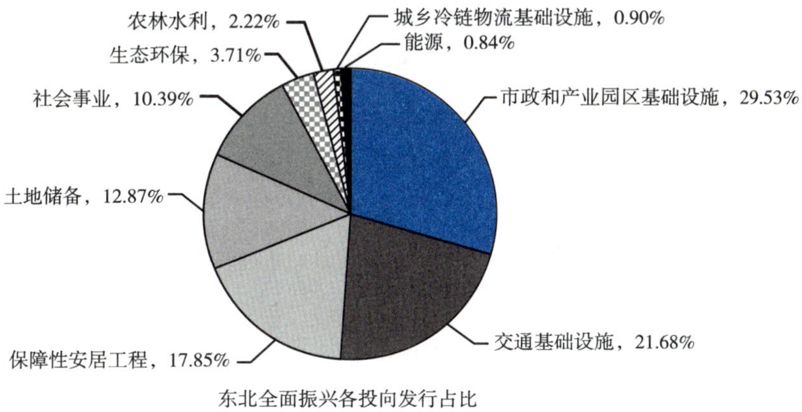

东北全面振兴各投向发行占比

图 23　2018—2021 年东北全面振兴地方政府专项债券各投向发行额及其占比

（十）推进海南全面深化改革开放

海南全面深化改革开放主要针对海南省。

海南建省和兴办经济特区是党中央着眼于我国改革开放和社会主义现代化建设全局作出的重大战略决策。支持海南全面深化改革开放有利于我国主动参与和推动经济全球化进程，发展更高层次的开放型经济，加快推动形成全面开放新格局。《中共中央 国务院关于支持海南全面深化改革开放的指导意见》明确了海南省战略定位：全面深化改革开放试验区、国家生态文明试验区、国际旅游消费中心、国家重大战略服务保障区。到2025年，经济增长质量和效益显著提高；自由贸易港制度初步建立，营商环境达到国内一流水平；民主法制更加健全，治理体系和治理能力现代化水平明显提高；公共服务水平和质量达到国内先进水平，基本公共服务均等化基本实现；生态环境质量继续保持全国领先水平。

据不完全统计，海南省2018年到2021年发行地方政府专项债券项目数量为481个，额度为942.01亿元，其中市政和产业园基础设施类项目发行额度为247.49亿元，位列第一，占总发行额的比例为26.27%，社会事业、交通基础设施、土地储备类项目的发行额度分别为210.54亿元、205.96亿元、172.38亿元，占比分别为22.35%、21.86%、18.3%。

海南全面深化改革开放区在市政和产业园区基础设施、交通基础设施和社会事业领域中的文化旅游项目投入较大，便利的交通有利于增大游客流量，促进海南地域文化特色的传播并充分利用海域风景，打造一流的旅游城市。

专项债券作为地方政府债券的“主力”，带动投资的作用越来越突出。京津冀协同发展区、粤港澳大湾区比较注重国家重大战略领域的投资，这些地区经济较为发达，有着较好的发展条件和营商环境，是经济发展的战略要地。同时，粤港澳大湾区针对交通基础设施项目发行额度较大，这为促进广东、澳门、香港的正常交往和交流提供了便捷性，很大程度上缩短了彼此间沟通的距离，减少了时间成本。此外，“一带一路”建设以交通便利性为突破，注重交通基础设施建设，对于实现亚洲区域的互联互通具有重要作用。海南全面深化改革开放区在市政和产业园区基础设施、交通基础设施和社会事业领域中的文化旅游项目投入较大，便利的交通有利于增大游客流量，促进海南地域文化特色的传播并充分利用海域风景，打造一流的旅游城市。成渝地区市政和交通基础设施的建设能够有效实现互补互惠，成渝两地的交通网的“越织越密”，有效促进了两地的经济交流与合作。东北全面振兴经济区和西部大开发经济区比较注重基础设施建设，基础设施建设是城市发展的基础，能够有效激活当地发展的活力，对于重振东北经济、促进西部大开发具有重要意义。

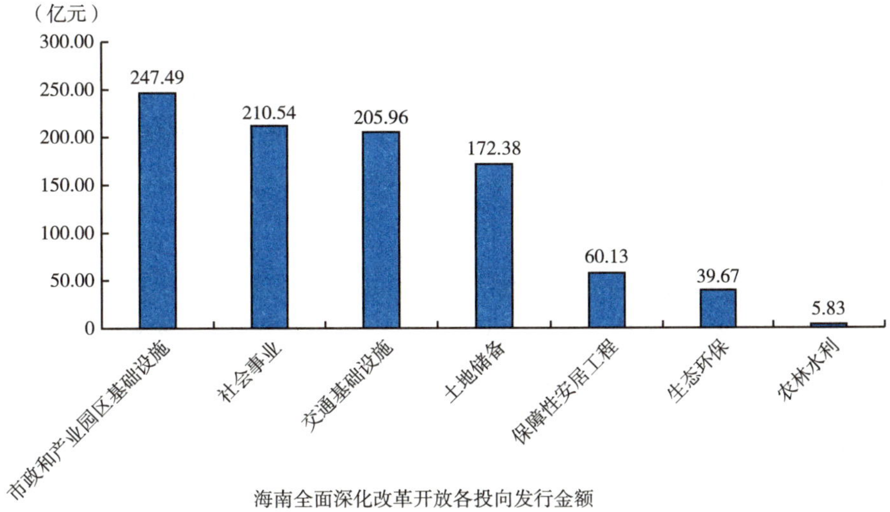

海南全面深化改革开放各投向发行金额

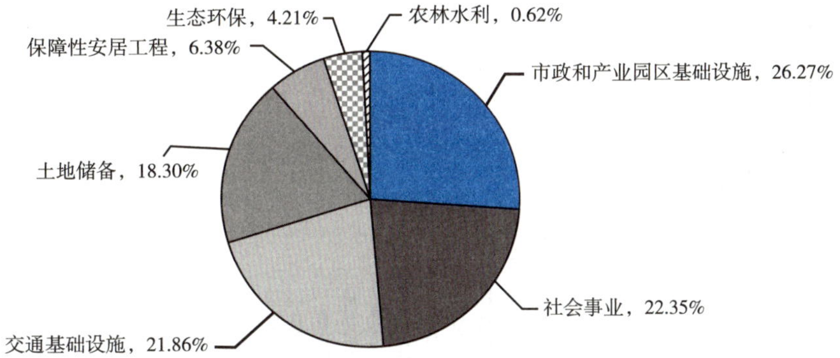

海南全面深化改革开放各投向发行占比

图 24　2018—2021 年海南全面深化改革开放地方政府专项债券各投向发行额

四、超级版图：中国专项债资金项目全景透视

（一）2018—2021 年全国各省市专项债发行数量

根据中国债券信息网披露文件和中国地方政府债券信息公开平台公开查询，我们进行了一个统计（不考虑置换债券、再融资债券和补充中小银行资本金债券），各省市项目情况如下。

2018 年至 2021 年已发行 56044 个专项债券项目，依据各省市已发行专项债券项目数量，将其分为五个等级：

发行项目数量	地区
4000 个及以上	山东省（不含青岛市）、广东省（不含深圳市）
3000—4000 个	河南省、江苏省、河北省
2000—3000 个	四川省、湖南省、安徽省、江西省、湖北省、新疆维吾尔自治区、浙江省（不含宁波市）、甘肃省
1000—2000 个	福建省（不含厦门市）、广西壮族自治区、山西省、云南省、贵州省、陕西省、重庆市、吉林省
1000 个及以下	内蒙古自治区、黑龙江省、深圳市、天津市、海南省、青岛市、辽宁省（不含大连市）、上海市、青海省、宁波市、宁夏回族自治区、北京市、新疆生产建设兵团、大连市、西藏自治区、厦门市

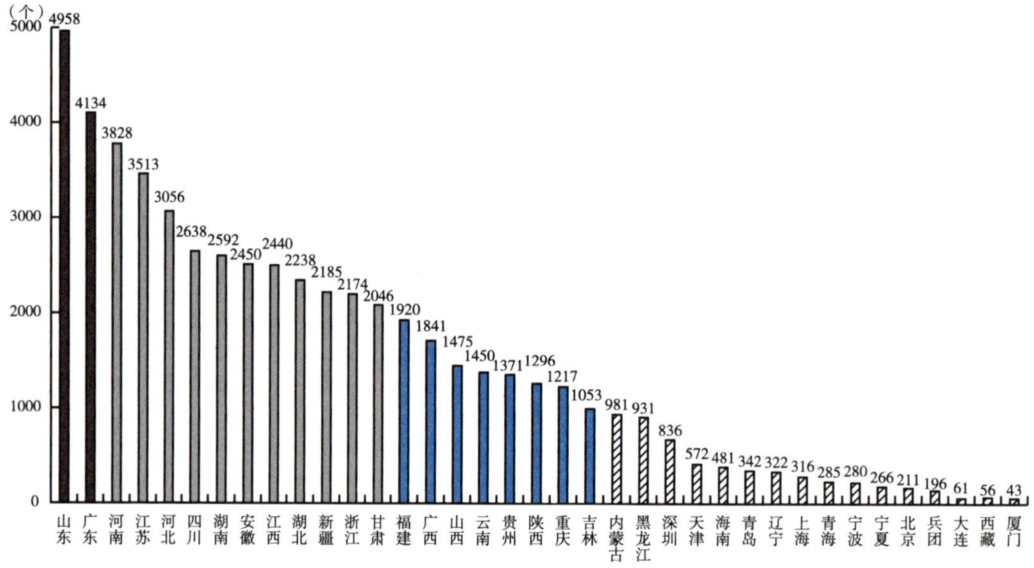

图 25　2018—2021 年各省市地方政府专项债券发行项目数量

（二）2018—2021 年全国各省市专项债发行金额

根据中国债券信息网披露文件和中国地方政府债券信息公开平台公开查询数据显示，据不完全统计（不考虑置换债券、再融资债券和补充中小银行资本金债券），各省市项目情况如下。

2018 年至 2021 年已发行专项债券规模达 106677 亿元，其中 2018 年全年发行专项债券 13079 亿元、2019 年全年发行专项债券 21496 亿元、2020 年全年发行专项债券 36258 亿元、2021 年发行专项债券 35844 亿元。

依据各省市已发行专项债券额度，将 2018 年至 2021 年已发行规模分为以下六个等级：

发行规模	地区
5000 亿元及以上	广东省（不含深圳市）、山东省（不含青岛市）、江苏省、浙江省（不含宁波市）、四川省、安徽省、河北省
4000 亿—5000 亿元	河南省、湖北省
3000 亿—4000 亿元	江西省、湖南省、天津市、重庆市、云南省、福建省（不含厦门市）、北京市
2000 亿—3000 亿元	上海市、广西壮族自治区、新疆维吾尔自治区、山西省、陕西省
1000 亿—2000 亿元	甘肃省、吉林省、贵州省、深圳市、内蒙古自治区、黑龙江省、青岛市
1000 亿元以下	海南省、厦门市、宁波市、辽宁省（不含大连市）、青海省、宁夏回族自治区、新疆兵团、大连市、西藏自治区

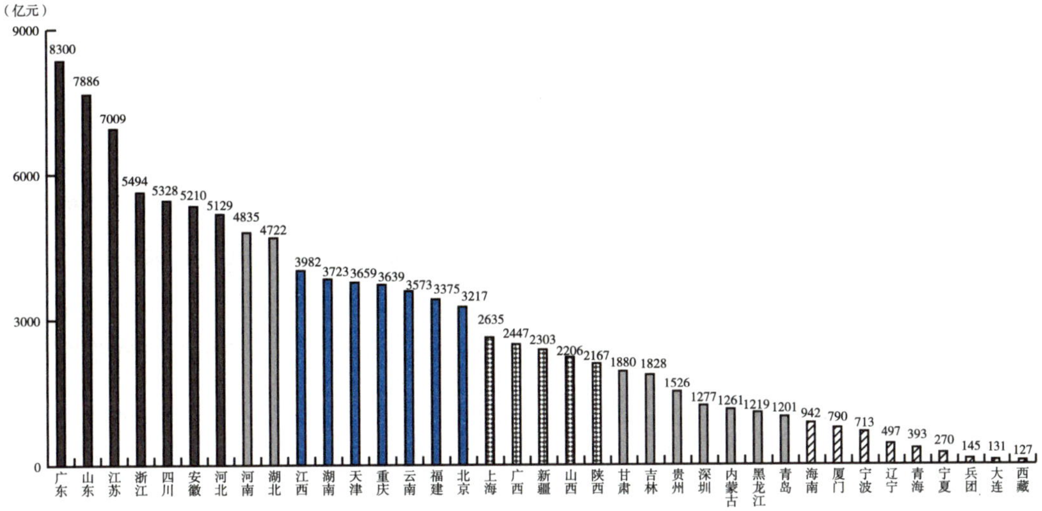

图 26　2018—2021 年各省市地方政府专项债券项目发行额

（三）专项债券超级版图解读

我们把过去 2018—2021 年以来地方政府专项债券发行情况绘制成“中国专项债券发行超级版图”，这给我们提供了一个更加直观的认识和感受。

整体来看，专项债券对强力提振内需、促进经济逐步转向高质量发展具有重要作用。重点投向新基建、交通、能源、园区配套设施和重大民生基础设施等领域，有效拉动投资，助力地方激发更大的发展活力。

专项债资金遍布祖国各地，为落实国家的重大战略提供强力支持，不论是广东、浙江、江苏等沿海经济发达地区，还是四川、河南等中西部地区专项债券都给予了充分的建设资金支持。

在短期效应上，专项债券的发行推动了区域经济的逐步复苏和稳定发展，为我们抵抗疫情冲击、克服外边经济环境影响、稳定中国经济社会发展发挥了重要作用，专项债券已经成为中国行稳致远的压舱石。

在长期经济拉动上，专项债券充分发挥作用，通过周期调节补足中西部和东北部地区产业和城市基础设施建设、交通基础设施、乡村振兴等方面存在的短板，为后续中西部地区的经济发展提供坚实的基础，为未来中国经济增长提供了更多发展原动力。

五、全面理解地方政府专项债券

让我们用数据说话，过去 5 年的专项债券全景透视数据充分说明，其对中国社会经济建设已经产生了深刻的影响，必须全面客观地理解和认识地方政府专项债券，才能更好地发挥其作用。

（一）专项债券是债务还是资产

从债务角度看，地方政府专项债券是地方政府利用自身信用从市场举债，债务需要偿还，就此增加了政府财政负担，过高的政府债务必然带了高风险，大量的专项债券研究从风险角度认识和理解专项债券。

从资产角度看，地方政府利用专项债券所筹集资金用于有一定收益的公益性项目建设，债务最终形成资产，资产自身会带来增值。

理解专项债券要同时关注其债务属性和资产属性，专项债券既是债务又是资产，债务和资产的关系在资产负债表中得以体现。

（二）专项债券是风险还是机遇

从风险角度看，地方政府举债过多，会引发债务风险，最终导致经济发生危机。

从机遇角度看，地方政府通过举债进行基础设施建设，增加经济建设有效投资，进而加快社会发展速度。

因此专项债券是风险还是机遇，最终体现在债券项目的运营能力上，反映在专项债券封闭运行期间的损益表利润或亏损数据中。

（三）全面认识理解专项债券

对于地方政府专项债券，通过过去 5 年的数据，我们至少可以从如下几个方面全面理解专项债券对中国经济的独特价值。

1. 专项债实现了金融资本支持实体经济建设的创造性转化

如何引导金融资本支持中国实体经济发展一直是一个难题，2008 年 4 万亿经济刺激政策出现通胀问题背后的重要原因就是大量资金没有进入实体经济建设中，如果没有有效路径，通过积极的货币政策很难取得预期的经济拉动效果，专项债券这一财政制度创新，利用政府信用将金融资本按照债券市场规范注入地方经济建设中，创造性解决了金融资本脱实入虚的问题，其价值不亚于中国的都江堰水利工程，改堵为疏，实现了金融资本到实体经济的创造性转化。

2. 为中国社会经济建设发展注入了近20万亿元的低成本资金

地方政府发展建设一直面临融资难、融资贵的问题，尤其是区县级地方政府这一问题更加突出，为了能够筹集建设资金，很多区县级平台公司的筹资成本高达10%以上，如此高的融资成本必将导致政府债务风险凸显，专项债券制度通过省级政府作为发行主体，直接将融资成本降到4%以内，资金的使用主体依然是区县级政府，解决了区县级政府发展资金问题，更大幅降低了其融资成本，仅2015—2021年就实现了近20万亿元长期为主、低成本的建设资金注入，为中国经济提供了强有力的资金面支撑。

3. 为地方政府集中建设了一批具有收益能力的最优质公益性资产

专项债券制度对地方政府发展建设的项目选择提出了更高的要求与标准，不是简单的建好完事，更是要求项目必须同时满足公益性和融资与收益平衡这两个要求，由各级发改和财政部门对项目进行层层筛选把关，这使地方政府对于资金的使用更加有效率，经过省级发改和财政最终审核确认后，最后发行的专项债券项目必然是各个地方政府最优质的公益性资产，资产的价值决定了债务风险可控，资产的运营能力决定资产的价值，地方政府为了能够实现融资与收益的平衡，工作的重点从过去的“重建设、轻运营”逐步转变为“严选项目、重运营”方向上，由此地方政府的治理能力得到有效提升。

4. 为地方未来发展打下了坚实的基础设施根基，交通、能源、冷链物流、生态环保、市政和产业园区、社会事业等领域基础设施的建立完善，将为未来中国的社会经济发展提供最有力的支撑

国务院及国家发改委、财政部对专项债券投向作出了严格明确的规定，同时明确了项目投资的负面清单，这保证了专项债券资金能够全面落实国家的各大发展战略，对地方未来发展的基础设施建设项目进行了大量的投资建设，这些项目的建设为地方未来发展打下了坚实的基础设施根基，随着交通、能源、供应链、产业园区、社会事业这些基础设施的建立完善，构建起了中国未来社会经济发展的基础设施超级版图。

5. 随着专项债制度的影响不断深入，地方政府已经从过去的粗放式的经济建设模式逐步转变为更加注重项目、以项目建设为核心的高质量发展模式

专项债制度另一大变革是将过去传统的地方政府向上争取财政资金支持的模式变成了财政资金的竞争性获取模式。财政部根据各省专项债券资金的使用绩效分配和确定债券发行额度，省级地方政府通过项目评审机制确定下级政府的资金支持。以项目为核心的财政资金支持模式将过去的粗放型的政府投资建设逐步调整到以项目融资收益平衡、建设运营并重的高质量发展模式。项目绩效优秀、能够使用债券资金的地方政府将得到更多的发展资金支持，项目绩效差的地方政府也会积极改善，提升自己的项目建设运营能力，这样就实现了地方政府治理体系和治理能力提升的良性循环。

理解地方政府专项债就理解了中国经济的新发展模式，随着专项债管理制度的不断完善深入，地方政府专项债券对中国社会经济发展将产生更大作用与影响，中国的经济建设模式一定会从传统的粗放投资转为以项目建设为核心高质量发展模式。

数据来源：

中国债券信息网：https：//www. chinabond. com. cn

财政部政府债务研究和评估中心：http：//www. governbond. org. cn/

中国人民银行：http：//www. pbc. gov. cn

第一章

我国地方政府债券发展历程

第一节　地方政府债券发展的曲折历程

一、1949—1979 年——地方政府债券尝试阶段

为了维护政治稳定，促进经济发展，新中国成立后的大概 30 年时间里，全国财政收支、贸易和物资调度及现金管理高度统一。全国实行“统收统支”的财政体制，地方政府在公共选择政策上几乎没有自主权。地方上的债务由中央统借统还，地方仅负责执行中央的指令，完成中央赋予的职责。

在这段时期，地方政府负债形式主要有两种：地方借款和经济建设公债。经济建设公债出现在 20 世纪 50 年代，主要出于筹集建设资金的目的，部分地区由地方政府发行了经济建设公债。

（一）地方借款

从新中国成立到 1979 年，地方政府负债的年份很少，原因如下：（1）为了迅速恢复新中国成立初期凋零的国民经济，中央政府支持地方负债，直到 1961 年。随着全国经济发展逐渐进入正常状态，中央政府开始禁止地方的赤字预算。（2）新中国成立后，我国一直实行统一集中的财政管理体制，地方财政不独立，中央决定地方收支，并且由中央填补地方财政缺口。（3）我国的预算原则是“以收定支”，地方政府负债空间小。（4）我国实行自上而下的信贷行政管理，目的是控制地方可能出现的超投资行为。

（二）经济建设公债

新中国成立初期，为了恢复经济，推进我国的工业化建设，中央政府两次决定并允许地方政府发行地方政府债券。这两次地方政府融资均用于企业投资、基础设施投资等生产建设。

地方政府第一次发行债券是在 1950 年，是由东北人民政府发行的“东北生产建设折实公债”。东北生产建设折实公债是区域性的，以实物为衡量标准，认购的主体是东北地区企事业单位的职工、工商组织、居民和农民等。建设公债的认购一方面带有计划分配的成分，另一方面参与主体和地方政府之间形成了互相约束、合作的关系。

地方政府第二次发行债券是在 20 世纪 50 年代末到 60 年代初，中央政府批准部分地方政府发行“地方经济建设公债”。这次发行有三个特点：（1）有分权的特征，地方

政府根据地方经济建设的需要发行地方经济建设公债，并且省、自治区、直辖市政府对地方经济建设公债拥有较大的自主管辖权。（2）立法地位很高，1958 年 6 月 5 日，全国人大会常务委员会投票通过并颁布了《中华人民共和国地方经济建设公债条例》。该条例规定了地方建设公债的用途、发行主体、收入划分和分配、管理机构、管理权限、发行方式、发行数量和利率水平等。（3）属于非流通债券，该债券不得自由转让、交易和抵押，也不能充当货币的职能。

20 世纪 60 年代以后，全国实行统一集中的经济体制，中央政府几乎控制了所有的经济资源。中央政府决定从 1959 年起停止国债和地方公债的发行并在 1968 年还清了所有的内外债。自此一直到 20 世纪 80 年代初，我国政府进入了“既无内债，又无外债”的时期。

二、1980—1993 年——地方政府债券零星发展阶段

1980—1995 年，我国由计划经济体制向社会主义市场经济体制过渡。这一时期，我国财政体制的主要特征是包干制，即中央与地方各开各的“灶”，各过各的日子。在分配关系上，中央向地方倾斜，地方资金实力显著增强。但是，地方政府举债仍然受到严格控制，直到 1979 年“拨改贷”的出现。

“拨改贷”在一定程度上可视为地方政府负债。“拨改贷”是指国家为提高财政资金使用效率，将预算内的基本建设投资由拨款改为贷款。“拨改贷”首先在北京、广东、上海三个省市及纺织、轻工、旅游等行业进行试点。1980 年，我国进行“拨改贷”改革，扩大基本建设投资拨款改为贷款的范围，规定凡是实行独立核算、有还贷能力的建设项目，都要进行“拨改贷”改革。1985 年 1 月起，“拨改贷”在全国各个行业全面推行。

三、1994—2009 年——地方政府债券全面禁止阶段

（一）地方政府债券发行全面禁止

1995 年开始实行的《预算法》规定，“地方各级预算按照量入为出、收支平衡的原则编制，不列赤字，除法律和国务院另有规定外，地方政府不得发行地方政府债券”。同时，1995 年颁布的《中华人民共和国担保法》也明确规定地方政府及其职能部门无权对经济合同进行担保。这一时期，地方政府主要通过融资平台向商业银行贷款和发行企业债券来满足融资需要。

（二）地方政府债券发行政策逐步松动

在全面禁止时期，地方政府的举债权也曾被中央政府短暂认可并发行债券。1998年，中央政府为了缓解地方财政负担，将1000亿元长期建设国债转贷给地方。之后几年，每年中央都会把一定的额度转贷给地方。但是根据转贷规则，地方需要承担偿还本付息的责任。尽管中央政府已对部分贷款实行减免利息，地方政府还本情况仍不理想。转贷政策持续到2004年，之后没有再沿用。

《预算法》第28条关于地方政府发债禁止的例外性规定，成为地方政府探索发债的突破口，意味着法律未做修改或者规定前，国务院可规定发行地方政府债券。但一直到2009年，“地方政府债券”的禁令一直保持，其间中央政府也在考虑授权地方政府发行政府债券。

四、2009—2014年——地方政府债券实践探索阶段

2008年金融危机袭来，为了应对冲击，我国开始实行积极的财政政策和适度宽松的货币政策。地方政府需要为基础设施筹措大量资金，但是在法律上，地方政府还不能通过发行债券的方式进行融资。为此，政府部门纷纷通过成立融资平台来筹集资金，我国地方政府性债务风险也因此不断积聚。为了解决该矛盾，地方政府债券发行进入快速探索的阶段。

此后，地方政府债券的实践探索经历了中央“代发代还”和试点城市“自发代还”两个阶段。这两个阶段发行的政府债券由财政部代为偿还，中央政府为信用担保，仍不是真正依托地方信用进行融资。

（一）地方政府债券中央代为发行阶段

中央4万亿元经济刺激计划落地，地方政府配套资金存在较大缺口，因此，从2009年3月27日到2009年9月4日，财政部代理发行50期地方政府债券，债券发行的具体情况见表1－1。

表1－1　　2009年中央代发地方政府债券情况一览

项目	特点
名称	2009年××省政府债券（××期）
发行主体	省、自治区、直辖市和计划单列市政府
发行方式	招标方式

续表

项目	特点
期限	3 年
利率确定方式	指标
利息税	免收企业所得税和政府所得税
投资方向	社会事业、基础设施、生态建设、灾后重建等民生项目
投资者	中债登记公司开立账户的投资者
流通	全国银行间债券市场、证券交易所
债券预算	债券收支全额纳入省级政府预算

资料来源：根据相关资料整理。

国务院根据各地地方政府的财政情况将中央代发地方政府债券的额度进行分配。2009 年中央政府代理发行地方政府债券这一尝试，标志着 1995 年以来被叫停的地方政府债券又重新回到历史舞台。2010 年，财政部再次代发地方债券 2000 亿元。

（二）地方政府债券的地方自主发行阶段

2011 年，我国地方政府债券发行的探索仍在继续。上海、浙江、广东、深圳四省市在获得批准的发行规模范围内进行了地方政府债券的自主发行试点。此次试点，由地方政府负责发行承销程序，债券到期后，仍由财政部代办还本付息。四省市自行发行地方政府债券情况如表 1 - 2 所示。

表 1 - 2　　2011 年地方政府债券自行发行试点单位及明细

债券名称	发债时间	期限（年）	票面利率（%）	发行规模（亿元）	合计（亿元）
上海地方债	2011 年 11 月 15 日	3	3.10	36	71
		5	3.30	35	
广东地方债	2011 年 11 月 18 日	3	3.08	34.5	69
		5	3.29	34.5	
浙江地方债	2011 年 11 月 21 日	3	3.01	33	67
		5	3.24	34	
深圳地方债	2011 年 11 月 25 日	3	3.03	11	22
		5	3.25	11	
合计（亿元）					229

资料来源：根据财政部公告和各省财政部门公告整理。

2013 年，试点省份中新增江苏省和山东省，六个试点省市自行发行地方政府债券共 652 亿元，占全年地方债总额的 18.6%。2014 年再增加四个试点省区市，尝试地方政府自发自还。

经过上述曲折历程，尤其2009—2014年地方政府债券的探索实践，地方政府债券发行机制基本成熟，随着2014年《预算法》修订出台，我国地方政府债券正式进入大规模发行阶段，成为地方政府唯一合法的举债方式，解决了地方政府财政吃紧的问题。地方政府可以根据地方人大通过的举债额度、经济发展规划等，更加灵活地筹集资金，解决发展中存在的问题。地方政府债券分为一般债券和专项债券，其中专项债券形成的专项债务不计入赤字，这样地方政府拥有了自筹资金、自主发展的能力，中央政府与地方政府之间的关系也更加成熟，地方人大通过监督地方政府，提高地方治理能力。

第二节　地方政府债券发展迎来机遇期

2014年8月31日新修订的《预算法》颁布，其中，第三十五条明确规定地方政府享有举债权，举债的主体为省级政府，举债的类型仅为地方政府债券，举债的额度由国务院确定，并规定了债务用途、债务偿还、债务监督等基本要素。为了落实《预算法》的规定，国务院和财政部连续颁布了一系列地方政府债务管理和地方政府债券发行制度文件。自此，地方政府债券发展迎来机遇期，进入快速发展阶段。

一、地方政府债券发行制度变革

地方政府债券发行制度变革不是一蹴而就的，是国家对地方政府举债融资采取了一系列政策措施变革而来，可以归结为“堵后门、开前门”两个方面，从限制城投债、规范地方政府担保，到通过限制发债额度、规范发债程序等，不断完善，才奠定了地方政府债券发行制度规范的基础。

（一）“堵后门”：清理规范地方政府融资平台公司及地方政府违规担保

1. 清理地方政府融资平台公司

2010年6月，国务院印发《国务院关于加强地方政府融资平台公司管理有关问题的通知》，整治的核心是清理地方政府融资平台公司。2007—2009年，融资平台企业债券发行数量和发行规模的复合增长率分别达到157.1%和231.8%，截至《国务院关于加强地方政府融资平台公司管理有关问题的通知》印发前的2010年年初，地方融资平台数量已高达8000余家，平台贷款余额达到7.38万亿元。由于融资平台运作规范性较差，加之融资成本较高，致使我国地方政府性债务风险不断积聚。《关于加强地方政府融资平台公司管理有关问题的通知》明确，按照融资平台公司类别，对融资平台公司采取了如下三种不同的处置方式：（1）主要以财政性资金偿还且不产生项目收益的融资平台公司，剥离其融资职能；（2）兼有建设、运营职能的融资平台公司只保留建设、运营职能；（3）能够自负盈亏的融资平台公司实现商业化运作，改善股权结构。

根据《担保法》的规定，地方政府财政性收入和行政事业单位的国有资产不能为融资平台公司提供融资担保。但实际上，一些地方政府利用商业银行的股权和人事调整权，控制了商业银行的市场行为，致使商业银行和融资平台公司产生关联交易。因此，《国务院关于加强地方政府融资平台公司管理有关问题的通知》明确，制止地方政府违规担保的承诺行为，又要完善银行等金融机构向平台公司发放信贷资金的审批程序。

2. 制止地方政府违法违规融资行为

2012 年 12 月，财政部印发《关于制止地方政府违法违规融资行为的通知》，进一步制止地方政府存在的违法违规融资行为。2010 年《国务院关于加强地方政府融资平台公司管理有关问题的通知》出台的整治地方政府融资平台公司的政策，并没有取得很好的效果。一些地方政府仍违规向平台公司提供担保，非银行金融机构、影子银行、民间集资等信贷资金来源的隐蔽性使地方政府的隐性债务不断增加。对此，《关于制止地方政府违法违规融资行为的通知》主要有以下规定：（1）严格查处违规采用集资、回购等方式举债建设公益项目；（2）禁止地方政府违规向平台公司注资或提供担保；（3）严禁地方政府通过信托公司、金融租赁公司等非银行金融机构举借政府性债务。

3. 彻底剥离融资平台公司的融资职能

2014 年 10 月 2 日，国务院印发《国务院关于加强地方政府性债务管理的意见》，这是新《预算法》公布后的第一个细化意见，明确指出政府债务的融资主体是政府及其部门，不包括融资平台公司等企事业单位。这一政策的出台，彻底剥离了平台公司的融资职能，建立了“借、用、还”相统一的地方政府性债务管理机制，也意味着历时已久的城投债正式退出历史舞台。平台公司不得再为政府借债，债务甄别和清理也紧随其后。

4. 对地方政府存量债务进行甄别、分类

2014 年 10 月 23 日，财政部根据《关于加强地方政府性债务管理的意见》下发了《地方政府存量债务纳入预算管理清理甄别办法》。该办法完成的第一项工作是对地方政府存量债务进行甄别。存量债务是指 2014 年 12 月 31 日前尚未清偿完毕的债务。该办法要求地方政府对政府性债务进行逐笔甄别，并在第十一条列举了政府债务的正面和负面清单。其中明确指出，通过政府与社会资本合作模式（简称 PPP 模式）转为企业债务的部分，不视为政府债务。

《地方政府存量债务纳入预算管理清理甄别办法》完成的另一项工作是对地方政府债务进行分类，地方政府债务被分为一般债务和专项债务，分类依据为是否有项目收益、计划偿债来源。一般债务由一般性公共预算收入偿还，专项债务由政府性基金收入和项目收益偿还。甄别和分类工作完成后，地方审计部门和国家审计署都分别收到了地方财政部门和财政部抄送的甄别结果，这为之后的地方政府债券安排奠定了基础。

5. 清理整改地方政府违规担保、强化城投企业融资管理

2017 年 5 月 3 日，财政部联合发改委、司法部等六部委颁布了《关于进一步规范地方政府举债融资行为的通知》。该通知主要从六个方面规范地方政府举债融资行为：（1）清理整改地方政府违规担保；（2）强化城投企业融资管理；（3）规范 PPP 运作模式；（4）健全地方政府融资机制；（5）建立跨部门联合监测机制；（6）推进地方政府信息公开。该通知是新《预算法》《国务院关于加强地方政府性债务管理的意见》《地方政府存量债务纳入预算管理清理甄别办法》等相关法律政策的延伸及细化，直指当前地方政府融资的灰色地带，具有较强的针对性，可有效避免违规举债行为大范围蔓延、破坏近年地方政府债务管理改革所取得的成果。

（二）“开前门”：地方政府自行发债的相关法规逐步完善

根据新《预算法》第三十五条的规定，省级政府可在国务院确定的限额内、经本级人民代表大会批准发行地方债，筹措建设投资所需的部分资金，地方政府债务列入本级预算调整方案。禁止省级以下地方政府（不含省级）及其所属部门举债；限制政府及其部门为单位和个人举债进行担保；同时，由国务院财政部门对地方政府进行监督，建立风险评估和预警、应急处置及责任追究机制。

随着新《预算法》的颁布，允许地方政府发行债券，相关法规相继出台，将地方债务进行限额管理后又将一般债务和专项债务分类实行预算管理，推出了项目收益专项债券，地方政府自行发债的相关法规不断完善。

1. 地方政府债务余额限额管理办法

2015 年 12 月 21 日，在新《预算法》实施即将满 1 年之时，财政部预算司发布了《关于对地方政府债务实行限额管理的实施意见》，这是继《国务院关于加强地方政府性债务管理的意见》之后，新《预算法》的第二个细化意见。该实施意见规定地方政府债务总额由国务院确定，经全国人大批准，由财政部分地区下达。该实施意见的第三部分规定：（1）要求妥善处理存量债务，做到“政府债、政府还”，必要时处置政府资产；（2）对地方政府可能承担一定责任的或有债务分为“确需依法代偿”和“违法违规担保”债务两类，对“确需依法代偿”的债务，地方政府代偿后保留追索权，对

"违法违规担保"的债务，依法解除担保关系。《关于对地方政府债务实行限额管理的实施意见》是在剥离平台公司的融资职能、收到地方政府报送的关于存量债务甄别结果后，首次对地方政府自行发行债券进行相关规定，进一步规范了地方政府自行发行债券。

2. 中央不救助原则

2016年10月27号，国务院办公厅印发了《关于印发〈地方政府性债务风险应急处置预案〉的通知》。该处置预案厘清了中央与地方政府、省级政府对其下辖的市、县政府的责任，明确规定"地方债地方还，中央不救助"。根据债务风险等级，进行了如下划分：（1）对一般和较大级别的政府债务风险，市、县政府自行化解；（2）对重大和特大级别的债务风险，省级政府根据市、县级政府的请求，适当提供救助；（3）当地方政府债务出现极大风险时，中央政府适当提供指导。同时，经国务院批准，财政部印发《关于印发〈地方政府性债务风险分类处置指南〉的通知》，这是对《国务院关于加强地方政府性债务管理的意见》《关于对地方政府债务实行限额管理的实施意见》和《关于印发〈地方政府性债务风险应急处置预案〉的通知》的细化和扩展。《关于印发〈地方政府性债务风险应急处置预案〉的通知》的发布有利于进一步加强地方政府性债务风险的防范和控制。

3. 将一般债务和专项债务分类实行预算管理

2016年11月9日，财政部下达了《关于印发〈地方政府专项债务预算管理办法〉的通知》，从债务限额确定、预算编制和批复、预算执行和决算、非债券形式债务纳入预算、监督管理等方面，提出了规范地方政府债务预算管理的工作要求。按照《预算法》和《国务院关于加强地方政府性债务管理的意见》的规定，该管理办法将一般债务和专项债务分类实行预算管理，将一般债务收支纳入一般公共预算管理，主要以一般公共预算收入偿还；专项债务收支纳入政府性基金预算管理，主要通过政府性基金收入、项目收益形成的专项收入偿还。该管理办法的出台，改变了以往一些地方政府通过融资平台公司举债后债务资金游离于监管之外的局面，增强了地方政府债务透明度，强化了对地方政府债务管理的监督。

4. 打造中国版的地方政府市政项目"收益债"

2017年6月2日，财政部印发了《关于试点发展项目收益与融资自求平衡的地方政府专项债券品种的通知》。该通知出台的目的是指导地方发行实现项目收益与融资自求平衡的专项债券品种，从我国实际出发，打造中国版的地方政府市政项目"收益债"。项目收益专项债是专项债的一种，在地区专项债务限额内安排发行，发行对象为有一定收益的公益性项目，如土地储备、政府收费公路等。与普通专项债的还款资金来源对应政府性基金收入不同，项目收益专项债券严格对应项目发行，还款资金也由对应的项目进行支付，实行“封闭”运行管理。

《关于试点发展项目收益与融资自求平衡的地方政府专项债券品种的通知》是允许地方政府试点发行与具体项目单一对应或集合对应的项目收益专项债的一般性规范文件，这也是自发行地方政府专项债以来发布的首个一般性规范文件，在使地方政府专项债演进为中国版“市政项目收益债”方面前进了一大步。财政部将陆续针对具有稳定现金流的基础设施和公共服务项目推出相应的专项债券品种，以形成完善的地方政府专项债体系。

5. 遏制违法违规举债，督促完成存量地方政府债务置换工作

2018 年 3 月 26 日颁布了《关于做好 2018 年地方政府债务管理工作的通知》，依法规范地方政府债务限额管理和预算管理。该通知主要明确了以下内容：（1）强调“依法”及“限额管理和预算管理”的概念，规范地方政府债务，合理确定分地区地方政府债务限额；（2）督促加快项目收益债的推进工作，鼓励各地区积极利用上年末专项债务未使用的限额，结合项目对应的政府性基金收入、专项收入情况，合理选择重点项目试点分类发行项目收益与融资自求平衡的专项债券，保障重点领域合理的融资需求；（3）鼓励地方合理扩大专项债券使用范围，创新和丰富地方专项债券品种；（4）督促地方完善地方政府债券市场，积极探索在商业银行柜台销售地方政府债券，推动地方政府债券投资主体多元化。

《关于做好 2018 年地方政府债务管理工作的通知》明确要求加快存量地方政府债务置换进度，要求各地应当尽早启动置换债券发行，确保在国务院明确的期限内完成全部非政府债券形式存量政府债务置换工作。债权人不同意在规定期限内置换为政府债券的，仍由原债务人依法承担偿债责任，对应的地方政府债务限额由中央统一收回；地方政府作为出资人的，在出资范围内承担有限责任。

6. 地方政府和国有企业投融资行为监管再升级

2018 年 3 月 28 日，财政部刊发了《关于规范金融企业对地方政府和国有企业投融资行为有关问题的通知》。该通知的出发点是防范和化解地方政府债务风险，目的在于规范金融企业与地方政府和地方国企的投融资行为。该通知从资本金审查、还款能力评估、投资基金、资产管理业务、政策性开发性金融、合作方式、金融中介业务、PPP、融资担保、出资管理、财务约束、产权管理、配合整改、绩效评估、监督检查等十几个方面对金融企业的投融资行为进行了规范建议。

除此之外，《关于规范金融企业对地方政府和国有企业投融资行为有关问题的通知》还明确规定，除购买地方政府债券外，国有金融企业要做到四个“不得”：（1）不得直

接或通过地方国有企事业单位等间接渠道为地方政府及其部门提供任何形式的融资；（2）不得违规新增地方政府融资平台公司贷款；（3）不得要求地方政府违法违规提供担保或承担偿债责任；（4）不得提供债务性资金作为地方建设项目、政府投资基金或政府和社会资本合作（PPP）项目资本金。《关于规范金融企业对地方政府和国有企业投融资行为有关问题的通知》的出台，进一步加强了监督力度，严格规范了国有金融企业投融资行为，有助于防范地方债务风险。

7. 专项债券作资本金和配套融资制度扩宽了专项债券资金的作用

2019 年 5 月 30 日，中共中央办公厅、国务院办公厅联合印发的《关于做好地方政府专项债券发行及项目配套融资工作的通知》将“开大前门”和“严堵后门”协调起来，充分发挥专项债券作用，有效拓宽重大项目的融资渠道，通知基本确立了专项债券支持重大交通基础设施等七大领域，符合条件的项目可发行专项债券用作资本金，并鼓励金融机构对专项债券项目提供配套融资。

8. 规范地方政府债券发行，发行机制基本成熟

2015 年《地方政府一般债券发行管理暂行办法》《地方政府专项债券发行管理暂行办法》初步建立地方政府债券发行规范，2017—2019 年这三年地方政府专项债券快速发展阶段，财政部每年发布地方政府债券发行、地方政府债务管理的意见，丰富了地方债券期限，强化了地方债券发行定价的市场化程度，鼓励了投资主体的多元化，明确了地方政府可提前偿还债券等，从多个方面细化了地方债券发行规范，并对存在的问题进行了查漏补缺。至 2020 年《地方政府债券发行管理办法》出台，发行机制基本成熟。

二、地方政府债券的发展情况

（一）地方政府债券的种类

新《预算法》规定地方政府可发行地方政府债券，可发行债券种类主要为一般债券和专项债券这两类。

一般债券发行是为没有特定现金流的公益性项目融资，通过一般公共预算收入偿还。发行对象是未来现金流量不确定的公益性项目，如城市建设项目如市政设施和城市基础设施建设等。

专项债券发行是为有一定收益的公益性项目融资，通过对应的政府性基金或项目收入偿还。专项债券项目一般会产生一定的收入来源，如热气和电力供应，以及交通运输如收费公路、地铁和机场等。

（二）地方政府债券发行的机制变化

2009年至今，我国地方政府债券发行制度从无到有、从起步到不断完善，具体发行机制变化如表1－3所示。

表1－3　　地方政府债券发行的机制变化

内容	变化前	变化后
发行责任	财政部代理发行	下放发行责任到省级人民政府
投资主体	2015年以前商业银行投资地方政府债券	2015年非银行金融机构开始尝试参与
发行方式	招标发行	自行选择通过定向承销或招标方式发行
承销团成员	甲类承销商成员	所有具有承销资格的机构
债券期限	2009年只有3年期，2010年变为3年和5年期，2012年试点地方政府开始发行3年、5年和7年期三种期限的债券	2015年一般债券有1年、3年、5年、7年、10年期5种期限，而专项债券有1年、2年、3年、5年、7年、10年、15年、20年、30年期等
债券定价	各地区地方政府发行利率几乎一致	各地区地方政府债券发行利率有了明显的差异
发行监管	财政部代理地方政府发行偿还	财政部下放发行、偿还职责
发行规模	稳步提高的趋势	
信用评级	2014年首次引入针对地方政府债券的债项信用评级工作，并且之后年度都进行跟踪评级	
信息披露	从2015年开始国家要求地方政府按年度披露地方政府财政预决算，按季度披露地方经济运行情况，按月度披露地方财政收支情况等	

资料来源：根据相关资料自行整理。

（三）地方政府债券发行的情况

2015年是新《预算法》框架下地方政府债券发行元年，地方债市场上出现了一般债券和专项债券两个品种，2015—2017年地方政府债券发行整体以置换债券为主。

2017年，财政部推出项目收益类专项债券试点发行通知，当年项目收益类专项债券发行规模为2867.08亿元。2018年，政府债务置换进入尾声，再融资债券（所募集资金用于偿还到期的地方政府债券本金）则随着2015年公开发行的地方政府债券逐步到期而开始发行，但相对规模较小。2018年新增债券发行占全年发行总量的52.11%，地方政府债券发行开始由以置换债券为主转为以新增债券为主，当年项目收益类专项债券发行规模增长了260.26%至10327.74亿元。

2019年，财政部为指导和督促各地持续加快地方政府债券发行和资金使用进度，采取提前下达新增债务限额、建立定期通报机制等措施，新增专项债券额度21500.00亿元，促使当年新增债券占比进一步提升至70.05%，项目收益与融资自求平衡的专项债券发行量大幅提升，当年发行规模为25882.25亿元。

2020年以来，在新冠肺炎疫情的冲击下，全球主要经济体面临前所未有的压力，我国经济及财政均面临较严重的下行风险，财政收入出现近五年来首次负增长，地方政府用于重大基建领域的项目资本金的财政压力进一步上升。为缓解减税降费及疫情冲击背景下的地方财政压力和资本金到位支付压力，专项债券发行额度和使用进度明显提前，地方政府债券已成为我国债券市场第一大券种，也是发展最快的券种，2020年累计发行地方政府债券24438.12亿元，在“六稳”“六保”工作中发挥了积极作用，有力地保障了我国经济实现正增长。

表1-4　2015—2021年全国地方政府债券发行概况

项目		2015年	2016年	2017年	2018年	2019年	2020年	2021年
发行期数（支）		1035	1159	1134	930	1093	1848	1995
发行规模（亿元）		38350.62	60458.40	43580.94	41651.68	43624.27	64438.12	74898
按类型分	一般债券	28606.92	35339.84	23619.35	22192.19	17742.02	23033.65	25669
	专项债券	9743.70	25118.56	19961.59	19459.49	25882.25	41404.47	49229
按用途分	新增债券	5912	11699	15898	21704.54	30560.75	45524.85	43709.09
	新增一般债券	4953	7662	7961	8177.22	9073.45	9506.15	7865.46
	新增专项债券	959	4037	7937	13527.32	21487.30	36018.70	35843.63
	置换债券	31985.18	47833.8	27683	13130.35	1579.23	—	—
	再融资债券	—	—	—	6816.79	11484.29	18913.27	31189.21

资料来源：根据财政部政府债务研究和评估中心公开资料统计、整理。

2021年以来，在经济整体向好恢复、去年财政资金冗余以及防范债务风险力度加大等多因素影响下，地方政府稳增长压力较小，发行专项债意愿较低，整体出现发行速度减缓、提前批下达限额滞后、发行进度较慢等现象。在当前专项债券余额超过一般债余额且近年来增量在数万亿级别的背景下，监管单位首次提出专项债券项目资金绩效管理评价，恢复常态化管理，放宽地方发行时间要求，严格审查资金闲置、收益无法覆盖融资、投向不合理等问题，力在解决“重发行轻管理”的弊端，一方面避免影响重点项目建设进度，另一方面也可以有效避免债券资金闲置，提高专项债券资金使用效益，有效防范政府债务风险。至此，地方政府专项债券从快速发展转入规范发展。

三、项目收益专项债券发展历程

2017年6月2日，财政部发布了《关于试点发展项目收益与融资自求平衡的地方政府专项债券品种的通知》，该通知的发布标志着“中国版市政收益债”的诞生。本书将我国为完善地方政府专项债券的管理，指导地方按照本地区政府性基金收入项目分类发行专项债券而推出的土地储备、收费公路、棚户区改造以及其他类别的项目收益与融资自求平衡的专项债券称为“项目收益专项债券”。

（一）项目收益专项债券的推出背景

新《预算法》（2014 年修订）和《国务院关于加强地方政府性债务管理的意见》构建了地方政府举债融资机制的法律制度框架。《预算法》规定，地方政府举债应当在国务院批准的限额内采取发行地方政府债券方式，除此以外不得通过其他任何方式举借债务。《国务院关于加强地方政府性债务管理的意见》进一步明确，对没有收益的公益性项目发行一般债券融资，主要依靠一般公共预算收入偿还，纳入一般公共预算管理；对有一定收益的公益性项目发行专项债券融资，以对应的政府性基金收入或专项收入偿还，纳入政府性基金预算管理。

随着地方政府“隐性债务”的增多，为了有效防范化解地方政府债务风险，近年来财政部坚持“开前门、堵后门”的理念，会同有关部门加快建立规范的地方政府举债融资机制，增强地方经济财政发展的可持续性。为进一步开好政府规范举债的“前门”，在依法增加地方政府债务限额的同时，财政部积极推动完善政府债务管理机制，充分发挥政府债务限额资源的使用效益。

印发《关于试点发展项目收益与融资自求平衡的地方政府专项债券品种的通知》的目的是指导地方在法定专项债务限额内，按照地方政府性基金收入项目分类发行专项债券，发展实现项目收益与融资自求平衡的专项债券品种，同步研究建立专项债券与项目资产、收益相对应的制度，立足我国国情，从我国实际出发，打造中国版的地方政府市政项目“收益债”。

做好这项工作，有利于依法开好地方政府规范举债的“前门”，保障重点领域合理的融资需求，加大补短板力度，也有利于深化财政与金融互动，引导社会资本加大投入，更好地发挥专项债券促进经济社会持续健康发展的积极作用。

（二）土储、收费公路、棚改等项目收益专项债券具体发展历程

1. 土地储备专项债券推出，防范地方政府土地融资风险

地方政府债券中的专项债券，由对应的政府性基金或专项收入来偿还，用以解决有一定收益的公益性事业发展的融资难题。但是此前，我国地方政府专项债券并未细化具体品种，这导致市场很难判断专项债券的风险，专项债券也难以发展。随着《地方政府土地储备专项债券管理办法（试行）》的发布，土地储备专项债券成为首个试点品种。土地储备是地方政府融资的重要渠道之一，2017 年，我国政府性基金收入决算

数为61479.66亿元，其中国有土地使用权出让收入为49997.07亿元，占比超过80%。

为了规范地方政府土地储备通过债券融资，《地方政府土地储备专项债券管理办法（试行）》规定，在地方债限额管理总要求下，土地储备专项债券也被纳入限额管理，并只能通过省级政府发行。这意味着并不是完全放开地方政府债券的发行审批，而是仍由国务院和财政部进行总额控制、统一管理，避免发行规模的失控。同时，发行土地储备专项债券的资金只能用于指定项目的开发，而且与项目资产挂钩，一方面保证了特定项目土地储备资金的专款专用，有助于避免土地储备项目因资金不足而不能按期完成，另一方面由于土地储备与项目资产挂钩，还本付息有保障，既有助于保护债券投资人的利益，也有助于避免可能出现的地方债务风险。

2017年7月21日，福建省通过上交所政府债券发行系统成功招标发行485.8亿元地方政府债券，在本次发行的债券中有10亿元土地储备专项债券，这标志着自2017年6月1日《地方政府土地储备专项债券管理办法（试行）》印发以来，上交所市场首单土地储备专项债券正式落地。本次发行的2017年福建省土地储备专项债券（一期）规模为10亿元，品种为5年期记账式固定利率附息债，全部为新增债券，募集资金主要用于福州市三叉街旧街改造项目，未来的偿债资金将来源于该旧街改造地块的国有土地使用权出让收入。

2. 规范地方政府收费公路融资行为，推进政府收费公路持续健康发展

2017年6月26日，财政部和交通运输部联合下发了《关于印发〈地方政府收费公路专项债券管理办法（试行）〉的通知》，提出可通过发行地方政府收费公路专项债券来进行政府收费公路建设融资。以车辆通行费收入为代表的交通类基金收入在我国政府性基金收入中排名第二，具有相对长期稳定的收益来源。因此，收费公路专项债成为继土地储备专项债券之后第二个地方政府专项债券创新品种。《地方政府收费公路专项债券管理办法（试行）》对收费公路专项债发债项目界定、额度管理、发行机制、监督管理等方面进行了具体规定。根据该管理办法，收费公路专项债是指地方政府为政府收费公路建设而发行，以项目对应并纳入政府性基金预算管理的车辆通行费收入、专项收入等为偿债资金来源的地方政府专项债券。收费公路专项债的发行为中国未来路网建设提供了资金来源。

2017年9月12日，宁波市10亿元收费公路专项债券通过财政部上海证券交易所政府债券发行系统成功发行。这是自财政部、交通运输部2017年6月26日联合印发《地方政府收费公路专项债券管理办法（试行）》以来首单在上交所市场发行的收费公路专项债券。

此次收费公路专项债券对应宁波舟山港石浦港区沈海高速连接线新桥至石浦段工程项目，未来偿债资金主要来源于车辆通行费收入。债券存续期内，预计车辆通行费

收入为16.12亿元，还本付息支出共14亿元，项目收入可以对本息支出实现较好的覆盖。从认购情况来看，本次宁波市收费公路专项债券全场认购倍数达2.92倍，券商合计投标量11.7亿元，占投标总量的40%，中标0.5亿元，占发行规模的5%。从发行利率来看，4.08%的票面利率比本次发行的同期限一般债、专项债分别高出15基点、25基点，投资价值较高。

3. 继土储、收费公路专项债后，首例项目收益专项债新品种发行

随着地方政府专项债券管理日益精细化，通过按政府性基金收入项目细化专项债券品种，债券投资者将逐渐形成根据对应资产质量以及预期收入水平对地方政府专项债券进行科学合理定价，进一步提升了专项债券的市场化水平。

2017年12月11日下午，深圳市通过深圳证券交易所政府债券发行系统成功招标发行了2017年深圳市轨道交通专项债券。这是2017年8月财政部发布相关试点通知后，全国首例项目融资与收益自求平衡的地方政府专项债券新品种。本次发行严格按照市场化模式操作，发行面值总额为20亿元，期限为5年，均为记账式固定利率附息债券。在本次招标中，承销团成员投标倍率达4.38倍，市场认购较为踊跃，中标利率为3.82%。在投资者结构方面，除商业银行积极认购19.7亿元外，券商共中标3000万元。通过丰富投资者群体，不仅增强了地方政府债券投资属性，而且有助于防范地方政府债务风险。本次发行的专项债券建设项目为深圳市轨道交通14号线，该项目已获得国家批复，本体工程估算总额为395.43亿元，其中195.43亿元（占总投资49.4%）为项目资本金，由政府财政预算安排，另有200亿元（占总投资50.6%）按照实际使用需求分年度发行专项债券募集，通过地铁运营收入和上盖物业开发收入还本付息。

4. 规范棚户区改造融资行为，改善群众住房条件

2017年，财政部等部门陆续推出土地储备专项债、收费公路专项债等债券品种。为完善地方政府专项债券管理，规范棚户区改造融资行为，坚决遏制地方政府隐性债务增量，2018年3月1日财政部发布了《试点发行地方政府棚户区改造专项债券管理办法》，正式推出了棚户区改造专项债。该管理办法指出，在资金用途方面，棚改专项债券资金由财政部门纳入政府性基金预算管理，并由本级棚改主管部门专项用于棚户区改造，严禁用于棚户区改造以外的项目，任何单位和个人不得截留、挤占和挪用，不得用于经常性支出。在资金期限方面，与棚户区改造项目的征迁和土地收储、出让期限相适应，原则上不超过15年，可根据项目实际适当延长，避免期限错配风险。该政策的出台，有利于探索建立棚户区改造专项债券与项目资产、收益相对应的制度，鼓励地方政府规范、适度举债，从而改善群众住房条件。

2018年6月20日，天津市红桥区棚户区改造专项债券（一期）通过财政部上海证券交易所政府债券发行系统成功发行。这也标志着自财政部、住房城乡建设部3月1日联合印发《试点发行地方政府棚户区改造专项债券管理办法》以来，全国首单棚改专项债正式落地。

本期棚户区改造专项债券，对应项目为天津市西沽南片区棚户区改造项目和天津市红桥区西于庄地区棚户区改造项目，期限5年，预计融资规模为108亿元，本期发行规模15亿元，未来偿债资金主要来源于土地出让收入。根据项目融资计划、建设情况等进行测算，预计土地出让收入对项目总融资成本的覆盖倍数为1.52倍，项目自求平衡情况较为良好。从发行情况来看，本期债券全场认购倍数达2.69倍，券商合计投标量15.5亿元，票面利率3.88%，低于同场发行的同期限普通专项债券22个基点。

截至目前，我国已发行项目收益专项债券品种依旧为上述四类，均要求项目收益与融资可以达到平衡，发行人均为省级政府、自治区、直辖市以及计划单列市，项目均偏稳健，发行风险较小。

第三节　外国经验：日本地方政府债券发展情况

一、基本情况

日本的地方公债制度是中央集权型国家地方债券发展过程中的某些过渡性债券市场制度安排，具有中央集权特征。日本的行政体制分为中央政府、都道府县和市町村三级，其中，都道府县和市町村两级政府为地方政府，又名地方公共团体。日本的地方自治实质上是地方公共团体代表国家来治理地方事务，只是拥有相对独立的行政权，没有完全意义上的立法权和财政权，中央有权对地方事务进行适当的干预。日本的中央集权特征与我国有很多相似之处，因而研究其地方政府债券的做法，对于完善我国市政债券市场监管体制有一定的借鉴意义。

（一）日本地方政府债券概况

日本的地方政府承担了地方公共产品总支出较大的份额，地方政府必须有充足的资金来源以满足支出，任务繁重。为弥补地方政府资金缺口，以及促进战后重建，日本政府于1947年通过了《地方自治法》，授予日本地方政府进行举债的权力。经过数十年飞速发展，日本目前已成为世界上第二大债券市场国。

（二）日本地方政府债券规模结构

日本地方政府债务规模较大。1991—2001 年十年间日本经济衰退，地方债作为弥补财源不足的常规性手段，2002 年达到了 193.1 万亿日元，其中地方政府债券 134.1 万亿日元，为 1992 年的 2.16 倍。近年来日本地方政府债务控制情况较好，2011 年增至约 200.4 万亿日元，是 1992 年的 2.54 倍，占同年 GDP 约 42.8%，其中 143.2 万亿日元以地方政府债券形式存在。

（三）日本地方政府债券分类

日本地方债按发行主体可分为地方公共团体发行的地方政府债和由地方公营事业发行的公营企业债。地方政府债与美国市政债券的一般责任债券类似，主要用于区域开发、基础设施、义务教育设施建设等公共事业领域；公营企业债依靠地方政府进行担保，由地方公营企业发行的债券，用在下水道、自来水等领域，与美国市政债券的收益债券类似。

日本地方债按发行主体数量划分为单一地方公共团体单独发行和多个地方公共团体共同发行两种类型。多个地方公共团体共同发行地方政府债是在单个地方公共团体财政实力较弱的情况下为扩大融资规模而发行的。

二、地方政府债券发行

（一）发行主体

日本地方政府债券的发行主体为都、道、府、县以及市、町、村等，此外，特别地区、地方公共团体联合组织以及地方开发事业等特殊地方公共团体也具备举债权。

（二）发行依据

《地方自治法》规定，地方公共团体可以通过制定预算来发行地方债。《地方财政法》规定地方债资金可用于如下用途：交通、煤气、水道、医院和地铁等地方公共团体经营的企业（地方公营事业）；向按照自治体行政目标设立的公共性较高的法人出资或者放款；地方债还本付息；灾害应急项目、灾后重建项目及救灾项目、文教设施、福利设施、公园等公共设施，或者办公楼等公用设施建设项目以及这些设施的用地。此外，为弥补地方税减税和促进重要政策实施而发行的地方债则由“特例法”加以认定。

（三）发行方式

日本地方政府债券发行分为招募发行和共同发行。招募发行根据募集对象的多少和是否公开投标又可分为公募和私募。公募指通过债券市场发行债券的方式，首先公布地方债券的发行条件，让投资者们提交认购申请书竞价，按价格高低顺序让申请者交纳现金后发行债券。一般来说，公募方式适用于实力较强的地方政府。共同发行指财政收入比较低的地方政府联合起来在公开市场上发行债券的模式。

（四）发行流程

日本地方政府债券的发行为中央与地方债券额度发行协商制，通过日本总务省从中进行沟通。总务省根据各个地方报送的预算草案中的债券发行计划，同时参考财政部的年度地方投资计划以及相关融资计划，准备每年各个地方的发行债券规划。具体的协商流程分为问询、裁定、偿还、审议、标准。

三、市场金融监管体制

（一）地方债市场监管架构

金融厅行使对地方债市场的交易监管职能，由证券监视委员会行使对地方债交易市场的监视职能。此外，日本的自律组织（证券业协会和公社债承销协会）也发挥着重要的作用，它们在政府监管机构的指导下，开展业务并承担相应的责任。

（二）金融厅的主要监管职能

金融厅主要职责有维护财政制度稳定，保护存款人、保险投保人及证券投资人权益，审核及检查金融机构、监督证券交易。

金融厅主要管理事务有：订立及规划国家金融制度；检查及监督金融机构；制定证券交易规则；制定会计准则及其他财务管理规范；监督会计师事务所及会计师；参加与财政议题相关的国际组织、双边或国际性会议，促进国际合作；监督证券市场机构遵循法律法规。

（三）证券交易监视委员会的主要监管职能

证券交易监视委员会不具有行政职能，只承担对证券市场违法违规交易行为的监视、调查举证以及向政府提出处理意见和政策建议等职责。

（四）自律组织

1. 证券业协会

证券业协会是由各家证券公司依据《证券交易法》设立的金融公司法人团体。日本证券业协会会员分为由证券公司构成的正式会员和由经法律批准从事证券业务的其他金融机构构成的特别会员两类。证券业协会的职能包括行业自律、促进证券市场和证券从业者的发展、柜台市场和债券市场的管理。

2. 公社债承销协会

公社债承销协会成员为具有承销业务执照的证券公司及外国证券公司，其事务包括公社债制度、业务及发行市场的调查、研究，与业务相关机构的联系、推广所需的教育训练及刊物的印刷等。最高决策单位为会员大会，任务包括修改章程、收支预决算的审核、事业计划书及事业报告书的承认、协会的解散等。通常由理事会执行日常事务，理事会下设经营委员会、调查研究委员会及业务活动委员会，为理事会的咨询机构，必要时可成立特别委员会。

第二章

地方政府专项债券介绍

第一节　项目收益专项债券简介

在法定专项债务限额内，试点发行项目收益专项债券是落实《预算法》和国发〔2014〕43号文件精神的重要举措，既与现行地方政府债务限额管理、预算管理政策高度衔接，又在规模管理、项目要求、发行方式、信息披露方面具有鲜明的特点。

一、项目收益专项债券特点

（一）债券规模限额管理

根据《关于试点发展项目收益与融资自求平衡的地方政府专项债券品种的通知》的规定，地方政府发行的债券规模需要严格执行国务院批准的当地专项债务限额，并且既包括当年新增的债务限额，也包括上一年末专项债务余额低于限额的部分。

项目收益专项债券规模依旧是控制在当地政府专项债务限额内，主要是为了防范地方政府债务风险加重。如果市、县想要发行项目收益专项债券，可由省级政府代为发行，转贷给市、县使用，但市、县负责发行前期准备等工作，发行债券规模需要遵循《关于印发〈地方政府专项债务预算管理办法〉的通知》中的相关规定。

（二）债券项目现金流稳定

根据《关于试点发展项目收益与融资自求平衡的地方政府专项债券品种的通知》的规定，地方政府发行项目收益专项债券中所对应的项目要求必须具有持续稳定的反映为政府性基金收入或专项收入的现金流入，并且其现金流入应当能够完全覆盖专项债券的还本付息。

项目收益专项债券虽然对债券项目的现金流加以控制，但是仅说优先选择土地储备专项债券、收费公路专项债券，也就意味地方政府在项目的选择上有很大的空间，并且也给投资者提供了更多的选择空间。对地方政府而言，大部分具有持续稳定的现金流入和一定收益的公益性项目可以以发行项目收益专项债券的方式去募集资金建设，但是这也给城投债带来冲击；对投资者而言，在选择债券的时候，收益稳定，又降低了债券违约的风险。

（三）债券严格对应项目发行

从财政部有关负责人答记者问中我们了解到，项目收益专项债券可单一项目发行，也可以同一地区几个项目集合发行，但是项目收益专项债券必须严格对应项目发行，如果几个项目集合发行，也需要具有持续稳定的现金流。

项目收益专项债券的发行可以同一个地区几个项目打包在一起集合发行，不仅给地方政府留下了施展空间，也给一些发行专项债券的现金流入小于现金流出的公益性项目提供了机会，既有利于增加债券发行的成功率，又有利于促进当地的健康发展。

（四）项目专项债券及项目信息及时披露

根据《关于试点发展项目收益与融资自求平衡的地方政府专项债券品种的通知》的规定，地方政府需要及时披露项目收益专项债券及其项目等信息，并且引入第三方评级机构，使项目更加透明化。如果省级政府代为市、县发行项目收益专项债券，市、县需及时披露项目的概况、项目预期收益与融资平衡方案、项目收益专项债券的发行规模和期限、发行计划安排、还本付息等信息。项目收益专项债券因为一般发行期限比较长，所以后续的项目进度、资金使用情况等信息也需要及时披露。项目收益专项债券分期发行的，需要有跟踪评级报告。

项目收益专项债券不仅要求第三方机构对整个项目建设进行投资概算，也要求对整个项目的收益进行测算，并且需在信息披露文件中及时披露。另外，地方政府也需要披露地方政府的财务预算情况，以及本次年债务限额以及上一年度的债务余额，使投资者不仅了解发行人以及与发行人有关主体的基本情况，也清晰地了解整个项目的基本情况，这就降低了整个项目的潜在风险，也更加趋向市场化。

（五）偿债责任明确

项目收益专项债券依旧遵循《国务院关于加强地方政府性债务管理的意见》的相关规定，要求地方政府责任明确，切实做到“谁借谁还、风险自担”。但是《关于试点发展项目收益与融资自求平衡的地方政府专项债券品种的通知》中明确规定，本次项目收益专项债券偿债资金必须为项目的收益以及政府性基金收入，不得通过其他项目的收益来偿还，而这也与以往的专项债券区分开来。如果项目取得的政府性基金收入或专项收入暂时难以实现，不能偿还到期债券本金时，可在专项债务限额内发行相关专项债券周转偿还，项目收入实现后予以归还。

二、项目收益专项债券的优势

（一）风险低、信用高

项目收益专项债券偿债资金为政府性基金收入和发行债券所对应的项目收益。如果市、县需要发行专项债券，省级政府可代为发行转贷给市、县使用，并且由代为发行人偿付。另外，本次项目收益专项债券所对应的项目要求现金流入覆盖现金流出，因此，大幅减少了债务违约的风险，并且信用级别也大大提高。

（二）避免地方政府过度举债

地方政府发行项目收益专项债券筹集来的资金只能用于对应项目，并且只能用项目所对应的收益以及政府性基金收入进行偿还，因此，相当于形成了一个产业链闭环。借鉴美国的经验，因为美国地方有《联邦破产保护法》，所以如果过度举债将会给地方政府带来偿债压力。我国目前虽然没有相关地方政府破产的法规，但是此次项目收益专项债券实行限额制，并且《关于试点发展项目收益与融资自求平衡的地方政府专项债券品种的通知》中明确表示，地方政府依据当地的发展战略去探索发行项目收益专项债券，项目成熟一个，推进一个，将在避免地方政府过度举债方面占有很大优势。

（三）集合发行，选择空间大

项目专项收益债券可以对应单一项目发行，也可以多个项目集合发行。对于地方政府而言，一些公益性项目的现金流入不能完全覆盖现金流出，但又是地方发展必不可少的项目，就可选择多个项目集合发行。目前我国严格控制地方政府过度举债、为融资平台提供债务担保等问题，导致一些项目无法发行专项债券，而项目收益专项债可以几个项目集合发行，这就给地方政府带来了更大的选择空间。

三、项目收益专项债券发行趋势

（一）投向领域不断优化，贴近补短板的重点领域

在前期土地储备、棚户区改造和收费公路等试点项目收益专项债券制度成熟完善的基础上，2018 年棚户区改造专项债券成为新的增长点，同时高校、公立医院、产业园区、生态建设、水务建设、地下综合管廊等专项债券创新品种陆续涌现。

2019 年 9 月 4 日，李克强总理主持召开国务院常务会议，会议确定扩大专项债券使用范围，重点用于重点铁路、轨道交通、城市停车场等交通基础设施，城乡电网、天然气管网和储气设施等能源项目，农林水利，城镇污水垃圾处理等生态环保项目，职业教育和托幼、医疗、养老等民生服务，冷链物流设施，水电气热等市政和产业园区基础设施，发行投向进一步增至 30 个。

2020 年，项目收益专项债作项目资本金的范围有所拓宽，涵盖 10 多个细分领域，同时提出专项债资金不得用于土地储备、房地产、置换债务及可完全商业化运作的产业项目。4 月 3 日，财政部就专项债提出优化资金投向，体现疫情防控需要和投资领域需求变化。在重点用于交通基础设施、能源项目、农林水利、生态环保项目、民生服务、冷链物流设施、市政和产业园区基础设施等七大领域的基础上，适当扩大专项债券使用范围，将国家重大战略项目单独列出、重点支持；同时，增加城镇老旧小区改造领域，允许地方投向应急医疗救治、公共卫生、职业教育、城市供热供气等市政设施项目，特别是加快 5G 网络、数据中心、人工智能、物联网等新型基础设施建设。2020 年 5 月 22 日“两会”提出重点支持既促进消费惠民生又调结构增后劲的“两新一重”、城镇老旧小区改造、公共卫生设施建设等领域。7 月 1 日，国务院总理李克强主持召开国务院常务会议。会议决定，在 2021 年新增地方政府专项债券限额中安排一定额度，允许地方政府依法依规通过认购可转换债券等方式，探索合理补充中小银行资本金新途径；优先支持具备可持续市场化经营能力的中小银行补充资本金，增强其服务中小微企业、支持保就业能力。7 月 15 日，国常会进一步提出可根据实际需要及时用于加强防灾减灾建设，专项债券支持领域越来越广泛，资金投向聚焦重点领域。

2021 年年初，为落实“积极的财政政策要提质增效、更可持续”的要求，加强专项债券资金和项目对接、提高资金使用绩效，财政部办公厅国家发展改革办公厅印发《关于梳理 2021 年新增专项债券项目资金需求的通知》，明确提出新增专项债券重点用于交通基础设施，能源项目、农林水利、生态环保项目、社会事业、城乡冷链物流设施，市政和产业园区基础设施，国家重大战略项目，保障性安居工程等领域，不安排用于租赁住房建设以外的土地储备项目，不安排一般房地产项目，不安排产业项目。

（二）债券发行期限逐步拉长并规范，后续到期分布更加分散

2018 年地方政府债券发行期限以 5 年期为主，占比超 40%，较上年有所提升，专项债券平均发行期限为 6.12 年；2019 年 10 年期及以上期限的地方政府债券发行规模大幅增长，占总规模的 46.91%，平均发行期限延长至 10.26 年，其中，专项债券平均发行期限 9.0 年。2020 年地方政府专项债券平均发行期限 14.62 年，较 2019 年延长 5.62 年，主流期限以 10 年期以上专项债券发行 33638.93 亿元，约占全年专项债券发

行量的 81.24%；2021 年地方政府专项债券平均发行期限 14.16 年。专项债券发行期限呈现长期化态势，通过财政部也强化了管理，多次强调新增专项债券期限要和项目期限相匹配，平均发行期限有所控制。

虽然长期限可缓解地方债务的结构性压力，但是一味追求长期限也会因到期一次性还本造成债务资金的沉淀，同时也增加了利率成本，因此要综合评估分年到期专项债券本息、可偿债财力以及融资成本等情况，合理确定期限，避免人为将偿债责任后移。

（三）债券发行利率总体保持较低水平，发行定价更趋市场化

2015 年，以公开方式发行的地方债发行利率与国债利率基本持平。2016—2017 年，随着地方债发行量增加，发行利率开始逐步上行，个别省份地方债发行利率最高时较国债基准上浮 23%，2018—2019 年地方政府专项债券平均发行利率分别为 3.9% 和 3.43%，基本与国债保持同频波动。2020 年为应对新冠肺炎疫情冲击，央行多次降准释放流动性，市场资金面整体放宽，地方政府专项债券平均发行利率 3.44%。2021 年地方政府专项债券平均发行利率 3.41%，近年总体保持在较低水平。

基于地方政府债券免税、可作为合格押品及可挂钩财政存款等，其发行利率稍高于国债基准的定价模式既可反映地方政府信用与中央政府信用的风险溢价、地方债与国债的流动性溢价，又可以使地方债定价水平跟随市场进行弹性波动。此外，在财政部统筹指导下，地方政府在债券发行前后充分的信息披露，较之增加到期时间、项目资金使用及实物工作量审计、现金流情况和偿债来源运营信息披露的细化，也进一步促进了市场化定价透明度。

（四）债券二级市场流动性逐步改善，持有人呈现多元化

2015 年，90% 以上的地方债由银行持有，其中全国性商业银行及农信系统持有量占比达 70% 以上。2018 年以来，地方债投资人结构更加丰富多元，除了银行以外，保险、券商、基金都积极参与地方债的投资和交易，2018 年定向置换形式的地方债发行完毕后，投资人结构进一步丰富，交易更加活跃。随后更是开放商业银行柜台销售，面向居民销售。随着当前债券市场的二级市场逐渐活跃，引入新的投融资工具，可以丰富投资者的投资选择，活跃二级市场的交易规模，专项债券在质押式回购中的折算比例一般为 0.98，通过质押式回购交易，进一步完善了债券市场卖空机制的运行。根据有关报告显示，地方债二级市场流动性逐步改善，超八成仍为商业银行持有。2021 年地方政府债券二级市场现券交易金额 80693.59 亿元，其中，银行间债券市场 78753.25 亿元，上海证券交易所 1921.83 亿元，深圳证券交易所 18.51 亿元。

（五）扩大专项债用作项目资本金比例

为了改善专项债拉动固定资产投资，尤其是基础设施投资效果不佳的现象，2019年6月，国务院《关于做好地方政府专项债券发行及项目配套融资工作的通知》，明确允许将专项债券作为符合条件的重大项目资本金。应用范围是专项债券支持、符合中央重大决策部署、具有较大示范带动效应的重大项目，主要是国家重点支持的铁路、国家高速公路和支持推进国家重大战略的地方高速公路、供电、供气项目。

2019年9月4日召开的国务院常务会议指出，将专项债券可用作项目资本金范围由原来4个领域项目进一步扩大为10个领域项目，即铁路、收费公路、干线机场、内河航电枢纽和港口、城市停车场、天然气管网和储气设施、城乡电网、水利、城镇污水垃圾处理、供水。从专项债券可用作项目资本金的应用领域来看，在按照中央政府的部署有序拓宽。2020年地方专项债资金用于项目资本金的规模占各省专项债规模的比例已从20%提高至25%，有超3000亿元用作铁路、轨道交通、农林水利、生态环保等领域符合条件的重大项目资本金，其中84%投向交通基础设施领域，尤其是铁路相关建设。根据中诚信国际不完全统计，2020年1—10月约有2000亿元专项债作为项目资本金，接近2019年全年规模的30倍，专项债用作项目资本金的应用推广，进一步发挥对社会资本以及基建投资的撬动作用。从资本金项目收入来源看，大多以项目自身受益为主，涉及土地出让收入项目数量不到总数的10%，且多作为专项收入外的补助收入，更加注重项目自身的收益结构及平衡能力。

提高专项债用作项目资本金比例，意在通过发挥专项债带动作用，完善项目资本金制度发挥引导作用，降低基础设施短板领域投资门槛，鼓励金融机构利用市场化融资优势，依法合规推进专项债券支持的重大项目建设，带动有效投资，支持补短板、扩内需。

第二节　土地储备、收费公路与棚户区改造专项债券

专项债券开始实施精细化管理之后，财政部先后与国土资源部①、交通运输部、住房城乡建设部印发了《地方政府土地储备专项债券管理办法（试行）》《地方政府收费

① 根据第十三届全国人民代表大会第一次会议（2018年3月5—20日）审议通过的国务院机构改革方案，组建自然资源部，不再保留国土资源部。

公路专项债券管理办法（试行）》《试点发行地方政府棚户区改造专项债券管理办法》，开始试点发行土地储备专项债、收费公路专项债与棚户区改造专项债。

一、土地储备专项债券

（一）基本情况

地方政府土地储备专项债券是地方政府专项债券的一个品种，是指地方政府为土地储备发行，以项目对应并纳入政府性基金预算管理的国有土地使用权出让收入或国有土地收益基金收入偿还的地方政府专项债券。

土地储备制度指市、县政府或国土资源部门委托土地储备机构，依据土地利用总体规划、城市总体规划和土地利用年度计划，将按照法定程序收回、收购、优先购买或征收的土地纳入政府储备，对储备土地进行必要的基础设施建设及管理，以备政府供应土地、调控市场的一种制度安排。

2015 年以前，地方土地储备资金的来源以银行贷款为主。为加强对地方政府举债融资行为的监督，遏制政府债务过快增长势头，防范政府债务风险，保障地方政府合理融资需求，从 2015 年起实施的新《预算法》规定，地方政府应当通过发行地方政府债券的方式举借债务，除此以外不得以其他任何方式举债。按照《预算法》的要求，财政部、国土资源部、人民银行及银监会等四部门联合印发了《关于规范土地储备和资金管理等相关问题的通知》（财综〔2016〕4 号），明确自 2016 年 1 月 1 日起各地不得再向银行业金融机构举借土地储备贷款，土地储备融资需求应当通过省级政府发行地方政府债券的方式解决。

（二）发行情况

为了进一步规范地方政府融资，防范地方政府债务风险，2017 年 6 月 1 日财政部、国土资源部印发了《地方政府土地储备专项债券管理办法（试行）》，对土地储备专项债券的发行主体、偿债资金来源、额度管理、发行机制和监督管理等方面进行了明确规定，以推行项目收益和融资自求平衡的地方政府债务管理新理念。该管理办法是对《关于加强土地储备与融资管理的通知》和财综〔2016〕4 号的延续，将进一步规范各地方政府土地储备和债务管理。

1. 发行主体

省级政府（省、自治区、直辖市政府），如下属市、县政府确需发行土地储备专项债券，仍由省级主体发行再转贷给市县政府。

2. 发行与流通方式

采取市场化方式发行，在银行间债券市场、证券交易所市场等交易场所发行和流通。

3. 发行额度

财政部在国务院批准的限额内，确定年度全国土地储备专项债券总额度；省级政府额度应当在国务院批准的分地区专项债务限额内安排，由财政部下达各省级财政部门，抄送国土资源部；额度不足或者不需使用的部分，由省级财政部门会同国土资源部门于每年 8 月底前向财政部提出申请。

4. 债券期限

原则上不超过 5 年，根据项目周期、债务管理要求等因素提出建议报省级政府确定。

5. 还款来源

土地储备项目取得的土地出让收入或国有土地收益基金收入，应当按照该项目对应的土地储备专项债券余额统筹安排资金，专门用于偿还到期债券本金，不得通过其他项目对应的土地出让收入偿还到期债券本金。因储备土地未能按计划出让、土地出让收入暂时难以实现，不能偿还到期债券本金时，可在专项债务限额内发行土地储备专项债券周转偿还，项目收入实现后予以归还。

（三）土地储备专项债券的特点

1. 每年限额有调整机会

地方债的限额一般在前一年 10 月份由省级财政部门提出，经省级政府批准后报财政部。一般债券和专项债券额度经人大批准后，财政部进行划分下发各省级政府，理论上不可进行调整。

但是，对于土地储备专项债券，每年 8 月底之前，地方政府可以根据当年的土地收储情况以及土地储备专项债券额度的使用情况，申请调减或调增当年的土地储备专项债券额度。这一点是土地储备专项债券所特有的。

2. 可以约定提前偿还条款

这样做主要是为了匹配不同土地储备项目未来土地出让收入预期回款的时间差异，避免土地出让收入回款之后资金的闲置。

（四）土地储备专项债券的优势

1. 风险可控

土地储备专项债券额度以各地实际需求为基础，经过各级财政部门审核，严格控制在地方政府专项债券总额度以内，切实降低了地方政府债务风险。

2. 资金使用规范

土地储备专项债券资金专门用于土地储备工作，具体由列入名录的土地储备机构使用，专款专户专用，有效防止了土地储备资金被挪用、滥用。

3. 利率市场化

债券发行直接面向市场，由投资者通过竞争确定最终利率。不同信用评价对应不同的利率水平，既有利于防控风险，又降低了资金使用成本，将风险交给市场去评判。

（五）土地储备专项债券发行规模

2017 年全国地方累计发行土地储备专项债券 2407 亿元，相比于政府收费公路专项债券和轨道交通专项债券发行总额，全国的土地储备专项债券发行额遥遥领先，是当时地方政府最重要的专项债券品种。

自 2017 年 7 月中旬至 2019 年 6 月，全国地方累计发行土地储备专项债券 449 只，发行总额超过 12000 亿元。到 2019 年 9 月 4 日，国务院常务会议在明确提前下达专项债部分新增额度的同时，要求专项债资金不得用于土地储备和房地产相关领域、置换债务以及可完全商业化运作的产业项目。地方政府开始暂时叫停土地储备等专项债申报。截至 2021 年年底，累计发行土地储备类专项债券 14827 亿元（见表 2－1）。

表 2－1　截至 2021 年年底土地储备专项债券发行情况　单位：亿元

项目类型	截至 2017 年	2018 年		2019 年		2020 年		2021 年		合计
	金额	金额	占比	金额	占比	金额	占比	金额	占比	金额
土地储备	2407	5637	54.58%	6783	33.98%	0	0.00%	0	0.00%	14827

数据来源：中国债券信息网等公开数据整理。

二、收费公路专项债券

（一）基本情况

地方政府收费公路专项债券（以下简称“收费公路专项债券”）是地方政府专项债券的一个品种，是指地方政府为发展政府收费公路举借，以项目对应并纳入政府性基金预算管理的车辆通行费收入、专项收入偿还的地方政府专项债券。

政府收费公路是指根据相关法律法规，采取政府收取车辆通行费等方式偿还债务而建设的收费公路，主要包括国家高速公路、地方高速公路及收费一级公路等。

过去地方发展收费公路主要有两种模式：一种是由社会投资者运用 BOT 等经营性模式建设；另一种是由县级以上交通运输部门采用“贷款修路、收费还贷”模式建设。

随着《预算法》（2014 年修订）的实施和《国务院关于加强地方政府性债务管理的意见》的印发，地方原有各类交通融资平台的政府融资功能被取消，发行地方政府债券成为地方政府实施债务融资新建公路的唯一渠道。政府收费公路“贷款修路、收费还贷”模式需要相应调整，改为政府发行专项债券方式筹措建设资金。政府收费公路有长期稳定的收益来源，有可靠的通行费和广告、服务设施收入以及政府收费公路权益转让收入作为债务偿还的来源，为及时偿付专项债券创造了更加有利的条件。适度发展政府收费公路有利于路网的完善优化，发行政府收费公路专项债券有利于拓展公路建设筹资渠道，也有利于规范地方政府举债行为。

收费公路专项债券资金专项用于政府收费公路项目建设，优先用于国家高速公路项目建设，重点支持“一带一路”、京津冀协同发展、长江经济带三大战略规划的政府收费公路项目建设。收费公路专项债券资金不得用于经营性收费公路建设，不得用于非收费公路项目建设，不得用于经常性支出和公路养护支出，也不得用于偿还存量债务。

（二）发行情况

2017 年 7 月 12 日，财政部、交通运输部联合发布《地方政府收费公路专项债券管理办法（试行）》。发行地方收费公路专项债来建设的项目主要包括国家高速公路、地方高速公路及收费一级公路等。该办法明确从 2017 年开始试点发行地方政府收费公路专项债券，这将是今后政府修建收费公路解决举债融资问题的唯一渠道。

1. 发行主体

地方政府为政府收费公路发展举借债务采取发行收费公路专项债券的方式。省、自治区、直辖市政府（以下简称省级政府）为收费公路专项债券的发行主体。设区的市、自治州，县、自治县、不设区的市、市辖区级政府（以下简称市县级政府）确需发行收费公路专项债券的，由省级政府统一发行并转贷给市县级政府。经省级政府批准，计划单列市政府可以自办发行收费公路专项债券。

2. 发行与流通方式

采取市场化方式发行，在银行间债券市场、证券交易所市场等交易场所发行和流通。

3. 发行额度

财政部在国务院批准的年度地方政府专项债务限额内，根据政府收费公路建设融资需求、纳入政府性基金预算管理的车辆通行费收入和专项收入状况等因素，确定年度全国收费公路专项债券总额度。各省、自治区、直辖市年度收费公路专项债券额度应当在国务院批准的分地区专项债务限额内安排，由财政部下达各省级财政部门，抄送交通运输部。省、自治区、直辖市年度收费公路专项债券额度不足或者不需使用的部分，由省级财政部门会同交通运输部门于每年 7 月底前向财政部提出申请。财政部可以在国务院批准的该地区专项债务限额内统筹调剂额度并予批复，抄送交通运输部。省级财政部门应当加强对本地区收费公路专项债券额度使用情况的监控。

4. 债券期限

收费公路专项债券期限应当与政府收费公路收费期限相适应，原则上单次发行不超过 15 年，具体由省级财政部门会同省级交通运输部门根据项目建设、运营、回收周期和债券市场状况等因素综合确定。

5. 还款来源

还款来源包括政府收费公路项目对应的广告收入、服务设施收入、收费公路权益转让收入等。

（三）收费公路专项债券特点

1. 用于地方政府收费公路建设

收费公路专项债券主要用于地方政府收费公路的建设，主要包括国家高速公路、地方高速公路及收费一级公路等。地方不收费的国省道建设不在其中，实际上对地方承担道路建设的平台公司影响不大。

2. 专款专用

收费公路专项债券的资金只能用于新建的收费公路，不得用于非收费公路项目建设，不得用于经常性支出和公路养护支出，并且项目要有稳定的预期偿债资金来源。实际上就是指收费公路项目与专项债券融资要平衡。

3. 对项目资产和权益有严格要求

专项债对项目的资产与权益有严格要求，对应项目形成的基础设施资产纳入国有资产管理，要建立资产登记和统计报告制度，并且项目形成的基础设施资产和收费公路权益不得用于抵质押。

4. 建立收费公路项目库

要建立政府收费公路项目库，并且入库项目的融资数据要与地方政府债务管理系统对接。这实际上是要求加强预算管理，收费公路专项债券对应项目形成的广告收入、服务设施收入等专项收入，应当全部纳入政府性基金预算收入。

5. 对债券规模与额度有严格要求

债券规模与额度也有严格要求。由财政部确定年度全国收费公路专项债券总额度。

省、自治区、直辖市年度收费公路专项债券额度不足或者不需使用的部分，由省级财政部门会同交通运输部门于每年7月底前向财政部提出申请。

（四）收费公路专项债券的优势

1. 保障国家公路网规划目标的如期实现

"十三五"和"十四五"时期是我国公路加快建设成网的关键时期。收费公路专项债券作为政府债券，具有信用等级高、筹资数额大、融资期限长、融资成本低等优势，是收费公路发展的重要资金渠道。

2. 防控交通领域政府债务风险的需要

收费公路专项债券额度纳入专项债务限额管理，债券收支纳入政府性基金预算管理，接受人大监督；收费公路专项债券按照市场化原则发行，期限、结构明确合理，信息公开透明，便于市场和公众监督。这种更加规范化、标准化、透明化的融资方式，有利于防范和化解交通领域新增债务风险。

3. 完善专项债券制度

依据《预算法》（2014年修订）、《国务院关于加强地方政府性债务管理的意见》确定的地方政府债券管理理念，借鉴国外市政债券管理经验，收费公路专项债券强化了项目收益和融资自求平衡的管理理念，发挥项目对应政府性基金收入、专项收入和资产偿债保障作用，防范化解潜在风险隐患。深化财政与金融互动。选择车辆通行费收入等部分政府性基金收入项目分类发行专项债券，有利于丰富地方政府债券品种，完善地方政府债券市场，进一步增强地方政府债券透明度，保护投资者合法权益，支持对债券科学合理定价，提高地方政府债券市场化水平，吸引更多社会资本投资地方政府债券，带动民间资本支持重点领域项目建设，激发民间投资潜力。

（五）收费公路专项债券发行规模

首支地方政府收费公路专项债券于2017年8月10日在中央国债登记结算公司深圳中心通过财政部政府债券发行系统组织招标发行，发行量63亿元。2018年至2020年期间，专项债券用于收费公路的额度持续增加，可以看出，随着专项债务额度的逐步放大，地方政府专项债在收费公路建设上的作用越来越大，也对加快收费公路项目投资、补齐交通基础设施短板，对降低收费公路建设融资成本、拓宽渠道破解资金难题具有十分重要的意义。截至2021年年底，累计发行收费公路类专项债券5934亿元（见表2－2）。

表 2-2　　截至 2021 年年底收费公路专项债券发行情况　　单位：亿元

项目类型	截至 2017 年	2018 年		2019 年		2020 年		2021 年		合计
	金额	金额	占比	金额	占比	金额	占比	金额	占比	金额
收费公路	440	749	7.17%	1526	7.64%	1895	7.09%	1324	6.52%	5934

数据来源：中国债券信息网等公开数据整理。

三、棚户区改造专项债券

（一）基本情况

棚户区改造专项债券是地方政府专项债券的一个品种，是以项目对应并纳入政府性基金预算管理的国有土地使用权出让收入或国有土地收益基金收入偿还的地方政府专项债券。

棚户区改造范围既包括一般意义上的城镇棚户区（含城中村、城市危房），还包括国有工矿（含煤矿）棚户区、国有林区（场）棚户区和危旧房、国有垦区危房改造项目等，这些棚户区类型的共同特点是土地产权为国有土地，也就是不包括农用地或集体用地。过去，地方政府棚改资金主要由国有平台公司向国家政策性银行进行贷款，占棚改项目投资的比例达到 97% 以上，国家、省级财政仅提供 2%—3% 的棚改专项补助及配套资金。显然，国家政策性银行在棚改上承担了较大的资金压力。但随着地方政府融资规模不断扩大，为遏制政府债务过快增长的势头，防范政府债务风险，国务院加强了对地方政府举债融资行为的监督。这是继土地储备、政府收费公路专项债券之后第三个全国性的“市政收益债”品种。

棚户区改造是更好地解决群众住房问题的重要举措，融资问题关系到棚户区改造能否顺利推进。2018 年《政府工作报告》提出，2018 年将启动新的三年棚改攻坚计划，当年开工 580 万套。财政部、住房和城乡建设部门指出，为完善地方政府专项债券管理，规范棚户区改造融资行为，坚决遏制地方政府隐性债务增量，2018 年在棚户区改造领域开展试点，有序推进试点发行地方政府棚户区改造专项债券工作，探索建立棚户区改造专项债券与项目资产、收益相对应的制度，发挥政府规范适度举债改善群众住房条件的积极作用。棚户区改造项目通常都需要几十亿元甚至上百亿元资金投入，当前政府财政拨款、土地出让金净收益以及国家政策性银行贷款等融资方式已显现出资金规模不够、持续性不足等问题。部分地区利用棚改形成的土地做杠杆开展大规模基建投资，可能产生效率不高、风险隐匿等问题。而棚改专项债与项目资产、收益相对应，有利于防范债务风险。2020 年，是国家棚改计划的最后一年。国家在“十三五”规划提到，危房、旧房、城中村以及棚户区都要在 2020

年基本完成改造工作。在2020年7月，国务院办公厅公布了《关于全面推进城镇老旧小区改造工作的指导意见》，该《意见》明确提到：到2022年，对于城镇老旧小区的改造要基本上形成一定的框架和工作机制。从2020年起，城镇老旧小区改造纳入专项债券发行，接力棚户区改造，但各地还是会结合当地在建棚改项目情况，保障在建棚改项目资金需求。

（二）发行情况

随着市场经济的迅速发展和城市建设的推进，为完善地方政府专项债券管理，规范棚户区改造融资行为，坚决遏制地方政府隐性债务增量，2018年4月3日，财政部和住建部发布《试点发行地方政府棚户区改造专项债券管理办法》，允许地方2018年在棚户区改造领域开展发行专项债券试点，有序推进试点发行地方政府棚户区改造专项债券工作，探索建立棚户区改造专项债券与项目资产、收益相对应的制度，发挥政府规范适度举债改善群众住房条件的积极作用，这既可以发挥政府规范适度举债来改善群众住房条件，同时借此给地方融资“开前门”，也可以减少地方政府违规融资冲动，遏制隐性债务增量。

1. 发行主体

省、自治区、直辖市政府（以下简称省级政府）为棚改专项债券的发行主体。试点期间设区的市、自治州，县、自治县、不设区的市、市辖区级政府（以下简称市县级政府）确需棚改专项债券的，由其省级政府统一发行并转贷给市县级政府。经省政府批准，计划单列市政府可以自办发行棚改专项债券。

2. 发行与流通方式

采取市场化方式发行，在银行间债券市场、证券交易所市场等交易场所发行和流通。

3. 发行额度

财政部在国务院批准的年度地方政府专项债务限额内，根据地方棚户区改造融资需求及纳入政府性基金预算管理的国有土地使用权出让收入、专项收入状况等因素，确定年度全国棚改专项债券总额度。各省、自治区、直辖市年度棚改专项债券额度应当在国务院批准的本地区专项债务限额内安排，由财政部下达各省级财政部门，并抄送住房城乡建设部。预算执行中，各省、自治区、直辖市年度棚改专项债券额度不足或者不需使用的部分，由省级财政部门会同住房城乡建设部门于每年8月31日前向财政部提出申请。财政部可以在国务院批准的该地区专项债务限额内统筹调剂额度并予批复，同时抄送住房城乡建设部。

4. 债券期限

棚改专项债券期限应当与棚户区改造项目的征迁和土地收储、出让期限相适应，原则上不超过 15 年，可根据项目实际适当延长，避免期限错配风险。

5. 还款来源

棚户区改造专项债券以项目对应并纳入政府性基金预算管理的国有土地使用权出让收入、专项收入进行偿还，专项收入包括属于政府的棚改项目配套商业设施销售、租赁收入以及其他收入。

（三）棚户区改造专项债券特点

1. 偿债资金来源包括商业设施销售、租赁收入

棚改专项债券的偿债资金来源包括两个部分：一是对应土地出让收入，这部分资金纳入政府性基金预算管理；二是配套商业项目的销售、租赁等专项收入，比如棚改项目经常与安置住房配套的商铺和停车位的销售或出租收入，以及棚户区对应土地一级开发过程中形成的地下综合管廊等资产的租赁收入等。

2. 棚改专项债券期限可以超过 15 年

《试点发行地方政府棚户区改造专项债券管理办法》规定："棚改专项债券期限应当与棚户区改造项目的征迁和土地收储、出让期限相适应，原则上不超过 15 年，可根据项目实际适当延长，避免期限错配风险。"土地储备专项债券和收费公路专项债券的期限均不得超过 15 年，而棚改专项债券则"可根据项目实际适当延长"，实际上是首次允许突破 15 年上限。

3. 可设置提前偿还条款

《试点发行地方政府棚户区改造专项债券管理办法》允许棚改专项债券约定提前偿还债券本金的条款，土地储备专项债券的文件（《地方政府土地储备专项债券管理办法（试行）》）中也有相同规定，但是目前尚未有提前偿还条款的地方债发行。

4. 可以周转偿还

周转偿还意味着地方债到期后，如果债券对应项目无法实现收入或者实现的收入尚无法覆盖本息偿付，地方政府可以在专项债券限额内，继续发行棚改专项债"周转偿还"。

（四）棚户区改造专项债券的优势

1. 试点发行棚改专项债有利于棚改规范化

棚户区改造作为我国一大民生工程，也是推进新型城镇化的重要举措。2017 年我

国各类棚户区改造开工 609 万套，2018 年棚户区改造任务有所下调，但融资需求仍不小。国务院确定实施 2018—2020 年三年棚改攻坚计划，当时提出将再改造各类棚户区 1500 万套。近几年棚改的力度持续加大，各类乱象也有所冒头，试点发行棚改专项债有利于建立完善棚改的严格核算制度，防范各类借棚改乱发债、不精准考核等问题，试点发行棚改专项债有利于棚改规范化。

2. 棚户区改造专项债券使政府融资更加透明

棚改专项债券能较好地保障棚户区改造资金供给，也使地方政府在棚户区改造的时候资金运用的来源比较清晰，募集多少、怎么募集、利率水平等都比较清晰，有助于地方政府不断改善其债务管理，使其债务状况更加清晰，有助于更好地控制隐性债务的发展。所谓专项债就是专款专用。

3. 替代现有的城投债，弱化地方政府对于平台公司的依赖

棚改专项债设立的优势在于将棚改类城投债的需求完全转化为地方政府债，既降低了地方政府的利息负担，同时也弱化了城投平台的地位。地方政府融资模式未来的方向是逐步弱化城投债的名义和实际的意义，最终演变为一体多面的融资结构。以地方政府一般债券为主体，各种专项债券为结合，省级人民政府为主体发行或者为下级政府代为发行转贷，未来最终演变为各地级市发行自己的“市政债”，逐步弱化城投平台的地位。棚改这个项目一直是地方融资需求的大项，也是城投债发行中主要的募集资金用途。若地方政府棚改类城投债的需求完全转化成地方政府债券，则地方政府的利息负担降低，同时也会大大降低对城投平台的依赖，并达到降低城投平台地位的多重作用。

（五）棚户区改造专项债券发行规模

2018 年 6 月 20 日，天津市红桥区棚户区改造专项债券（一期）通过财政部上海证券交易所政府债券发行系统成功发行，标志着自财政部、住房城乡建设部 2018 年 3 月 1 日联合印发《关于印发〈试点发行地方政府棚户区改造专项债券管理办法〉的通知》以来，全国首单棚改专项债正式落地。从发行数据也可以看出，2018 年和 2019 年棚户区改造类专项债券占全年地方政府专项债券比例分别高达 33.04% 和 35.94%。在 2019 年 7 月 1 日，国务院新闻办公室举行国务院政策例行吹风会上，住建部表示：老旧小区改造上升至国家层面，既是一项民生工程，也是一个非常有效的稳投资举措。

一方面，由于 2019 年超过 2 万亿元专项债发行，但是基建投资增速一直在低位徘徊并未突破 5%，主要原因在于专项债大部分用于棚改、土储两大领域，未形成有效投资。在 2020 年 3 月，监管部门下发要求，再度明确 2020 年专项债不得用于土地储备、棚改等房地产相关领域。但由此也衍生出一些问题，由于疫情影响及地方财政收支矛

盾突出，已实施的棚改在建项目如无后续资金支持，容易出现“半拉子”工程。2020年中央要求专项债券资金跟着项目走，市县储备建设项目能力不强的问题凸显，报送的项目大多规模较小，不能体现债券资金集中力量办大事的作用。在此背景下，2020年5月监管部门明确，棚改专项债可以恢复发行，但有一些硬性要求：棚改项目需属于在建项目且已纳入国家棚改计划。此外，棚改专项债资金不得用于偿还棚改债务，不得用于货币化安置，不得用于政策性补贴。

另一方面，我国“十三五”规划中明确提出，到2020年，基本完成现有的城镇棚户区、城中村和危房改造。到“十三五”结束，我国棚户区改造任务已基本开始收尾工作，政府对于棚户区改造的宏观政策逐渐收紧。

因此，从2020年开始用于棚户区改造的专项债券额度有所收缩。截至2021年年底，累计发行棚户区改造类专项债券18442亿元（见表2-3）。

表2-3　截至2021年年底棚户区改造专项债券发行情况　单位：亿元

项目类型	截至2017年	2018年		2019年		2020年		2021年		合计
	金额	金额	占比	金额	占比	金额	占比	金额	占比	金额
棚户区改造	0	3102	33.70%	7174	35.94%	3945	14.75%	4221	20.79%	18442

数据来源：中国债券信息网等公开数据整理。

第三节　地方政府专项债券与PPP

一、公共私营合作模式PPP简介

PPP（Public－Private Partnership），即公共私营合作模式，是公共基础设施建设中的一种项目运作模式。该模式鼓励私营企业、民营资本与政府进行合作，参与公共基础设施的建设。在合作过程中，让非公共部门掌握的资源参与提供公共产品和服务，从而使合作各方实现比单独行动更为有利的结果。PPP模式可应用在能源、交通运输、市政工程、农业、林业、水利、环境保护、保障性安居工程、医疗卫生、养老、教育、科技、文化、体育、旅游等公共服务领域。

二、专项债券与PPP的对比

（一）发行主体对比

专项债券：省、自治区、直辖市政府为专项债券的发行主体。试点期间设区的市、自治州，县、自治县、不设区的市、市辖区级政府确需专项债券的，由其省级政府统一发行并转贷给市县级政府。经省政府批准，计划单列市政府可以自办发行专项债券。

PPP：PPP 中的政府方一般由三方组成，包括授权机构、实施机构和出资代表。授权机构是指县级以上人民政府，只有在特许经营中才是必须有的，政府购买服务中未强制要求。实施机构是指和社会资本签订 PPP 项目合同的政府方。无论是采用政府购买服务，还是特许经营方式，PPP 项目的实施机构只能是政府、政府指定的有关职能部门和事业单位三方中的其中一方。融资平台公司和行业运营公司可以作为 PPP 项目中政府方的出资代表。

（二）还款来源对比

专项债券：专项债券的偿债来源要求必须是对应项目所产生的政府性基金收入或专项收入，不得用非对应项目的政府性基金收入或专项收入进行偿付，这符合项目收益债券的本质；此外，《关于试点发展项目收益与融资自求平衡的地方政府专项债券品种的通知》允许地方政府在债务限额内发行新的专项债为部分暂未产生足够现金流的项目所对应的到期专项债券本金进行周转偿付，这为专项债券投资者提供了额外的保障，有利于提升投资者对项目收益专项债的信心。

PPP：PPP 主要包括第一还款来源与第二还款来源。第一还款来源主要指贷款到期后用于归还贷款的首要资金来源。根据《国务院关于加强地方政府性债务管理的意见》《关于推广运用政府和社会资本合作模式有关问题的通知》等文件的规定，PPP 项目的未来现金流主要来源于政府付费、使用者付费、项目本身资产运营收益及其他收益（各种补贴）等，所有这些构成了 PPP 项目贷款的第一还款来源。第二还款来源是指在贷款到期后第一还款来源无法正常归还贷款本息而确定的贷款资金还款来源，通常作为贷款主体的重要增信方式。归纳现有 PPP 项目贷款的第二还款来源，即抵押担保方式，主要包括特许经营权或应收账款质押、第三方担保、资产抵押等。

（三）信息披露对比

专项债券：地方政府应当及时披露专项债券及其项目信息，包括专项债券对应的项目概况、项目预期收益和融资平衡方案、专项债券规模和期限、发行计划安排、还本付息等信息，以及项目进度、专项债券资金使用情况等信息。同时，《关于试点发展项目收益与融资自求平衡的地方政府专项债券品种的通知》对地方政府、行业主管部门、项目单位的信息披露均做了更加细致的要求，以增加项目透明度。

PPP：PPP 信息披露的方式主要可以分为两种，一种是政策文件规定的全国性 PPP

项目信息管理及发布平台，如财政部的 PPP 综合信息平台及发改委的 PPP 项目库，两个项目库都已经出台了相关的文件，对填报信息等提出了具体的要求；另一种是各级地方政府部门根据《中华人民共和国政府采购法》《中华人民共和国政府采购法实施条例》《中华人民共和国招标投标法》等法律法规要求对政府 PPP 项目采购信息的公开。在实施 PPP 项目的过程中，PPP 项目参与方均需要通过这两种信息披露方式披露项目相关信息。

（四）融资方式对比

专项债券：依靠发行债券的方式进行融资。

PPP：从大类上划分，包括股权融资和债权融资两大类。从资金供给来讲，融资方包括银行、保险、信托等金融机构及私募基金等其他非金融机构。目前，各个省基本都设立了不同规模的 PPP 引导基金，以股、债、提供前期费用补贴或提供融资担保等方式对 PPP 项目进行融资支持。同时，为了放大财政杠杆，很多省份的 PPP 基金采取母子两级基金的结构、引入社会资本的方式来运作。从融资的角度来讲，除政府引导基金为 PPP 项目提供资金支持外，还有信托、保险、债券、资产证券化、项目收益债、融资租赁等方式。

（五）债务规模

专项债券：严格执行法定限额管理，地方政府专项债务余额不得突破专项债务限额。各地试点分类发行专项债券的规模，应当在国务院批准的本地区专项债务限额内统筹安排，包括当年新增专项债务限额、上年末专项债务余额低于限额的部分。

PPP：不纳入债务限额管理。按照《关于推进政府和社会资本合作规范发展的实施意见》（财金〔2019〕10 号），PPP 项目财政支出责任不属于政府债务，不受债务限额约束，但不能超过当年本级一般公共预算支出的 10%。

三、PPP 项目目前存在的问题

（一）PPP 模式会导致私营机构融资成本较高

与公共部门相比，金融市场对私营机构信用水平的认可度通常略低，PPP 模式会导致私营机构的融资成本通常高于公共机构的融资成本。与公共部门相比，金融市场对私营机构信用水平的认可度通常略低，导致私营机构的融资成本通常高于公共机构的融资成本。

（二）PPP 模式的长期合同缺乏足够的灵活性

为了项目长期运行稳定，PPP 合同可能会比较严格，灵活性不够，公共部门或私营机构在起草合同的时候，很难将未来的变化充分考虑进来。合同条款通常只考虑当前时点的情况，导致项目后期管理不能因时制宜，而只能遵照合同条款执行——哪怕这些条款已经不再能使项目生命周期的综合成本最优化。解决合同灵活性和合理性的途径有两条：一是在项目前期就尽最大努力做好整个生命周期的规划。通常，公共部门需要聘请具有丰富 PPP 项目经验的咨询机构对项目进行前期调查分析，确保参与方对项目需求有充分的理解，对项目的费用有可靠的预算，对风险有全面的评估，并可以在公共部门和私营机构间实现最优分担；同时，还要确保通过招投标过程得到具有竞争性的报价，当然这些前期工作势必产生不菲的成本。二是在起草合同时保留适当的灵活性。这也必将增加成本：一方面是来自投资的不确定性增加而产生的风险溢价，另一方面是来自将来需要改变对私营机构的激励机制而产生的或有支出。解决合同灵活性和合理性的成本，有可能降低项目投资者的投资回报率，应防止出现过高的投资回报率。

（三）私人资本利用 PPP 项目的垄断优势进行定价，导致公众使用公共产品/公共服务的成本提高

如果公共产品/公共服务由公共部门提供，由于公共部门的非营利性和不按全成本核算定价的特点，公众所付出的直接使用费用较低。在 PPP 模式的定价机制下，私营机构需要补偿项目相关的全部成本并获得合理水平的投资收益，对产品或服务进行市场化的定价，可能增加公众的直接使用成本。如此，PPP 合同中约定的定价机制可能是控制公共资源使用成本的一个手段，但定价机制的确定同样困难，尤其在涉及多边合作的 PPP 项目中，不仅需要考虑当地的发展水平、技术进步的趋势，还需要考虑汇率等其他因素，这些都导致合同履行过程中，私人资本要求调整价格的理由。其中一个主要原因是运营期满 15 年后项目公司将项目资产无偿移交给地方政府，项目的巨额投资要在 15 年内回收，远低于项目资产的正常使用年限和投资回收期。

PPP 项目在最初设立的目的就是为了将市场机制引入社会公共基础设施建设过程当中，提高社会公共基础设施建设水平，使公共基础设施在为社会居民提供更优质服务的同时，也能够降低社会公共基础设施的建设开支。然而，从现实的发展角度来看，一些 PPP 项目建设并没有达到预期的效果，反而产生了一些不利现象。例如，一些 PPP 项目中的工程质量并没有达到预期水平，当然也会存在一些 PPP 项目不仅建设水平达不到要求，而且建设费用也非常高的情况，社会大众从公共产品和服务中享受的

福利与之前相比也在减少。如一些地方的自来水供给建设项目在引入社会资本后，水的质量没有提升，但价格却一涨再涨等。这些弊端不仅造成了社会资源的浪费，还会引起社会居民的一些不满情绪，有损政府在社会大众当中的威信，需要尽快解决。

（四）PPP 存在违规操作的可能

1. 明股实债

“明股实债”是指表面上以出资入股，成为公司股东，但是又不和其他一般股东一样参与日常股东活动，更不承担公司运营的风险，无论企业盈亏，都按照事先和其他股东的约定，以分红等形式获得孳息甚至本息，与其他股东及公司形成实质上的债权债务关系。即提前与其他股东商定，明着工商注册为股东，却不管公司经营状况，在一定期限内获得固定的回报，成为稳赚不赔的股东，实际上也就是成了债主。在 PPP 模式中，社会资本以股权投资形式与政府出资代表成立项目公司，但是提前在 PPP 项目合同中或以其他形式约定，不管项目公司经营情况如何，该社会资本都享受固定的收益。在 PPP 方面，通过“明股实债”等方式搞假 PPP 的做法，早已为市场所诟病。以往，地方政府出于稳定社会秩序、发展地方经济的考虑，积极开展自主发债和融资创新，“明股实债”在某种意义上满足了地方政府的这类需求。目前，不少地方 PPP 项目基金也是“明股实债”，以财政资金作为风险兜底的劣后资金，实质上是地方政府变相举债。

2. 固定回报

固定回报即双方合作过程中，另一方无条件地获取约定的回报。在 PPP 模式中，社会资本一方获得政府定期或合作期内给予事先约定的固定收益。投资形式包括但不限于股权形式。

3. 政府保底

政府保底即政府承诺社会资本最低的收益，即使发生经营风险，社会资本也不至于血本无归。在 PPP 模式中，政府保底即在合同中规定社会资本可以获得的最低收益，形成上不封顶但下有保底的合作关系，即使产生经营风险，也由政府一方承担。

4. 回购承诺

回购承诺指在合作过程中，对于一方的投资，另外的合作方承诺在合作期结束或达到某种条件（含时限）时会出资购买，购买的价格往往也会提前加以约定。在 PPP 模式中，回购承诺是指政府方在 PPP 合同中承诺，合作期结束或达到某种条件时，政府按照既定的价格条件购买社会资本的所有或部分投资。

5. 提供担保

由于《担保法》明确规定了政府担保的效力，因此除了政府违法提供担保外，往往由地方融资平台充当提供担保的角色。担保的形式包括保证、定金、抵押、质押以及留置。在PPP模式中，往往体现在社会资本获得政府、出资代表或融资平台的担保承诺。从认定上来说，担保形式中的保证也包括政府一方提供具有担保性质的各种函件。

以上问题最终都是变相融资的一种手段而已。作为供给侧结构调整、优化供给结构的重要工具，PPP模式已经获得了各地政府的高度认可。但随着PPP热潮高涨，一些不规范的PPP项目逐渐“浮出水面”。一些地方政府通过PPP、政府购买服务等方式变相举债，导致债务规模增长较快，债务率甚至超过了警戒线，形成潜在的风险触发点。力推PPP模式的初衷之一，在于治理地方政府债务，而一些PPP项目的不规范操作，成为地方政府变相举债的渠道，加之信息披露形式化等原因，反而给地方政府带来了债务风险隐患。财政部于2015年实施的《政府和社会资本合作项目财政承受能力论证指引》对各地每年的PPP项目总量作出了规定，要求“每一年度全部PPP项目需要从预算中安排的支出责任，占一般公共预算支出比例应当不超过10%”。有的地方政府为了躲避10%限额的“红线”，还采用隐性手段。比如，有的通过一般公共预算以外的渠道来落实政府的支出责任；还有的项目进行自我拆分后，以传统政府采购方式完成一部分项目支出，而将其余的部分以PPP模式运作，从而减少PPP项目支出责任，以求通过财政承受能力10%限额“红线”。以可行性缺口补贴PPP项目为例，一些地方采取调高使用者付费比例的方式，降低可行性缺口补贴的数额，以达到通过财政可承受能力论证的目的，但在项目执行阶段，可行性缺口补贴的数额会远远高于财政承受能力论证报告里反映的数额，这样会给项目实施带来较多不确定风险。除了钻财政承受能力10%限额的空子外，一些地方在PPP实际操作中，对于未来财政支出状况过于乐观或依据不足，造成未来政府无力支付或支付不足的情况，从而形成地方债务。PPP项目的投资回收需要未来的现金流来支撑，如果一个项目在未来的运营中没有带动城市财力的增长，没有充足的现金流弥补投资建设运营成本，则政府的未来支付会受到影响，造成地方债务增加。

四、专项债券与PPP结合的可行性探究

地方政府债券是地方政府唯一合法的举债途径，而PPP是政府与社会合作建设基础设施方面唯一的合法投资方式，两者的发展均基于地方政府债务化解的时代背景。专项债券作为地方政府债券的一种，围绕有一定收益的公益性项目投资建设而进行的政府举债，PPP是政府与社会合作并通过股权或债权融资进行的投资建设方式，两者之间各有优缺点，但都是国家和地方政府规范政府投资、基础设施建设方面的重要举措，旨在防范地方金融风险，推动地方长久的经济社会发展。目前PPP已从“野蛮发

展”到规范实施阶段，专项债券也渐入规范发展阶段，如何形成两者优势互补，最大限度减少地方财政投资建设支出压力并发挥社会主体的优势，促成专项债券和PPP的结合成为近年研究热点。在此，我们比较分析两者，梳理总结两者结合的可行性如下。

（一）专项债券和PPP结合的基础

专项债券和PPP在融资、政府治理、项目实施等方面，具有各自优缺点，但这些方面的异同点又均为实现共同的方向、目标和追求。

1. 两者均追求更低的融资成本

PPP模式主要由社会资本方负责融资工作，通过市场化方式融资，存在融资难、成本高的问题，而专项债券本身就是法律赋予的降低地方政府融资成本的合法途径，且资金到位快，受到地方政府的青睐。实践中，专项债券项目要求收益与融资平衡，且项目前期准备充分、成熟，即可按照地方申报程序经批准后发行。但专项债券列入政府性基金预算管理、债务额度管理，加上地方政府同时推动当地多个项目建设，存在额度不足、项目争抢额度的情况，可能导致原计划的专项债券融资安排不能实现，2019年允许专项债券项目市场化配套融资以来，受限于项目收益，配套融资的实现也具有一定难度。不管是专项债，还是PPP，降低融资成本是所有投资项目的共同追求。

2. 两者均基于提升政府治理能力

专项债券项目投资决策和建设管理以传统财政直接投资项目管理规范为基础，结合专项债券围绕项目的特点，专项债券申发成功后政府需要招采施工方进行建设，项目建成后需要指定或组建运营单位进行“封闭式”管理，政府不再直接参与。实践中的专项债券项目由国有企业进行项目管理，项目资产由政府所有和建设运营由国企实施的分离，以及国有企业低效、有限专业能力，给项目带来了较大的管理成本。PPP则是集项目融资、建设、运营为一体的建设模式，是政府职能的一种转变。在PPP模式中，政府将建设和运营委托给社会资本方，必须组建项目公司，由其作为主体来实施，可以充分发挥社会资本方在建设和运营方面的专业优势，提供优质的社会产品和公共服务。因此，在两种模式下，政府始终试图“解脱”直接参与，期望交由市场，专注提升治理能力，提高行政效率。

3. 两者均以项目绩效为重要目标

专项债券项目投资建设遵从政府投资决策建设的一整套程序，项目前期准备成熟，且项目经评估能实现项目收益与融资平衡，经审批符合发行条件后，即可募集到专项债券资金，便开展建设，总体来说周期短、审批程序不复杂。在全面预算绩效实施的背景下，专项债券项目作为优先开展绩效评价的领域，设定绩效目标，项目从规划、发行、建设、运营等全生命周期资金进出，均要以实现绩效目标为根本出发点和落脚点。在这点上，PPP 因为还款来源包括项目收益和一般公共预算收入的原因，前期手续办理完备后，还需要在可研基础上对“两评一案”进行反复的评审和论证，并经中央、省、市三级财政部门入库审核后，才能够招标确定社会资本方、组建 SPV 公司开工建设，程序相对较为复杂、周期长，且由于政府和社会资本以平等主体开展合作，存在一方违约风险大。因此，为了合约目的的实现，均详细分解为项目绩效目标，项目的完整实施，致力于推动实现项目绩效。

（二）专项债券和 PPP 结合的关键点

从上述异同点分析我们总结出专项债券和 PPP 共同的方向、目标和追求，我们发现，无论是专项债券还是 PPP，之所以能够实现精准的管理和监控，从而防范债务风险，是因为专项债券和 PPP 均以项目为基础，资金的投融资、使用、管理、收益回报及偿债，全部跟着项目走，封闭在项目，以项目来核算，从而实现精准的管控，最终防范地方政府债务风险、金融风险。因此，专项债券和 PPP 结合应从项目出发，在法治的框架下，取长补短，实现合法的结合。

1. 优选自身具有收益性的公益性项目

传统 PPP 项目的收入来源主要分为使用者付费、可行性缺口补助和政府付费三种方式。在使用者付费方式下，偿债来源是 PPP 项目产生的经营性现金流，但在可行性缺口补助和政府付费方式下，还有政府根据绩效拨付的财政资金，即地方政府一般公共预算支出，如果此类项目与专项债券融合，与专项债券纳入政府性基金预算的预算管理相矛盾。因此，两者融合，应优选自身具有经营现金流的项目，即以专项债券资金支持的项目领域为选择范围筛选项目自身能够产生收入的公益性项目，地方政府一般公共预算支出仅作为投资建设阶段的地方配套资金，而不进行可行性缺口补助和政府付费。

2. 以 PPP 为基础，做好项目融资规划

在“去杠杆”、信贷政策收紧的背景下，PPP 项目融资存在一定困难，PPP 模式不列入政府债务范畴，其解决重点为支出侧管理，而专项债主要目的是解决建设项目投资资金缺口。因此，作为政府参与投资的公益性项目，项目投资决策应按照《政府投资条例》进行，并以 PPP 项目规范要求，做好项目公司组建、项目财政承受能力评价等准备工作，尤其做好项目融资规划。2019 年国家推动专项债券配套融资、专项债券用作项目资本金的政策背景，以及国有资产管理体制改革从管资产到管资本的转变，为专项债券提供了与 PPP 项目结合的政策基础，专项债券用作 PPP 项目公司注册资本，

市场化融资可由社会资本方实施，各自以权益收入作为融资还款来源，这个权益收入最终来源于项目现金流收入。因此，利用 PPP 与专项债结合推进项目，可以最大限度地解决项目缺钱的困境，降低项目的融资成本，这种结合契合国有资产管理体制改革精神。

3. 发挥各自优点，实施项目建设、实现项目运营目标

社会资本方擅长项目运营但缺少项目建设推进经验，一定程度影响了项目的推进速度，但是政府方以及代表政府履行出资职责的国有企业往往具有一定项目建设管理经验，在项目建设阶段，可充分发挥政府方的统筹规划、协调管理优势。社会资本方擅长的是项目运营，实现项目运营，产生项目现金流。PPP 与专项债的结合，既可提高基础设施和公共服务的运营管理效率，又可筹缓解项目融资需求。

4. 强化项目绩效评价，提高风险监管水平

目前，专项债券发行已经进入规范发展阶段，工作重心逐渐转移到资金绩效和风险防控上，财政部印发《地方政府专项债券项目资金绩效管理办法》（财预〔2021〕61 号），要求全面开展资金绩效工作，要提高专项债券资金使用效益，有效防范政府债务风险。在这一点上，财政部针对 PPP 在 2020 年就印发《政府和社会资本合作（PPP）项目绩效管理操作指引》（财金〔2020〕13 号），项目绩效管理应贯穿 PPP 项目全生命周期，《指引》规范了 PPP 项目绩效管理的参与主体、操作流程、工作要求，突出结果应用导向，政府承担的项目建设成本与运营成本均应根据绩效考核结果进行支付。PPP 和专项债的融合对我国政府的风险监管水平和项目管理能力提出了更高的要求，优化信用评级体系，探索全生命周期风险管理的操作手册，建立投资项目数据库，制定风险应急预案。

第四节　外国经验：美国市政债发展情况

一、基本情况

（一）美国市政债概况

美国作为市政债券（地方债）的起源国，是目前市政债券发行规模最大与最发达的国家。1980 年，美国市政债在整个债券市场存量中的占比维持在 18% 左右，随后逐年下降，其市政债的存量占比稳定维持在 10% 左右。2008 年金融危机之前，美国市政

债发行量在整个市场中的占比始终维持在8%左右。受金融危机影响，市政债的发行量占所有债券发行量的比重约为5%。

（二）美国市政债规模结构

美国市政债的发行主体包括州、郡、市、镇，以及州和地方政府的分支机构等。美国市政债发行量1996—2016年较为稳定，平均每年发行3413亿美元，约占全国债券发行总量的6.54%；2016年年末总余额3.83万亿美元，占美国GDP总量的21%。45.2%的市政债由居民直接持有，28.6%由居民通过共同基金或交易基金持有，12.1%由保险公司持有、10.6%由银行机构持有。

（三）美国市政债的分类

美国市政债券通常分为一般责任债券（general obligation bonds，GOBs）和收益债券（revenue bonds，RB）。

一般责任债券是以发行者的征税能力作为保证的一种市政债券。一般责任债券安全性强，信用仅次于国债。具体而言，州政府以其营业税、财产税、个人所得税、企业所得税以及具有各州特色的特殊税种等作为其主要偿还来源，而地方政府以其财产税和营业税等作为主要偿还来源。所筹措的资金往往用于修建高速公路、飞机场、公园及其他市政设施。一般责任债券的发行需要经过严格的预算审批程序，有时甚至需要经过全民公决。一般责任债券中违约的情况极为罕见。

收益债券是以投资项目收益作为偿债资金来源的市政债券，主要用于已建成的风险相对较小且进入收益期的市政项目，如收费公路、港口、机场、供水设施、污水处理设施、供气设施等准公共产品。由于还款资金来源比较单一，收益债券的风险比一般责任债券高。收益债券的发行审批相对一般责任债券来说较为宽松，一般不需要经全民公决通过。

此外，美国市政债券还可从募集资金用途角度划分为再融资部分和新融资部分，再融资部分主要用于借新还旧，新融资部分主要用于建设新的项目。

二、市政债发行

（一）发行主体

市政债的发行主体主要为地方政府及其相关实体。发债规模较小的主体包括较小的州政府、城市、乡镇、学区、住房中心、公共医疗、机场、港口等；发债规模较大的主体多为较大的地方政府及其授权机构。

（二）发行方式

市政债券的发行方式包括公开发行和私募发行。其中，公开发行的债券通常由一家或多家承销商承销，根据承销方式不同又分为竞争性承销和协议承销，即竞拍和议价。在竞争性承销中，发行人根据参与投标的几个承销团的投标利率确定中标人，由中标的承销团负责债券包销；在协议承销中，发行人选择承销团，与其协商发行利率后由该承销团包销债券。私募即不公开发行，是向少数特定的投资人发行债券的方式。长期以来，美国市政债的发行以协议承销为主。

（三）发行特点

在发行流通方面，美国市政债多采用分散风险的长期限结构和分散化投资主体结构。从长期结构方面来看，由于市政债的期限一般较长，能够有效地降低政府短期偿债压力，进一步缓解资金期限与项目期限匹配的风险。美国市政债的期限与州、地方政府的项目投资期限大致上是吻合的，10 年以上期限的市政债占比 70% 以上。1996—2016 年美国市政债平均到期期限为 17.54 年。

从分散化投资主体结构方面来看，美国的市政债多采用以个人投资为主的投资主体结构，有利于分散投资风险。市政债的投资主体主要是个人、共同基金、银行、保险以及其他投资人。相关数据显示，个人投资者是美国市政债市场最主要的投资主体，2016 年年末个人投资者持有市政债总量达 1.64 万亿美元，占比达到 42.89%；第二大投资者是共同基金，总持有量为 9066 亿美元，占比约为 23.65%；银行、保险和其他投资人则分别持有 15.05%、14.20% 和 4.21% 的市政债券。

（四）发行程序

1. 发行许可和授权

发行市政债需取得管理机构的同意。市政债券的发行多采用规范的审批制，审批一般有两个途径：政府的立法机构审批或全民公投。在大部分州，一般责任债券的发行通常需要居民投票，而其他的一些州则只需要相关监管机构的同意即可。收益债券一般不需要投票通过。

2. 选择中介机构

发行人需聘请独立的财务咨询公司和债券顾问。财务咨询公司包括银行、投资银行或私人咨询顾问，主要工作是审查项目的财务能力、评估发行人收入来源、是否符合债务约束限额、财务结构、期限安排、销售时间、对资信评级的影响，并准备面向承销商和投资者的发行文件等。债券顾问包括独立的律师或律师公司，对提供债券的合法性、发行方法律义务、债券利息是否满足联邦和州的所得税豁免条件等进行说明。

3. 竞争性投标方式

大部分州的地方政府发行一般债券需通过竞争性投标的方式选择承销商。竞争性承销是由实质发行人设定债券结构、日期和时间，邀请承销商再向投资者发售债券的过程。由于投标程序只能在债券得到授权之后才能进行，发行人必须自行开展基础材料的准备工作，并将材料递交给管理部门进行审批。当管理部门同意发债后，发行人会制定一份正式的债券决议并提交给公众进行投票表决。只有经公众投票通过债券决议后，才能够启动选择承销商的程序。

4. 议价销售授权

收益债券不需要公众投票通过，故无需竞争性投标程序来保证按照最小成本销售。收益债券的发行人可以在流程的早期通过议标的方式选择承销商。议价销售下，承销商甚至可以在债券发行框架确定前就选择。承销商的一个作用就是代表销售商确定框架和其他初始的一些任务。承销商可以担任发行人实际上的财务顾问。有时也会单独聘请专门的财务顾问对承销商的工作进行评估。由于承销商参与了发行的准备工作，承销商通常会聘用自己的法律顾问。当监管机构批准发行人的发行建议后，发行人会签署一份信托合同作为收益债券的发行文件组成部分。信托合同是发行人和受托方之间的合同，委托方将接受债券持有者委托管理所筹借到的资金，并有权执行信托合同的条款。一般责任债券能够完全依赖征税机构的诚信，然而收益债券则没有这种保障，所以需要一个受托方来保障投资者的利益。债券决议作为债券文件的一部分，只是表明同意发行债券或授权执行信托。信托合同才对债券的法律和财务条款进行界定。

三、美国市政债市场监管体制

美国市政债的发行与交易受到联邦证券法律和各州法律的约束。目前基本确立了以信息披露、反欺诈为监管重点，以市场自律监管为主、监管机构为辅的市政债券监管体系。

（一）美国市政债券的初步监管框架

此前，由于未发生政府信用被滥用的情况，且投资者多为机构投资者，国会批准市政债券免受注册要求与定期报告要求的约束。

1975 年纽约市政债券违约事件后，为适应市政债券市场规模不断扩大及散户化的趋势，打击市场欺诈行为，国会通过了《1975 年证券法修正案》，为市政债券市场在联邦层面确立了初步监管框架——有限联邦监管框架，其核心是通过监管市政债券交易商来实现对市政债券市场的间接性管理，而非直接监管市政债券发行和发行人。

（二）间接监管强化信息披露质量

《1975 年证券法修正案》规定，美国证券交易委员会和市政债券规则制定委员会无权要求市政债发行人在债券出售前向其提交有关发行文件。美国证券交易委员会通过法律赋予的规则制定权限对经纪商和交易商不断施加影响来间接提高市政债发行人在一级、二级市场的信息披露质量。

目前，美国证券交易委员会已修订相关条款，授权市政债券规则制定委员会建立市政债信息电子发布平台，市政债发行人持续披露的信息必须按要求及时准确地提交给市政债券规则制定委员会，并通过该系统向公众发布。

（三）行业自律监管职能的强化

1. 市政债券规则制定委员会

根据《1975 年证券法修正案》，市政债券规则制定委员会于当年成立，由美国证券交易委员会监管。

市政债券规则制定委员会作为行业自律组织，不具有检查和执法权力，其对经纪交易商、市政债券交易商以及市政债券顾问的监管主要是通过其法规制定、提高市场透明度以及教育和行业协调等职能实现的。

2. 美国金融业监管局（FINRA）

FINRA 是美国证券业的自律组织，监管着超过 4400 家证券公司与 63 万名注册的证券代表人，主要职责是监管经纪交易商及其注册人员，提供市场资讯，发布并执行保护投资者与金融市场的规则，检查经纪交易商遵守 FINRA 规则与联邦证券法律及其下位规则、条例的情况，提示与教育投资大众，提供行业公共设施等。

四、美国市政债的特点

（一）完善的信用评估体制

为准确地反映市政债的真实风险，使投资人能够识别和控制风险、进行投资决策，债券发行前需要由独立的信用评级机构根据地方政府的经济、财政、债务状况、偿债意愿、信用资质等指标的综合情况，来进行相应的信用评级。

在美国，主要的评级公司有三家，分别为穆迪（设有专门的市政债信用评级部门）、标准普尔（对在美国境内发行的1000万美元以上的所有公共事业债券给予评级）和惠誉（涉及1.7万种市政债券的评级），其评级基本思路和内容大体相同，发行过程中首次评级至少需要其中的一家或两家进行评级，信用等级调整时还需要开展双评级。美国监管机构规定，凡是公募的债券必须接受两家评级机构的评级。

（二）破产保护机制

美国《破产法》第九章《地方政府债务调整法》规定，无力偿还债务的地方政府可以申请破产保护程序。该法案适用于地方政府、学区和公共区域，以及发行收益债的桥梁、高速公路等收费运营主体，但不适用于州政府。各州根据自己的法律明确是否允许辖内的市政债发行主体申请破产保护，进行债务重组，包括延长债务期限、减少本金和利息、借新偿旧等。破产保护期间，一般责任债券的偿付暂停，但特定收益债券在扣除必要的运营费用后仍将优先偿还有担保的投资者。

（三）州政府对市政债的监管

当前，大多数的州政府为了防范地方债中存在的风险，对市政债发行通过州宪法或法令的方式来加强对地方政府发债行为的控制和监管。州政府对地方债的规模约束主要针对一般性债务，对于收益债券则不做规模限制。通常是通过立法规定，市政债的规模必须在政府资产评估值的一定比例范围之内。还有的通过限制税率的上限来控制通过征税偿还债务的能力，有些州还会控制债务的结构和规模。

（四）以债券保险为主的信用增信机制

美国在市政债风险防范方面存在着较好的信用增信机制。一是实施债券保险制度。当债券到期时市政债发行人无力偿债，债券保险能够赔付投资者应获本息，从而降低投资人的风险。二是普遍实施偿债准备金制度。美国很多州及地方政府设立了偿债准备金，以债券发行的溢价收入、发债人自有资金以及投资项目收益为来源，安排一笔金额为付息总额100%—120%或债券本金10%的偿债基金，用于偿还违约债务。

（五）税收减免优惠

美国市政债一个非常大的诱人之处在于投资者获取的利息收入可以免除联邦所得

税以及一些州、郡的地方所得税，可以增加投资者收益。近年来，联邦政府对市政债增加了两个主要的限制：一是联邦政府限定了市政债的适用范围，联邦政府仅对直接提供公共利益的项目免税，对私人性项目不予免税；二是联邦政府对享受免税市政债的总量予以限制，以减轻市政债大量发行造成的联邦预算赤字增长。

第三章

地方政府专项债券法律管理制度体系

第一节　地方政府债券法律制度体系之顶层设计

一、我国地方政府债券法律管理制度历史沿革

（一）全面禁止阶段

我国地方政府长期以来不能像西方国家的地方政府一样通过发行债券来为地方基础设施建设融资，但20世纪80年代末至90年代初，许多地方政府为了筹集资金曾经发行过地方政府债券，以支援国家建设的名义摊派给各单位。1993年，国务院下发《关于坚决制止乱集资和加强债券发行管理的通知》，严肃制止了各种违反国家规定的集资行为。1994年制定、1995年开始施行的《预算法》在2014年修订之前明确规定，地方各级预算不列赤字，除法律和国务院另有规定外，地方政府不得发行政府债券，也不得向金融机构直接贷款（见表3－1）。因此，在国家没有明确授权的前提下，地方政府没有正规合法的自主举债融资渠道。1994年开启分税制改革，大部分税收被收归中央，但地方政府在医疗、教育、养老以及基础设施建设等方面的支出有增无减，财政缺口巨大，地方财力不足是不争的事实。1998年，为应对亚洲金融危机，中央通过发行长期建设国债转贷地方政府的方式增加地方政府财力。由于举借债务与使用资金的主体脱节、责权不清，增加了中央财政的负担和风险。因此，在2005年以后，该类形式基本上被停止。

表3－1　　全面禁止阶段我国主要法律法规文件及内容

	名称	主要内容
1	《关于坚决制止乱集资和加强债券发行管理的通知》	制止各种违反国家规定的集资，加强债券发行管理，严控债券发行规模，加强关于债券发行的审批工作等
2	《中华人民共和国预算法》（1994年3月22日第八届全国人民代表大会第二次会议通过，1995年1月1日起施行）	第三条 关于各级预算应做到收支平衡 第二十八条 关于地方各级预算不列赤字，以及除法律和国务院另有规定外，地方政府不得发行政府债券的要求

（二）探索实践阶段

为应对全球金融危机，我国出台了4万亿元经济刺激计划。在这个背景下，中央决定发行2000亿元地方政府债券，以此满足中央投资项目的地方配套资金需要。财政部先后制定下发了《关于做好发行2009年地方政府债券有关工作的通知》《2009年地

方政府债券预算管理办法》等文件，对债券的发行方式、使用范围、监督管理等工作作出了明确的规定。在这种形式下，中央发债转贷地方政府使用，地方政府被明确为偿债主体，不列中央赤字，举借债务与资金使用主体脱节，实际上中央财政负担和风险并未降低。2011 年，国务院批准上海、浙江、广东、深圳四省市为政府债券自主发行试点地区，随后财政部印发《2011 年地方政府自行发债试点办法》，试点省（市）根据该办法制定本省（市）政府债券发行兑付办法，并报财政部备案。2013 年，试点省份增加了江苏、山东两省。这种地方政府自行发债并由财政代还的模式被认为是介于中央政府代发和自主发债之间的一种制度安排，是鉴于地方政府债券的信用评级、发行渠道等还没有建立，以及尚未制定统一的地方政府债券管理制度而做的过渡安排。2014 年，试点省份增加了北京、江西、宁夏、青岛四省区市，连同原来的六省市，共同尝试自发自还，为接下来地方政府建立真正的自主发债融资制度进行了尝试和铺垫（见表 3－2）。

表 3－2　　探索试点阶段我国主要法律法规文件及内容

	名称	主要内容
1	《国务院关于发行 2009 年地方政府债券有关问题的通知》	规定地方政府债券由财政部通过现行国债发行渠道代理发行
2	《关于做好发行 2009 年地方政府债券有关工作的通知》	明确债券由财政部代办还本付息，对债券的发行、使用、监督等工作作出了明确具体规定
3	《关于印发〈2009 年地方政府债券预算管理办法〉的通知》	规定地方政府债券收支实行预算管理，以及收入、支出和偿还的具体安排
4	《关于印发〈2009 年地方政府债券资金项目安排管理办法〉的通知》	规定财政部代理地方发行的债券收入用于中央投资地方配套的公益性建设项目以及其他难以吸引社会投资的公益性建设项目
5	《国务院关于加强地方政府融资平台公司管理有关问题的通知》	规定了清理并处理融资平台公司债务、清理规范融资平台公司、制止地方政府违规担保承诺等内容
6	《关于印发〈2011 年地方政府自行发债试点办法〉的通知》	经国务院批准，2011 年上海市、浙江省、广东省、深圳市开展地方政府自行发债试点，通知对试点省市自行发债进行了规定
7	《关于制止地方政府违法违规融资行为的通知》	针对地方政府违法违规融资抬头之势，作出如下要求：禁止直接或间接吸收公众资金违规集资、规范地方政府以回购方式举借政府性债务的行为、加强对融资平台公司注资行为的管理、规范融资平台公司融资行为、制止地方政府违规担保承诺行为
8	《关于印发〈2013 年地方政府自行发债试点办法〉的通知》	增加江苏和山东为自行发债试点，试点地区扩大到 6 个，对试点省市自行发债进行规定
9	《国务院批转发改委关于 2014 年深化经济体制改革重点任务意见的通知》	提出规范政府举债融资制度，剥离融资平台公司政府融资职能。对地方政府债务实行限额控制、预算管理、政府综合财务报告、考核问责机制和信用评级、风险化解管理等

续表

	名称	主要内容
10	《2014 年地方政府债券自发自还试点办法》	新增北京、江西、宁夏、青岛为试点，规定 2014 年地方政府债券自发自还事宜，提出信用评级要求
11	《财政部关于 2014 年地方政府债券自发自还试点信息披露工作的指导意见》	对地方政府债券发行信息披露事项作出指导，涉及发行前、发行日、债券存续期以及相关重大事项等
12	《关于 2014 年地方政府债券自发自还试点信用评级工作的指导意见》	对地方政府债券发行信用评级事项作出指导，涉及择优选择信号评级机构、规范实施信用评级，并发布试点地区地方债信用评级等级符号及含义

通过各个阶段不同形式的发债融资，尚不能满足地方政府财政支出。为解决资金不足，地方政府创新出了很多融资方式，其中最主要的是通过地方政府融资平台，采取银行项目贷款、发行“城投债”以及进行融资租赁、项目融资、信托私募等方式为各种基础设施建设融资，实际使用人可能是地方政府。这种融资行为本质上是地方政府的一种隐形发债权，借贷主体和使用主体的脱节，责、权、利不统一，成本高、隐蔽性强、透明度低，使债务发生很难得到有效控制，形成了地方政府过度负债的局面，引发金融风险的可能。2010 年，国务院下发《国务院关于加强地方政府融资平台公司管理有关问题的通知》，提出要清理并处理融资平台公司债务，清理规范融资平台公司，以及制止地方政府违规担保承诺行为等。为进一步贯彻落实该通知，财政部联合国家发改委、中国人民银行和银监会发布了《关于制止地方政府违法违规融资行为的通知》，银监会还连续 3 年针对性发布了关于融资平台贷款风险监管文件。但是，这些针对融资平台进行治理整顿的政策措施并没有取得明显的实施效果。根据审计署《全国政府性债务审计结果》（2013 年 12 月 30 日公告），截至 2013 年 6 月底，全国地方政府负有偿还责任的债务 108859. 17 亿元，负有担保责任的债务 26655. 77 亿元，可能承担一定救助责任的债务 43393. 72 亿元。截至 2014 年年底，仅未偿付的城投债债务总量就高达 4. 95 万亿元。一边是巨额的地方政府性债务需要清理、甄别和处置，控制地方政府性债务风险，防止引发局部财政风险直至系统性金融风险；一边是试点省区市自发自还模式发债取得进展，逐步走向市场化，有效发挥了其融资功能。我国地方政府融资模式走到了改革的关键点。

二、我国地方政府债券法律管理体系设计思路

我国地方政府债券法律管理制度之突破以素有“经济宪法”之称的《预算法》修订为契机，遵循“开前门、堵后门”的制度设计理念，完成法律管理制度的顶层设计。新《预算法》规定，地方政府举债应当在国务院批准的限额内采取发行地方政府债券

的方式，除此以外不得通过其他任何方式举借债务，同时从严控举债规模、明确举债方式、严格限定债务资金用途、列入预算并向社会公开、严格控制债务风险等方面作出了限制性规定。

2014 年 9 月 21 日，国务院制定下发了《国务院关于加强地方政府性债务管理的意见》，明确要建立“借、用、还”相统一的地方政府性债务管理机制，从建立指导思想、明确基本原则、加快建立规范的地方政府举债融资机制、对地方政府债务实行规模控制和预算管理、完善配套制度、妥善处理存量债务和在建项目后续融资等方面对地方政府债务管理提出了要求。随后国务院下发的《国务院关于深化预算管理制度改革的决定》也从五个方面强调规范地方政府债务管理，防范化解财政风险。

在新《预算法》和国务院文件的框架之下，地方政府融资机制进入转型期，紧紧围绕合理合法募集资金、提高资金使用效率、加强地方政府债务法律风险管理三大目标，朝着法治化、市场化、科学化方向演进，我国地方政府债券法律管理制度体系之形成思路渐明，如图 3－1 所示。

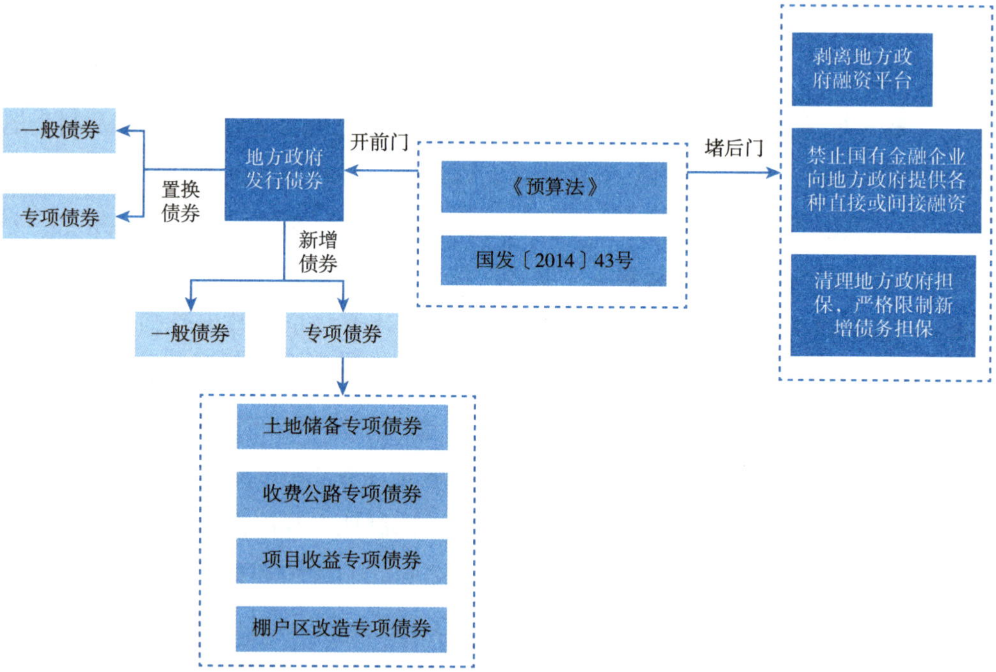

图 3－1　地方政府债券法律管理制度之设计思路

（一）自主发债融资合法化

通过修订《预算法》，再配套国务院文件和财政部有关具体落实文件，可以看出地方政府发债融资的合法化主要体现在主体合法化和发债作为一种融资方式的合法化上。

1. 地方政府的发债主体合法化

明确地方政府举借债务的主体只能是经国务院批准的省、自治区、直辖市政府（包括经批准的计划单列市），市县如需举债，由省级政府代为发行后转贷市县使用。至此，省级地方政府可以名正言顺地通过发行债券举债融资，和中央在发债工作上的法律关系明晰化，不再存在代理关系，从“背后”走向“前台”，自担责任，中央也明确实行不救助原则。

2. 地方政府发债融资成为唯一合法途径

一方面，明确地方政府举借债务只能采取发行地方政府债券的方式，不得采取其他方式筹措，除法律另有规定外，地方政府不得在法律规定之外以其他任何方式举借债务，不得为任何单位和个人的债务以任何方式提供担保。另一方面，地方政府融资行为从隐蔽走向公开。地方政府不再通过融资平台公司融资，利用融资平台向银行贷款、利用表外业务或者其他更隐蔽的影子银行系统融资等手段。地方政府举债融资将实行预算公开制度，实现阳光化。

（二）严禁非法融资

严禁非法融资，并非一禁了之，“疏堵结合”的思路要求政府剥离融资平台公司，使其向市场化转型，同时要求地方政府不得采取发债以外的融资方式，并严格担保。

1. 剥离融资平台公司，肃清关系

根据《国务院关于加强地方政府融资平台公司管理有关问题的通知》，地方政府融资平台公司指由地方政府及其部门和机构等通过财政拨款或注入土地、股权等资产设立，承担政府投资项目融资功能，并拥有独立法人资格的经济实体。因此，地方政府及其部门和机构等作为出资人，和融资平台公司关系紧密，致使由两方构成的债权债务关系变成了政府、融资平台、投资者三者之间的间接融资关系，地方政府成为融资平台公司履行偿债责任的兜底者，法律关系并不明晰。融资平台问题早已进入人们的视野，在前述《国务院关于加强地方政府融资平台公司管理有关问题的通知》和《关于制止地方政府违法违规融资行为的通知》没有取得实质性进展的情况下，《国务院批转发改委关于2014年深化经济体制改革重点任务意见的通知》提出规范政府举债融资制度，剥离融资平台公司政府融资职能。《关于加强地方政府性债务管理的意见》进一步明确要剥离融资平台公司政府融资职能，融资平台公司不得新增政府债务。《关于对地方政府债务实行限额管理的实施意见》取消了融资平台公司的政府融资职能，推动了有经营收益和现金流的融资平台公司市场化转型改制，通过政府和社会资本合作（PPP）、政府购买服务等措施予以支持。《关于进一步规范地方政府举债融资行为的通

知》要求摸底清理处置的同时，提出地方政府不得将公益性资产、储备土地注入融资平台公司，不得承诺将储备土地预期出让收入作为融资平台公司偿债资金来源，不得利用政府性资源干预金融机构的正常经营行为。2018 年，发改委和财政部联合下发《关于进一步增强企业债券服务实体经济能力严格防范地方债务风险的通知》，提出申报发行企业债券，不得将申报企业信用与地方政府信用挂钩。相关企业申报债券时应主动公开声明不承担政府融资职能，发行本期债券不涉及新增地方政府债务，纯公益性项目不得作为募投项目申报企业债券，规范以政府和社会资本合作（PPP）项目发行债券融资。

2. 禁止发债融资以外的融资

当地方政府发行债券成为唯一融资方式后，其他各种直接或间接的融资方式就成为非法途径。《关于规范金融企业对地方政府和国有企业投融资行为有关问题的通知》明确，除购买地方政府债券外，国有金融企业不得直接或通过地方国有企事业单位等间接渠道为地方政府及其部门提供任何形式的融资，不得违规新增地方政府融资平台公司贷款；不得要求地方政府违法违规提供担保或承担偿债责任；不得提供债务性资金作为地方建设项目、政府投资基金或政府和 PPP 项目资本金。

3. 严格限定地方政府担保

对负有担保责任的政府债务进行妥善处置，地方政府新发生或有债务，要严格限定在依法担保的范围内，并根据担保合同依法承担相关责任。

（三）地方政府发债融资市场化

地方政府发债融资市场化表现为政府本身成为市场主体，将其信用市场化，通过培育政府债券市场，使政府融资接受市场监督。

1. 成为市场主体之一

在财政部代发地方政府债的机制下，财政部是“代理人”，作为募集资金实际需求者和使用者的地方政府并不直接接触债务资本市场，对市场运行规律没有切身体会，因而市场对地方政府的约束作用十分有限，极易引发地方政府道德风险。在地方政府自主发债后，地方政府直面债务资本市场，当地经济社会发展和自身财政债务状况直接关系融资成本和规模，这将有效推动地方政府融入金融市场的生态圈，充分发挥市场机制对地方政府发债的约束力。

2. 地方政府信用市场化

不管是财政部代理发行地方政府债券时依靠中央政府信用，还是对融资平台公司融资进行政府信用担保，都不是地方信用在债务资本市场中的直接体现。与此不同，地方政府发债融资是政府信用的市场化运作，通过信用评级，作为债券发行的基础，接受市场检验。作为发行人的地方政府则面临投资者对政府信用不予认可时可能承担发行失败的风险。

3. 积极培育政府债券市场

2018 年 1 月，保监会和财政部联合发布《关于加强保险资金运用管理支持防范化解地方政府债务风险的指导意见》，鼓励保险机构购买地方政府债券，并要求地方政府及其所属部门不得以文件、会议纪要、领导批示等任何形式，向保险机构违法违规或变相举债。

（四）地方政府债务管理科学化

政府的运行需要强大的管理制度体系，对于探索实践过程中的地方政府专项债券，各个阶段都需要完善的制度控制。

1. 实行源头控制，建立法定限额管理制度和严格的预决算制度

一是省级政府举借债务的规模由国务院报全国人大或者全国人大常委会批准。地方政府在国务院下达的限额内举借债务。二是地方政府举借的债务列入本级预算调整方案，报本级人大常委会批准。政府举借债务的情况要向社会公开并作出说明。

2. 实行过程控制，提出封闭式资金管理制度

地方政府举借债务只能用于公共预算中必需的部分建设投资和公益性资本支出，不得用于经常性支出。

3. 实行末端控制，建立风险评估、风险预警和应急处置制度

降低或化解债务风险。地方政府举借债务应当有偿还计划和稳定的偿还资金来源，国务院建立地方政府债务风险评估和预警机制、应急处置机制以及责任追究制度。

三、我国地方政府债券法律管理制度体系之形成

在上述顶层设计之下，我国目前初步形成了以《预算法》为法律依据、以《国务院关于加强地方政府性债务管理的意见》为制度框架、以国务院和财政部等有关部委下发的一系列文件为主的地方政府债券法律管理体系，具体主要由发行管理、限额管理、预算管理、风险管理和人大监督等制度组成。

（一）地方政府债券发行管理制度

为规范地方政府债券发行行为，保护投资者等的合法权益，财政部先后下发了

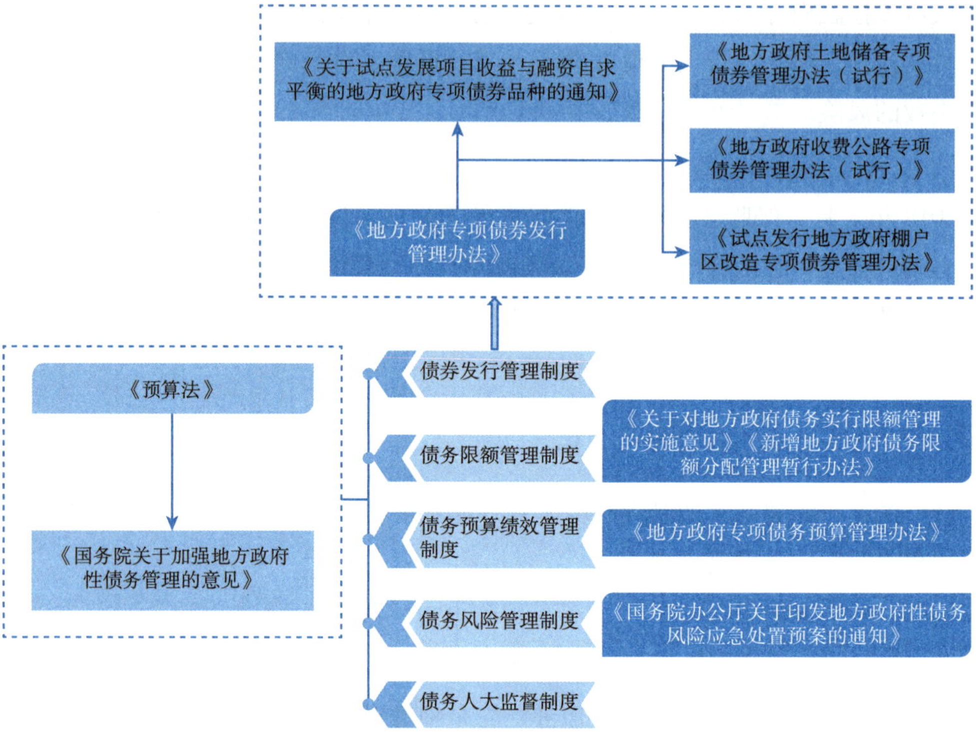

图 3－2　地方政府债券法律管理制度体系

《地方政府一般债券发行管理暂行办法》《地方政府专项债券发行管理暂行办法》。这是首次分别围绕地方政府一般债券和专项债券发行管理制定的政策文件，对专项债券的定义、资金用途、偿债来源、承销发行、信用评级、信息披露等方面的内容进行了明确规范。两者在债券定义、资金用途、偿债来源、债券期限等方面存在一定的差异，而在承销发行、信用评级、信息披露等方面较为一致。

为健全规范的地方政府举债融资机制，经第十二届全国人大第五次会议审议批准，准予地方发行项目收益与融资自求平衡的专项债券。对此，财政部于 2017 年 6 月 2 日出台了《关于试点发展项目收益与融资自求平衡的地方政府专项债券品种的通知》，指导地方按照本地区政府性基金收入项目分类发行专项债券，着力发展实现项目收益与融资自求平衡的专项债券品种。同时财政部也联合相关部委出台了《地方政府土地储备专项债券管理办法（试行）》《地方政府收费公路专项债券管理办法（试行）》《试点发行地方政府棚户区改造专项债券管理办法》。此外，财政部每年都下发通知，要求做好当年度地方政府债券发行工作。

2020 年 12 月，财政部制定出台了《地方政府债券发行管理办法》，同时废止《地方政府一般债券发行管理暂行办法》和《地方政府专项债券发行管理暂行办法》，在债券发行额度、期限、信用评级、信息披露、发行和托管、机构职责和监督检查等方面进一步进行了规范。发行制度中，尤其加强了信息披露制度，2018 年印发《地方政府债务信息公开办法（试行）》（财预〔2018〕209 号），2021 年财政部又制定了《地方政府债券信息公开平台管理办法》（财预〔2021〕5 号）。至此，地方政府债券发行管理制度进一步成熟。

（二）地方政府债务限额管理制度

为防范和化解财政金融风险，进一步贯彻落实《国务院关于加强地方政府性债务管理的意见》中提出的“对地方政府债务实行规模控制。地方政府债务规模实行限额管理，地方政府举债不得突破批准的限额。地方政府一般债务和专项债务规模纳入限额管理，由国务院确定并报全国人大或其常委会批准，分地区限额由财政部在全国人大或其常委会批准的地方政府债务规模内根据各地区债务风险、财力状况等因素测算并报国务院批准”之规定，财政部于 2015 年 12 月 21 日出台了《关于对地方政府债务实行限额管理的实施意见》。该实施意见明确了地方政府限额确定的程序、方式及类别，明确要从建立债务预警指标体系、风险化解应急处置机制和监督考核问责机制等方面加强对地方政府债务的管理，以及提出对存量债务和或有债务的妥善处理，明确了对或有债务的处置原则和方式。

为对地方政府债务限额管理做出进一步补充和完善，规范新增地方政府债务限额分配管理，财政部于 2017 年 3 月 23 日出台了《新增地方政府债务限额分配管理暂行办法》，提出“新增地方政府一般债务限额、新增地方政府专项债务限额分别按照一般公共预算、政府性基金预算管理方式不同，单独测算”。

（三）地方政府债务预算绩效管理制度

2016 年 11 月 9 日，财政部在系统总结地方政府债务预算管理制度办法经验的基础上，依据《预算法》《国务院关于加强地方政府性债务管理的意见》和财政管理有关规定，制定印发了《地方政府专项债务预算管理办法》，从专项债务限额确定、预算编制和批复、预算执行和决算、非债券形式债务纳入预算、监督管理等方面，提出了规范地方政府债务预算管理的具体工作要求。

随着近年来我国全面预算绩效管理和预算改革进程，国家先后发布《中共中央 国务院关于全面实施预算绩效管理的意见》《国务院关于进一步深化预算管理制度改革的意见》，专项债券优先成为开展全面预算绩效管理的领域。财政部制定了《地方政府专项债券项目资金绩效管理办法》（财预〔2021〕61 号），办法补齐了预算绩效的“短板”，通过事前绩效评估、绩效目标管理、绩效运行监控、绩效评价管理、评价结果应用等环节，推动提升债券资金配置效率和使用效益。

（四）地方政府债务风险管理制度

2016 年 10 月 27 日，《国务院办公厅关于印发地方政府性债务风险应急处置预案的通知》下发，明确把地方政府性债务风险事件划分为四个等级，实行分级响应和应急处置，并明确存量担保债务和存量救助债务不属于政府债务。随后，地方各省、自治区、直辖市相继出台了本地区政府性债务风险应急处置预案。财政部专门就地方政府性债务分类制定了《地方政府性债务风险分类处置指南》。四川省、青海省和贵州省等省份在省级层面出台了本省政府债务风险评估和预警暂行办法，明确了评估和预警对象、部门分工和职责，细化了各项指标、预警实施步骤和风险通报等。

此外，根据《国务院关于加强地方政府性债务管理的意见》和《国务院关于加强地方政府性债务管理的意见》，还要推进地方债务及有关部门举债融资行为的全过程公开和县级以上地方政府债务公开制度。

（五）地方政府债务人大监督制度

2021 年，中共中央办公厅印发了《关于加强地方人大对政府债务审查监督的意见》，就推动完善政府预算决算编制工作、规范人大审查监督政府债务的内容和程序、加强人大对政府债务风险管控的监督、加强组织保障等，作出了明确规定，并提出了工作要求。加强地方人大对政府债务的审查监督，是人大预算审查监督重点向支出预算和政策拓展的重要内容，此次意见特别提出，地方人大要强化对专项债的审查监督。作为国家权力机关，人大及其常委会依据宪法、预算法等法律对政府融资举债等行政行为实施监督，是高层次的、具有法律效力的监督。

第二节　土地储备、收费公路和棚改专项债券法律管理制度

一、地方政府土地储备专项债券法律管理制度

2017 年 5 月 16 日，财政部、国土资源部发布《地方政府土地储备专项债券管理办法（试行）》，明确“为完善地方政府专项债券管理，规范土地储备融资行为，建立土地储备专项债券与项目资产、收益对应的制度”，由此正式拉开我国土地储备领域发行专项债券试点的序幕。

（一）土地储备融资模式回顾

我国土地储备工作已进行多年，土地储备资金管理是其中关键内容。我国土地储备工作及融资相关法规和文件如表 3-3 所示。

表 3-3　　我国土地储备工作及融资相关法规和文件

	文件名称	主要内容
1	《关于加强信托公司房地产、证券业务监管有关问题的通知》	对政府土地储备机构的贷款应以抵押贷款方式发放，所购土地应具有合法的土地使用证，贷款额度不得超过所收购土地评估值的 70%，贷款期限最长不得超过 2 年
2	《关于加强信托公司房地产信托业务监管有关问题的通知》	信托公司不得以信托资金发放土地储备贷款。土地储备贷款是指向借款人发放的用于土地收购及土地前期开发、整理的贷款
3	《关于制止地方政府违法违规融资行为的通知》	地方各级政府不得将储备土地作为资产注入融资平台公司，不得承诺将储备土地预期出让收入作为融资平台公司偿债资金来源
4	《关于加强土地储备与融资管理的通知》	规定土地储备贷款规模、期限、抵押、资金管理等内容
5	《国务院关于加强地方政府性债务管理的意见》	规定加快建立规范的地方政府举债融资机制、对地方政府债务实行规模控制和预算管理、完善配套制度、妥善处理存量债务和在建项目后续融资等内容
6	《规范土地储备和资金管理等相关问题的通知》	调整土地储备筹资方式，土地储备机构新增土地储备项目所需资金，应当严格按照规定纳入政府性基金预算，从国有土地收益基金、土地出让收入和其他财政资金中统筹安排，不足部分在国家核定的债务限额内通过省级政府代发地方政府债券筹集资金解决。自 2016 年 1 月 1 日起，各地不得再向银行业金融机构举借土地储备贷款
7	《地方政府专项债务预算管理办法》	从债务限额确定、预算编制和批复、预算执行和决算、非债券形式债务纳入预算、监督管理等方面，提出了规范地方政府债务预算管理的工作要求
8	《土地储备管理办法》	土地储备专项债券资金管理执行财政部、国土资源部有关地方政府土地储备专项债券管理的规定
9	《地方政府土地储备专项债券管理办法（试行）》	对地方政府土地储备专项债券作出了额度管理、预算编制、预算执行和决算、监督管理以及职责分工等方面的规定

2015 年及以前，地方土地储备资金的来源以银行贷款为主，并在期限、规模、信用方式等方面受到限制：一是期限较短。2012 年以前贷款期限不得超过 2 年，2012 年以后银行业金融机构按照规定，根据贷款人的信用状况、土地储备项目周期、资金回笼计划等因素合理确定贷款期限，贷款期限最长不超过 5 年。二是实行规模控制。土地储备贷款纳入地方政府性债务统一管理，省级财政部门向土地储备机构核发年度融资规模控制卡，明确年度可融资规模并同时反映已发生的融资额度。土地储备机构向

银行业金融机构申请融资时，连同相关文件出示融资规模控制卡。三是需要通过抵押储备土地的方式进行贷款。为加强对地方政府举债融资行为的监督，遏制政府债务过快增长势头，防范政府债务风险，保障地方政府合理融资需求，从2015年起实施的新《预算法》规定，地方政府应当通过发行地方政府债券方式举借债务，除此以外不得以其他任何方式举债。按照《预算法》的要求，2016年财政部、国土资源部、中国人民银行、银监会联合印发《关于规范土地储备和资金管理等相关问题的通知》，明确各地不得再向银行业金融机构举借土地储备贷款，土地储备融资需求应当通过省级政府发行地方政府债券的方式解决。

因此，财政部、国土资源部按照《预算法》和《国务院关于加强地方政府性债务管理的意见》有关精神，并经第十二届全国人大第五次会议审议批准，根据地方政府性基金收入项目特点和相关工作进展，选择土地储备等重点领域开展项目收益专项债券试点，于2017年5月16日联合印发《地方政府土地储备专项债券管理办法（试行)》，保障土地储备领域的合理融资需求。

（二）《地方政府土地储备专项债券管理办法（试行)》内容要点

根据《地方政府土地储备专项债券管理办法（试行)》的定义，土地储备专项债券是指地方政府为土地储备发行，以项目对应并纳入政府性基金预算管理的国有土地使用权出让收入或国有土地收益基金收入（以下统称“土地出让收入”）偿还的地方政府专项债券。《地方政府土地储备专项债券管理办法（试行)》的内容要点总结如下。

1. 关于发行要求的规定

地方政府土地储备专项债券的发行要求如表3－4所示。

表3－4　地方政府土地储备专项债券的发行要求

发行主体	省级政府 经省级政府批准，计划单列市政府可以自办发行土地储备专项债券 市县级政府确需发行土地储备专项债券的，由省级政府统一发行并转贷给市县级政府
债券名称	土地储备专项债券应当统一命名格式，冠以“××年××省、自治区、直辖市（本级或××市、县）土地储备专项债券（×期）——××年××省、自治区、直辖市政府专项债券（×期)”的名称，具体由省级财政部门商省级国土资源部门确定
单一或集合发行	据土地储备项目区位特点、实施期限等因素，土地储备专项债券可以对应单一项目发行，也可以对应同一地区多个项目集合发行
收益与融资自求平衡	项目应当有稳定的预期偿债资金来源，对应的政府性基金收入应当能够保障偿还债券本金和利息，实现项目收益和融资自求平衡
期限	土地储备专项债券期限应当与土地储备项目期限相适应，原则上不超过5年

从表 3－4 可以看出，土地储备专项债券的发行主体要求在《预算法》和《国务院关于加强地方政府性债务管理的意见》框架下，债券名称的格式要求也与《关于试点发展项目收益与融资自求平衡的地方政府专项债券品种的通知》的要求保持一致，此外，还有以下三个特点。

（1）比较适合集合发行。土地储备项目一般由当地土地储备机构按照年度土地储备计划管理，每个地块的土地储备工作的启动和实施具有较高一致性，比较适合统一地区多个项目集合发行的方式。

（2）项目收益与融资能够实现自求平衡。土地储备专项债券作为第一个项目收益专项债券品种，有其本身的优势。土地使用权出让收入一直是地方政府性基金收入的重要来源，因此土地储备项目是最能实现项目收益与融资平衡条件的领域。《地方政府土地储备专项债券管理办法（试行）》明确："发行土地储备专项债券的土地储备项目应当有稳定的预期偿债资金来源，对应的政府性基金收入应当能够保障偿还债券本金和利息，实现项目收益和融资自求平衡。"

（3）期限较为明确。《地方政府土地储备专项债券管理办法（试行）》明确土地储备专项债券期限应当与土地储备项目期限相适应，原则上不超过 5 年。与土地储备贷款一般为 2 年的期限相比，这在一定程度上缓解了地方政府的还款压力，"既避免了期限过短造成的错配风险，又减少了期限过长带来的资金闲置问题"。

2. 关于项目的规定

地方政府土地储备专项债券对应项目的规定如表 3－5 所示。

表 3－5　　土地储备专项债券项目的规定

项目	县级以上地方各级土地储备机构应当根据土地市场情况和下一年度土地储备计划，编制下一年度土地储备项目收支计划，提出下一年度土地储备资金需求，报本级国土资源部门审核、财政部门复核
项目库	地方各级国土资源部门应当建立土地储备项目库，项目信息应当包括项目名称、地块区位、储备期限、项目投资计划、收益和融资平衡方案、预期土地出让收入等情况，并做好与地方政府债务管理系统的衔接
项目实施机构	土地储备由纳入国土资源部名录管理的土地储备机构负责实施

从表 3－5 可以看出：

（1）项目应纳入年度土地储备计划。根据《地方政府土地储备专项债券管理办法（试行）》，土地储备是地方政府为调控土地市场，促进土地资源合理利用，依法取得土地，进行前期开发、储存以备供应土地的行为。该管理办法并没有明确规定项目应纳入年度土地储备计划，但其第十二条同时规定，土地储备机构应当根据土地市场情况和下一年度土地储备计划，编制下一年度土地储备项目收支计划，提出下一年度土地储备资金需求。结合《土地储备管理办法》和其他土地储备有关文件的规定，年度土地储备计划是由各地根据城市建设发展和土地市场调控的需要，结合当地社会发展规划、土地储备三年滚动计划、年度土地供应计划、地方政府债务限额等因素制定的。因此，土地储备项目的启动和实施，应当是列入当地年度土地储备计划内的项目，应当严格按照当地年度土地储备计划，并以此作为制定年度土地储备资金收支预算、确定年度土地储备融资规模的主要依据。

（2）土地储备项目库。项目库管理方式是《地方政府土地储备专项债券管理办法（试行）》对土地储备工作提出的创新要求，一方面符合《国务院关于加强地方政府性债务管理的意见》明确要求各地区要定期向社会公开债券对应项目建设情况并自觉接受社会监督的改革精神，另一方面适应土地储备专项债券的发行和管理要求。土地储备债券发行和管理要求严格对应债券融资项目。

（3）项目实施机构列入当年度土地储备机构名录。《地方政府土地储备专项债券管理办法（试行）》要求土地储备由纳入国土资源部名录管理的土地储备机构负责实施。《土地储备管理办法》对土地储备机构进行了明文规定：土地储备机构应为县级（含）以上人民政府批准成立、具有独立的法人资格、隶属于国土资源管理部门、统一承担本行政辖区内土地储备工作的事业单位。国土资源主管部门对土地储备机构实施名录制管理。

3. 关于额度管理的规定

地方政府土地储备专项债券额度管理的规定如表3－6所示。

表3－6　　土地储备专项债券额度管理的规定

限额管理	土地储备专项债券纳入地方政府专项债务限额管理
全国年度总额度确定	财政部在国务院批准的年度地方政府专项债务限额内，根据土地储备融资需求、土地出让收入状况等因素，确定年度全国土地储备专项债券总额度
各地区年度额度确定	上报：省级财政部门会同本级国土资源部门汇总审核本地区下一年度土地储备专项债券需求，随同增加举借专项债务和安排公益性资本支出项目的建议，经省级政府批准后于每年10月底前报送财政部 下达：各省、自治区、直辖市年度土地储备专项债券额度应当在国务院批准的分地区专项债务限额内安排，由财政部下达各省级财政部门，抄送国土资源部 省级额度分配方案的提出与下达：省级财政部门在财政部下达的本地区土地储备专项债券额度内，根据市县近三年土地出让收入情况、市县申报的土地储备项目融资需求、专项债务风险、项目期限、项目收益和融资平衡情况等因素，提出本地区年度土地储备专项债券额度分配方案，报省级政府批准后将分配市县的额度下达各市县级财政部门，并抄送省级国土资源部门 市级额度的确定：市县级财政部门应当在省级财政部门下达的土地储备专项债券额度内，会同本级国土资源部门提出具体项目安排建议，连同年度土地储备专项债券发行建议报省级财政部门备案，抄送省级国土资源部门
额度调整	省、自治区、直辖市年度土地储备专项债券额度不足或者不需使用的部分，由省级财政部门会同国土资源部门于每年8月底前向财政部提出申请。财政部可以在国务院批准的该地区专项债务限额内统筹调剂额度并予批复，抄送国土资源部

4. 关于资金管理的规定

地方政府土地储备专项债券资金管理规定如表 3－7 所示。

表 3－7　　土地储备专项债券的资金管理

预算管理	土地储备专项债券资金由财政部门纳入政府性基金预算管理
资金使用主体	由纳入国土资源部名录管理的土地储备机构专项用于土地储备
资金使用禁止事项	任何单位和个人不得截留、挤占和挪用，不得用于经常性支出

土地储备专项债券募集资金必须严格对应到项目，专项用于对应项目建设，不得用于经常性支出。

5. 关于偿还机制的规定

地方政府土地储备专项债券偿还机制规定如表 3－8 所示。

表 3－8　　土地储备专项债券的偿还机制

债券本金、利息以及发行费用的偿还	土地储备项目取得的土地出让收入，应当按照该项目对应的土地储备专项债券余额统筹安排资金，专门用于偿还到期债券本金，不得通过其他项目对应的土地出让收入偿还到期债券本金 省级财政部门应当按照合同约定，及时偿还土地储备专项债券到期本金、利息以及支付发行费用 市县级财政部门应当及时向省级财政部门缴纳本地区或本级应当承担的还本付息、发行费用等资金
偿还禁止事项	不得通过其他项目对应的土地出让收入偿还到期债券本金
提前偿还	土地储备专项债券发行时，可以约定根据土地出让收入情况提前偿还债券本金的条款。鼓励地方政府通过结构化创新合理设计债券期限结构
不能按期偿还	因储备土地未能按计划出让、土地出让收入暂时难以实现，不能偿还到期债券本金时，可在专项债务限额内发行土地储备专项债券周转偿还，项目收入实现后予以归还

从《地方政府土地储备专项债券管理办法（试行）》设计的偿还机制来看，债券本金必须由对应项目的土地出让收入来偿还，而利息、发行费用等资金应当由对应项目的土地出让收入支付，但收益未实现或收益不足以支付时，可以通过财政预算解决。此外，不同于普通专项债券，土地储备专项债券可以约定提前偿还的条款，避免资金闲置，提高资金使用效率。

6. 职责分工

地方政府土地储备专项债券职责分工的相关规定如表 3－9 所示。

表 3－9　　土地储备专项债券的职责分工

财政部	负责牵头制定和完善土地储备专项债券管理制度，下达分地区土地储备专项债券额度，对地方土地储备专项债券管理实施监督
国土资源部	配合财政部加强土地储备专项债券管理，指导和监督地方国土资源部门做好土地储备专项债券管理相关工作

续表

省级财政部门	负责本地区土地储备专项债券额度管理和预算管理、组织做好债券发行、还本付息等工作，并按照专项债务风险防控要求审核项目资金需求
省级国土资源部门	负责审核本地区土地储备规模和资金需求（含成本测算等），组织做好土地储备项目库与地方政府债务管理系统的衔接，配合做好本地区土地储备专项债券发行准备工作
市县级财政部门	负责按照政府债务管理要求并根据本级国土资源部门建议以及专项债务风险、土地出让收入等因素，复核本地区土地储备资金需求，做好土地储备专项债券额度管理、预算管理、发行准备、资金监管等工作
市县级国土资源部门	负责按照土地储备管理要求并根据土地储备规模、成本等因素，审核本地区土地储备资金需求，做好土地储备项目库与政府债务管理系统的衔接，配合做好土地储备专项债券发行各项准备工作，监督本地区土地储备机构规范使用土地储备专项债券资金，合理控制土地出让节奏并做好与对应的专项债券还本付息的衔接，加强对项目实施情况的监控
土地储备机构	负责测算提出土地储备资金需求，配合提供土地储备专项债券发行相关材料，规范使用土地储备专项债券资金，提高资金使用效益

二、地方政府收费公路专项债券法律管理制度

为完善地方政府专项债券管理，规范政府收费公路融资行为，进一步促进政府收费公路事业的持续健康发展开展试点工作，贯彻落实《中华人民共和国预算法》和《国务院关于加强地方政府性债务管理的意见》的指导精神，财政部和交通运输部于2017年6月26日联合印发《地方政府收费公路专项债券管理办法（试行）》，明确收费公路专项债券是地方政府为发展政府收费公路而向社会举债，进行债券发行，最后通过项目对应的且纳入政府性基金预算管理的收入进行偿还的一种专项债券，是地方政府专项债券的一个品种，同时也是继土地储备专项债券之后的第二个专项债券品种。

（一）关于发行要求的规定

地方政府收费公路专项债券的发行要求如表3－10所示。

表3－10　　收费公路专项债券发行要求的规定

债券适用对象	收费公路专项债券针对的对象为采取政府收取车辆通行费等方式偿还债务而建设的收费公路，主要包括国家高速公路、地方高速公路及收费一级公路等。根据政府收费公路相关性、收费期限等因素，收费公路专项债券可以对应单一项目发行，也可以对应一个地区的多个项目集合发行
债券发行主体	省、自治区、直辖市政府为收费公路专项债券的发行主体。设区的市、自治州，县、自治县、不设区的市、市辖区级政府如需要发行收费公路专项债券的，由省级政府统一发行并转贷给市县级政府。除此之外，经省级政府批准，计划单列市政府可以自办发行收费公路专项债券

续表

债券发行时间	收费公路专项债券期限应当与政府收费公路收费期限相适应，原则上单次发行不超过 15 年
债券命名格式	公路专项债券应当统一命名格式，冠以“××年××省、自治区、直辖市（本级或××市、县）收费公路专项债券（×期）——××年××省、自治区、直辖市政府专项债券（×期）”的名称，具体由省级财政部门商省级交通运输部门确定

从《地方政府收费公路专项债券管理办法（试行）》的规定可以看出，收费公路专项债的发行主体限制在省级政府，市县级政府如需发行，由省级政府统一发行并进行转贷，经省级政府批准，计划单列市政府可以自办发行。

债券的发行期限单次发行不超过 15 年，鼓励地方政府通过结构化创新合理设计债券期限结构，可以约定提前或延迟偿还债券本金的条款，但《地方政府收费公路专项债券管理办法（试行）》对延迟偿还本金条款并未做明确规定。

（二）关于债券资金管理的规定

地方政府收费公路专项债券的资金管理如表 3 – 11 所示。

表 3 – 11　　收费公路专项债券的资金管理规定

项目资金要求	发行收费公路专项债券的政府收费公路项目应当有稳定的预期偿债资金来源，对应的政府性基金收入应当能够保障偿还债券本金和利息，实现项目收益和融资自求平衡
募集资金用途	收费公路专项债券资金应当专项用于政府收费公路项目建设，优先用于国家高速公路项目建设，重点支持“一带一路”、京津冀协同发展、长江经济带三大战略规划（倡议）的政府收费公路项目建设，不得用于非收费公路项目建设，不得用于经常性支出和公路养护支出。任何单位和个人不得截留、挤占和挪用收费公路专项债券资金
债券额度管理	财政部在国务院批准的年度地方政府专项债务限额内，根据政府收费公路建设融资需求、纳入政府性基金预算管理的车辆通行费收入和专项收入状况等因素，确定年度全国收费公路专项债券总额度 各省、自治区、直辖市年度收费公路专项债券额度应当在国务院批准的分地区专项债务限额内安排，由财政部下达各省级财政部门，抄送交通运输部 省、自治区、直辖市年度收费公路专项债券额度不足或者不需使用的部分，由省级财政部门会同交通运输部门于每年 7 月底前向财政部提出申请。财政部可以在国务院批准的该地区专项债务限额内统筹调剂额度并予批复，抄送交通运输部

在收费公路债券发行的过程中，资金管理是非常重要的一部分，因此对于资金的管理就更为严格、具体。

1. 项目收益与融资自求平衡

项目本身应当有稳定的预期偿债资金来源，对应的政府性基金收入应当能够保障偿还债券本金和利息，实现项目收益和融资盈亏平衡。

2. 募集资金必须专款专用

债券资金与项目严格对应，专款专用。债券资金专项用于政府收费公路项目建设，不得用于非收费公路项目建设、经常性支出和公路养护支出，也不得用于偿还存量债务。项目优先支持重点领域项目建设。

3. 债券规模与额度也有严格要求

由财政部确定年度全国收费公路专项债券总额度。省、自治区、直辖市年度收费公路专项债券额度不足或者不需使用的部分，由省级财政部门会同交通运输部门于每年7月底前向财政部提出申请。项目应当纳入国家和省级交通发展规划，并保证所有规划内政府收费公路的资金缺口都能通过专项债券解决。同时，为发行收费公路专项债而建设的政府收费公路项目，其资产和收费权均不得用于抵质押，防止资产重复融资。

（三）部门职责分工

地方政府收费公路专项债券的部门职责分工如表3－12所示。

表3－12　收费公路专项债券的部门职责分工

财政部	负责牵头制定和完善收费公路专项债券管理制度，下达分地区收费公路专项债券额度，对地方收费公路专项债券管理实施监督
交通运输部	配合财政部加强收费公路专项债券管理，指导和监督地方交通运输部门做好收费公路专项债券管理相关工作
省级财政部门	负责本地区收费公路专项债券额度管理和预算管理，组织做好债券发行、还本付息等工作，并按照专项债务风险防控要求审核项目资金需求
省级交通运输部门	负责审核汇总本地区国家公路网规划、省级公路网规划建设的政府收费公路资金需求，组织做好政府收费公路项目库与地方政府债务管理系统的衔接，配合做好本地区收费公路专项债券各项发行准备工作，规范使用收费公路专项债券资金，组织有关单位及时足额缴纳车辆通行费收入、相关专项收入等
市县级交通运输部门	测算本地区下一年度收费公路专项债券需求，提交同级财政部门审核
市县级财政部门	会同本级交通运输部门做好收费公路专项债券发行准备工作

1. 明确了相关部门监督管理职责，落实了市县政府管理责任

进一步明确了在收费公路专项债券使用管理过程中各级财政部门和交通运输部门的监督管理责任和职责分工。要求各级财政部门、交通运输部门协调配合，发挥部门各自优势，保障专项债券顺利发行、使用和偿还。

2. 要求严格依法依规举借债务

强调地方各级财政部门、交通运输部门不得通过企事业单位举借债务，不得通过地方政府债券以外的任何方式举借债务，不得为任何单位和个人的债务以任何方式违规提供担保。

3. 加大对违法违规行为的查处问责力度

强调违反《地方收费公路专项债券管理办法（试行）》规定情节严重的，财政部可暂停其发行地方政府专项债券。各级财政部门、交通运输部门在地方政府收费公路专项债券监督和管理工作中，存在滥用职权、玩忽职守、徇私舞弊等违纪违法行为的，按照国家有关规定追究相应责任；涉嫌犯罪的，移送司法机关处理。

三、地方政府棚户区改造专项债券法律管理制度

2018 年 3 月 1 日，财政部、住建部联合发布《试点发行地方政府棚户区改造专项债券管理办法》，确定试点发行地方政府棚户区改造专项债券。这是继土地储备、收费公路专项债券之后第三个全国性的“市政收益债”品种，探索建立棚户区改造专项债券与项目资产、收益相对应的制度，发挥政府规范适度举债改善群众住房条件的积极作用。

（一）棚户区改造融资模式回顾

我国城市棚户区改造及融资相关法规和文件如表 3－13 所示。

表 3－13　　棚户区改造及融资相关法规和文件

	文件名称	主要内容
1	《国务院关于加快棚户区改造工作的意见》	加大各级政府资金支持 加大信贷支持 鼓励民间资本参与改造 规范利用企业债券融资 鼓励企业出资参与棚户区改造，加大改造投入
2	《关于企业债券融资支持棚户区改造有关问题的通知》	要求对棚改项目债券融资“开绿灯”，棚改债券规模可以达到项目总投资的 70%
3	《扎实推进棚户区改造建设有关问题的通知》	支持符合条件的地区，适当放宽企业债券发行条件，且不占用地方政府所属投融资平台公司年度发债指标
4	《国务院关于进一步做好城镇棚户区和城乡危房改造》	推广政府与社会资本合作模式 发挥开性金融支持作用
5	《关于进一步加强棚户区改造工作的通知》	研究推出棚改项目收益债券
6	《关于进一步做好棚户区改造相工作的通知》	地方政府债券融资要继续向棚户区改造倾斜 推进政府购买棚户区改造服务，做好与贷款衔接工作 采取切实有效的措施，妥善解决财力困难市县资金问题

棚户区改造项目通常都需要几十亿元甚至上百亿元资金投入，当前政府财政拨款、土地出让金净收益以及国家政策性银行贷款等融资方式已显现出资金规模不够、持续性不足等问题。部分地区利用棚改形成的土地作杠杆开展大规模基建投资，可能产生效率不高、风险隐匿等问题。过去，地方政府棚改资金主要通过贷款解决，占棚改项

目投资的比例达到97%以上。近年来也通过融资平台公司按照《企业债券管理条例》发行企业债券融资，但融资成本相对较高。

（二）《试点发行地方政府棚户区改造专项债券管理办法》内容要点

1. 关于发行要求的规定

地方政府棚户区改造专项债券的发行要点如表3－14所示。

表3－14　　　　棚户区改造专项债券的发行要点

发行主体	省级政府 经省级政府批准，计划单列市政府可以自办发行棚户区改造专项债券 市县级政府确需发行棚户区改造专项债券的，由省级政府统一发行并转贷给市县级政府
债券名称	棚改专项债券应当统一命名格式，冠以"××年××省、自治区、直辖市（本级或××市、县）棚改专项债券（×期）——××年××省、自治区、直辖市政府专项债券（×期）"的名称，具体由省级财政部门商省级住房城乡建设部门确定
单一或集合发行	根据项目地理位置、征拆户数、实施期限等因素，棚改专项债券可以对应单一项目发行，也可以对应同一地区多个项目集合发行，具体由市县级财政部门会同本级棚改主管部门提出建议，报省级财政部门确定
收益与融资自求平衡	试点项目应当有稳定的预期偿债资金来源，对应的纳入政府性基金的国有土地使用权出让收入、专项收入应当能够保障偿还债券本金和利息，实现项目收益和融资自求平衡
期限	棚改专项债券期限应当与棚户区改造项目的征迁和土地收储、出让期限相适应，原则上不超过15年，可根据项目实际适当延长，避免期限错配风险 鼓励地方政府通过结构化设计合理确定债券期限

从发行要求来看，棚户区改造专项债券的发行主体要求在《预算法》和《国务院关于加强地方政府性债务管理的意见》框架下，债券名称的格式要求也与《关于试点发展项目收益与融资自求平衡的地方政府专项债券品种的通知》的要求保持一致，此外，还有三个特点：

（1）比较适合集合发行。棚户区改造项目一般按照棚户区改造计划管理，同一地区棚户区改造项目的启动和实施具有较高的一致性，比较适合统一地区多个项目集合发行的方式。

（2）收益与融资能够实现平衡。根据《试点发行地方政府棚户区改造专项债券管理办法》第6条的规定，试点发行棚改专项债券的棚户区改造项目应当有稳定的预期偿债资金来源，对应的纳入政府性基金的国有土地使用权出让收入、专项收入应当能够保障偿还债券本金和利息，实现项目收益和融资自求平衡。

（3）期限较长。《试点发行地方政府棚户区改造专项债券管理办法》明确棚户区专项债券期限应当与棚户区改造项目的征迁和土地收储、出让期限相适应，原则上不超过

15 年。土地储备专项债券和收费公路专项债券的期限均为 10 年以下，而棚改专项债券则“可根据项目实际适当延长，避免期限错配风险”，实际上是首次允许突破 15 年上限。

2. 关于项目的规定

对地方政府棚户区改造专项债券项目的规定如表 3 – 15 所示。

表 3 – 15　棚户区改造专项债券项目的规定

国家棚改计划	棚户区改造，是指纳入国家棚户区改造计划，依法实施棚户区征收拆迁、居民补偿安置以及相应的腾空土地开发利用等的系统性工程，包括城镇棚户区（含城中村、城市危房）、国有工矿（含煤矿）棚户区、国有林区（场）棚户区和危旧房、国有垦区危房改造项目等
项目实施机构	本级棚改主管部门是指各级住房城乡建设部门以及市县级政府确定的棚改主管部门

（1）项目列入国家棚户区改造计划。根据《试点发行地方政府棚户区改造专项债券管理办法》第 2 条的规定，能够发行棚户区改造专项债券的对应项目需以纳入国家棚户区改造计划为前提。目前，国家尚未对各地棚户区改造项目进行统一、集中的管理，一般以纳入省级住建部门公布的省级棚户区改造计划为实际认定标准。

（2）实施机构为政府部门。《试点发行地方政府棚户区改造专项债券管理办法》明确棚户区改造项目的实施机构为本级棚改主管部门，指各级住房城乡建设部门以及市县级政府确定的棚改主管部门，也就是说，市县政府通过制定本地棚户区改造有关文件授权或决定住房城乡建设部门为棚改主管部门，比如房地产管理部门。

3. 额度管理

地方政府棚户区改造专项债券的额度管理如表 3 – 16 所示。

表 3 – 16　棚户区改造专项债券的额度管理规定

限额管理	棚改专项债券纳入地方政府专项债务限额管理
全国年度总额度确定	财政部在国务院批准的年度地方政府专项债务限额内，根据地方棚户区改造融资需求及纳入政府性基金预算管理的国有土地使用权出让收入、专项收入状况等因素，确定年度全国棚改专项债券总额度
各地区年度额度确定	上报：省级财政部门会同本级住房城乡建设部门汇总审核本地区下一年度棚改专项债券需求，随同增加举借专项债务和安排公益性资本支出项目的建议，经省级政府批准后于每年 10 月 31 日前报送财政部 下达：各省、自治区、直辖市年度棚改专项债券额度应当在国务院批准的本地区专项债务限额内安排，由财政部下达各省级财政部门，并抄送住房城乡建设部 省级额度分配方案的提出与下达：省级财政部门在财政部下达的本地区棚改专项债券额度内，根据市县近三年纳入政府性基金预算管理的国有土地使用权出让收入和专项收入情况、申报的棚改项目融资需求、专项债务风险、项目期限、项目收益和融资平衡情况等因素，提出本地区年度棚改专项债券分配方案，报省级政府批准后下达各市县级财政部门，并抄送省级住房城乡建设部门 市级额度的确定：市县级财政部门应当在省级财政部门下达的棚改专项债券额度内，会同本级棚改主管部门提出具体项目安排建议，连同年度棚改专项债券发行建议报省级财政部门备案，抄送省级住房城乡建设部门

续表

额度调整	各省、自治区、直辖市年度棚改专项债券额度不足或者不需使用的部分，由省级财政部门会同住房城乡建设部门于每年8月31日前向财政部提出申请。财政部可以在国务院批准的该地区专项债务限额内统筹调剂额度并予批复，同时抄送住房城乡建设部

4. 关于资金管理的规定

地方政府棚户区改造专项债券的资金管理如表3－17所示。

表3－17　　棚户区改造专项债券的资金管理规定

预算管理	棚改专项债券资金由财政部门纳入政府性基金预算管理
资金使用主体	由本级棚改主管部门专项用于棚户区改造，严禁用于棚户区改造以外的项目
资金使用禁止事项	任何单位和个人不得截留、挤占和挪用，不得用于经常性支出

棚户区改造专项债券募集资金必须严格对应到项目，专项用于对应项目建设，不得用于经常性支出。

5. 偿还机制

地方政府棚户区改造专项债券的偿还机制如表3－18所示。

表3－18　　地方政府棚户区改造专项债券的偿还机制

债券本金、利息以及发行费用的偿还	棚户区改造项目征迁后腾空土地的国有土地使用权出让收入、专项收入，应当结合该项目对应的棚改专项债券余额统筹安排资金，专门用于偿还到期债券本金 省级财政部门应当按照合同约定，及时偿还棚改专项债券到期本金、利息以及支付发行费用 市县级财政部门应当及时向省级财政部门缴纳本地区或本级应当承担的还本付息、发行费用等资金
偿还禁止事项	不得通过其他项目对应的国有土地使用权出让收入、专项收入偿还到期债券本金
提前偿还	棚改专项债券发行时，可以约定根据项目收入情况提前偿还债券本金的条款
不能按期偿还	因项目对应的专项收入暂时难以实现，不能偿还到期债券本金时，可在专项债务限额内发行棚改专项债券周转偿还，项目收入实现后予以归还

从《试点发行地方政府棚户区改造专项债券管理办法》设计的偿还机制来看，债券本金必须由对应项目的收入来偿还，而利息、发行费用等资金应当由对应项目的收入支付，但收益未实现或收益不足以支付时，可以由财政部门通过财政预算解决。此外，与土地储备专项债券一样，棚户区改造专项债券可以约定提前偿还的条款，避免资金闲置，提高资金使用效率。

（1）偿债资金来源包括商业设施销售、租赁收入。《试点发行地方政府棚户区改造专项债券管理办法》规定："以项目对应并纳入政府性基金预算管理的国有土地使用权出让收入、专项收入偿还的地方政府专项债券”“专项收入包括属于政府的棚改项目配套商业设施销售、租赁收入以及其他收入”。也就是说，棚改专项债券的偿债资金来源包括两个部分：一是对应土地使用权出让收入，这部分资金纳入政府性基金预算管理；二是配套商业项目的销售、租赁等专项收入，如棚改项目经常可见安置住房配套的商铺和停车位的销售或出租收入、棚户区对应土地一级开发过程中形成的国有资产租赁收入等。

（2）可设置提前偿还条款。《试点发行地方政府棚户区改造专项债券管理办法》允许棚改专项债券约定提前偿还债券本金的条款，土地储备专项债券的文件《地方政府土地储备专项债券管理办法（试行）》中也有相同的规定。

（3）可以周转偿还。周转偿还意味着地方债到期后，如果债券对应项目无法实现收入或者实现的收入尚无法覆盖本息偿付，地方政府可以在专项债券限额内，继续发行棚改专项债“周转偿还”。

第三节　项目收益专项债券法律管理制度

为进一步开好政府规范举债的“前门”，在依法增加地方政府债务限额的同时，充分发挥政府债务限额资源的使用效益，财政部指导地方在法定专项债务限额内，按照地方政府性基金收入项目分类发行专项债券，发展实现项目收益与融资自求平衡的专项债券品种，以 89 号文为主要“纲领”的“市政项目收益债”便被“寄予厚望”，逐渐成为地方政府新增专项债券的“主力军”。

一、项目收益专项债券发行前提条件

土地储备、收费公路和棚户区改造三类专项债券是目前财政部已经印发专门文件并规定了相关发行管理事项的专项债券品种，项目融资与收益平衡这个条件也不难实现。但其他项目收益专项债券所属领域并没有在 89 号文中明确规定，随着各地探索实践，专项债券对应项目所属领域不断完善。因此，对于一个项目，从如何审查项目可尝试发行项目收益专项债，可从项目领域和项目融资与收益平衡两个前提条件进行，具体如表 3 – 19 所示。

表 3－19　项目收益专项债券发行的前提条件

项目领域	《关于试点发展项目收益与融资自求平衡的地方政府专项债券品种的通知》	鼓励有条件的地方立足本地区实际，围绕省（自治区、直辖市）党委、政府确定的重大战略，积极探索在有一定收益的公益性事业领域分类发行专项债券
	《关于做好 2018 年地方政府债务管理工作的通知》	重大区域发展以及乡村振兴、生态环保、保障性住房、公立医院、公立高校、交通、水利、市政基础设施等领域
	《中共中央办公厅国务院办公厅关于做好地方政府专项债券发行及项目配套融资工作的通知》	重点支持京津冀协同发展、长江经济带发展、“一带一路”建设、粤港澳大湾区建设、长三角区域一体化发展、推进海南全面深化改革开放等重大战略和乡村振兴战略，以及推进棚户区改造等保障性安居工程、易地扶贫搬迁后续扶持、自然灾害防治体系建设、铁路、收费公路、机场、水利工程、生态环保、医疗健康、水电气热等公用事业、城镇基础设施、农业农村基础设施等领域以及其他纳入“十三五”规划符合条件的重大项目建设
	《财政部办公厅国家发展改革委办公厅关于梳理 2021 年新增专项债券项目资金需求的通知》	新增专项债券必须用于建设项目，不得用于偿还债务。2021 年新增专项债券重点用于交通基础设施、能源项目、农林水利、生态环保项目、社会事业、城乡冷链物流设施、市政和产业园区基础设施、国家重大战略项目、保障性安居工程等领域 此次梳理的专项债券项目，不安排用于租赁住房建设以外的土地储备项目，不安排一般房地产项目，不安排产业项目
项目融资与收益平衡	《关于试点发展项目收益与融资自求平衡的地方政府专项债券品种的通知》	利用项目收益专项债券筹集资金建设的项目，应当能够产生持续稳定、反映为政府性基金收入或专项收入的现金流，且现金流应当能够覆盖专项债券还本付息
	《中共中央办公厅国务院办公厅关于做好地方政府专项债券发行及项目配套融资工作的通知》	专项债券必须用于有一定收益的重大项目，融资规模要保持与项目收益相平衡

（一）项目应属于公益性事业领域

地方政府专项债券属于政府融资资金，所投资的项目首先要求属于政府投资项目范畴，2019 年 7 月 1 日开始实施的《政府投资条例》第三条规定，政府投资资金应当投向市场不能有效配置资源的社会公益服务、公共基础设施、农业农村、生态环境保护、重大科技进步、社会管理、国家安全等公共领域的项目，以非经营性项目为主。

《关于试点发展项目收益与融资自求平衡的地方政府专项债券品种的通知》只强调要在有一定收益的公益性事业领域探索发行项目收益专项债券。《关于做好 2018 年地方政府债务管理工作的通知》对公益性事业领域进行了进一步的列举，如重大区域发展以及乡村振兴、生态环保、保障性住房、公立医院、公立高校、交通、水利、市政基础设施等领域。各地方也是积极探索尝试，尤其 2018 年四川省探索发行了水务建设、地下综合管廊、地震恢复重建、公园社区、旅游扶贫开发建设、医疗养老、工业园区等二十多个品种的项目收益专项债券，陕西、云南探索了高校建设专项债券。

《中共中央办公厅 国务院办公厅关于做好地方政府专项债券发行及项目配套融资工作的通知》（厅字〔2019〕33 号）从国家层面确认了国家重大战略等七大领域作为专项债券重点支持的项目类型。2020 年年初在新冠肺炎疫情的影响下，国家又新增了应急医疗救治设施、公共卫生设施、城镇老旧小区改造等领域项目可使用专项债券资金。

为落实“积极的财政政策要提质增效、更可持续”要求，针对 2021 年新增专项债券项目资金需求梳理，财政部发改委联合发文，确认了专项债券项目的正面清单和负面清单，即 2021 年新增专项债券重点用于交通基础设施、能源项目、农林水利、生态环保项目、社会事业、城乡冷链物流设施、市政和产业园区基础设施、国家重大战略项目、保障性安居工程等领域；不安排用于租赁住房建设以外的土地储备项目，不安排一般房地产项目，不安排产业项目；新增专项债券必须用于建设项目，不得用于偿还债务。

（二）项目融资与收益自求平衡

项目收益专项债券发行的第二个条件是：该债券对应项目能够实现融资与收益自求平衡。89 号文明确要求项目应当能够产生持续稳定、反映为政府性基金收入或专项收入的现金流，且现金流应当能够覆盖专项债券还本付息。33 号文强调“专项债券必须用于有一定收益的重大项目，融资规模要保持与项目收益相平衡”，即使在组合融资项目，也要求项目“偿还专项债券本息后仍有剩余专项收入的重大项目，可以由有关企业法人项目单位根据剩余专项收入情况向金融机构市场化融资”，始终遵循不过度融资的基本原则。具体操作上，按照财政部文件要求，各地均要求编制项目实施方案（含融资平衡方案），具体内容上包括项目是否进行了立项审批、项目收入来源、融资与收益平衡情况、发行计划和还款计划等，并以融资与收益平衡为核心。

二、项目收益专项债券的发行与偿还

项目土地储备、棚户区改造和收费公路，项目收益专项债券的发行更能考验地方政府关于专项债券市场化、法治化的发行管理水平，在项目单一还是集合发行、项目期限、债券承销和债券偿还方面，各有特点。有关项目收益专项债券发行与偿还的规定如表 3－20 所示。

表 3－20　项目收益专项债券发行与偿还的相关规定

单一或集合发行	《关于试点发展项目收益与融资自求平衡的地方政府专项债券品种的通知》	专项债券可以对应单一项目发行，也可以对应同一地区多个项目集合发行，具体由市县级财政部门会同有关部门提出建议，报省级财政部门确定
	《关于做好 2018 年地方政府债券发行工作的意见》	地方财政部门应当加强与当地国土资源、交通运输等项目主管部门的沟通协调，按照相关专项债券管理办法，合理搭配项目集合发债，适当加大集合发行力度
	《关于做好地方政府专项债券发行工作的意见》（财库〔2018〕72 号）	各地可在省内集合发行不同市、县相同类型专项债券，提高债券发行效率
期限	《关于做好 2018 年地方政府债券发行工作的意见》	公开发行的项目收益专项债券，各地应当按照相关规定，充分结合项目建设运营周期、资金需求、项目对应的政府性基金收入和专项收入情况、债券市场需求等因素，合理确定专项债券期限
	《关于做好地方政府专项债券发行工作的意见》（财库〔2018〕72 号）	财政部不再限制专项债券期限比例结构，各地应当根据项目建设、债券市场需求等合理确定专项债券期限
	《中共中央办公厅国务院办公厅关于做好地方政府专项债券发行及项目配套融资工作的通知》	专项债券期限原则上与项目期限相匹配，并统筹考虑投资者需求、到期债务分布等因素科学确定，降低期限错配风险，防止资金闲置。逐步提高长期债券发行占比，对于铁路、城际交通、收费公路、水利工程等建设和运营期限较长的重大项目，鼓励发行 10 年期以上的长期专项债券，更好匹配项目资金需求和期限。组合使用专项债券和市场化融资的项目，专项债券、市场化融资期限与项目期限保持一致
	《地方政府债券发行管理办法》	第七条 地方财政部门应当根据项目期限、融资成本、到期债务分布、投资者需求、债券市场状况等因素，合理确定债券期限结构 第九条“专项债券期限应当与项目期限相匹配”
发行与承销	《关于做好 2018 年地方政府债务管理工作的通知》	对于单只债券募集额不足 5 亿元的债券，地方财政部门可以积极研究采用公开承销方式发行，提高发行效率
	《地方政府债券弹性招标发行业务规程》	第三条 采用弹性招标方式发行地方政府债券，适用本规程。地方政府一般债券、专项债券（含项目收益与融资自求平衡的专项债券），可采用弹性招标方式发行
	《地方政府债券公开承销发行业务规程》	第三条 公开承销，适用于公开发行规模较小的地方政府债券，包括一般债券、专项债券（含项目收益与融资自求平衡的专项债券）。采用公开承销方式发行地方政府债券，适用本规程
偿还	《关于试点发展项目收益与融资自求平衡的地方政府专项债券品种的通知》	专项债券对应的项目取得的政府性基金或专项收入，应当按照该项目对应的专项债券余额统筹安排资金，专门用于偿还到期债券本金 不得通过其他项目对应的项目收益偿还到期债券本金 因项目取得的政府性基金或专项收入暂时难以实现，不能偿还到期债券本金时，可在专项债务限额内发行相关专项债券周转偿还，项目收入实现后予以归还

续表

偿还	《关于做好 2018 年地方政府债务管理工作的通知》	在按照市场化原则保障债权人合法权益的前提下，地方政府发行政府债券时可以约定到期偿还、提前偿还、分年偿还等不同形式的本金偿还条款，避免偿债资金闲置，防范资金挪用风险
	《中共中央办公厅国务院办公厅关于做好地方政府专项债券发行及项目配套融资工作的通知》	完善专项债券本金偿还方式，在到期一次性偿还本金方式基础上，鼓励专项债券发行时采取本金分期偿还方式，既确保分期项目收益用于偿债，又平滑债券存续期内偿债压力
	《地方政府债券发行管理办法》	第八条　地方财政部门可结合实际情况，在按照市场化原则保障债权人合法权益的前提下，采取到期偿还、提前偿还、分期偿还等本金偿还方式

（一）项目集合发行成趋势

项目收益专项债券严格对应项目发行是基本要求，但对于一次发行是单一项目还是同一地区多个项目集合发行，基本原则是可以选择，具体由省级财政部门确定。但在考虑效率的基础上，政策鼓励集合发行，地方财政部门应当加强与当地国土资源、交通运输等项目主管部门的沟通协调，按照相关专项债券管理办法，合理搭配项目集合发债，适当加大集合发行力度。

（二）期限

《关于试点发展项目收益与融资自求平衡的地方政府专项债券品种的通知》没有明确对项目收益专项债券的期限作出规定，在债券期限方面，一方面要根据《地方政府专项债券发行管理暂行办法》规定，“专项债券期限为 1 年、2 年、3 年、5 年、7 年和 10 年，由各地综合考虑项目建设、运营、回收周期和债券市场状况等合理确定”，但并未严格限制在 10 年以内。《关于做好 2018 年地方政府债券发行工作的意见》也进一步规定，公开发行的项目收益专项债券，各地应当按照相关规定，充分结合项目建设运营周期、资金需求、项目对应的政府性基金收入和专项收入情况、债券市场需求等因素，合理确定专项债券期限。因此，债券的期限也可能达到 15 年甚至 20 年之久，比如棚改专项债券原则上不超过 15 年。期限匹配原则的目的是避免期限错配风险和防范资金挪用风险。后续新出台文件，对于专项债券，核心要求就是专项债券期限和项目期限相匹配。该规定的落脚点还是债券的本息偿还问题，旨在保证债券有稳定的预期偿债资金来源，如果出现期限错配，则可能导致专项债券不能按期偿还，影响政府信用。

（三）偿债责任较为严格

项目收益专项债券对应的项目取得的政府性基金或专项收入，应当按照项目对应的专项债券余额统筹安排资金，专门用于偿还到期债券本金，不得通过其他项目对应的项目收益偿还到期债券本金。

《中共中央办公厅 国务院办公厅关于做好地方政府专项债券发行及项目配套融资工作的通知》提出完善专项债券本金偿还方式，在到期一次性偿还本金方式基础上，鼓励专项债券发行时采取本金分期偿还方式，既确保分期项目收益用于偿债，又平滑债券存续期内偿债压力。《地方政府债券发行管理办法》进一步明确地方财政部门可结合实际情况，在按照市场化原则保障债权人合法权益的前提下，采取到期偿还、提前偿还、分期偿还等本金偿还方式。这一点充分体现了专项债券融资的市场化特质。

三、项目收益专项债券管理机制

项目收益专项债券的管理机制如表 3－21 所示。

表 3－21　　项目收益专项债券的管理机制

法定限额管理	《关于试点发展项目收益与融资自求平衡的地方政府专项债券品种的通知》	严格执行法定限额管理，地方政府专项债务余额不得突破专项债务限额。各地试点分类发行专项债券的规模，应当在国务院批准的本地区专项债务限额内统筹安排，包括当年新增专项债务限额、上年末专项债务余额低于限额的部分
	《关于做好 2018 年地方政府债务管理工作的通知》	(1) 合理确定分地区地方政府债务限额；(2) 加快地方政府债务限额下达进度；(3) 用好地方政府债务限额，鼓励项目收益专项债券积极利用上年末专项债务未使用的限额
市县管理责任	《关于试点发展项目收益与融资自求平衡的地方政府专项债券品种的通知》	市县级政府及其部门负责承担专项债券的发行前期准备、使用管理、还本付息、信息公开等工作
信息披露	《关于试点发展项目收益与融资自求平衡的地方政府专项债券品种的通知》	分类发行专项债券的地方政府应当及时披露专项债券及其项目信息。财政部门应当在门户网站等及时披露专项债券对应的项目概况、项目预期收益和融资平衡方案、专项债券规模和期限、发行计划安排、还本付息等信息。行业主管部门和项目单位应当及时披露项目进度、专项债券资金使用情况等信息
	《关于做好 2018 年地方政府债务管理工作的通知》	发行项目收益专项债券和发行专项债券一样，应当重点披露本地区及使用债券资金相关地区的政府性基金预算收入、专项债务风险等财政经济信息，以及债券规模、利率、期限、具体使用项目、偿债计划等债券信息，还应当披露债券投向的公益性项目概况、投资规模及分年投资计划、建设资金来源、项目融资平衡方案、潜在风险评估等信息，以及由第三方专业机构出具的财务审计报告、信用评级报告、法律意见书等

续表

信息披露	《关于做好2018年地方政府债券发行工作的意见》	对于土地储备、收费公路专项债券等项目收益专项债券，地方财政部门应当在积极与国土资源、交通运输等相关部门沟通协调的基础上，充分披露对应项目详细情况、项目融资来源、项目预期收益情况、收益和融资平衡方案、潜在风险评估等信息
	《地方政府债券发行管理办法》	第十二条 地方财政部门应当按照地方政府债券信息披露有关规定，及时公开地方政府债券发行安排、债券基本信息、本地区财政经济运行及债务情况、债券信用评级报告等。专项债券还应当全面详细公开项目信息、项目收益与融资平衡方案、债券对应的政府性基金或专项收入情况、由第三方专业机构出具的评估意见以及对投资者做出购买决策有重大影响的其他信息
资产管理	《关于试点发展项目收益与融资自求平衡的地方政府专项债券品种的通知》	省级财政部门应当按照财政部统一要求同步组织建立专项债券对应资产的统计报告制度。地方各级财政部门应当会同行业主管部门、项目单位等加强专项债券项目对应资产的管理，严禁将专项债券对应的资产用于为融资平台公司等企业融资提供任何形式的担保
绩效管理	《地方政府专项债券项目资金绩效管理办法》	第三条 本办法所称绩效管理，是指财政部门、项目主管部门和项目单位以专项债券支持项目为对象，通过事前绩效评估、绩效目标管理、绩效运行监控、绩效评价管理、评价结果应用等环节，推动提升债券资金配置效率和使用效益的过程

（一）严守债券规模是底线

一方面，要严格执行法定限额管理，各地试点分类发行项目收益专项债券的规模，应当在国务院批准的本地区专项债务限额内统筹安排，包括当年新增专项债务限额、上年末专项债务余额低于限额的部分。但另一方面，也不可过于保守，项目收益专项债券使用限额受到鼓励，各地要积极利用上年末专项债务未使用的限额，结合项目对应的政府性基金收入、专项收入情况，合理选择重点项目试点分类发行，保障重点领域合理的融资需求。作为一个基本标准，国务院与财政部根据各地负债状况批准与确立专项债的年度增量指标，即存量债务越少的省份增量指标越多，反之越少，以此约束地方政府债务的无序膨胀和强化偿还履约职责。

（二）市县管理责任明确化

市县级政府确需举借相关专项债务的，依法由省级政府代为分类发行专项债券，转贷市县使用。一方面，应明确省级政府只是代为发行和代为还本付息；另一方面，也应明确市县负有偿债职责，落实其管理债券发行的管理责任，承担专项债券的发行前期准备、使用管理、还本付息、信息公开等工作。同时，市县级政府及其部门项目收益专项债券冠名到具体项目。

（三）信息披露体现市场化

我国地方政府债券市场化的一个基本要求是建立债券信息披露制度。对于项目收益专项债券，政策要求更加严格，不仅要披露本地区及使用债券资金相关地区的政府性基金预算收入、专项债务风险等财政经济信息，以及债券规模、利率、期限、具体使用项目、偿债计划等债券信息，更要披露其项目信息，包括专项债券对应的项目概况、项目预期收益和融资平衡方案、专项债券规模和期限、发行计划安排、还本付息等信息，以及投资规模及分年投资计划、建设资金来源、潜在风险评估、项目进度、专项债券资金使用情况等信息。此外，还要披露由第三方专业机构出具的财务审计报告、信用评级报告、法律意见书等。《关于做好地方政府专项债券发行工作的意见》（财库〔2018〕72 号）对信息披露工作机制又进行了简化。

《地方政府债务信息公开办法（试行）》（财预〔2018〕209 号）对专项债券信息公开进行了规范，从专项债券发行公开、存续期公开、重大事项公开、债券资金调整用途公开等方面进行了详细说明。随后，规范地方政府债券信息公开平台管理，财政部又制定了《地方政府债券信息公开平台管理办法》（财预〔2021〕5 号），确保信息公开工作的高效开展。

（四）项目资产监管精细化

项目形成的资产是国有资产的重要组成部分，严格管理是基本要求，而且项目资产是产生项目收益的基础，必须更加严格地管理，为今后到期专项债务偿还提供有力保障。对此，项目收益专项债券管理制度要求形成一套精细化的管理要求：一是摸清底数，动态监测。省级财政部门要按照财政部统一要求，同步组织建立专项债券对应资产的统计报告制度，实现对专项债券对应资产的动态监测。二是强化管理，合规使用。地方各级财政部门应当会同行业主管部门、项目单位等加强专项债券项目对应资产管理，严禁将专项债券对应的资产用于为融资平台公司等企业融资提供任何形式的担保。

在调整资金用途方面，为防止资金沉淀《关于进一步做好地方政府债券发行工作的意见》（财库〔2020〕36 号）将调整资金用途的政策进行了常态化，确需调整债券资金用途的，地方财政部门应当按程序报批，不迟于省级人民政府或省级人大常委会批准后第 10 个工作日进行信息披露，包括债券名称、调整金额、调整前后项目名称、调整后项目收益与融资平衡方案、跟踪评级报告、第三方评估意见等。

（五）项目绩效管理控制风险

按照《中共中央 国务院关于全面实施预算绩效管理的意见》《国务院关于进一步深化预算管理制度改革的意见》等法律法规及有关规定，财政部《地方政府专项债券项目资金绩效管理办法》，新增专项债券成为预算绩效改革的试点领域。要求指财政部门、项目主管部门和项目单位以专项债券支持项目为对象，通过事前绩效评估、绩效目标管理、绩效运行监控、绩效评价管理、评价结果应用等环节，推动提升债券资金配置效率和使用效益的过程。项目绩效管理将成为防控项目风险的重要手段。

第四节　专项债券配套融资制度

2019 年 5 月 30 日，中共中央办公厅、国务院办公厅联合印发的《关于做好地方政府专项债券发行及项目配套融资工作的通知》（厅字〔2019〕33 号）以下简称（厅字〔2019〕33 号文）提出要坚持疏堵结合原则，厘清政府和市场边界，鼓励依法依规市场化融资，做好项目配套融资工作。这一政策能够将“开大前门”和“严堵后门”协调起来，充分发挥专项债券作用，有效拓宽重大项目的融资渠道。通过对有关法律政策分析，并结合实践经验，我们对“专项债券 + 市场化融资”配套融资有关概念进行了厘定。

一、配套融资的定义和特点

基于本书围绕专项债券开展，我们在此所述配套融资是基于专项债券对应的项目，即政府投资项目融资，主要围绕在建或新建符合条件的政府投资项目的建设资金筹集。配套融资，简单地说，就是两种及两种以上融资方式或种类的搭配，满足项目资金缺口。厅字〔2019〕33 号文提出“收益兼有政府性基金收入和其他经营性专项收入（包括交通票款收入等），且偿还专项债券本息后仍有剩余专项收入的重大项目，可以由有关企业法人项目单位根据剩余专项收入情况向金融机构市场化融资”。也就是说，一个政府投资项目，除了项目资本金和专项债券融资，可以再配套市场化融资。其有以下三方面的特点。

（一）专项债券为主，市场化融资为辅

市场化融资作为专项债券融资的一个补充，只是为了满足项目整体资金需要，使项目资金来源更加丰富多元。因此，配套融资处于一个辅助地位。厅字〔2019〕33 号文特别强调“且偿还专项债券本息后仍有剩余专项收入的”情形，如果一个专项债券项目存在剩余专项收入不足以偿付专项债券融资的情况，则不满足市场化融资前提。

（二）配套融资仍属于政府负债融资的债务属性

配套融资类专项债券项目，最大的困惑在于专项债券属于“政府负债”与项目公司市场化融资之间的冲突。2014 年 10 月 2 日《国务院关于加强地方政府性债务管理的意见》（国发〔2014〕43 号）明确剥离融资平台政府融资职能，融资平台公司不得新增政府债务，地方政府举债采取政府债券方式，推广使用政府与社会资本合作模式（PPP）。从该文开始，作为参与政府投资项目最深入的融资平台公司在投资与债务上开始和政府进行彻底的剥离。专项债券由政府负债并由其偿还，以及市场化融资作为配套由公司负债并由项目收入偿还似乎违背了国发〔2014〕43 号文设定的“防火墙”，但是事实上没有。这一点要从项目收益专项债券的特点之一，即项目融资与收益自求平衡来理解。

（三）围绕项目融资与收益自求平衡这个核心

不同于一般债券，地方政府专项债券的发行和管理均以项目为基础，偿还债券本息的资金来源于项目收益，因此与专项债券进行配套融资，市场化融资部分的偿债来源也以项目为基础，来自项目专项收入。

二、“专项债券＋市场化融资”配套融资的实施

（一）配套融资是否劣后

鉴于市场化融资为辅的地位，很多人认为市场化融资具有劣后性，实际并非如此。在此，我们有必要分析，文件作出用剩余收入进行配套融资的安排，使得配套融资虽然处于辅助地位，但不具有劣后性。厅字〔2019〕33 号文强调“省级政府对专项债券依法承担全部偿还责任。组合使用专项债券和市场化融资的项目，项目收入实行分账管理。项目对应的政府性基金收入和用于偿还专项债券的专项收入及时足额缴入国库，纳入政府性基金预算管理，确保专项债券还本付息资金安全；项目单位依法对市场化

融资承担全部偿还责任，在银行开立监管账户，将市场化融资资金以及项目对应可用于偿还市场化融资的专项收入，及时足额归集至监管账户，保障市场化融资到期偿付”。

从厅字〔2019〕33号文可以看出，这要求项目收益进入政府经营性专项收入后，应进行分类，要求前期项目方案设计时，就做好分类测算，确保偿还专项债券本息后的专项收入可以保障市场化融资偿债。在实施过程中需要对项目收入进行分账管理，对应用于偿还专项债券的专项收入及时足额缴入国库，确保专项债券还本付息资金安全；对可用于偿还市场化融资的专项收入于银行开立监管账户，及时足额归集至监管账户，保障市场化融资到期偿付。理论上专项债券偿还本息和市场化融资的还本付息是专款专户，专户专付，互不干扰的。

（二）配套融资的主体

配套融资的主体有两方面，一是融资主体，二是提供融资的主体。

地方政府专项债券的融资主体为当地政府，其中省级政府为发行人，实际资金使用者是市县，地方政府为项目资产和权益的所有者。正常理解，基于资产和权益的统一性，项目配套融资的主体理应为地方政府，但这一点和目前我国禁止地方政府通过发行债券以外方式市场化融资的政策现状是相违背的。对此，厅字〔2019〕33号文规定“可以由有关企业法人项目单位根据剩余专项收入情况向金融机构市场化融资”，也就是说，配套融资的主体是参与项目的有关企业法人项目单位。

为防范风险，33号文同时规定提供配套融资的主体只有金融机构，按照分类，能够提供融资服务的金融机构主要包括各类银行、保险机构、证券公司和基金公司，以及信托投资公司、财务公司和金融租赁公司等。

（三）配套融资的方式

根据提供融资的金融机构类型不同，市场化融资的方式也很多。在项目融资里，融资方式可以首先分为债权融资和股权融资，债权融资包括向银行等进行贷款、向债券市场发行债券、融资租赁等；以项目为基础的股权融资，尤其针对政府投资项目，目前合法合规的方式只有PPP模式，鉴于专项债券项目和PPP项目目前在政策上的不可兼容性，因此专项债券配套融资的方式只限于上述债权融资方式。对此，厅字〔2019〕33号文规定“对于实行企业化经营管理的项目，鼓励和引导银行机构以项目贷款等方式支持符合标准的专项债券项目。鼓励保险机构为符合标准的中长期限专项债券项目提供融资支持。允许项目单位发行公司信用类债券，支持符合标准的专项债券项目”，并要求“金融机构严格按商业化原则审慎做好项目合规性和融资风险审核，在偿还专项债券本息后的专项收入确保市场化融资偿债来源的前提下，对符合条件的重大项目予以支持，自主决策是否提供融资及具体融资数量并自担风险”。因此，这些金融机构可以自主决策是否提供配套融资以及怎么提供配套融资。

（四）配套融资的资金

专项债券是信用负债，由省级政府统一负责发行并承担最终偿还责任，体现的是省级政府信用，期限长、成本低；金融机构市场化融资依靠项目本身和企业法人单位自身的信用，期限较短、成本较高。因此专项债券加市场化融资组成的配套融资在融资资金成本、期限问题上看似存在一定矛盾。“专项债券＋市场化融资”的配套融资制度通过“项目为核心的特点”，共享政府信用，促成市场化融资在融资期限上与专项债券期限相协调，虽然文件未明确规定市场化融资的期限，但一般要求市场化融资期限和专项债券期限一致；利率方面，按照市场化方式，由项目单位和金融机构基于对项目的评估而自主协商谈判，形成最终的融资利率。

（五）配套融资的风险防控

厅字〔2019〕33 号文将风险防控作为开展有关工作的重要原则，要求“地方政府加强专项债券风险防控和项目管理，金融机构按商业化原则独立审批、审慎决策，坚决防控风险”，具体防控方式上，要求开展重大项目融资论证和风险评估，地方政府指导项目单位比照专项债券发行开展工作，向金融机构全面真实及时披露审批融资所需信息，金融机构自主决策是否提供融资及具体融资数量并自担风险。

总体来讲，一方面专项债券是基于预算管理和限额管理的政府负债资金而无法足额并灵活地匹配全部项目资金需求，另一方面若未来专项债发行规模持续增加，将对基础设施项目贷款市场份额形成较大的“挤出效应”。因此，配套融资可以利用专项债券撬动更多的市场化融资加入基础设施建设当中，以缓解资金需求，不论是专项债券还是市场化融资的偿还都是必要的，担负着促投资、稳增长的使命。

第五节　专项债券用作资本金制度

2019 年 5 月 30 日，中共中央办公厅、国务院办公厅联合印发的《关于做好地方政府专项债券发行及项目配套融资工作的通知》（厅字〔2019〕33 号）提出允许将专项债券作为符合条件的重大项目资本金，这一规定使重大项目融资所依据的资本金制度得到重大创新。但在具体实务操作中，专项债作为债务性资金与项目资本金的权益性资金属性，存在着法律上的冲突，这一冲突是专项债作资本金政策落地的主要障碍，对此我们就专项债资金作资本金的法律性质进行了深入分析，研究如何将这一新政策与现行法律法规体系进行有效衔接，协调解决专项债券用作资本金导致的法律障碍等问题。本节内容旨在对专项债券资金作为项目资本金的法律性质进行明确，推动专项债券用作资本金这一政策能够真正落地应用，寻找专项债券作资本金的最佳路径。

一、关于资本金概念的有关法律制度规定

（一）与资本金有关的两个概念

1. 项目资本金

1996年，国务院发布《关于固定资产投资项目试行资本金制度的通知》（国发〔1996〕35号），规定“投资项目资本金，是指在投资项目总投资中，由投资者认缴的出资额，对投资项目来说是非债务性资金，项目法人不承担这部分资金的任何利息和债务；投资者可按其出资的比例依法享有所有者权益，也可转让其出资，但不得以任何方式抽回”，并规定了各行业固定资产投资项目的最低资本金比例。投资项目必须首先落实资本金才能进行建设，根据批准的建设进度按比例逐年到位。后来项目资本金的比例进行过多次修订，国务院分别于2004年、2009年、2015年发布国发〔2004〕13号、国发〔2009〕27号、国发〔2015〕51号通知，对部分行业的比例进行了调整，目前执行的比例为2019年《国务院关于加强固定资产投资项目资本金管理的通知》（国发〔2019〕26号）规定的比例。该通知同时补充规定投资项目资本金制度适用的范围有除外规定，即存在“党中央、国务院另有规定的除外”情形。

因此，项目资本金的法律概念就是项目自有资金，是用于区别项目债务资金，实现项目负债融资的基础投资资金。

2. 注册资本

注册资本是公司企业法律制度上的概念。财政部于2006年颁布《企业财务通则》，它的实施使我国企业财务管理发生了模式性的转变，确立了企业在设立时必须按照法律法规和合同、章程等规定筹集资本金，该资本金指企业在工商行政管理部门登记的注册资金，也称注册资本。

根据2018年修正的《公司法》第26条规定，有限责任公司的注册资本为在公司登记机关登记的全体股东认缴的出资额。法律、行政法规以及国务院决定对有限责任公司注册资本实缴、注册资本最低限额另有规定的，从其规定。股份有限公司采取发

起设立方式设立的，注册资本为在公司登记机关登记的全体发起人认购的股本总额。在发起人认购的股份缴足前，不得向他人募集股份。第 80 条规定，股份有限公司采取募集方式设立的，注册资本为在公司登记机关登记的实收股本总额。法律、行政法规以及国务院决定对股份有限公司注册资本实缴、注册资本最低限额另有规定的，从其规定。

因此，注册资本的法律意义是公司法人设立时股东按照股权比例的出资资金，包括认缴和实缴，股东按照注册资本比例获得公司权益，如分红，以注册资本为限对外承担责任。

（二）项目资本金和注册资本之区别

项目资本金和注册资本有很多不同点，但在很多方面又很一致，二者的区别主要体现在如下方面：

（1）是否有比例限制。自《关于固定资产投资项目试行资本金制度的通知》（国发〔1996〕35 号）发布以来，资本金制度均围绕项目资本金占项目总投资比例及其调整为核心，不同的行业有不同的比例要求；对于注册资本，2014 年《公司法》修改取消了有限责任公司、一人有限责任公司、股份有限公司最低注册资本分别应达 3 万元、10 万元、500 万元的限制。

（2）适用范围比较。项目资本金用于固定资产投资项目，不一定是法人；注册资本适用于企业法人设立。

（3）资金用途。项目资本金只能用于项目建设，可转让其出资，但不得挪作他用，更不得抽回；注册资本用途没有明确限制，股东持有的股权可转让、可质押，但是也不能抽逃出资。

（4）实际出资。投资项目必须首先落实资本金才能进行建设；银行等金融机构在核实项目资本金到位之后才能放款；对于注册资本来说，公司股东自行约定出资时间与金额，并无强制性要求。

（三）项目资本金与项目注册资本的相通之处

根据国务院的定义，“项目资本金”是权益性资金，与债务性资金相对应。这个概念和公司法上的“注册资本”类似，两者有相同之处但又不能等同。

首先，与项目资本金一样，实缴注册资本也是权益性资金，因此，在项目公司中，实缴资本可以作为项目资本金。实践当中，也有项目直接按照项目资本金规模确定项目公司的注册资本，但不是强制性要求，可以小于也可能大于。

其次，根据 2019 年实施的《政府投资条例》规定，“政府投资资金按项目安排，以直接投资方式为主；对确需支持的经营性项目，主要采取资本金注入方式，也可以适当采取投资补助、贷款贴息等方式”。因此，对于要投资项目来说，政府投资资金采用直接投资或者用资本金注入的方式都是可以选择的途径，都属于项目投资，相关资金都需要用于项目建设。

二、专项债作项目资本金和普通资本金的区别

专项债券作为地方政府的主要债务资金筹集方式，由地方政府通过发行债券的方式从债券市场进行融资，以对应项目产生的政府性基金收入或专项收入偿还。

基于此，专项债券资金作为地方政府的债务性资金又用于项目资本金，让专项债券资金具备了债务性资金和权益性资金的双重法律特性，一方面，通过发行专项债券形成了地方政府和债券投资者之间的债权债务关系；另一方面，专项债券作为项目资本金，则构成了对项目具有的投资权益关系。因此，专项债作资本金的双重法律特性是和普通资本金最大的区别，这双重特性并不矛盾，也不冲突，如图 3－3 所示。

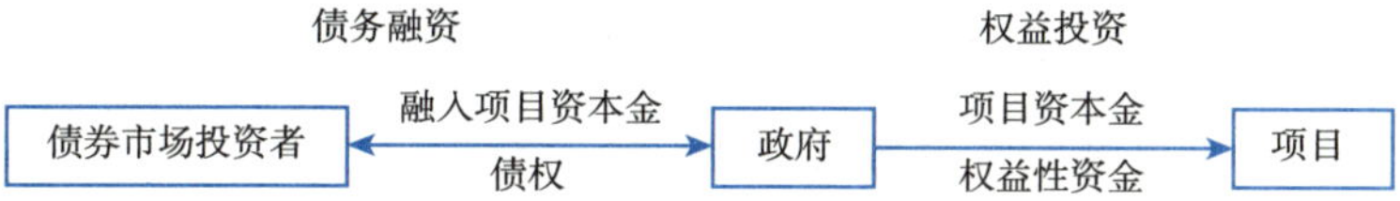

图 3－3

专项债券作资本金的双重特性是通过两个阶段实现。

第一阶段投资资金来源：

地方政府通过专项债券从资本市场获得债务性资金，与债券持有人的关系属于债权债务关系，政府具有偿还债券本息的义务。

第二阶段投资资金使用：

政府将发行专项债券所得资金采用资本金注入方式用于政府项目的投资建设，即政府对项目享有出资人权益，该权益通过投资项目的持续运营收入来实现投资收益，项目法人本身没有偿还专项债券资金本息的义务。在这一点上，符合“项目法人不承担这部分资金的任何利息和债务”的规定。

三、项目法人制实现了专项债券作资本金与注册资本有机统一

原国家计划委员会根据《公司法》于 1996 年 1 月制定颁发了《关于实行建设项目法人责任制的暂行规定》，要求国有单位经营性基本建设大中型项目必须组建项目法

人，实行项目法人责任制。根据《国家重点建设项目管理办法》（2011年修订）规定，国家重点建设项目，实行建设项目法人责任制；国家另有规定的，从其规定。同时规定，建设项目法人的组织形式、组织机构，依照《中华人民共和国公司法》和国家有关规定执行。可见，项目法人制的要求就是将项目以公司化的模式进行建设运营，通过引入现代公司法人制度更好地实现项目的建设运营管理现代化。

项目法人制将资产管理转化为资本层面的项目建设管理。新中国成立以来，我国国有资产的管理方式发生了从直接到间接的转变，经过改革，实现了所有权与经营权分离，发生了从管资产到管资本转变。党的十九届四中全会《决定》再次强调“形成以管资本为主的国有资产监管体制，有效发挥国有资本投资、运营公司功能作用”。

（一）项目法人制模式下专项债券作为资本金注入与项目法人的注册资本出资保持高度一致

在建设项目通过组建项目公司实施的情况下，注册资本全部来源于财政性资金时，项目资本金和注册资本通常保持一致。例如高铁建设这样的项目，通常由央地共建或者地方自建，地方政府通过国有投资运营公司代表地方政府履行出资人责任，认缴项目公司注册资本或注入土地等国有资产进行出资，通过出资的过程完成建设项目的项目资本金的支出责任，这部分资金为权益性资金。

以此为例，地方政府拟发行专项债券作为项目资本金，那么，债券资金须通过地方有关投资运营公司代表政府出资，认缴项目公司注册资本，形成地方政府在本项目的股东权益，依法享有股本、资本公积、股东权益盈余公积和未分配利润等股东权益，以及清算后的剩余财产分配权等。股东权益不限于此，根据《公司法》规定，公司股东按其投入公司的资本额享有所有者的资产受益、重大决策和选择管理者等权利。股东权益就是股东基于其对公司投资的那部分财产而享有的权益。

因此，专项债券作为项目资本金，在组建项目法人公司的过程中，从原来简单的债权债务关系演化出了多层法律关系：一是政府作为出资人对债券投资者的债权债务法律关系；二是政府对项目公司的出资形成投资关系，即股权关系；三是项目公司作为项目的业主单位，依法对项目享有所有权。

（二）项目法人制下专项债券作为资本金的运行机制与传统专项债券运行机制相比发生重大变化

项目法人制下专项债券的偿还与传统专项债偿相比较，还发生了重大变化，即项目资产的直接归属发生了转移。

（1）项目资产权属发生变化但专项债偿还主体依然是政府。如前所述，专项债资金作为资本金注入项目法人即成为项目法人自身资产，独立于政府，由此投资建设形成的项目资产也归属于项目法人单位。但专项债是政府的债务性资金，政府依然是专项债券的偿还主体，项目法人单位没有债券偿还义务。

（2）项目资金使用管理从管资产到管资本。普通专项债券资金使用管理均由政府直接管理，通过包括资金拨付、使用、监管、绩效考核等一系列工作来实现专项债券资金的高效率使用。在项目法人制下，政府从直接管理变成间接管理，通过行使股东权益来实现对项目公司的管理，进而推进项目资金的高效率使用，现代企业的法人治理结构能够更加有效地实现项目的高效率运营。

（3）偿债来源从项目收入变成基于项目权益的分配利润。传统专项债以对应项目收入为偿债来源，但是在项目法人制下，项目收入属于项目公司的收入，而非出资人的收入，因此，直接用项目收入偿还股东债务存在法律障碍，只能通过基于项目权益的分配利润作为专项债偿债资金来源。

综上所述，在项目法人制模式下，专项债券用作资本金存在政府和债券投资者之间的债权债务关系、政府和项目公司之间的投资关系，专项债券偿债来源应为项目法人公司获得的权益性收入而非直接的项目收入。但专项债券作为项目资本金的双重法律特性大大地拓展了政府对项目资本金的出资能力，这一制度如能有效实施，将成为专项债用作资本金的最佳路径，一定可以在更大范围拓展政府稳投资、稳经济的引领作用，让积极的财政政策得到进一步的加强，保障国民经济的健康持续发展。

第四章

专项债券发行实务

第一节　专项债券发行结构

一、项目收益专项债券整体发行特点

（一）发行主体为地方政府

根据《地方政府债券发行管理办法》《关于试点发展项目收益与融资自求平衡的地方政府专项债券品种的通知》《地方政府土地储备专项债券管理办法（试行）》《地方政府收费公路专项债券管理办法（试行）》《试点发行地方政府棚户区改造专项债券管理办法》等的规定，各省、自治区、直辖市、计划单列市财政部门负责制定分类发行专项债券试点工作的实施方案。市县级政府确需举借相关专项债务的，可依法由省级政府代为分类发行专项债券，转贷市县使用，市县级政府以及有关部门负责发行前期准备、使用管理等工作。项目收益专项债券的发行主体为省级政府，如果有市县参与的，市县级政府作为发行有关主体。

（二）发行额度受限额管理控制

项目收益专项债券的发行额度严格执行法定限额管理，地方政府专项债务余额不得突破专项债务限额。财政部根据各省的项目情况、财政情况、经济情况等各项因素后，审批该省的全年发债额度，报国务院提请全国人大审议。审议后的专项债务限额下发各省份后，各省再根据各市县的财政情况及项目情况，向各市县分配额度。

各地试点分类发行专项债券的规模，应当在国务院批准的本地区专项债务限额内统筹安排，包括当年新增专项债务限额、上年末专项债务余额低于限额的部分。

（三）发行工作以项目为中心进行

项目收益专项债券的前提是必须有项目，围绕项目进行专项债券发行工作，除了考察当地政府及其部门，主要考察项目，切实选准选好项目收益专项债券项目，从项目成熟度、合规性和融资收益平衡等角度，加强对地方申报项目的把关，要求各地围绕党中央、国务院确定的重点领域和国家重大战略做好项目储备，按照“资金跟着项目走”的原则，积极支持符合条件的重点项目建设。集中资金支持重大在建工程建设和补短板并带动扩大消费，优先解决必要在建项目后续融资，尽快形成实物工作量，防止形成“半拉子”工程。

（四）发行项目符合产业政策

产业政策主要依据《产业结构调整指导目录（2019年本）》，同时，国家和地区还从不同领域制定了更加详细的产业政策，包括《市场准入负面清单》《西部地区鼓励类产业目录》《战略性新兴产业目录》《绿色产业指导目录》等，确保提出的项目符合前述产业政策，否则不能获取资金支持。

（五）发行过程法治化、市场化

项目收益专项债券融资属于法律规定的合法融资，发行过程依法进行，是地方政府作为市场主体依法依规在债券市场上募集资金。在市场化发行方面，省级财政部门据专项债券发行规模、债券市场情况等因素，选择招标（含弹性招标）、公开承销等方式组织发行。承销机构综合考虑同期限国债、政策性金融债利率水平及二级市场地方债券估值等因素决定投标价格，地方财政部门不得以财政存款等对承销机构施加影响人为压价。债券能在柜台销售，上市后能在二级市场交易。针对项目收入偿还专项债券还有剩余的情形金融机构可以按照商业化原则自主决策，在不新增隐性债务前提下给予配套融资支持。

（六）专项债券项目可实施穿透式监测

项目收益专项债券围绕其对应项目，封闭运行，可通过对专项债券项目实施穿透式监测，及时掌握项目资金使用、建设进度、运营管理等情况，实现对专项债券项目全生命周期、常态化风险监控，防范法定债券风险。专项债券信息公开是实施穿透式监测的基本手段，尤其对于组合使用专项债券和市场化融资的项目以及将专项债券作为资本金的项目，要单独公开。相比财政资金、一般债券，项目收益专项债券的信息披露解决了政府债务信息不透明、不公开等问题。

二、项目收益专项债券发行整体流程

（一）整体流程图

图4-1　项目收益专项债券的整体发行流程

（二）发行流程说明

1. 项目选择

地方政府结合当地经济社会发展需要，依据国家、地区五年发展规划、城市总体规划、行业或专项规划及相关重大专项建设规划，提出近期需要通过政府投资建设的符合产业政策的公益性项目，并确认或者批复项目建议书。地方发改部门作为地方政府主管投资的部门，负责专项债券项目的初步筛选，建立项目库进行管理。当地发改部门、财政部门根据《关于试点发展项目收益与融资自求平衡的地方政府专项债券品种的通知》《关于做好地方政府专项债券发行及项目配套融资工作的通知》以及财政部工作通知要求，围绕专项债券资金支持领域，筛选项目，初步提出资金需求。各地安排项目时，应充分考虑项目成熟度、重要程度、急迫性等，提高对重点领域重大项目、已发债项目集中保障程度，避免项目安排零碎化。

2. 项目实施方案编制

各项目实施主体或有关主体、行业主管部门、项目单位可以自主编制实施方案，或者依法采购第三方服务，引进第三方机构编制项目实施方案。编制《实施方案》要科学合理，其基本内容重点明确专项债券对应的项目概况、项目预期收益和融资平衡方案、分年度融资计划、年度拟发行专项债券规模和期限、发行计划安排等事项。重点内容如下：

（1）项目实施的必要性、公益性、收益性；

（2）项目建设投资合规性与项目成熟度；

（3）项目资金来源和到位可行性；

（4）项目收入、成本、收益预测合理性；

（5）债券资金需求合理性；

（6）项目偿债计划可行性和偿债风险点；

（7）绩效目标合理性；

（8）其他需要纳入实施方案的事项。

通过以上内容的评估，确保项目在债券存续期内可以产生稳定的现金流，形成合理的项目收益，最终使项目达到融资与收益平衡，项目收益到期能够偿还债券本息。

3. 专业机构评价

项目实施方案编制完成后，针对项目融资收益平衡情况，实施主体应当委托符合资质条件的第三方审计机构进行专业的财务评价，并出具评价报告；针对项目本身的合法性问题，以及项目申请债券融资的其他合法性问题，实施主体应当委托律师事务所进行法律审查，并出具法律意见书。独立第三方律师事务所、会计师事务所客观公正评估项目的合法性、可行性。独立第三方机构由各地依法自主选择。

4. 项目申报

项目申报阶段，鉴于项目属于本级人民政府直接投资，且财政部相关文件并未明确具体规定资料提交的主体和程序要求，实践中省级项目主要由省级财政部门组织编制和提交本级政府审核，市县级项目应当由本级政府提交，也可由政府指示本级财政部门提交，项目实施主体和其他行业主管部门负责配合做好专项债券发行准备工作。

申报提交资料主要为项目实施方案、信息披露材料等，财务评价报告和法律意见书应当连同实施方案一同提交申报。省级财政部门负责按照专项债务管理规定，审核确定分类发行专项债券实施方案和管理办法。

5. 债券发行

项目发行阶段，由省级财政部门根据各地区余额和限额情况、经批准的专项债券额度和项目建设情况，综合各地区及省级有关部门（单位）发行建议，确定每个项目发行债券的规模和期限、发行计划安排、还本付息等信息，并由债券承销商进行债券的承销。

6. 资金使用

地方政府债券资金到位后，通过各地财政建立的专项债券资金使用平台，将债券募集到的资金严格使用到所申报的项目上，债券资金的使用必须严格限制在债券对应项目是项目收益专项债券的核心特点之一，资金不得他用，也不能用在其他项目上，且不得用于为其他融资平台公司等企业融资提供担保。

7. 融资偿还

资金偿还阶段，地方政府可以到期偿还、提前偿还、分年偿还等，偿还资金须为项目收益专项债券发行对应的项目专项收入以及政府性基金收入。

三、项目收益专项债券参与主体及其工作

（一）发行负责部门：财政部门

1. 发行牵头部门

省级财政部门是地方政府的发行主要负责部门，省级财政部门的主要职责是负责发行额度的制定、发行计划安排、审核确定分类发行专项债券实施方案和管理办法。如果有市县参与，市县级政府作为实际借债人，市县级财政部门负责具体组织工作。

2. 主要工作内容

专项债发行负责部门的主要工作内容如表4－1所示。

表 4－1 专项债发行负责部门的主要工作

<table>
<tr><th>项目</th><th colspan="2">内容</th></tr>
<tr><td>定位</td><td colspan="2">财政部门作为地方政府专项债券发行的组织者、统筹者，牵头负责债券发行各项工作，有效协调有关主管部门、项目单位与第三方中介机构的沟通；牵头组织专项债券项目资金绩效的全生命周期管理</td></tr>
<tr><td rowspan="2">职责</td><td>省级财政部门</td><td>1. 审核实施方案
2. 发行前期准备工作
3. 资金使用管理工作
4. 债券还本付息工作
5. 信息披露工作
6. 牵头组织专项债券项目资金绩效的全生命周期管理</td></tr>
<tr><td>市县级财政部门</td><td>1. 提出项目建议
2. 发行前期准备工作
3. 组织编制实施方案
4. 资金使用管理工作
5. 债券还本付息工作
6. 信息披露工作
7. 牵头组织专项债券项目资金绩效的全生命周期管理，定期汇报</td></tr>
</table>

（二）专业机构

1. 咨询公司

（1）介绍。咨询公司辅助发行主体编制项目收益专项债券实施方案，编制项目收益专项债券在项目筛选以及项目发行前期均需要咨询公司的参与，咨询公司的主要职能是帮助地方政府选择优质、符合条件的项目，并根据选出的项目进行实施方案的编制。

（2）主要工作内容。作为第三方辅助机构，咨询公司提供的主要服务内容有：

①配合项目单位、项目有关部门、实施主体筛选项目；

②对项目实施主体以及项目情况进行尽职调查；

③编制实施方案。

2. 律师事务所

（1）介绍。项目在筛选阶段，项目单位及政府指定的有关部门可以委托律师事务所，一方面为项目实施方案编制提供法律咨询，另一方面对项目进行法律审查，出具法律意见书。

（2）主要工作内容。

①基本信息尽职调查。项目法律意见书在编制前，需要对整个项目的基本信息进行调查。其中，项目收益专项债券的基本信息包括发行主体、实施主体的基本资料，

项目基本资料，项目立项、批复、环境影响评价、用地、工程设计等合规手续审批、核准或备案情况，以及项目涉及收费许可等运营有关合法合规情况。

②项目相关法律政策收集整理。项目基本信息尽调之后，对项目实施全过程中的各方应当遵守的项目收益专项债券的相关法律法规、地方政府性法律规范及政策进行收集整理。

③对项目有关部门（单位）和项目现场进行调查。政府投资项目具有规模大、投资大、工程量大、建设期长等特点，往往涉及众多部门（单位），牵涉面广、复杂程度高，不少项目都需要进行征地拆迁安置。对此，项目的审查必须多次走访相关部门，如财政、发改、规划、环保、住建等部门以及其他主管部门，了解项目审批情况，并对现场进行调查，了解项目建设是否符合审批规定，掌握项目进程。

④法律意见书编制。在法律尽职调查和项目尽职调查的基础上，由持有律师执业证并经过年度检查的专业律师，结合专业评判，对项目申请发行地方政府专项债券出具法律意见书。

3. 会计师事务所

（1）介绍。根据有关规定，项目收益专项债券发行需要限制在地方政府债务限额内，且需具有能完全覆盖专项债券还本付息的持续稳定的现金收入。因此，在项目筛选过程中，应当委托专业的会计师事务所对项目的收益与融资平衡情况进行评价。

（2）主要工作内容。

①基本信息尽职调查。项目收益专项债券总体评价在编制前需对整个项目的基本情况以及发行方的财政情况进行信息收集。需要收集的信息包括但不仅限于项目的建设情况、项目投资额及融资情况等。

②项目相关数据分析。项目相关数据分析主要包括对项目经营活动产生的现金流、项目投资产生的现金流、项目融资活动产生的现金流、项目现金等情况进行分析。市场方面，需要对市场竞争对手的情况、市场供求情况等方面进行分析。例如涉及房屋销售的，需要对销售情况进行分析。政府方面，第三方机构需要对政府的财政收入以及上一年度债务余额等情况进行分析。

③项目总体评价。第三方机构需要审阅项目的资金测算平衡表以及编制过程。在实施审阅工作的基础上对专项债券的稳定现金流收益规模、项目收益、支出及融资平衡情况进行总体评价，出具评价报告。

4. 信用评级机构

项目实施方案通过之后，项目实施主体或有关主管部门需引进信用评级机构对本次发行的项目收益专项债券进行评级，项目收益专项债券发行之后，每年需要跟踪评级。其主要工作内容包括以下几方面。

（1）前期准备阶段。

①评估客户向评估公司提出信用评级申请，双方签订信用评级协议书；

②评估公司指派项目评估小组，并制定评估方案；

③评估小组向评估客户发出评估调查资料清单。

（2）信息收集阶段。

①评估小组对现场调查研究，对评估客户提供的资料进行阅读分析，围绕信用评级指标体系的要求，明确已经齐备的资料，明确还需要补充的资料和情况；

②就主要问题同评估客户有关职能部门领导进行交谈；

③根据需要，评估小组还要向主管部门、工商部门、银行、税务部门及有关单位进行调查了解与核实。

（3）信息处理阶段。对收集的资料进行分类、保密处理，并进行定量分析。

（4）出具信用评级报告。

①评级小组根据信用评级标准的要求，将定性分析资料和定量分析资料结合起来，进行综合评价和判断，形成小组统一意见，提出评级初步结果；

②出具正式信用评级报告。

（5）公布评级结果。

（6）跟踪评级。

由于专项债券具有对应项目建设期长、发行期限长的特点，债券发行后，需要根据项目进程和运营情况，制订跟踪评级计划，由评级机构开展跟踪评级，出具跟踪评级报告。

（三）项目实施主体

在《关于试点发展项目收益与融资自求平衡的地方政府专项债券品种的通知》（财预〔2017〕89号）、《关于做好地方政府专项债券发行及项目配套融资工作的通知》（厅字〔2019〕33号）、《地方政府债券发行管理办法》（财库〔2020〕43号）等文件中规定省、自治区、直辖市和经省级人民政府批准自办债券发行的计划单列市（以下简称省级）人民政府是发行主体，市县级政府确需举借相关专项债务的，依法由省级政府代为分类发行专项债券、转贷市县使用。省级财政部门、市县（区）财政部门是牵头组织部门，没有对项目的实施主体的资质资格进行重点描述。但是根据《政府投资条例》，地方政府及发改部门及行业主管部门应当加强协调备配合，由项目主管部门结合地方实际提出符合规划和产业政策的项目，发展改革部门对本地区政府投资项目进行审核批准，自然资源、生态环境、水利等行业主管部门根据各自职责对项目涉及各方面审批事项进行审批，政府各部门之间应当加强协调配合，提高项目提出的效率。因此，具体实施过程中，项目收益专项债券对应项目的具体实施主体为政府各业务主管部门和依法依规授权的事业单位。

因此，地方在组织专项债券发行过程中，除地方财政部门要严格履行牵头负责的职责外，地方政府可以选择指定有关部门、单位或其本身作为项目实施主体，对项目的建设和运营负主体责任。

（四）项目建设运营主体

1. 项目建设运营主体介绍

由于项目的专业性、复杂性，政府及有关部门不直接参与具体建设和运营工作，而是通过招投标、委托具备项目建设运营经验的企事业单位进行项目建设、运营，政府及有关部门负有项目的监督管理职责。

因此，项目建设运营主体必须是项目实施主体根据政府授权，通过委托方式，包括公开招投标方式选择的符合条件的建设运营单位，这些单位通常以地方政府大型平台公司为主，也可以是国有企业或者民营企业。

2. 项目建设运营主体主要工作内容

（1）项目初选时期配合项目实施方案编制方准备相关项目资料。

（2）项目建设按期完成和工程质量达标。

（3）项目建设阶段，项目建设主体负责项目的具体建设工作。

（4）项目建成后，运营主体负责实现项目的公益性运营，合规运营，在确保政府专项债券还本付息的前提下，实现实施方案的预期收益目标。

（五）项目发行期承销、托管等参与主体

1. 项目发行期承销、托管主体介绍

证券公司、银行等机构是项目收益专项债券的发行承销商，可以选择在交易所市场以及银行间债券市场发行地方债券。在招标结束后，各中标承销团成员在中央结算公司办理总登记托管，在国家规定的证券登记结算机构办理分登记托管。

2. 项目发行期承销、托管等参与主体主要工作内容

（1）债券承销。各地要组建专项债券承销团，承销团成员应当是在中国境内依法成立的金融机构，具有债券承销业务资格，资本充足率、偿付能力或者净资本状况等指标达到监管标准。地方政府财政部门与专项债券承销商签署债券承销协议，明确双

方的权利和义务。承销商可以书面委托其分支机构代理签署并履行债券承销协议。

各地可以在专项债券承销商中择优选择主承销商，主承销商为专项债券提供发行定价、登记托管、上市交易等咨询服务。

（2）债券登记和托管。专项债券应当在中央国债登记结算有限责任公司办理总登记托管，在国家规定的证券登记结算机构办理分登记托管。

（3）债券分销。地方政府债券可以采用分销的方式，承销人应按照债券发行管理办法等规定办理债券分销手续，并与分销认购人签订分销认购协议。

第二节　土地储备、收费公路、棚改专项债券发行实务

一、土地储备、收费公路、棚户区改造专项债券发行流程

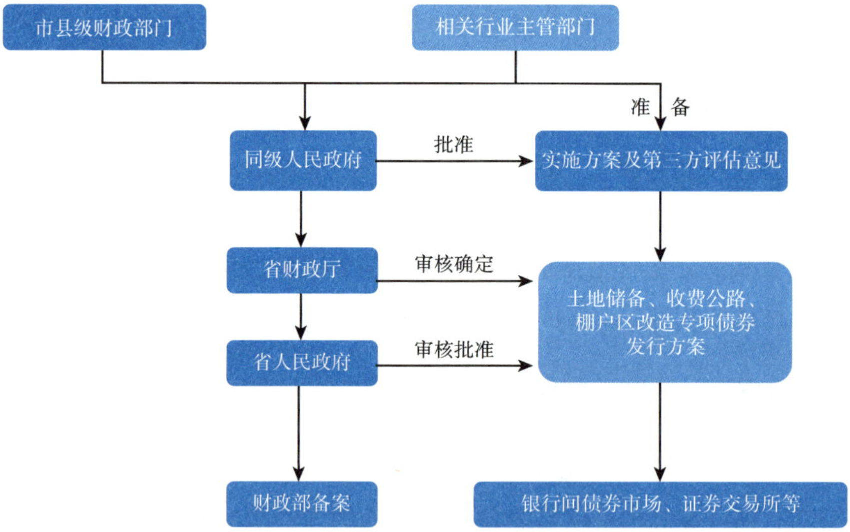

图4－2　专项债券的发行流程

根据《关于试点发展项目收益与融资自求平衡的地方政府专项债券品种的通知》（财预〔2017〕89号）的规定，各级地方政府需结合自身实际情况，围绕省（自治区、直辖市）党委、政府确定的重大发展战略去选择有一定收益的公益性事业领域的项目发行专项债券。具体发行报批流程如下：

项目实施机构在完成项目实施方案的撰写并经会计师事务所、律师事务所等合法

第三方机构出具实施方案的财务评估报告和法律意见书之后，由本级财政部门将实施方案及第三方评估意见汇总报送同级人民政府批准，由同级人民政府将实施方案及第三方评估意见报送省财政厅。

省级财政部门根据本级人大常委会批准的预算调整方案，审核确定土地储备、收费公路、棚户区改造专项债券发行方案，明确债券发行时间、批次、规模、期限等事项。专项债券发行方案经省级人民政府审核批准后，遵循公开、公平、公正原则采取市场化方式发行，在银行间债券市场、证券交易所市场等交易场所发行和流通，并报送财政部备案。

土地储备、收费公路、棚户区改造专项债券发行实施机构的对比如表4－2所示。

表4－2　　土地储备、收费公路、棚户区改造专项债券发行实施机构对比

	土地储备专项债券	收费公路专项债券	棚户区改造专项债券
市县级行业主管部门	国土资源部门	交通运输部门	棚改主管部门
相关工作	配合做好本地区土地储备专项债券发行准备工作，及时准确提供相关材料，配合做好信息披露、信用评级、土地资产评估等工作	配合做好本地区政府收费公路专项债券发行准备工作，及时准确提供相关材料，配合做好信息披露、信用评级、资产评估等工作	配合做好本地区棚改专项债券试点发行准备工作，及时准确地提供相关材料，配合做好项目规划、信息披露、信用评级、资产评估等工作

二、土地储备、收费公路、棚户区改造专项债券发行工作

根据实务经验，项目实施机构需完成八个阶段的工作，分别为项目筛选、项目相关发行主体确定、项目依法合规性评估、项目建设运营方案制定、项目收益平衡评价、项目风险管理方案制定、债券发行计划制订与债券信息披露计划制订（见图4－3）。

图4－3　专项债券发行工作

（一）第一阶段：项目筛选

1. 项目筛选范围

三种专项债券项目的筛选范围如表4－3所示。

表 4 – 3　　土地储备、收费公路、棚户区改造专项债券项目筛选范围

	土地储备专项债券	收费公路专项债券	棚户区改造专项债券
项目筛选范围	地方政府为调控土地市场、促进土地资源合理利用，依法取得土地，进行前期开发、储存以备供应土地的项目	根据相关法律法规，采取政府收取车辆通行费等方式偿还债务而建设的收费公路，主要包括国家高速公路、地方高速公路及收费一级公路等	纳入国家棚户区改造计划，依法实施棚户区征收拆迁、居民补偿安置以及相应的腾空土地开发利用等的系统性工程，包括城镇棚户区（含城中村、城市危房）、国有工矿（含煤矿）棚户区、国有林区（场）棚户区和危旧房、国有垦区危房改造项目等

2. 项目发行需满足的条件

（1）土地储备专项债券。根据相关规定，项目需满足如下条件才可发行土地储备专项债券：土地储备是指地方政府为调控土地市场、促进土地资源合理利用，依法取得土地，进行前期开发、储存以备供应土地的行为。

①项目实施主体列入国土资源部门发布的土地储备机构名录。土地储备由纳入国土资源部（现为自然资源部）名录管理的土地储备机构负责实施。因此，项目发行前需核实项目的实施主体是否为列入国土资源部门发布的土地储备机构名录，该名录由国土资源部每年发布，每个进入名录的土储机构都有对应名录代码，多数土储机构名称为“某市（县、区）土地储备中心”。

②项目应纳入本地土地储备计划。根据规定，县级以上地方各级土地储备机构应当根据土地市场情况和下一年度土地储备计划，编制下一年度土地储备项目收支计划，提出下一年度土地储备资金需求，报本级国土资源部门审核、财政部门复核。

因此，只有列入土地储备计划的土地才具有资金需求，土地储备计划一般由土地储备机构具体提出，由所属国土资源部门或者上级国土资源部门审核，最后提交市县人民政府进行批复，只有获得人民政府批复的土储计划才是有效的。

③项目涉及地块产权明晰。土储债券以项目对应并纳入政府性基金预算管理的国有土地使用权出让收入或国有土地收益基金收入偿还。因此，土地顺利按计划进行储备、按照预期出让是收益的保障之一，而项目涉及地块产权问题，经常构成储备顺利与否的重要问题。

这里需要区分国有土地和集体土地：如果是国有土地，则是国有土地回收，土地使用权利用情况较为复杂，与地上构筑物产权人的收储协议谈判是关键；如果是集体土地，那么土地储备的过程也是土地性质转变的过程，能够顺利进行收储的土地需要已经取得省级政府关于本省（市、自治区）建设用地的批复。

案例 4－1

第一批北京市政府土地储备专项债券

2017 年 7 月 7 日，北京市财政局公开发行 2017 年第一批北京市政府土地储备专项债券，该项目是由同一地区多个同类型项目集合发行的项目收益专项债。

土地储备项目以谋取公众福利最大化为目的。项目建设更多的体现社会效益，区内的交通顺畅、环境优美、街道整洁、工业带动，受益的是民众，并为周边地区的经济和社会发展奠定良好的基本环境，同时可以盘活土地资产，带动商贸、旅游业的发展，促进劳务输出，有助于促进当地贫困人口脱贫致富。2017 年第一批北京市政府土地储备专项债券发行的目的是调控当地土地市场，促进土地资源合理利用，促进生态建设与当地经济发展，符合土地储备项目的发行范围规定。

2017 年第一批北京市政府土地储备专项债券发行总额 90.00 亿元，品种为记账式固定利率附息债，全部为新增土地储备专项债券。本批债券分为五期发行，本次公开招标发行的 2017 年第一批北京市政府土地储备专项债券共涉及朝阳区、东城区、石景山区、大兴区四个区。其中，朝阳区土地储备专项债券分两期发行，期限分别为 3 年期、5 年期，计划发行规模分别为 13.1 亿元、30.5 亿元；东城区土地储备专项债券发行一期，期限为 5 年期，计划发行规模为 3.6 亿元；石景山区土地储备专项债券发行一期，期限为 5 年期，计划发行规模为 36.3 亿元；大兴区土地储备专项债券发行一期，期限为 5 期，计划发行规模为 6.5 亿元。上述 3 年期、5 年期的北京市政府土地储备专项债券利息按年支付，发行后可按规定在全国银行间债券市场和证券交易所债券市场上市流通，各期债券到期后一次性偿还本金。

因本项目为集合发行项目，条款较多，并且考核要点基本类似，在此不一一赘述，仅以朝阳区土地储备专项债项目为例。

朝阳区城市化水平较高，但仍未完全城市化，近年来着力构建“高精尖”经济结构，人口密度较高，由于非首都功能疏解，2016 年常住人口比 2015 年降低了 2.5%。虽然近年来土地供应量呈下滑态势，但考虑到朝阳区区域内仍有部分闲置土地，预计未来作为城六区之一，土地供应量依然较为稳定。受益于较完善的城市基础设施水平和产业结构，区内土地出让平均单价高出全市平均水平，预计中长期内朝阳区房地产存在较强的刚性需求，有望支撑区域内土地市场价格。

朝阳区（一、二期）土储专项债主要用于孙河乡、豆各庄乡、电子城北、东坝边缘集团南区 4 个地块的土地储备项目，预计总投资额为 785.56 亿元，其中资本金 741.96 亿元；其余资金 43.6 亿元，通过发行土储专项债券解决。

主要收入为专项收入，即土地出让收入。根据近年来朝阳区相近位置的地块历史出让情况，上述区域地块近五年历史成交较活跃，土地成交单价逐渐增长。近五年上述地块相近区域历史成交单价约为2610.38万元/亩，由于未获得当期土地储备项目的规划用途，仅根据相近地块历史均价测算，若相应地块4146亩全部出让，预计可实现土地出让收入约1082.27亿元。本项目成本包括土地征用、房屋拆迁、基础设施补偿、五通一平、相关税费、预备费用、财务费用等。预期收入可覆盖对应地块全部投资，对北京市朝阳区（一、二期）土储专项债的覆盖倍数达到24.82倍，上述地块国有土地出让收入对债券的保障程度较高。[①]

案例总结

由上述披露文件以及中国债券网披露的相关附件资料（见相关网页）可知，自2017年5月19日《地方政府土地储备专项债券管理办法（试行）》公布以来，各地已发行多期土地储备专项债券，2017年第一批北京市政府土地储备专项债券是典型的土地储备地方政府专项债券项目，是北京市2017年重点项目之一。

该土地储备项目的实施是推动北京市发展的需要。实施本项目，可实现有序供地，满足北京市快速发展的用地需求，使发展不受土地储备不足的限制，故实施本项目非常必要。

综上所述，本项目的建设是以一定公益性为载体，以非营利性为目的，有助于促进当地可持续发展，是符合重大区域发展的典型项目。

从发行主体来看，本项目的实施机构为土地储备中心，已列入国土资源部门发布的土地储备机构名录，本次发行债券的土地储备项目均已纳入国家土地储备计划，该项目涉及地块产权明晰，均为国有土地。

本次专项债券还本付息资金来源于项目自身收入，债务风险锁定在项目内，并按照市场规则向投资者进行详细的项目信息披露，保障投资者权益，满足项目运营管理条件。

根据中国债券网披露的该项目的基本情况以及会计师事务所出具的财务总体评价报告可知，每个项目的投资估算及预期项目收益均能全额覆盖分配给每个项目的债券本息。在债券存续期内，该项目具有持续稳定的现金流，符合相关政策要求。2017年第一批北京市政府土地储备项目符合财政部《地方政府土地储备专项债券管理办法（试行）》规定的项目要求，具有稳定的预期偿债资金来源，对应的政府性基金收入应当能够保障偿还债券本金和利息，实现项目收益和融资自求平衡，符合发行条件。

综上分析，本项目是具有一定收益的土地储备类公益性项目。

---

① 中国债券网，http：//www.chinabond.com.cn/cb/cn/。

（2）收费公路专项债券。根据相关规定，项目需满足如下条件才可发行收费公路专项债券：

①项目必须为公益性项目，具有一定的经济与社会效益。《关于试点发展项目收益与融资自求平衡的地方政府专项债券品种的通知》要求，专项债券项目需为有一定收益的公益性项目，要对项目进行重大经济社会效益分析，尤其要对是否积极践行“创新、协调、绿色、开放、共享”新发展理念，能否促进地方经济社会可持续发展进行分析。因此拟发行专项债券的项目应为公益性项目，且具有一定的经济与社会效益。

②项目必须为收费公路。《地方政府收费公路专项债券管理办法（试行）》第一章第二条规定，可发行该专项债券的收费公路需为根据相关法律法规，采取政府收取车辆通行费等方式偿还债务而建设的收费公路，主要包括国家高速公路、地方高速公路及收费一级公路等。

③优先用于符合国家战略的项目建设。《地方政府收费公路专项债券管理办法（试行）》第一章第八条明确，收费公路专项债券资金应当专项用于政府收费公路项目建设，优先用于国家高速公路项目建设，重点支持“一带一路”建设、京津冀协同发展、长江经济带建设的政府收费公路项目建设。

案例 4－2

第一批天津市政府收费公路专项债券

2018 年 8 月 2 日，天津市财政局公开发行 2018 年第一批天津市政府收费公路专项债券，天津市政府收费公路专项债券是典型的收费公路专项债券项目之一。

本项目自天津市滨海新区南港工业区至西青区，是国家公路网规划（2013—2030 年）京沪国家高速（G2）天津至石家庄联络线（G0211）的起点路段。G0211 津石联络线东起天津南港海滨大道（已经规划为京哈国家高速（G1）秦滨联络线（G0111）线位），向西南交京沪高速后，经河北大城、任丘、安国，终于石家庄，与京港澳国家高速（G4）和京昆国家高速（G7）衔接，沿线连接了多条国家、省级高速公路和国省干线公路，是天津市滨海新区南部港区辐射华北、华东及西部地区的通道，同时还连接了天津与石家庄两大城市，对促进京津冀交通一体化具有重要意义。津石联络线全长约 295 千米，其中天津境内全长约 80.3 千米，除与长深国家高速（G25）共线段约 36 千米已建成通车外，本项目及天津西段约 13 千米均处于前期工作研究阶段。本项目建成后，即可自东向西将天津南部港区、秦滨国家高速与长深国家高速、荣乌国家高速相连通，构成天津市南部区域交通主干线和疏港快速通道网络，提升高速公路网整体通行能力和服务水平，改善区域对外交通环境。

因此，本项目的建设对完善国家高速公路网是必要的。

天津港疏港通道过于集中在北部港区，而南港工业区疏港通道网络则不尽完善，尤其缺乏西向疏港通道。为此，南部港区集疏运规划中规划了西向的南港铁路及津石、南港高速。当前天津港作为国家沿海主要港口和国家综合交通运输体系的主要枢纽正在按新规划加速建设和发展，与此相适应，区域综合运输网络加强通港达港的集疏运能力、突出加强沟通港口腹地方向的快速通道建设，已成为当务之急。目前南港铁路已经开工。该项目将南部港区、秦滨国家高速与国家长深、荣乌高速直接连通，并与津石高速其他在建、待建路段共同构成西向快速公路通道，是基本满足天津港南港工业区发展所需的快速公路网络主骨架。因此，本项目的建设已显迫切。

该项目法人为天津滨海新区高速公路投资发展有限公司，符合《地方政府收费公路专项债券管理办法（试行）》的相关规定。本项目起自滨海新区南港工业区，与已建成的海滨大道（秦滨国家高速线位）及南港工业区港北路衔接，经大港电厂南、东台子，止于西青区小张庄附近，顺接已建成的津石高速公路和长深高速公路共线段，并向西北设高速连接线与荣乌高速公路衔接。具体内容为利用既有的滨海新区管理中心承接本项目的管理职责，设匝道收费站3处。

根据2018年天津市政府滨海新区收费公路专项债券（一期）——2018年天津市政府专项债券（四期）中国信息网公开发行的文件可知，本项目津石高速公路全长约36.5千米。主线全长31.3千米，设6323米特大桥1座，设南港工业区（枢纽）、大港油田、东台子和小张庄（枢纽）共4处互通式立交；设终点高速连接线长约52千米，含34.7米中桥1座和终点小泊（枢纽）互通式立交1处；利用既有的滨海新区管理中心承接本项目的管理职责，设匝道收费站3处。综合考虑本项目建设条件、技术标准、建设规模等具体情况，提出本项目计划2017年12月开工建设，2020年12月建成通车，建设工期3年。本项目投资估算为76.20亿元（其中主线67.98亿元，连接线8.22亿元）；静态投资为73.59亿元（其中主线65.65亿元，连接线7.94亿元）；平均每千米造价20877.00万元。

资金筹措方面，本项目共需投资金76.20亿元，其中资本金38.10亿元，占总投资的50%，拟申请国家补助资金，不足部分由滨海新区财政承担；其余资金38.10亿元，通过发行收费公路专项债券解决。

此次公开发行的2018年天津市政府滨海新区收费公路专项债券（一期）——2018年天津市政府专项债券（四期）发行总额为3亿元，品种为记账式固定利率附息债券，全部为新增债券，期限为5年期，按年付息，到期后一次性偿还本金，发行后可按规定在全国银行间债券市场和证券交易所债券市场上市流通。

根据融资主体目前的业务情况，项目收入主要通过收取高速公路通行费获得，依据以上车流量测算和收费标准，募投项目 15 年经营期（2021—2035 年）预计可产生通行费收入 74.04 亿元，对计划发行的金额合计 38.10 亿元的收费公路专项债本息的覆盖倍数为 1.28 倍；扣除维修、养护及管理成本后净收益 69.72 亿元，对计划发行的金额合计 38.10 亿元的收费公路专项债本息的覆盖倍数为 1.21 倍。本期收费公路专项债券存续期内（2018—2023 年）募投项目预计可产生通行费收入 9.22 亿元，为本期收费公路专项债券本息的 2.57 倍，募投项目未来预期收入可足额覆盖本期收费公路专项债券本息。

目前本项目所在的天津市滨海新区南港工业区对外联系的公路通道主要有二级标准的津淄、津歧公路及秦滨国家高速相关路段（海滨大道），均为南北走向，东西向交通需通过南北通道绕行，严重影响了通行效率。随着南港工业区的发展，迫切需要建设快速的东西向高等级公路，以满足该区域经济发展及集疏港交通发展的需要。因此，本项目的建设对适应区域交通运输发展是必要的①。

案例总结

本项目起自滨海新区南港工业区，接已建的海滨大道及南港工业区港北路，止于西青区小张庄附近，接已建的津石高速公路和长深高速公路共线段，同时根据天津市高速公路路网规划，将项目延长至荣乌高速，作为津石高速联络线。主线及连接线总长 36.5 千米，均采用双向四车道高速公路标准建设，设计速度 100 千米/小时，桥涵设计汽车荷载等级采用公路－Ⅰ级。全线设互通立交 5 座，跨独流减河特大桥 1 座，收费站 3 处。本项目全线位于天津市内，建设完成后将是天津市境内的重要路段，是天津市东西交通主干线和省际出口通道之一，在区域路网中具有重要的地位和作用。该项目属于交通工程项目且满足公益性要求。

综上所述，本项目的建设是以一定公益性为载体，以非营利性为目的，有助于促进当地可持续发展，是符合重大区域发展的典型项目。

从发行主体来看，本项目法人为天津滨海新区高速公路投资发展有限公司，符合《地方政府收费公路专项债券管理办法（试行）》的相关规定。

根据信息披露文件及出具的法律意见书可知，项目收入主要通过收取高速公路通行费获得，该项目符合国家产业政策，依法履行行政审批手续，并承诺后续审批依法进行。以上项目已取得相关均满足《国务院关于加强地方政府融资平台公司管

① 中国债券网，http：//www.chinabond.com.cn/cb/cn/。

理有关问题的通知》对项目实施运营主体的管理要求。本次专项债券还本付息资金来源于项目自身收入，债务风险锁定在项目内，并按照市场规则向投资者进行详细的项目信息披露，能够保障投资者权益，满足项目运营管理条件。

根据中国债券网披露的该项目的基本情况以及会计师事务所出具的财务总体评价报告可知，该项目投资估算及预期项目收益均能全额覆盖分配给每个项目的债券本息。在债券存续期内，该项目具有持续稳定的现金流，符合财政部《地方政府收费公路专项债券管理办法（试行）》规定的项目要求，具有稳定的预期偿债资金来源，对应的政府性基金收入应当能够保障偿还债券本金和利息，实现项目收益和融资自求平衡，符合发行条件。

由上述披露文件以及相关附件资料可知，该项目海滨大道—长深高速段是《国家公路网规划》（2013—2030 年）津石高速公路（G0211）的重要组成部分。所以 2018 年第一批天津市政府收费公路项目是典型的收费公路地方政府专项债券项目，是天津市 2018 年重点项目之一。

（3）棚户区改造专项债券。棚户区改造是指纳入国家棚户区改造计划，依法实施棚户区征收拆迁、居民补偿安置以及相应的腾空土地开发利用等的系统性工程，包括城镇棚户区（含城中村、城市危房）、国有工矿（含煤矿）棚户区、国有林区（场）棚户区和危旧房、国有垦区危房改造项目等。根据相关规定，项目需满足如下条件才可发行棚户区改造专项债券：

①项目必须已纳入国家棚改计划。《试点发行地方政府棚户区改造专项债券管理办法》明确项目须纳入国家棚改计划，但是目前国家住房和城乡建设部对棚改计划的管理，尚未做到直接管理而每年公布全国棚改计划库，主要是采用间接的方式，各省级住建部门对本行政区域内各地区上报的棚改项目进行审核确定。因此，在实务中，项目是否纳入国家棚改计划主要通过审查是否获得省级住建部门关于纳入国家棚改计划的批复、复函为主。

②项目实施主体符合规定。本级棚改主管部门是指各级住房城乡建设部门以及市县级政府确定的棚改主管部门，比如有些市县人民政府结合实际设立了房地产管理部门，也可以被授权实施。

③项目符合国家棚改安置政策。目前棚改区安置方式主要采用实物安置或者货币化安置的方式，或者两者相结合。货币化安置以现金的形式作为补偿，让拆迁居民到市场上自行购房，不受地域限制，这种安置方式有助于政府对本地区房地产市场的调控，但运用不当也会给当地房价带来负面影响，因此货币化安置的比例设定需要结合本地实际情况、因地制宜地采用。

案例 4－3

天津市滨海新区棚户区改造专项债券

2018 年 9 月 29 日，天津发行了 2018 年天津市滨海新区棚户区改造专项债券（一期）——2018 年天津市政府专项债券（三十期），天津市滨海新区棚户区改造专项债券是典型的棚户区改造专项债券项目之一。

滨海新区位于天津东部沿海，地处环渤海经济带和京津冀城市群的交汇点，作为天津城市双核心之一，滨海新区是天津市当前与未来的发展重点，做好棚户区改造工作是改善民生、构建和谐社会、实现可持续发展、早日实现规划定位的重要工作内容。近年来，滨海新区建设不断提速，新建城区规模日益扩大，城镇面貌正处于快速变化中，现代化建设水平日益提升。在滨海新区主要建成区及周边区域，由于历史原因形成了多片老旧居住区（含棚户区、城中村），房屋破旧、基础设施落后，与新建区域对比差距突出，居民生活条件较差，改善住房条件和生活环境的愿望较为迫切。地方政府为落实李克强总理关于"保障性住房建设是政府的硬任务、硬承诺"的要求，坚持把棚户区改造和保障性住房建设放在民生工程的首要位置，攻坚克难，扎实推进。为了调控当地土地市场、促进土地资源合理利用，促进生态建设与当地经济发展而依法取得土地，进行前期开发、储存以备供应，符合棚户区改造项目的发行范围规定。该项目为公益性项目。

2018 年天津市滨海新区棚户区改造专项债券发行总额为 40 亿元，品种为记账式固定利率附息债券，期限为 5 年期，全部为新增债券。本期债券利息按年付息，到期后一次性偿还本金，发行后可按规定在全国银行间债券市场和证券交易所债券市场上市流通。

根据滨海新区棚户区改造工作安排，此项目包含滨海新区新河街片区、新北街片区、杭州道街片区、塘沽街片区、大沽街片区、塘沽农场片区、茶淀街片区、汉沽街片区、寨上街片区、海滨街片区、古林街片区、大港街片区、胡家园片区十个棚户区改造（旧城区改建）子项目。共涉及塘沽地区、大港地区和汉沽地区三个区域，征收房屋总建筑面积 120.95 万平方米，共 19037.00 户。为保障棚户区改造等重点领域合理的融资需求，按照《预算法》（2014 年修订）、《国务院关于加强地方政府性债务管理的意见》《试点发行地方政府棚户区改造专项债券管理办法》等文件精神，结合天津市滨海新区 2018 年棚户区改造计划，天津市滨海新区政府决定通过发行地方政府棚户区改造专项债券实施本项目，以满足棚户区改造的融资需求。

资金筹措方面，项目资金本次项目总投资2385841.00万元，其中建设投资2299002.00万元，建设期利息85343.00万元，债券发行费1497.00万元，所需资金计划通过财政投入资本金和发行地方政府棚户区改造专项债券的方式完成项目建设筹资。资本金889327万元，其中已投入资金约350500万元，拟发行债券额度1496515万元。

本期债券募集资金投资项目现金流入通过土地出让实现。相应土地位于天津市滨海新区大港地区、汉沽地区及塘沽地区，基准低价参考历史成交宗地均价。考虑出让土地位置、周边环境、交通和配套调教以及大港、汉沽、塘沽三地区近年来楼面低价增长情况，结合当前政策调控情况，本项目出让期内土地价格年增长率按10%进行预测。依据相关规定，土地出让收入2471585.00万元，扣除三地区政府净收益（25%）中的政策性基金（36%）222443.00万元和政策性成本（包括铁路建设费、市容环境管理维护费、市政基础设施建设费）122597.00万元后，剩余2126545.00万元，为本次棚户区改造项目土地出让总收益。根据项目资金平衡分析的结果，天津市滨海新区棚户区改造专项债券本息资金覆盖率可达到1.22倍，我们未注意到不能够满足资金筹措充足性要求的情况。另外，通过对土地出让收入变动进行压力测试后，结果显示，本项目在收入下降15%时，债券本息资金覆盖率仍然大于1，因此项目收益能够覆盖债券的还本付息①。

案例总结

由上述披露文件以及中国债券网披露的相关附件资料可知，2018年天津市滨海新区棚户区改造专项债券（一期）是典型的棚户区改造专项债券项目，是天津市2018年重点项目之一。

该建设项目实施产生的效益主要是社会效益，有助于改善居民生活条件，完善城市功能，让全体人民共享改革发展的成果，让广大人民群众可以享有可靠的社会保障，有助于构建社会主义和谐社会，促进社会安定团结。

作为地方政府棚户区改造专项债券项目，本项目响应中央政府号召，规范棚户区改造融资行为，有序推进试点发行地方政府棚户区改造专项债券工作，探索建立棚户区改造专项债券与项目资产、收益相对应的制度，发挥政府规范适度举债改善群众住房条件的积极作用。财政部、住建部联合印发了《关于印发〈试点发行地方政府棚户区改造专项债券管理办法〉的通知》，该通知要求自2018年开始在棚户区

① 中国债券网，http：//www.chinabond.com.cn/cb/cn/。

改造领域开展试点，发行棚户区改造专项债券，规范棚户区改造融资，促进棚户区改造事业持续健康发展。

综上所述，本项目的建设是以一定公益性为载体，以非营利性为目的，有助于促进当地可持续发展，是符合棚户区改造的典型项目。

从发行主体来看，本项目的发行主体为天津市人民政府，符合相关政策规定。该项目涉及地块产权明晰，均为国有土地，且该项目有充足的自有资金可满足建设期的利息支出。

根据信息披露文件及法律意见书可知，本期债券对应的除塘沽胡家园片区以外的棚户区改造项目均已经纳入滨海新区2018—2020年棚户区改造计划并已上报天津市国土资源和房屋管理局，塘沽胡家园片区棚户区（城中村）改造项目已经纳入天津市棚户区改造总体规划，并已上报住房城乡建设部备案。

该项目符合国家产业政策，依法履行行政审批手续，并承诺后续审批依法进行。以上项目均满足《国务院关于加强地方政府融资平台公司管理有关问题的通知》对项目实施运营主体的管理要求。本次专项债券还本付息资金来源于项目自身收入，债务风险锁定在项目内，并按照市场规则向投资者进行详细的项目信息披露，能够保障投资者权益，满足项目运营管理条件。

根据中国债券网披露的该项目的基本情况以及会计师事务所出具的财务总体评价报告可知，该项目在到期偿还本息之后，仍有一定的现金结余，并且到期预计可达到的资金覆盖率为1.22倍。在债券存续期内，该项目具有持续稳定的现金流，符合相关政策要求。

综上分析，本项目是具有一定收益的棚户区改造公益性项目。

（二）第二阶段：项目相关发行有关主体的确定

1. 发行人的确定

省、自治区、直辖市政府（以下简称省级政府）为土地储备、收费公路、棚户区改造专项债券的发行主体。设区的市、自治州，县、自治县、不设区的市、市辖区级政府（以下简称市县级政府）确需发行土地储备、收费公路、棚户区改造专项债券的，由省级政府统一发行并转贷给市县级政府。经省级政府批准，计划单列市政府可以自办发行土地储备、收费公路、棚户区改造专项债券。

2. 项目实施主体的确定

三种专项债券的实施主体如表4－4所示。

表 4－4　　土地储备、收费公路、棚户区改造专项债券实施主体

	土地储备专项债券	收费公路专项债券	棚户区改造专项债券
实施主体	纳入国土资源部名录管理的土地储备机构	交通运输部门	棚改主管部门

3. 项目建设单位确定

在选择项目建设单位时应考虑如下因素：

（1）公司股东构成情况；

（2）公司股权结构；

（3）公司设立过程是否合法合规；

（4）公司历史沿革发生的变更是否合法有效；

（5）公司是否具有丰富的建设经验；

（6）公司是否具备成熟的项目建设管理办法；

（7）公司是否存在其他影响项目顺利建设的相关因素。

项目建设单位可选择具有一定建设经验的知名国有企业，或地方政府全资控股的城市建设公司。

4. 项目运营单位确定

三种专项债券的运营单位如表 4－5 所示。

表 4－5　　土地储备、收费公路、棚户区改造专项债券运营单位

	土地储备专项债券	收费公路专项债券	棚户区改造专项债券
运营单位	县级以上地方各级国土资源部门	县级以上地方各级交通运输部门	县级以上各级棚改主管部门

（三）第三阶段：项目合法合规性评估

1. 确定项目具备发行的条件

（1）土地储备专项债券。土地储备专项债券项目需满足如下条件：

①项目实施主体列入国土资源部门发布的土地储备机构名录；

②项目应纳入本地区土地储备计划；

③该项目涉及地块产权明晰。

（2）收费公路专项债券。收费公路专项债券项目需满足的条件，主要是项目是否取得收费资质。

（3）棚户区改造专项债券。棚户区改造专项债券项目需满足如下条件：

①项目已纳入国家棚改计划；

②项目实施主体符合规定；

③该项目符合国家棚改安置政策。

2. 确定债务限额充足

各地试点分类发行专项债券的规模，应当在国务院批准的专项债务限额内统筹安排，包括当年新增专项债务限额、上年末专项债务余额低于限额的部分。因此，发债前须确保发行主体专项债务限额充足，所发债券金额未超出本地区专项债务限额。

3. 进行债务预算管理

根据有关规定，土地储备专项债券、收费公路专项债券和棚户区改造专项债券的收入、支出、还本、付息、发行费用等都要纳入政府性基金预算管理。因此应将专项债券的收支相关的资金纳入政府性基金预算管理。

4. 建立项目资产管理的相关制度

（1）土地储备专项债券。地方各级土地储备机构应当严格储备土地管理，切实理清土地产权，按照有关规定完成土地登记，及时评估储备土地资产价值。县级以上地方各级国土资源部门应当履行国有资产运营维护责任。地方各级土地储备机构应当加强储备土地的动态监管和日常统计，及时在土地储备监测监管系统中填报相关信息，获得相应电子监管号，反映土地储备专项债券运行情况。

（2）收费公路专项债券。地方各级财政部门应当会同本级交通运输部门，将收费公路专项债券对应项目形成的基础设施资产纳入国有资产管理。建立收费公路专项债券对应项目形成的资产登记和统计报告制度，加强资产日常统计和动态监控。县级以上地方各级交通运输部门及相关机构应当认真履行资产运营维护责任，并做好资产的会计核算管理工作。收费公路专项债券对应项目形成的基础设施资产和收费公路权益，应当严格按照债券发行时约定的用途使用，不得用于抵质押。

（3）棚户区改造专项债券。地方各级财政部门应当会同本级棚改主管部门等，将棚改专项债券对应项目形成的国有资产，纳入本级国有资产管理，建立相应的资产登记和统计报告制度，加强资产日常统计和动态监控。县级以上各级棚改主管部门应当认真履行资产运营维护责任，并做好资产的会计核算管理工作。棚改专项债券对应项目形成的国有资产，应当严格按照棚改专项债券发行时约定的用途使用，不得用于抵押、质押。

因此发行主体应建立相关的项目资产管理制度，加强专项债券项目对应的资产管理。

（四）第四阶段：项目建设运营方案制定

1. 土地储备专项债券

（1）收储和基础设施建设方案制定。

①确定各地块具体情况。依据项目具体情况，分别统计涉及地块名称、面积（包括征地面积、收储面积、可用于出让面积等）、四至边界、地上产权等，依据具体用地内容分别统计各地块的居住用地面积、商业用地面积、工业用地面积以及城市建筑用地的面积。

②确定项目建设前期工作。对项目土地进行勘探，绘制勘测定界图，对土地及地面上的构建筑物进行摸底测算。

③确定项目前期维护建设具体工作。按照该地块的规划，完成地块内的道路、供水、供电、供气、排水、通信、围挡等基础设施建设，并进行土地平整，完成相应的“通平”的设计和建设工作。

④确定收储进度计划。综合考虑某某地区气候、农时、地形地貌等因素，结合地上产权情况和收储资金到位情况，合理安排收储各项工作和基础设施工程实施次序，编制进度横道图。

（2）管护和土地出让方案制定。土地储备工作不需要进行商业运营，但在对项目地块进行前期开发后，由当地土地储备中心对项目地块进行管护，交由国土资源部门根据确定的本地土地供地计划进行出让。

①成立项目地块招标拍卖领导机构。土地使用权招标拍卖工作涉及土地、规划、计划、建设等相关部门。因此，土地使用权招标、拍卖领导小组或委员会应协调好土地使用权招标、拍卖过程中相关部门的业务关系，调动所有相关部门的主动性、积极性和创造性，主动配合土地招标、拍卖的顺利完成。

②加强土地出让规范管理。要体现招标、拍卖活动公开、公平、公正和诚实信用的原则，就要求整个国有土地使用权招标、拍卖组织工作必须加强规范管理，坚持依法行政。在有关文本、合同的编制以及整个组织程序、操作过程中，都要非常严谨，考虑到各种可能的情况，做到各项工作有依据、有规范。

③储备土地出让。依据项目实施规划和项目实际实施情况，依据项目地块具体用地类型公开招标出让，获得储备土地出让收入。

2. 收费公路专项债券

（1）项目建设方案制定。

①项目概况。包括项目名称、项目建设地点、建设内容及规模、项目施工计划及

开工日期。

②项目建设前期准备。项目前期工作分为预可行性研究、工程可行性研究、初步设计、施工图设计四个阶段；施工准备工作包括施工设计审查并备案，确定预算控制价，施工、监理单位招标，质监（安监）登记备案，施工许可证办理，组织项目开工。

③项目建设期。技术部分包括路基分部工程技术方案、路面分部工程技术方案、桥梁分部工程技术方案、涵洞分部工程技术方案、排水分部工程技术方案、管线分部工程技术方案、防护分部工程技术方案、交通分部工程技术方案。管理部分包括项目管理目标、项目管理组织机构、施工前期准备、进度管理控制、质量保障、工程投资控制、安全管理、文明施工及环境保护、工程合同管理、季节性施工等。

（2）项目运营方案制定。

收费公路的运营方案主要包括以下几个部分：

①运营管理原则；

②运营管理制度；

③项目运营管理目标、服务质量目标和保障措施；

④养护质量指标及保障措施；

⑤大中修方案；

⑥运营保险；

⑦收费管理办法，包括各部门工作职责（收费管理机构设置和职责、收费工作岗位职责）、收费服务管理、收费现场管理、收费业务管理、收费稽查管理、机电系统设备管理与维护、安全应急处置管理、收费业务考核管理、违章处理。

3. 棚户区改造专项债券

（1）项目建设方案制定。

①项目概况。确定项目名称、性质、地点，分析项目的背景情况、项目承办单位、建设规模及建设内容、本建设项目总投资及资金来源等。

②项目建设前期准备：

一是确定拆迁、安置范围和对象。各镇街区确定棚户区改造拆迁、安置范围。检查棚户区改造拆迁安置范围是否符合国民经济和社会发展规划、土地利用总体规划、城乡规划、专项规划和社会发展年度计划。编制棚户区改造年度计划。

二是制定拆迁补偿安置方案。镇街区组织对房屋情况进行调查摸底登记，以村为单位研究制定拆迁补偿安置方案。对拆迁补偿安置方案进行公示，公开征求群众意见，公示期不少于 30 天，公示期结束后根据公示情况修改完善方案后公布实施。拆迁补偿安置方案报市住房保障领导小组审批。对确定拆迁的房屋实施征收，其中对国有土地房屋依法征收，对集体土地房屋按程序报批。

三是完成房屋及附属物评估。选定房屋评估机构，依法开展评估，确定评估补偿金额。镇街区组织村委会与村民签订拆迁补偿安置协议，并确定补偿安置方式。镇街区根据村委会与村民签订的补偿安置协议书进行分类汇总，并将拆迁补偿安置协议报市棚改办审核、汇总。

四是组织棚改居民搬迁。根据各镇街区申请、棚改办审核情况，分类拨付资金：对选择实物安置的棚改居民，按政策拨付奖励资金，余款按建设进度分批拨付至房地产开发企业；对于选择选购商品房安置的棚改居民，按政策拨付奖励资金，余款分批拨付至房地产开发企业；对于选择单一货币安置的棚改居民，棚改资金按棚改办审核意见，分批拨付至棚改居民。镇街区、村委会组织棚改村民腾空房屋。镇街区棚改指挥部或工作组对腾空房屋进行验收，发放合格证，并对腾空房屋进行拆除。棚改办组织国土、规划、财政、住建等部门对各棚户区拆迁安置片区核定拆迁安置土地基本情况，包括拆迁土地四至、面积、土地性质等。

五是进行补偿与安置。对于实物补偿安置的，国土资源局对棚户区安置楼建设用地出具勘测定界图；规划局根据勘测定界图、安置楼建设要求等出具《建设用地规划设计条件通知书》。各镇街区组织，委托房地产开发企业通过土地招拍挂程序取得棚户区安置楼建设土地使用权，签订土地成交确认书及土地出让合同，对棚户区安置楼进行委托代建。开发企业到发改局办理项目立项审批手续。开发企业到规划局办理《建设用地规划许可证》。开发企业持《建设用地规划许可证》，到国土资源局办理不动产权登记手续。开发企业委托设计单位作出设计方案，报经市城市建设审批领导小组会议审批后，到规划局办理《建设工程规划许可证》。市平台公司委托具有开发资质的房地产开发企业建设安置楼，通过公开招投标，确定勘察、设计、监理和施工单位，并签订合同，按规定办理相关手续。未办结施工图设计文件审查手续就开工建设的，工程质量监督单位不再介入，也不出具相关证明。住建局出具《建设工程施工许可证》。开发企业根据《建设工程施工许可证》组织施工建设，并在省财金公司开设资金账户，按照工程进度拨付建设资金给开发企业。房管中心组织办理预售许可证。开发企业申请质监站、消防、监理等单位办理竣工验收手续，并按程序办理竣工验收备案。镇街区会同市平台公司组织棚改居民选房，依据拆迁安置协议与棚改居民结算拆迁补偿款，拨付棚改剩余安置楼建设资金。结算完成后，棚改居民回迁。镇街区组织棚改居民缴纳相关税费，办理不动产权证。货币化补偿安置：对于选择选购商品房安置的棚改居民，按政策拨付奖励资金后，余款按购房入住进度，分批拨付到房地产开发企业预售资金监管账户。其中居民签订购房合同并报市房管中心备案后，拨付余款的30%，房地产开发商交房时再拨付余款的50%，办理不动产产权证时结清余款。对于选择自由支配补偿款安置的棚改居民，在拆迁开始时除拨付奖励资金外，根据市棚改办资金拨付审核意见分批拨付棚改资金，资金直接拨付镇街区财政所，由各财政所拨付到拆迁居民个人，拆迁完成后拨付剩余资金。

③项目建设。针对区域环境及建设条件、区域概况、区位发展环境分析、项目区地质环境条件、环境影响（分析项目建设、运营中采取措施后是否会对环境造成不良影响）、节能指标（本建设项目是否符合国家建设节能标准），确定项目建设总规模和主要功能设置、建设范围及内容；选定建设场址，建设项目的内容提出建筑物用地范围内的总体布置，包括建筑物、水、电等设施在内的主要建设方案；项目建设及运行中的环保、消防、安全等措施方案；项目定员方案；项目实施进度计划，确定建设工期。

④项目建设进度。一般来说，项目按照建设进度分为四个阶段，即前期工作阶段、施工方案设计阶段、工程建设阶段、竣工验收阶段。

（2）项目运营方案制定。

①坚持棚改项目与基础设施和市政设施配套建设同步实施，以城区改造带动配套项目建设，避免出现功能不全、容量不够、档次不高等问题。要尽量减少对腾空地块的住宅化开发建设，减少房地产存量，尽量把这些宝贵的土地用来发展产业以及完善公共服务配套。

②有计划地推进棚改区域给排水、电力、燃气、热力等市政管网综合改造，在符合条件的地区推进地下管网建设。

③在公建配套缺失的老城区，将棚户区改造区域科学合理地规划为幼儿园、中小学等教育配套设施以及停车场、绿地、文体中心、环卫设施等公共服务配套设施，提高周边居民生活品质，提升城区生长力。

④结合市区功能定位和产业策划对征收完成的地块进行合理规划，有序控制人口回流，降低人口居住密度。重点发展科技、创客、“互联网＋”等新兴产业，实现产业升级，打造产城融合片区。

（五）第五阶段：项目收益平衡测算

所谓项目收益与融资资金平衡，就是测算项目实施后，未来产生的收益能够覆盖为实施项目而投入的资金，也就是说资金能够收回，或至少融资资金能够收回，没有偿债缺口，不需要另外去找资金还债。

因此，项目资金平衡方案的主要内容就是：投入资金的资金来源和现金流出计划，项目产生的收入资金来源及现金流入测算，最后总的现金流入能够覆盖现金流出，并且要有一定的盈余，或者叫覆盖倍数。

1. 编制项目投资估算及资金筹措方案

（1）确定项目投资估算。根据建设方案编制依据及原则，确定项目总投资金额，包括建设总投资、建设期间债券利息支出、发行相关费用等，并确定项目建设期及建设期投资计划。项目总投资额预估合理，投入资金科学合理预估，有详细的额度规划和使用进度规划。

（2）确定资金筹措方案。按照中办国办《关于做好地方政府专项债券发行及项目配套融资工作的通知》（厅字33号文）的要求，项目资金来源包括项目资本金（可以是自有资金和/或专项债资金）、专项债券、市场化融资。根据项目总投资金额，自有资金情况，以及建设进度和资金支出情况初步确定专项债券募集资金额、市场化融资额、发行计划以及资金使用计划等。如项目已进行了其他相关融资，需披露相关融资情况。其中，自有资金中可落实资金来源已经明确，到位可行性已确认。项目申请专项债券、市场户融资额度与项目实际需要相匹配，也就是尚未落实的资金需求部分和申请专项债券、市场化融资额度部分相匹配。

（3）建立专项债券募集资金管理办法。专项债券对应的项目取得的政府性基金或专项收入，应当按照该项目对应的专项债券余额统筹安排资金，专门用于偿还到期债券本金，不得通过其他项目对应的项目收益偿还到期债券本金。因此，发行主体应建立专项债券募集资金管理办法，实现项目封闭运营，专款专用，确保资金不会被挪用。

2. 测算项目预期收益

（1）测算项目预期收入。确定收入来源和类型，收费政策依据合法合规或者符合市场化需求，基于以上基础信息进行项目收入预测，并详细说明收入预测参照标准、数据来源等。

如果一个项目仅有政府性基金收入，是不能市场化融资的；有专项收入的项目，且偿还专项债券本息后仍有剩余专项收入的项目，才能市场化融资，即市场化融资的还款来源只能是专项收入。

资金平衡方案需要对项目全生命周期的现金流进行动态的平衡安排。现金流的方案要尽可能与实践结合，考虑到实际落实的细节，例如其中建设期的支出必须与实际施工单位的施工进度紧密结合；例如设备更新改造也必须明确中修、大修的时间和具体支出，以此考虑会计处理方式，是通过预提平滑支出，还是按当年支出，避免与还本付息的日期相冲突，导致现金集中支出风险。

（2）资金用途。资金用途包括，专项债券还本付息、市场化融资还本付息、建设支出、运营支出及税金（如果项目立项给政府委办则不存在税收，立项给项目公司或平台等企业则部分经营性收入存在税收）。

运营成本主要包括工资及福利费用、生产维修费用、折旧摊销、管理费用与财务费用等。

3. 测算项目资金平衡情况

根据项目预期现金流入与流出，编制资金测算平衡表。资金平衡方案最终的输出结果与评价指标就是资金覆盖率（还本付息倍数）及资金平衡状况（现金流缺口）。还本付息倍数是省财政审批专项债项目的主要指标，其计算方式是：

本息覆盖倍数 = 项目收益合计/债券还本付息合计

4. 进行项目投资效益评价

由于国家推出地方政府专项债券的时间并不长，还没有专门针对政府债券项目财务评价的规范性文件出台，因此对于项目财务效益的评价，现阶段主要参照国家发展和改革委员会和建设部于2006年发布的《建设项目经济评价方法与参数》（第三版），在财务上可以归结为在国家现行财税制度和价格体系的基础上，计算一系列反映财务投资效益的指标，这些指标分为动态指标和静态指标两类。

动态指标，考虑了时间因素（即资金时间价值），采用现金流量折现法，在现金流量表的基础上计算出来。所谓现金流量折现法，就是把各个项目在测算期内发生的现金收益（现金流入）与现金费用（现金流出）按照预计的贴现率换算为现值并加以比较的方法。至于静态指标，则不计时间因素，其计算方法以会计惯例为依据。

常用的财务评价指标主要为净现值、内部收益率和静态投资回收期三项指标。

（1）净现值（*NPV*）。净现值指项目未来各个时点资金（现金）流入（收入）与流出（支出）差额的现值之和，即各年的净现金流现值之和，它是项目投资绩效评估中净现值法的基本指标。其中，净现金流的现值是按照预计的贴现率将各个时期的净现金流加以折现得到的，预计的贴现率是根据企业要求的最低投资收益率来确定的，是企业投资可以接受的最低界限。净现值法的具体计算公式为：

$$NPV = \sum_{t=0}^{n} \frac{CF_t}{(1+k)^t}$$

其中，NPV 为净现值；CF 为净现金流；k 为贴现率；t 为项目评价的时点。

$NPV>0$，表示项目的资金产出大于项目的资金投入，该项目可实现的投资收益率会超过用作折现率的最低投资期望收益率，因此，该项目预计是可行的；

$NPV<0$，表示项目的资金产出小于项目的资金投入，该项目可实现的投资收益率低于用作折现率的最低投资期望收益率，因此，该项目预计是不可行的；

$NPV=0$，表示项目的资金产出等于项目的资金投入，该项目可实现的投资收益率正好等于用作折现率的最低投资期望收益率，因此，该项目预计不赚不赔，可再从其他维度进行评价。

在项目建设和运营中需要对产生的现金流进行预估，具体包括建设期现金流、营运期现金流、终结前现金流。其中建设期现金流主要包括长期资产投资（固定资产、无形资产、其他长期资产等）、垫支的营运资本；营运期现金流主要考虑营业收入以及相关成本、折旧、税费；终结前现金流主要指的回收垫支营运资本、回收长期资产的净残值或变现价值。为了简化，通常把计算结果的时点设在第一年的年初，其他流入和流出在各年的年初或年末。实际上，现金流出和流入的时间可能在任何时间。

除了对项目未来产生现金流进行合理预估外，项目贴现率的确定也是一个需要思考的地方。贴现率的确定可以从两个方面来考虑，一是将项目资金用于市场投资可以获得的无风险利率；二是对项目投资所要求的风险补偿，即风险收益。资本资产定价模型（CAPM）用简单的数学公式表述了项目要求的收益率（即贴现率）与风险系数以及系统性风险之间的关系，其具体计算公式为：

$$E(r) = r_f + \beta \times [E(r_M) - r_f]$$

其中，r_M 是市场组合的收益变量，r_f 是市场的无风险利率，β 反映了项目对于市场风险的敏感度，计算公式为：$\beta = \frac{Cov(r, r_M)}{Var(r_M)}$。

（2）内含报酬率（*IRR*）。内含报酬率，又称为内部报酬率、内含收益率，它是指能够使未来现金流入量现值等于未来现金流出量现值的，或者说是使投资方案净现值为零的贴现率。其计算公式为：

$$IRR = r_1 + \frac{r_2 - r_1}{|b| + |c|} \times |b|$$

其中，*IRR* 内含报酬率；r_1为低贴现率；r_2为高贴现率；$|b|$为低贴现率时的财务净现值绝对值；$|c|$为高贴现率时的财务净现值绝对值；b、c、r_1、r_2的选择，在财务报表中应选择符号相反且最邻近的两个。

内含报酬率的计算，通常需要“逐步测试法”。首先估计一个贴现率，用它来计算方案的净现值；如果净现值为正数，说明方案本身的报酬率超过估计贴现率，应提高贴现率后进一步测试；如果净现值为负数，说明方案本身的报酬率低于估计的贴现率，应降低贴现率后进一步测试。经过多次测试，寻找出使净现值接近于零的贴现值，即为方案本身的内含报酬率。如果对测试结果的精确度不满意，可以使用“内插法”来改善。

接受或拒绝投资的标准取决于 *IRR*，此时需要以 *NPV* 法中使用的贴现率 k 作为标杆和基准，$IRR > k$，可以接受该项投资；$IRR < k$，则应拒绝该项投资。如果多个方案相比较，则 *IRR* 最大的方案为最优。

（3）项目静态投资回收期。项目投资回收期是拟建项目所获收益的累计总额抵偿项目固定资产投资总额（包括建设期借款利息）所需要的时间，亦称投资返本年限。建设项目投产后新增的产品销售利润和销售税金就是企业的经济收益。此外，项目投产后每年所提固定资产折旧基金也是逐步补偿、回收固定资产原值的体现。

静态投资回收期是在不考虑资金时间价值的条件下，以项目的净收益回收其全部投资所需要的时间。投资回收期可以自项目建设开始年算起，也可以自项目投产年开始算起，但应予注明。

静态投资回收期可根据现金流量表计算，其具体计算又分以下两种情况：

①项目建成投产后各年的净收益（即净现金流量）均相同，则静态投资回收期的计算公式如下：$P_t = K/A$，式中 K 为项目总投资，A 为每年的净收益。

②项目建成投产后各年的净收益不相同，则静态投资回收期可根据累计净现金流量求得，也就是在现金流量表中累计净现金流量由负值转向正值之间的年份。其计算公式为：

P_t = 累计净现金流量开始出现正值的年份数 - 1 + 上一年累计净现金流量的绝对值/出现正值年份的净现金流量

将计算出的静态投资回收期（P_t）与所确定的基准投资回收期（P_c）进行比较：

若 $P_t \leq P_c$，表明项目投资能在规定的时间内收回，则方案可以考虑接受；

若 $P_t > P_c$，则方案是不可行的。

（4）进行项目压力测试。敏感性分析是指从定量分析的角度研究有关因素发生某种变化对某一个或一组关键指标影响程度的一种不确定分析技术。其实质是通过逐一改变相关变量数值的方法来解释关键指标受这些因素变动影响大小的规律。

敏感性因素一般可选择主要参数（如销售收入、经营成本、生产能力、初始投资、寿命期、建设期、达产期等）进行分析。若某参数的小幅度变化能导致经济效果指标的较大变化，则称此参数为敏感性因素，反之则称其为非敏感性因素。分析步骤如下：

①确定敏感性分析指标。敏感性分析的对象是具体的技术方案及其反映的经济效益。因此，技术方案的某些经济效益评价指标，如息税前利润、投资回收期、投资收益率、净现值、内部收益率等，都可以作为敏感性分析指标。

②计算该技术方案的目标值。一般将在正常状态下的经济效益评价指标数值作为目标值。

③选取不确定因素。在进行敏感性分析时，并不需要对所有的不确定因素都进行考虑和计算，而应视方案的具体情况选取几个变化可能性较大，并对经效益目标值影响作用较大的因素，如产品售价变动、产量规模变动、投资额变化等，或是建设期缩短，达产期延长等，这些都会对方案的经济效益大小产生影响。

④计算不确定因素变动对分析指标的影响程度。进行单因素敏感性分析时，要在固定其他因素的条件下，变动其中一个不确定因素，然后再变动另一个因素（仍然保持其他因素不变），以此求出某个不确定因素本身对方案效益指标目标值的影响程度。

⑤找出敏感因素，进行分析并采取措施，以提高技术方案的抗风险能力。

（5）其他事项说明。说明可能影响项目损益、现金流变化的其他事项。

根据《关于试点发展项目收益与融资自求平衡的地方政府专项债券品种的通知》规定，此部分应当由独立第三方专业机构进行评估，并出具专项评估意见。

（六）第六阶段：项目风险管理方案制定

1. 判断项目可能存在的风险

（1）项目规划期风险。作为土地储备项目的实施机构的土地储备机构，不属于经自然资源部年度审核目录中的机构，项目未纳入当地土地储备计划；棚户区改造项目未纳入国家棚改计划项目。

（2）项目发行期风险。除土地储备项目外，其他项目到发行期立项报批手续未完成；建设内容与经批准的建设内容存在重大变动；投资概算不准确等。

（3）项目建设期风险。招投标过程不够科学规范，施工单位盲目报价现象，评标方法的科学性欠缺，没有正确区分招标方式与招标范围，保修责任不明确，产生纠纷，拖延、拒绝质保期到期验收，拖延维修等。

（4）项目运营期风险。技术风险，操作风险，生产安全风险，监督管理风险，资产管理风险等。

（5）项目清偿期风险。债券到期不能支付当期利息；债券虽未到期，但预计不能偿还当期利息；债券到期不能偿还本金和利息；债券虽未到期，但可预计不能偿还本金和利息；疫情自然灾害等其他影响债券清偿的情形。

2. 建立风险管理机制

《预算法》第三十五条第五款规定，国务院建立地方政府债务风险评估和预警机制、应急处置机制以及责任追究制度。《国务院关于加强地方政府性债务管理的意见》第四条第（二）点“建立债务风险应急处置机制”规定，各级政府要制定应急处置预案，建立责任追究机制。

国务院办公厅10月27日印发的《国务院办公厅关于印发地方政府性债务风险应急处置预案的通知》第7.1款规定，县级以上地方各级人民政府要结合实际制定当地债务风险应急处置预案。

（七）第七阶段：债券发行计划制订

1. 确定发行计划

（1）土地储备专项债券。省级财政部门应当根据本级人大常委会批准的预算调整方案，结合市县级财政部门会同本级国土资源部门提出的年度土地储备专项债券发行建议，审核确定年度土地储备专项债券发行方案，明确债券发行时间、批次、规模、期限等事项。土地储备专项债券可以对应单一项目发行，也可以对应同一地区多个项目集合发行，具体由市县级财政部门会同本级国土资源部门、土地储备机构提出建议，报省级财政部门确定。土地储备专项债券期限应当与土地储备项目期限相适应，原则上不超过 5 年。

（2）收费公路专项债券。省级财政部门应当根据本级人大常委会批准的预算调整方案，结合省级交通运输部门提出的年度收费公路专项债券发行建议，审核确定年度收费公路专项债券发行方案，明确债券发行时间、批次、规模、期限等事项。收费公路专项债券期限应当与政府收费公路收费期限相适应，原则上单次发行不超过 15 年。

（3）棚户区改造专项债券。由省级财政部门审核确定年度棚户区改造专项债券发行方案，明确债券发行时间、批次、规模、期限等事项。棚改专项债券期限应当与棚户区改造项目的征迁和土地收储、出让期限相适应，原则上不超过 15 年，可根据项目实际适当延长，避免期限错配风险。

2. 确定发行条款

发行条款应包含以下内容：债券名称、发行品种、发行期限、发行金额、发行金额、发行时间、缴款/起息日、上市流通安排、上市流通日、利息兑付日、付息流程、计息天数、发行方式、利率确定方式、发行对象、登记托管安排、招标系统、税务提示等。

3. 确定招标发行方式

地方政府债的发行市场包括银行间债券市场与交易所债券市场。其发行方式包括公开发行（公开招标和公开承销）和定向承销发行。

承销是指地方政府与主承销商商定债券承销利率（或利率区间），要求各承销商（包括主承销商）在规定时间报送债券承销额（或承销利率及承销额），按市场化原则确定债券发行利率及各承销商债券承销额的发债机制。

招标是指地方政府通过财政部国债发行招投标系统或其他电子招标系统，要求各承销商在规定时间报送债券投标额及投标利率，按利率从低到高原则确定债券发行利率及各承销商债券中标额的发债机制。其中公开发行单一期次发行额在 5 亿元以上的须通过招标方式发行。

采用承销或招标方式的，发行利率在承销或招标日前 1—5 个工作日相同待偿期记账式国债的平均收益率之上确定。招标发行安排应包含以下内容：本期债券招标发行安排、分销安排、标位限定、时间安排、参与机构、招标系统、缴款安排等。

专项债券应当在中央国债登记结算有限责任公司办理总登记托管，在国家规定的证券登记结算机构办理分登记托管。专项债券发行结束后，符合条件的应按有关规定及时在全国银行间债券市场、证券交易所债券市场等上市交易。

（八）第八阶段：债券信息披露计划制订

1. 土地储备专项债券

地方各级土地储备机构应加强储备土地的动态监管和日常统计，及时在土地储备监测监管系统中填报相关信息，获得相应电子监管号，反映土地储备专项债券运行情况。地方各级土地储备机构应当及时在土地储备监测监管系统填报相关信息，反映土地储备专项债券使用情况。财政部驻各地财政监察专员办事处对土地储备专项债券额度、发行、使用、偿还等进行监督，发现违反法律法规和财政管理、土地储备资金管理等政策规定的行为，及时报告财政部，抄送国土资源部。

2. 收费公路专项债券

省级财政部门应当会同交通运输部门及时向社会披露收费公路专项债券相关信息，包括收费公路专项债券规模、期限、利率、偿债计划及资金来源、项目名称、收益和融资平衡方案、建设期限、车辆通行费征收标准及期限等。省级交通运输部门应当积极配合提供相关材料。省级交通运输部门应当于每年 6 月底前披露截至上一年度末收费公路专项债券对应项目的实施进度、债券资金使用等情况。

3. 棚户区改造专项债券

地方各级棚改主管部门应当配合做好本地区棚改专项债券试点发行准备工作，及时准确地提供相关材料，配合做好项目规划、信息披露、信用评级、资产评估等工作。发行棚改专项债券应当披露项目概况、项目预期收益和融资平衡方案、第三方评估信息、专项债券规模和期限、分年投资计划、本金利息偿还安排等信息。项目实施过程中，棚改主管部门应当根据实际情况及时披露项目进度、专项债券资金使用情况等信息。

第三节　其他项目收益专项债券的发行实务

一、其他类项目收益专项债券发行整体流程

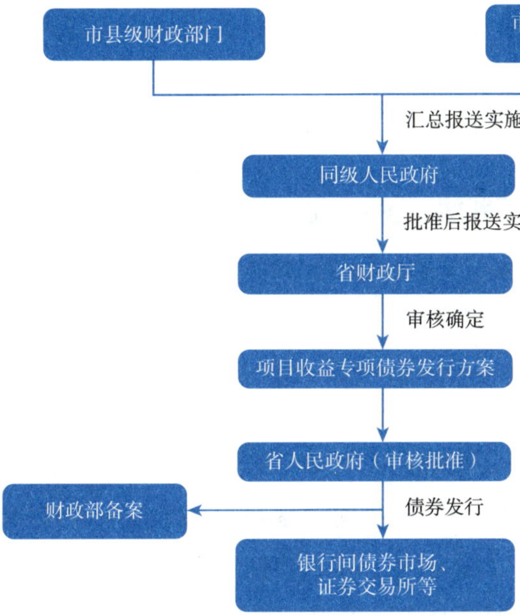

图4－4　项目收益专项债券的发行流程

根据《关于试点发展项目收益与融资自求平衡的地方政府专项债券品种的通知》的（财预〔2017〕89号）、《关于做好地方政府专项债券发行及项目配套融资工作的通知》（厅字〔2019〕33号）、《关于梳理2021年新增专项债券项目资金需求的通知》（财办预〔2021〕29号）等文件规定，各级地方政府需结合自身实际情况，围绕省（自治区、直辖市）党委、政府确定的重大发展战略，选择有一定收益的公益性事业领域的项目。在发行准备阶段，项目实施机构需完成八个阶段的工作，分别为项目筛选、项目相关发行主体确定、项目合法合规性评估、项目建设运营方案制定、项目收益平衡评价、项目风险管理方案制定、债券发行计划制订与债券信息披露计划制订。

项目实施机构在完成项目实施方案的撰写，经会计师事务所、律师事务所等合法第三方机构出具实施方案的财务评估报告、法律意见书之后，会同本级财政部门将实施方案及第三方评估意见汇总报送同级人民政府批准，由同级人民政府将实施方案及第三方评估意见报送省财政厅。

省级财政部门根据本级人大常委会批准的预算调整方案，审核确定项目收益专项债券发行方案，明确债券发行时间、批次、规模、期限等事项。

项目收益专项债券发行方案经由省级人民政府审核批准后，遵循公开、公平、公正的原则采取市场化方式发行，在银行间债券市场、证券交易所市场等交易场所发行和流通，并报送财政部备案。

地方各级项目主管部门、项目单位配合做好本地区项目收益专项债券发行准备工作，及时准确地提供相关材料，配合做好信息披露、信用评级等工作。

二、其他类项目收益专项债券发行工作

图 4－5　专项债券发行准备流程

（一）第一阶段：项目筛选

1. 项目筛选范围

作为稳定经济增长、补齐发展短板的主要着力点之一，专项债券更加注重对经济的提质增效的作用，专项债券资金支持的投向领域归纳总结为交通基础设施，能源项目、农林水利、生态环保项目、社会事业、城乡冷链物流设施，市政和产业园区基础设施，国家重大战略项目，保障性安居工程等领域。具体行业信息如图 4－6 所示。

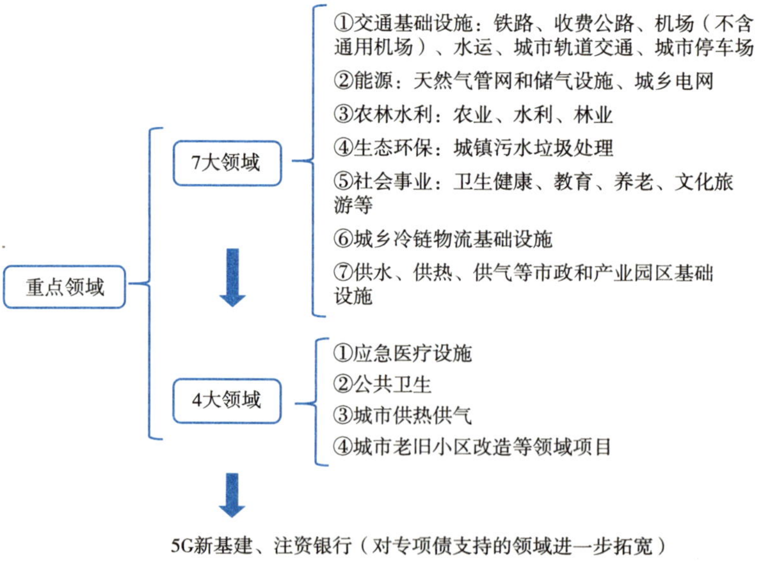

图 4－6　专项债券资金投向领域

根据《关于做好地方政府专项债券发行及项目配套融资工作的通知》（厅字〔2019〕33号）中相关内容，要发挥专项债券带动作用和金融机构市场化融资优势，依法合规推进专项债券支持的重大项目建设。该通知还同时规定，对于专项债券支持、符合中央重大决策部署、具有较大示范带动效应的重大项目，主要是国家重点支持的铁路、国家高速公路和支持推进国家重大战略的地方高速公路、供电、供气项目，在评估项目收益偿还专项债券本息后专项收入具备融资条件的，允许将部分专项债券作为一定比例的项目资本金，但不得超越项目收益实际水平过度融资。

2. 项目发行需满足的条件

（1）公益性。政府公益性项目包括三个基本要求：一是非营利，公益性项目不以获取利润为目标。二是服务社会公共利益，为公众平等地提供公共福利，满足公众的基本需求。三是注重社会发展长期利益，公益事业很难在短期内表现出明显的经济社会效益，但长期来看会对社会整体进步产生巨大的推进作用。财政部《地方政府融资平台公司公益性项目债务核算暂行办法》中将公益性项目定义为社会公共利益服务、不以盈利为目的的投资项目，如市政建设、公共交通等基础设施项目，以及公共卫生、基础科研、义务教育、保障性安居工程等基本建设项目。

（2）社会经济效益性。地方政府作为责任主体发行专项债的公益性项目，是在当地经济社会建设中有重大影响力的公益性建设项目，项目的投资规模大，投入运营后，践行“创新、协调、绿色、开放、共享”新发展理念，往往能带来当地公共产品与服务的大幅提升，影响当地相关产业的发展，将产生巨大的经济与社会效益，甚至影响区域经济结构、产业结构的调整，大幅提高经济社会的发展水平和人民的生活质量。

（3）收益性。项目是否具有收益是专项债项目发行的前提。地方政府债券包括一般债券和专项债券，收益是两者最重要的区别点。一般债券是为没有收益的公益性项目发行，主要以一般公共预算收入作为还本付息资金来源的政府债券；专项债券是为有一定收益的公益性项目发行，以公益性项目对应的政府性基金收入或专项收入作为还本付息资金来源的政府债券。

营利性和非营利性之别，区分的关键不在于是否产生收益，而主要看其是否将其收益进行分配。专项债券公益项目的收益不以营利为目的，全部收益都归属政府用于偿还债券本息以及项目建设运营公共用途，不存在利润分配的可能性。

（4）成熟度。各级主管部门在选择项目过程中应尽量选择已经有相关审批文件，已在开工建设或者即将开工建设的相对成熟的项目，并且符合国家发展战略以及当地的发展战略。

（二）第二阶段：项目相关发行主体确定

1. 发行主体确定

根据《关于试点发展项目收益与融资自求平衡的地方政府专项债券品种的通知》的规定，各省、自治区、直辖市、计划单列市财政部门负责制定分类发行专项债券试点工作的实施方案。市县级政府确需举借相关专项债务的，可依法由省级政府代为分类发行专项债券，转贷市县使用，市县级政府以及有关部门负责发行前期准备、使用管理等工作。根据《政府投资条例》，地方政府及发改部门及行业主管部门应当加强协调配合，由项目主管部门结合地方实际提出符合规划和产业政策的项目。各级人民政府统筹发挥发展改革部门、财政部门及项目对应相关部门各自职能，在遵循有关投资管理和财政管理法律法规的前提下，共同做好专项债项目储备、申报、调度、监管、绩效管理等工作。

2. 确定项目建设单位

实施主体应选择具有一定建设经验的企业承接项目的建设工程。实施主体对招投标的主体单位进行合规性审查，防止出现围标或者是陪标的非法现象。对于招标人，应为依法设立的法人或其他组织，且具备履行合同的能力。招标人已经履行了招标项目的审批手续，取得了相关行政批准许可。招标人已经落实招标项目的资金或资金来源。招标人选择招标代理机构委托其进行招标的，该招标代理机构应具备相应的资格条件。对于投标人，应为依法设立的建筑施工企业或其他组织（即联合投标体）。投标人具备所投标工程要求的施工资质等级。投标人非以借用、挂靠等任何形式使用其他单位的施工资质证书、营业执照进行投标，投标人必须以本企业的名义进行投标。投标人符合投标文件所要求的特殊条件。市场化转型尚未完成、存量隐性债务尚未化解完毕的融资平台公司不得作为项目单位。严禁项目单位以任何方式新增隐性债务。

3. 确定项目运营单位

项目建成后的资产为地方人民政府所有，由于项目的专业性、复杂性，政府有关部门不直接参与具体运营，会选择具备国有资产授权经营资质的机构运营项目资产，由国有资产授权经营机构作为甲方与项目运营相关机构合作，地方人民政府则从宏观角度整体把握项目运营情况，同时，政府部门定期委托第三方绩效评价机构对项目运营情况进行客观评估，上级审计履行监督职能。因此项目运营主体是项目实施主体根据人民政府授权，通过委托方式，包括公开招投标方式选择符合条件的国有资产授权经营机构，这些单位通常是国有公司或者民营公司。市场化转型尚未完成、存量隐性债务尚未化解完毕的融资平台公司不得作为项目单位。严禁项目单位以任何方式新增隐性债务。

（三）第三阶段：项目合法合规性评估

项目的合法合规性评估集中于项目的规划发行阶段，主要涉及债券发行要素和项目前期审批的合法合规性评估。

1. 发行要素方面

（1）确定债务限额充足。各地试点分类发行专项债券的规模，应当在国务院批准的专项债务限额内统筹安排，包括当年新增专项债务限额、上年末专项债务余额低于限额的部分。因此，发债前须确保发行主体专项债务限额充足，所发债券金额未超出专项债务限额。

（2）债务预算管理。根据有关规定，项目收益专项债券需在省级政府以及本级政府的年度专项债务预算范围内。

（3）债券发行期限。国务院和财政部多次强调专项债券发行期限设定应当充分结合项目期限，合理设定期限。

2. 项目合规性

（1）项目应当具有公益性，非基于营利目的，服务社会公共利益，满足公众的基本需求，注重社会发展长期利益，是目前国家、地方明确支持领域的项目。

（2）项目具有收益性，能够产生政府性基金收入或专项收入，且现金流收入能够覆盖债券本息，应能实现还本付息。

（4）项目参与主体符合相关规定，项目实施机构应为各地区行业主管部门，或者合法授权的事业单位、企业；项目建设、运营主体适格，合法委托或者通过招投标方式选择的建设、运营主体。

（5）项目前期手续合规。主要有以下行政手续：

①项目建议书。除重大项目或有特殊要求项目需先编制项目建议书外，纳入相关发展规划或者前期工作深度达到项目建议书要求的项目，可直接编报可行性研究报告（代项目建议书）。

②项目可行性研究报告及批复。可行性研究报告主要是对项目建设的必要性、需求分析、建设规模、建设方案、工程方案、生态环境影响、节能分析、工程质量安全分析、项目组织管理、项目实施计划、社会影响分析、工程概算、项目招标等方面进行调查研究和分析比较，并对项目建成以后可能取得的财务、经济效益及社会影响进行预测，从而提出该项目是否值得投资和如何进行建设的咨询意见，为项目决策提供依据的一种综合性分析方式。可行性研究具有预见性、公正性、可靠性、科学性的特点。经批准的可行性研究报告是确定建设项目的依据，主要由发改部门负责审批。项

目单位可以依据可行性研究报告批复文件，按照规定向城乡规划、自然资源等部门申请办理规划许可、正式用地手续等，并委托具有相应资质设计单位进行初步设计。

③环境影响评价手续。建设单位应当按照《建设项目环境影响评价分类管理名录》的规定，分别组织编制建设项目环境影响报告书、环境影响报告表或者填报环评影响登记表。建设项目的环境影响评价分类管理名录，由国务院生态环境主管部门制定并公布，（一）可能造成重大环境影响的，应当编制环境影响报告书，对产生的环境影响进行全面评价；（二）可能造成轻度环境影响的，应当编制环境影响报告表，对产生的环境影响进行分析或者专项评价；（三）对环境影响很小、不需要进行环境影响评价的，应当填报环境影响登记表（即“环评备案表”）；（四）对于未列入《建设项目环境影响评价分类管理名录》的其他项目，则无需履行环评手续。

④用地预审与选址意见书，是自然资源和规划部门在建设项目审批、核准、备案阶段，依法对建设项目涉及的土地利用事项进行的审查《建设项目用地预审管理办法》（2016 年国土资源部令第 68 号）。划拨用地需要先取得用地预审和选址意见书，然后提出建设用地规划许可申请，取得建设用地规划许可证，向自然资源部门申请划拨土地；以出让方式取得的用地先取得用地预审和选址意见书，签订出让合同，取得建设用地规划许可证，出让土地。或者用划拨决定书、国有土地权证代替。

目前已经对建设项目选址意见书、建设项目用地预审意见合并办理，不再单独核发建设项目选址意见书、建设项目用地预审意见。

⑤《建设用地规划许可证》，建设单位在向土地管理部门申请征用、划拨土地前，经城乡规划行政主管部门确认建设项目位置和范围符合城乡规划的法定凭证，是建设单位用地的法律凭证。划拨用地需要先取得用地预审和选址意见书，然后提出建设用地规划许可申请，取得建设用地规划许可证，向自然资源部门申请划拨土地；以出让方式取得的用地先取得用地预审和选址意见书，签订出让合同，取得建设用地规划许可证，出让土地。已开工项目需要提供。

⑥《建设工程规划许可证》，是城市规划行政主管部门依法核发的，确认有关建设工程符合城市规划要求的法律凭证，是建设活动中接受监督检查时的法定依据。已开工项目需要提供。

⑦《建设工程施工许可证》，是建筑施工单位符合各种施工条件、允许开工的建设工程施工许可证，是建设单位进行工程施工的法律凭证，也是房屋权属登记的主要依据之一。依据《建筑工程施工许可管理办法》在中华人民共和国境内从事各类房屋建筑及其附属设施的建造、装修装饰和与其配套的线路、管道、设备的安装，以及城镇市政基础设施工程的施工，建设单位在开工前应当依照本办法的规定，向工程所在地的县级以上地方人民政府住房城乡建设主管部门申请领取施工许可证。工程投资额在

30 万元以下或者建筑面积在 300 平方米以下的建筑工程，可以不申请办理施工许可证。已开工项目需要提供。

（四）第四阶段：项目建设运营方案

1. 确定项目建设方案

对于政府投资项目，项目建设方案是通过一系列审批文件完成的。

（1）项目建议书，是项目建设筹备单位或项目法人，根据国民经济的发展、国家和地方中长期规划、产业政策、生产力布局、国内外市场、所在地的内外部条件，提出的某一具体项目的建议文件，是对拟建项目提出的框架性的总体设想。立项报告主要论证项目建设的必要性。建设方案和投资估算也比较粗，投资误差为 ±30% 左右。立项报告是由项目投资方向其主管部门上报的文件，它要从宏观上论述项目设立的必要性和可能性，把项目投资的设想变为概略的投资建议。立项报告的呈报可以供项目审批机关作出初步决策，也可以呈现项目的初步建设框架。

（2）可行性研究报告，建设项目的必要性；建筑工程的方案和标准；基础经济数据的测算；工程项目的总体布置；土建工程；投资估算；资金筹措计划；建设工期和实施进度方案，工程进度和建设资金支出进度等建设方案，都在可行性研究报告有所体现。

（3）初步设计方案概算，投资概算评审需提供委托评审函、可研批复文件、设计概算编制书、初步设计文件及初步设计审查意见、地质初勘报告等。投资概算超过可行性研究报告批准的投资估算百分之十的，或者项目单位、建设性质、建设地点、建设规模、技术方案等发生重大变更的，项目单位应当报告省发展改革委。省发展改革委可以要求项目单位重新组织编制和报批可行性研究报告。

以上报告和方案经主管部门审批后，就可以确定项目的建设方案，例如建设内容、建设规模、工程项目的总体布置、经济技术指标、投资估算、建设工期、工程进度和建设资金支出进度等。

2. 制定项目运营方案

专项债项目运营方案的提出，应做在方案编制之前，应在规划项目的时候，就考虑如何运营项目资产，根据项目资产生产的产品、服务等产生收益，如何优化运营方案增大收入，而不能靠编制方案的时候去夸大乃至捏造收入。所以，编制一份优秀的实施方案的基础，是提早做好项目运营规划和运营方案。

制定项目运营方案，实现项目收入最大化，一般有以下 4 种方法：

（1）单个项目增加运营元素，一方面充分了解项目的建设规划、空间划分、功能定位，地理位置等因素，充分挖掘商机，不让资产或者优势商业空间闲置，例如人流量大的休闲街区的商业广告位；另一方面把运营资产和现代化的新兴市场充分融合，开发未来符合大众需求的创新性收入，例如电动汽车充电桩、智慧停车系统、商业街改造中的市集小摊位。

（2）多个项目则肥瘦搭配，挖掘收益来源，提升可融资性。例如园区开发项目，可以将主体项目与物业/土地开发项目进行打包，通过物业/土地的滚动开发形成持续现金流。如果要进一步开拓专项收入，则是增加项目的运营收入，也就是土地综合开发，不能仅做一级开发。

（3）对当地资源进行归纳整理，将多个子项目合并为一个大项目或将多个子项目重组，确保每个项目都具备一定的收益性和可融资性，满足融资的需求。

（4）挖掘项目的经营性，充分开发资源，对于建设规划阶段尚未进行可行性研究及批复的项目，提前介入，参考成功运营的对标项目，结合地方实际，进行项目前期勘验、设计，从源头提升建设资产的质量。

（五）第五阶段：项目收益与融资平衡评估

所谓项目收益与融资资金平衡，就是测算项目实施后，未来产生的收益能够覆盖为实施项目而投入的资金，也就是说资金能够收回，或至少融资资金能够收回，没有偿债缺口，不需要另外去找资金还债。

因此，项目资金平衡方案的主要内容就是：投入资金的资金来源和现金流出计划，项目产生的收入资金来源及现金流入测算，最后总的现金流入能够覆盖现金流出，并且要有一定的盈余，或者叫覆盖倍数。

1. 编制项目投资估算及资金筹措方案

（1）确定项目投资估算。根据建设方案编制依据及原则，确定项目总投资金额，包括建设总投资、建设期间债券利息支出、发行相关费用等，并确定项目建设期及建设期投资计划。

项目总投资额预估合理，投入资金科学合理预估，有详细的额度规划和使用进度规划。

（2）确定资金筹措方案。按照中办国办《关于做好地方政府专项债券发行及项目配套融资工作的通知》（厅字〔2019〕33 号）的要求，项目资金来源包括项目资本金（可以是财政配套资金、企业自有资金或中央专项债资金）、专项债券、市场化融资。根据项目总投资金额，自有资金情况，以及建设进度和资金支出情况初步确定专项债券募集资金额、市场化融资额、发行计划以及资金使用计划等。如项目已进行了其他相关融资，需披露相关融资情况。

其中，自有资金中可落实资金来源已经明确，到位可行性已确认。项目申请专项债券、市场户融资额度与项目实际需要相匹配，也就是尚未落实的资金需求部分和申请专项债券、市场化融资额度部分相匹配。

（3）建立专项债券募集资金管理办法。发行主体应建立专项债券募集资金管理办法，实现项目封闭运营，专款专用，确保资金不会被挪用。组合使用专项债券和市场化融资的项目，项目收入实行分账管理。项目对应的政府性基金收入和用于偿还专项债券的专项收入及时足额缴入国库，纳入政府性基金预算管理，确保专项债券还本付息资金安全；项目单位依法对市场化融资承担全部偿还责任，在银行开立监管账户，将市场化融资资金以及项目对应可用于偿还市场化融资的专项收入，及时足额归集至监管账户，保障市场化融资到期偿付。

2. 测算项目预期收益

（1）测算项目预期收入。确定收入来源和类型，收费政策依据合法合规或者符合市场化需求，基于以上基础信息进行项目收入预测，并详细说明收入预测参照标准、数据来源等。

如果一个项目仅有政府性基金收入，是不能市场化融资的；二是有专项收入的项目，且偿还专项债券本息后仍有剩余专项收入的项目，才能市场化融资，即市场化融资的还款来源只能是专项收入。

资金平衡方案需要对项目全生命周期的现金流进行动态的平衡安排。现金流的方案要尽可能与实践结合，考虑到实际落实的细节，例如其中建设期的支出必须与实际施工单位的施工进度紧密结合；例如设备更新改造也必须明确中修、大修的时间和具体支出，以此考虑会计处理方式，是通过预提平滑支出，还是按当年支出，避免与还本付息的日期相冲突，导致现金集中支出风险。

（2）资金用途。资金用途包括，专项债券还本付息、市场化融资还本付息、建设支出、运营支出及税金（如果项目立项给政府委办则不存在税收，立项给项目公司或平台等企业则部分经营性收入存在税收）。

运营成本主要包括工资及福利费用、生产维修费用、折旧摊销、管理费用、销售费用与财务费用等。

税金及附加可能包括土地使用税、印花税、土地增值税、企业所得税、增值税和城建及教育附加等，具体包含税费以项目为准。

3. 测算项目资金平衡情况

根据项目预期现金流入与流出，编制资金测算平衡表。资金平衡方案最终的输出结果与评价指标就是资金覆盖率（还本付息倍数）及资金平衡状况（现金流缺口）。

还本付息倍数是省财政审批专项债项目的主要指标，其计算方式是：

本息覆盖倍数 = 项目收益合计/债券还本付息合计

4. 进行项目投资效益评价

由于国家推出地方政府专项债券的时间并不长，还没有专门针对政府债券项目财务评价的规范性文件出台，因此对于项目财务效益的评价，现阶段主要参照国家发展和改革委员会和建设部于2006年发布的《建设项目经济评价方法与参数》（第三版），在财务上可以归结为在国家现行财税制度和价格体系的基础上，计算一系列反映财务投资效益的指标，这些指标分为动态指标和静态指标两类。

动态指标，考虑了时间因素（即资金时间价值），采用现金流量折现法，在现金流量表的基础上计算出来。所谓现金流量折现法，就是把各个项目在测算期内发生的现金收益（现金流入）与现金费用（现金流出）按照预计的贴现率换算为现值并加以比较的方法。至于静态指标，则不计时间因素，其计算方法以会计惯例为依据。

常用的财务评价指标主要为净现值、内部收益率和静态投资回收期三项指标。

（1）净现值（*NPV*）。净现值指项目未来各个时点资金（现金）流入（收入）与流出（支出）差额的现值之和，即各年的净现金流现值之和，它是项目投资绩效评估中净现值法的基本指标。其中，净现金流的现值是按照预计的贴现率将各个时期的净现金流加以折现得到的，预计的贴现率是根据企业要求的最低投资收益率来确定的，是企业投资可以接受的最低界限。净现值法的具体计算公式为：

$$NPV = \sum_{t=0}^{n} \frac{CF_t}{(1+k)^t}$$

其中，NPV 为净现值；CF 为净现金流；k 为贴现率；t 为项目评价的时点。

$NPV>0$，表示项目的资金产出大于项目的资金投入，该项目可实现的投资收益率会超过用作折现率的最低投资期望收益率，因此，该项目预计是可行的；

$NPV<0$，表示项目的资金产出小于项目的资金投入，该项目可实现的投资收益率低于用作折现率的最低投资期望收益率，因此，该项目预计是不可行的；

$NPV=0$，表示项目的资金产出等于项目的资金投入，该项目可实现的投资收益率正好等于用作折现率的最低投资期望收益率，因此，该项目预计不赚不赔，可再从其他维度进行评价。

在项目建设和运营中需要对产生的现金流进行预估，具体包括建设期现金流、营运期现金流、终结前现金流。其中建设期现金流主要包括长期资产投资（固定资产、无形资产、其他长期资产等）、垫支的营运资本；营运期现金流主要考虑营业收入以及相关成本、折旧、税费；终结前现金流主要指的回收垫支营运资本、回收长期资产的净残值或变现价值。为了简化，通常把计算结果的时点设在第一年的年初，其他流入和流出在各年的年初或年末。实际上，现金流出和流入的时间可能在任何时间。

除了对项目未来产生现金流进行合理预估外，项目贴现率的确定也是一个需要思考的地方。贴现率的确定可以从两个方面来考虑，一是将项目资金用于市场投资可以获得的无风险利率；二是对项目投资所要求的风险补偿，即风险收益。资本资产定价模型（CAPM）用简单的数学公式表述了项目要求的收益率（即贴现率）与风险系数以及系统性风险之间的关系，其具体计算公式为：

$$E(r) = r_f + \beta \times [E(r_M) - r_f]$$

其中，r_M 是市场组合的收益变量，r_f 是市场的无风险利率，β 反映了项目对于市场风险的敏感度，计算公式为：$\beta = \frac{Cov(r, r_M)}{Var(r_M)}$。

（2）内含报酬率（*IRR*）。内含报酬率，又称为内部报酬率、内含收益率，它是指能够使未来现金流入量现值等于未来现金流出量现值的，或者说是使投资方案净现值为零的贴现率。其计算公式为：

$$IRR = r_1 + \frac{r_2 - r_1}{|b| + |c|} \times |b|$$

其中，*IRR* 内含报酬率；r_1为低贴现率；r_2为高贴现率；$|b|$为低贴现率时的财务净现值绝对值；$|c|$为高贴现率时的财务净现值绝对值；b、c、r_1、r_2的选择，在财务报表中应选择符号相反且最邻近的两个。

内含报酬率的计算，通常需要“逐步测试法”。首先估计一个贴现率，用它来计算方案的净现值；如果净现值为正数，说明方案本身的报酬率超过估计贴现率，应提高贴现率后进一步测试；如果净现值为负数，说明方案本身的报酬率低于估计的贴现率，应降低贴现率后进一步测试。经过多次测试，寻找出使净现值接近于零的贴现值，即为方案本身的内含报酬率。如果对测试结果的精确度不满意，可以使用“内插法”来改善。

接受或拒绝投资的标准取决于 *IRR*，此时需要以 *NPV* 法中使用的贴现率 k 作为标杆和基准，$IRR > k$，可以接受该项投资；$IRR < k$，则应拒绝该项投资。如果多个方案相比较，则 *IRR* 最大的方案为最优。

（3）项目静态投资回收期。项目投资回收期是拟建项目所获收益的累计总额抵偿项目固定资产投资总额（包括建设期借款利息）所需要的时间，亦称投资返本年限。建设项目投产后新增的产品销售利润和销售税金就是企业的经济收益。此外，项目投产后每年所提固定资产折旧基金也是逐步补偿、回收固定资产原值的体现。

静态投资回收期是在不考虑资金时间价值的条件下，以项目的净收益回收其全部投资所需要的时间。投资回收期可以自项目建设开始年算起，也可以自项目投产年开始算起，但应予注明。

静态投资回收期可根据现金流量表计算，其具体计算又分以下两种情况：

①项目建成投产后各年的净收益（即净现金流量）均相同，则静态投资回收期的计算公式如下：$P_t=K/A$，式中 K 为项目总投资，A 为每年的净收益。

②项目建成投产后各年的净收益不相同，则静态投资回收期可根据累计净现金流量求得，也就是在现金流量表中累计净现金流量由负值转向正值之间的年份。其计算公式为：

P_t = 累计净现金流量开始出现正值的年份数 - 1 + 上一年累计净现金流量的绝对值/出现正值年份的净现金流量

将计算出的静态投资回收期（P_t）与所确定的基准投资回收期（P_c）进行比较：

①若 $P_t \leq P_c$，表明项目投资能在规定的时间内收回，则方案可以考虑接受；

②若 $P_t > P_c$，则方案是不可行的。

（4）进行项目压力测试。敏感性分析是指从定量分析的角度研究有关因素发生某种变化对某一个或一组关键指标影响程度的一种不确定分析技术。其实质是通过逐一改变相关变量数值的方法来解释关键指标受这些因素变动影响大小的规律。

敏感性因素一般可选择主要参数（如销售收入、经营成本、生产能力、初始投资、寿命期、建设期、达产期等）进行分析。若某参数的小幅度变化能导致经济效果指标的较大变化，则称此参数为敏感性因素，反之则称其为非敏感性因素。

分析步骤：

①确定敏感性分析指标。敏感性分析的对象是具体的技术方案及其反映的经济效益。因此，技术方案的某些经济效益评价指标，例如息税前利润、投资回收期、投资收益率、净现值、内部收益率等，都可以作为敏感性分析指标。

②计算该技术方案的目标值。一般将在正常状态下的经济效益评价指标数值，作为目标值。

③选取不确定因素。在进行敏感性分析时，并不需要对所有的不确定因素都考虑和计算，而应视方案的具体情况选取几个变化可能性较大，并对经效益目标值影响作用较大的因素。例如：产品售价变动、产量规模变动、投资额变化等；或是建设期缩短，达产期延长等，这些都会对方案的经济效益大小产生影响。

④计算不确定因素变动时对分析指标的影响程度。若进行单因素敏感性分析时，则要在固定其他因素的条件下，变动其中一个不确定因素；然后，再变动另一个因素（仍然保持其他因素不变），以此求出某个不确定因素本身对方案效益指标目标值的影响程度。

⑤找出敏感因素，进行分析和采取措施，以提高技术方案的抗风险的能力。

（5）其他事项说明。说明可能影响项目损益、现金流变化的其他事项。

根据《关于试点发展项目收益与融资自求平衡的地方政府专项债券品种的通知》的规定，此部分应当由独立第三方专业机构进行评估，并出具专项评估意见。

（六）第六阶段：项目全生命周期风险管理方案制定

1. 判断项目可能存在的风险

根据资金“借、用、管、还”的基本流向，我们可以将一个专项债券项目的生命周期分为规划期、发行期、建设期、运营期、清偿期五个阶段，不同阶段的风险管理有其自身的特殊性，风险管理目标不同。因此，项目应当建立全生命周期风险管理方案，提出各个阶段不同的管理目标和重点，从而实现地方政府债券风险管理的全面覆盖。

2. 建立债务应急处置机制

《预算法》第三十五条第五款规定，国务院建立地方政府债务风险评估和预警机制、应急处置机制以及责任追究制度。《国务院关于加强地方政府性债务管理的意见》第四条第（二）点“建立债务风险应急处置机制”规定，各级政府要制定应急处置预案，建立责任追究机制。

按照国务院办公厅10月27日印发的《国务院办公厅关于印发地方政府性债务风险应急处置预案的通知》第7.1款规定，县级以上地方各级人民政府要结合实际制定当地债务风险应急处置预案。

因此，发行主体与被转贷方要合理制定当地债务风险应急处置预案。

（七）第七阶段：债券发行计划制订

1. 确定发行计划

根据《关于试点发展项目收益与融资自求平衡的地方政府专项债券品种的通知》《地方政府专项债务预算管理办法》等有关规定，省级财政部门应当根据本级人大常委会批准的预算调整方案，结合市县级财政部门会同项目有关主管部门、项目单位提出的年度项目收益专项债券发行建议，审核确定年度项目收益专项债券发行方案，明确债券发行时间、批次、规模、期限等事项。项目收益专项债券可以对应单一项目发行，也可以对应同一地区多个项目集合发行，具体由市县级财政部门会同有关主管部门、项目单位提出建议，报省级财政部门确定。项目收益专项债券期限应当与对应的项目期限相适应。

2. 确定发行条款

发行条款应包含以下内容：债券名称、发行品种、发行期限、发行金额、发行金额、发行时间、缴款/起息日、上市流通安排、上市流通日、利息兑付日、付息流程、计息天数、发行方式、利率确定方式、发行对象、登记托管安排、招标系统、税务提示等。

3. 确定发行方式

地方政府债的发行市场包括银行间债券市场与交易所债券市场。其发行方式包括公开发行（公开招标和公开承销）和定向承销发行。

承销是指地方政府与主承销商商定债券承销利率（或利率区间），要求各承销商（包括主承销商）在规定时间报送债券承销额（或承销利率及承销额），按市场化原则确定债券发行利率及各承销商债券承销额的发债机制。

招标是指地方政府通过财政部国债发行招投标系统或其他电子招标系统，要求各承销商在规定时间报送债券投标额及投标利率，按利率从低到高原则确定债券发行利率及各承销商债券中标额的发债机制。其中公开发行单一期次发行额在5亿元以上的须通过招标方式发行。

采用承销或招标方式的，发行利率在承销或招标日前1—5个工作日相同待偿期记账式国债的平均收益率之上确定。招标发行安排应包含以下内容：本期债券招标发行安排、分销安排、标位限定、时间安排、参与机构、招标系统、缴款安排等。

专项债券应当在中央国债登记结算有限责任公司办理总登记托管，在国家规定的证券登记结算机构办理分登记托管。专项债券发行结束后，符合条件的应按有关规定及时在全国银行间债券市场、证券交易所债券市场等上市交易。

（八）第八阶段：债券信息披露计划制订

各地应当在专项债券发行定价结束后，通过中国债券信息网和本地区门户网站等媒体，及时公布债券发行结果。

根据《地方政府债务信息公开办法（试行）》的通知（财预〔2018〕209号）规定，省级财政部门应当在新增专项债券发行前，提前5个以上工作日公开以下信息：

（1）经济社会发展指标。包括本地区国内生产总值、居民人均可支配收入等；

（2）地方政府性基金预算情况。包括本地区、本级或使用专项债券资金的市县级政府地方政府性基金收支、拟发行专项债券对应的地方政府性基金预算收支情况；

（3）专项债务情况。包括本地区专项债务限额及余额、地区分布、期限结构等；

（4）拟发行专项债券信息。包括规模、期限及偿还方式等基本信息；

（5）拟发行专项债券对应项目信息。包括项目概况、分年度投资计划、项目资金来源、预期收益和融资平衡方案、潜在风险评估、主管部门责任等；

（6）第三方评估信息。包括财务评估报告（重点是项目预期收益和融资平衡情况评估）、法律意见书、信用评级报告等；

（7）其他按规定需要公开的信息。

省级财政部门应当及时在本单位门户网站、中国债券信息网等网站披露地方债券发行相关信息，不再向财政部备案需公开的信息披露文件。

2020 年 1 月，财政部办公厅下发了《关于启用地方政府新增专项债券项目信息披露模板的通知》，要求各地自 2020 年 4 月 1 日起，发行新增专项债券时披露该模板，并在债券存续期内，按照模板格式每年披露项目实际收益、项目最新预期收益等信息，如新披露的信息与上一次披露的信息差异较大，应进行必要说明。

2021 年 6 月，财政部关于印发《地方政府专项债券项目资金绩效管理办法》（财预〔2021〕61 号）的通知，地方各级财政部门负责组织实施本地区绩效评价结果公开工作，指导项目主管部门和项目单位每年 6 月底前公开上年度专项债券项目资金绩效评价结果。绩效评价结果要在全国统一的地方政府债务信息公开平台上公开。

除此之外，还应制订如下披露计划：

（1）每期债券发行日五个工作日之前披露。

（2）每期债券发行结束当日披露。

（3）每期债券每个付息日五个工作日之前披露。

（4）每期债券兑付日五个工作之前披露。

（5）每期债券存续期内定期披露。

（6）每期债券存续期内随时披露内容。

第五章

专项债券风险管理

第一节 专项债券全生命周期风险管理体系

一、全生命周期风险管理概述

（一）什么是风险

风险一词在字典中的解释是“遭受损失、伤害、不利或毁灭的可能性”，通俗地讲，风险是遭受损失的一种可能性。因此，项目风险是指可能导致项目损失的不确定性。美国项目管理大师马克斯·怀德曼将其定义为某一事件发生给项目目标带来不利影响的可能性。

1. 风险的特征

风险作为项目中普遍存在的现象，具有以下特征：

（1）客观性。风险的存在取决于决定风险的各种因素的存在。也就是说，无论人们是否意识到风险，只要决定风险的各种因素出现了，风险就会出现，它是不以人们的主观意志为转移的。因此，要减少和避免风险，就必须及时发现可能导致风险的因素，并进行有效管理。从另一方面来看，在项目活动过程中，产生风险的因素又是多种多样的，要完全消除风险也是不可能的，很多因素本身就是不确定性的，如技术、环境、汇率、通胀率等。因此，风险总是客观存在于项目活动的各个方面。风险的客观性要求人们应充分认识风险、承认风险，采取相应的管理措施，以尽可能地降低或化解风险。

（2）突发性。风险的产生往往给人以一种突发的感觉。当人们面临突然产生的风险时，往往不知所措，其结果是加剧了风险的破坏性。风险的这一特点，要求我们加强对风险的预警和防范研究，建立风险预警系统和防范机制，完善风险管理系统。

（3）多变性。风险的多变性是指风险会受到各种因素的影响，在风险性质、破坏程度等方面呈现动态变化的特征。例如，企业在生产经营管理中面临的市场就是一种处在不断变化过程之中的风险。当市场容量、消费者偏好、竞争结构、技术资金等环境要素发生变化时，风险的性质和程度也将随之改变，因而要求实施动态、柔性的风险管理。

（4）相对性。一方面，人们对于风险都有一定的承受能力，这种能力往往因活动、人和时间而异，一般而言，人们的风险承受能力受到收益的大小、投入的多少、拥有财富状况等因素的影响；另一方面，风险和任何事物一样也是矛盾的统一体，一定的条件会引起风险的变化，风险性质、风险后果等都存在可变性，如随着科学技术的发展，某些风险可以较为准确地被预测和估计，如天气预报。

（5）无形性。风险不像一般的物质实体，能够非常确切地描绘和刻画出来。因此，在分析风险时，人们会应用系统理论、概率、弹性、模糊等概念和方法进行界定或估计、测定，从定性和定量两个方面进行综合分析。虽然风险的无形性增加了人们认识和把握风险的难度，但只要掌握了风险管理的科学理论，系统分析产生风险的内外因素，恰当地运用技术方法和工具手段，就可以有效地管理风险。

（6）多样性。随着项目和项目环境的复杂化、规模化，在一个项目中可能存在着许多不同种类的风险，如政治风险、经济风险、技术风险、社会风险、组织风险等，而且这些风险之间存在着交错复杂的内在联系，它们相互影响，交互作用，因此，必须对项目风险进行系统识别和综合考虑。

2. 风险的分类

不同项目有不同的风险，不同阶段的风险有不同的表现。根据不同的需要、不同的角度、不同的标准，项目风险有不同的分类。综合来看，项目风险主要有以下几种分类：

（1）按风险后果划分。按照风险后果的不同，风险可划分为纯粹风险和投机风险。

①纯粹风险。不能带来机会、无获得利益可能的风险，叫纯粹风险。纯粹风险只有两种可能的后果：造成损失和不造成损失。纯粹风险造成的损失是绝对的损失。活动主体蒙受了损失，全社会也跟着受损失。例如，某建设项目空气压缩机房在施工过程中失火，蒙受了损失。该损失不但是这个工程的，也是全社会的，没有人从中获得好处。纯粹风险总是和威胁、损失与不幸相联系。

②投机风险。既可能带来机会、获得利益，又隐含威胁、造成损失的风险，叫投机风险。投机风险有三种可能的后果：造成损失、不造成损失和获得利益。投机风险致使活动主体蒙受损失的时候，其他人却有可能因此而获得利益。例如，私人投资的房地产开发项目如果失败，投资者要蒙受损失，但是发放贷款的银行却可将抵押的土地和房屋收回，等待时机转手高价卖出，不但可收回贷款，而且还有可能获得高额利润。

纯粹风险和投机风险在一定条件下可以相互转化，项目管理人员必须避免投机风险转化为纯粹风险。在许多情况下，涉及风险的各有关方面都要蒙受损失，无一幸免。

（2）按风险来源划分。按项目风险来源或损失产生的原因，可分为自然风险和人为风险。

①自然风险。由于自然力的作用，造成财产毁损或人员伤亡的风险属于自然风险。例如，水利工程施工过程中因发生洪水或地震而造成的工程损害、材料和器材损失。

②人为风险。人为风险是指由于人的活动而带来的风险。人为风险又可以细分为行为、经济、技术、政治和组织风险等。

第一，行为风险是指由于个人或组织的过失、疏忽、侥幸、恶意等不当行为造成财产毁损、人员伤亡的风险。

第二，经济风险是指人们在从事经济活动中，由于经营管理不善、市场预测失误、价格波动、供求关系发生变化、通货膨胀汇率变动等所导致经济损失的风险。

第三，技术风险是指伴随科学技术的发展而来的风险。如核燃料泄漏之后产生核辐射风险。

第四，政治风险是指由于政局变化、政权更迭、罢工、战争等引起社会动荡而造成财产损失和损害以及人员伤亡的风险。

第五，组织风险是指由于项目有关各方关系不协调以及其他不确定性而引起的风险。现代的许多合资、合营或合作项目组织形式非常复杂。有的单位既是项目的发起者，又是投资者，还是承包商。由于项目有关各方参与项目的动机和目标不一致，在项目进行过程中常常出现一些不愉快的事情，影响合作者之间的关系、项目进展和项目目标的实现。组织风险还包括项目发起组织内部的不同部门由于对项目的理解、态度和行动不一致而产生的风险。例如，一些项目管理组织各部门意见分歧，长时间扯皮，严重地影响了项目的准备和进展。

（3）按风险是否可管理划分。按项目风险是否可管理来划分，可分为可管理风险和不可管理风险。可管理风险是指可以预测并可采取相应措施加以控制的风险，反之，则为不可管理风险。风险能否管理取决于风险不确定性是否可以消除以及活动主体的管理水平。要消除风险的不确定性，就必须掌握有关的数据、资料和其他信息，随着数据、资料和其他信息的积累以及管理水平的提高，有些不可管理风险可以变为可管理风险。

（4）按风险影响范围划分。风险按影响范围划分，可以分为局部风险和总体风险。局部风险影响的范围小，总体风险影响范围大。局部风险和总体风险也是相对的，但项目管理组织应特别注意总体风险。例如，项目所有的活动都有拖延的风险，但是处在关键路线上的活动一旦延误，就要推迟整个项目的完成日期，形成总体风险，而非关键路线上活动的延误在许多情况下是局部风险。

（5）按风险后果的承担者划分。按项目风险后果的承担者来划分，有项目业主风险、政府风险、承包商风险、投资方风险、设计单位风险、监理单位风险、供应商风险、担保方风险和保险公司风险等，这样划分有助于合理分配风险，提高项目对风险的承受能力。

（6）按风险的可预测性划分。按项目风险的可预测性划分，可分为已知风险、可预测风险和不可预测风险。

①已知风险。已知风险是在认真、严格地分析项目及其计划之后就能够明确的那些经常发生的而且后果亦可预见的风险。已知风险发生概率高，但一般后果轻微，不严重。项目管理中典型的已知风险有项目目标不明确、过分乐观的进度计划、设计或施工变更、材料价格波动等。

②可预测风险。可预测风险是根据经验，可以预见其发生，但不可预见其后果的风险，这类风险的后果有时可能相当严重。项目管理中典型的可预测风险有业主不能及时审查批准、分包商不能及时交工、仪器设备出现故障等。

③不可预测风险。不可预测风险就是有可能发生，但其发生的可能性即使最有经验的人亦不能预见的风险。不可预测风险有时也称未知风险或未识别风险。它们是新的、以前未观察到或很晚才显现出来的风险。这些风险一般是外部因素作用的结果，如地震、战争、通货膨胀、政策变化等。

上述项目风险的分类，基本上涵盖了项目风险的方方面面，有的专家从项目所处的环境、风险管理方法、项目组织、项目环境等来进行分类，都是对前文所述分类不同层面的反映。

（二）什么是全生命周期风险管理

全生命周期风险管理是在全面风险管理的基础上，结合专项债券项目特点和风险管理要求而建立。参照国务院国有资产监督管理委员会2006年6月发布的《中央企业全面风险管理指引》，可以将项目全面风险管理定义为：围绕项目总体目标，通过在项目运营的各个环节和运营过程中执行风险管理的基本流程，培育良好的风险管理文化，建立健全全面风险管理体系，包括风险规划、风险识别、风险估计、风险评价、风险应对与风险监控，从而为实现风险管理的总体目标提供合理保证的过程和方法。

不同于一般的风险管理，项目全生命周期风险管理可以对项目的全周期进行多维度的风险管理，从资金、管理、市场、法律角度对项目债券的发行阶段（含规划阶段）、项目建设、项目运营、债券偿还等不同的阶段进行风险识别、判断、预防与处理等，我们将此全面风险管理体系称为“全生命周期风险管理体系”（见图5－1）。

（三）全生命周期风险管理的意义与价值

地方政府专项债券项目均是具有一定经济与社会效益的公益性项目，其建设与运营不仅会为当地带来一定的经济效益，促进地方经济社会可持续发展，还可能会为当地居民带来较多的便利性，项目的建设运营具有重要的意义。而未知的风险可能会为项目带来损失或伤害，从而导致项目建设运营的停滞，给当地经济或民生带来一定的损害。

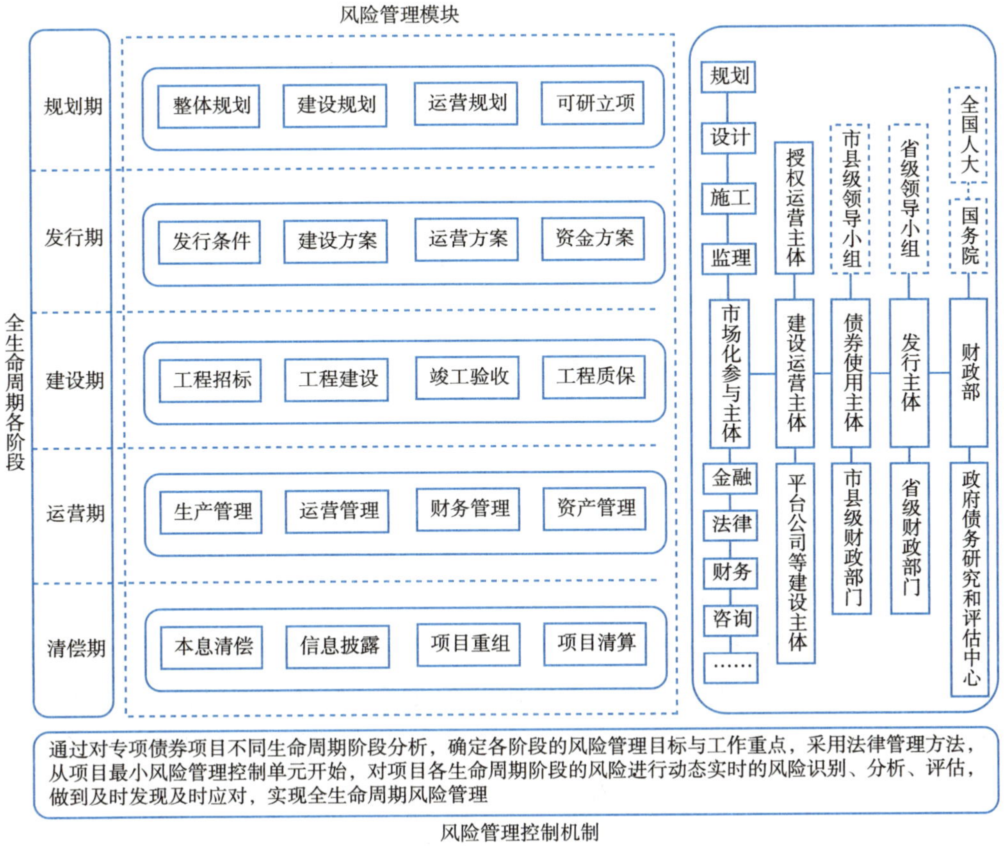

图 5－1 全生命周期风险管理体系

全生命周期风险管理可以提前识别项目风险，做好风险预防与风险管理，从而帮助项目顺利运行，服务于地方政府，发展地方经济，促进地方经济社会可持续发展。

全生命周期风险管理也可以有效保护投资人的合法利益。地方政府专项债券是以项目对应的政府性基金收入和专项收入偿还本金与利息，因此如果未知的风险导致了项目的停滞或损失，那么项目预期的收入便无法顺利实现，无法按时偿付债券的本金及利息，会损害投资人的利益。因此，对项目进行全面风险管理可以保障项目的风险应对和顺利运营，有效保护投资人的利益。

地方政府专项债券由省、自治区、直辖市人民政府作为发行人，拥有地方政府的信用背书，因此如果债券对应的项目遭遇突发风险而导致预期收入无法实现，将会影响到债券的还本付息，也势必会影响到政府的信用。如果没有进行全生命周期风险管理导致风险应对不及时，债券违约较多，便会加大系统性风险发生的概率，因此全生命周期风险管理对于防范地方政府系统性风险也具有较大的意义与价值。

二、风险管理目标

（一）控制项目运营风险

地方政府专项债券资金的使用与偿还一一对应到具体的项目上，由项目预期的政府性基金收入与专项收入偿还债券的本息，因此项目的顺利运行至关重要，对于风险的防范与加强全生命周期风险管理也十分关键。全生命周期风险管理就是要对债券发行、项目建设、项目运营、债券偿还四个阶段分别从资金、管理、市场、法律四个维度进行具有针对性的风险管理，提前发现与控制项目运营风险，保障项目的顺利运行。

（二）提升项目成功率

地方政府专项债券对应的项目一般为具有一定经济和社会效益，符合当地国民经济和社会发展五年规划以及战略发展规划，对当地经济发展具有重大促进作用，且具有一定收益的公益性项目，代表了当地未来投资与发展的方向，因此项目的成功与否会对当地的发展产生重要的影响。全面风险管理是对项目全周期进行多维度的风险管理，可以有效发现各阶段存在的风险，并提前制定相应的风险管理措施，防患于未然，保障项目正常运行，提升项目成功率，满足当地经济与社会发展的迫切需要。

三、风险管理体系

（一）全生命周期风险管理体系

如图 5－2 所示，项目全生命周期风险管理为项目全周期多维度的风险管理体制，在项目运行的各个阶段通过不同的维度全方位把握项目可能具有的风险，并采取相应的方式进行应对。具体而言，债券发行阶段，在资金、市场、法律方面可能会存在风险，需要及时识别并加以应对；项目建设阶段，在资金、管理、法律方面可能会存在风险，需要及时识别并加以应对；项目运营阶段，在资金、管理、市场、法律方面可能会存在风险，需要及时识别并加以应对；债券偿还阶段，在资金、管理、法律方面可能会存在风险，需要及时识别并加以应对。

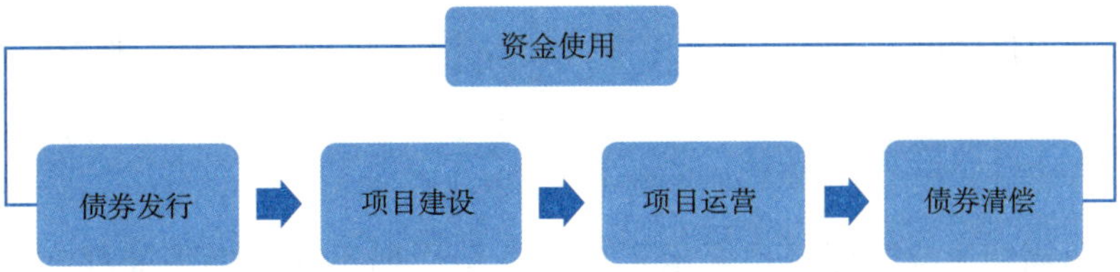

	债券发行	项目建设	项目运营	债券清偿
资金	√	√	√	√
管理		√	√	√
市场	√		√	
法律	√	√	√	√

图 5－2　全生命周期风险管理体系

（二）风险管理的组织体系

有效的风险管理制度需要有各类主体深度参与才能有效发挥作用。专项债券风险管理模型构建了债券的全生命周期风险管理组织体系，以落实风险管理的各类主体职责，从而为进一步落实风险管理各项措施奠定组织管理基础。具体而言，地方政府专项债券管理组织体系由五个层级构成：

（1）第一层级为国务院财政部。通过制定专项债券统一管理政策，指导监督管理全国地方政府债券的发行与风险管理。

（2）第二级层级为专项债券发行人，即各省级政府。在省级地方政府设置“地方政府债券发行和使用管理领导小组”并设立办公室，作为发行人的决策机构。省级财政部门，具体落实省政府、领导小组的各项决策，牵头组织全省范围内的项目申报、发行，发挥对本省地方政府债券的发行、建设、运营和清偿各阶段的监管工作，尤其对本省下辖各市债券项目的风险管理情况进行监督，控制债务风险。

（3）第三层级是市县级政府。对应设立领导小组，市县是专项债券资金的实际使用者，也是清偿责任人。县市级财政部门承担落实专项债券项目发行和资金使用的具体工作，会同业务主管部门负责提出具体项目资金需求、落实资金使用、债券资产管理、项目收益归集和债券本息偿付，以及对项目实施机构进行监管。

（4）第四层级为项目实施机构。包括项目建设、运营主体等项目单位，是项目建设运营，项目收益的具体实现者。

（5）第五层级为市场化参与主体。项目建设运营主体的支撑单位，包括项目规划、设计、施工、监理等单位，也包括咨询、金融、财务、法律等专业机构。

五级项目风险管理组织体系贯穿于债券生命周期的每一个阶段，从项目的提出、规划设计，到项目建设、运营，直至用项目收益完成债券本息偿还，都有明确的主体负责。

（三）项目风险管理过程

全生命周期风险管理体系揭示了项目在全周期不同维度可能存在的相关风险，而对于每个周期每个维度的风险的管理，均有一整套风险管理方法（见图5-3）。

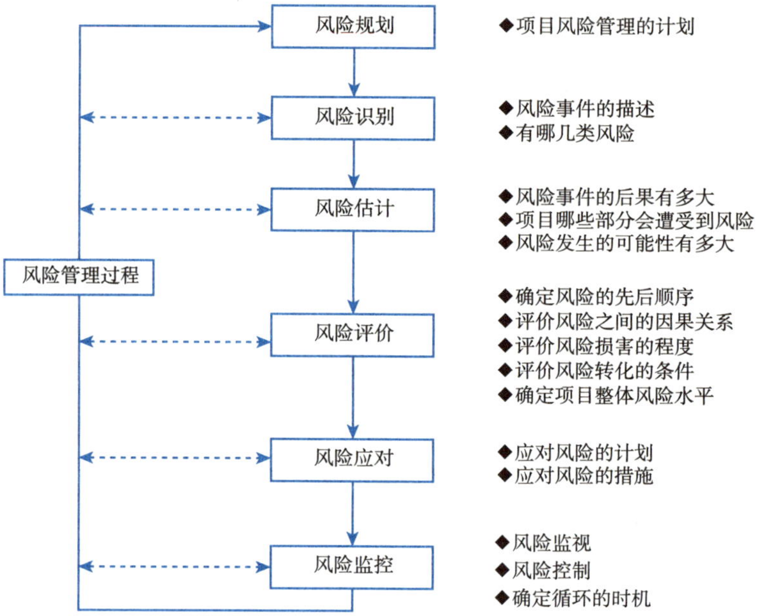

图5-3　项目风险管理过程

1. 风险规划

风险规划是在项目正式启动前或启动初期，对项目、项目风险的一个统筹考虑、系统规划和顶层设计的过程，开展项目风险规划是进行项目风险管理的基本要求，也是进行项目风险管理的首要职能。项目风险规划是规划和设计如何进行项目风险管理的动态创造性过程，该过程主要包括定义项目组织及成员风险管理的行动方案与方式、选择适合的风险管理方法、确定风险判断的依据等。

2. 风险识别

项目风险识别是项目风险管理的基础和重要组成部分。项目风险识别是对存在于项目中的各类风险源或不确定性因素，按其产生的背景、表现特征和预期后果进行界定和识别，对项目风险因素进行科学分类。简而言之，项目风险识别就是确定何种风险事件可能影响项目，并将这些风险的特性整理成文档，进行合理分类。

3. 风险估计

风险估计又称风险测定、测试、衡量和估算等，因为在一个项目中存在着各种各样的风险，用估计可以说明风险的实质，但这种估计是在有效辨识项目风险的基础上，根据项目风险的特点，对已确认的风险，通过定性和定量分析方法量测其发生的可能性和破坏程度的大小，对风险按潜在危险大小进行优先排序，它对风险评价和制定风险对策及选择风险控制方案有重要的作用。项目风险估计的方法较多采用统计、分析和推断法，一般需要一系列可信的历史统计资料和相关数据以及足以说明被估计对象特性和状态的资料作为保证，当资料不全时往往依靠主观推断来弥补，此时项目管理人员掌握科学的项目风险估计方法、技巧和工具就显得格外重要。根据项目风险和项目风险估计的含义，风险估计的主要内容包括：

（1）风险事件发生的可能性大小；

（2）风险事件发生可能的结果范围和危害程度；

（3）风险事件预期发生的时间；

（4）风险事件的发生频率等。

4. 风险评价

项目风险评价是对项目风险进行综合分析，并依据风险对项目目标的影响程度进行项目风险分级排序的过程。通过系统分析和综合权衡项目风险的各种因素，综合评估项目风险的整体水平。它是在项目风险规划、识别和估计的基础上，通过建立项目风险的系统评价模型，对项目风险因素影响进行综合分析，并估算出各类风险发生的概率及其可能导致的损失大小，从而找到该项目的关键风险，确定项目的整体风险水平，为如何处置这些风险提供科学依据，以保障项目的顺利进行。

5. 风险应对

风险应对就是对项目风险提出处置意见和办法。通过对项目风险识别、估计和评价，把项目风险发生的概率、损失严重程度以及其他因素综合起来考虑，就可得出项目发生各种风险的可能性及其危害程度，再与公认的安全指标相比较，就可确定项目的危险等级，从而决定应采取什么样的措施以及控制措施应采取到什么程度。

项目风险应对措施主要包括如下几种：

（1）项目风险规避措施。这是从根本上放弃项目或放弃使用有风险的项目资源、项目技术、项目设计方案等，从而避开项目风险的一类应对措施。例如，对于不成熟的技术坚决不在项目实施中采用就是一种项目风险规避的措施。

（2）项目风险遏制措施。这是从遏制项目风险引发原因的角度出发应对项目风险的一种措施。例如，对可能因项目财务状况恶化而造成的项目风险（如因资金断绝而造成烂尾楼工程项目等)，采取注入新资金的保障措施就是一种典型的项目风险遏制措施。

(3) 项目风险转移措施。这类项目风险应对措施多数是用来对付那些概率小，但是损失大（超出了承受能力）或者项目组织很难控制的项目风险。例如，通过购买工程一切险等保险的方法将工程项目的风险转移给保险商的办法就属于风险转移措施。

(4) 项目风险化解措施。这类措施从化解项目风险产生出发，去控制和消除项目具体风险的引发原因。例如，对于可能出现的项目团队内部和外部的各种冲突风险，可以通过采取双向沟通、调解等各种消除矛盾的方法去解决，这就是一种项目风险的化解措施。

(5) 项目风险消减措施。这类风险应对措施是对付无预警信息项目风险的主要措施之一。例如，对于一个工程建设项目，在因雨天而无法进行室外施工时，采用尽可能安排各种项目团队成员与设备从事室内作业的方法就是一种项目风险消减的措施。

(6) 项目风险储备措施。这是应对无预警信息项目风险的一种主要措施，特别是对于那些潜在损失巨大的项目风险，应该积极采取这种风险应对措施。例如，储备资金和时间以对付项目风险、储备各种灭火器材以对付火灾、购买救护车以应对人身事故的救治等都属于项目风险储备措施。

(7) 项目风险容忍措施。这是针对那些项目风险发生概率很小而且项目风险所能造成的后果较轻的风险事件所采取的一种风险应对措施。这是一种最常使用的项目风险应对措施，但是要注意必须合理地确定不同组织的风险容忍度。

(8) 项目风险分担措施。这是指根据项目风险的大小和项目相关利益者承担风险的能力大小，分别由不同的项目相关利益主体合理分担项目风险的一种应对措施。这种项目风险应对措施多数采用合同或协议的方式确定项目风险的分担责任。

6. 风险监控

风险监控就是通过对风险规划、识别、估计、评价、应对全过程的监视和控制，从而保证风险管理能达到预期的目标，它是项目实施过程中的一项重要工作。监控风险实际是监视项目的进展和项目环境，即项目情况的变化，其目的是：核对风险管理策略和措施的实际效果是否与预见的相同；寻找机会改善和细化风险规避计划；获取反馈信息，以便将来的决策更符合实际。在风险监控过程中，及时发现那些新出现的以及预先制定的策略或措施不见效或性质随着时间的推延而发生变化的风险，然后及时反馈，并根据对项目的影响程度，重新进行风险规划、识别、估计、评价和应对，同时还应对每一风险事件制定成败标准和判据。

全生命周期风险管理体系的立体结构如图 5 - 4 所示。

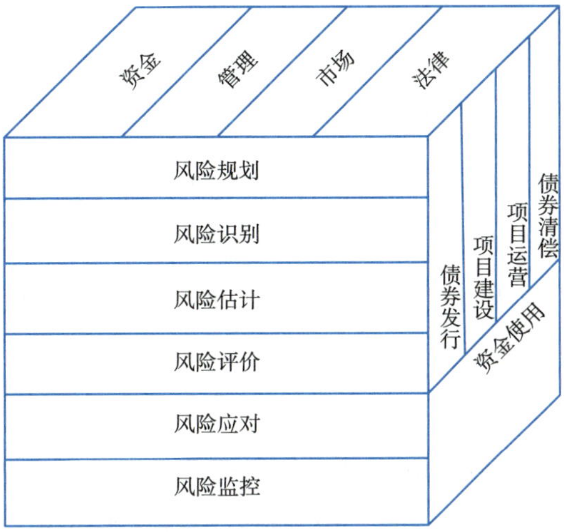

图 5－4 全生命周期风险管理体系立体结构

第二节 全生命周期风险管理内容

根据全生命周期风险管理体系，本节主要探讨债券发行阶段的风险识别与风险应对。

一、发行风险管理

（一）项目可行性风险管理

1. 风险识别

项目是否具有可行性是项目运行之初需要考虑的最为重要的问题，该可行性需要综合考虑多方面因素和可能存在的多方面风险，如项目建设无法满足规划要求、现有技术无法满足项目建设、项目建设会对周边环境造成较大破坏、项目收益无法偿还债券本息等风险。

2. 风险应对

在项目设立之初，项目实施主体应对项目进行详尽的可行性研究分析，研究项目的可行度及项目能够为当地带来的经济与社会效益，准确估计项目未来预期收益，判断其是否能够满足收益与融资自求平衡，并针对项目可能存在的风险制定相应的风险管理办法。

（二）项目法律风险管理

1. 风险识别

在专项债券发行时，发行主体的操作与管理不当可能会导致一定的法律风险，比如发债项目无法给当地带来重大经济与社会效益、发债项目不满足财政部规定的发行条件、发债项目未取得有关单位的批复文件、发债项目收益无法满足自求平衡等风险。

2. 风险应对

专项债券发行前，实施主体应该对项目是否满足发债要求进行谨慎判断，并在法律政策的要求下，规范债券发行流程，做到债券发行合法合规。

（三）投资估算不准确风险

1. 风险识别

项目投资估算不可避免地会存在偏差，同时，建设期内相关政策、法律、市场等因素的变化可能对估算投资产生影响，若出现实际投资超投资估算的情况，则可能影响项目的如期完成。

2. 风险应对

根据稳健性原则，在进行投资估算时，适当考虑计入一定比例的不可预见费；测算各项资金当年的到位额亦留有一定余地。在实施过程中，定期（一般按年）对估算投资进行审核验证，如发现对估算投资产生重大影响的变化，及时对估算投资进行调整，并调整融资策略。

（四）项目收益测算不准确风险

1. 风险识别

项目收益测算不可避免地会存在偏差，同时，建设运营期内相关政策、法律、市场等因素的变化可能对项目收益产生影响，若出现实际收益小于预计金额的情况，则可能影响债券的还本付息。

2. 风险应对

在进行收益测算时，应采用谨慎性原则，测算项目收益的最悲观估计，并采用敏感性分析，分析可能出现的不同情况下的项目收益变化，判断其是否还满足融资与收益自求平衡。

（五）利率波动风险

1. 风险识别

受国内外宏观经济形势和国内经济政策变动的影响，资本市场利率水平可能产生不利变动，进而在本项目债权存续期限内影响项目的财务成本，可能使项目的财务成本超过预期水平，对项目的融资平衡产生较大影响。

2. 风险应对

针对利率波动对项目财务成本的影响问题，可通过合理调整债券的期限结构、还款方式和时间等方式，优化期限配比，充分利用资金，做好还款计划和还款准备，及时进行动态调整，最大限度地降低利率波动带来的损失。

二、项目建设风险管理

（一）工程建设风险管理

1. 风险识别

工程建设风险是指工程地质条件、水文地质条件和工程设计发生重大变化，导致工程量增加、投资增加、工期拖长造成损失的可能性。工程建设风险一般来源有：由于前期准备工作不足或者工程设计方案不合理，导致项目实施阶段建设方案发生变化；由于技术和资金的限制，对项目的建设条件估计不足，致使在项目的建设和使用中出现问题，造成损失。工程建设风险还包括“不可抗力”的自然环境灾害造成的风险。

2. 风险应对

对于上述前两种情况，项目业主或代理业主应选取有相应资质、业绩良好的勘察、设计单位，并令其选择资历丰富的人员担任项目负责人，就项目的情况及业主要求与其进行充分沟通。对于“不可抗力”的自然环境灾害造成的风险，业主可采用风险转移的方法将风险转移，如向保险公司投保，将项目风险损失转移给保险公司。

（二）组织及管理风险管理

1. 风险识别

组织风险是指由于项目存在众多参与方，各方的动机和目的不一致将导致项目合作的风险，影响项目的进展和项目目标的实现。组织风险还包括项目组织内部各部门对项目的理解、态度和行动的不一致而产生的风险。

管理风险是指由于项目管理模式不合理，项目内部组织不当、管理混乱或者主要管理者能力不足、人格缺陷等，导致投资大量增加、项目不能按期建成投产造成损失的可能性，包括项目采取的管理模式、组织与团队合作以及主要管理者的道德水平等。

2. 风险应对

完善项目参与各方的合同，加强合同管理，可以降低项目的组织风险；合理设计项目的管理模式、选择适当的管理者和加强团队建设是规避管理风险的主要措施。

（三）工期拖延风险管理

1. 风险识别

项目在建设过程中可能因资金到位、投资建设进度以及拆迁安置等问题面临一定的竣工延期风险，从国内已建工程的实际情况来看，项目建设期每年的利息额较大，如果工期拖延，工程投资将增加，并且工期拖延将影响项目的现金流入，使项目收益减少。

2. 风险应对

在项目实施前的勘察设计工作中应充分考虑建设项目周围可能出现的特殊及突发情况，在项目可行性研究和施工方案设计时，综合考虑各方面因素。减少并避免不必要的设计变更，制订工程进度控制计划，做好项目内部协调工作。在工程实施中确保工程质量，加强对工程建设项目的监理，避免施工过程中的工程延期和施工缺陷等风险，确保项目能够如期按质竣工和及时运营。

相关监管部门除了加强工程质量和安全生产监管外，还应把工期监管列为重要内容，加强监督管理，防范工程拖延风险。

（四）安全风险管理

1. 风险识别

在项目的建设过程中，可能会存在安全管理机制不够完善的情况。由于现场管理人员与施工人员可能存在没有经过必要的职业技能培训、无证上岗等问题，不仅安全生产意识不强，同时还缺乏相关的自我保护意识与安全防范知识，这也是导致出现违章指挥作业、违反劳动纪律等一系列问题发生的主要因素，由此引发安全事故。并且当前建筑行业的市场竞争日益激烈，使部分企业在招投标过程中，为了成功招标而一再压低价格，但进入施工阶段，不仅无力采购相应的安全生产设备，建筑材料也采取偷工减料的办法来压缩成本。超负荷使用老化设备不仅会出现安全防护装置失控的现象，还可能引发极其严重的安全事故，而且伪劣的建筑材料使工程质量无法保证，安全隐患问题严重。

2. 风险应对

建筑工程进入施工前，需要依据项目工程的规模、特点，以及周围环境与相关的技术要求等，对人员、设备进行合理的安排，并进行相关的统筹、计算，通过制定安全目标，以及各项制度、规程等，组建机构，明确职责。针对建筑施工的特点，对施工作业人员进行相应的职业技能培训，切实有效地落实企业、施工队与班级的三级培训体制，加强行为规范管理，降低操作失误。安全风险的有效控制必须通过加强安全监督管理工作进行有效实施，不仅要严把各项质量检验关，同时还要在施工前对材料、设备等进行严格的验收，避免设备带病作业，预防安全事故的发生。

（五）环境风险管理

1. 风险识别

工程项目在建设的过程中，可能会对环境造成一定的污染与破坏，比如施工扬尘、施工噪声、施工废料、施工垃圾、施工水污染等，均会对周边居民的生活环境造成一定的干扰与破坏，产生一定的环境风险。

2. 风险应对

在项目建设过程中，通过建设时间的错配减少对周围居民生活的影响，根据工程特点制定相应的环境保护措施，通过施工工艺的不断提高来减少或避免建筑废料的产生，并在项目建设过程中引进环境监理机构，对项目建设进行第三方的环境监理，不仅可以加强对项目建设施工过程中的环境管理，还可对项目建设的环境管理工作进行客观真实的评价，有效地促进环境管理工作。

三、项目运营风险管理

（一）运营主体体制风险管理

1. 风险识别

项目运营主体多为国有控股企业，在承接业务上对政府依赖程度较高，同时政府对公司的未来发展方向、经营决策、组织结构等方面存在较大影响，存在干预项目运营主体发展战略、人事安排、经营决策、财务政策的可能性。随着项目运营主体业务的增长，业务将更加复杂和繁琐，对项目运营主体的管理水平提出了更高要求，因此存在一定风险。

2. 风险应对

针对项目运营主体存在的体制风险，项目运营主体应进一步完善法人治理结构及章程，健全公司各项内部管理制度和风险控制制度，规范各项经济行为，增强市场化运作，使公司适应现代化运营市场化管理要求。

（二）人力资源风险管理

1. 风险识别

公司业务的开拓和发展在很大程度上依赖于核心经营管理人员。若公司未能建立有效的激励机制保留并吸引更多符合公司发展需要的优秀专业人才，公司的业务管理与经营增长将可能受到不利影响。

2. 风险应对

项目运营主体应妥善建立有效的人员管理机制与激励机制，不断地从外界招纳符合公司发展的优秀人才，加大对于人才的培养与福利，保证项目的正常运营不受影响。

（三）管理制度风险管理

1. 风险识别

随着项目运营主体经营规模的进一步扩大，其往往面临着保持员工队伍的稳定、提升员工素质、加强企业内部控制和财务管理等多方面的巨大挑战。如果公司在管理方面不能及时跟进，组织机构设置不合理，重大投资决策、财务安全、人力资源管理等管理制度不完善，将会给公司的生产经营和整体发展带来不利影响，并进一步影响项目的正常运营和债券的按时偿付。

2. 风险应对

项目运营主体应及时发现自身存在的管理制度问题并及时改进，妥善建立组织机构设置，完善重大投资决策、财务安全、人力资源管理等管理制度，加强内部控制，从而保证公司的正常经营与项目的安全运营。

（四）经济周期的风险管理

1. 风险识别

城市基础设施的投资规模和收益水平都受到经济周期影响，如果出现经济增长放缓或衰退，将可能使项目的经营效益下降，现金流减少，从而影响专项债券的兑付。

2. 风险应对

项目业主及运营主体应重视对经济形势的研究，制定合理的发展规划，并依托自身综合经济实力，不断提高管理水平和运营效率，在一定程度上抵御经济周期对项目盈利能力造成的不利影响，实现可持续发展。

（五）产业政策风险管理

1. 风险识别

专项债券对应项目的经营易受国家宏观经济政策、商业银行信贷政策、城市规划等因素的影响。未来项目运营主体从事业务的相关政策存在不确定性，可能对项目运营主体及募集资金投资项目的盈利能力产生负面影响，从而影响债券的偿付。

2. 风险应对

针对产业政策因素的影响，项目运营主体应加强对国家财政、金融、产业等方面的政策研究，关注行业政策的发展动态，把握产业发展机遇，不断壮大自身实力。项目运营主体应密切注意政策变化，积极采取相应措施适应新的环境，尽量降低对项目经营带来的不确定影响。

（六）项目收益不及预期风险管理

1. 风险识别

专项债券项目在发行时会进行严格的投资回报测算，但在项目建设及运营期间，可能因为市场变化、建设工期、项目技术、工程质量和国家宏观调控政策等因素的影响而使项目投资收益不能达到预期水平，从而影响项目还本付息情况。

2. 风险应对

未来项目运营主体应不断提高资产运营和管理能力，进一步扩大资产规模，提升资产质量；拓展项目业态，实现多元化发展，丰富项目收入结构，增强项目的盈利能力和抗风险能力，降低对单一收入来源的依赖性。

此外，专项债务本金通过对应的政府性基金收入、专项收入、发行专项债券等偿还，若项目经营收入回款较慢，政府专项债券到期时项目收入不足以偿还债券本金，发行人可以发行新一期政府专项债券进行债券本金的偿还。

四、项目资金使用风险管理

项目资金的使用贯穿整个项目周期，其合规合理使用具有极其重要的意义，债券偿还的相关风险也包含在资金使用风险之中，因此在本节进行统一分析，根据全生命周期风险管理体系，我们主要探讨项目资金使用中的风险识别与风险应对。

（一）封闭使用债券资金的风险

1. 风险识别

相关政策规定，专项债券资金应在项目中保持封闭运行，发行债券募集的资金只允许投入对应的项目之中，债券本息的偿还只能通过项目对应的政府性基金与专项收入偿还，不得通过项目外的资金进行偿还，因此若发行人未按照相关规定的要求而违规使用债券募集资金，挪用债券资金，则会对投资者的利益造成负面影响，偿还本息时若未按照规定要求违规使用项目外的资金，则会产生法律合法合规风险。

2. 风险应对

为了保证专项债券资金处于封闭运行状态，应对其进行持续的监管。针对专项债券资金的持续监管问题，可以通过设立项目资金管理专户，由财政部门进行专项统一管理，严格根据《资金管理办法》的相关要求进行后续操作，保障资金使用与债券本息偿还合法合规。

（二）债券资金使用不当的风险

1. 风险识别

专项债券资金在使用的过程中，可能由于资金使用人的管理不善或管理不规范而面临资金被乱用、资金使用效率较低、资金收支不透明等风险。

2. 风险应对

为了保证债券资金使用得当，应加强对于债券资金使用情况的信息披露，及时对债券资金使用收支情况进行记录与定期披露，做到资金使用透明高效，保护投资者的合法利益。

（三）收入按时偿还本息的风险

1. 风险识别

在专项债券存续期间，受宏观经济政策、产业政策和市场运行等因素的影响，项目的经营活动存在不能带来预期回报的可能性，使项目不能从预期的还款来源中获得足够的资金，从而可能影响债券的按期偿付。

2. 风险应对

项目运营单位应进一步提高管理与经营效率，严格控制成本支出，不断提升持续发展能力。发行人应加强对债券募集资金使用的监管，确保募集资金投资项目的正常运营，保证项目收入款及时到位，提高投资建设项目的现金流和收益水平，保障债券的按时还本付息。

第三节　专项债券项目资金绩效管理简介

一、专项债券项目资金绩效管理机制背景

2018 年 2 月，财政部在《关于做好 2018 年地方政府债务管理工作的通知》（财预〔2018〕34 号），提出要强化政府债券资金绩效管理，提高政府债券资金使用效益；建立健全“举债必问效、无效必问责”的政府债务资金绩效管理机制。2018 年 9 月，中共中央、国务院发布《中共中央 国务院关于全面实施预算绩效管理的意见》（中发〔2018〕34 号），在构建全方位预算绩效管理格局、建立全过程预算绩效管理链条、完善全覆盖预算绩效管理体系、健全预算绩效管理制度、硬化预算绩效管理约束等方面提出纲领性意见。2020 年 2 月，财政部印发《项目支出绩效评价管理办法》（财预〔2020〕10 号），明确绩效评价范围涵盖一般公共预算、政府性基金预算、国有资本经营预算的所有项目支出，政府投资基金、主权财富基金、政府和社会资本合作（PPP）项目、政府购买服务、政府债务项目等绩效评价可参照执行。2021 年 4 月，国务院发布《国务院关于进一步深化预算管理制度改革的意见》（国发〔2021〕5 号），提出加强绩效评价结果应用，将绩效评价结果与完善政策、调整预算安排有机衔接，对低效无效资金一律削减或取消，对沉淀资金一律按规定收回并统筹安排；加大绩效信息公开力度，推动绩效目标、绩效评价结果向社会公开。随着我过预算改革和全面绩效管理制度的不断细化完善，专项债券资金绩效评价显然成为地方政府开展全面预算绩效管理的先行先试领域。

二、专项债券项目资金绩效管理机制主要内容和意义

2021 年 6 月 28 日，财政部印发《地方政府专项债券项目资金绩效管理办法》（财预〔2021〕61 号），是国家层面首次出台的关于专项债券有关的绩效管理文件。《办法》提出通过事前绩效评估、绩效目标管理、绩效运行监控、绩效评价管理、评价结果应用五大环节来持续跟踪问效，切实做到“举债必问效、无效必问责”，推动提升债券资金配置效率和使用效益。并对相关概念、原则、工作环节及职责分工等进行了全面阐述，为各地开展实施专项债券绩效管理工作提供了政策依据和实操指引，有利于进一步推进专项债资金使用提质增效，防范地方政府债务风险。

《办法》的出台标志着专项债全生命周期绩效管理机制开始全面建立。《办法》形成多方协同、分层分级的绩效管理工作体系，明确专项债绩效管理工作参与主体包括财政部门、主管部门、项目单位及第三方机构；在申请专项债资金需求阶段，《办法》要求将事前绩效评估和绩效目标设置作为项目入库和安排专项债资金的前置条件，严控项目入库；在专项债资金使用过程中，《办法》要求利用信息化系统和现场检查的线上线下“组合拳”，对预算执行进度和绩效目标实现情况进行“双监控”，如发现项目严重偏离既定目标，需暂缓或停止拨款并督促及时整改；如发现项目无法实施或存在严重问题，需及时追回资金并按程序调整资金用途。通过加强把控专项债资金拨付及使用流程，补齐项目实施阶段的监管短板；《办法》还将绩效评价结果与新增专项债限额及运营期财政补助资金分配挂钩，突出绩效评价结果的激励约束作用；在信息公开方面，《办法》明确信息公开渠道，加强绩效评价结果依法依规信息公开。

《办法》从资金目标角度奠定了专项债券全生命周期风险管理的基础，可以预见专项债资金使用将更加规范合规、注重实效，夯实资金风险防控基础，不合格的项目将会被督导整改，项目资金闲置、挪用等现象将逐渐减少，有助于专项债发行由“加力提效”向“提质增效”转变，拉动经济增长的效果将更加显现。

第六章

专项债券信息披露

2015 年以来，地方政府专项债券有关文件陆续出台，多有提出信息披露要求。在地方政府债务信息公开基础上，财政部建立了全国地方政府债券发行信息公开平台，并配套制定了管理办法，标志着地方政府债券信息披露制度基本建立。

第一节　信息披露总体要求

一、专项债券信息披露概述

（一）专项债券信息披露的含义

专项债券信息披露是指，在债券市场上，发行人及其他信息披露义务人在专项债券发行、交易、募集资金使用等一系列环节中，依照法律法规规定以定期报告及临时报告等形式向投资者公开披露债券基本信息、项目以及与项目相关的经营情况、财务情况等重要信息。

（二）专项债券信息披露的特点

1. 以政府部门为主要披露主体

不同于金融债券、企业债券等其他债券，专项债券的发行主体为经批准的省级人民政府，存在转贷的情况下，市县人民政府为实际举债主体。债券对应项目的实施主体也多为政府部门或国企。因此，信息披露主体以政府部门为主。

2. 以有助于投资者决策为中心

通过建立信息披露制度，以投资者保护为中心，任何与投资决策相关的信息都应向公众及时充分披露，解决信息不对称，保证市场的可靠性和有效性。

3. 以债券对应项目情况为披露重点

专项债券的资金募集、使用和偿还严格对应到项目，这是专项债券区别于一般债券的最大特点。相比于金融债券和企业债券，基于专项债券需要用项目收益偿还本息的特点，不仅需要披露资金使用情况，还要披露项目收益情况。因此，债券对应项目情况是专项债券信息披露工作的重点。

（三）专项债券信息披露的作用

信息披露制度已经成熟运用于股票、企业债券等领域，被称为“阳光是最好的消毒剂”。它主要有以下五点作用。

1. 有利于投资者价值判断

银行间债券市场投资者为机构投资者，具有专业的投资知识，而证券交易所的投资者涉及众多个人投资者，专业的投资能力有限。信息披露必须有助于投资者识别风险、理性投资。

2. 有利于解决信息不对称

发行人和项目实施主体掌握了大量有关债券和债券对应项目的内部信息，金融机构、服务机构等也掌握了一部分，而投资者则因为信息不对称，掌握很少的信息。如果信息一直不对称下去，投资者理性投资的基础将不存在，无法作出决策，市场基本信心不能得到维持。

3. 有利于提高债券市场效率

在制度规制下的信息披露具有信息甄别功能，强制信息披露要求会阻碍风险较高的发行者进入市场，从而使整个债券市场发行人信用较高、违约可能性下降，提高债券市场效率。

4. 有利于防止信息滥用

由于信息披露活动的存在，投资者不需要为得到有效信息而付出高昂的代价，有利于信息被滥用。

5. 降低筹资成本

当信息透明度不完全时，投资者未来预期收入的不确定性增加，进而会要求增加回报率以抵消信息风险。因此，高透明度、低信息风险的债券比低透明度、高信息风险的债券更可能获得较低的资本成本。

（四）专项债券信息披露与政府债务信息公开

《关于做好地方政府专项债券发行及项目配套融资工作的通知》（厅字〔2019〕33号）提出，推进全国统一的地方政府债务信息公开平台建设，由地方政府定期公开债务限额、余额、债务率、偿债率以及经济财政状况、债券发行、存续期管理等信息，形成地方政府债券统计数据库。同时，根据《地方政府债务信息公开办法（试行）》（财预〔2018〕209号），基于专项债券融资形成的专项债务，属于政府债务信息公开的主要内容。因此，在以金融机构、企业为债券发行主体的情况下，信息披露和政府信息公开没有太大关联，但是专项债券是政府债券，不仅发行主体为政府，募集资金的去向也是政府为主导实施的公益性事业领域的项目，因此专项债券信息为政府应主动公开或依申请公开的信息。

二、专项债券信息披露原则和制度体系

（一）信息披露原则

根据《地方政府债务信息公开办法（试行）》（财预〔2018〕209 号），专项债券信息披露原则有以下四个方面。

1. 公开为常态、不公开为例外原则

这一点与金融、企业债券的易得性原则相通，同时专项债券信息属于政府信息，政府信息原本具有依法主动公开的基本要求。因此，一方面，债券市场要求公开披露的信息容易被一般投资者获得；另一方面，作为一些本身属于政府应当主动公开的信息，要求遵循便民原则，保证公民能及时、准确地获取相关信息。

2. 谁制作、谁负责、谁公开原则

该原则强调了信息公开的主体责任，要求披露义务人诚实、守信，自觉披露应当披露的信息，并对披露信息负责，按照规定的内容和格式向债券市场披露信息。

3. 突出重点，真实、准确、完整、及时公开原则

该原则具体包括四个方面：一是真实性原则，要求披露的信息应当以客观事实为基础，以没有扭曲和不加粉饰的方式反映真实状态；二是准确性原则，要求用精确的语言披露信息，不使人误解，不使用模棱两可的语言；三是完整性原则，要求披露所有可能影响投资者决策的重大信息，不能有所遗漏；四是及时性原则，根据法律法规和相关规定，对信息披露的时限作出明确的规定，信息披露义务人应在规定的时限内尽快履行披露义务，同时要求披露的信息为最新信息，而不是过时的信息。

4. 以公开促改革、以公开促规范，推进国家治理体系和治理能力现代化原则

拓宽政府信息公开范围和公开质量，以此促进高效的行政管理方式，是政府治理能力和水平的集中体现，也是体现国家治理能力和水平的重要方面。

（二）专项债券信息披露制度体系

地方政府专项债券兼具行政和市场的双重属性，决定了专项债券信息披露不仅要遵守政府信息公开制度的规范，同时要受到证券法律法规和交易所有关规定的约束。

专项债券信息披露制度体系中，《证券法》是法律位阶较高的法律。2020 年 3 月 1 日起施行的《证券法（2019 修订）》在第五章新设“信息披露”专章，以专章规定形式进一步强化信息披露要求，更加系统、明确地凸显了信息披露的重要性。信息披露制度是证券法的本质体现，堪称证券法的灵魂。新《证券法》第 3 条规定：“证券的发

行、交易活动，必须遵循公开、公平、公正的原则。”这就是所谓证券法“三公”原则，其中公开原则是最为体现证券法特色和核心的原则，而信息披露正是贯彻证券法公开原则最重要的体现。

地方政府专项债券信息涉及当地经济发展、财政、债务管理等情况，这部分信息本身也属于应当主动公开的政府信息，因此专项债券信息披露活动也受到政府信息公开法律制度的约束，如发行债券涉及预算和预算执行情况，《预算法》明确规定了预算和预算执行情况依法向社会公开的要求；又如《政府信息公开条例》对政府信息公开工作作出了全面的规定。

健全专项债券信息披露制度是推动专项债券可持续发行的关键。近年来，国家不断加强专项债券信息披露管理，坚定不移地打造阳光债券、透明债券。为依法规范地方政府债务管理，切实增强地方政府债务信息透明度，自觉接受监督，防范地方政府债务风险，2018 年 12 月出台的《地方政府债务信息公开办法（试行）》针对专项债券，对新增专项债券发行公开、专项债券存续期公开以及专项债券重大事项公开分别做了明确规定。

2019 年 5 月，财政部印发了《财政部关于做好地方政府债券发行工作的意见》（财库〔2019〕23 号），明确要求地方财政部门要充分披露专项债券对应项目详细情况、项目融资来源、项目预期收益情况、收益和融资平衡方案，以及由第三方专业机构出具的评估意见等。专项债券信息披露工作由此向前迈进了一大步，但仍存在着披露质量不佳、披露文件过于繁杂、跟踪披露力度不够、关键信息难以获取等问题，这不仅影响了投资者对专项债券投资价值和投资风险的判断，也不利于有效防范专项债券项目风险。

2019 年 6 月，中共中央办公厅、国务院办公厅印发《关于做好地方政府专项债券发行及项目配套融资工作的通知》（厅字〔2019〕33 号）要求，地方各级政府按照有关规定，加大地方政府债券信息公开力度，依托全国统一的集中信息公开平台，加快推进专项债券项目库公开，全面详细公开专项债券项目信息，对组合使用专项债券和市场化融资的项目以及将专项债券作为资本金的项目要单独公开，支持金融机构开展授信风险评估，让信息“多跑路”、金融机构“少跑腿”。进一步发挥主承销商作用，不断加强专项债券信息公开和持续监管工作。出现更换项目单位等重大事项的，应当第一时间告知债权人。金融机构加强专项债券项目信息应用，按照商业化原则自主决策，及时遴选符合条件的项目予以支持；需要补充信息的，地方政府及其相关部门要给予配合。

为进一步做好专项债券项目信息披露工作，2020 年 1 月，财政部办公厅下发了《关于启用地方政府新增专项债券项目信息披露模板的通知》，要求自 2020 年 4 月 1 日起，各地发行新增专项债券时披露该模板，并在债券存续期内，按照模板格式每年披露项目实际收益、项目最新预期收益等信息，如新披露的信息与上一次披露的信息差异较大，应进行必要说明。

2020 年 12 月，财政部制定了《地方政府债券发行管理办法》（财库〔2020〕43 号），设专章规定了信用评级和信息披露。明确规定了信息披露遵循诚实信用原则，不得有虚假记载、误导性陈述或重大遗漏，并且约定了地方财政部门应当及时披露地方政府债券发行相关信息，对披露文件的合规性、完整性负责。2021 年 2 月，为贯彻落实党中央、国务院关于推进地方政府债务信息公开的要求，财政部制定了《地方政府债务信息公开平台管理办法》，要求地方财政部门及时公开地方政府债务限额、余额、还本付息、重大事项，以及经济社会发展指标、财政状况等相关信息。该办法的出台将充分发挥全国统一的信息公开平台作用，促进形成市场化、法治化融资自律约束机制，进一步规范地方政府债务信息公开平台管理，推进地方政府债务信息公开。

（三）信息披露禁止事项

第一，专项债券信息披露必须依法依规进行，不得有虚假记载、误导性陈述或重大遗漏。

第二，政府部门发布政府信息依照国家有关规定需要批准的，未经批准不得发布。

第二节　专项债券各阶段信息披露

专项债券发行阶段信息披露，即资金募集阶段的信息披露，是各阶段最为重要、信息量最大的信息披露。

一、信息披露的主体

专项债券的发行人为省级政府，市县使用资金的，由省政府转贷市县，因此作为发行人的省级政府是信息披露义务人，人民政府财政部门和项目实施主体为信息披露的主要责任主体，以有关行业主管部门、项目建设主体为辅助主体，中介服务机构配合项目的信息披露。

（一）发行人

省级人民政府作为发行人，是信息披露义务人。

（二）人民政府财政部门

项目收益专项债券发行前，由省级政府所属财政部门编制信息披露文件，如转贷市县使用的，则由市县级政府财政部门编制。债券存续和终结阶段，财政部门都是信息披露的主要负责部门。

（三）项目实施主体和行业主管部门

项目实施主体和行业主管部门主要掌握债券对应项目的情况，负责提出资金需求、资金使用计划、项目建设运营管理等情况，因此主要配合向财政部门提供相关材料，做好信息披露工作。例如，土地储备专项债券发行，要求地方各级国土资源部门、土地储备机构配合做好本地区信息披露工作。收费公路专项债券发行，要求地方各级交通运输部门配合做好信息披露工作，主要是积极配合提供相关材料。地方各级棚改主管部门应当配合做好本地区棚改专项债券试点信息披露工作。

（四）项目建设运营主体

项目建设运营主体，除了政府指定的部门或具有资质、资格的事业单位外，可能是受项目实施主体的委托的具有建设、运营资质的企业，这些企业掌握项目最基本的情况，按照规定，应当配合向财政部门或行业主管部门提供项目收益专项债券对应项目基本情况。

二、发行阶段信息披露

发行阶段主要披露专项债券基本信息、财政经济运行及相关债务情况、募投项目及对应的政府性基金或专项收入情况、风险揭示以及对投资者作出购买决策有重大影响的其他信息。主要包括发行人编制的信息披露文件、信用评级报告、会计师事务所出具的财务评价报告以及律师事务所出具的法律意见书。

（一）发行阶段信息披露主要事项和形式

1. 信息披露文件

信息披露文件是专项债券发行阶段，财政部门编制的、主要记载发行依据、风险提示、发行条款、募集资金使用、项目情况、发行人及有关主体情况、投资者保护、发行有关机构等内容，面向投资者的一种文件类型。具体包括以下内容。

（1）发行依据。发行依据主要有关于发行主体、地方政府债务限额管理、地方政府债务预算管理和地方政府债务风险应急处置等方面的法律法规和规范性文件。

（2）风险提示。债券发行的风险提示是信息披露的重要内容之一，主要包括以下内容：

①利率风险。市场利率变化对债务融资工具收益的影响。

②流动性风险。债务融资工具因市场交易不活跃而可能受到的不利影响。

③偿付风险。债务融资工具本息可能不能足额偿付的风险。

④政策风险。主要是指因国家法律、法规、政策的可能变化对项目产生的具体政策性风险，如因财政、金融、土地使用、产业政策、行业管理、环境保护、税收制度、经营许可制度、外汇制度、收费标准等发生变化而对项目收益的影响。

（3）发行条款。发行条款的内容比较多，且形式比较固定，主要包括以下内容：

①债券名称。

②发行人。

③发行品种、期限、发行金额、面值。

④信息评级结果。

⑤发行时间、方式、对象。

⑥缴款/起息日。

⑦上市流通安排、流通日。

⑧本息兑付日、流程、计息天数。

⑨利率确定方式。

⑩登记托管安排。

⑪招标系统。

⑫税务提示。

⑬提前回购条款（如有）。

（4）募集资金使用。募集到的资金，必须按照财政规定的用途使用，信息披露必须披露资金的具体投资项目，包括资金使用计划。同时，应承诺在项目收益专项债券存续期间变更资金用途，需按规定审批，并在变更前及时披露有关信息。

（5）项目情况。项目情况是财政有关规定要求重点披露的内容，专项债券的特点之一便是债券严格对应项目，因此披露项目情况主要包括以下内容：拟发行专项债券对应项目信息，主要包括以下内容：

①本地区项目行业情况。

②项目概况。

③项目总投资、分年度投资计划、项目资金来源。

④项目预期收益、成本与融资平衡方案。

⑤潜在风险评估。

⑥主管部门责任。

⑦其他有关项目的信息。

（6）发行人及有关主体情况。专项债券对应项目涉及的主体很多，但主要是发行人、实施机构和具体建设运营主体，因此披露的主体情况包括：

①发行人基本情况、济社会发展指标、地方政府性基金预算情况、专项债务情况。

②如有转贷市县使用的，市县基本情况、经济财政情况、债务管理情况。

③项目实施主体基本情况。

④项目建设主体基本情况。

（7）投资者保护。

（8）发行有关机构和文件。

发行有关机构主要指信用评级机构、主承销商及其他承销机构、咨询管理机构、会计师事务所和律师事务所等专业机构，其有关情况以及出具的部分专业报告也应当披露。

2. 中长期经济社会发展规划

3. 招标发行兑付办法

4. 债券招标发行规则

5. 专项债券发行管理办法

（二）发行结果的信息披露

1. 发行结果公告

债券发行成功，需要专门进行披露，省级财政部门应当在新增专项债券发行后 2 个工作日内，公布发行债券编码、利率等发行结果信息。

2. 取消发行的信息披露

因债券市场波动、市场资金面趋紧、承销团成员承销意愿出现较大变化等原因需要推迟或取消地方债发行时，地方财政部门应当及时向财政部报告，并不迟于发行前 1 个工作日通过指定网站披露推迟或取消发行信息。

（三）发行阶段信息披露时间和场所

省级财政部门应当在每月 20 日前公开本地区下一月度新增地方政府债券和再融资

债券发行安排，鼓励有条件的地区同时公开多个月份地方政府债券发行安排。

省级财政部门应当不迟于每次发行前 5 个工作日，通过本单位门户网站、发行场所门户、中国地方政府债券信息公开平台等网站披露当期债券基本信息、债券信用评级报告和跟踪评级安排。

三、专项债券存续阶段信息披露

专项债券存续期是指专项债券上市流通后、终结前的特定时间段，由于存续期涉及项目的建设运营情况、资金使用情况、遭遇的相关重大事项等，因此存续期间的信息披露也至关重要。

（一）存续阶段信息披露的主要事项和形式

根据有关文件要求，专项债券存续期间应持续披露募投项目情况、募集资金使用情况，项目建设进度、运营情况等，截至上年末专项债券项目收益及对应形成的资产情况，其他按规定需要公开的信息，以及可能影响专项债券偿还能力的重大事项。

一是项目情况与募集资金使用情况。此部分主要由项目实施主体和行业主管部门配合财政部门提供相关信息，具体要求如表 6－1 所示。

表 6－1　项目情况与募集资金使用情况披露说明

债券类型	行业主管部门	披露内容	特殊要求
土地储备专项债券	国土资源部门、土地储备机构	项目进度、专项债券资金使用情况	
收费公路专项债券	交通运输部门	项目进度、专项债券资金使用情况	省级交通运输部门应当于每年 6 月底前披露截至上一年度末收费公路专项债券对应项目的实施进度、债券资金使用等情况
棚户区改造专项债券	棚改主管部门	项目进度、专项债券资金使用情况	
其他专项债券	相关行业主管部门	项目进度、专项债券资金使用情况	

二是地方政府经济、财政情况、财政预决算和收支执行情况。

三是地方政府债务管理情况、对应的政府性基金或专项收入情况。此部分由地方财政局按照地方实际情况进行信息披露。

四是跟踪评级报告。独立第三方评级机构对债券出具客观真实的跟踪评级报告，由财政部门进行信息披露。

五是可能影响专项债券偿还能力的重大事项。专项债券存续期内，对应项目发生可能影响其收益与融资平衡能力的重大事项的，专项债券资金使用部门和财政部门应当按照《国务院办公厅关于印发地方政府性债务风险应急处置预案的通知》（国办函〔2016〕88 号）等有关规定提出具体补救措施，经本级政府批准后向省级财政部门报告，并由省级财政部门公告或以适当方式告知专项债券持有人。

（二）专项债券资金调整用途公开

地方政府专项债券存续期内确需调整债券资金用途的，按规定履行相关程序后，由省级财政部门予以公告或以适当方式告知债券持有人。

（三）存续阶段信息披露的时间和场所

地方各级财政部门组织开展本地区和本级专项债券存续期信息公开工作，督促和指导使用专项债券资金的部门不迟于每年 6 月底前公开专项债券存续期信息。

地方财政部门应当进一步做好专项债券存续期信息披露工作，通过本单位门户网站、发行场所门户、中国地方政府债券信息公开平台等网站披露政策要求的主要事项。

四、专项债券终结阶段信息披露

（一）终结阶段信息披露的主要事项和形式

1. 按计划还本付息的披露

披露的信息主要包括以下内容：

（1）专项债券有关财政预决算、经济运行、财政收支执行等情况。

（2）地方政府性债务管理情况。

（3）专项债券对应项目的政府性基金收入、专项收入数据。

（4）专项债券对应项目主要情况、募集资金使用情况等。

（5）还本付息情况。

2. 违约情况的披露

市县级财政部门未按时足额向省级财政部门缴纳专项债券还本付息、发行费用等资金的，省级财政部门可以采取适当方式扣回，并将违约情况向市场披露，重点包括造成违约的重大事件的信息披露。

（二）终结阶段信息披露时间和场所

地方财政部门应当不迟于地方债还本付息前 5 个工作日，通过指定网站披露还本付息相关信息。

第三节 违反信息披露规定的法律责任

专项债券是地方政府债券的一种，市场内交织着不同层次、不同方面的复杂社会关系，法律法规文件、市场规则、自律准则构建了多元化的责任体系，确立不同违法责任的性质及构成要件，促使不同程度、不同性质和不同后果的责任承担。当信息披露义务人违背信息披露原则，违反法律法规文件、证券市场自律规则，不如实披露信息，存在有虚假记载、误导性陈述或重大遗漏等问题时，就可能招致一定的法律责任。

一、信息披露与债券市场违法案件的紧密关系

债券市场是中国多层次资本市场体系的重要组成部分，对于服务实体经济、支持国家战略具有重要作用。债券市场需进一步完善信息披露体制机制、创新披露方式、丰富披露内容，构建诚信、有效的信息披露体系，推动债券市场高质量发展。债券市场违法行为的最终结果多数为投资者受损，而信息披露为发行人和信息披露义务人与投资者之间最为要紧的纽带。

2020 年 7 月 15 日，最高人民法院经商国家发展和改革委员会、中国人民银行、中国证监会等相关部门同意，研究制定了《全国法院审理债券纠纷案件座谈会纪要》，该纪要提到信息披露的地方有 23 处，是我国第一部审理债券纠纷案件的系统性司法文件。为保护债券市场投资人的合法权利，强化对债券发行人的信用约束，依法提高债券市场违法违规行为成本，促进债券市场的健康平稳发展，《会议纪要》明确针对三类债券包括公司债券、企业债券、非金融企业债务融资工具的发行和交易活动所引发的债券违约纠纷案件、欺诈发行和虚假陈述纠纷案件以及发行人破产案件，这三类民商事纠纷案件的审理问题统一裁判尺度。《会议纪要》的发布，有利于畅通债券纠纷司法救济渠道，统一债券纠纷案件裁判思路，增强债券审判的公开性、透明度以及可预期性，对于完善债券市场基础制度、防范化解债券市场金融风险、提升债券风险处置机制的市场化法治化水平均具有重要意义。

打击证券违法活动是维护资本市场秩序、有效发挥资本市场枢纽功能的重要保障。为进一步推动资本市场高质量发展，2021 年 7 月，中共中央办公厅、国务院办公厅印发了《关于依法从严打击证券违法活动的意见》（以下简称“《意见》”）。这是资本市

场历史上首次以中办、国办名义联合印发打击证券违法活动的专门文件，是当前和今后一个时期全方位加强和改进证券监管执法工作的行动纲领。

《意见》提出主要目标：到2022年，资本市场违法犯罪法律责任制度体系建设取得重要进展，依法从严打击证券违法活动的执法司法体制和协调配合机制初步建立，证券违法犯罪成本显著提高，重大违法犯罪案件多发频发态势得到有效遏制，投资者权利救济渠道更加通畅，资本市场秩序明显改善。到2025年，资本市场法律体系更加科学完备，中国特色证券执法司法体制更加健全，证券执法司法透明度、规范性和公信力显著提升，行政执法与刑事司法衔接高效顺畅，崇法守信、规范透明、开放包容的良好资本市场生态全面形成。同时，《意见》也明确提出要“依法严厉查处大案要案”“依法从严从快从重查处欺诈发行、虚假陈述、操纵市场、内幕交易、利用未公开信息交易以及编造、传播虚假信息等重大违法案件”。

《意见》明确指出要强化对债券市场各类违法行为的统一执法，重点打击欺诈发行债券、信息披露造假、中介机构未勤勉尽责等违法行为。不断优化债券市场监管协作机制。可以看出，《意见》提出的目标和具体要求均是对中国整个资本市场提出的，政府债券作为资本市场的组成部分，尽管其发行人和信息披露义务人为政府，也无法独善其身，政府债券的发行、交易等整个生命周期也要符合国家致力于形成崇法守信、规范透明、开放包容的良好资本市场生态的目标和趋势。

二、违反专项债券信息披露义务涉及的法律责任

（一）刑事责任

我国《刑法》《证券法》都对证券信息披露的犯罪行为做了专门的规定，规定了违规披露、不披露重要信息罪，但针对的是负有信息披露义务的公司和企业。专项债券的信息披露义务人为政府部门，公司或企业性质的项目建设方在专项债券信息披露活动中，主要是配合提供相关资料、信息，因此，触犯刑事法律的可能性较小。

（二）行政责任

按照《证券法》《政府信息公开条例》，发行人和有关主体披露（公开）项目收益专项债券信息活动中存在违法行为的，将承担行政责任。违法情形和行政责任承担方式如下：

1. 承担行政责任的违法情形

项目收益专项债券违反信息披露制度的情形主要有以下几种：

（1）未按照规定披露信息。信息披露义务人未按照法律、行政法规、规章和规范性文件，以及证券交易所业务规则规定的信息披露期限、方式等要求及时、公平披露信息，构成未按照规定披露信息的信息披露违法行为。

（2）所披露的信息有虚假记载、误导性陈述或者重大遗漏。

①虚假记载。信息披露义务人在信息披露文件中对所披露内容进行不真实记载，包括发生业务不入账、虚构业务入账、不按照相关规定进行会计核算和编制财务会计报告，以及其他在信息披露中记载的事实与真实情况不符的，应当认定构成所披露的信息有虚假记载的信息披露违法行为。

②误导性陈述。信息披露义务人在信息披露文件中或者通过其他信息发布渠道、载体，作出不完整、不准确陈述，致使或者可能致使投资者对其投资行为发生错误判断的，应当认定构成所披露的信息有误导性陈述的信息披露违法行为。

③重大遗漏。信息披露义务人在信息披露文件中未按照法律、行政法规、规章和规范性文件以及证券交易所业务规则关于重大事件或者重要事项信息披露要求披露信息，遗漏重大事项的，应当认定构成所披露的信息有重大遗漏的信息披露违法行为。此外，证券服务机构、资信评级机构、会计师事务所、律师事务所等服务机构及其人员未勤勉尽责，或者制作、出具的文件有虚假记载、误导性陈述或者重大遗漏的，也会被依法追究行政责任。

（3）对政府部门违反相关规定的处理。信息披露义务人是政府部门的，违反《政府信息公开条例》规定，不依法履行政府信息公开义务的、不及时更新公开的政府信息内容、违反规定收取费用或通过其他组织、个人以有偿服务方式提供政府信息的，按情节严重程度，首先由监察机关、上一级行政机关责令改正；情节严重的，对行政机关直接负责的主管人员和其他直接责任人员依法给予处分；构成犯罪的，依法追究刑事责任。

2. 行政责任承担方式

一是发行人或者其他信息披露义务人被责令改正，受到警告、被处以罚款。

二是直接负责的主管人员和其他直接责任人员被责令改正，受到警告、被处以罚款。

三是发行人或者其他信息披露义务人是政府部门的，监察机关、上一级行政机关应当责令改正该违法行为；情节严重的，对政府部门直接负责的主管人员和其他直接责任人员依法给予处分。

3. 信息披露义务人信息披露违法的责任认定

信息披露义务人行为构成信息披露违法的，应当根据其违法行为的客观方面和主观方面等综合审查认定其责任。

（1）客观方面通常要考虑的情形。

一是违法披露信息包括重大差错更正信息中虚增或者虚减资产、项目运营收入及净利润的数额，是否因此资不抵债，是否因此发生盈亏变化等。

二是信息披露违法所涉及事项对投资者投资判断的影响大小。

三是信息披露违法后果，包括是否导致欺诈发行、欺诈上市，给国家、投资者或者其他人造成直接损失数额大小，以及未按照规定披露信息造成该债券交易异常等。

四是信息披露违法的次数，是否多次提供虚假或者隐瞒重要事实，或者多次对依法应当披露的其他重要信息不按照规定披露。

五是社会影响的恶劣程度。

六是其他需要考虑的情形。

（2）主观方面通常要考虑的情形。

一是信息披露义务人在单位内部是否存在违法共谋，信息披露违法所涉及的具体事项是否是经会议研究决定或者由主要负责人决定实施的，是否只是单位内部个人行为造成的。

二是信息披露义务人的主观状态，信息披露违法是否是故意的欺诈行为，是否是不够谨慎、疏忽大意的过失行为。

三是信息披露违法行为发生后的态度，项目实施主体、行业主管部门、所在地财政部门和政府知道信息披露违法后是否继续掩饰，是否采取适当措施进行补救。

四是与证券监管机构的配合程度，当发现信息披露违法后，项目实施主体、行业主管部门、所在地财政部门和政府是否在调查中积极配合。

五是其他需要考虑的情形。

（3）其他情形。其他违法行为引起信息披露义务人信息披露违法的，通常综合考虑以下情形认定责任：

一是信息披露义务人是否存在过错，有无实施信息披露违法行为的故意，是否存在信息披露违法的过失。

二是信息披露义务人是否因违法行为直接获益或者以其他方式获取利益，是否因违法行为止损或者避损，投资者是否因该项违法行为遭受重大损失。

三是信息披露违法责任是否能被其他违法行为责任所吸收，认定其他违法行为行政责任、刑事责任是否能更好地体现对违法行为的惩处。

四是其他需要考虑的情形。

（三）民事责任

民事责任的实质在于通过对受害人的损害进行弥补，救济投资者遭受的损害，帮助投资者恢复对债券市场的信心。美国的实践证明，地方政府债券制度中的民事责任制度对于建立诚实有效的债券市场是必不可少的。

在项目收益专项债券信息披露具体管理制度文件中，尚无明确的民事责任规定。这里，可以原则适用《证券法》的规定，发行人信息披露文件中有虚假记载、误导性陈述或者重大遗漏，致使投资者在交易中遭受损失的，发行人应当承担赔偿责任。该赔偿责任是无过错责任。

第七章

专项债券典型案例分析

根据财政部发布的《地方政府专项债务预算管理办法》，地方政府专项债（以下简称专项债）由省级政府及计划单列市发行，其本息偿付应由政府性基金收入或专项收入完成，募集资金用于公益性资本支出。2017 年起我国从土地储备和收费公路领域开展试点，逐步建立专项债与项目资产、收益对应的制度，为地方政府进一步通过专项债满足融资需求创造了条件。

2019 年 6 月 10 日，中办、国办印发《关于做好地方政府专项债券发行及项目配套融资工作的通知》，通知要求着力加大对重点领域和薄弱环节的支持力度。

2019 年 9 月 4 日，李克强总理主持召开国务院常务会议，会议确定扩大专项债券使用范围，重点用于铁路、轨道交通、城市停车场等交通基础设施，城乡电网、天然气管网和储气设施等能源项目，农林水利，城镇污水垃圾处理等生态环保项目，职业教育和托幼、医疗、养老等民生服务，冷链物流设施，水电气热等市政和产业园区基础设施。会议将专项债可用作项目资本金范围明确为符合上述重点投向的重大基础设施领域。

2020 年 3 月，相关部门再次明确 2020 年全年专项债不得用于土地储备、棚改等与房地产相关领域，同时新增了应急医疗救治设施、公共卫生设施、城镇老旧小区改造等领域项目。

2020 年 4 月 3 日举行的国务院联防联控机制新闻发布会上，财政部就专项债提出优化资金投向，体现疫情防控需要和投资领域需求变化。在重点用于交通基础设施、能源项目、农林水利、生态环保项目、民生服务、冷链物流设施、市政和产业园区基础设施等七大领域的基础上，适当扩大专项债券使用范围，将国家重大战略项目单独列出、重点支持；同时，增加城镇老旧小区改造领域，允许地方投向应急医疗救治、公共卫生、职业教育、城市供热供气等市政设施项目，特别是加快 5G 网络、数据中心、人工智能、物联网等新型基础设施建设。

2020 年 5 月 22 日在第十三届全国人民代表大会第三次会议上，国务院总理李克强作了《2020 年政府工作报告》提出提高专项债券可用作项目资本金的比例。重点支持既促消费惠民生又调结构增后劲的“两新一重”建设，主要是：加强新型基础设施建设，发展新一代信息网络，拓展 5G 应用，建设数据中心，增加充电桩、换电站等设施，推广新能源汽车，激发新消费需求、助力产业升级。加强新型城镇化建设，大力提升县城公共设施和服务能力，以适应农民日益增加的到县城就业安家需求。加强交通、水利等重大工程建设。

2020 年 7 月国务院常务会议提出允许地方政府专项债合理支持中小银行补充资本金。

2020 年 7 月 27 日，财政部发布《关于加快地方政府专项债券发行使用有关工作的通知》，提出优化新增专项债券资金投向。坚持专项债券必须用于有一定收益的公益性项目，融资规模与项目收益相平衡。重点用于国务院常务会议确定的交通基础设施、能源项目、农林水利、生态环保项目、民生服务、冷链物流设施、市政和产业园区基础设施等七大领域。积极支持“两新一重”、公共卫生设施建设中符合条件的项目，可根据需要及时用于加强防灾减灾建设。依法合规调整新增专项债券用途。赋予地方一定的自主权，对因准备不足短期内难以建设实施的项目，允许省级政府及时按程序调整用途，优先用于党中央、国务院明确的“两新一重”、城镇老旧小区改造、公共卫生设施建设等领域符合条件的重大项目。

2021 年 2 月 1 日，财政部办公厅、国家发展改革委办公厅发布《关于梳理 2021 年新增专项债券项目资金需求的通知》（财办预〔2021〕29 号）明确 2021 年新增专项债券重点用于交通基础设施、能源项目、农林水利生态环保项目、社会事业、城乡冷链物流设施、市政和产业园区基础设施、国家重大战略项目、保障性安居工程共九大领域。此次梳理的专项债券项目，不安排用于租赁住房建设以外的土地储备项目，不安排一般房地产项目，不安排产业项目。

2021 年 3 月 5 日在第十三届全国人民代表大会第四次会议上国务院总理李克强作了《2021 年政府工作报告》，提出继续支持促进区域协调发展的重大工程，推进“两新一重”建设，实施一批交通、能源、水利等重大工程项目，建设信息网络等新型基础设施，发展现代物流体系。政府投资更多向惠及面广的民生项目倾斜，新开工改造城镇老旧小区 5.3 万个，提升县城公共服务水平（见表 7－1）。

表 7－1　专项债券支持领域

一、九大领域	交通基础设施 能源项目 农林水利 生态环保项目 社会事业 城乡冷链物流设施 市政和产业园区基础设施 国家重大战略项目 保障性安居工程
二、“两新一重”	新型基础设施建设 新型城镇化建设 重大工程建设
三、创新型项目	专项债券作为投资项目资本金 专项债券支持中小银行补充资本金 专项债券和市场化融资配套

在综合研究近年专项债券300多个典型案例（见表7－2）基础上，本章节结合国家明确的专项债券资金支持领域的方向上，将案例分为交通基础设施、能源项目、农林水利、生态环保项目、社会事业、城乡冷链物流设施、市政和产业园区基础设施、国家重大战略项目、保障性安居工程九大领域，“两新一重”，以及专项债券作为投资项目资本金、专项债券支持中小银行补充资本金、专项债券和市场化融资配套等十五类进行分析，让大家更好理解每类项目特点。

表7－2 当前市场典型案例

序号	项目名称
一、交通基础设施	
铁路	
1	山西太焦高铁焦西站综合客运枢纽项目
2	贵州省安顺至六盘水铁路建设项目
3	贵州省贵阳至南宁铁路专项债券
收费公路	
4	四川省雅安至叶城国家高速公路康定过境段项目
5	河南省G55二广高速洛阳城区段改扩建工程
6	辽宁省沈阳至康平高速公路鸭绿江街至新城子段建设项目
7	云南省瑞丽至孟连高速公路
机场（不含通用机场）	
8	贵州省威宁草海民用机场项目
9	贵州省毕节市毕节飞雄机场改扩建工程项目
10	贵州省铜仁市铜仁凤凰机场航站楼及配套设施改扩建工程项目
11	粤港澳大湾区白云机场三期扩建工程及临空经济产业园区建设项目一期工程
12	上海市政府专项债券市本级轨道交通机场联络线建设项目
水运	
13	贵州省黔东南州清水江旁海航电枢纽工程项目
城市轨道交通	
14	贵州省贵阳市轨道交通S1线一期工程项目
15	粤港澳大湾区佛山市城市轨道交通三号线工程项目
城市停车场	
16	河南省宝丰县宝州路地下停车场建设项目
17	河南省叶县绿地广场停车场工程项目

续表

序号	项目名称
18	河南省鹤壁市山城区城镇智慧停车场项目
19	河南省延津县智慧停车场项目
20	河南省许昌市魏都区地下停车场建设项目
21	贵州省遵义市绥阳县城市停车场建设项目
22	河北省石家庄市鹿泉区智慧停车场建设项目
23	贵州省贵阳市修文县六广镇停车场及农贸市场建设项目
24	四川省绵阳市五里梁停车场综合体
二、能源	
天然气管网和储气设施	
1	河北省石家庄高新区天然阿奇分布式热源站及配套管网工程
2	河北省石家庄正定新区燃气管网建设工程
3	陕西省咸阳市城市天然气输配三期工程项目
4	四川省遂宁市射洪县经开区燃气管线改造建设项目
5	青海省黄南藏族自治州尖扎县天然气利用工程
6	吉林省通化市户内老旧燃气设施改造项目
7	吉林省通化市江东老工业区通化市燃气总公司调峰配气源厂建设工程
8	四川省蓬安县应急储气设施及输配管网工程建设项目
9	青海省德令哈市 LNG 调峰储气站及配套管网项目
城乡电网（农村电网改造升级和城市配电网）	
10	北京市平谷供电公司 2014 年平谷区老旧小区电网配电设施改造工程
11	四川省洪雅县增量配电产业园区发展建设项目
12	吉林省白山市电蓄热调峰供暖项目
13	山东省烟台市经济技术开发区烟台化工园区兴华 220kv 输变电工程项目
14	安徽省明光市城市配电网（北城区东、西区电力排管及综合管廊）项目
三、农林水利	
农业	
1	四川省自贡市荣县 2020 年高标准农田建设项目
2	贵州省遵义市赤水市高标准基本农田土地整治项目（一期）
3	山东省菏泽市曹县智慧冷链及农业物资物流基础设施建设项目
4	广东省茂名市茂南区农业开发整治项目

续表

序号	项目名称
5	湖北省咸宁绿色双创产业（农业）示范园建设项目
6	贵州省铜仁市万山区谢桥街道500亩以上坝区现代农业产业坝区（蔬菜基地）建设项目
7	贵州省兴义市敬南现代农业产业园建设项目
8	内蒙古巴彦淖尔市国家农业高新技术产业示范园区建设项目
水利	
9	云南省景洪市曼点水库建设项目
10	贵州省镇宁自治县白沙水库工程项目
11	贵州省安顺市西秀区龙宫河水库工程项目
12	唐山市蓟运河还乡河分洪治理工程（汉沽管理区段）
13	云南省昭通市镇雄县坝口河水库项目
14	云南省昭通市镇雄县胡家山水库建设项目
15	贵州省丹寨县坡头上水库工程项目
林业	
16	贵州省黔南州三都县国有林场国家战略储备林（二期）建设项目
17	贵州省余庆县国家储备林基地建设项目（一期）项目
18	贵州省遵义市湄潭县国家储备林工程建设项目
19	贵州省毕节市赫章县国家储备林核桃基地项目
20	四川省洪雅县生态振兴示范项目—现代林业园区建设项目
21	贵州省安顺市西秀区国家储备林项目
22	吉林省东丰县红松生态经济林建设项目
	四、生态环保
1	四川省南充市清泉坝生态环境综合治理项目
2	四川省乐山市第二污水处理厂提标改造及配套管网建设项目
3	四川省绵阳市安昌河综合整治二期
4	上海市崇明区供水、污水处理设施改扩建项目
5	江西省九江市都昌县生活污水处理厂扩容及配套管网建设工程项目
6	河南省巩义市北山口镇镇区污水处理厂建设项目
7	河北省霸州市东环路改扩建及改污水改造工程项目
8	新疆阿克陶县城区污水处理厂技改和提标工程建设项目
9	河北省阜平县生活垃圾焚烧发电项目配套设施工程

续表

序号	项目名称
10	河北省石家庄市平山县4个乡镇垃圾转运站工程
11	青海省格尔木市生活垃圾分类收集处置综合项目
12	青海省甘德县垃圾处置项目
13	内蒙古赤峰市克什克腾旗小微食品加工园区3000立方米/天污水处理厂建设项目
14	河北省张家口市主城区生活垃圾处理场专项债项目
15	河北省蔚县城乡生活垃圾转运站建设项目
16	上海市奉贤区农村生活污水处理工程项目
17	四川省成都天府空港新城再生水及污水处理项目
18	四川省德阳市锦绣天府国际健康谷五大湖区生态修复和保护一期工程项目
19	四川省德阳市华强沟水源地绿色发展示范工程
20	四川省成都高新区天府国际空港新城三岔湖环境综合治理项目
21	四川省成都天府国际空港新城临空经济区城镇污水提升改造工程项目
22	四川省成都高新区固体污染防治设施建设项目
23	四川省大邑县污水处理设施项目
24	四川省成都高新区城乡污水处理设施建设项目
25	四川省成都天府国际生物城污水收集处理工程（一期）
26	四川省绵阳市安昌河综合整治工程二期
27	吉林省敦化市高新产业园区污水处理厂及配套管网建设项目
28	吉林省白山市污水处理厂配套管网改扩建工程（一期）项目
29	山东省烟台市栖霞市农村生活污水治理项目
30	安徽省望江县污水处理工程项目
31	云南省普洱市思茅城区东部片区污水综合治理项目
五、社会事业	
卫生健康（含应急医疗救治设施、公共卫生设施）	
1	湖北省武汉市江夏区中医医院整体迁建项目
2	贵州省毕节市威宁县妇女儿童医院建设项目
3	河北省沧州中西医结合医院骨伤康复院区（一期）建设项目
4	宁夏银川市中医医院新建项目
5	内蒙古赤峰市传染病防治医院迁址新建项目
6	北京医院北戴河新区心脑血管医院

续表

序号	项目名称
7	贵州省盘州市医学中心建设项目
8	四川省绵阳市游仙区妇女儿童医院业务综合楼
9	四川省绵阳市游仙区人民医院老年医学中心
教育	
10	内蒙古阿拉善左旗第五、第六幼儿园建设项目
11	云南省德宏州芒市职业教育中心新建项目
12	云南省盈江县职业高级中学莲花校区建设项目（二期）
13	云南国防工业职业技术学院教学楼、学生宿舍项目
14	云南省楚雄州姚安县学前教育建设项目
15	河南省郑州市郑东新区外籍人员子女学校建设项目
16	广东省揭阳市广工揭阳理工学院首期工程项目
17	广东省汕头幼儿师范高等专科学校建设项目
18	广东省翁源县中等职业技术学校建设项目
19	广东江门幼儿师范高等专科学校新校区（一期）
20	河南省新密市公安局驾驶人考务中心建设项目
21	河南省三门峡市渑池县幼儿园建设项目
22	上海市普陀区万里城实验幼儿园（万泉路分园）新建工程
养老	
23	四川省广安市岳池县养老服务中心
24	新疆克拉玛依市白碱滩区（克拉玛依高新区）养老设施建设项目（一期）
25	云南省建水县综合养老服务中心建设项目
26	内蒙古乌审旗颐养院建设项目
27	河南省焦作市中站区老年养护中心项目
28	上海市崇明区生态岛养老设施新建项目
文化旅游	
29	四川省大邑县安仁古镇提升改造项目
30	四川省眉山市眉山艺术中心
31	新疆克拉玛依市乌尔禾区白杨河旅游产业基础设施建设项目
32	内蒙古兴安盟科右中旗翰嘎利－五角枫生态旅游度假区建设项目
33	江西省抚州市荆公路等历史文化街区改造项目

续表

序号	项目名称
34	内蒙古额济纳旗居延海文化旅游景区文化娱乐建设项目
35	河南省漯河市源汇区问十乡乡村振兴全域生态农业观光、红色旅游项目
36	四川省大邑县安仁古镇提升改造项目（二期）
37	四川省西岭雪山运动康养产业功能区基础设施建设项目
38	四川省眉山市东坡文化旅游项目
39	四川省瓦屋山旅游综合开发项目
六、城乡冷链物流基础设施	
1	四川省广安市岳池县冷链物流体系建设项目
2	四川省德阳市中欧班列德阳现代物流港建设二期（物流新城）项目
3	四川省遂宁市船山区冷链物流中心基础设施建设项目
4	山东省菏泽市曹县智慧冷链及农业物资物流基础设施建设项目
5	吉林省磐石市冷链无路及云仓储建设项目
6	吉林省中韩（长春）国际合作示范区冷链物流产业园区建设项目
7	广东省潮州市潮安区高铁经济区生猪屠宰冷链配送基地项目
8	内蒙古兴安盟突泉县绿丰泉肉牛肉羊屠宰深加工建设项目
9	四川省遂宁市船山区冷链物流中心基础设施建设项目
10	云南省普洱市宁洱哈尼族彝族自治县火车站冷链物流园建设项目
11	河北省辛集市保税区进境肉类指点监管场地冷链物流基础设施建设项目
12	吉林省东辽县智能仓储冷链物流建设项目（二期）
13	吉林省通化市梅河口市农产品冷链及现代化智能物流园区项目（一期）
七、市政和产业园基础设施	
市政基础设施—供水	
1	新疆克拉玛依区供水管线工程
2	内蒙古宁城县天义城区铁匠营子水源地供水项目
3	河南省商丘市第四水厂续建工程项目
4	河南省商丘市第四水厂改扩建工程项目
5	河南省栾川县城区第五水源集中供水建设项目
6	河南省安阳市内黄县第四水厂建设工程（二期）及老城区供水管网改造工程项目
7	河南省焦作市府城水厂工程（一期）项目
8	河南省郑州市新材料水厂二期供水工程项目

续表

序号	项目名称
9	河南省孟州市产业集聚区自来水厂项目
10	河南省襄城县循环经济产业集聚区给水厂扩建项目
11	河南省南阳市南召县新水厂建设项目
12	河南省南阳市镇平县石佛寺镇给水及排水管网建设项目
13	四川省成都天府空港新城供水及输水干管建设项目
14	四川省绵阳市游仙武引二水厂
15	四川省广安市广安区农村饮用水安全基础设施建设项目
16	四川省绵阳市游仙镇科技城产业片区给水管网及配套工程项目
市政基础设施—供热	
17	新疆阿勒泰地区青河县供热提升改造建设项目
18	河南省鹤山区北部片区可再生能源应用供热制冷项目
19	河南省武陟县城市集中供热工程（二期）
20	河南省台前县城区集中供热工程项目
21	河南省沁北电厂向主城区供热项目
22	河南省南阳市西峡县城区热电联产建设项目
23	河南省洛阳市新安县集中供热扩建（二期）项目
市政基础设施—供气	
24	2020 年河南焦作市马村工业蒸汽供汽项目
25	河南省濮阳豫能工业供汽管网工程项目
市政基础设施—地下管廊	
26	河南省郑州经济技术开发区滨河国际新城综合管廊南延工程（一期）项目
27	河南省郑州综合交通枢纽东部核心区地下空间综合利用工程项目
28	河南省郑州市郑东新区 107 辅道（新龙路－七里河北路）综合管廊工程项目
29	四川省成都天府空港新城地下综合管廊骨干网络建设一期工程
30	四川省成都天府国际空港新城地下综合管廊骨干网络建设二期
31	四川省成都科学城综合管廊及市政配套基础设施项目（一期）
32	四川省成都科学城综合管廊及市政基础配套设施项目（二期）
33	新疆克拉玛依市乌尔禾城市智慧电网示范工程建设项目
34	新疆哈密市伊吾县淖毛湖镇市政基础设施建设项目
产业园区基础设施	

续表

序号	项目名称
35	四川省眉山市融媒体中心（传媒文化产业园基础设施）综合项目
36	四川省乐山东西部扶贫协作电子信息产业园示范区
37	四川省眉山市融媒体中心综合项目
38	四川省德阳市国家发电设备机械零部件产品质量监督检验中心园项目
39	四川省成都市东部新区未来科技城核心区基础设施建设（一期）
40	四川省成都市东部新区未来科技城航空智能智造产业园基础设施建设（一期）
41	四川省成都天府国际机场临空经济区园区配套基础设施建设项目（一期）
42	四川省成都天府国际机场临空经济区园区配套基础设施建设项目（二期）
43	河南省郑州国际物流园区电力改造及配套设施（一期）项目
44	河南省平顶山市石龙区碳基新材料循环经济产业园基础设施建设项目
45	河南省焦作西部产业集聚区科技企业孵化园项目
46	湖北武汉港阳逻港区多式联运示范园项目
47	广东省英德市红茶研发中心项目
48	广西兴宁区五塘工业集中区基础设施项目
49	广西东盟经济技术开发区调味品产业园及园区基础设施项目
50	广西南宁经济技术开发区高端科技产业园及配套设施建设项目
51	河南省三门峡市三门峡铁路综枢纽物流园项目
52	江西省鹰潭（贵溪）铜产业循环经济基地标准厂房建设项目
53	江西省普华鹰潭基地定制厂房建设项目
八、国家重大战略项目	
1	四川省开江县长江经济带农业面源污染治理项目
2	四川省泸州市龙马潭区长江经济带四川自贸区泸州港集疏运体系及配套停车场建设项目
3	四川省成都市金堂县“一带一路”亚蓉欧（成都）国际冷链物流贸易产业园项目
4	四川省成都市“一带一路”国际铁路港综合园区建设一期项目
5	四川省德阳市中欧班列德阳现代物流港建设二期（物流新城）项目
6	粤港澳大湾区广州科技教育城一期项目
7	粤港澳大湾区恩平市拆旧复垦项目
8	粤港澳大湾区黄埔区水环境处理及综合整治开发项目
9	粤港澳大湾区广宁县县城五一老旧小区改造项目
10	粤港澳大湾区肇庆市技师学院广宁分院

续表

序号	项目名称
11	粤港澳大湾区广宁县人民医院升级建设项目
12	粤港澳大湾区中山市未达标水体综合整治工程（省定重点项目）
13	粤港澳大湾区中山火炬职业技术学院整体升级改造工程及专业建设项目
14	粤港澳大湾区中山市三乡镇污水管网基础设施工程
15	粤港澳大湾区乐平镇老旧小区改造项目
16	粤港澳大湾区深茂铁路深圳至江门段（广州段）（省定重点项目）
九、保障性安居工程	
1	新疆维吾尔自治区乌恰县老旧小区提升改造项目
2	云南省景洪市旧城改造—江北农垦医院片区
3	上海市普陀区泰来坊等两个城镇老旧小区改造项目
4	新疆克州阿合奇县老旧小区改造项目
5	青海省门源县棚户区改造南关新村北苑新村项目
6	内蒙古达通辽市僧格林沁王府保护修复及配套设施建设工程
7	西藏山南市乃东区泽当镇泽当大道片区（城中村）棚户区改造建设项目
8	西藏墨脱县县城莲花小区片区、兰花小区片区棚户区改造建设项目
9	内蒙古呼伦贝尔市海拉尔区老旧小区环境综合整治工程
10	河北省黄骅市老旧小区改造项目
11	河北省阳原县曲长城村“四位一体”集中安置区项目
12	浙江省杭州市富阳区高桥公共租赁房工程
13	上海市虹口区棚户区改造项目
14	上海市市本级和杨浦区棚户区改造项目
15	河北省石家庄市灵寿县城中村棚户改造项目（灵寿县宋洋河新区二期项目）
16	河北省沧州市西家属区振兴街道北垦区危房改造项目
17	河北省沧州市青县安华苑棚户区改造项目
18	山东省济宁市金乡县老旧小区改造项目
19	浙江省绍兴市新昌县老旧小区改造项目
20	2020 年福建省厦门市思明区老旧小区改造及城市更新
21	湖南省湘潭市 2020 年老旧小区改造专项债券项目
22	湖北省武汉市武昌古城老旧小区改造建设项目
23	广东省城镇老旧小区改造专项债券（一期）亚青会城市功能提升改造项目

续表

序号	项目名称
24	湖南省长沙市老旧小区改造试点项目
25	青海省门源县 2019 棚户区改造项目（二期）团结小区建设项目
	十、新型基础设施建设
1	河北省石家庄市 2020 年智慧正定运营平台项目
2	吉林省长春市 5G 数字影视基地基础设施项目
3	内蒙古鄂尔多斯市云计算标准化数据机房项目
4	上海蚌埠经济开发区上海（蚌埠）微电子科技产业园项目
5	河北省 2020 年循环化工核心产业区基础设施升级改造项目
6	河北省鹿泉区智慧停车场建设项目
7	粤港澳大湾区新基建专项债券珠三角城际轨道交通广佛环线广州南站至白云机场段
8	2020 年广东省南方海洋科学与工程广东省实验室（湛江）建设项目
9	2020 年粤港澳大湾区新基建专项债券（一期）松山湖材料实验室
10	2020 年粤港澳大湾区新基建专项债券（一期）广清城际广州站至广州北站段项目
11	安徽省合肥市包河区 15 年期 5G 智能网联汽车示范区项目
12	四川绵阳国家高新区 5G 科技产业园项目
13	山东省临沂市高新区 5G 磁电智慧物联科技创业园项目
14	陕西省西安市西安经济技术开发区 5GW 单晶光伏产业园项目及配套基础设施
15	甘肃省张掖大数据产业园及工业厂房建设项目
16	四川省德阳市智慧城市和大数据管理运营中心
17	2020 年山东省大数据产业园区基础设施建设项目
18	河北省衡水大数据 &VR 数字小镇建设项目
19	2020 年黑龙江省云计算大数据电力配套项目
20	川西大数据产业园（二期）项目
	十一、新型城镇化建设类项目
1	四川省成都高新区天府国际空港新城新型城镇化项目（一期）
2	2020 年安徽省政府专项债券潘南新型城镇化建设项目（一期）
3	2020 年山东省东营市东营区中心城小区单位雨污分流改造工程
4	2020 年山东省（烟台市莱山区城乡供水一体化工程）新型城镇化建设
5	四川省德阳凯州新城新型城镇化建设项目
6	2020 年广东省罗定市新型城镇化（医疗卫生）项目

续表

序号	项目名称
7	2020 年粤港澳大湾区惠南高新科技产业园二期 B 片区新型城镇化建设项目
8	内蒙古包头市青山区 2020 年老旧小区综合治理改造项目
9	粤港澳大湾区城镇老旧小区改造越秀区城市更新改造补短板项目
10	北京市怀柔新城 04 街区棚户区改造项目四区（安置房集中建设区）
11	湖南省永州市道县 2020 年老旧小区改造专项债券道县老旧小区改造项目
12	河北省 2020 年路北区老旧小区提升改造工程项目
13	青海省格尔木市城市建成区棚户区改造项目（五期）
14	安徽省淮南市本级潘南新型城镇化建设项目
15	2020 年山东省济宁市金乡县老旧小区改造项目
十二、重大工程建设	
1	中国（北京）自贸试验区科技创新片区（海淀）周边上庄配套设施提升项目
2	2020 年北京市政府专项债券（二期）北京城市副中心站综合交通枢纽项目
3	黑龙江省七台河市供排水总公司高品质供水设施和管网新建和改造工程—智慧水务工程项目
4	四川省成都大运会主会场环湖基础设施及智慧交通安保建设项目
5	吉林省辽源市水务集团公司智慧水务信息化系统建设工程项目
6	陕西省 2020 年水利建设专项债券宝鸡市太白县龙王河水库工程项目
7	粤港澳大湾区空铁联运枢纽—广州花都空铁融合发展都市区配套设施提升工程专项债券项目
8	沈阳市本级辽宁省传染病医疗救治中心（辽宁省重大疫情防控救治是沈阳基地）工程建设项目
9	四川省内江市“畅通内江”重大交通基础设施建设工程城市过境高速公路高桥互通连接线及椑木东互通立交连接线工程建设项目
10	安徽省芜湖市鸠江区北林机器人“双创”标准化厂房项目
11	安徽省瑶海区都市科技工业园（二期）项目
12	内蒙古乌海市乌海经济开发区（低碳产业园）西来峰工业园集中供水工程项目
13	安徽省萧县循环经济工业园基础设施建设项目
14	北京经济技术开发区汽车产业园高端汽车及新能源汽车关键零配件及配套基础设施建设（一）
15	黑龙江省鸡东煤电化循环经济示范基地基础设施项目
16	北京经济技术开发区生物医药园首药控股新药研发与产业化基地及配套基础设施建设
17	安徽省六安市金寨县金寨现代产业园区北部新城建设项目
18	辽宁朝阳经济开发区建设开发有限公司智能网联及新能源汽车供应链产业园标准厂房项目
19	吉林省长春智能光谷产业园项目

续表

序号	项目名称
20	皖江江北新兴产业集中区智能网联汽车产业园（一期）建设项目
	十三、专项债券作为资本金
1	四川省成自高速铁路项目（成都段）
2	四川省成都至自贡高速铁路内江段建设项目
3	四川省成都高新区城乡污水处理设施建设项目
4	四川省广安市协兴全民供水厂
5	吉林省敦化至白河铁路客运专线工程安图县段资本金项目
6	成渝枢纽—川南城际铁路内江三元站站前广场及配套设施项目
7	川南城际铁路内江白马西站配套工程项目
8	泸州市纳溪区黄确坝水利工程
9	长江经济带四川自贸区泸州港集疏运体系及配套停车场建设项目
	十四、配套融资
1	乐山机场项目
2	四川省德阳市旌阳区黄河新区城市智能停车场建设项目
3	四川省泸州市合江县长江岸线江北段水环境综合整治项目（一期）
4	河南省新建新郑机场至郑州南站城际铁路项目
5	双流区航空港污水处理厂三期工程
6	江油市城区第二储配站及配套主管网工程项目
7	四川省成都高新区体育中心专项债券
	十五、补充中小银行资本金
1	四川省德阳市长城华西银行项目
2	广西南宁市区农村信用合作联社
3	四川省乐山市井研农村信用合作联社项目
4	四川省乐山市夹江县农村信用合作联社项目
5	广西桂林银行股份有限公司项目
6	内蒙古银行资本补充项目
7	广西北部湾银行项目
8	广西柳州市区农村信用合作联社
9	广西桂林漓江农村合作银行
10	广西柳州银行股份有限公司

续表

序号	项目名称
11	广西百色右江农村合作银行
12	广西玉林市区农村信用合作联社
13	广东普宁农村商业银行股份有限公司增资项目
14	广东罗定农村商业银行股份有限公司增资项目
15	广东揭东农村商业银行股份有限公司增资项目
16	广东省郁南县农村信用合作联社增资项目温州国金稳银深改项目
17	浙江省温州国金稳银深改项目

第一节　交通基础设施类项目专项债券

一、综述

要想富，先修路。脱贫攻坚，交通先行。全面建成小康社会，最艰巨、最繁重的任务在农村，特别是在贫困地区。近年来，在国家政策大力支持下，我国农村交通面貌发生了巨大变化。专项债券作为地方政基础设施投入的重要资金来源，重点投向交通基础设施项目。

（一）发行依据

自2020年以来，党中央、国务院密集部署新型基础设施建设。《2020年政府工作报告》将“两新一重”作为今年重点任务。交通运输是新型基础设施与传统基础设施融合发展的重要领域。交通运输领域新型基础设施建设以先进技术赋能，使传统基础设施融入新要素、具备新功能、呈现新形态，促进交通基础设施网、运输服务网、能源网与信息网络融合发展。为贯彻落实党中央、国务院决策部署，加快建设交通强国，推动交通运输领域新型基础设施建设，交通运输部制定了《交通运输部关于推动交通运输领域新型基础设施建设的指导意见》：主要任务一是打造融合高效的智慧交通基础设施，以交通运输行业为主实施，二是助力信息基础设施建设，三是完善行业创新基础设施。

以习近平新时代中国特色社会主义思想为指导，深入贯彻党的十九大和十九届二中、三中、四中全会精神，坚持以新发展理念引领高质量发展，围绕加快建设交通强国总体目标，以技术创新为驱动，以数字化、网络化、智能化为主线，以促进交通运输提效能、扩功能、增动能为导向，推动交通基础设施数字转型、智能升级，建设便捷顺畅、经济高效、绿色集约、智能先进、安全可靠的交通运输领域新型基础设施。到2035年，交通运输领域新型基础设施建设取得显著成效。先进信息技术深度赋能交通基础设施，精准感知、精确分析、精细管理和精心服务能力全面提升，成为加快建设交通强国的有力支撑。

《中华人民共和国国民经济和社会发展第十四个五年规划和2035年远景目标纲要》中表明要加快建设交通强国，建设现代化综合交通运输体系，推进各种运输方式一体化融合发展。推进城市群都市圈交通一体化，加快城际铁路、市域（郊）铁路建设，构建高速公路环线系统，有序推进城市轨道交通发展。提高交通通达深度，推动区域性铁路建设，加快沿边抵边公路建设，继续推进“四好农村路”建设，完善道路安全设施。推进中欧班列集结中心建设。深入推进铁路企业改革，全面深化空管体制改革，推动公路收费制度和养护体制改革。

（二）建设内容

交通基础设施类项目投资规模大，建设周期长，各地政府从多渠道筹措资金以满足项目建设的融资需求，具体包含资本金、专项债、银行信贷等融资方式。该类项目作为符合条件的重大项目，在评估项目收益偿还专项债券本息后专项收入具备融资条件后，允许将部分专项债券作为一定比例的项目资本金。该类项目建设内容一般包括：铁路、公路、水运、道桥、隧道、客运站、机场、城市轨道交通、停车场等。

（三）收入来源

按照项目建设内容的不同，收入来源也不同，大致可分为以下几种。

铁路项目收入来源：客运收入；运输收入；综合开发收益（铁路站点商业物业、商业住宅出售、车位出售、商铺出租等）；广告收入；停车费收入等。

收费公路项目收入来源：车辆通行费收入；附属设施营业收入（服务区营业收入或出租收入；广告收入等。

机场（不含通用机场）项目收入来源：航空性业务收入（起降费、挺场费、旅客服务费、安检费、客桥费）；非航空业务收入（地面服务费、航站楼内场地租用费、代理收票收入、延伸服务收入、停车场收入、广告收入、其他业务收入）；土地出让收益等。

水运项目收入来源：发电收入；装卸收入；货物保管堆放收入等。

城市轨道交通项目收入来源：轨道交通运营收入（票务收入、其他收入）；物业开发收入；运营补贴收入；土地出让收益等。

城市停车场项目收入来源：停车费收入；广告收入；商铺出租收入等。

二、铁路类项目发行案例

贵州省安顺至六盘水铁路建设项目[①]

本项目沿线连接了安顺和六盘水两大重要城市，有着独特的区位、交通、资源和

① 信息来源：中国债券网 http：//www.chinabond.com.cn/cb/cn/。

产业集中等优势，且人口众多，根据《贵州省城镇体系规划 2013—2030》，未来贵州省城镇体系规划形成“一核、一群、两圈、六组、多点”为主体的省域城镇空间格局，沿线正好位于贵阳—安顺、遵义两大都市圈以及六盘水、毕节、铜仁、凯里、都匀、兴义六大城镇组中。安顺至六盘水铁路的建设，与沪昆客专、盘兴铁路等一起，将滇中城市群与黔中经济区连接在一起，打通了沿线地区通往滇中城市群和黔中经济区的交通大动脉，共同构筑起沿线地区快速通达省内城市和滇中城市群的便捷通道，对加快沿线地区经济建设，促进贵州省西部地区城市化进程，加强沿线对外联系有重要作用。

因此，本项目的建设对促进贵州经济高质量发展，确保贵州与全国同步全面建成小康社会具有重要意义。

（一）建设内容

安顺至六盘水铁路建设项目总投资为 1593963. 08 万元，相应资金来源包括可研批复述及的资本金 775000. 00 万元，以及市场化融资 818963. 08 万元。安顺至六盘水铁路沿线土地综合开发项目需通过市场化融资投入 365000. 00 万元。项目建设内容为：新建线路全长约 119. 6 千米，运营长度约 124 千米，同步实施安顺、六盘水枢纽相关工程，新建黄桶北、六枝南、长箐、冷坝、六盘水东中间站（即土地综合开发）。

（二）收入来源

该项目的收入来源主要为运输收入和综合开发收益。

项目运输收入，是指以测算期间（2022—2049 年）按安六铁路 124. 33 千米、相应定价标准及客流量人次进行计算。

本次安顺至六盘水城际铁路土地综合开发共开发六个站点，共 10559 亩，各站点物业建设期数由两期到八期不等，自物业第一期修建完成当年起至本项目测算期结束，土地综合开发可实现销售收入 3663939. 00 万元，自物业第一期修建完成第二年起至本项目测算期结束，可实现自持物业租赁收入 6027211. 00 万元。铁路运输业增值税按 9% 计算，本项目运营期收入（不含增值税）预测为 10745058. 17 万元。

（三）偿债安排

该项目计划发行债券 40000. 00 万元，发行期限 30 年，发行利率 4. 00%，利息按半年支付，到期一次性还本，最后一期利息随本金支付。

（四）资金平衡测算

经测算，项目可偿债收益 5228790.88 万元，专项债券本息 88000.00 万元，市场化融资本息 2316555.44 万元，总债务融资本息 2404355.44 万元，专项债券本息保障倍数 59.42，总债务本息保障倍数 2.17，实现项目收益和融资自求平衡。

（五）案例分析

该项目不仅是铁路类的交通基础设施项目，同时也是市场化融资项目。本项目的建设能够有效带动沿线经济发展，便利区域人员流动，优化企业营商环境，促进相关产业发展。此外，本项目的建设还有助于我国综合运输大通道建设和完善，有利于区域路网布局的优化，并与该通道客货运输量快速增长的需要相适应，对带动沿线地区经济发展，促进旅游资源开发等具有重要意义。

三、城市停车场类项目发行案例

贵州省贵阳市修文县六广镇停车场及农贸市场建设项目[①]

贵阳市为贵州省政治、经济、文化、科教、交通中心，也是西南地区重要的交通枢纽、通信枢纽、工业基地、商贸旅游服务中心，以及全国生态休闲度假旅游城市。近年来，贵阳市经济社会高质量发展，取得了显著成绩。根据党的十九大精神，中国特色社会主义进入新时代，我国社会主要矛盾已经转化为人民日益增长的美好生活需要和不平衡不充分的发展之间的矛盾。当前修文县停车设施建设存在不平衡不充分的情形，相对滞后于经济社会发展需求，难以满足市民日益增长的美好生活需要。通过本项目的建设，不仅可以有力缓解停车困难问题，还可以减少寻泊交通量，有效解决交通拥堵问题。

（一）建设内容

该项目总投资 2984.02 万元，位于修文县六广镇。建设内容有：新建地下停车位、农贸市场及沿街商业。其中地下停车位 103 个，建筑面积 4918 平方米；农贸市场建筑面积 4370 平方米；沿街商业建筑面积 992 平方米。

---

① 信息来源：中国债券网 http：//www. chinabond. com. cn/cb/cn/。

（二）收入来源

本项目收入来源主要为停车费收入、沿街商业收入、农贸市场出租收入。

本项目共建停车位 103 个，出于稳健性考虑，测算时按停车位数量为 80 个计算。处于合理性考虑，预计 2021 年修文停车场车位利用率为 80%，之后每年度的利用率按年度汽车保有量增长，利用率不超过 100%。

农贸市场使用面积为 4370 平方米，出于合理性考虑，测算时取利用率为 80%，故农贸市场使用面积以 3496 平方米进行测算。根据项目位置，参考同类市场经验，农贸市场每平方米月租金按均价 30 元计算，月租金按照贵阳人均住房支出年增长率增长。

项目在运营期内总收入预测为 5595.36 万元。

（三）偿债安排

项目总投资 2984.02 万元，发行专项债券 2000.00 万元，发行期限 15 年，发行利率 4.80%，到期一次行还本，利息按半年支付，最后一期利息随本金支付。

（四）资金平衡测算

从项目的经营活动、投资活动、筹资活动三方面对项目财务计划现金流量进行分析，专项债券本息 3440.00 万元，项目可偿债收益 4373.73 万元，总债务融资本息 3440.00 万元，经计算，项目总债务本息保障倍数为 1.27，能够实现项目收入与融资自求平衡。

（五）案例分析

本项目通过现代化、标准化、智能化停车场的建设，不仅提升了土地利用效率，也有助于解决“停车难、停车乱”问题，从而提升乡镇形象，便利交通出行，优化了修文县的营商环境。

乡镇农贸市场是城乡市场体系的重要组成部分，是农民日常消费的主要场所，以其方便、实惠的特点深受农民欢迎，在促进农村经济、拉动农村消费等方面起到举足轻重的作用。随着农村经济的发展，乡镇集贸市场将会成为促进乡镇人流物流聚集和乡镇微商圈形成的主动力。因此，本项目的建设，对活跃农村市场、改善农村消费环境、保障群众食品安全、繁荣农村经济，以及提升农村面貌具有重要意义。此外，本项目通过改造乡镇集贸市场和建设停车场，可有效引导家电、家具、商超等其他零售业在市场周边聚集，并吸引通讯、物流、金融、修理等其他服务业进入市场，为农民提供全方位的服务，增强市场对周边居民的聚集力。同时该项目可以有效缓解交通拥堵，满足日益增长的美好生活需求，有助于保障应急管理需求，消除农贸市场安全隐患。

四、总结

交通基础设施是一个国家经济活动、社会活动赖以存在和正常运行的基础条件，这些基础条件在很大程度上决定着一个国家的经济活力和人民的生活水平。交通基础设施对一国经济的作用是巨大的，任何一个经济发达国家必然拥有一个结构合理、通路四达、快捷高效的交通基础设施系统。

2021 年 2 月 24 日，中共中央、国务院对外公布《国家综合立体交通网规划纲要》，提出未来 15 年我国综合立体交通网的建设目标和实现路径。规划提出，到 2035 年，基本建成便捷顺畅、经济高效、绿色集约、智能先进、安全可靠的现代化高质量国家综合立体交通网，实现国际国内互联互通、全国主要城市立体畅达、县级节点有效覆盖。交通基础设施质量、智能化与绿色化水平居世界前列。

到 21 世纪中叶，全面建成现代化高质量国家综合立体交通网，拥有世界一流的交通基础设施体系，交通运输供需有效平衡、服务优质均等、安全有力保障。新技术广泛应用，实现数字化、网络化、智能化、绿色化。出行安全便捷舒适，物流高效经济可靠，实现“人享其行、物优其流”，全面建成交通强国。交通运输全面适应人民日益增长的美好生活需要，有力保障国家安全，支撑我国基本实现社会主义现代化。

第二节　能源类项目专项债券

一、综述

能源是人类文明进步的基础和动力，攸关国计民生和国家安全，关系人类生存和发展，对于促进经济社会发展、增进人民福祉至关重要。

新中国成立以来，在中国共产党领导下，中国自力更生、艰苦奋斗，逐步建成较为完备的能源工业体系。改革开放以来，中国适应经济社会快速发展需要，推进能源全面、协调、可持续发展，成为世界上最大的能源生产消费国和能源利用效率提升最快的国家。

党的十八大以来，中国发展进入新时代，中国的能源发展也进入新时代。习近平主席提出“四个革命、一个合作”能源安全新战略，为新时代中国能源发展指明了方向，开辟了中国特色能源发展新道路。

（一）发行依据

中国将能源作为国家创新驱动发展战略的重要组成部分，把能源科技创新摆在更加突出的地位。习近平主席在第七十五届联合国大会一般性辩论上发表重要讲话。习近平指出：应对气候变化《巴黎协定》代表了全球绿色低碳转型的大方向，是保护地球家园需要采取的最低限度行动，各国必须迈出决定性步伐。中国将提高国家自主贡献力度，采取更加有力的政策和措施，二氧化碳排放力争于2030年前达到峰值，努力争取2060年前实现碳中和。各国要树立创新、协调、绿色、开放、共享的新发展理念，抓住新一轮科技革命和产业变革的历史性机遇，推动疫情后世界经济“绿色复苏”，汇聚起可持续发展的强大合力。

“十四五规划”中指出我国需要构建现代能源体系。推进能源革命，建设清洁低碳、安全高效的能源体系，提高能源供给保障能力。加快发展非化石能源。加快发展东中部分布式能源。加快西南水电基地建设。加快电网基础设施智能化改造和智能微电网建设，提高电力系统互补互济和智能调节能力，加强源网荷储衔接，提升清洁能源消纳和存储能力，提升向边远地区输配电能力，推进煤电灵活性改造，加快抽水蓄能电站建设和新型储能技术规模化应用。完善煤炭跨区域运输通道和集疏运体系，加快建设天然气主干管道，完善油气互联互通网络。

（二）建设内容

针对政府专项债券的支持方向，在能源领域，主要支持天然气管网和储气设施、城乡电网（农村电网改造升级和城市配电网）等项目建设。

能源项目建设的主要内容有建设LNG储气调峰站、燃气管网、热源站、工业园区增量配电业务、园区电力改造、地下管廊建设等。与其他工程项目相比，能源项目建设工程投资总量大、覆盖区域广而散，或与市政及产业园区配套设施结合，进行整体的优化改造。

（三）收入来源

天然气管网和储气设施项目的收入来源主要是：天然气销售收入、LNG营业收入、天然气入户收入、土地使用权出让收入等。

城乡电网项目的收入来源主要是供电收入、厂房出租收入、土地出让收入等。

二、天然气管网和储气设施类项目发行案例

青海省德令哈市LNG调峰储气站及配套管网项目[①]

本项目的建设可以在用气低谷也就是夏季和秋季将天然气液化后储存，液化主要是为了增加储存规模，待冬季气源紧张，出现气荒时，将本项目的LNG气化后供居民使用。它比地面高压储气罐和地下储气库建设节省土地、资金、工期，而且方便、灵活，不受地质条件限制。

（一）建设内容

本项目为新建天然气综合开发利用项目，项目总投资25000.00万元，其中工程费17820.46万元，其他费用4295.16万元，预备费2211.56万元，建设期贷款利息544.60万元，流动资金128.22万元。

建设内容分LNG调峰站和管网改扩建两部分。配套管网建设内容主要包括三部分：（1）德令哈市老旧小区改造。改造老旧小区共69个，共计8514户居民。改造内容为：配套庭院管网和小区内的天然气基础设施维修改造等；（2）德令哈市城区次高压管网及中压管网改造，城区次高压管道改扩建36.3千米，中压管网改扩建20.2千米；（3）根据规划部要求，将长江路门站搬迁至规划地点。

（二）收入来源

本项目收入来源于居民用气营业收入和LNG营业收入。

项目建设期1.5年，预设经营期为30年，项目计算期31.5年。本项目债券存续期内，营业总收入预计可达542059.10万元。

（三）偿债安排

本项目建设资金主要来源为自筹资金及地方政府债券构成，工程项目总投资25000.00万元，其中发行地方政府专项债券18200.00万元，自筹资金6800.00万元。本项目拟发行债券人民币18200.00万元。第一次发行5000.00万元，后续发行13200.00万元。暂定发行利率4.30%，发行期30年。在债券存续期内每半年付息一次，到期一次还本。

---

① 信息来源：中国债券网http：//www.chinabond.com.cn/cb/cn/。

（四）资金平衡测算

债券存续期内，项目总收入为542059.10万元，需扣除经营成本336857.20万元，税金及附加64516.20万元。经测算，可用于融资平衡的项目收益对横幅专项债券本息的覆盖倍数为3.38，项目能够实现收益与融资平衡。本次发行债券项目风险主要是价格导致的经营收入与可研设计出现偏差，按收入下降至正常运营的90%及80%的情况进行假设，其他因素不变。测算后，该项目依然能够实现收益与融资自求平衡。

（五）案例分析

本项目LNG调峰站作为城市调峰气源具有较强的保障性。LNG气化使用便捷，运输灵活高效，工艺流程简单，价格较LPG更加经济和安全合理。随着经济的发展和人民生活水平的提高，对天然气的需求量将会越来越大，LNG具有广阔的市场前景。在管输天然气不能到达的地区使用LNG，可积极推进周边城镇气化范围，扩大天然气的利用范围和领域，改善城市和农村的大气环境。

大气环境保护事关人民群众根本利益，事关经济持续健康发展，随着中国工业化、城镇化的深入推进，能源资源消耗持续增加，大气污染防治压力继续加大。天然气作为一种清洁能源，在调整能源结构、促进节能减排、环节大气污染等方面发挥着重要作用，天然气行业的社会效益和生态效益远远大于经济效益。

本项目为节能减排、低碳型产业，同时可以解决就业人员120余名，所有这些都是社会效益的体现，是企业的社会责任心的一种表现。通过配套管网建设，使燃气管网基本适应了城市发展的需要，并大大降低了燃气系统的安全隐患，提高了运行效率。本项目建设的天然气液化工厂提高了内蒙古及其周边用气的安全性，对落实我国能源安全的战略方针、构建和谐社会、维护社会安定有着十分深远的意义。

三、城乡电网类项目发行案例

安徽省明光市城市配电网（北城区东、西区电力排管及综合管廊）项目[①]

该项目的建设能够极大推动明光市城乡基础建设，有效带动北城区东、西区社会

① 信息来源：中国债券网 http：//www.chinabond.com.cn/cb/cn/。

经济发展，改善项目区域内的生产生活环境。该项目建设能够产生巨大的社会效益、经济效益及环境效益。

（一）建设内容

本项目总投资 20000.00 万元，建设内容涉及 22 条道路，路径总长 35.73 千米。建设内容包括 10Kv 环间柜、10Kv 开闭所、电缆分支箱、10Kv 高压计量箱、电缆保护管、电缆等。项目建设期拟为两年。

（二）收入来源

本项目收入主要为沿路土地出让收入和用地单位用电配套收入。

通过查询明光市土地交易中心的土地出让信息，近三年明光市国有建设用地使用权拍卖、挂牌出让平均价分别为 59.37 万元/亩、86.33 万元/亩、55.00 万元/亩。本次测算土地出让价以近三年国有建设用地使用权拍卖、挂牌出让的最低平均成交价作为基准地价，即 55.00 万元/亩。

考虑土地是稀缺资源，土地出让单价增速按明光市 2016 年至 2018 年全市生产总值的平均增速 6.53% 计算。根据项目规划及相关部门统筹安排，本项目沿路地块可出让土地指标 500 亩，按照 2020—2024 年每年出让 100 亩的计划进行，土地出让总收入可达 35559.58 万元。

根据明光市城市规划及有关部门统筹安排，明光市北城区东、西区规划未来可出让土地指标 3900 亩。2019 年安徽滨河建设工程有限公司与安徽省明光中学、同晖房地产开发公司分别签订了电力建设工程委托代建合同，合同价共计 1852.20 万元，根据已签合同测算，平均每亩地供电配套设施代建费 3.40 万元，我们以 3.00 万元/亩预测每年出让土地开发可收取的供电配套设施代建收入，2019—2030 年共计可取得供电配套设施代建收入 13844.70 万元（含 2019 年已签合同的代建收入）。

项目运营期总收入预计可达 49404.28 万元。

（三）偿债安排

项目总投资 20000.00 万元，其中自筹 4000.00 万元，占项目投资 20.0%，申请专项债券资金 16000.00 万元，占项目投资的 80.0%。专项债券于 2020 年分批发行完毕，其中 2020 年 1 月已完成发行 5600.00 万元，本次续发 10400.00 万元。假设融资利率 3.73%，期限 10 年，每年支付一次利息，到期一次偿还本金。

（四）资金平衡测算

本项目拟发行专项债券融资 16000.00 万元，假设专项债融资成本为 3.73% 的情况下，融资期内应还本付息金额为 21968.00 万元。经上述测算，在相关单位对项目收益预测及其所依据的各项假设前提下，本项目相关收益在债券存续期内可以全部按计划实现，可用于专项债券资金平衡的项目收益为 43930.72 万元，能实现覆盖债券本息 21968.00 万元，专项债券的本息覆盖率倍数为 2.00，预计与债券相关的项目收益能够合理保障偿还债券本金及利息，实现项目收益和融资自求平衡。

（五）案例分析

电力是经济发展的基础产业，配电网建设是电力供给侧结构改革的前提条件，也是电力消费革命的前提和基础。当前，随着新型城镇化建设的推进，对配电网特别是城镇配电网的供电能力和供电可靠性提出了更高要求，实现可靠供电、优质服务、提升居民的电气化水平已成为新时期电力供应的责任。北城区东、西区的发展离不开配电网工程的强力保障，将电网发展规划与城乡规划、土地利用规划无缝对接，既满足电网可靠性和经济性的要求，又满足城市发展需求，促进电网建设与城乡建设协调发展。工程实施后将使区域配电管网得到明显改善，随之推动区域地价增值，促进北城区的经济社会发展。同时，环境改善后有助于创造良好的投资环境，带动旅游业发展，为地区 GDP 的增长作出贡献。

四、总结

能源是国民经济和社会发展的重要基础。近年来，我国能源产业快速发展，但“富煤、贫油、少气”的资源禀赋特点使我国长期以来形成了以化石能源为主的能源消费结构，由此带来了生态环境破坏和能源资源瓶颈等问题。如何既能保障能源供给安全，又满足能源结构变革与产业结构转型的要求，促进能源、经济、社会、环境协调发展，推动我国经济高质量发展，是我国能源领域面临的重大挑战。国家发展改革委和国家能源局发布的《能源生产和消费革命战略》明确，到 2030 年，我国新增能源需求将主要依靠清洁能源满足。解决好能源问题是支撑我国 2035 年基本实现社会主义现代化、2050 年实现社会主义现代化强国目标的重要基础保障。

第三节　农林水利类项目专项债券

一、综述

“民族要复兴，乡村必振兴。”在我国即将全面建成小康社会的关键节点，农业仍是我国面临的重点和难点，发展农村产业是推进现代化农村的重要引擎，也是检验全面小康成果的重要支撑。目前，国家积极支持将地方政府专项债券用于农业农村建设，利用“全民热”的专项债券加大对农业农村的投入，保障对农业农村的支持力度，是当下发展农村产业的重要融资渠道。

水利工程是城市基础设施的一个主要内容，其主要功能是改善城市的人居环境，提高城市的整体竞争力，其间接经济效益远远大于工程的直接经济效益。水利项目的实施可充分提高水资源的利用程度，发挥灌区耕地的增产潜力，对山高坡陡的耕地进行退耕还林或保水保土耕作、遏制水土流失、改善生态环境、促进生态环境的良性循环具有十分重要的作用。

林业类项目的建设是推进生态文明建设、全面保护天然林资源、深化林业改革的一项重要措施，也是有效增加国家及区域木材供给、保障木材安全的关键措施和基本途径。项目的实施能增加森林植被，提高森林覆盖率，改善区域生态环境，有利于项目区精准扶贫，推动乡村振兴，促进产业结构调整，推进林业现代化进程，对实现区域经济、社会、生态的持续发展具重要的意义。

（一）发行依据

2018 年 1 月，中共中央、国务院《关于实施乡村振兴战略的意见》强调要集中力量推进高标准农田建设，改进耕地占补平衡管理办法，建立高标准农田建设等新增耕地指标和城乡建设用地增减挂钩节余指标跨省域调剂机制。同时，首次提出鼓励地方政府试点发行项目融资和收益自平衡的专项债，支持符合条件、有一定收益的乡村公益性项目建设。

2018 年 10 月，《国务院办公厅下发关于保持基础设施领域补短板力度的指导意见》（国办发〔2018〕101 号），明确水利领域重点任务，“加快建设一批引调水、重点水源、江河湖泊治理、大型灌区等重大水利工程”“进一步完善水利基础设施网络，加快推进中小河流治理等灾后水利薄弱环节建设”，同时强调“分配地方政府专项债券规模时，在充分考虑债务水平基础上，还要考虑在建项目和补短板重大项目资金需求”。

2019 年 2 月，为响应加大基础设施等领域补短板力度，用好地方政府专项债券，水利部下发《关于用好地方政府专项债券加快推进水利建设的通知》（水规计〔2019〕47 号），一方面阐明了部分地区水利建设资金筹措压力大、投资缺口大等问题，另一方面强调全力争取加大地方政府专项债券支持水利力度。同年 9 月，水利部再次下发《水利部关于进一步用好地方政府专项债券推进水利工程补短板工作的通知》（水规计〔2019〕259 号），进一步要求各级水行政主管部门“积极争取更多专项债券用于水利建设，加快补齐补强水利基础设施短板”。

2019 年 6 月，中共中央办公厅及国务院办公厅联合印发的《关于做好地方政府专项债券发行及项目配套融资工作的通知》提出，鼓励地方政府和金融机构依法合规使用专项债券和其他市场化融资方式，重点支持自然灾害防治体系建设、铁路、收费公路、机场、水利工程、生态环保、医疗健康、水电气热等公用事业、城镇基础设施、农业农村基础设施等领域。

2019 年 9 月，财政部新闻发布会明确专项债可用作资本金的投向范围，水利和供水领域被列入其中。

2020 年 7 月，中央农村工作领导小组办公室等七部门联合发布《关于扩大农业农村有效投资加快补上“三农”领域突出短板的意见》（中农发〔2020〕10 号），要求扩大地方政府债券用于农业农村规模。各地区要通过地方政府专项债券增加用于农业农村的投入，加大对农业农村基础设施等重大项目的支持力度。

2020 年 7 月 9 日，农业农村部印发《全国乡村产业发展规划（2020—2025 年）》，文中提出提升农产品加工业，拓展乡村特色产业，优化乡村休闲旅游业，发展乡村新型服务业，推进农业产业化和农村产业融合发展，推进农村创业创新。鼓励地方发行专项债券用于乡村产业。

2021 年 2 月 2 日，农业农村部办公厅发布《关于做好 2021 年农业农村领域地方政府专项债券发行使用工作的通知》指出，围绕推进现代农业设施建设和实施乡村建设行动，将党中央、国务院高度重视的高标准农田、现代种业提升、农产品仓储保鲜冷链物流、现代农业园区、农村人居环境整治、乡镇污水处理、智慧农业和数字乡村等重大项目纳入债券发行重点支持范围。

（二）建设内容

针对专项债券的支持方向，在农业农村领域，主要支持高标准农田综合整治、农村人居环境治理、农村公路等项目建设。同时，聚焦农业产业转型领域，支持现代农业产业园区、冷链物流、农业科技园区等项目建设。

在水利工程领域，主要支持水资源配置、河流防洪治理、干流治理等重点项目建设，建设内容包括防洪除险工程、农田水利工程、水力发电工程、航道和港口工程、供水和排水工程、环境水利工程、海涂围垦工程、综合水利枢纽工程等。

在林业领域，主要支持林业生态建设和治理、生态保护等重点项目建设，建设方向包括森林公园项目、湿地项目、物种保护项目、植物园项目、生态治理和生态旅游项目、储备林和种苗项目等。

（三）收入来源

农业类项目常见的收入来源主要为以下几类：

（1）农产品收入：种植收入、新增产能收入、种植基地租赁收入；

（2）土地相关收入：土地流转收入、新增耕地指标调剂收入、农田流转收入、农村建设用地增减挂钩指标交易收入；

（3）其他收入：农产品加工收入、冷链物流收入、仓储收入、污水处理收入。

水利工程项目直接产生的收益主要以供水收入、水资源费与水利售电收入（按上网电价计）三类为主。间接收益方面，水库建设和蓄洪区建设类项目可匹配生态旅游相关领域设施产生的商铺租金收入、停车费收入、门票收入等经营性收入；水资源配置类项目中涉及农村用水内容可匹配农田灌溉、牲畜饲养等经营性收入；河道清淤类项目可匹配河沙销售收入等费用。

林业类项目的收入来源主要为木材砍伐收入和林下经济收入，林下经济收入包括林下养蜂收入、林下养鸡收入、林果（黄桃）种植收入、食用菌种植收入、中草药种植收入。

二、农业类项目发行案例

贵州省遵义市赤水市高标准基本农田土地整治项目（一期）[①]

我国已进入全面建成小康社会的决定性阶段，正处于经济转型升级、加快推进社会主义现代化的重要时期，乡村兴则国家兴，乡村衰则国家衰。2020 年 5 月李克强总理在《政府工作报告》提出新建高标准农田 8000 万亩；增加专项债券投入，支持现代农业设施，饮水安全工程和人居环境整治。

① 信息来源：中国债券网 http：//www. chinabond. com. cn/cb/cn/。

（一）建设内容

本项目建设规模 25930 亩，建成高标准农田 14604 亩，新增耕地 3204 亩。建设田间道路 80 千米，生产道路 60 千米，新建沟渠 40 千米，改建沟渠 35 千米，新建水池 100 口，土地平整 15000 亩，复垦宅基地 600 亩，其他生态修复工程等。

（二）收入来源

本项目收入预计为项目增减挂钩节余指标和新增耕地指标流转收益。

参考《正安县城乡建设用地增减挂钩项目节余指标易地流转协议书》，增减挂钩指标流转价款单价为 22 万元/亩，该协议为 2018 年 1 月签订，不考虑近三年价格上涨因素，保守预估本项目增减挂钩指标转让单价 22 万元/亩。

根据赤水市人民政府与红花岗区人民政府 2019 年 9 月签订的《新增耕地指标流转协议书》，新增水田转让价格按每亩人民币 8 万元执行。

根据赤水市国土资源局与赫章县国土资源局 2017 年 8 月签订的《新增耕地指标转让合同》，新增耕地以 1.68 万元/亩有偿转让，考虑近三年来指标稀缺导致价格上涨，本项目预估新增旱地转让价格 2 万元/亩。

综上，各项指标转让价格及面积如下：

（1）增减挂钩指标市场价：22 万元/亩，面积共 600 亩；

（2）新增水田指标：8 万元/亩，面积共 1030 亩；

（3）新增旱地指标：2 万元/亩，面积共 94.4310 亩。

预计项目存续期能产生收入 21629.80 万元。

（三）偿债安排

本项目计划发行 10 年期债券，2020 年 8 月发行 1000.00 万元，专项债券测算利率为 4.00%（根据近 30 天同期限地方债收益率均值，基于谨慎性原则，假设债券年利率 4%。该取数高于近两期地方债收益率均值，更为科学审慎）。本项目总体债务还本付息情况：专项债券本息总额 1400.00 万元，专项债券本金总额 1000.00 万元，专项债券利息总额 400.00 万元；市场化融资本息总额 10790.75 万元，市场化融资本金总额 8500.00 万元，市场化融资利息总额 2290.75 万元；总债务本息 12190.75 万元，总债务本金 9500.00 万元，总债务利息 2690.75 万元。

（四）资金平衡测算

从项目的经营活动、投资活动、筹资活动三方面对项目财务计划现金流量进行分析，根据测算，债券存续期各年累计现金结存额均为正值，经计算，项目总债务本息保障倍数为 1.22，能够实现项目收入与融资自求平衡。

（五）案例分析

本项目通过实施土地平整工程、灌溉与排水工程、田间道路工程、农田防护与生态环境保持工程及其他工程，项目区的生产条件、土壤肥力和生态环境将得到较大改善，为农业可持续发展奠定坚实的基础，农业用地的经济效益明显提高。

通过对田、土、水、路、综合整治，将形成较完善的田间道路系统和农田灌排系统，有利于改善耕地质量，提高耕地的保水保肥能力，使项目区土地质量得到全面提高。项目建设有利于农民应用先进的生产技术，从而提高产量，为农民增收找到新的支点。此外，项目实施后耕地面积增加，农业产业结构的调整可为项目区内农村剩余劳动力提供就业机会，解决部分农民土地利用矛盾与经济来源困难的现状难题。

三、水利类项目发行案例

云南省景洪市曼点水库建设项目①

（一）建设内容

曼点水库工程规模为中型水库，是一座以保证橡胶林灌溉用水、阿南河沿岸农田灌溉用水和农村人畜用水，并作为景洪城区备用水源的综合利用的水利枢纽工程。大坝为混凝土重力堆石坝，最大坝高 78.0 米，水库总库容 1234 万立方米，兴利库容 769 万立方米。水库建成后多年平均提供橡胶供水 488 万立方米，多年平均提供农业供水 270 万立方米，多年平均提供人畜供水 30 万立方米，灌溉总面积 5.38 万亩。

（二）收入来源

本项目收入主要为城市用水原水供应、灌溉供水收入。

项目建成后将与景洪市自来水公司联通，景洪市自来水公司的水源由曼点水库进行供水，设计到 2021 年供水规模 4 万立方米/天，2023 年供水规模 8 万立方米/天。根据《西双版纳州发展改革委关于调整景洪市水利工程供水价格的批复》（西发改价格〔2016〕

① 信息来源：中国债券网 http：//www. chinabond. com. cn/cb/cn/。

163号）文件，城市用水原水供应按每立方米0.50元计收，考虑到本项目发债期较长，供水价格自2031年起每立方米增加0.1元。本项目农业灌溉面积为5.38万亩；根据《西双版纳州发展改革委关于调整景洪市水利工程供水价格的批复》（西发改价格〔2016〕163号），其他经济作物用水价格为60元/亩/年，每年灌溉供水收入322.80万元。

经以上分析计算，项目运营期收入为供水收入（含城市原水供水收入、农业灌溉供水），合计项目运营期收入34149.80万元。

（三）偿债安排

本项目计划2020年发债15000万元，发债期限10年，发债利率4.5%，偿债方式为按半年付息，到期还本；2030年到期续发9000万元，发债期限10年，发债利率4.5%，偿债方式为按半年付息，到期还本。本息合计25800.00万元（不计续发债券本金）。

（四）资金平衡测算

本项目累计资金流入85818.24万元，在偿还本项目总债务后，仍有5501.51万元的累计现金结余。资金测算平衡情况详见经测算，本项目债务保障倍数约为1.2，项目预期收入能够合理保障偿还融资本金和利息，能实现项目收益和融资自求平衡，因此，本项目具有较好的偿债能力。

（五）案例分析

通过本项目的建设，创建了良好的城市风貌，解决了给水系统供需矛盾问题。供水设施的改善为片区产业发展提供了支撑，为招商引资工作提供了支持，为景洪市快速发展提供了基础保障。同时，本项目提高了景洪市的供水能力和供水质量，改善人民的生活条件，提高居民的生活质量，增进了人民身体健康。

项目建成后能极大地提高西双版纳州景洪市水利基础设施水平，提高供水安全可靠程度，改善民生，最大程度支持城市经济的持续稳定发展。

四、总结

我国是重要的农业大国，农业对于人们的发展有着非常重要的作用，然而在农业发展的过程中，经常会面对洪涝和干旱，导致农民的收成不好。因此需要建立好农田水利工程，一方面可以帮助提高农民的经济效益，并且改善周围农村的环境，另一方面有助于维持生态的平衡发展，减轻各种灾害对农业产生的显著影响，从而促进我国农业能够实现可持续发展。农林水利工程的建设能够非常有效地解决这一系列问题，保护好农村的生态环境，并且做好农业灌溉工作，确保农村的生态环境得到循环发展，有助于我国的农业整体发展水平得到显著提高，从而加快目前阶段农业现代化的进展过程。

第四节 生态环保类项目专项债券

一、综述

改革开放以来，我国经济社会发展取得巨大成就，但在各区域经济发展过程中，大规模的工业化、城镇化导致环境污染和生态恶化等问题日益加剧。党的十九大提出将建设生态文明提升至中华民族永续发展的千年大计，坚持节约资源和保护环境的基本国策，坚决打赢防范化解重大风险、精准脱贫、污染防治三大攻坚战。

生态环保类项目主要方向为污水垃圾处理。污水处理类项目的实施可以通污水处理厂的提标改造及配套管网建设项目，解决污水排放问题，是保护河流水质和生态环境的重要举措，符合中央发展循环经济、建设资源节约型、环境友好型社会的精神，是地区建设发展必须具备的条件。垃圾处理类项目的实施可以从垃圾源头减少垃圾的产生，适应城市生活垃圾处理的发展趋势，实现从被动的末端治理向从源头控制的全过程管理转变，同时还可以通过分类回收实现垃圾资源化和综合利用。

因此，为确保实现污染防治攻坚战阶段性目标，发挥政府投资项目的引导和带动作用，生态环保领域政府投资将持续加大。地方政府专项债券作为积极财政政策的重要组成部分为生态环保领域项目的开工投产提供了新动力。

（一）发行依据

2018 年 2 月，财政部《关于做好 2018 年地方政府债务管理工作的通知》（财预〔2018〕34 号），鼓励地方政府创新和丰富债券品种，优先在重大区域发展以及生态环保、乡村振兴等领域积极探索试点发行专项债。

2018 年 6 月，国务院《关于全面加强生态环境保护坚决打好污染防治攻坚战的意见》指出，要加快生态保护与修复，改革完善生态环境治理体系。

2018 年 10 月，国务院办公厅《关于保持基础设施领域补短板力度的指导意见》（国办发〔2018〕101 号），专项债投向要着重考虑在建项目和补短板重大项目资金需求，围绕打好精准脱贫、污染防治攻坚战的目标，着力补齐农业农村、生态环保等领域短板。

2019 年 6 月，中共中央办公厅、国务院办公厅《关于做好地方政府专项债券发行及项目配套融资工作的通知》（厅字〔2019〕33号），重点支持推进重大区域发展建设及包含生态环保在内重点领域项目建设。

2020年7月，财政部《关于加快地方政府专项债券发行使用有关工作的通知》（财预〔2020〕94号），强调优化新增专项债资金投向，重点用于国务院常务会议确定的生态环保项目等七大领域。

2021年3月8日，国务院新闻办公室举行新闻发布会2021年将安排地方政府专项债券3.65万亿元，精准用于交通、能源、农林水利、生态环保、社会事业、物流、市政和产业园区基础设施等领域有一定收益的基础设施和公共服务项目。

（二）建设内容

污水处理类项目的建设内容主要为城市、乡镇、村庄的污水厂、污水站以及配套污水管网等污水处理设施建设，以及整治南水北调东线中线水源地及其输水沿线、京津冀、长江经济带、环渤海区域。

垃圾处理类项目的建设内容主要为垃圾处理厂及填埋场、焚烧厂等垃圾处理设施的建设，以及相关垃圾处理设备的采购。

（三）收入来源

污水处理类项目的收入来源主要包括污水处理的经营收入，部分水污染治理还涉及土地出让收入，部分地区的收益来源还包括增值税返还。

垃圾处理类项目的收入来源主要包括垃圾处理的经营收入、垃圾发电收入、垃圾转运收入等。

此外，停车费和广告费等配套收入也是部分生态环保项目的收益来源。

二、污水处理类项目发行案例

云南省普洱市思茅城区东部片区污水综合治理项目①

（一）建设内容

本项目新建思茅区第四污水处理厂，设计日处理规模20000立方米，再生水回用设计规模10000立方米/天；铺设东部区污水截污干管9.013千米，东部区清污分流污

---

① 信息来源：中国债券网 http：//www.chinabond.com.cn/cb/cn/。

水收集管网6.512千米，敷设再生水管网11.872千米。项目建成后，污水处理厂规模达到20000立方米/天，出水水质为一级A排放标准，可以改善思茅区东部片区生态环境，保障人民身体健康，造福社会，推动普洱市思茅区经济发展。

(二) 收入来源

本项目的收入为污水处理收入和中水回用收入，为专项收入。

(1) 收费标准。根据普洱市发展和改革委员会转发《云南省物价局关于普洱市主城区城市污水处理价格调整方案的批复》的通知（普发改价格〔2010〕401号），本项目按第二步污水处理征收标准1.2元/立方米执行。参照类似地区中水的供水价格，本项目中水供水价格取1元/立方米。

(2) 污水处理量。本项目年污水处理量为730万立方米（20000立方米/天），中水供水规模365万立方米（10000立方米/天）。

经测算，在债券存续期内，本项目收入为16133.00万元。

(三) 偿债安排

本项目计划2020年发债10000万元，发债期限7年，发债利率4.5%，偿债方式为按年付息，到期还本；2027年续发5000万元，发债期限7年，发债利率4.5%，偿债方式为按年付息，到期还本。发债期内本息合计14725.00万元（不计续发债券本金）。

(四) 资金平衡测算

本项目累计资金流入45062.59万元，在偿还本项目总债务后，仍有1853.00万元的累计现金结余。项目预期收入能够合理保障偿还融资本金和利息，能实现项目收益和融资自求平衡，因此，本项目具有较好的偿债能力。

(五) 案例分析

污水处理厂建成运行后，将有效地解决该地区的生活污水污染问题，提高人民的健康水平，改善城市的工作和生产环境，创造良好的投资环境。污水治理工程的实施将减少细菌的滋生地，减少疾病，提高城市卫生水平及人民健康水平。项目工程实施后，将大大改善当地的生态环境，有利于区域经济的发展。

城市污水处理工程是一项保护环境、为子孙后代造福的公用事业工程。污水处理厂工程建成投产后，排入河流的污染物显著减少，使河水水质以及地下水的水质得到改善。本项目的实施将进一步改善思茅区环境卫生及投资环境，为思茅区的建设提供排水公共设施的保证，为居民提供健康上的益处。

三、垃圾处理类项目发行案例

河北省蔚县城乡生活垃圾转运站建设项目[①]

（一）建设内容

本项目拟新建12立方米智能式压缩站（两台）小型垃圾中转站9座，12立方米智能式压缩站（1台）小型垃圾中转站4座，20立方米两机6工位中8型垃圾中转站2座（配套停车位、办公区域及检修站等），20立方米一机3工位中型垃圾中转站7座，共计22座。

项目总用地面积60亩，总建筑面积为9000平方米，其中：小型站每站平均200平方米，中型3工位站每站平均600平方米，中型6工位站每站平均1000平方米。

（二）收入来源

收入来源主要是垃圾处理费收入，运营期收入合计为21306.63万元。根据当地收费标准计算每年运营收入如下：

序列	缴费行业	收费标准	收费规格（户、人、平方米、个）	收费金额（万元）	备注
1	居民	3元/户/月（常住）	187277.00户	674.20	
		2元/人/月（暂住）	78900.00	189.36	
2	机关单位	1.5元/人/月	19500.00	35.10	
3	餐饮行业	1.0元/平方米/月	81840.00	98.21	50—100平方米
		0.9元/平方米/月	172800.00	186.62	100—500平方米
		0.8元/平方米/月	140800.00	135.17	500—1000平方米
		30元/户/月	2135.00	76.86	50平方米以下
4	商业零售	0.6元/平方米/月	260480.00	187.55	50—100平方米
		0.5元/平方米/月	288300.00	172.98	100—500平方米
		0.4元/平方米/月	293600.00	140.93	500—1000平方米
		0.3元/平方米/月	156000.00	56.16	1000—5000平方米
		20元/户/月	6933.00	166.39	50平方米以下

① 信息来源：中国债券网http：//www.chinabond.com.cn/cb/cn/。

续表

序列	缴费行业	收费标准	收费规格（户、人、平方米、个）	收费金额（万元）	备注
5	桑拿、洗浴、休闲娱乐、美容美发	0.8 元/平方米/月	58980.00	56.62	
6	长、短途客运车	0.5 元/座/月	9040.00	5.42	
7	农贸、集贸市场	5 元/摊/月	5760.00	34.56	
8	医院、旅店、宾馆、酒店	1.5 元/人/月	14820.00	26.68	
9	合计	2242.80			

（三）偿债安排

2020 年蔚县城乡生活垃圾转运站建设项目专项债券发行规模 5900.00 万元，其中 2020 年拟申请债券 1000.00 万元，2021 年拟申请债券 4900.00 万元，假设融资利率 4%，期限 10 年，在本期债券存续期的最后 5 年每年的还本日偿还 20%。已兑付本金自兑付日起不另计利息，在存续期内按半年支付利息，自融资之日起 10 年应还本付息。

（四）资金平衡测算

通过对项目还本付息的测算，蔚县城乡生活垃圾转运站建设项目用于资金平衡的相关收益为 13066.68 万元，融资本息为 7788.00 万元，覆盖倍数为 1.68。蔚县城乡生活垃圾转运站建设项目能够合理保证偿还本期债券本金和利息，可以实现项目收益与融资自求平衡。

（五）案例分析

城市生活垃圾处理项目是城市重要的基础设施，是解决城市环境污染、资源短缺等问题的有效途径，对提高群众素质和生活质量有积极作用。本项目的建设有效地解决了服务区域内的垃圾出路问题，提高了当地生活垃圾的无害化利用率，提高了生活垃圾的资源利用率，减少了生活垃圾的填埋量，改善了服务区的生态环境。

此外，生活垃圾转运站建成后，可以提高垃圾的运转能力，解决垃圾车沿途污水滴漏的问题，可以使臭气外逸问题得到有效控制和缓解。垃圾处理收费制能够有效减轻垃圾处理公共支出的压力，同时也能强化市民的环境意识，实现垃圾的“减量化”。

四、总结

生态环境是人类生存，生产和生活的必备条件。在我国经济社会快速发展的过程中，一直高度重视生态环境的保护和建设，部分地区的生态环境得到了显著改善。污水处理类专项债券项目的实施，能够有效恢复城市乃至流域的良好水环境，降低由于污染物排放对环境的危害，避免对水源土壤和空气环境造成污染和影响，为当地百姓提供符合国家标准和要求的健康生活环境；同时，对于污水的处理还能提升水资源利用的效率，符合资源节约型社会的建设方向。垃圾处理类专项债券项目的实施有利于实现垃圾的无害化处理，同时将可回收的资源加以利用，对于保护环境和节约资源都有着积极意义。

第五节　社会事业类项目专项债券

一、综述

社会事业领域项目事关民生，与万千百姓生活息息相关。社会事业领域专项债券，是指由市场化运营的公司法人主体发行，募集资金主要用于社会领域产业经营性项目建设，或者其他经营性领域配套社会领域产业相关设施建设的债券。

社会事业领域专项债券包括以下专项债券类型：

1. 卫生健康（含应急医疗救治设施、公共卫生设施）产业专项债券，主要用于为群众提供医疗、健康管理等健康服务项目。

2. 教育（学前教育和职业教育）产业专项债券，主要用于建设教育培训服务设施设备、提供教育培训服务、生产直接服务教育发展的教学教具产品的项目。

3. 养老产业专项债券，主要用于为老年人提供生活照料、康复护理等服务设施设备，以及开发康复辅助器具产品用品项目。

4. 文化旅游产业专项债券，其又可细分为文化、体育、旅游三大产业。文化产业专项债券，主要用于新闻出版发行、广播电视电影、文化艺术服务、文化创意和设计服务等文化产品生产项目，以及直接为文化产品生产服务的文化产业园区等项目。体育产业专项债券，主要用于体育产业基地、体育综合体、体育场馆、健身休闲、开发体育产品用品等项目，以及支持冰雪、足球、水上、航空、户外、体育公园等设施建设。旅游产业专项债券，主要用于旅游基础设施建设、旅游产品和服务开发等项目。

5. 其他社会事业专项债券。

（一）发行依据

社会事业领域投资建设是关乎人民群众生活保障的基础，国务院总理李克强在2019年、2020年、2021年，连续三年《政府工作报告》中提出要围绕保障和改善民生，推动社会事业改革发展。

中共中央、国务院印发《“健康中国2030”规划纲要》提出，我国要全面建成体系完整、分工明确、功能互补、密切协作、运行高效的整合型医疗卫生服务体系。

2020年2月25日，中共中央、国务院发布《关于深化医疗保障制度改革的意见》提出改革发展目标：到2025年，医疗保障制度更加成熟定型，基本完成待遇保障、筹资运行、医保支付、基金监管等重要机制和医药服务供给、医保管理服务等关键领域的改革任务。到2030年，全面建成以基本医疗保险为主体，医疗救助为托底，补充医疗保险、商业健康保险、慈善捐赠、医疗互助共同发展的医疗保障制度体系，待遇保障公平适度，基金运行稳健持续，管理服务优化便捷，医保治理现代化水平显著提升，实现更好保障病有所医的目标。

2019年2月，中共中央、国务院印发了《中国教育现代化2035》提出了推进教育现代化的八大基本理念：更加注重以德为先，更加注重全面发展，更加注重面向人人，更加注重终身学习，更加注重因材施教，更加注重知行合一，更加注重融合发展，更加注重共建共享。

2019年4月16日，国务院办公厅印发《关于推进养老服务发展的意见》（国办发〔2019〕5号）提出具体意见：深化放管服改革，拓宽养老服务投融资渠道，扩大养老服务就业创业，扩大养老服务消费，促进养老服务高质量发展，促进养老服务基础设施建设。

2021年3月，党的十九届五中全会通过的《中共中央关于制定国民经济和社会发展第十四个五年规划和二〇三五年远景目标的建议》明确提出，推动文化和旅游融合发展，建设一批富有文化底蕴的世界级旅游景区和度假区，打造一批文化特色鲜明的国家级旅游休闲城市和街区，发展红色旅游和乡村旅游。

（二）建设内容

针对专项债券的支持方向，在卫生健康领域，主要支持综合性医院、中医院、应急医疗中心、妇女儿童保健医院、心血管等专科医院的新建、改建、扩建、设施设备升级等。

在教育领域，主要支持地方中等职业技术学校、地方高等专科学校、地方高等院校、区域幼儿园等项目建设。

在养老领域，主要支持地方综合养老服务中心、社区养老院基础设施升级改造、地方康养中心等项目建设。

在文化旅游领域，主要支持自然风景名胜区基础设施改扩建和设备升级、地方民族特色旅游专区打造、历史文化遗址保护和开发等项目建设。

（三）收入来源

卫生健康类项目常见收入来源有以下几类：

（1）门诊相关收入：门诊费、检查收入、药品收入等。

（2）住院收入：床位费、手术检查费、住院药品收入等。

（3）配套停车场收入。

教育类项目常见收入来源有学生学费收入、住宿费收入、短期职业培训收入、食堂经营收入、配套商业用房出租收入等。

养老类项目常见收入来源有床位费、一般医疗护理费、特殊医疗护理费、膳食费、代办服务性收费、养老产业相关产品和服务供给收入、停车费等。

文化旅游类项目常见收入来源有景区门票收入、游客住宿收入、游客餐饮收入、娱乐活动收入、文创产品及特产销售收入、营地宿营收入、接驳车收入、自行车租赁收入、商铺出租收入，停车场收入、景区广告收入。

二、发行案例一

河北省沧州中西医结合医院骨伤康复院区（一期）建设项目①

河北省沧州中西医结合医院骨伤康复院区（一期）建设项目募集专项债券资金30000.00万元，发行期限为10年期，利息按每半年支付一次利息，在债券存续期的最后五年每年还款6000.00万元，已兑付本金自兑付之日起不另计利息。

（一）建设内容

河北省沧州中西医结合医院骨伤康复院区作为河北省沧州中西医结合医院在高新区分院区，重点发展康复、中医、治未病等学科。

---

① 信息来源：中国债券网 http：//www.chinabond.com.cn/cb/cn/。

（1）建设内容：主要建设门急诊医技综合楼，附属设施（锅炉房以及污水处理站、液氧站），中药制剂楼。

（2）建设规模：项目总占地面积为 87 亩，建筑面积 126000 平方米，其中地上建筑面积 101000 平方米，地下建筑面积 25000 平方米（含人防）。骨伤康复院区一期项目规划可开放 1200 张床位，日门诊量可达 3600 人次。

（二）收入来源

本项目运营收入来源主要为住院收入和门诊收入。2030 年按 6 个月估算。

（1）住院收入。本项目建成后新增床位 1200 张，根据河北省沧州中西医结合医院 2017—2019 三年住院床位收入预计每床位日均收入约为 1900 元/床·天，床位使用率约 90%。项目建成后新增住院收入 = 床位数 × 床位使用率 × 单价（元/床·天）×365 天 = 74898 万元/年。住院收入以后每年在上一年基础上上涨 5%。

（2）门诊收入。根据河北省沧州中西医结合医院 2017—2019 三年门诊量估计，项目建成后预计门诊日接待人次 1000 人/天，人均单次消费约 233.11 元。项目建成后新增门诊收入 = 日门诊次数 × 单次（元/次）×365 天 =8508.52 万元/年。门诊收入以后每年在上一年基础上上涨 5%。

预计债券存续期间，项目运营总收入为 984382.74 万元。

（三）偿债安排

本项目的总投资为 62500 万元，其中项目资本金 32500.00 万元，占项目总投资的 52.00%，资金来源于中央财政补贴 10000.00 万元和项目单位自筹 22500.00 万元，项目单位自筹资金由项目单位自有资金解决；剩余 30000.00 万元为本次拟发行的政府专项债券资金，占总投资的 48.00%。

本项目拟 2020 年发行政府专项债 30000.00 万元，发行期限为 10 年。从谨慎性原则考虑，本期债券综合利率假定为 4.00%，每半年支付一次利息，在债券存续期的最后五年每半年还款 6000.00 万元，已兑付本金自兑付之日起不另计利息。

（四）资金平衡测算

本项目债券存续期内预计用于资金平衡的净收益为 71738.06 万元，债券存续期内债券还本付息总额 39600.00 万元，债券存续期内项目运营净收益对债券本息覆盖倍数为 1.81 倍。能够合理保证偿还本期债券本金、利息，可以实现项目收益与融资自求平衡。

（五）案例分析

河北省沧州中西医结合医院骨伤康复院区（一期）建设项目的实施属于《产业结构调整指导目录（2011年本)》(2013修正）中“第一类鼓励类”的“三十六、教育、文化、卫生、体育服务业”中的“医疗卫生服务设施建设”。项目建成投入使用后能够提高沧州市的卫生系统疾病救治能力，及时应对突发公共卫生事件；可减少病情对人民群众的身体健康和生命安全的威胁，维持正常的生产、生活和工作秩序，促进社会经济的协调发展。本项目的建设有利于提高当地医疗技术水平及医疗条件，为当地百姓就近就医提供方便，使医疗卫生事业上一步台阶。项目的建设对促进沧州市乃至河北省医疗卫生保健产业发展具有重大意义，项目将为广大人民群众提供丰富、优质的医疗卫生服务，对促进经济增长、扩大劳动就业，提高沧州市形象具有重要作用。

三、发行案例二

额济纳旗居延海文化旅游景区文化娱乐建设项目[①]

额济纳旗居延海文化旅游景区文化娱乐建设项目属于有一定收益的公益性项目，符合国民经济和社会发展规划及行业规划。项目建成后将以完善的旅游配套要素体系成为额济纳旗全域旅游产业布局的重要补充，促进额济纳旗旅游业和关联产业的共同发展，优化地区产业结构，使区域经济社会发展步入良性循环，地方财政收入得到显著增加。通过发展生态旅游业等高效益的第三产业，能够促进当地产业结构调整，增加农牧民收入，推动农村牧区社会经济可持续发展，对加快社会主义新农村建设、促进少数民族地区安定团结具有重要意义。

（一）建设内容

本项目建设内容由入口服务区、鸿雁码头、东归码头、博物馆及周边场地、老子升仙台提升改造、勒石客栈、商业用房、生态保护及修复带和其他基础设施组成。主要建设内容及规模如下：

（1）入口服务区：入口（人行检票通道）618.82平方米；游客服务中心1211.59平方米；蒙古部落：牧民餐饮建筑600平方米、护栏180米；员工宿舍及管理处1495.17平方米；摆渡车集散广场5820平方米；亭廊4座，总面积851平方米；硬化

① 信息来源：中国债券网 http：//www. chinabond. com. cn/cb/cn/。

铺装 24909 平方米；景观绿化 2300 平方米。

（2）鸿雁码头：码头引桥 640 平方米；环形廊架 2 座，总面积 135 平方米；观景平台 1360 平方米；观景塔 1 座；陆地栈道 570 平方米；码头改造：码头及外侧平台改造 1280 平方米、廊架 75 米；鸿雁节点雕塑及水上标语牌各 1 组。

（3）东归码头：廊架 4 座，总面积 198 平方米；售卖亭 97 平方米；东归码头广场 4388 平方米；浮箱码头 280 平方米；东归大旗 1 座。

（4）博物馆及周边场地：博物馆 2700 平方米；博物馆广场铺装面积 10800 平方米；售卖亭 12 组，面积 144 平方米；休息廊架 3 组，面积 108 平方米；张拉膜帐篷 2 组，面积 160 平方米；水景 210 平方米；湿地植物科普区 2950 平方米；户外大型标本科普区 5130 平方米。

（5）老子升仙台提升改造：码头引桥 320 平方米；浮箱码头 120 平方米；售卖亭 3 个，面积 171.7 平方米；老子升仙平台：平台改造 1177 平方米、绿化 174 平方米；老子升仙台连通栈道 620 平方米；下沉广场 1400 平方米。

（6）勒石客栈：木屋 30 座，总面积 1308 平方米；服务用房 195.47 平方米；木铺装 4660 平方米；硬化面积 24836.5 平方米，设有点风景石、景观小品、亭廊；儿童活动区、拓展活动区：包括儿童活动设施、拓展运动设施、儿童秋千等。

（7）商业用房 500 平方米。

（8）水上娱乐区：清淤工程 15000 平方米、浮箱码头 160 平方米、漂浮栏 1000 米。

（9）生态保护及修复带 48860 平方米。

（10）其他基础设施：道路工程：水泥混凝土路 37260 平方米、砂石路 11000 平方米、芦苇栈道 23000 平方米；停车场：停车场管理用房 32 平方米、停车场面积 75653.03 平方米；小火车 2 辆；清淤工程 140000 立方米；木栈道与平台 9949.51 平方米；配置木船平台、遮阳伞、景观座椅、圆木坐凳等；室外照明工程 1 项；智慧景区 1 项；环卫设施：旅游厕所（卫生间改造 332.27 平方米、新建旅游厕所 642.76 平方米）、垃圾处理设施；标识标牌 113 个。

（11）公用工程：给水工程、排水工程及电气工程。

（二）收入来源

本项目未来预期收入主要为门票收入、特色餐饮、营业用房租赁收入等。预测数据出于谨慎性原则（少估收益，多估成本），故暂不考虑项目发债期间内专项收入增加情况。

（1）游客人数预测。目前，景区已具备一定的接待基础，项目建设不影响游客的正常接待。参照居延海旅游区 2019 年接待游客量为 21. 32 万人次，2020—2021 年景区处于建设初期，旅游市场仍依靠基础市场，稍受影响，游客增长速度较为缓慢，预计此阶段游客量增长率为 9%—10%；2022—2026 年，景区基本建设完善，知名度也逐步提高，进入快速发展阶段，预计此阶段游客量增长率为 12%—17%；2027 年及以后，景区游客市场基本成熟稳定，进入稳步发展期，游客增长速度放缓，预计此阶段游客量增长率为 11%—15%。以 21. 32 万人次为基数，综合考虑旅游地生命周期理论、额济纳旗近年的旅游业增长状况，以及未来开发建设带来的增长等因素进行综合预测。

因此景区从 2020 年开始进行游客量预测。

为满足景区内部游客乘车需求，配置环保无污染无轨小火车 2 辆。小火车接待人数占接待人数的 30%；特色餐饮接待人数占接待人数的 1%；大型、小型木屋租赁天数 120 天，租赁负荷逐步增长，运营期第一年为 80%，运营期第二年为 85%，运营期第三年为 95%，第四及以后年度为 100%；游船接待人数占接待游客 40%；商业用房租赁面积 500 平方米；售卖亭出租个数 22 个。

（2）单价预测。

本项目收入根据《阿拉善盟发展和改革委员会关于阿拉善盟部分旅游景区门票和旅游服务车辆收费标准的通知》阿发改费字〔2015〕204 号，后附，进行预测如下：

门票按人均消费 60. 00 元计算；

小火车人均消费 30. 00 元计算；

特色餐饮人均消费 80. 00 元计算；

大型木屋 10 栋，按租赁天数 120 天，单价 1200. 00 元/（天·栋）计算；

小型木屋 20 栋，按租赁天数 120 天，单价 900 元/（天·栋）计算；

游船按人均消费 50 元计算；

商业用房出租按 600 元/（平方米·年）计算；

售卖亭出租按 10000 元/（个·年）计算。

据上，得到本项目专项债券存续期间可以取得的经营收入合计为 45568. 60 万元。

（三）偿债安排

本项目总投资为 29998. 76 万元，其中：资本金 19998. 76 万元，占总投资的 66. 67%，为项目单位自有资金，项目资本金符合财政部支持专项债券作为项目资本金的使用范围及国务院印发《关于调整和完善固定资产投资项目资本金制度的通知》（国发〔2015〕51 号）以及《国务院关于加强固定资产投资项目资本金管理的通知》（国发〔2019〕26 号）关于项目资本金比例的要求；计划发行专项债 10000. 00 万元，占总投资的 33. 33%。除专项债券融资外，本项目没有其他融资。

本次拟申请债券金额5000.00万元。债券期限为10年，假设利率为4%（根据近30天同期限地方债收益率均值保守估计）。债券存续期内每半年支付一次利息，到期一次性支付本金和当期利息。本期债券存续期偿还债券利息总额为4000.00万元，其中建设期利息为200.00万元，经营期利息为3600.00万元。专项债发行费率假定为发行额度的1‰。此次债券品种为记账式固定利率付息债券、新增债券。

（四）资金平衡测算

本项目计划发行10000.00万元专项债融资到期时，在偿还债券本息后，累计运营净收益为28859.12万元。经测算，归属本项目债券收入对本期申请债券本息覆盖率为2.06倍，本项目具有较强的抗风险能力。

（五）案例分析

额济纳旗居延海文化旅游景区文化娱乐建设项目将依托居延海优质的自然条件和文化内涵继续完善景区的各项基础设施和功能服务设施，将景区打造成为环境优美、旅游产品类型丰富、文化氛围浓郁的休闲观光度假区。从旗域旅游发展来看，景区是额济纳旗旅游业发展的重要补充，能够促进地区旅游业持续发展。项目符合国家及地方相关政策文件的支持范围，能够受到政府的关注与支持。

项目的建设可以改善旅游区基础服务设施现状，是促进社会生产力发展的社会事业项目，对于提高额济纳旗人民群众的生活质量有着积极的促进作用。对于坚持以人为本、深入贯彻落实科学发展观，推进社会主义和谐社会建设也具有深远的意义。因此，本项目的实施公益性较强。同时，项目是实现“扶持一个项目、带动一个产业、发展一片经济、脱贫一方百姓”扶贫发展思路的举措，能够为消除社会隐患、维护社会稳定，加快推动当地经济社会发展作出重要贡献。

四、总结

综上，医疗、教育、养老、文化旅游等重点民生问题，连接民心。近年来，养老、健康、文化创意、体育、旅游等多个促进服务业发展和扩大消费的政策文件相继出台，民间投资积极性不断提高，相关领域的服务能力不断提升，新兴业态不断涌现，人民群众对美好生活的需要日益广泛，对美好人居环境的要求日益增长。

专项债券支持投资社会事业领域，也是我国对于解决社会事业领域长期存在放宽准入不彻底、扶持政策不到位、监管体系不健全等问题的重要举措，从根本上解决融资渠道窄、抵押贷款难等制约社会投资进入的重要方法。随着国内经济发展形势的变化，坚持满足多层次多样化民生需求和培育经济新动能的发展方向，从社会事业领域面临的突出问题入手，有利于开创社会事业与产业互促共进的新局面。

第六节　城乡冷链物流基础设施类项目专项债券

一、综述

我国冷链物流行业从2001年中国物流采购联合会成立后开始，冷链物流基础工作全面展开，并于2008年进入快速发展的黄金时期，各种政策规划和行业标准也陆续出台，到2018年，我国冷链进入3.0时代，实现多方面的转型升级。但与发达国家成熟完整的冷链体系相比仍然存在许多薄弱环节，主要体现在冷鲜产品损耗率高、生鲜商品运输率低等方面。

据统计目前欧美国家已经将生鲜产品的损耗率控制在5%的稳定水平，其他食品的损耗率也已经降到了1%以下。而我国的生鲜平均损耗率在10%以上，是欧美国家的2—3倍，大大提高了生鲜市场的成本。我国水产品、肉类、果蔬冷链运输率分别为69%、57%、35%，而发达国家这部分指标的平均水平在80%—90%。

同时，我国冷链物流设施相对而言不够完善，使大多数生鲜商品在运输过程中得不到规范的保温、保湿、冷藏，加大了流通损耗，也加大了从农户到消费者的价格、品质的不稳定因素。

国家将城乡冷链物流基础设施作为专项债券重点支持领域，是加快农产品冷链物流基础设施建设，从源头加快解决农产品出村进城“最初一公里”问题。

（一）发行依据

近几年以来，尤其是2020年，政府对冷链物流的政策意见出台非常密集，对冷链物流建设发展密切关注，一系列相关政策意见的出台都给中国冷链物流行业的发展带来了比较好的政策环境。

2017年4月21日，国务院办公厅《关于加快发展冷链物流保障食品安全促进消费升级的意见》（国办发〔2017〕29号），提出着力构建符合我国国情的“全链条、网络化、严标准、可追溯、新模式、高效率”的现代化冷链物流体系，满足居民消费升级需要，促进农民增收，保障食品消费安全。

2019年5月5日，财政部办公厅、商务部办公厅印发《关于推动农商互联完善农产品供应链的通知》（财办建〔2019〕69号），提出支持农产品流通企业或新型农业经营主体推广现代冷链物流管理理念、标准和技术，建设具有集中采购和跨区域配送能力的农产品冷链物流集散中心，配备预冷、低温分拣加工、冷藏运输、温度监控等冷链设施设备，建立覆盖农产品加工、运输、储存、销售等环节的全程冷链物流体系。

2019年7月30日，中央政治局会议明确提出实施城乡冷链物流设施建设工程。

2020年1月2日，中共中央、国务院发布2020年中央一号文件《关于抓好“三农”领域重点工作确保如期实现全面小康的意见》，提出启动农产品仓储保鲜冷链物流设施建设工程。加强农产品冷链物流统筹规划、分级布局和标准制定。安排中央预算内投资，支持建设一批骨干冷链物流基地。

2020年1月6日，农业农村部办公厅发布《农业农村部办公厅关于做好“三农”领域补短板项目库建设工作的通知》，启动实施农产品仓储保鲜冷链物流设施建设项目，相关政策的出台将加速全国冷链物流基础设施布局，为国内冷链物流发展营造良好的政策环境。

2020年4月13日，农业农村部发布《关于加快农产品仓储保鲜冷链设施建设的实施意见》，提出聚焦鲜活农产品主产区、特色农产品优势区和贫困地区，选择产业重点县（市），主要围绕水果、蔬菜等鲜活农产品开展仓储保鲜冷链设施建设，并明确鼓励各地统筹利用相关资金开展农产品仓储保鲜冷链设施建设。鼓励贫困地区利用扶贫专项资金，整合涉农资金加大专项支持力度，提升扶贫产业发展水平。有条件的地方发行农产品仓储保鲜冷链物流设施建设专项债。

2021年1月4日，中共中央、国务院发布2021年中央一号文件《关于全面推进乡村振兴加快农业农村现代化的意见》，提出加快实施农产品仓储保鲜冷链物流设施建设工程，推进田头小型仓储保鲜冷链设施、产地低温直销配送中心、国家骨干冷链物流基地建设。

（二）建设内容

城乡冷链物流项目主要完善地区农副产品品牌推销功能、农产品储备功能、农产品初加工、物流配送功能、食品安全检测功能、信息化服务功能等。围绕该类项目功能定位，建设内容主要包括：冷库、气调库、制冰车间、设备用房及成品库、保鲜库、加工车间、城市物流配送及辅助用房、质检站、办公楼、职工食堂宿舍，同时购置并安装成套物流信息管理系统、冷链物流成套设备等机械设备（叉车、货架、制冷设备），建设配套构筑物、挡土墙、道路、场地硬化、电力线、管网及绿化等工程等。

（三）收入来源

本类项目主要的运营收入与其具体建设内容紧密相关，通常包含冷库租赁收入、气调库租赁收入、仓储库租赁收入、农产品初加工收入、办公场所租赁收入、配套生活服务场所租赁收入、物流配送服务收入、自营农产品销售利润、物业服务费用等。

二、发行案例一

四川省广安市岳池县冷链物流体系建设项目①

该项目投资建设旨在满足农产品大规模流通与保障“菜篮子”工程的需求，不以营利为目的。《岳池县农副产品加工园管理办法》明确提出，鼓励兴办配套仓储、冷链物流服务，也属于当前中央文件中鼓励与支持的地方政府专项债券项目投资领域：

作为区域重大公益性建设项目，既属于专项债券支持的“一带一路”建设项目范畴，同时也属于服务民生的基础设施建设项目范畴，项目的建设可以同时对当地的产业发展与民生服务带来巨大提升和改善。

（一）建设内容

四川省广安市岳池县冷链物流体系建设项目规划用地面积 106600 平方米，约 160 亩（不含乡镇冷链用地），总建筑面积 38492 平方米，将建设冷库 5100 平方米，气调库 2940 平方米，制冰车间 340 平方米，设备用房及成品库 2884 平方米，保鲜库 5880 平方米，城市物流配送及辅助用房 15158 平方米，办公楼 3060 平方米，大门 70 平方米，同时购置并安装成套物流信息管理系统、冷链物流成套设备等机械设备，建设配套构筑物、挡土墙、道路、场地硬化、电力线、管网及绿化等工程。以各乡（镇）农业园区、生产种植基地为支撑，城市各农贸市场、超市卖场为末梢构建冷链物流网络，逐步形成覆盖范围广、运营成本低、使用效率高的“冷藏、运输、加工、销售”一体化的冷链物流体系。

（二）收入来源

项目主要的运营收入包含仓库出租收入、物流作业服务收入、办公场所出租收入、自营农产品销售利润、其他收入（物业服务、信息服务）等，具体包括：

---

① 信息来源：中国债券网 http：//www.chinabond.com.cn/cb/cn/。

（1）仓库出租收入。本项目建成 8352.00 平方米仓库用于出租，租赁单价是 50 元/平方米/月，每三年上调租金一次，每三年按 3% 比例递增。

（2）物流作业服务收入。

短转费：最大短转数量 14500.00 箱/次，预计综合单价 248.50 元/箱/次。

吊装费用：最大吊转数量 14500.00 箱/次，预计综合单价重箱 136.70 元/箱/次，预计综合单价空箱 74.40 元/箱/次。

配合查验、理货、取样：以最大吊转数量 14500.00 箱/次的 50% 预计，即 7250.00 箱/次，预计综合单价 1222.00 元/箱/次。

施封人工费、综合服务费、电子车牌安装费：以最大吊转数量 14500.00 箱/次的 50% 预计，即 7250.00 箱/次，预计综合单价 210.00 元/箱/次。

（3）办公场所出租收入。本项目建成 6120.00 平方米办公场所用于出租，租赁单价是 40 元/平方米/月，每三年上调租金一次，每三年按 3% 比例递增。

（4）自营农产品销售利润。年销售数量按肉类 1 万吨，其他 1 万吨预计，预计综合单价是 500 元/吨，每三年按 3% 比例递增。

（5）其他收入（物业服务、信息服务等）。根据项目运营计划，预计每年可实现其他收入（物业服务、信息服务等）500 万元。

项目营运负荷预计经营期第一年达到 80%，第二年 90%，第三年起每年 95%。

预计债券存续期间，项目运营总收入为 55103.67 万元。

（三）偿债安排

本项目总投资额约 18141.20 万元，初步确定项目总投资的 22.83% 为项目资本金，即 4141.20 万元资本金从政府财政预算安排；项目建设资金缺口 14000.00 万元使用专项债券融资方式解决，占总投资约 77.17%。本项目拟发行 14000.00 万元项目收益专项债券，发行期限均为 15 年，分 2 年发行。2020 年投资 9070.60 万元，其中财政资金 2070.60 万元，债券资金 7000.00 万元；2021 年投资 9070.60 万元，其中财政资金 2070.60 万元，债券资金 7000.00 万元。

项目存续期内，专项债券利息按年利率 4.0% 计算，债券利息合计 8400.00 万元，债券还本付息总额 22400.00 万元，按年支付债券利息，到期一次性偿还本金及利息。

（四）资金平衡测算

该项目经运营收益估算，项目运营期内现金流保持良好，可用于资金平衡的相关收益为 35798.75 万元，项目本息保障倍数为 1.60 倍，收益能够满足与融资自求平衡。

（五）案例分析

四川省广安市岳池县冷链物流体系建设项目建设是适应市场、保障“菜篮子工程”的需求以及适应农产品大规模流通、促进农民增收、带动农业产业发展的需要，是广安市贯彻落实川北经济区“十三五”发展规划目标任务的需要，也是推动岳池县现代农业可持续发展的需要。该项目的建设是地区冷链物流与食品安全相结合，有利于促进岳池县农业产业新格局的形成，也将带动地区相关产业发展，直接促进农业、交通运输业、工业、建筑、机械、物流配送、商贸等各行业的同步发展。项目建设完成后还能够有效增加就业岗位，消化部分剩余劳动力，缓解地区就业压力。项目建成后将有利于落实国家“一带一路”倡议，促进岳池县及其周边区域的高速发展。

三、发行案例二

吉林省通化市梅河口市农产品冷链及现代化智能物流园区项目（一期）①

梅河口市农产品冷链及现代化智慧物流园区项目（一期）拟发行债券资金 12.09 亿元，品种为记账式固定利率附息债券，全部为新增债券，期限为 20 年，利息按半年支付，利率暂按 4.4% 测算，到期一次性偿还本金。2020 年拟融资专项债券 3.00 亿元，2021 年拟融资专项债券 4.50 亿元，2022 年融资专项债券 4.59 亿元（如果本项目在后续建设期内未获得专项债券支持，则该项目将利用本级财政预算资金和项目单位自筹资金予以解决）。

（一）建设内容

梅河口市农产品冷链及现代化智慧物流园区总占地面积 1271261.90 平方米，分三个区块：农产品及冷链物流区、医药健康产业区、智慧物流区。本项目建设内容为一期起步区，农产品及冷链物流园区及整个园区的基础配套设施建设，园区总占地面积 1271261.90 平方米，一区建设占地面积 356854 平方米。

本期建设为一期，即农产品及冷链物流区。按照梅河口周边辐射半径预测，园区建设的起步区建设规模可以规划为冷链农产品年加工储运 30 万吨。品种包括粮食、蔬

① 信息来源：中国债券网 http://www.chinabond.com.cn/cb/cn/。

菜、农特产品、海鲜和肉类等。配套建设收储加工车间、冷链库房、现场交易大厅、信息化管理平台、生产附属设施和生活服务设施等。园区占地356854平方米，总建筑面积281050平方米。主要建筑功能设计如下：

（1）收储区。包括地中衡，建筑面积150平方米；收储库房，建筑面积45000平方米。

（2）生产区。包括前处理车间，二层，建筑面积20000平方米；分拣车间，二层，建筑面积20000平方米；加工车间，二层，建筑面积36000平方米；包装车间，二层，建筑面积20000平方米。

（3）冷链库区。包括低温冷冻库，建筑面积48000平方米；高温冷藏库，建筑面积48000平方米。

（4）商贸设施。交易市场，建筑面积10000平方米；展销中心，建筑面积5000平方米。

（5）生产辅助设施。包括配质检站，建筑面积500平方米；氨站，建筑面积400平方米；信息化控制中心，建筑面积4000平方米。

（6）公用配套设施。包括供水站和消防泵房，建筑面积2500平方米；变配电站，建筑面积1000平方米；车库，建筑面积12000平方米；维修站，建筑面积2000平方米。

（7）生活服务设施。综合服务大楼，五层，建筑面积4000平方米；职工宿舍及食堂，五层，建筑面积2500平方米。

（二）收入来源

项目收入主要为收储库房、加工车间、冷链库房、商贸设施、生活服务设施、公用服务设施租金收入。

项目在2022年12月投产运营并产生预期收入。考虑时间与风险因素，运营第一年出租率为80%，运营第二年出租率为90%，运营第三年出租率达到95%，之后在预测期内保持不变。根据与承租意向单位签订的厂房出租意向书，确定出租价格，测算收入。

（1）收储库房租赁收入。根据可研报告拟建收储库房租赁面积为45000平方米，根据租赁意向书租赁单价为1.20元/平方米/天，债券存续期内实现收储库房租赁收入36118.58万元。

（2）加工车间租赁收入。根据可研报告拟建加工车间租赁面积为96000平方米，并提供相应的生产加工机械设备，根据租赁意向书租赁单价为2.50元/平方米/天，债券存续期内实现加工车间租赁收入160527.00万元。

（3）冷链库房租赁收入。根据可研报告冷链库房区拟建低温冷冻库、高温冷藏库，租赁面积均为48000平方米，合计96000米，根据租赁意向书租赁单价为2.00元/平方米/天，债券存续期内实现冷链库房租赁收入128421.60万元。

（4）生活服务设施租赁收入。根据可研报告拟建综合服务大楼，五层，建筑面积4000平方米、职工宿舍及食堂，五层，建筑面积2500平方米；根据租赁意向书租赁单价为1元/平方米/天，债券存续期内实现收储生活服务设施租赁收入4347.65万元。

（5）商贸设施租赁收入。根据可研报告商贸设施区拟建交易市场10000平方米，展销中心5000平方米；根据租赁意向书租赁单价为1元/平方米/天，债券存续期内实现商贸设施租赁收入10033.02万元。

（6）公用服务设施租赁收入。根据可研报告公用服务设施拟建包括供水站和消防泵房，建筑面积2500平方米、变配电站，建筑面积1000平方米、车库，建筑面积12000平方米、维修站，建筑面积2000平方米；根据租赁意向书租赁单价为1元/平方米/天，债券存续期内实现公用服务设施租赁收入11705.06万元。

（三）偿债安排

本项目拟融资金额120900.00万元，2020年拟发行专项债券30000.00万元；2021年拟发行专项债券45000.00万元，2022年拟发行专项债券45900.00万元，利率暂按4.40%，期限为20年，每半年付息一次，到期一次偿还本金，总计应付利息为106392.00万元。

（四）资金平衡测算

本息覆盖倍数是反映项目偿债能力的指标，本息覆盖倍数大于1，说明项目具备偿债能力，且指标越高，偿债能力强。本息覆盖倍数为可用于还本付息的项目净收益与债券本息合计的比值，可用于还本付息的项目净收益为债券存续期内的项目收入减去项目运营支出和相关税费后的余额。本项目可用于还本付息的项目净收益合计为258523.01万元，债券本息合计为227292.00万元，本息覆盖倍数为1.14倍，还款能力有保障。

（五）案例分析

通过吉林省通化市梅河口市农产品冷链及现代化智能物流园区项目（一期）的建设，将使农产品的市场准入得到有力的监测和检验，并通过标准化加工和配送，使放心菜、放心肉有序地配送到销售终端，使消费者因没有选择权而吃上不合格的肉、菜的局面得到终结。这也是市政府“餐桌治污”工程和“食品安全工程”得以顺利实施、成功实施的保证之一。梅河口市农产品丰富，交通发达，建设大型农产品批发市场，易于发挥其在农产品集散交易、价格发现、仓储运输、信息传播、农产品标准与质量检测、市场配套服务等方面的功能，引导带动当地农业和农村经济的发展。信息在市场经济条件下对农业发展起着日益重要的作用，特别是在引导农民生产，帮助农产品销售方面的作用越来越突出，批发市场信息、物流、交易功能为一体。本项目建成后将以信息化带动农业产业化，提高农业市场流通效率，增加农民收入，提高农民素质水平，并促进特色区域经济发展格局的形成，从而带动梅河口市农业的发展。

四、总结

综上，加大对新型农业经营主体农产品仓储保鲜冷链设施建设的支持，是现代农业重大牵引性工程和促进产业消费“双升级”的重要内容，是顺应农业产业发展新趋势、适应城乡居民消费需求、促进小农户和现代农业发展有机衔接的重大举措，对确保脱贫攻坚战圆满收官、农村同步全面建成小康社会和加快乡村振兴战略实施具有重要意义。加快推进农产品仓储保鲜冷链设施建设，有利于夯实农业物质基础装备，减少农产品产后损失，提高农产品附加值和溢价能力，促进农民稳定增收；有利于改善农产品品质，满足农产品消费多样化、品质化需求，做大做强农业品牌；有利于实现现代农业发展要求，加速农产品市场流通硬件设施、组织方式和运营模式的转型升级；有利于优化生产力布局，引导产业结构调整，释放产业发展潜力，增强我国农产品竞争力。

第七节　市政和产业园区基础设施类项目专项债券

一、综述

专项债券支持市政和产业园区基础设施类项目是助力地方政府提升城市建设，促进城市产业转型升级的重要资金支持。市政基础设施建设作为城市生存和发展必不可少的物质基础，是提高人民生活水平和对外开放的基本条件；产业园区基础设施建设是激发区域市场经济活力、帮助地方经济发展的引擎。

市政和产业园区基础设施领域专项债券包括以下类型：

1. 市政基础设施类专项债券。

（1）供水类项目；（2）供热类项目；（3）供气类项目；（4）地下管廊类项目。

2. 产业园区基础设施类专项债券。

（一）发行依据

2020 年 12 月 30 日，住房城乡建设部发布《关于加强城市地下市政基础设施建设的指导意见》（建城〔2020〕111 号）提出，将城市作为有机生命体，加强城市地下空间利用和市政基础设施建设的统筹，实现地下设施与地面设施协同建设，地下设施之间竖向分层布局、横向紧密衔接。因地制宜开展以地下设施为主，包括相关地面设施的城市市政基础设施普查（以下称设施普查），在此基础上建立和完善城市市政基础设施综合管理信息平台（以下称综合管理信息平台），排查治理安全隐患，健全风险防控机制。

2018 年 12 月 14 日，科技部印发《科技企业孵化器管理办法》提出，孵化器的建设目标是落实国家创新驱动发展战略，构建完善的创业孵化服务体系，不断提高服务能力和孵化成效，形成主体多元、类型多样、业态丰富的发展格局，持续孵化新企业、催生新产业、形成新业态，推动创新与创业结合、线上与线下结合、投资与孵化结合，培育经济发展新动能，促进实体经济转型升级，为建设现代化经济体系提供支撑。

2021 年 3 月，我国印发的《中华人民共和国国民经济和社会发展第十四个五年规划和 2035 年远景目标纲要》明确提出：立足特色资源和产业基础，确立制造业差异化定位，推动制造业规模化集群化发展，因地制宜建设先进制造业基地、商贸物流中心和区域专业服务中心。优化市政公用设施布局和功能，支持三级医院和高等院校在大中城市布局，增加文化体育资源供给，营造现代时尚的消费场景，提升城市生活品质。同时提出，加快县城补短板强弱项，推进公共服务、环境卫生、市政公用、产业配套等设施提级扩能，增强综合承载能力和治理能力。

《纲要》提出，加快发展现代产业体系，巩固壮大实体经济根基。强化国家自主创新示范区、高新技术产业开发区、经济技术开发区等创新功能。并提出，加快产业园区数字化改造；建设现代农业产业园区和农业现代化示范区；推动科技创新券通兑通用、产业园区和科研平台合作共建。

（二）建设内容

针对专项债券的支持方向，在市政基础设施领域，供水类项目包括取水工程、净水工程、输水工程、配水工程，主要对老旧水泵房及控制柜、调控及监控系统新建及升级改造；供热类项目主要对区域换热站及回灌站、井房、地热井、敷设供热管线等新建及升级改造；供气类项目主要包括；地下管廊类项目主要对区域集中敷设电力、通信、广播电视、给水、排水、热力、燃气等市政管线的公共隧道进行新建及升级改造。

在产业园区基础设施领域，主要对标准厂房、配套办公用房，场内水、电、路、气及通信线路等基础设施、园区内供水官网及供水站、电力线路。

（三）收入来源

市政基础设施类项目主要收入来源有：

（1）供水类项目：水费、服务费等；

（2）供热类项目：能源费、服务费等；

（3）供气类项目：燃气费、修理等服务费；

（4）地下管廊类项目：入廊费、管廊租赁和买断费、维护费等。

产业园区基础设施类项目主要收入来源有园区厂房租赁收入、配套生活用房租赁收入、办公用房租赁收入、住宿楼用房租赁收入、食堂收入、停车场租赁或临停收入、广告收入等。

二、发行案例一

郑州经济技术开发区滨河国际新城综合管廊南延工程（一期）项目①

郑州经济技术开发区综合管廊完善的附属设施配置，对各种管线的维修保护能力大大增强，从而延长了其使用寿命；同时也为各种管线的扩容、更新提供方便，避免了道路的反复开挖，从而减少了将来对城市交通的干扰，保证了道路交通的畅通，产生了巨大的经济和社会效益，提高了区域可持续发展的能力。

（一）建设内容

本项目建设内容包括经开第十五大街、经南十六路、经南十二路共三条道路下综合管廊建设，总长度约 3.52 千米，其中主线约 2.87 千米，分为三个组成部分：

（1）经开第十五大街（经南十二路至经南十六路），长度约 1.38 千米；

---

① 信息来源：中国债券网 http：//www.chinabond.com.cn/cb/cn/。

（2）经南十六路（经开第十五大街至经开第十九大街），长度约 1.22 千米；

（3）经南十二路（经开第十八大街至经开第十九大街），长度约 0.27 千米；支线约 0.65 千米。

综合管廊容纳给水、热力、再生水、电力、通信等 5 类管线，各道路综合管廊根据管线现状、管廊现状及专项规划中管线种类布置管廊舱室，管廊舱室为两舱、三舱。

（二）收入来源

近年，随着《国务院办公厅关于推进城市地下综合管廊建设的指导意见》（国办发〔2015〕61 号）和《国家发展改革委住房和城乡建设部关于城市地下综合管廊实行有偿使用制度的指导意见》（发改价格〔2015〕2754 号）等政策文件的出台，明确综合管廊的有偿使用制度，城市地下综合管廊各入廊管线单位应向管廊建设运营单位支付管廊有偿使用费用，城市地下综合管廊有偿使用费包括入廊费和日常维护费。入廊费主要用于弥补管廊建设成本，由入廊管线单位向管廊建设运营单位一次性支付或分期支付。

郑州经济技术开发区滨河国际新城综合管廊南延工程（一期）项目未来预期收入主要为项目自营收入，包括入廊费和日常运营维护费。

参照《郑州市物价局关于暂定城市综合管廊收费标准的通知》（郑价审〔2016〕2 号）中管廊入廊费和日常运营维护费的收费标准，以及青岛、厦门、银川、吉林等城市地下综合管廊的部分有偿使用收费标准。综合考虑近几年来的物价增长水平和郑州市的经济增长速度，结合本项目建设标准高、建设投资大的实际情况，为缩短项目投资回收周期，以利于后续综合管廊项目的顺利进行，本项目管线入廊费和日常运营维护费拟定标准及测算结果如下：

序号	管线	规格	长度（千米）	入廊费标准（万元/千米）	运营管理费标准（万元/千米·年）	入廊费（万元）	运营管理费（万元/年）
1	给水管线	DN400×2	1.87	362	13.513	676.94	25.27
		DN500×2	0.27	452.5	13.513	122.18	3.65
		DN600×2	1.38	543	13.513	749.34	18.65
2	中水管线	DN300×2	2.14	315	5.576	674.1	11.93
		DN400×2	1.38	420	5.576	579.6	7.69
3	电力电缆		3.52	2500.00	8.2	8800.00	28.86
4	通信线缆		3.52	132.2	4.86	465.34	17.11
5	热力管线	DN600×2	1.95	900	14.497	1755.00	28.27
		DN1000×2	1.57	1500.00	14.497	2355.00	22.76
总计						16177.50	164.19

（三）偿债安排

郑州经济技术开发区滨河国际新城综合管廊南延工程（一期）项目总投资预计为44622.20万元。资金来源为财政资金和专项债券资金。其中资本金13386.66万元来源于财政预算资金、上级和本级政府专项资金，资本金按照项目实际实施进度分年度到位；拟申请使用专项债券资金8500.00万元，占本项目总投资的19.05%，本次拟申请使用专项债券资金8500.00万元；剩余资金22735.54万元，由财政资金统筹安排，财政已拨付资金1.02亿元用于项目建设。

本项目计划使用债券为10年期，利率参照10年期国债收益率，按4.5%计取，在债券存续期内，本息合计12325.00万元。本期申请使用的债券品种为专项债券，为记账式固定利率附息债券，全部为新增债券，期限10年，利息每半年付息一次，到期一次还本并支付最后一期利息。

（四）资金平衡测算

本项目在债券存续期内现金预计总流入为17655.21万元，现金预计总流出为3179.88万元，用于资金平衡的相关收益为14475.33万元。项目产生的收益对本项目专项债券融资成本覆盖倍数为1.17，本项目在发债周期内，一方面通过债券发行能满足项目投资运营融资需要；另一方面项目收益也能保证债券正常的还本付息需要，总体实现项目收益和融资的自求平衡。

（五）案例分析

综合管廊作为一种新型的城市市政基础设施，通过将各类管线集约化的容纳，可以集约利用土地资源与地下空间，优化政府对公共资源的控制与管理，提高城市基础设施运行效率，随着中原经济区、郑州都市区建设战略的提出，郑州市经开区既是郑州新区的核心组成部分，也是郑州都市区所确定的十大组团之一——先进制造业新城。经开区作为“产城融合、组团发展”的重要产业组团，是促进郑州都市区先进制造产业集聚、带动城市组团开发，将郑州打造成中原经济区核心增长极和全国区域性中心城市的重要举措之一。

滨河国际新城是经开区重要的功能组团，按照经开区“一港一区一城”产业定位，将逐步成为现代服务业中心和生态宜居新城区。随着河南自由贸易区的申报，滨河国际新城板块作为自贸区核心功能区，其功能定位和空间布局亟待提升和优化。

根据滨河国际新城的规划定位及发展目标，在市政配套工程建设中引入综合管廊这一理念，不仅能够美化城市环境，减少道路反复开挖带来的影响，同时综合管廊成功建设对推动郑州市新型市政基础设施建设，提升城市基础设施的现代化水平，将起到良好的示范和推动作用。

三、发行案例二

四川省眉山市融媒体中心（传媒文化产业园基础设施）综合项目[①]

融媒体中心（传媒文化产业园）项目建设将新建眉山市市级融媒体中心和文化中心、图书中心等公共服务基础设施，通过图书中心、文化中心、融媒体中心和传媒文化产业创客空间、城市文化会客厅的有机结合，把新闻舆论宣传与文化发展推广融为一体，打造成为眉山市文化氛围浓厚具有区域性标志的一个重要的新闻信息传播和文化提升中心，作为眉山标志性建筑，成为眉山市文化宣传制高点。

（一）建设内容

本项目将新建眉山市市级融媒体中心和文化中心、图书中心，为公共文服务提供基础设施。由北至南主要分为停车场、融媒体中心、文化中心和图书中心，用地东侧和西侧设置主入口，方便市民使用。项目主要采用现代化建筑形式，其建筑体量大，体形丰富，为实现建筑四周有一个良好的活动、疏散空间。具体建设内容包括：

本项目规划总用地面积 53333. 60 平方米（80 亩），其中：建筑占地面积 11997. 09 平方米，绿化占地面积 18666. 76 平方米，停车场占地面积 11500 平方米，道路及硬化占地面积 11169. 75 平方米。

总建筑面积 54165. 00 平方米，地上建筑面积为 48465 平方米，其中：图书中心地上建筑面积 12000 平方米，文化中心地上建筑面积 12000 平方米，融媒体中心地上建筑面积 16565 平方米，传媒文化产业创意空间及商业配套地上建筑面积 7900 平方米；地下建筑面积 5700 平方米，其中功能用房建筑面积 960 平方米，地下机动车库建筑面积 4740 平方米。配套建设给排水、强弱电、消防等辅助工程。

（1）图书中心。图书中心位于地块南侧，建筑长 100 米，宽 40 米，占地面积 4000 平方米，建筑面积 12000 平方米，地上三层，层高 4. 8 米，现浇钢筋混凝土框架结构。

图书馆位于地块南侧，图书馆主要包括藏书区、借阅区、咨询服务区、公共活动与辅助服务区、业务区、服务区、技术设备区及后勤保障区，图书馆地上三层，层高为 4. 8 米，建筑总高度为 25. 25 米。一层办证咨询服务区、少儿阅览区、视障阅览区等；二层

① 信息来源：中国债券网 http：//www. chinabond. com. cn/cb/cn/。

为层藏书区、借阅区、业务区；三层为行政办公区、技术设备区及后勤保障区。

（2）文化中心。文化中心位于南侧，建筑长 100 米，宽 40 米，占地面积 4000 平方米，建筑面积 12000 平方米，地上三层，层高 4.8 米，现浇钢筋混凝土框架结构。

文化馆位于南侧，地上三层，层高为 4.8 米，建筑总高度为 25.25 米。一层为群众活动用房，其中演艺厅、排演厅等大空间布置于裙楼内；二层为群众活动用房、业务用房。三层为管理用房、辅助用房。

（3）融媒体中心。融媒体中心位于地块北侧，建筑长 46 米，宽 30 米，占地面积 1380.42 平方米，建筑面积 16565 平方米，地上十二层，层高 3.6 米，现浇钢筋混凝土框架结构。

融融媒体中心位于地块北侧，融媒体中心地上十二层，层高为 3.6 米，建筑总高度为 45.25 米，一、二、三、四层为全媒体采编用房，五、六、七层为全媒体演播厅（室）、直播间、发布厅，八层为全媒体总控播出机房，九层为互联网舆情监控、新闻发布及新媒体实践区，十层为传媒公司多种经营用房，十一、十二层为后勤保障区。配套商业位于地块北侧图书馆和融媒体之间，设有小吃街、书店、健身中心、手艺馆、艺术馆等。

（4）传媒文化产业创意空间及商业配套。传媒文化产业创意空间及商业配套位于地块北侧图书中心和融媒体之间，建筑长 79 米，宽 50 米，占地面积 3950 平方米，建筑面 7900 平方米，地上 2 层，层高 3.6 米，现浇钢筋混凝土框架结构。

（5）地下面积。本项目融媒体中心地下建筑面积 5700 平方米，其中地下功能用房 960 平方米、地下机动车库 4740 平方米。

根据相关文件，停车位按 1.5 车位/100 平方米建筑面积计取，车位数共计 800 个，考虑到本项目的实际情况，车位数按地下 180 个，地上 620 个设置。地下停车位按 26 平方米/个考虑，地下车场面积为 4740 平方米，地上停车场预计设置 620 个。同时考虑项目的需求，在地下设置功能用房 960 平方米。综上所述，本项目地下建筑建筑面积为 5700 平方米。

（二）收入来源

项目运营期有一定收益，其主要收益来源于图书中心收入、文化中心收入、城市文化会客厅、文化产业孵化空间租赁收入、传媒文化产业创意空间以及配套商业收入、融媒体中心收入、停车场收入、原广播电视局等单位资产出租收入和地方政府重大文化活动收入。

（1）图书中心收入。图书中心公益性比较强，经济性比较弱，部分可对外，场馆加大营销力度可增加场馆经济效益：学术报告厅对外服务，可对外用于培训、讲课、讲座、会议等，按照场次收取场地费和服务费3000元/场，按一年可举行280场计算；培训室对外服务，可用于学习培训、技能培训等用途。3个培训室，每个培训室一年使用180场，收费标准为400元/场。

（2）文化中心收入。根据文化中心建筑面积共计12000平方米，建设内容比较丰富，除了用于公益文娱活动外，可以通过市场营销进行商业化运作，增加场馆经济收益。

大型演播演艺厅（剧场），用于重要节庆活动文艺表演，企事业单位重要会议，商业晚会、播放文化艺术影片等。按市政府2018年、2019年每年不少于27场公共文化演出规模，每场补贴15万元计算，合计补贴不低于300万元/年；其他商业演出10万元/场，全年不低于150场。其他空余时间，大型演播厅可播放文化艺术影片。

多功能厅1个，老年活动室1个，儿童活动室1个，综合活动室2个，大教室1个，小教室2个，多媒体试听教室1个可用于活动场地出租，按照场次收费。预计每月出租10天，9个场地，每次收费平均1100元/天。

特色文化活动室1个，舞蹈综合排练室1个，文艺创作室2个，专业工作室3个，琴房5个，作为专业艺术培养工作室。特色文化活动室、舞蹈综合排练室、文艺创作室、专业工作室、琴房、专业艺术培养工作室，估算月租30天，12个场地，每次收费平均1500元/天。

展览厅2个，可用于各种展览、画展、书法展、民俗展、摄影展等，每场0.8万至2万元不等，平均16000元/场，预计50场/年。

（3）城市文化会客厅、文化产业孵化空间租赁收入。本部分是图书中心和文化中心里的城市文化会客厅、文化产业孵化空间，出租单价是45元/平方米·月，出租单价按照每年5%的比例递增，总面积是5000平方米。

（4）传媒文化产业创意空间以及配套商业收入。传媒文化产业创意空间、城市文化会客厅、配套商业总建筑面积7900平方米总体计算。此部分可用餐饮店、饰品店、文化体育相关器材店的经营，商业可以作为先租后售，商业租赁价格为45元/月·平方米，租赁价格每年以5%的比例递增。

商业出售在运营期最后4年内完成出售，出售单价为2.5万元/平方米。

（5）融媒体中心收入。融媒体中心总建筑面积16565平方米，预计有1500平方米用于对外出租，按600元/年/平方米，每年价格增长率为5%；其余面积15065平方米以用于对内出租，按360元/年/平方米。

（6）停车场收入。地下建筑面积5700平方米，其中功能用房建筑面积960平方米，地下机动车库建筑面积4740平方米。配套建设给排水、强弱电、消防等辅助工程。考虑到本项目的实际情况，车位数按地下180个，地上620个设置。

拟将480个车位对外开放，每个车位按前2小时收费标准为3元/小时，以后每增加1小时1元收费，一天按8小时计，一天每个车位停车费收入12元，月租30天，第一年出租率为85%，以后按照每年5%的比例递增。

（7）原广播电视局等单位资产出租收入。原广播电视局、市文广影新局持有房产面积共计约13000平方米，在本项目建设后，作为腾退国有资产改出租经营，出租收入列为本项目收入来源。商业租赁价格为50元/月・平方米，每年价格增长率为5%。

（8）地方政府重大文化活动收入。本项目建成后将成为眉山市文化氛围浓厚且具有区域性标志的文化传播和文化提升中心。作为眉山市的文化中心和对外形象宣传中心，本项目建成后会成为眉山市地方政府重大文化活动（如迎春晚会、地方特色节日或者重大商业文艺活动）举办的首选场地。

本项目收入来源于举办活动的收入，预计一年可以承接8场大型文艺活动，每场收费60万元。

（三）偿债安排

本项目总投资额约53346.78万元，初步确定项目总投资的26.89%为项目资本金，即14346.78万元资本金从政府财政预算安排；项目建设资金缺口通过发行专项债券解决，占总投资约73.11%。本项目拟发行3.9亿元项目收益专项债券，发行期限均为15年，分4年发行，其中2019年计划发行0.8亿元专项债券。债券还本付息额62400.00万元。

（四）资金平衡测算

项目运营期内现金流保持良好，除了建设期和债券本金偿还期，其余年份现金变动均为正数，截至2036年，现金流量盈余为17159.75万元，项目本息保障倍数为1.22倍，收益能够满足与融资自求平衡。

（五）案例分析

四川省眉山市融媒体中心（传媒文化产业园基础设施）综合项目将图书中心、文化中心、融媒体中心和传媒文化产业创客空间、城市文化会客厅有机结合在一起，建设成为眉山市文化氛围浓厚且具有区域性标志的一个重要的文化传播和文化提升中心，通过举办各种对外宣传文化交流活动，加强对外宣传，吸引国内外和单位及团体举办各种文化艺术展览会、技术交流会、学术研讨会等，可以塑造城市文化品牌，拉动地方服务业经济发展，激发城市活力和创造性。

基于推进精神文明建设的定位，改善眉山市公共文化基础设施的目标，为人民群众提供文化活动的空间和设施，为政府提供区域文化信息交流平台，在以上公益性的基础上，又要兼顾公益性、收益性和社会效益。

四、总结

城市市政基础设施建设是城市安全有序运行的重要基础，是城市高质量发展的重要内容。当前，城市市政基础设施建设总体平稳，基本满足城市快速发展需要，但城市地下管线、地下通道等市政基础设施仍存在底数不清、统筹协调不够、运行管理不到位等问题，城市道路塌陷等事故时有发生。专项债券支持加强城市地下市政基础设施体系化建设，加快完善管理制度规范，补齐规划建设和安全管理短板，推动城市治理体系和治理能力现代化，提高城市安全水平和综合承载能力，早日满足人民群众日益增长的美好生活需要。

产业园区是推动经济发展的主战场，是接受发达地区经济辐射、实现产业转移的主平台，也是帮助劳动力实现就近就业的重要窗口。必须坚持以现代工业新城的理念为指导，把“产业功能”和“城市功能”有机结合起来，以项目开发为基础，以完善配套功能为重点，以提高整体竞争力为核心，统筹推进，协调发展，把工业园区建设成为一个基础设施完备、配套功能齐全、人居环境优美、产业布局合理、经济发展强劲的现代化园区。

第八节　国家重大战略类项目专项债券

一、综述

国家重大战略项目包括京津冀协同发展、长江经济带发展、“一带一路”建设、粤港澳大湾区建设、长三角一体化发展、推进海南全面深化改革开放、黄河流域生态环保和高质量发展。按照国务院统一部署，京津冀协同发展、长江经济带发展、粤港澳大湾区建设等国家重大区域战略项目已被纳入 2021 年地方政府专项债券重点支持范围。

（一）发行依据

2021 年 1 月自然资源部全力支持国家重大区域战略实施。自然资源部编制《长江经济带国土空间规划（2020—2035 年）》，为长江经济带绿色发展描绘空间蓝图；编制《黄河流域国土空间规划（2020—2035 年）》，支持实施黄河流域 8 个山水林田湖草生态保护修复工程试点，助力黄河流域生态保护和高质量发展；出台《自然资源部关于落实〈中共中央国务院关于支持海南全面深化改革开放的指导意见〉工作举措》，推进海南自然资源领域改革探索，支持海南自贸试验区建设；发出《自然资源部关于支持粤港澳大湾区和深圳市深化自然资源领域改革探索意见的函》，支持粤港澳大湾区和深圳进一步提升自然资源要素市场化配置程度和效率，推动自然资源领域治理体系和治理能力现代化，助力大湾区和深圳先行示范区建设；指导编制《成渝地区双城经济圈国土空间规划》，从国家层面加大川渝两地的国土空间布局优化和统筹协调，促进成渝地区双城经济圈建设一体化发展。

“十四五”规划中指出深入实施区域重大战略：加快推动京津冀协同发展、全面推动长江经济带发展、积极稳妥推进粤港澳大湾区建设、提升长三角一体化发展水平、扎实推进黄河流域生态保护和高质量发展。

2021 年 5 月支持民营企业参与国家重大战略。

（二）建设内容

国家重大战略项目建设内容根据重点区域和建设项目的不同，会有很大区别。依据“十四五”规划，国家重大战略项目建设方向如下。

京津冀协同发展项目：紧抓疏解北京非首都功能“牛鼻子”，构建功能疏解政策体系，实施一批标志性疏解项目。高标准高质量建设雄安新区，加快启动区和起步区建设，推动管理体制创新。高质量建设北京城市副中心，促进与河北省三河、香河、大厂三县市一体化发展。推动天津滨海新区高质量发展，支持张家口首都水源涵养功能区和生态环境支撑区建设。提高北京科技创新中心基础研究和原始创新能力，发挥中关村国家自主创新示范区先行先试作用，推动京津冀产业链与创新链深度融合。基本建成轨道上的京津冀，提高机场群港口群协同水平。深化大气污染联防联控联治，强化华北地下水超采及地面沉降综合治理。

长江经济带发展项目：坚持生态优先、绿色发展和共抓大保护、不搞大开发，协同推动生态环境保护和经济发展，打造人与自然和谐共生的美丽中国样板。持续推进生态环境突出问题整改，推动长江全流域按单元精细化分区管控，实施城镇污水垃圾处理、工业污染治理、农业面源污染治理、船舶污染治理、尾矿库污染治理等工程。深入开展绿色发展示范，推进赤水河流域生态环境保护。实施长江十年禁渔。围绕建设长江大动脉，整体设计综合交通运输体系，疏解三峡枢纽瓶颈制约，加快沿江高铁和货运铁路建设。发挥产业协同联动整体优势，构建绿色产业体系。保护好长江文物和文化遗产。

长三角一体化发展项目：瞄准国际先进科创能力和产业体系，加快建设长三角 G60 科创走廊和沿沪宁产业创新带，提高长三角地区配置全球资源能力和辐射带动全国发展能力。加快基础设施互联互通，实现长三角地级及以上城市高铁全覆盖，推进港口群一体化治理。打造虹桥国际开放枢纽，强化上海自贸试验区临港新片区开放型经济集聚功能，深化沪苏浙皖自贸试验区联动发展。加快公共服务便利共享，优化优质教育和医疗卫生资源布局。推进生态环境共保联治，高水平建设长三角生态绿色一体化发展示范区。

粤港澳大湾区建设项目：加强粤港澳产学研协同发展，完善广深港、广珠澳科技创新走廊和深港河套、粤澳横琴科技创新极点“两廊两点”架构体系，推进综合性国家科学中心建设，便利创新要素跨境流动。加快城际铁路建设，统筹港口和机场功能布局，优化航运和航空资源配置。深化通关模式改革，促进人员、货物、车辆便捷高效流动。扩大内地与港澳专业资格互认范围，深入推进重点领域规则衔接、机制对接。便利港澳青年到大湾区内地城市就学就业创业，打造粤港澳青少年交流精品品牌。

“一带一路类”建设项目：推动陆海天网四位一体联通，以“六廊六路多国多港”为基本框架，构建以新亚欧大陆桥等经济走廊为引领，以中欧班列、陆海新通道等大通道和信息高速路为骨架，以铁路、港口、管网等为依托的互联互通网络，打造国际陆海贸易新通道。提高中欧班列开行质量，推动国际陆运贸易规则制定。扩大“丝路海运”品牌影响。推进福建、新疆建设“一带一路”核心区。推进“一带一路”空间信息走廊建设。建设“空中丝绸之路”。推动与共建“一带一路”国家贸易投资合作优化升级，积极发展丝路电商。推进实施共建“一带一路”科技创新行动计划，建设数字丝绸之路、创新丝绸之路。加强应对气候变化、海洋合作、野生动物保护、荒漠化防治等交流合作，推动建设绿色丝绸之路。积极与共建“一带一路”国家开展医疗卫生和传染病防控合作，建设健康丝绸之路。

推进海南全面改革开放项目：海南自由贸易港建设。

黄河流域生态环保和高质量发展：加大上游重点生态系统保护和修复力度，筑牢三江源“中华水塔”，提升甘南、若尔盖等区域水源涵养能力。创新中游黄土高原水土流失治理模式，积极开展小流域综合治理、旱作梯田和淤地坝建设。推动下游二级悬河治理和滩区综合治理，加强黄河三角洲湿地保护和修复。开展汾渭平原、河套灌区等农业面源污染治理，清理整顿黄河岸线内工业企业，加强沿黄河城镇污水处理设施及配套管网建设。实施深度节水控水行动，降低水资源开发利用强度。合理控制煤炭开发强度，推进能源资源一体化开发利用，加强矿山生态修复。优化中心城市和城市群发展格局，统筹沿黄河县城和乡村建设。实施黄河文化遗产系统保护工程，打造具有国际影响力的黄河文化旅游带。建设黄河流域生态保护和高质量发展先行区。

（三）收入来源

国家重大战略项目涉及的建设项目类型较多，几乎涉及专项债券支持的所有类别。收入来源也较为丰富，主要有如下几类：土地出让收入、广告收入、项目运营收入、票务收入、停车费收入、住院收入、租金收入、财政补贴收入等。

二、“一带一路”建设项目发行案例

四川省德阳市中欧班列德阳现代物流港建设二期（物流新城）项目①

中欧班列是指按照固定车次、线路等条件开行，往来于中国与欧洲及“一带一路”沿线各国的集装箱国际铁路沿运班列。近年来，随着中欧班列的开通以及成德经济一体化进程在实践层面的快速推进，作为我国重型装备制造业重镇之一的德阳将建设中欧班列德阳现代物流港作为加快地方经济社会发展、改善产业结构、提升城市面貌的重要抓手。德阳市中欧班列项目共分三期，此为第二期物流新城项目。

（一）建设内容

本项目包括四个字项目：（1）德阳国际铁路物流港滨河生态整治（一期）项目；（2）德阳国际铁路物流港孝黄路改扩建工程项目；（3）德阳国际铁路物流港多元化物流园建设项目；（4）德阳国际铁路物流港加油加气站 A、B 建设项目。

滨河生态整治（一期）项目工程包含滨河生态整治和滨江路改造两个子项，其中滨河生态整治起于 G108 南侧，止于涟江路，长度约 1500 米，宽约 100 米，含绿化工程、景观工程、配套用房及配套设施工程；滨江路改造起于 108 国道，止于北城 1 号小区，长约 900 米，宽约 32 米。

孝黄路起于成绵高速德阳北出口，止于贺兰山路，全长约 4100 米。该道路为德阳国际铁路物流港东西向外联成绵高速或 108 国道的主要道路。孝黄路现为 24 米宽，双向 4 车道，普通水泥路面，设计时速为 60 千米/小时。通过本项目的实施，对孝黄路进行改扩建工程建设，将路面宽度扩建为 40 米，主要建设内容包括：路面整治，道路断面优化，排水管网改造，电力通信管道、桥梁拓宽、路灯、交安、绿化等内容。

在德阳黄许镇选址，建设集多元化交易、仓储、信息系统支撑等功能为一体的多

① 信息来源：中国债券网 http：//www. chinabond. com. cn/cb/cn/。

元化物流园。项目规划用地316.41亩，其中地块一（249.09亩）位于孝黄路与德罗干道交界处，地块二（67.32亩）位于德罗干道一侧。园区按“高标准规划、高水平建设”的原则进行，建设商务中心、产品贸易区、冷藏贸易区共计212150平方米。

本项目拟在德阳市中欧物流港附近选址两处新建2个二级加油加气站。项目主要建设内容为：加油加气站A：站房面积400平方米；加油罩棚面积600平方米。加油加气站B：站房面积400平方米；加油罩棚面积600平方米。

（二）收入来源

本项目总投资额134046.18万元。其中工程费用76986.26万元，工程建设其他费用47933.10万元，工艺设备费638.00万元，铺底流动资金486.00万元，预备费4202.82万元，债券利息2800.00万元，债券发行费用1000.00万元。

项目具体收入来源如下：

（1）滨河生态整治项目的收入主要包括：广告牌出租、商铺出租、场地出租、运营项目（常设项目）出租收入；

（2）孝黄路改扩建项目的收入主要包括：广告牌出租收入；

（3）物流园项目的收入主要包括：广告费收入、商铺租金、商务中心租金、贸易摊位租金、商铺销售收入、商务中心销售收入、物管收入、平台服务费收入、停车位收入；

（4）加油加气站项目的收入主要包括：汽油95、汽油92、柴油、天然气等销售收入以及便利店出租收入。

除上述收入项之外，还有土地出让收入和项目地方税补助。在项目运营期内，预计总收入可达407732.97万元。

（三）偿债安排

本项目拟发行10亿元项目收益专项债用于四川省德阳市中欧班列德阳现代物流港建设二期（物流新城）项目，分三年发行，发行期限均为10年，发行利率3.5%，按年支付债券利息，到期一次性偿还本金及利息。

（四）资金平衡测算

根据前述初步测算的财务数据，对项目未来的现金流进行资金平衡测算。项目运营期内现金流保持良好，除了债券本金偿还期，其余年份现金变动均为正数。项目预计带来经营活动现金流入407732.97万元，至2031年债券还本付息后，项目仍旧留存资金370.55万元，项目本息保障倍数为1.34，有较高的偿还利息的能力。

（五）案例分析

该项目的建设有利于促进德阳更高层次开放型经济的发展，有助于促进德阳市经济发展、助力成渝经济圈经济增长，有利于进一步改善招商环境、带动有效投资、增加税收收入，有利于带动当地的就业，有利于集约化经营、提高资源利用效率，有利于在德阳打造特色物流小镇，有利于统筹工农业生产、改善人民生活环境。

该项目专项债券的发行有严格的风险评估与应对方案，项目偿债能力较强，符合国家重大战略安排，是必须建设的重点项目。

三、粤港澳大湾区建设项目发行案例

粤港澳大湾区深茂铁路深圳至江门段（广州段）（省定重点项目）①

深茂铁路深圳至江门段项目属于广州市市本级项目。按照《粤港澳大湾区发展规划纲要》，加快基础设施互联互通，畅通对外综合运输通道，打造世界级铁路网，构筑完善大湾区快速交通系统。该项目已纳入《粤港澳大湾区发展规划纲要》中的重点建设项目。

（一）建设内容

深茂铁路深圳至江门段（广州市）项目总投资461000.00万元，建设内容有：

（1）新建线路自深圳枢纽西丽站引出，向西以隧道经深圳机场后，经东莞市，在虎门镇以隧道下穿珠江口，经广州市南沙区、中山市、江门市至深茂铁路江门站，新建正线长116.1千米，其中桥梁70.2千米，隧道43.8千米，桥隧比98%。全线设西丽、深圳机场、东莞滨海湾、南沙、中山北、横栏、江门等7座车站，其中江门站为既有车站。

（2）同步建设深圳北站至深圳机场站联络线20.4千米（双线），新建中山、江门地区联络线12.6千米（单线）。南沙站、中山站、江门站配套建设动车存车场。深圳机场站为6台14线规模，采用地下2层方案；南沙站为4台11线规模。其中广州段正线长约15千米，工程投资约44亿元，设南沙站。站场规模按4台9线控制，近期实施2台6线；站房规模10000平方米；预留存车场总规划6条线（12列位）。

---

① 信息来源：中国债券网 http：//www.chinabond.com.cn/cb/cn/。

（二）收入来源

本项目收入主要为土地相关受益和综合交通枢纽配套场站收入。

假设广州市白云区棠溪站综合交通枢纽周边综合开发用地、广州市番禺区化龙镇（化龙站）场站综合体地块，自融资开始日起第七年开始土地挂牌交易，且全部于一年内出让完毕。根据对可行性研究报告中预测的审核，分别以 2020 年 GDP 增速（6.5%）的 100%、90%、80% 比例计算土地价格的增长以融资开始日起第七年末土地挂牌交易的现金流入，考虑土地开发成本、二项基本政策成本、政府收益、政策性基金、已用于平衡其他项目成本的情况，按照保守性原则土地挂牌交易收入按后附“项目收益及现金流入评价说明”中土地出让收入预测表第七年数据计算，可用于资金平衡土地相关收益情况如下：（1）按 2020 年 GDP 增速 6.5% 的 100% 计算，土地出让总收入 2201908.05 万元。（2）按 2020 年 GDP 增速 6.5% 的 90% 计算，土地出让总收入 2099570.86 万元。（3）按 2020 年 GDP 增速 6.5% 的 80% 计算，土地出让总收入 2000935.58 万元。

长途客运站、旅游大巴车场及旅客集散中心、商业开发等业态均具有营利性质，按出租给运输集团或其他公司经营，营业收入主要来自长途客运站、旅游大巴车场及旅客集散中心的承包租金收入，站区广告收入以及商业部分门面租金收入。收入测算参考广州市目前的市场价格水平，租金单价按每 5 年增加 10% 考虑，商业门面考虑一定的空置率。预计收入：运营期开始收入 10594 万元/年，按每 5 年增加 10% 考虑，加上间接效益，15 年共计收入 662803.00 万元。

综上，该项目运营期内总收入为 2663738.58 万元。

（三）偿债安排

本批次拟发行债券额度为 30000.00 万元，其中部分由中国铁路总公司、广东省及广州市出资。发行期限七年，假设融资年利率为 3.20%，按每年付息，到期一次性还本。

（四）资金平衡测算

本次融资项目收益为土地挂牌交易产生的现金流入，土地未挂牌交易前需支付的资金利息由项目建设金支付，项目建设金包含项目资本金及融资资金，通过对近几年项目周边地块成交情况等的查询，预期土地出让收入对应的政府性基金收入和其他收入（综合交通枢纽配套场站收入）偿还融资本金和利息情况为：按自融资开始日起第七年开始土地挂牌交易，且全部于一年内出让完毕；按 2020 年 GDP 增速 6.5% 的 100% 比例计算土地价格增速的情况下，本息覆盖倍数为 1.53，按 2020 年 GDP 增速

6.5%的90%比例计算土地价格增长的情况下，本息覆盖倍数为1.47，按2020年GDP增速6.5%的80%比例计算土地价格增长的情况下，本息覆盖倍数为1.42。

（五）案例分析

本次广州市粤港澳大湾区国铁、城际等建设项目，主要目的为促进广州国际性综合交通枢纽建设，提高广州铁路枢纽客运能力，优化完善客运分工，实现多站布局、多点到发，缓解既有主要车站交通压力，提升铁路客运服务品质，完善项目周边市政基础配套设施，提升开发地块价值。项目的实施对促进广州国际性综合交通枢纽建设、方便广州市对外交流、加强区位优势有着重要意义。

四、总结

党的十九届五中全会将共同富裕作为社会主义现代化建设新征程的重要任务。区域发展不平衡不充分是制约实现共同富裕的关键瓶颈，从区域发展规律看，后发地区起初往往缺少内生动能，需要先发地区带动，才能使区域差距收敛，最终促进实现区域共同发展。区域重大战略涵盖的京津冀、长三角、粤港澳大湾区等区域是我国高质量发展的重要动力源，在引领高质量发展、缩小区域差距方面具有先天条件和综合优势。这就要求在“十四五”乃至今后一个时期的区域重大战略实施中，有条件的战略重点区域应在推动共同富裕方面作出积极努力和探索，既要加快推动本区域率先实现共同富裕目标，更要为全国其他地区推动共同富裕发挥带动和示范作用。

第九节 保障性安居工程类项目专项债券

一、综述

一直以来，住房问题都是人们所面临的重大问题，政府也积极地花费许多的时间与精力来解决住房问题，保障性住房的建设成为解决人们住房问题的重要措施。随着人们的生活方式改变，那些现在已老旧的住宅虽然曾在解决居民住房矛盾方面起到过很大的作用，但此时这些住宅因为面积偏小、结构老旧，能耗状况不佳已无法达到新时代居民的居住生活要求，而且其破旧的外貌在一定程度上也影响了城市面貌。

由于受到城市拓展空间的限制，城市功能的完善在很大程度上依赖于城市旧居住区的改造。老旧城区房屋密集，部分房屋存在不合理使用问题，造成较为严重的安全隐患。此外，部分老旧城区建筑外观陈旧不堪，老旧建筑建设年代已久，受当时经济水平和建设标准的限制，老旧小区功能性、适老性设施难以满足居民使用需求，存在一些缺陷，原有建筑结构功能较差，加上年久失修等问题，严重影响了居民的居住质量和日常生活。

保障性安居工程类项目的实施有利于推动城市旧改，强化城市活力。在改造过程中使住宅成套，增加住宅的可使用面积，将进一步提高群众生活质量，切实提高群众的住房条件，完善公共服务配套设施，提升社区服务水平。

（一）发行依据

2016 年 2 月，《中共中央 国务院关于进一步加强城市规划建设管理工作的若干意见》印发，大力推进城镇棚户区改造，稳步实施城中村改造，有序推进老旧住宅小区综合整治、危房和非成套住房改造，加快配套基础设施建设，切实解决群众住房困难。

2018 年 3 月，《关于做好 2018 年地方政府债务管理工作的通知》（财预〔2018〕34 号）指出，优先在重大区域发展以及乡村振兴、生态环保、保障性住房、公立医院、公立高校、交通、水利、市政基础设施等领域选择符合条件的项目，积极探索试点发行项目收益专项债券。

2019 年 8 月 22 日，财政部、住房城乡建设部印发《中央财政城镇保障性安居工程专项资金管理办法》的通知，明确专项资金的支持范围包括公租房改造和城市棚户区改造、老旧小区改造、住房租赁市场发展。

2020 年 7 月，国务院办公厅印发《关于全面推进城镇老旧小区改造工作的指导意见》，要求按照党中央、国务院决策部署，全面推进城镇老旧小区改造工作，满足人民群众美好生活需要，推动惠民生扩内需，推进城市更新和开发建设方式转型，促进经济高质量发展。

2020 年 10 月，党的十九届五中全会通过的《中共中央关于制定国民经济和社会发展第十四个五年规划和二〇三五年远景目标的建议》明确提出实施城市更新行动，加快构建以公租房、保障性租赁住房和共有产权住房为主体的住房保障体系，结合城镇棚户区改造和老旧小区改造，有效增加保障性住房供应。

2020 年 12 月，中央经济工作会议特别强调要高度重视保障性租赁住房建设，加快完善长租房政策，逐步使租购住房在享受公共服务上具有同等权利，规范发展长租房市场。土地供应要向租赁住房建设倾斜，单列租赁住房用地计划，探索利用集体建设用地和企事业单位自有闲置土地建设租赁住房。

2021年2月，《关于梳理2021年新增专项债券项目资金需求的通知》（财办预〔2021〕29号）明确提出2021年新增专项债重点用于交通基础设施、能源项目、农林水利、生态环保项目、社会事业、城乡冷链物流设施、市政和产业园区基础设施、国家重大战略项目和保障性安居工程（城镇老旧小区改造、保障性相赁住房、棚户区改造）九大领域。

（二）建设内容

根据住建部政策要求及各地制定的跟进政策，保障性安居工程类项目需突出“因地制宜”原则。结合项目具体建设内容，主要可以分为基本设施保障、配套设施提升和公共服务完善三种类型。

（1）基本设施保障，主要包括水、电、气、路等基础设施的维修完善，妥善处理垃圾、生活污水。此外，电梯的建设也属于基本设施保障的范畴；

（2）配套设施提升主要为公共活动场地，配建停车场、活动室、物业用房等；

（3）公共服务完善是在前两者的基础上进一步提升居住环境，打造社区养老、医疗、家政、便利店等服务。

（三）收入来源

（1）配套基础设施收费，如停车费收入、车位管理收入、充电桩收入、广告费收入、物业费收入、快递设施收入、饮水进化系统收入、自动售货点售货收入等。

（2）住宅和商业用房收入，如住房出租收入、物业经营用房出租收入、直管公房出租收入、商业用房租费收入等；

（3）社区服务收入，如家政服务收入、食品配送销售收入、居家养老服务收入等。

二、城镇老旧小区改造类项目发行案例

湖南省长沙市老旧小区改造试点项目[①]

（一）建设内容

项目主要包括芙蓉区五矿小区、天心区联运宿舍与公交小区、岳麓区银盆岭街道岳银三村、开福区群芳园小区、雨花区湖橡小区5个试点项目。本项目主要建设内容

① 信息来源：中国债券网 http：//www.chinabond.com.cn/cb/cn/。

一是基础类改造，主要包含违章建筑拆除、房屋公共部分修缮（涉及安全和基础功能）、水电气设施改造、小区环境改造等；二是完善类改造，主要包含房屋公共部分修缮（不涉及安全和基础功能）、道路和停车设施、安防和便民设施、环境景观整治、建筑节能改造等；三是提升类改造，主要包含立面整治、服务设施、智慧管理、特色风貌等。

（二）收入来源

长沙市老旧小区改造试点项目主要收入来源有小区物业服务费、小区现有闲置房屋改造后出租收入、新增便民服务用房出租收入、新增停车位服务收入、小区移动式广告位收入、5G基站建设租金收入、充电桩服务收入、电梯安装补贴及居民自费部分收入。

根据上述收入预测依据长沙市老旧小区改造试点项目收入在运营期内逐步实现，债券存续期内总收入为55045.85万元。

（三）偿债安排

本次拟申请政府专项债券15000.00万元，建设期债券利息由自有资金归还，本金在债券到期时一次性偿还。根据目前市场行情谨慎考虑，债券预测利率以2020年9月相同待偿期国债收益率算术平均值上浮20%确定。据此，本次20年期债券的预测利率为4.42%，每年需偿付利息663.00万元，债券存续期内本息共计28260.00万元。未来计划申请15年期专项债券5000.00万元，预测利率4.28%，每年需偿付利息214.00万元，债券存续期内本息共计8210.00万元。

（四）资金平衡测算

长沙市老旧小区改造试点项目偿债资金主要来源于小区物业服务费、小区现有闲置房屋改造后出租收入、新增便民服务用房出租收入、新增停车位服务收入、小区移动式广告位收入、5G基站建设租金收入、充电桩服务收入、电梯安装补贴及居民自费部分收入，预计用于融资平衡的相关收益为43758.04万元，相关收益对融资本息的覆盖倍数为1.20。总体看，项目收益与融资能实现自求平衡，不能还本付息的风险较小。

（五）案例分析

老旧小区改造能够腾空可利用建设用地用于可经营商业发展，包括增加小区内部停车位、小区商业开发等，根据土地位置、面积和周边的基础设施等条件可开发为商业区，为完善小区商业业态发展提供新的商业契机，并获得商业利润，提高老旧小区居民的收入。同时，本项目通过老旧小区改造项目建设，有利于美化现有小区城市环境，完善城市的规划功能，提升城市形象，提升居民的人居质量，增加社会有效需求，促进地区社会经济协调发展。

另外，项目建设不仅可直接拉动建筑业、建材业的发展，也能带动运输业、金融业、服务业等多个相关产业的发展，为本地区从事施工、物业管理的人员提供了就业机会，扩大了就业范围。

三、棚户区改造类项目发行案例

青海省门源县 2019 棚户区改造项目（二期）团结小区建设项目①

（一）建设内容

本项目建设地点位于门源县浩门镇，场地呈矩形布置，项目拟选场址平面呈矩形，南北较长、东西较短，长边约 396.31 米，宽边约 305.42 米，总占地面积约 51579.02 平方米（约 77.36 亩）。主入口设置在项目区西侧，与外环西路连接，次入口分别开向北侧西关街和南侧兴源路。场地内的道路呈环形布置，主要道路宽度为 6.0 米，宅间路为 4.0 米。

项目计划安置户数为 420 户，A 户型 96 套（两室一厅一厨一卫，建筑面积为 99 平方米）、C 户型 324 套（三室两厅两卫一厨，建筑面积为 138.18 平方米）。停车位按照 1 户 0.8 车位设置。新建团结小区 1#至 11#住宅楼，均为地下 1 层地上 6 层建筑，设计套数 420 套，住宅总建筑面积为 62834.33 平方米。

（二）收入来源

收入来源主要是土地出让收入和停车位销售收入。

根据近年来房地产发展的趋势，以及出让地块所处位置，结合门源县由于旅游业等的发展实现经济增长的实际情况，考虑门源县经济社会发展前景，本项目出让住宅用地土地 1099.00 亩，单价第一年按 16.50 万元/亩预测，之后考虑每年 3% 涨幅率；商业用地土地 406.00 亩，单价第一年按 20.00 万元/亩预测，之后考虑每年 3% 涨幅率。综上，债券发行期间预计可取得土地出让收入 28748.76 万元。

根据对门源县在售车位的了解，在售车位价格区间在 70000.00—80000.00 元/个。

① 信息来源：中国债券网 http：//www.chinabond.com.cn/cb/cn/。

本项目规划车位338个，审慎起见，不考虑相关车位日后升值情况，本项目车位销售价格定为70000.00元/个，预计可取得车位销售收入2366.00万元。

（三）偿债安排

门源县2019年棚户区改造二期项目——团结小区建设项目，总投资共计19326.25万元，本年度拟申请政府专项债券12657.65万元，偿还方式为每年付息一次，在债券到期时一次偿还本金，利率预计按每年3.5%测算，每年需偿付利息424.03万元，7年本息共计15758.79万元，建设期利息由自有资金统筹安排。偿还资金来源为土地出让收入及其他收入，共计22936.05万元，累计需偿还债券本金12657.65万元，偿还债券利息3101.14万元。

（四）资金平衡测算

经过对项目的测算，债券存续期内预计可用于还款资金为22936.05万元，累计需偿还债券本金12657.65万元，偿还债券利息3101.14万元，债券存续期项目可用还款额对债券本息的覆盖倍数为1.46倍。考虑收入从－10%到10%变动，收入对债券本息的覆盖倍数范围为1.31到1.60。从这个角度看，该项目能够实现收益与融资自求平衡，不能还本付息的风险较小。

（五）案例分析

项目对片区进行整体开发，统一管理，充分利用项目片区优势，在有效解决居民住房问题的同时，优化盘活土地资源，促进土地整合和集约化用地，实现土地资源的市场价值，增加城市就业人数，改造后，棚户区居民住进了现代化的小区，环境优美，配套设施相对齐全，有助于改善棚户区群众的生活居住条件，让住房困难群众共享改革发展成果，进一步提升居民幸福指数和城市外在形象。

项目能够改善居民生活环境，确保居住安全，群众生活水平将有明显提高，不仅有利于改善城市面貌和城市环境，而且对于维护社会稳定、体现社会公平、建设和谐社会具有重要意义。项目的建成有利于门源县的全面发展，有利于完善区域城市功能，有利于促进经济发展，有利于提供新的投资环境、促进招商引资。

四、总结

保障性安居工程类项目的实施能够改善低收入居民的住房条件，有助于推动新居民聚居区的形成，促使城市化发展进程不断加快，推动区域经济发展速度不断加快，创造更加稳定的投资环境，使城市的整体竞争能力得到不断改善。此外，保障性住房的建设不但可以刺激居民正常消费，还可以有效扩大内需，拉动建筑、服务与建材等相关产业经济的发展，增加建房投资，不断落实住房的相关优惠政策，降低住房需求所带来的压力，促使社会经济逐渐朝着健康与稳定的方向发展。

第十节　新型基础设施建设类项目专项债券

一、综述

2018 年中央经济工作会议提出，要加快 5G 商用步伐，加强人工智能、工业互联网、物联网等新型基础设施建设。从此，新型基础设施建设正式成为我国新时代投资发展的重要方向。在国内疫情、国际金融动荡、市场低迷等冲击之下，我国经济发展面临着超乎寻常的压力，而新型基础设施建设是实现我国高质量发展、应对疫情和经济下行等影响的有效手段。基础设施建设在历次危机中都发挥了重要的促投资、稳增长作用，为经济社会长期稳定发展提供了重要支撑。面向新一轮信息技术革命的新型基础设施建设，不但可以带动产业链上下游的高速发展，还有利于为我国在全球产业变革中打造核心竞争力。因此，新型基础设施建设不仅是我国引领经济新常态、实现高质量发展的中长期战略决策，更是我国立足当前、着眼未来的重大战略部署。

（一）发行依据

2019 年 3 月 5 日，国务院总理李克强在政府工作报告中提出，加大城际交通、物流、市政、灾害防治、民用和通用航空等基础设施投资力度，加强新一代信息基础设施建设。

2019 年 8 月 8 日，国务院办公厅关于促进平台经济规范健康发展的指导意见，加强网络支撑能力建设。深入实施“宽带中国”战略加快 5G 等新一代信息基础设施建设，优化提升网络性能和速率，推进下一代互联网、广播电视网、物联网建设，进一步降低中小企业宽带平均资费水平，为平台经济发展提供有力支撑。

2020 年 5 月 22 日，国务院总理李克强代表国务院向十三届全国人大三次会议作的 2020 年国务院政府工作报告中提出，重点支持“两新一重”建设。“两新一重”中的新型基础设施建设，主要建设内容为加强新型基础设施建设，发展新一代信息网络，拓展 5G 应用，建设充电桩，推广新能源汽车，激发新消费需求、助力产业升级。

2020年7月15日，国务院常务会议要求，各地要加快专项债发行和使用，支持“两新一重”公共卫生设施建设，可根据需要及时用于加强防灾减灾建设，尽快形成实物工作量，确保项目质量。2020年专项债重点支持的“两新一重”建设，即主要加强新型基础设施建设，发展新一代信息网络，拓展5G应用，建设数据中心，增加充电桩、换电站等设施，推广新能源汽车，激发新消费需求、助力产业升级。

根据《关于加快地方政府专项债券发行使用有关工作的通知》的要求，优化新增专项债券资金投向，积极支持“两新一重”中符合条件的项目，推动经济转型升级。新型基建其实就是高科技产业，主要是依靠高科技企业自身的研发，政府从财政、税收和金融等方面予以支持。“两新一重”对应的是不同地区的不同需求，既包括一、二线城市发展新基建、实现产业升级和激发消费活力，也包括新型城镇化对应中西部地区的实际发展，还包括落实宏观战略、协调区域发展的重大项目建设，相关项目的落实有利于实现促消费、惠民生、调结构、增后劲的发展方向。

（二）建设内容

根据国家发改委的相关规划，以下就新型基础设施建设类项目的建设内容进行总结归纳。

1. 信息基础设施。主要是指基于新一代信息技术演化生成的基础设施，主要建设以5G、物联网、工业互联网、卫星互联网为代表的通信网络基础设施，以人工智能、云计算、区块链等为代表的新技术基础设施，以数据中心、智能计算中心为代表的算力基础设施等。

2. 融合基础设施。主要是指深度应用互联网、大数据、人工智能等技术，支撑传统基础设施转型升级，进而形成的融合基础设施，主要建设智能交通基础设施、智慧能源基础设施等。

3. 创新基础设施。主要是指支撑科学研究、技术开发、产品研制的具有公益属性的基础设施，主要建设重大科技基础设施、科教基础设施、产业技术创新基础设施等。

（三）收入来源

1. 信息基础设施，收入来源主要包括5G基站站点出租收入、计算资源收入、数据存储收入、服务器托管收入、软件开发收入以及配套土地出让收入等。

2. 融合基础设施，收入来源主要包括客运收入、货运收入、交通枢纽商业运营收入、智能制造厂房出租收入、停车收入、充电桩收入、配套土地出让收入等。

3. 创新基础设施，收入来源主要包括科研咨询服务收入、科技成果转化转让收入、科研楼或孵化器出租收入、知识产权收入、奖励补贴收入以及配套土地出让收入等。

二、发行案例一

吉林省长春市5G数字影视基地基础设施项目①

（一）建设内容

本项目建设地点位于长春净月国家高新技术产业开发区，东至生态东街、南至新城乙二路、西至生态大街、北至新城乙一路。5G数字影视基地由数字影视制作中心、大数据及云服务中心、全球影视发行中心、5G应用创新创业中心、影视科技体验中心、5G高新视频制播中心等“六大中心”构成。

主要投资建设3万机柜容量IDC数据中心，电子信息类高层厂房，双创基地，数字经济基地、研发中心等。建成基础设施高端、商业配套齐全、运营高效智能、支撑平台有力、产业高度聚集的东北亚地区以数据中心为主题的产业园区。项目总用地面积465000.00平方米，设置八大板块，双创基地、数字经济基地、研发中心、电子信息类高层厂房、数据中心、变电所、换热站和柴油发电机房。

（二）收入来源

该项目建成后，偿还债券本息资金来源依靠项目中机柜、双创基地、数字经济基地、研发中心、电子信息类多层厂房和车位租赁等出租收入。

根据市场调研、查询长春市周边各项目的历史出租信息，结合本项目机柜、双创基地、数字经济基地、研发中心、电子信息类多层厂房和车位租赁价格，同时考虑本项目的区域位置及配套条件等因素，地理位置及谨慎性原则，机柜出租价格暂定40000.00元/台/年，双创基地、数字经济基地、研发中心、电子信息类多层厂房出租价格暂定350.00元/立方米/年，车位出租价格暂定5000.00元/个/年。项目收入预计实现时间为2024年8月。出租率暂按第一年为80%，第二年及以后期间为100%。

（三）偿债安排

项目总投资估算1407992.81万元；其中自有资金投入287992.81万元，债券资金投入1120000.00万元。其中2020年拟发行9500万元，2021年拟发行44.4亿元，2022

① 信息来源：中国债券网 http：//www.chinabond.com.cn/cb/cn/。

年拟发行44.4亿元，2023年拟发行22.25亿元。品种均为记账式固定利率附息债券，全部为新增债券，期限为30年，每半年支付利息，到期一次性偿还本金，利率暂按4.50%测算。

（四）资金平衡测算

按照地方政府专项债券发行要求，为满足项目收益与融资自求平衡，将债券偿还资金汇总后，测算项目收益及覆盖倍数。债券存续期内可用于偿还债券本息的专项收入资金合计3416860.22万元，覆盖倍数为1.30倍。项目覆盖倍数满足项目收益与融资自求平衡要求。

（五）案例分析

该项目符合长春市及净月高新区发展规划，对区域经济发展具有积极的推动和促进作用。一方面依托于数字经济上下游产业链的入区企业，能够有效提高地方财政贡献率，提振地方经济。另一方面入区企业也将大量吸纳高端人才进入，在加快科技成果转化的同时，带动了区域就业。

项目的建设有利于优化城市战略规划布局。长春市是长东北核心区，位于长吉图开发开放的内陆端口，是长东北三条发展轴线的主轴，肩负着引领长东北、带动长吉图的重要使命。该项目拟落位净月高新区，符合长春市打造净月西区现代服务业集聚区战略规划，建设净月“互联网+金融”创新创业产业园具有较强的引领和示范带动作用。

三、发行案例二

河北省2020年循环化工核心产业区基础设施升级改造项目[①]

（一）建设内容

2020年循环化工核心产业区基础设施升级改造项目共包含7个工程项目，项目基本信息如下表：

---

① 信息来源：中国债券网 http://www.chinabond.com.cn/cb/cn/。

<table>
<tr><th>项目名称</th><th colspan="2">工程名称</th><th>建设内容及规模</th><th>实施主体</th></tr>
<tr><td rowspan="10">2020 年循环化工核心产业区基础设施升级改造项目</td><td rowspan="4">2020 年园区电力管线工程</td><td>河北石家庄循环化工园区建石南路和清源大街电力管网工程</td><td>实施管线工程，路径全长 5240 米</td><td rowspan="4">石家庄循环化工园区建设投资有限公司</td></tr>
<tr><td>河北石家庄循环化工园区塔西大街电力管网工程</td><td>实施管线工程，路径全长 3960 米</td></tr>
<tr><td>河北石家庄循环化工园区电力管网工程</td><td>实施管线工程，路径会长 7110.23 米</td></tr>
<tr><td>河北石家庄循环化工园区北炼路电力管网工程</td><td>实施管线工程，路径全长 3300 米</td></tr>
<tr><td colspan="2">石家庄循环化工园区再生水供水管网建设</td><td>自再生水处理中心出水至园区各路段（北至石炼路，南至化工南路，西至化纤西路，东至塔东大街）敷设中水管网 32.9 千米</td><td>石家庄泓之源污水处理有限公司</td></tr>
<tr><td colspan="2">河北石家庄循环化工园区汉风古韵园建设项目</td><td>本项目总占地面积约 39.30 公顷，汉风古韵园共分为汉风古韵园、环城滨水园两个项目地块（含地标南侧地块 2846 平方米），主要承担园区应急水源蓄水功能</td><td>石家庄循环化工园区行政服务中心</td></tr>
<tr><td colspan="2">化工园区污水处理厂脱泥系统改造项目</td><td>新建污泥脱水间</td><td>石家庄泓之源污水处理有限公司</td></tr>
<tr><td colspan="2">智能化停车场</td><td>项目总占地面积为 5734 平方米，拟建设 7 层的智慧停车场。其中，地上 1 层为控制室及车位进出口，2—7 层为机械式停车设备层，项目设置泊位数为 2000 个，主要服务于核心产业区内职工车辆及来访车辆</td><td>石家庄循环化工园区建设投资有限公司</td></tr>
<tr><td colspan="2">循环化工园区环卫设施停保基地项目</td><td>项目占地面积约 8000 平方米，建筑面积约 3500 平方米主要建设库房、辅助用房、智慧城管调动作业中心、设备用房、停车场、作业区六个方面</td><td>石家庄循环化工园区建设投资有限公司</td></tr>
<tr><td colspan="2">石家庄循环化工园区垃圾压缩站建设工程</td><td>站内建设垃圾压缩车间（占地面积 1128 平方米），管理用房（占地面积 500 平方米，建筑面积 960 平方米），站内道路（占地 2314 平方米），停车区域（占地面积 1512 平方米），及围墙 507 米，剩余土地可根据实际情况而定</td><td>石家庄循环化工园区建设投资有限公司</td></tr>
</table>

项目计划安置户数为 420 户，A 户型 96 套（两室一厅一厨一卫，建筑面积为 99 平方米）、C 户型 324 套（三室两厅两卫一厨，建筑面积为 138.18 平方米）。停车位按照 1 户 0.8 车位设置。新建团结小区 1#至 11#住宅楼，均为地下 1 层地上 6 层建筑，设计

套数420套，住宅总建筑面积为62834.33平方米。

（二）收入来源

2020年循环化工核心产业区基础设施升级改造项目运营收入来源为电力管线入廊费、电力管线日常维护费、供水管网出租收入、汉风古韵园门票收入、污泥处置费用、停车费收入、垃圾处理费及土地出让收入，测算期内预测收入36798.33万元。

（三）偿债安排

2020年循环化工核心产业区基础设施升级改造项目总投资为47868.77万元，其中建筑工程费41030.24万元、预备费2774.10万元、其他费用4064.43万元。2020年循环化工核心产业区基础设施升级改造项目本期拟发行政府专项债15000.00万元，期限10年。假设融资利率4.0%，在存续期内按每半年支付利息一次，本金分年偿还，在本期债券存续期的第6、7、8、9、10年每年的还本日偿还本金3000.00万元、3000.00万元、3000.00万元、3000.00万元、3000.00万元，已兑付本金自兑付日起不另计利息，10年期本息共计19500.00万元。

（四）资金平衡测算

通过对项目还本付息的测算：2020年循环化工核心产业区基础设施升级改造项目用于资金平衡的相关项目运营收益为25796.28万元，融资本息为19500.00万元，预计相关收入对债券本息的覆盖倍数为1.32，项目预期可支配收益可以覆盖融资成本。

（五）案例分析

本项目为城市基础设施建设，改善园区基础配套及园区环境。项目的建设与城市建设相结合，建成后有助于河北石家庄循环化工园区知名度的提高，而且有助于提高河北石家庄循环化工园区区的运行效率和经济活力，带动区域整体环境和城市形象的提升，改善当地的生态环境和投资环境，从而增加河北石家庄循环化工园区的产业吸引力，吸引大量优秀企业入驻，从而带动河北石家庄循环化工园区乃至京津冀的产业发展。此外，建设项目及建成后的管理运营，需要大量建材和新增劳动力，将由当地供给，这给建筑业带来了较大的发展机遇，为当地创造就业机会。

四、总结

当前，我国经济已由高速增长阶段转向高质量发展阶段，正处于转变发展方式、优化经济结构、转换增长动力的攻关期。面对国际国内复杂形势，特别是当前国内经济下行压力，亟需向创新要动力。从国际国内发展经验看，每当经济面临下行压力，基础设施建设便成为发展经济的重要动力。

在当前的国际形势下，传统基建投资对经济的拉动作用正在减弱，而信息基础设施对于国民经济的拉动作用日渐凸显。因此，将新一代信息化基础设施纳入地区基础设施建设的范畴中，不仅有利于发展数字经济为代表的经济新动能，形成新的经济增长极，而且还有利于推动传统产业的数字化转型，成为地区经济和社会发展的重要推动器。

第十一节　新型城镇化建设类项目专项债券

一、综述

中国新型城镇化高质量发展是一种人地和谐、高效低碳、生态环保、节约创新、智慧平安的质量提升型城镇化，是高质量的城市建设、高质量的基础设施、高质量的公共服务、高质量的人居环境、高质量的城市管理和高质量的市民化的有机统一。走新型城镇化道路是中国特色社会主义现代化建设的必然选择，是全面建成小康社会的重要内容。我国走新型城镇化道路，其直接原因是为了解决传统城镇化道路中存在的严重问题。近年来，我国城镇化水平快速提高，城镇数量大幅增加；城镇之间联系密切，城镇地区聚集逐步形成；城镇化发展理念发生根本转变，城镇现代化水平显著提高；城乡关系开始走向协调，城乡体制改革逐步铺开是我国传统城镇化取得的显著成就。

新型城镇化建设类项目旨在落实国家《国家新型城镇化规划（2014—2020 年）》和《国家新型城镇化综合试点方案》，按照“以人的城镇化为核心，以提升质量为关键，推进农业转移人口市民化，促进城乡统筹发展和产城融合发展，增强要素保障能力，探索形成有利于新型城镇化健康发展的制度体系”为总体目标，是积极推动新型城镇化建设的重要举措，有效完善城市基础设施建设，改变区域产业结构，提高土地利用效率，促进经济社会和谐发展的重要工程。

（一）发行依据

2012 年 12 月 16 日，中央经济工作会议指出，城镇化是我国现代化建设的历史任务，也是扩大内需的最大潜力所在，要积极引导城镇化健康发展。

党的十八届三中全会明确要求，坚持走中国特色新型城镇化道路，随后召开的中央城镇化工作会议进一步强调“走中国特色、科学发展的新型城镇化道路”。

2014 年 3 月 16 日，中共中央、国务院印发《国家新型城镇化规划（2014—2020 年）》。通知指出，城镇化是现代化的必由之路，是解决农业农村农民问题的重要途径，是推动区域协调发展的有力支撑，是扩大内需和促进产业升级的重要抓手。

2019 年 3 月 5 日，国务院总理李克强在 2019 年政府工作报告中提出，促进区域协调发展，提高新型城镇化质量。

2020 年 5 月 22 日，国务院总理李克强代表国务院向十三届全国人大三次会议作的 2020 年国务院政府工作报告中提出，重点支持“两新一重”建设。“两新一重”中的新型城镇化建设主要是指大力提升县城公共设施和服务能力，以适应农民日益增加的到县城就业安家需求，新开工改造城镇老旧小区 3.9 万个，支持加装电梯，发展用餐、保洁等多样社区服务。

2020 年 5 月 29 日，国家发展改革委印发《关于加快开展县城城镇化补短板强弱项工作的通知》各地区要坚持“资金跟着项目走”，落实政府投资重点支持“两新一重”建设的要求，针对县城公益性固定资产投资项目，设计多元化的财政性资金投入保障机制。县城公益性项目主要是地方政府财政资金予以投入，符合条件的县城公益性项目可通过中央预算内投资予以适当支持。对其中有一定收益但难以商业化合规融资、确需举债的县城公益性项目，除上述资金支持渠道外，还可通过安排地方政府专项债券、抗疫特别国债予以支持。

2020 年 7 月 15 日，国务院常务会议要求，各地要加快专项债发行和使用，支持“两新一重”公共卫生设施建设，可根据需要及时用于加强防灾减灾建设，尽快形成实物工作量，确保项目质量。

根据《关于加快地方政府专项债券发行使用有关工作的通知》的要求，优化新增专项债券资金投向，积极支持“两新一重”中符合条件的项目，推动经济转型升级。新型城镇化已明确了走都市圈城市群道路，强调都市圈城市群的资源集聚和规模效应。“两新一重”对应的是不同地区的不同需求，既包括一二线城市发展新基建、实现产业升级和激发消费活力，也包括新型城镇化对应中西部地区的实际发展，还包括落实宏观战略、协调区域发展的重大项目建设，相关项目的落实有利于实现促消费、惠民生、调结构、增后劲的发展方向。

（二）建设内容

根据国家发改委的相关规划，以下就新型城镇化建设类项目的建设内容进行总结归纳。

1. 县城产业平台配套设施建设项目。支持产业园区和特色小镇等产业集聚区配套设施建设项目，包括建设商贸流通中心、技术研发转化中心、智能标准厂房等。支持新型文旅商业消费聚集区建设项目，包括改造商业步行街、地方特色街区及配套设施等。支持产业转型升级示范区内重点园区、县城产业转型升级示范园区建设项目。

2. 县城智慧化改造建设项目。支持市政公用设施数字化建设项目，包括改造交通、公安和水电气热等领域终端系统等。支持数据设施建设项目，包括建设集约化数据中心、数据供应链、公共领域数据系统整合及一体化应用平台、产业数字化平台等。支持网络安全防护体系建设项目，包括配置网络安全设备和系统部署等。支持新型基础设施建设项目，包括5G、物联网、车联网、骨干网扩容、光纤接入等。

3. 县城新型城镇化其他领域建设项目。支持配送投递设施建设项目，包括建设公共配送中心和智能快件箱等；支持冷链物流设施建设项目，包括建设冷库及冷链物流前置仓、生鲜食品低温加工处理中心等；支持农贸市场改造或迁建新建项目，包括改造交易棚厅及环保设施、配置检测检疫设备等；支持客运站改扩建或迁建新建项目等。

（三）收入来源

新型城镇化建设类项目涉及的类别较，根据各项目不同情况，收入也有较大差异，根据公开资料整理，该类项目的收入汇总如下：

1. 物业费、云柜管理费、广告位收入；
2. 产业园仓库、办公楼出租收入；
3. 土地出让收入、公园相关服务收入；
4. 安置房销售收入、商铺租售收入；
5. 社区养老、医疗、幼儿园收入；
6. 停车位收入。

二、发行案例一

四川省成都高新区天府国际空港新城新型城镇化项目（一期）①

（一）建设内容

本项目主要是为安置空港新城规划建设相关区域（含起步区和核心区）的被拆迁

① 信息来源：中国债券网 http：//www. chinabond. com. cn/cb/cn/。

人员，包含三个子工程，即三岔镇八角村社区工程、玉成乡街邻村社区工程以及福田乡社区工程。具体建设内容为住宅小区、配套商业、基层服务中心、幼儿园、社区综合体、配套道路等。

（二）收入来源

1. 安置房定向出售

本项目由三个社区工程组成，福田乡社区工程预计将会安置 2406 人，三岔镇八角村社区工程拟安置人口约 4599 人。玉成乡街邻村社区工程计划安置 1397 户，项目建设后将以较低价格来安置周边拆迁户。

2. 商铺及车位出租

本项目社区建设商铺的面积为 27789.82 平方米，建设车位约为 5108 个。项目建设后将以租赁的方式出租。

3. 物业服务

本项目在运营过程中会向社区的业主收取一定的物业费，以保证社区设施的必要维护保养。

4. 幼儿园

为了保证安置点位的配套完善，在安置区域均规划了相应的幼儿园用房，面向安置点居民提供基础教育设施，其收费将严格遵循政府对公立性幼儿园的相关规定执行。

5. 土地出让增值

项目周边可供出让土地 500 亩，在扣除综合成本 50 万元/亩后，列为成都天府空港新城新型城镇化工程（一期）项目专项收入，属政府性基金收入。鉴于债券预计于 2030 年年底到期还款，因此 2029 年之前的土地出让收入全部作为项目收入。

6. 社区养老及医疗

本项目计划在三个社区分别建设一个面积约 1000 平方米的社区养老与医疗机构，为老年人提供社区养老床位租赁服务及基础医疗服务，初步规划每个床位占地面积为 10 平方米，每个社区共计 100 个床位，相关收费标准将充分考虑社区居民的承受能力基于审慎性原则制定。

经合理预测，在债券存续期间，本项目可产生收入 663582.42 万元，累计税息折旧及摊销前利润 185697.65 万元。

（三）偿债安排

经估算本项目工程总投资额约 518288.07 万元，其中工程建设投资 490038.07 万元，建设期利息费用 24750.00 万元（债券利率按照 4.5% 进行预估），发行债券相关费用 3500.00 万元（发行相关费用按照 1% 进行预估）。

项目总投资的 32.47% 为项目资本金即 168288.07 万元从政府财政预算安排，另 67.53% 的资金需求由发行专项债券来满足，需要筹措资金 350000.00 万元。本项目拟 2019 年发行 20 亿元，2020 年发行 15 亿元。期限均为 10 年期。

（四）资金平衡测算

本项目运营期内现金流保持良好，除了债券本金偿还期，其余年份现金变动均为正数，截至 2029 年，累计现金流量为 213023.65 万元，项目本息保障倍数为 1.24，收益能够满足与融资自求平衡。

（五）案例分析

该项目的实施，将完成三个社区建设，完成拆迁安置人员的妥善安排，维护社会和谐稳定。将有力推进中心城区与周边城乡的一体化建设，有效扩大市区规模，有利于完善成都天府国际空港新城的基础条件和配套，有利于改善当地居民的生活和住房条件，有利于成都天府国际空港新城稳定、持续的发展，是成都推进城乡形态转型升级、统筹城乡发展的重要抓手。

本项目建设完成后将会促进农业转移人口落户城镇，保障农业转移人口随迁子女平等享有受教育权利，推动城镇基本医疗卫生服务资源均衡配置，建立健全社区卫生计生服务网络，将农业转移人口及其随迁家属纳入社区卫生服务体系，促进了成都市乃至四川省的医疗服务水平提高。

三、发行案例二

2020 年安徽省政府专项债券潘南新型城镇化建设项目（一期）①

（一）建设内容

本项目建设地点位于门源县浩门镇，场地呈矩形布置，项目拟选场址平面呈矩形，南北较长、东西较短，长边约 396.31 米，宽边约 305.42 米，总占地面积约 51579.02 平方米（约 77.36 亩）。主入口设置在项目区西侧，与外环西路连接，次入口分别开向

① 信息来源：中国债券网 http：//www.chinabond.com.cn/cb/cn/。

北侧西关街和南侧兴源路。场地内的道路呈环形布置，主要道路宽度为6.0米，宅间路为4.0米。

项目计划安置户数为420户，A户型96套（两室一厅一厨一卫，建筑面积为99平方米）、C户型324套（三室两厅两卫一厨，建筑面积为138.18平方米）。停车位按照1户0.8车位设置。新建团结小区1#至11#住宅楼，均为地下1层地上6层建筑，设计套数420套，住宅总建筑面积为62834.33平方米。

（二）收入来源

1. 配套设备出售收入

配套设备出售收入包括配套设施工程出售收入及污水处理收入、自来水厂收入、再生水厂收入。配套设施工程为农产品加工交易市场、综合服务区、消防站、派出所、110kV变电站、环卫设施工程均由单位代建，2021年建成后移交运营单位。预计在2023年进行出售，收益按建设成本上浮15%测算，成本金额为34888.49万元，收益金额为40121.76万元。园区工业污水处理厂，处理规模3.0万吨/天，污水处理收费13.5元/立方米，每年的运营收入为13365.00万元；预计2021年建设完成，2022年投入运营，2021年至2032年共计收入金额为147015.00万元。园区工业供水厂，供水规模4.0万吨/天，自来水出厂平均价格2.1元/吨；预计2021年建设完成，2022年投入运营，2021年至2032年共计收入金额为30492.00万元。园区再生水厂，供水规模1.5万吨/天，再生水出厂价格3.5元/吨；预计2021年建设完成，2022年投入运营，2021年至2032年共计收入金额为19057.50万元。

2. 土地出让收入

土地平整就是指通过拆迁、土方工程对土地表层状况进行改造，拆除建筑物、构筑物以及存在较明显的土地不同位置的高差，已达到后续施工的要求。土地出让价格参照2018年潘集区土地成交价格50万元/亩，此次预测按照与2019年GDP预计增速6.5%相近的比例6.00%计算土地价格的增长，土地出让面积3728.82亩，预计未来结余土地转让收入金额为210197.07万元。

（三）偿债安排

该项目总投资额为310327.29万元，其中自筹70327.29万元，银行贷款240000.00万元，其中工程费用128999.30万元，工程建设其他费用139830.32万元，基本预备费21506.37万元，建设期利息19991.31万元。

本项目总投资中项目资本金为126735.99元，由项目自筹，占总投资的42.71%。

计划发行政府专项债融资 170000.00 万元，占总投资的 57.29%，其中 2020 年预计发行 9 亿，本次发行 2 亿元。

本期项目收益债拟发行规模 170000.00 万元，债券期限为 10 年，债券票面年利率为 4.00%，假设每次债权为年中发行，当年计息半年，到期后一次性支付本金和最后一期利息。

（四）资金平衡测算

本次融资项目的主要建设内容为基础设施工程、环境设施工程、配套设施工程、土地整理、报批及安置工程。项目收入来源于配套设施工程出售收入、土地出让收入、污水厂收入。项目建设资金包含项目资本金及债券融资资金，通过对收益的预测，预期项目本息覆盖倍数为 1.37。项目收益可以覆盖成本，不能偿还的风险较低。

（五）案例分析

本项目的实施可以实现土地合理利用，优化和整合土地资源，节约土地使用，提升周边土地价值，将带动相关商旅、娱乐等产业的发展，加快区域经济发展进程，进一步促进开发区经济的快速稳定发展。项目的建设有利于推进农业转移人口市民化，促进城乡统筹发展和产城融合发展，增强要素保障能力，探索形成有利于新型城镇化健康发展的制度体系为总体目标，是完善淮南市基础设施建设、改变区域产业结构、提高土地利用效率、促进淮南市经济社会和谐发展的重要工程。

四、总结

近年来，中央政府在对我国城镇化提出更高要求和期望的同时，对城镇化给出了新的概念，即新型城镇化是以人为本的城镇化，它将人的生活质量与生活水平的提高放在了最为突出的位置，其出发点和最终落脚点都是为了人的发展，这也是新型城镇化的“新”字关键所在。通过新型城镇化类项目的实施，有序推进农业转移人口市民化；以城市群为主体形态，推动大中小城市和小城镇协调发展；以综合承能力为支撑，提升城市可持续发展水平；以体制机制创新为保障，通过改革释方城镇化发展潜力，走以人为本、四化同步、优化布局、生态文明、文化传承的中国特色新型城镇化道路。

第十二节　重大工程建设类项目专项债券

一、综述

重大工程建设类项目不局限于新建性质，改建、扩建和大型技术改造等性质的项目都可以成为重点项目。重点项目具有宏观效益显著，工期紧迫性强，投资量较大，以及处于相关项目群的中心等特点，它具有兼顾短期与远期目标，既促消费惠民生，又调结构增后劲，在发展中寻求突破的重要意义。以新基建推动新型消费发展，以新型城镇化推动经济社会发展，以重大项目改善民生和促进经济增长，相关项目的实施能够充分利用闲置资源，扩大并优化投资，加快国内产业链的建设、完善与提升，顺应市场规律又不受市场规律的限制，在构建双循环经济发展格局的过程中能够发挥不可缺少的作用。

（一）发行依据

2019 年 3 月 5 日，国务院总理李克强在政府工作报告中提出，开工一批重大水利工程，加快川藏铁路规划建设，加大城际交通、物流、市政、灾害防治、民用和通用航空等基础设施投资力度。

2020 年 5 月 22 日，国务院总理李克强代表国务院向十三届全国人大三次会议作的 2020 年国务院政府工作报告中提出，重点支持“两新一重”建设。“两新一重”中的重大工程建设，主要指的是加强交通、水利等重大工程建设，增加国家铁路建设资本金 1000 亿元。

2021 年 1 月 19 日，国家发改委新政研室主任袁达在新闻发布会上表示，2021 年国家发改委将会同有关方面，聚焦“两新一重”和短板弱项，扩大有效投资，实施川藏铁路、西部陆海新通道等重大工程。

根据《关于加快地方政府专项债券发行使用有关工作的通知》的要求，优化新增专项债券资金投向，积极支持“两新一重”中符合条件的项目，推动经济转型升级。重大工程建设大部分属于传统基建，我国基建大发展在过去极大地带动了经济发展、居民就业和脱贫攻坚，推动了基本公共服务均等化。“两新一重”对应的是不同地区的不同需求，既包括一二线城市发展新基建、实现产业升级和激发消费活力，也包括新型城镇化对应中西部地区的实际发展，还包括落实宏观战略、协调区域发展的重大项目建设，相关项目的落实有利于实现促消费、惠民生、调结构、增后劲的发展方向。

（二）建设内容

根据国家发改委的相关规划，以下就重大工程建设类项目的建设内容进行总结归纳。

1. 实施川藏铁路、西部陆海新通道等重大工程；
2. 积极推动重点城市群、都市圈城际铁路、市域市郊铁路和高等级公路建设；
3. 加强枢纽机场和中西部支线机场建设；
4. 实施国家水网骨干工程，加快推进150项重大水利工程建设。

（三）收入来源

重大工程建设类项目涉及的类别较，根据各项目不同情况，收入也有较大差异，根据公开资料整理，该类项目的收入汇总如下：

1. 土地出让收入；
2. 车位收入；
3. 供水收入、水产养殖收入；
4. 管廊使用权转让收入；
5. 社区配套服务收入；
6. 机场商铺出租以及相关服务收入。

二、发行案例一

中国（北京）自贸试验区科技创新片区（海淀）周边上庄配套设施提升项目[①]

（一）建设内容

本项目安置房建设被列为北京市市政府扩大内需绿色通道审批项目之一，规划用地282885.285平方米，总建筑面积374928平方米，其中住宅建筑面积278175平方米，建筑高度45米，总户数3478户，安置总人口数9738人。机动车停车位1087

① 信息来源：中国债券网 http：//www.chinabond.com.cn/cb/cn/。

辆，可经营性机动车停车位 361 辆，非机动车停车位 6980 辆。腾退项目包括上庄镇镇域内住宅类房屋腾退和非宅腾退，包括上庄村和南玉河村以及其他建设需要的腾退项目。

（二）收入来源

本项目收入主要来源于中关村科学城北区统筹收入，以及项目运营收入作为补充。项目运营收入包括安置房优惠购房出售收入、社区配套基础设施服务收入、智慧社区运营收入以及智慧社区新型基础设施运营收入。经科学测算，本项目在债券存续期内收入为 1669065. 51 万元，其中中关村科学城北区统筹收入 1617903. 90 万元，项目运营收入为 51161. 61 万元。

（三）偿债安排

本项目初设批复项目总投资为 1281776. 17 万元，项目前期已投入 311776. 17 万元，根据腾退工作和安置房建设计划，2021 年投入使用债券资金 440000. 00 万元，2022 年投入使用债券资金 530000. 00 万元。按债券发行利率以统一招标的利率，每半年支付一次利息，到期一次性偿还债券本金并支付最后一期利息，可以约定根据项目收入情况提前分期偿还债券本金的条款。

（四）资金平衡测算

经计算，债券存续期内，预计可直接用于偿还债券本金和利息的项目净收益为 1656043. 82 万元。债券存续期内，需支付的项目债券本金及利息和为 1284025. 00 万元，本息保障倍数为 1. 29，项目收益满足要求，完全能够覆盖专项债券本息。

根据本项目收益与融资自求平衡的压力测试结果，当经营净收益作为影响债券还本付息的因素在减 ±15% 范围变动的情况下，专项债券本息覆盖倍数仍然为 >1，还本付息资金具有一定的稳定性与风险抵抗能力。

（五）案例分析

项目所在的科学城北区是中关村科学城的战略腹地和发展纵深，是“两区”建设、北京国际科技创新中心核心区建设的重要承载区域。本项目建设是加速中关村科学城北区发展建设，推动区域创新和跨越式高质量发展的主战场，也是海淀区落地新版北京城市总规、构建新型城市形态的重要举措。

本项目建设是海淀区贯彻落实北京“两区”建设决策部署的重要举措；是实现高质量科技创新发展，建立具有全球影响力的科技创新中心、打造高水平开放平台的重要推动力；可以为北京市海淀区中关村科学城北区发展提供用地保障；是推进新型城镇化建设、加快城乡融合发展的需要。

三、发行案例二

四川省成都市大运会主会场环湖基础设施及智慧交通安保建设项目[①]

（一）建设内容

项目主要建设内容及规模为新建环湖南路、环湖南路延伸段、A5 线及智慧交通安保工程，主要包括综合管网工程、道路工程、桥梁工程、排水工程、景观飞廊及大运村、大运场馆周边道路智慧交通安保等工程。

（二）收入来源

本项目测算的收入主要为广告收入、临时占道停车位收入、微管廊使用权转让收入等经营性收入及政府补贴收入，预测债券存续期间收入 294246. 15 万元。其中区财政对本项目达到运营条件后每年给予 4500 万元补助，总计可获得政府专项补贴收入 130500. 00 万元。运营收入 163746. 15 万元。

（三）偿债安排

本项目估算总投资为 125941. 82 万元，其中项目资本金 35941. 82 万元，计划发行专项债券融资 90000. 00 万元，发行期限均为 30 年，利率按照 4. 00% 测算。建设期只支付利息不偿还本金，建设期利息由资本金支付，运营期还本付息金额共计 194400. 00 万元。

（四）资金平衡测算

项目可用于还本付息资金来源为 232781. 91 万元，能够完全覆盖专项债券还本付息金额，对债券本息的覆盖率为 1. 20。预计项目产生的现金净流入能够合理保障偿还债券本金及利息，实现项目收益和融资自求平衡。

（五）案例分析

项目建设完成后，使区域内基础设施趋于完善，开发建设条件更加齐备，从而提

① 信息来源：中国债券网 http：//www. chinabond. com. cn/cb/cn/。

升龙泉驿区土地开发和利用价值，集聚商业氛围，提升大面街道档次，带动区域经济的发展，推动工程沿线土地的增值。

本项目的建成，将使龙泉驿区与成都市周边地区的商业、旅游、经济、文化、教育、贸易活动、经验和技术交流有更好的交通条件，扩大龙泉驿区的知名度和影响力，促进招商引资工作的开展，带动龙泉驿区经济的良性发展。本项目的建设为龙泉驿的建设和发展提供更好的基础设施，有了好的交通条件和外部环境，必然带来好的经济发展机遇，从而带动区域经济的发展，实现龙泉驿区以科学发展观为统领，统筹推进“三个集中”，全面深入推进城乡一体化，全面融入成都，加速城乡融合，努力构建和谐龙泉驿的目标。

四、总结

重大工程建设类项目作为我国新一轮科技革命和产业革命的驱动载体，在烫平短期经济波动、推动长期经济高质量发展等方面有着显著的影响力。重大工程建设涉及的行业非常多，加上这些行业本身普遍具有较强的辐射带动作用，这意味着相关项目的实施将会带动相关产业快速发展，对当地经济发展起着积极的推动作用。重大工程建设类项目的实施将会给社会生活赋能，当前社会发展朝着数字化、网络化、智能化的方向不断前进，重大工程的建设将会给人们生活的方方面面带来巨大变化，将会使社会运行秩序发生很大改变，从而实现社会的发展进步。

第十三节　专项债券作为资本金类项目专项债券

一、综述

专项债券作为资本金项目不以投资领域划分，是政府关于专项债券支持项目的具体方式或途径上的创新。政府作为基础设施项目的投资人和促进者，支持项目的途径主要有三个：一是用作政府投资项目的直投资金，二是用作对项目公司、社会投资人的债务性资金，三是用作项目公司的项目资本金。

（一）发行依据

专项债作项目资本金是由《关于做好地方政府专项债券发行及项目配套融资工作

的通知》(厅字〔2019〕33 号)首次提出的。厅字〔2019〕33 号规定:“允许将专项债券作为符合条件的重大项目资本金。对于专项债券支持、符合中央重大决策部署、具有较大示范带动效应的重大项目,主要是国家重点支持的铁路、国家高速公路和支持推进国家重大战略的地方高速公路、供电、供气项目,在评估项目收益偿还专项债券本息后专项收入具备融资条件的,允许将部分专项债券作为一定比例的项目资本金,但不得超越项目收益实际水平过度融资。”

除了厅字〔2019〕33 号文之外,2019 年 9 月 4 日李克强总理主持召开的国务院常务工作会议上提出要扩大专项债的使用范围,“重点用于铁路、轨道交通、城市停车场等交通基础设施,城乡电网、天然气管网和储气设施等能源项目,农林水利,城镇污水垃圾处理等生态环保项目,职业教育和托幼、医疗、养老等民生服务,冷链物流设施,水电气热等市政和产业园区基础设施”,并“将专项债可用作项目资本金范围明确为符合上述重点投向的重大基础设施领域。以省为单位,专项债资金用于项目资本金的规模占该省份专项债规模的比例可为 20% 左右”。

《国务院关于加强固定资产投资项目资本金管理的通知》国发〔2019〕26 号明确了项目资本金的性质,“对投资项目来说必须是非债务性资金,项目法人不承担这部分资金的任何债务和利息”,即项目资本金不得为项目公司的债务性资金,但可以为投资人(股东)的债务性资金。这一认定,明确了过去“项目资本金也不得为投资人的债务性资金”的有关争议,也印证了厅字〔2019〕33 号文“地方政府专项债券可以用于项目资本金”的合法性。

为了改善专项债拉动固定资产投资尤其是基础设施投资效果不佳的现象,国务院在 2019 年 6 月开始试点,允许专项债券资金作为项目资本金,且在 2020 年把可用于资本金的规模提高到了 25%,希望通过这一特殊的途径来撬动更多的投资,起到积极财政撬动社会投资的作用。

(二)发行条件

不是每个项目都可以用专项债券作为资本金。根据《关于做好地方政府专项债券发行及项目配套融资工作的通知》(厅字〔2019〕33 号)规定:“允许将专项债券作为符合条件的重大项目资本金。对于专项债券支持、符合中央重大决策部署、具有较大示范带动效应的重大项目,主要是国家重点支持的铁路、国家高速公路和支持推进国家重大战略的地方高速公路、供电、供气项目,在评估项目收益偿还专项债券本息后专项收入具备融资条件的,允许将部分专项债券作为一定比例的项目资本金,但不得超越项目收益实际水平过度融资。”

根据 2019 年 9 月 4 日李克强总理主持召开的国务院常务工作会议,“重点用于铁路、轨道交通、城市停车场等交通基础设施，城乡电网、天然气管网和储气设施等能源项目，农林水利，城镇污水垃圾处理等生态环保项目，职业教育和托幼、医疗、养老等民生服务，冷链物流设施，水电气热等市政和产业园区基础设施”，并“将专项债可用作项目资本金范围明确为符合上述重点投向的重大基础设施领域。以省为单位，专项债资金用于项目资本金的规模占该省份专项债规模的比例可为20%左右”。

根据国家政策指引，专项债券作为资本金项目必须具备以下条件：

一是限定在重大项目。必须符合党中央国务院重大决策部署、具有较大示范带动效应的重大项目；或者是列入发改委重点项目库的重要项目。

二是作资本金必须获得省级财政部门批准。运用债务性资金作资本金属于“特事特办”，需要设计专门的资金使用方案、运用比例和偿还方式，需要获得上级财政部门的审批与同意。

三是必须具备向金融机构市场化融资条件。专项债资金作项目资本金，本质上是为了进一步撬动社会投资；因此项目本身必须具有市场化的现金流，能够通过经营性的收入来获得银行贷款等市场化融资。

（三）支持领域

从财政审核的角度来说，专项债券作资本金的规模应当是解决市场化融资后项目剩余的资金缺口，同时也弥补当地财政的资本金不足。

从实际操作的角度来说，以下几类项目比较适合用专项债资金作项目资本金：

一是产业园区类项目。产业类基础设施是国家与金融都重点支持的领域，且其中的人才公寓、标准化厂房、孵化器、水电气热项目都具有较为稳定的现金流收入；既容易列入重大项目范畴，又具备较好的市场化融资条件。

二是县城新型城镇化项目。新型城镇化领域属于国家支持的重点领域，且国家发改委在2020年下发了《关于信贷支持县城城镇化补短板强弱项的通知》，对于县城产业平台公共配套设施、县城新型基础设施以及县城其他基础设施提供专项信贷支持。

因此，县级政府可以同时利用两项政策，既解决政府资本金不足的问题，又解决县城项目不容易获得市场化融资支持的困难。

三是重大交通领域及其配套项目。在“十四五”期间，新一轮交通投资将作为打通国内经济循环的重点措施，也是政策与金融重点支持的方向。

在大型铁路、公路项目开发时，不仅项目本身投资重大，其配套交通枢纽、站前广场、沿线开发都需要大量资金，也能够带来不错的收益。因此，这一领域将是专项债资金体现投资效果的重点方向。

在申请专项债券资金作资本金时，既要考虑政策的导向，也要平衡金融机构的意见，在两者共同认可的前提下，才能实现债券资金作资本金、撬动社会投资的重要目标。

二、发行案例一

四川省成自高速铁路项目（成都段）①

成自高铁项目的建设是进一步完善西南地区铁路网，推进西部大开发战略的需要；是加强成都、昆明、重庆地区间经济交通联系，推进长江经济带发展的需要；是满足天府新区居民对外出行，加快推进天府新区建设的需要；是满足沿线地区间城际客运交流，促进沿线地区城镇化发展、加快城市化进程的需要。鉴于成都市作为西部地区重要的国家级中心城市，在中国尤其是西部地区的经济地理版图中承担着重要的地位，尤其是2020年1月中央财经委员会明确提出要“推动成渝地区双城经济圈建设，在西部形成高质量发展的重要增长极”，这一新任务对成都及周边地区交通基础设施建设提出了更高的要求。

（一）建设内容

新建成都东站至自贡东站正线176千米，新建成都南联络线2.2千米（双线）。全线设成都东（既有）、天府站、天府机场站、资阳西站、资中西站、威远站、自贡东站（在建）等7个车站。天府站按分场设置，新建成自场、预留成达万场，成自场规模为6台11线，预留成达万场规模结合成达万铁路统筹研究确定。站房规模5.7万平方米。天府站配套建设动车运用所一处，本次建设8线检查库和32条存车线，预留8线检查库和32条存车线条件。

（二）收入来源

本项目运营收入主要包括高铁周边沿线综合运营收入、成自高铁项目收益分红收入、成都市轨道交通专项资金补贴收入等。

1. 高铁周边沿线综合运营收入

（1）高铁站点停车场运营收入。参照已投入运营的成都东站停车场近年来积累的车位数量、收费标准等运营数据，在成都天府站和天府机场站两个站点合计3371个标

① 信息来源：中国债券网 http：//www. chinabond. com. cn/cb/cn/。

准停车位；按照现行收费标准（每车首停两小时以内3元，超过两小时后加收1元/小时），预计单个车位每年收入为7200元（即单个车位平均收入20元/天，鉴于高铁站点作为人流物流车流的集中聚散地有接送站车辆对停车场的高频使用需求，这一收入预测设定得到了成都市同类站点停车场运营数据的支持）；参看同期通货膨胀水平，设定价格增幅每三年上调5%。

基于以上设定，预计在项目运营期内，停车场收入合计为87818.90万元。

（2）高铁无轨站联运收入。参考近年来国内民航机场在周边区域设置“城市候机厅”的经验，本发债项目基于多元化经营策略，同时兼顾为整个成自高速铁路进行引流，拟在成都天府站和天府机场站周边15千米范围（公交车程30分钟内），基于相关规划在人口密集区设置高铁无轨站，通过引入社会资本设立有“购票、取票、候车”功能的专门站点，开通专线大巴的方式与就近高铁站无缝相连，本发债项目获得按人数收取的“特许经营权收费”。

鉴于四川省内在高铁周边区域开设专线大巴尚无先例，本发债项目的收入测算将严格遵循谨慎性原则，依托可研报告所提供的相关站点客流预测数据，设置引流比率进行初步折算。

具体而言，按照《项目可研报告》所提供的站点客流数据，成都天府站旅客发送量预测为2880万人（近期）、3600（中期）和5550万人（远期）；天府机场站旅客发送量预测为224万人（近期）、280（中期）和395万人（远期）。参照国内兄弟城市高铁无轨站（或“城市候车厅”等其他名称）的运营经验，设置10%的引流比例，则高铁无轨站的年发送旅客量分别为：成都天府站288万人（近期）、360万人（中期）和555万人；天府机场站22.4万人（近期）、28万人（中期）和39.5万人（远期）。参照具有可比性的成都双流机场专线大巴（T2航站楼到岷山饭店，行车里程约18千米，收费10元/人），综合考虑本发债项目的公益性要求和高铁目标客户群体的价格承受力，以及项目投入运营时间为五年建设期完成后（即2025年前后）等多方面因素，初步设定高铁无轨站联运票价为10元/人，为简化分析（同时在项目可研报告中未涉及高铁无轨站的建设），设定本发债项目向引入的第三方联运企业收取每客1.5元的“特许经营权收费”，则本发债项目将每年获得582万元的运营收入（引流人数以中期数据计算）。

基于以上设定，预计在项目运营期内，高铁无轨站联运收入合计16878.00万元。

（3）高铁旅游开发收入。成自高铁项目投入运营后，将形成每年526万人（初期）、676万人（近期）和958万人（远期）的长途客流规模，这部分长途旅客成为旅游开发主要的引流目标客户群。基于谨慎性原则，设置5%的引流比例，则年引流游客量分别为26.3万人（初期）、33.8万人（近期）和47.9万人（远期），为简化分析

（同时在项目可研报告中未涉及高铁无轨站的建设），设定本发债项目向引入的第三方旅游企业（景区景点、旅行社等）收取每客 10 元的“特许经营权收费”，则本发债项目将每年获得 338 万元的运营收入（以近期人数计算）。

基于以上设定，预计在项目运营期内，高铁旅游开发收入合计为 9802.00 万元。

2. 成自高铁项目收益分红收入

预计川南城际公司通过成自高铁项目将在 2043 年达到可分红条件，预计每年成自高铁项目收益的未分配利润达到 10 亿元以上，并且呈现逐年递增态势。在债券存续期内，即预计到 2052 年累计未分配利润可达到 813216.00 万元，本发债项目按照分红比例可实现成自高铁项目收益分红收入为 139444.21 万元。

根据成自高铁项目收益增长情况，按照年平均增长率 1.0%，预计债券存续期结束后 10 年内，成自高铁项目每年项目收益的可供分配利润为 14 亿元左右，项目收益累计可分配利润达 1517561.77 万元，本发债项目在 2053—2062 年这十年内可获得的成自高铁项目收益分红收入为 220956.99 万元，未来收益比较可观，有足够保障。

3. 成都市轨道交通专项资金补贴收入

成都市轨道交通专项资金运营期内根据项目运营情况及还本付息计划，在 2024—2052 年债券存续期内，每年按计划投入资金 28000.00 万元，本项目运营期内可获得成都市轨道交通专项资金 812000.00 万元。

项目运营期为 30 年，项目运营期内预计总收入可达 1065943.11 万元。

（三）偿债安排

川南城际铁路项目及新建成都至自贡高速铁路项目合计总投资 767.44 亿元，其中成都市资本金出资 560989.00 万元。对此，本次发债成都市应投入金额 611089.00 万元，其中包括资本金 560989.00 万元，建设期债券利息费用 49600.00 万元（债券利率按照 4.0% 进行预估），发行债券相关费用 500.00 万元（发行相关费用按照 1‰ 进行预估）。

本项目拟发行 50 亿元项目收益专项债券，发行期限均为 30 年，分 4 年发行。按年支付债券利息，根据项目收入情况提前分期偿还债券本金，从第 6 年（2025 年）开始等额偿还本金。按年支付债券利息，等额分期提前偿还还本金。

（四）资金平衡测算

根据初步测算的财务数据，对项目未来的现金流进行资金平衡测算。项目运营期内现金流保持良好，除了建设期，其余年份期末现金均为正数，截至 2052 年，现金流量盈余为245809.03万元，项目本息保障倍数为1.23，收益能够满足与融资自求平衡。

（五）案例分析

成自高铁对于完善西南地区高速铁路网、加强成都及川西、西北地区与云南地区，成都（天府新区）与重庆及贵州、华南地区间经济交通联系，加快地区融入长江经济带发展战略具有重要的作用与意义。建成后，将形成川南半小时交通圈，至成渝两地1小时交通圈，至成渝其他次级枢纽城市2—3小时交通圈，内江与自贡就能形成15分钟经济圈，与宜宾、泸州形成半小时经济圈，内自同城化和川南一体化由此迈出大跨步，将推动沿线地区进一步扩大对外开放，对加快川南旅游资源开发，促进经济发展有着重要意义和作用。

成自高铁项目作为重大公益性建设项目，属于专项债券支持的铁路建设项目范畴，属于33号文允许专项债券作为资本金的重大项目范畴，并适用于成都市轨道交通专项资金的支持范围，同时对西南地区的交通建设和经济产业发展带来巨大提升与改善。

三、发行案例二

泸州市纳溪区黄桷坝水利工程[①]

本项目是水利类项目，项目计划投资46460.00万元。黄桷坝水库工程建设内容包括水库枢纽和灌区工程两部分。黄桷坝水库位于纳溪区上马镇、叙永县江门镇，上马镇洞沟河上，洞沟系长江南岸一级支流永宁河左岸的一级支流，发源于江安县太平乡杨家湾，在纳溪区上马镇汇入永宁河。

（一）建设内容

项目建设地址位于黄确坝水库位于纳溪区上马镇洞沟河上。洞沟河系长江南岸一级支流永宁河左岸的一级支流，发源于江安县太平乡杨家湾，在纳溪区上马镇汇入永宁河。黄桷坝水利工程灌区的上马、合面、护国三镇位于纳溪区南部，为纳溪区的粮食主产区。黄桷坝水库工程建设内容包括水库枢纽和灌区工程两部分。

---

① 信息来源：中国债券网 http：//www.chinabond.com.cn/cb/cn/。

1. 水库枢纽工程

水库枢纽主要建筑物包括左岸引水隧洞、钢筋砼面板堆石石渣坝、左岸开敞式溢洪道和右岸泄洪放空洞等建筑。推荐采用钢筋砼面板堆石石渣坝，坝顶长 226.03 米，坝顶宽度 6.0 米，坝顶高程 402.30 米，防浪墙高出坝顶 1.2 米，最大坝高 51 米。正常蓄水位 399.00 米，设计洪水位 397.36 米，校核洪水位 399.79 米。

2. 灌区工程

灌区工程主要建筑物有明渠、隧洞、渡槽、倒虹管及暗渠等。

本工程灌区干渠总长 23.756 千米，其中明渠长 21.105 千米，占总长度 88.84%；隧洞 4 座，长 1.711 千米，占总长度的 7.2%；渡槽群 1 座，长 0.94 千米，占总长度的 3.96%。全渠系万亩以上支渠 4 条，万亩以上斗渠 1 条，万亩以下支渠 4 条，全渠共布置斗渠共 25 条。

干渠接枢纽引水隧洞，设计流量 6.0 平方米/秒，渠首水位高程 372.8 米，经莱子湾、天星桥、柱龙池、岩头坡、青杠林、荆竹沟、黄金湾，采用渡槽跨团子山上游沉到回龙湾绕合面场西北坡，至四坪村大坡上为止，渠末水位 361.34 米。

（二）收入来源

泸州市纳溪区黄桷坝水利工程收入来源为项目建成后的灌溉收入、人畜供水收入、场镇供水收入、水库电站取水收入、龙湖水香经营服务取水收入、桃花坞经营服务取水收入及补贴收入。泸州市纳溪区黄桷坝水利工程收入共计 48407.63 万元（不含税），其中项目运营期内运营收入合计 41757.63 万元，财政补贴收入合计 6650.00 万元。农业灌溉收入与场镇供水收入 20% 的净收益用于保障市场化融资还本付息，全部缴入项目业主单位在银行开立的市场化融资偿债资金监管专户，用于保障市场化融资本息按期偿付。扣除农业灌溉收入、场镇供水收入 20% 的净收益，剩余可还款金额缴入上述专项债券偿债资金专户，用于按期偿还专项债券本息。

（三）偿债安排

本项目资金总需求为 46460.00 万元，其中项目资本金 38460.00 万元，占总投资的 82.78%，由财政拨款和发行专项债券构成（其中财政拨款作为资本金 30460.00 万元，前期已投入 30000.00 万元）；发行专项债券作为资本金 8000.00 万元（分一期发行：2020 年发行 8000.00 万元，期限 20 年）；剩余 8000.00 万元通过市场化融资来解决资金缺口，市场化融资利率按照 4.90% 计算，期限 20 年。

（四）资金平衡情况

泸州市纳溪区黄桷坝水利工程以建成后运营收入与补贴收入为收益来源，待本项目全部8000.00万元专项债及其他市场化融资8000.00万元到期时，在偿还到期的融资本息后，将仍有4597.31万元的累计现金结余，能够实现项目收益和融资自求平衡，项目债券本息覆盖倍数为1.16倍、项目市场化融资本息覆盖倍数为1.13倍、项目组合融资本息覆盖倍数为1.15倍，能够实现项目收益和融资自求平衡。

综合来看，泸州市纳溪区黄桷坝水利工程建设符合国家和地缘经济的战略，而且能够为泸州市、四川省乃至西部经济发展和社会稳定带来天时、地利、人和的综合效应。

（五）案例分析

饮水安全及水源工程是基础设施建设的一个重要内容，除了取得较好的直接经济效益外，对整个社会的环境及社会效益也是十分显著的，其间接经济效益远远大于工程的直接经济效益。供水保障了其他产业的正常进行和发展，泸州市纳溪区黄桷坝水利工程的建设，将对泸州市纳溪区的环境、农业及居民健康等方面产生良好的效益。能够加快纳溪区推进水利扶贫、水生态文明建设，利于纳溪区提升水利行业发展能力。此外，本项目将改善生活、卫生、环境状况，促进招商引资和工业生产的发展，消除供水不足带来的社会矛盾，促进社会发展与稳定，造就人们安居乐业的大环境。同时，完善的基础设施创造了良好的投资环境，城市将会因此而更具竞争力，必将吸引更多外来资金参与建设，促进城市的发展。

四、总结

近几年，尤其是2020年以来，较大的经济下行压力、突发公共卫生事件与国际环境的不确定性使得内外部经济环境异常复杂，更加积极的财政政策将是我国宏观政策的必然选择之一。专项债作为逆周期调节的重要工具之一，可用作资本金的领域集中在铁路、收费公路、干线机场、内河航电枢纽和港口、城市停车场、天然气管网和储气设施、城乡电网、水利、城镇污水垃圾处理、供水等十大领域。出于专项债项目的公益性特征，多数专项债用作资本金的项目属于项目偿债来源有一定专项收入但市场融资对资本金比例要求高的情况，这也是发挥专项债作资本金最大效用的情形，即通过专项债补足政策要求资本金与市场要求资本金之间的缺口，撬动社会资本投入基础设施建设领域中。另外，在专项债作资本金的实操过程中，建议关注项目自身经营性，提前做好整体投融资规划，明确收入分配及分账管理，并做到项目信息的充分准确披露。

第十四节　配套融资类项目专项债券

一、综述

根据政府支持专项债券项目三种途径上分析，专项债券项目建设资金若需要市场化融资，则专项债可作项目资本金——直投资金和其他政府出资资金之和组成项目资本金，其与债务融资之间的关系，就是项目资本金比例关系。即专项债作资本金，有专项债作资本金和专项债作资本金且配套市场化融资两种情况。本节针对专项债作资本金且配套市场化融资模式进行分析。

（一）发行依据

2019 年 6 月 10 日，中共中央办公厅、国务院办公厅印发《关于做好地方政府专项债券发行及项目配套融资工作的通知》，明确加大逆周期调节力度，更好发挥地方政府专项债券的重要作用，着力加大对重点领域和薄弱环节的支持力度，增加有效投资、优化经济结构、稳定总需求，保持经济持续健康发展。

文件正式明确了相关的要求：

1. 合理明确金融支持专项债券项目标准

发挥专项债券带动作用和金融机构市场化融资优势，依法合规推进专项债券支持的重大项目建设。对没有收益的重大项目，通过统筹财政预算资金和地方政府一般债券予以支持。对有一定收益且收益全部属于政府性基金收入的重大项目，由地方政府发行专项债券融资；收益兼有政府性基金收入和其他经营性专项收入（以下简称专项收入，包括交通票款收入等），且偿还专项债券本息后仍有剩余专项收入的重大项目，可以由有关企业法人项目单位（以下简称项目单位）根据剩余专项收入情况向金融机构市场化融资。

2. 精准聚焦重点领域和重大项目

鼓励地方政府和金融机构依法合规使用专项债券和其他市场化融资方式，重点支持京津冀协同发展、长江经济带发展、“一带一路”建设、粤港澳大湾区建设、长三角区域一体化发展、推进海南全面深化改革开放等重大战略和乡村振兴战略，以及推进棚户区改造等保障性安居工程、易地扶贫搬迁后续扶持、自然灾害防治体系建设、铁路、收费公路、机场、水利工程、生态环保、医疗健康、水电气热等公用事业、城镇基础设施、农业农村基础设施等领域以及其他纳入“十三五”规划符合条件的重大项目建设。

3. 积极鼓励金融机构提供配套融资支持

对于实行企业化经营管理的项目，鼓励和引导银行机构以项目贷款等方式支持符合标准的专项债券项目。鼓励保险机构为符合标准的中长期限专项债券项目提供融资支持。允许项目单位发行公司信用类债券，支持符合标准的专项债券项目。

（二）发行条件

对于债贷组合项目，因涉及配套市场化融资，需以平台公司作为项目业主。项目收益在公司层面实现后，根据厅字〔2019〕33 号文要求对项目收入进行分账管理，对应用于偿还专项债券的专项收入及时足额缴入国库，确保专项债券还本付息资金安全；对可用于偿还市场化融资的专项收入于银行开立监管账户，及时足额归集至监管账户，保障市场化融资到期偿付，确保专项债券和市场化融资还本付息资金独立安全，互不干扰。

1. 专项债券和市场化融资的偿还先后顺序

厅字〔2019〕33 号文有关市场化融资的表述是：“金融机构严格按商业化原则审慎做好项目合规性和融资风险审核，在偿还专项债券本息后的专项收入确保市场化融资偿债来源的前提下，对符合条件的重大项目予以支持，自主决策是否提供融资及具体融资数量并自担风险。”“省级政府对专项债券依法承担全部偿还责任。组合使用专项债券和市场化融资的项目，项目收入实行分账管理。项目对应的政府性基金收入和用于偿还专项债券的专项收入及时足额缴入国库，纳入政府性基金预算管理，确保专项债券还本付息资金安全；项目单位依法对市场化融资承担全部偿还责任，在银行开立监管账户，将市场化融资资金以及项目对应可用于偿还市场化融资的专项收入，及时足额归集至监管账户，保障市场化融资到期偿付。”从厅字〔2019〕33 号文中看似表达的意思是项目收益进入政府经营性专项收入后，应先偿还专项债，再偿还市场化融资。但该条文的目的并不在于此，其系对市场化融资的条件进行规定。在对专项债券项目收益进行财务测算时，应当将专项债的还本付息资金计入经测算评估的经营性专项收入，在专项债资金还本付息后，仍有剩余专项收入的，才可进行市场化融资。实际上是对市场化融资类项目进行规范，要求在谋划项目之前，需要对项目进行前期测算，在偿还专项债券本息后的专项收入可以确保市场化融资偿债的前提下，才能作为组合融资类项目实施。同时在实施过程中需要对项目收入进行分账管理，对应用于偿还专项债券的专项收入及时足额缴入国库，确保专项债券还本付息资金安全；对可用于偿还市场化融资的专项收入于银行开立监管账户，及时足额归集至监管账户，保障市场化融资到期偿付。理论上专项债券偿还本息和市场化融资的还本付息是专款专户，专户专付，互不干扰的。

2. 实际操作基本上都是先偿还市场化融资，再偿还专项债。主要原因有以下三个

（1）首先，由于厅字〔2019〕33 号文中提到："省级政府对专项债券依法承担全部偿还责任。……项目单位依法对市场化融资承担全部偿还责任……"所以实际操作中项目单位首先因为本身需承担相应偿还责任，会偏向于优先偿还银行贷款。

（2）其次，项目收益进入政府经营性专项收入后才能进行偿还专项债本息，经营性专项收入是政府财政收入中的非税收入，而项目收益是项目公司的收益。在实践中，项目收益在项目公司层面实现，经营性专项收入在政府层面实现，因此基本上项目形成收益后，即可在项目公司层面偿还债务性融资本息，而偿还专项债本息处于现金流的位置相对滞后，因此会优先偿还市场化融资。

（3）最后，银行等金融机构为防范项目融资风险，通常会在项目实施之前签订协议要求提前还款或以等额本金还款的方式规避风险，若坚持先还专项债再还银行贷款，银行可能不会给予贷款融资。

因此，厅字〔2019〕33 号文的规定并非要求先还专项债，而是在专项债项目的财务测算中要优先将专项债的还本付息资金计入经测算评估的经营性专项收入，测算后仍有剩余专项收入的，根据剩余专项收入能够覆盖银行贷款本息的范围，向银行申请贷款，银行对项目合规性和融资风险审核，自主决策是否提供融资及具体融资数量并自担风险。在还款顺序上，组合融资项目理论上应专款专户，专户专付，互不干扰。

（三）支持领域

按照《关于做好地方政府专项债券发行及项目配套融资工作的通知》要求，组合融资项目聚焦重点领域和重大项目。重点支持京津冀协同发展、长江经济带发展、"一带一路"建设、粤港澳大湾区建设、长三角区域一体化发展、推进海南全面深化改革开放等重大战略和乡村振兴战略，以及推进棚户区改造等保障性安居工程、易地扶贫搬迁后续扶持、自然灾害防治体系建设、铁路、收费公路、机场、水利工程、生态环保、医疗健康、水电气热等公用事业、城镇基础设施、农业农村基础设施等领域以及其他纳入"十三五"规划符合条件的重大项目建设。

二、发行案例一

乐山机场项目[①]

本项目拟建设一个属于国内中小型机场及国内支线机场的新机场，将满足中小型客机开通国内航线的需要，满足服务区域内政务、商务及旅游的空中交通需要，满足乐山市及周边区域和发达城市、国内旅游区域之间的相互沟通需要，拉近乐山与外界的距离，更好地提升地区形象，促进区域经济、社会更好更快发展。

（一）建设内容

1. 土石方工程

民航区域土石方工程包括空侧区及陆侧航站区的平整。按规划，在平行滑行道外侧中部偏北布置民航站坪（10C），在停机坪西侧布置民航站区。航站平整区域面积约300亩。飞行场地土方工程填方量约为80万立方米，挖方约为30万立方米，需向净空处理区借运土石方约60万立方米。

2. 地基处理工程

地基处理要求同飞行区地基处理工程

3. 飞行区场道工程

平面尺寸为长270米×宽242米。站坪的大小按10个机位规划（2B+8C），近机位（4C）按滑进推出，远机位（2B+2C）按自滑进出。

平行滑行道与站坪间设站坪联络道2条，尺寸为长58米×宽23米，联络滑行道和站坪滑行通道两侧各设3.5米宽的道肩。

4. 飞行区消防工程

机坪统一规划设置环状消火栓管网和地下式消火栓，消火栓布置间距120米，同时可供两台消防车取水，每处消防水量为15升/秒；机坪环状消火栓管网为DN200总长750米。登机廊桥下设一台55千克推车式二氧化碳灭火器，其余每两个相邻机位间设一台55千克推车式二氧化碳灭火器。

5. 空管工程

（1）航管工程。机场实施塔台管制，塔台配置类别为C类，设塔台管制室和塔台

---

① 信息来源：中国债券网 http：//www. chinabond. com. cn/cb/cn/。

设备间，塔台与航管楼合建，位于航站楼南侧，塔台高度暂定为28米，并在塔台安装电梯一部。

建设约1200平方米的航管楼（不含塔台）。

（2）通信工程。

有线通信：新建干线光缆24千米，并安装光传输及配套设备2套，光缆采用48芯单模光纤；通信机房设置于航管楼内，配置622MSDH传输设备1套，在机场总机房新建256门的程控交换机及配套设备1套；机场航站区内各建筑单体间的场内通信网络，采用综合管道敷设方式，总计敷设通信电缆的长度6千米，敷设通信光缆的长度20千米，通信电缆管道采用通信栅格管，管道长度约8千米·孔等。

无线通信：设置4信道VHF天线共用系统一套，配置无线移动式对讲机和车载台共计约40部。

（3）导航工程。在主降方向（自南向北）设置Ⅰ类精密进近仪表着陆系统一套，含下滑台、航向台各一座，并在下滑台设置测距仪；同时在跑道中心线延长线上设置全向信标/测距仪台一座。

（4）气象工程。机场设立独立气象台。

6. 助航灯光工程

本工程助航灯光变电站。共设置灯光变电站1座。滑行道灯光系统民航专用部分包括：民航专用滑行道和停机坪部分的滑行道边灯、滑行道中线灯、A型跑道警戒灯、停止排灯。

滑行引导标记牌民航专用部分包括：民航专用滑行道和停机坪部分的强制性指令标记牌、信息标记牌，以及机位号码标记牌、登机廊桥三角形号码标记牌。

7. 旅客航站区工程

旅客航站区是整个机场的核心组成部分，由站坪、航站楼、停车场和道路组成。航站楼将按国际航空运输协会的C级服务标准来设计，即在设计年度、航空旅客在典型高峰小时里可以得到国际航空运输协会认可的C级服务水准。

旅客航站楼的基本参数：

旅客吞吐量：近期高峰小时1026人次。均为国内直达旅客，暂不考虑中转旅客；

高峰小时进港/出港旅客人数比例约为：1∶1；

近期航站楼规划建筑面积20000平方米，竖向构型为两层式布置。

航站楼的平面形式采用前列式，按两层式构型进行设计。近机位采用登机桥及步行登机方式登机，远机位采用摆渡车登机方式登机。

航站楼一层主要功能有：中央大厅，行李提取区、行李分检区、贵宾休息区、公共服务区、办公区、出港大厅、行李提取区、行李分检区、消防设备区、商业餐饮区。二层主要功能有：旅客迎送区、候机区、安检区、贵宾休息区、公共服务区、办公区、消防设备区、商业餐饮区。

远机位候机区需设头等舱候机室、吸烟室、服务问讯台、邮政、电话、书刊报纸、商业、餐饮、娱乐、卫生间、航班动态显示、延误航班休息厅、婴幼儿活动室、旅客短期休息客房。

8. 机场货运工程

本期货运站面积2300平方米，其中货运库房2000平方米，业务工作用房300平方米。货运库前后均设货运场地，总面积3000平方米（空、陆侧堆货场各1500平方米）。

机场货运配置货物安检设备1套，称重设备1套，货物处理系统1套以及叉车及保温、保鲜设施等。按相关标准，货运区人员出入口还应设置X射线检查设备、通过式金属探测门、手持金属探测器等设备，对进入的人员及携带物品实施安全检查；应设置X射线检查设备、爆炸物探测设备等货物安全检查设备；应设置安检值班室、备勤室和X光机操作室；应设置可疑物品处置装置，如防爆球、防爆罐、防爆毯等；设置安全检查信息管理系统一套。

9. 机务维修工程

设机务工作用房420平方米，包括工作间、值班室、工具间、物资仓库等。其中，工作间300平方米（其中含值班、办公、休息），设备、库房（含资料间）120平方米。

10. 消防救援工程

近期机场飞行区消防站保障等级按6级规划，消防站规模为建筑面积1340平方米。消防站规划在机坪东南侧，面向飞行区。

设有急救中心，急救中心面积100平方米，配备医疗急救车1辆及相应的急救设施。

11. 辅助生产、办公、生活服务设施

参照省内同类支线机场的配置，机场业务用房、库房、食堂、门卫等为6280平方米（含车棚850平方米，不含派出所300平方米）。

12. 供油工程

库内近期建2座1000立方米的立式航煤使用油罐，1座50立方米的航煤沉淀罐、1座10立方米的航煤污油罐，以及油泵房、装（卸）油站、消防设施、办公用房、库房、车库等配套设施。

靠近进场路建汽车加油站一座，为机场内部车辆和过往车辆加油。设15立方米卧

式油罐 4 座，双枪双油品加油机 2 台，站房 100 平方米，以及加油棚等。

13. 供电工程

14. 机场信息工程

机场信息工程包括航管综合楼信息工程、航站楼信息工程、航站区其他区域信息工程等。

15. 航站区供水工程

航站区内设综合泵房一座，面积 150 平方米；设生活水池一座，有效容积为 150 立方米，消防水池一座，有效容积为 450 立方米；消防水泵房设消火栓泵 2 台（供应航站区室内外和停机坪消火栓用水），喷淋泵 2 台（供应航站楼喷淋用水），消防气体顶压装置 1 套。在飞行区跑道南端合适位置各设消防水池 1 座，容积为 400 立方米。

16. 航站区排水及排污处理工程

场内排水采用雨水、污水分流制。其中航站区污水、雨水采用排水管道系统。

17. 航站区供冷、通风、燃气工程

航站区设制冷制热站一座，面积 200 平方米，内设水源热泵机组（带热回收）2 台，单台制冷量为 1500 千瓦，制热量为 1100 千瓦。站内设置二次水循环泵组、除砂器、换热设备、补水设备等装置。在航站区绿化带打 3 口水源井（单井出水量 150 立方米/时），4 口回灌井。敷设一次水管网 1.5 千米。

18. 机场安全保卫

机场安全保卫等级划分为三类，在飞行区周界、飞行区道口、导航台等重点场所、航站区道路等处设置安全防范系统，各安防防范系统均应接入航站楼安全保卫调度指挥中心，进行统一监管。

19. 航站区总图工程

航站区道路及场坪总面积为 45000 平方米（含停车场），航站区道路和场坪均采用水泥混凝土道面，道面结构为：面层厚度 22 厘米，水泥稳定砂砾基层 20 厘米；全向信标台（DVOR/DME）的进场道路，可由现机场至乡村的道路上连接；机场航站绿化面积本期按航站区陆侧占地面积的 40% 考虑，总计 50000 平方米；航站区围墙总长为 1350 米（含航站区陆空侧隔离围栏工程量），油库区（地面车辆加油站）设置砖围墙，高度为 2.5 米，总长 400 米。

20. 民航车辆配置

按机场预测航空业务量配备站坪车辆 31 台（套），其中入库车辆 9 台，特种车库 250 平方米，其他车辆建车棚。考虑到民航站坪、航站道路清扫的要求，配置道路清扫车 1 辆；考虑到场界安全、场内维护的要求，配置巡道车 1 辆，割草机一台，机场的

驱鸟车 1 台，防虫除雾机一台。航站通用车辆按需要配置。

21. 场外配套及进场道路

本项目包括项目主线、机场广场连接线两部分组成。项目主线经瓢咡井村、七仙村，全线长度 5. 761 千米；机场广场连接线起于主线 K5 +716 位置，沿机场规划方向，至西向东修建，止于机场广场，全长 1. 139 千米。

（二）收入来源

乐山机场属于三类民用机场，收费项目类别包括：航空性业务收费、非航空性业务重要收费、非航空性业务其他收费。

1. 航空性业务收费。包括：起降费、停车场费、客桥费、旅游服务费及安检费，实行政府指导价。航空性业务收费项目及二类、三类机场内地航空公司内地航班地面服务基本项目的收费标准仍实行政府指导价。

2. 非航空性业务重要收费：头等舱和公务舱休息室出租、办公室出租、售补票柜台出租、值机柜台出租及地面服务收费。

地面服务收费：包括飞机一般代理服务收入，配载、通信、集装设备管理及旅客与行李服务，货物和邮件服务，装卸和地面运输服务，飞机服务，飞勤服务。

3. 非航空性业务其他收费：由机场管理机构或服务提供方遵照国家有关法律法规执行，主要包括：商品货物运输处置收入、民航局民航资金补助收入、第三产业收入。

民航局民航资金补助收入：机场补贴包括民航中小机场运营补贴和其他补贴。根据《民航中小机场补贴管理暂行办法》规定，民航中小机场运营补贴是指中央财政在民航发展基金中安排的，对中小型民用机场作为社会公益性基础设施提供普遍服务给予的补贴资金。同时，国家鼓励地方人民政府根据实际情况给予本地区民航机场运营给予支持。

（三）偿债安排

项目总投资的 27. 41% 为项目资本金，即 50971 万元（包括民航部分国家补助资金 50000 万元，项目业主自筹资金 971 万元）。项目建设资金缺口 135000 万元组合使用专项债券和市场化融资方式解决，其中 80000 万元计划通过发行专项债券解决，占总投资约 43. 02%；剩余 55000 万元计划通过市场化融资解决，占总投资的 29. 57%。

本项目自 2020 年（3. 6 亿元）、2021 年（2. 4 亿元）、2022 年（2 亿元）分三年发行政府专项债，共拟发行 8 亿元项目收益专项债券，发行期限均为 30 年，分 3 年发行。按年支付债券利息，根据项目收入情况灵活分期提前偿还债券本金。

根据中国债券信息网 2019 年披露的项目收益专项债券的信息披露文件统计可知，全国 30 年期专项债券各期利率分布在 4.0% 左右。基于谨慎性原则，本次专项债券利息按年利率 4.0% 计算。

（四）资金平衡情况

在债券存续期间内共产生可用于还本付息金额的净现金流入 309517 万元，期间专项债本息（含建设期）=80000+75560=155560（万元），金融机构贷款本息（含建设期）=55000+59616=114636（万元）。项目经营净现金流扣除专项债本息 155560 万元后，可用于偿还金融机构借款本息的资金=309517－155560=153957（万元），金融机构贷款本息覆盖率=153957/114636=1.34，用于还本付息资金的充足性有保障，项目收益能够满足与融资自求平衡。

（五）案例分析

机场建设，充分有效利用既有机场资源，减少与城市规划之间的矛盾，符合国家对社会建设、国土资源开发等方面的政策要求和民航对机场建设的布局原则。

乐山机场实施，将改善民航飞机的飞行条件，使之满足测试训练及机场运营的安全要求，提高机场航空服务能力，在增强机场对民航飞行训练及运营安全保障能力等方面，将产生重要的作用和非常积极的意义。同时，能进一步将加快乐山市城市建设和旅游等资源的拓展，促进乐山经济、社会、文化建设，为乐山市社会经济快速发展提供良好的基础支持，并有效拓展乐山与外界交流以及民航机场辐射服务范围。既是实施西部大开发战略，又能促进民航关联旅游产业的发展，更能缓解当前民航基础设施建设滞后与民航安全标准不断提高、航空运输快速发展不适应的状况，促进乐山民航事业的发展，为推动西部“老、少、边、穷”地区的跨越式发展，发挥更加显著的辐射带动作用。

三、发行案例二

四川省德阳市旌阳区黄河新区城市智能停车场建设项目[①]

本项目的建设能够通过对车场信息打通来实现车辆引流，有效提升车位使用率；智慧停车通过停车位引导、反向寻车诱导等手段减少找车与徘徊时间、加快停车与找

① 信息来源：中国债券网 http：//www.chinabond.com.cn/cb/cn/。

车速度，从而节约大量社会时间成本，帮助城市缓解交通拥堵问题。

通过城市停车场可解决夜间经济发展中遇到的出行不便、停车难等问题，进一步推动德阳市夜间经济发展，激发城市活力。帮助城市级合作伙伴构建智慧停车生态圈，打通停车产业上下游，并提供共享单车、充电桩、电子发票、生活服务以及其他新兴服务，促进城市现代服务业发展项目，建设项目对地域经济的发展具有极大的推动作用。

（一）建设内容

本项目占地面积约106.7亩（其中商业用地面积30亩，地上停车场76.7亩），总建筑面积60000平方米。停车位2800个，规划配套快速充电桩600个。

项目建设内容包括地上停车场、地下停车场、充电桩、电力、给排水、通信、消防、通风系统等工程。

（二）收入来源

1. 停车收入

本项目新建停车位2800个，停车服务单价为19×365/10000＝0.6935（万元/车位·年）。停车率从2022年的85%增长到2036年的90%。计算期内停车总收入25356.67万元。

2. 充电桩收入

德阳市旌阳区黄河新区城市智能停车场建设项目可充电车位600个，项目收益价格参考当地同类或相似项目收益水平确定。本项目充电桩营业服务从2022年的70%增长到2036年的85%，充电桩型号为30千瓦直流，新能源汽车电容量按30千瓦时考虑，每小时可完成1辆新能源汽车充电。结合当地汽车保有量等实际情况，用户充电费由每度电0.56元基本电费和1元服务费收取，即每度电费为1.56元，每小时收取用户46.8元，按每天取3小时服务时间（每天服务汽车3辆）计算，则每天向用户收取140.4元。本项目计算期内充电桩总收入35926.25万元。

3. 商业用房租售收入

项目共配套商业15000平方米，其中出租商业面积为15000平方米，出租单价为95元/月·平方米。计算期内商业租售收入21061.50万元。

4. 其他收入（广告收入等）

本项目按每10个车位设置一个广告牌，每个广告牌按每月1000元出租，一年按12个月计算。计算期内广告收入总收入4984.00万元。

综上，本项目运营期间总收入为87328.42万元（含税）。

（三）偿债安排

项目总投资 29000.00 万元。其中计划发行专项债券融资 15500.00 万元，全部用作项目资本金，占总投资的 53.45%；计划进行市场化融资 10000.00 万元，占总投资的 34.48%；地方配套资金 3500.00 万元，占总投资的 12.07%，资金来源于财政预算资金、上级和本级政府专项资金，项目配套资金按照项目实际实施进度分年度到位。

项目融资 15500.00 万元通过发行地方政府专项债券筹集，其中 2020 年拟发行 10000.00 万元，2021 年拟发行 4500.00 万元，2022 年拟发行 1000.00 万元，债券期限均为 15 年，债券利率暂按 4.00% 估算。

项目市场化融资 10000.00 万元通过银行贷款，其中 2020 年拟融资 500 万元，2021 年拟融资 7500 万元，2022 年拟融资 2000 万元，贷款年限 15 年，融资利率按 5.00% 估算。

（四）资金平衡情况

根据融资平衡测算分析，在满足假设条件的前提下，本项目计算期内本项目可以实现累计盈余资金 6545.42 万元，其中融资项目收益专项债券本息覆盖率 = 息前现金净流量 ÷ 运营期债券本息和 = 1.11；融资项目收益市场化融资本息覆盖率 = 息前现金净流量 ÷ 运营期市场化融资本息和 = 1.24；项目收益本息覆盖率 = 息前现金净流量 ÷ 运营期本息和 = 1.16。因此，本项目完全能实现收益与融资自求平衡。

（五）案例分析

因德阳市旌阳区经济的快速增长、城市规模的不断扩大、各种交通基础设施的不断建设和各种政策的刺激，旌阳区小汽车数量的增加成为主要趋势。本项目通过建设立体停车场，增加安全停车位，能够减少车辆拥堵现象，有效缓解城市交通压力，有效解决旌阳区停车难的问题。

本次项目建设区域是德阳市黄河新区经济发展的重要地区，交通条件的良好配备是保证项目区良好发展的基础条件。停车场的建设对于缓解交通压力，增加区内运输量，创造良好的人居环境，增加民众地域好感度，创造良好的地域形象具有重大的意义。

四、总结

配套融资的专项债券不能是仅靠地方政府专项基金收入作为还款来源的项目，应该是专项收入扣除专项债本次后仍有剩余，专项收入且能够覆盖市场化融资本息。

对投资人而言，地方政府专项债配套融资从投资层面看也具有一定优势：一是专项债项目具有一定的现金流，违约概率低；二是专项债为具有一定现金流的公益性项目，运营期间项目现金流足以覆盖融资本息。且项目后期现金流无法顺利实现时，可发行债项债务用于前期债券本息偿付。三是涉及民生类工程项目，得到政府政策和资金支持。

第十五节　补充中小银行资本金类项目专项债券

一、综述

中小银行是支持中小微企业的主力军，也是稳就业、稳民生的重要力量，保障中小银行资本充足率，才能更好地缓解中小微企业融资难、融资贵的问题。因此，对原本实力不够强、抗风险能力有限的中小银行来说，面临着较大的压力。一方面，资金的规模有限，随着贷款规模不断扩大，资本充足率捉襟见肘，部分银行很难再在现有资本充足率下给企业提供增量资金支持，迫切需要提高资本充足率；另一方面，为了帮助中小微企业渡难关，保护好市场主体，保住广大居民就业的主渠道，金融机构在给中小微企业提供资金支持时，降低了门槛，抵押、担保等要求明显放松，一些企业还获得了信用贷款。相反，外部环境对企业的不利影响也在加大，企业运行的风险加大，出现不予贷款的概率提升。因此，也在客观上要求中小银行补充资本金，以应对可能出现的不良贷款规模扩大、风险压力加大的情况。因此，为中小银行补充资本金是非常迫切且重要的。

为了防风险并加大对中小微企业放贷支持，财政部报经国务院批准，于 2020 年 11 月，先行下达新增专项债额度 2000 亿元，用于支持化解中小银行风险，加大对中小微企业发放贷款能力。国务院安排 2000 亿元专项债额度，允许地方政府通过认购可转换债券等方式，探索合理补充中小银行资本金新途径。这笔 2000 亿元专项债将支持 18 个地区的中小银行，由省级政府负责制定具体方案。这 18 个地方包括天津、河北、浙江、山东、广东、内蒙古、辽宁、吉林、黑龙江、山西、江西、河南、湖北、广西、四川、云南、陕西、甘肃等地。

（一）发行依据

2019 年 9 月国务院金融稳定发展委员会提出支持银行更多利用创新资本工具补充

资本金①。国务院金融委在召开的电视电话会议中提出金融管理部门要支持银行更多利用创新资本工具补充资本金。

2020 年 5 月政府工作报告②强调推动中小银行补充资本和完善治理。2020 政府工作汇报中指出为了更好地服务中小微企业，应当推动中小银行补充资本和完善治理。

2020 年 5 月国务院金融稳定发展委员会办公室发布 11 条金融改革措施③，提出加快中小银行补充资本。措施中提到近期将出台《中小银行深化改革和补充资本工作方案》，进一步推动中小银行深化改革，加快中小银行补充资本，多渠道筹措资金，把补资本与优化公司治理有机结合起来。

2020 年 6 月银保监会新闻发言人答记者问④时，提出多种渠道补充中小银行资本。发言人指出要积极推动增强银行内源性资本补充能力，提升资本使用效率，支持银行通过发行普通股、优先股、无固定期限资本债券、二级资本债等方式，拓宽资本补充渠道，鼓励地方政府通过多种方式筹集资金帮助中小银行补充资本。

2020 年 7 月国务院常务会议⑤提出允许地方政府专项债合理支持中小银行补充资本金。国务院常务会议决定着眼增强金融服务中小微企业能力，允许地方政府专项债合理支持中小银行补充资本金。该利好政策是中小银行资本补充方式的重要创新，得到各省份积极响应。

2021 年 1 月银保监会年度工作会议⑥再次指出要支持中小银行多渠道补充资本。会议强调，支持中小银行多渠道补充资本金，继续推动发行地方政府专项债补充资本。

2021 年 3 月，政府工作报告⑦强调继续多渠道补充中小银行资本。继 2020 年政府工作报告之后，2021 年在谈到深化财税金融体制改革时，再次强调“推动中小银行补充资本和完善治理，更好服务中小微企业”。

（二）运营模式

从已发行专项债的落地情况来看，目前专项债补充中小银行资本的途径有以下两种：

---

① 资料来源：刘鹤出席全国金融形势通报和工作经验交流电视电话会议并讲话 http：//www. gov. cn/guowuyuan/2019 -09/05/content_5427643. htm。

② 资料来源：2020 年政府工作报告 http：//www. gov. cn/guowuyuan/2020zfgzbg. htm。

③ 资料来源：金融委办公室发布 11 条金融改革措施 http：//www. gov. cn/xinwen/2020 - 05/27/content_5515395. htm。

④ 资料来源：中国银保监会新闻发言人答记者问 http：//www. cbirc. gov. cn/cn/view/pages/ItemDetail. html?docId =908154&itemId =915&generaltype =0。

⑤ 资料来源：中小行资本补充国务院常务会放新招，允许地方政府专项债合理支持 http：//www. gov. cn/xinwen/2020 -07/02/content_5523467. htm。

⑥ 资料来源：2021 年中国银保监会工作会议召开 - 坚决做好疫情防控金融服务有力支持国民经济稳步复苏 http：//xw. sinoins. com/2021 -01/27/content_380474. htm。

⑦ 资料来源：2021 年政府工作报告 http：//www. gov. cn/zhuanti/2021lhzfgzbg/index. htm。

第一种为间接入股注资模式，即通过国资平台将专项债募集资金通过增资扩股的形式注资给中小银行，该模式能够补充高质量的核心一级资本，并且由于平台发挥着资金运营管理的职能，该模式对国资平台的要求较高。

第二种模式为购买中小银行发行的资本补充债券，根据目前落地情况，采用的资本补充工具为可转股协议存款，该工具能够补充银行的其他一级资本，转股之后变为核心一级资本。

专项债补充中小银行资本采用间接入股注资模式的，专项债券期限与指定国资平台公司入股持有期限相匹配，期限一般不超过10年。偿债年限设置为10年，前5年为还本宽限期（前5年只偿还专项债利息，后5年偿还专项债本金及利息），利率一般为3.50%—4.0%。宽限期后，通过市场化转让国资平台公司所持有的中小银行股份，战略合作方参与该市场化转让，使专项债券本息顺利回收。

专项债补充中小银行资本采用购买中小银行发行的资本补充债券模式的，专项债券认购中小银行固定期转股协议存款。项目主体依据适用法律和监管部门的批准，申请将其认定为该行其他一级资本，以提高资本充足率，提高抗风险能力，增强营运实力，支持业务持续稳健发展。转股协议存款的合同条款符合《中华人民共和国商业银行法》《商业银行资本管理办法（试行）》（中国银行业监督管理委员会令2012年第1号）等相关法律法规要求，存续期间将遵循监管部门相关政策调整的各项要求。本类专项债券按半年付息，设置5年宽限期，自第6年进入还本期，在第6年末至第10年末分5期等额偿还本金；利随本清。

（三）收入来源

对于采用间接入股注资模式的项目，专项偿债资金来源包括：

1. 国资平台公司持有的中小银行股份每年分红资金；

2. 财产信托运营收益/信贷资产回收所得；

3. 市场化转让国资平台公司所持中小银行股份所得。

对于采用购买中小银行发行的资本补充债券模式的项目，中小银行按照专项债券还本付息计划，制定转股协议存款相应的存款付息和到期退出安排，将偿付资金需求列入日常资产负债管理计划之中，动态监控资金缺口，提前做好资金调配，保障转股协议存款本息的按时偿付，最终实现专项债券资金全额退出。此类转股协议存款的偿债资金来源包括：

1. 内源性资金来源（持续增长的累积盈余和现金流，未来10年逐步加大拨备和利润留存）；

2. 流动资产变现（未来 10 年持续提供合格质押资产）；

3. 外源性资金来源（增资扩股）等。

二、发行案例一

广东揭东农村商业银行股份有限公司增资项目[①]

根据该项目披露文件显示，此项目是由广东省人民政府发行地方专项债券后，通过广东粤财投资控股有限公司采取间接入股等方式，向广东揭东农村商业银行股份有限公司（以下有时会简称“揭东农商银行”）注资补充资本金，专项债券期限与广东粤财投资控股有限公司入股持有期限相匹配，不超过 10 年。偿债年限设置为 10 年（2021—2030 年），前 5 年为还本宽限期（前 5 年只偿还专项债利息，后 5 年偿还专项债本金及利息）。宽限期后，通过市场化转让广东粤财投资控股有限公司所持有的揭东农商银行股份，战略合作方广东顺德农村商业银行股份有限公司参与该市场化转让，使专项债券本息顺利回收。

（一）发行依据

本次通过专项债券支持广东揭东农村商业银行股份有限公司切实转换经营机制。一是注资补充广东揭东农村商业银行股份有限公司资本金，夯实风险防控基础；二是促使广东揭东农村商业银行股份有限公司切实转换经营机制，实现可持续发展；三是更好地服务地方经济。下一步，广东揭东农村商业银行股份有限公司将继续坚守支农支小的市场定位，专注为当地县域实体经济提供金融服务，带动地方经济发展。

（二）资金模式

根据该项目资料显示，广东省人民政府发行地方专项债券募集资金 14 亿元，通过广东粤财投资控股有限公司采用间接入股等方式向广东揭东农村商业银行股份有限公司注资补充资本金。

对揭东农商银行增资项目本次计划融资金额 140000. 00 万元，期限为 10 年，假设融资利率 3. 75%，第 6—10 年每年末等额偿还本金。

在专项债券存续期内，需偿付总融资本息合计 182000. 00 万元，而融资项目在专项债券存续期预计实现的专项偿债资金合计为 260682. 38 万元。

---

① 信息来源：中国债券网 http：//www. chinabond. com. cn/cb/cn/。

（三）收益来源

根据相关方案该项目专项偿债资金来源包括：（1）广东粤财投资控股有限公司持有的揭东农商银行股份每年分红资金；（2）财产信托运营收益；（3）市场化转让广东粤财投资控股有限公司所持揭东农商银行股份所得。

（四）案例分析

广东揭东农村商业银行股份有限公司增资项目按照间接入股注资方式补充资本金，该途径的突出特点是：由广东省人民政府发行专项债券筹集资金，其中14亿元通过广东粤财投资控股有限公司采用间接入股等方式向广东揭东农村商业银行股份有限公司注资补充资本金。注入资金由广东揭东农村商业银行股份有限公司统筹使用。广东揭东农村商业银行股份有限公司每年的分红资金、财产信托运营收益以及市场化转让广东粤财投资控股有限公司所持揭东农商银行股份所得，使专项债资金及时安全退出。具体收益情况包括以下三个方面。

1. 每年股利分红资金预测

广东揭东农村商业银行股份有限公司补充资本金后资产总额约239.64亿元。近三年（2017—2019年）中国银行资产增速平均水平为8%，考虑到揭东地区金融业整体发展程度，预计未来其资产增速5%/年，则第10年其资产总额约390.35亿元。资产净利润率预计为1%，则10年可实现净利润合计316400.00万元。揭东农商银行按公司法规定，对每年净利润提取10%的法定公积金，提取一定金额的一般风险准备（预计每年按净利润的5%计提），考虑增强银行风险抵御能力，增加利润留存以持续补充资本，每年分红比例不超过净利润50%。预计未来10年每年按照揭东农商银行净利润的20%进行分红，即10年股利分配额约为63100万元。

广东粤财投资控股有限公司第1—6年按持股9.76亿股获得分红，第7—10年分别按持股7.808亿股、5.856亿股、3.904亿股、1.952亿股获得分红，10年可分得股利约为6620.38万元。

2. 财产信托运营收益预测

广东揭东农村商业银行股份有限公司将作为发起人委托广东粤财信托有限公司成立财产权信托，其中底层资产预计将在第1—6年内产生每年不少于28200.00万元、第7年产生不少于18800.00万元现金作为专项债的还款来源。

3. 市场化转让广东粤财投资控股有限公司所持有揭东农商银行股份所得预测

根据相关工作方案此项目是宽限期后，通过市场化转让广东粤财投资控股有限公司所持有的揭东农商银行股份，战略合作方广东顺德农村商业银行股份有限公司参与该市场化转让，使专项债券本息顺利回收。广东揭东农村商业银行股份有限公司补充资本金后资产总额约 239.64 亿元，每股净资产约 2.19 元，近三年（2017—2019 年）中国银行资产增速平均水平为 8%，考虑到揭东地区金融业整体发展程度，预计未来其资产增速 5%/年，则第 10 年其资产总额约 390.35 亿元，每股净资产约 4.93 元/股。广东粤财投资控股有限公司所持有揭东农商银行股份可在第 6—10 年平均按预计的每股净资产 4.93 元实现市场化转让，预计第 6—10 年每年股份处置收入：1.34 亿股 × 4.93 元/股 ÷5 年 =13212.40 万元/年。

所以，广东揭东农商银行增资项目在预计偿债资金 100%、90% 实现的情况下，债务本息偿付保障倍数分别是 1.43、1.29，能够合理保障偿还融资本金和利息，实现项目收益和融资自求平衡，且项目融资平衡情况业经惠州市宏德会计师事务所审计通过，不能偿付的风险较低。

本次通过专项债券支持广东揭东农村商业银行股份有限公司切实转换经营机制。一是注资补充广东揭东农村商业银行股份有限公司资本金，夯实风险防控基础；二是促使广东揭东农村商业银行股份有限公司切实转换经营机制，实现可持续发展；三是更好地服务地方经济。下一步，广东揭东农村商业银行股份有限公司将继续坚守支农支小的市场定位，专注为当地县域实体经济提供金融服务，带动地方经济发展。

三、发行案例二

四川省德阳市长城华西银行项目①

为贯彻落实本次国家专项债补充地方银行资本金的政策要求，德阳市于 2021 年将长城华西银行股份有限公司（以下简称“长城华西银行”）作为德阳市专项债券化解银行风险的项目方。

（一）发行依据

根据《商业银行资本管理办法》第二十三条、第二十四条规定，商业银行资本充足率的最低要求是不得低于 8%，同时，商业银行应当在最低资本要求的基础上计提储备资本，储备资本要求为风险加权资产的 2.5%，即银行的资本充足率监管要求为不低

① 信息来源：中国债券网 http：//www.chinabond.com.cn/cb/cn/。

于10.5%。结合银行目前资本充足率和增强“造血”功能需要，提出长城华西银行年内需补充核心一级资本18亿元。

（二）运营模式

为保证长城华西银行资本充足率，该项目通过专项债券以转股协议存款方式筹资14.325亿元，计划2021年发行，期限10年期。

（三）收入来源

在债券存续期内，本项目将获得长城华西银行转股协议存款利息收入25068.75万元（按专项债利率3.50%计算）及股份转让收入184997.92万元，可用于偿还债券本息的收益总计210066.67万元，本息保障倍数为1.15，项目收入足够偿还债券本息。

（四）案例分析

四川省德阳市长城华西银行项目按照其转股协议存款方式补充资本金，该途径的突出特点是：在转股前，专项债券14.325亿元作为转股协议存款，用于补充长城华西银行其他一级资本；转股条件触发后，存款人可以将存款转为银行普通股，转股价格以转股时的市场价值为准，且原则上不低于长城华西银行经审计的上一年度末每股净资产；转股后按计划逐步转让股份获得转让收益，在债券存续期第6—10年，采用等额本金还款法每年偿还专项债券本金20%和支付利息。

本项目主要通过长城华西银行转股协议存款利息收入和股份转让收入：

1. 转股协议存款期利息收入

专项债存续期第1—5年，转股协议存款利息收入按年利率3.50%进行预测，可用于支付每年债券利息。具体在转股协议存款协议中进行约定，专项债券发行第1—5年每半年支付一次利息，共计支付利息25068.75万元。

2. 转股后以市场化方式股份转让变现收益

债券存续期后五年计划转让股份获得股份转让收益，专项债券利息由专项债券对应股份的分红收入进行支付，银行未分红或者分红收入不足以覆盖专项债利息部分，由银行先行垫付，垫付金额以股份市场化转让收入偿还。债券存续期第6—10年，共计转让股份29234.69万股，按转让时每股净资产计算，预计变现价值为184997.92万元。

经科学测算，债券存续期间，项目累计收入合计为210066.67万元。

长城华西银行根据专项债券补充中小银行资本金相关政策，以及地方政府、银保监局、人民银行等要求，制定明确的偿债方案：一是本次转股协议存款特别约定存款期按照专项债发行利率作为存款利率，用于保障宽限期内债券利息支付；二是本项目还款期内，设定第6年起，通过逐年转让一定股份方式取得股份转让收入，按专项债券本金的20%等额还本，一方面保障了偿债资金来源，另一方面实现了债券资金退出。

债券存续期内现金流量总额均为正值，项目周期结束时，第10年现金净流量为26706.67万元，此现金流量表仅展示满足还本付息的情况下的现金流量，项目预计收入大于本次发行债券的本金及利息，本息保障倍数为1.15，能够达到项目收益与融资自求平衡。

专项债补充中小银行资本金项目属于当前中央文件中鼓励与支持的地方政府专项债券项目重点领域、重大战略项目，坚持“资金跟着项目走”的原则，积极发挥专项债券对经济的拉动作用，有效支持补短板、惠民生、促消费、扩内需，项目具有一定收益，债券存续期内有较好的偿债能力，能够达到项目收益与融资自求平衡，且不以营利为目的，具有较强公益性。具体体现在如下三个方面：一是可以缓解长城华西银行资本金压力，提升金融服务实体经济的能力；二是助力德阳中小企业渡过难关，实现保市场主体、保居民就业等宏观政策目标；三是通过资本金补充，强化地方政府管理责任，推动属地中小银行深化改革。此外，在这一方式下，地方政府发行专项债券，用于补充本地银行资本金，化解本地金融风险，助力本地银行服务本地中小微企业，而且在转股的情况下，地方政府还可以一定期间内维持自身在银行中的股份不被稀释。由此看来，专项债补充中小银行资本金，在压实了地方政府属地责任的同时，也有助于实现权责与激励相对等。

四、总结

综上，专项债用于支持中小银行补充资本金，是当前特殊情况下债券资金使用的特殊举措，重在助力其增强“造血”功能，既可以解决中小银行目前资本充足率尚满足监管要求但趋向界限，内在增长不足问题；也可以缓解中小银行不良贷款率持续上升，信贷资产拨备覆盖率处于低位水平问题；还能够使中小银行具备市场化持续经营能力，解决目前短期困难等。同时，增强中小银行风险抵御能力和服务实体经济能力，推动加大对中小企业提供精准有力的金融服务，助力中小企业渡过难关。

第八章

如何成功发行政府专项债券

第一节　专项债券项目公益性界定

如果说2017年《财政部关于试点发展项目收益与融资自求平衡的地方政府专项债券品种的通知》（以下简称“财预89号文”）标志着地方政府债券的放开，那么2018年就是中国地方政府专项债券发行的试点元年，地方政府发行的项目收益专项债券现状可知，地方政府专项债券一登场就已经在国家经济稳投资、扩内需、补短板中发挥出重要的作用。各地方政府在财预89号文框架要求内，对专项债券发行进行了大量的创新探索，专项债券品种也出现了百花齐放的首次大爆发，引发了社会各方对地方政府专项债发行品种与范围的疑惑与不解。实践中，地方政府及其财政等有关部门也对专项债发行存在着诸多认识上的不足，认为只要是政府投资项目就可以发行专项债券，专项债变成了无所不包的全能债券。本节针对目前地方政府专项债发行过程中的核心问题：项目公益性进行探讨分析，由此来明确界定专项债发行的边界与范围，募集资金用途及债券价值，为大家提供一个判断专项债券项目发行的参考。

要理解项目公益性，首先需要澄清公益的概念。公益一般解释为公共的利益，或者说有关社会公众的福祉和利益，与私利相对。

目前我国法律对公益一词并没有直接的定义，在法律上多以公益活动、公益事业等词汇出现，我国《中华人民共和国慈善法》第三条规定了公益活动包括：“（一）扶贫、济困；（二）扶老、救孤、恤病、助残、优抚；（三）救助自然灾害、事故灾难和公共卫生事件等突发事件造成的损害；（四）促进教育、科学、文化、卫生、体育等事业的发展；（五）防治污染和其他公害，保护和改善生态环境；（六）符合本法规定的其他公益活动。”

在《中华人民共和国公益事业捐赠法》第三条规定了公益事业是指非营利的下列事项：“（一）救助灾害、救济贫困、扶助残疾人等困难的社会群体和个人的活动；（二）教育、科学、文化、卫生、体育事业；（三）环境保护、社会公共设施建设；（四）促进社会发展和进步的其他社会公共和福利事业。”

从以上两部法律中，公益的含义更接近于与慈善同义，较多体现为社会个体和群体奉献时间、财物、人力服务社会的自发行为，与政府公益性有很大的不同，但上述法律对公益的界定具有共性，一方面社会民众参与提供社会公共服务的具体内容与政府提供公共服务内容相同，是政府提供公共服务的有效补充，另一方面政府进行公益性项目也必须遵守基本的公益性法律要求，法律对公益性的基本要求包括如下三个特点。

1. 非营利性

公益性项目不以获取利润为目标，不以活动的盈利用于投资者的分配，正是这一点，是其于市场配置社会资源中工商企业获利动机相区别。公益活动和公益事业的业绩不以营利为标准，它是以是否充分挖掘潜力、为目标群体提供服务多少及其效果，实现公共利益的效用状况来评价的。但公益活动和公益事业的非营利性并不排除开展营利活动，并以此来维持和扩大服务范围，提高服务质量。营利活动具体表现为向特定群体或者消费者收取一定的费用，这种收费一般用以弥补投资和成本支出，还存有的不足部分，则需要依靠政府直接补贴、政策优惠补偿或者社会捐助补足。

2. 注重社会整体目标和长远利益

公益活动和公益事业，往往针对的是不特定多数人，是对社会整体目标的实现。如教科文卫领域的投入，很难在短期内表现出明显的经济效益，尤其教育领域，“十年树木、百年树人”，需要相当长时间才能反映出经济社会效益。又如环境保护领域、基础科研领域，当代人的投入，很有可能到下代人才能看到效益。

3. 追求公共福利和公共价值

为公众平等地提供公共福利，满足公众的基本需求，如干净的空气、清洁的水、平等的教育等。公益活动和公益事业还追求高于个人利益的、社会全体成员或者大部分成员共同选择的价值观念，即公共利益。

政府进行公益性项目首先要遵守基本的公益性法律要求，还要遵守政府公共产品供给与服务的基本要求。

现代公共经济学将由公共部门提供用来满足社会公共需要的商品和服务称为公共品。公共品具有不可分割性、非竞争性和非排他性。基于公共物品的非竞争性和非排他性特点，就出现依靠市场机制难以提供的现象，经济学上称为“市场失灵”，出现搭便车、公地悲剧，以及排他成本问题。政府为促进效率与发展；解决市场失灵的缺陷，而提供公共物品，是出于维护和增进公共利益的必要选择，也是通过提供公共产品实现社会公益。

基于上述法律和公共财政对公益的要求，只有能够满足上述条件的项目才属于政府专项债券发行范畴，公益性项目一词在国家法律层面也没有明确的定义，《地方政府融资平台公司公益性项目债务核算暂行办法》中公益性项目的定义可供参照，即“公益项目是指为社会公共利益服务、不以盈利为目的的投资项目，如市政建设、公共交通等基础设施项目，以及公共卫生、基础科研、义务教育、保障性安居工程等基本建设项目”。

从广义而言政府投资建设项目都属于上述公益性项目的界定范畴，理论上讲凡是市场不愿意做的或是没有能力做的公共项目都是政府可以大显身手的地方，政府可以根据项目的具体情况采用发行一般债券、PPP、购买服务、BT 等各种模式进行项目建设运营，专项债券只是其中的一种公共服务提供模式。但不是所有政府的项目都可以通过专项债模式进行，公益性项目发行政府专项债券具有更加严格的条件：公益性项目必须由政府投资，所形成的资产属于政府并且项目具有一定的收益，收益归属政府并能够偿还债券的本息。这是专项债券与其他政府投资项目的不同之处，专项债公益性特征主要体现在以下三个方面。

1. 专项债的公益性体现了地方重大区域发展内容

地方政府作为责任主体发行专项债的公益性项目一定是在当地经济社会建设中有重大影响力的建设项目，项目的投资规模大，项目建设完成投入运营后，将产生巨大的经济与社会效益，往往能带来当地公共产品与服务的较大提升，影响当地与该生产力相关的产业和部门，甚至影响区域经济的发展与产业机构的调整，乃至影响当地整个社会经济的发展与人民生活质量的提高。因此，地方政府专项债项目体现了地方政府最重要的公共服务建设内容。已经成功发行的四川成都锦江绿道专项债充分体现了专项债的这一公益性特点，锦江绿道是成都市天府绿道的核心轴线，绿道项目的建成将大大提升市民生活品质，推动旧城更新，提升城市面貌，成为贯通成都核心城区的一张绿色生态发展名片，吸引更多的人才与资源留在成都发展。

2. 专项债公益性项目属于大型综合性项目

通常项目管理中，项目是指一系列独特的、复杂的并相互关联的活动。这些活动有着一个明确的目标或目的，必须在特定的时间、预算、资源限定内，依据规范完成。专项债项目也符合上述项目的要求，是项目管理中的大型综合项目范畴。每个项目都围绕一个建设目标，按照一个总体规划或设计进行建设，整个项目由一个或若干个互有内在联系的单项工程组成，其中单项工程是指具有独立的设计文件，建成后能够独立发挥生产能力或使用功能的工程项目，所有子项目或工程共同发挥作用保证了专项债项目建设运营目标的实现。因此，专项债项目公益性一定要从项目整体来进行判断，而不是项目包含的单个工程或子项目，如某科技园区的建设项目中同时包括了园区基础道路和园区厂房办公居住用房建设，如果单独用园区基础道路来判断，由于没有项目收益显然不符合专项债项目发行条件，同样如果仅仅看到办公居住用房产生销售收入就简单认为属于商业经营不应算做公益性项目也明显失当。只有将整个科技园区建设作为项目整体来看，才能准确判断项目的公益性是否满足，项目建设对当地的社会经济的巨大影响，产业升级与人民生活水平的提升价值，这些正体现了大型综合行公益项目的特征。

3. 专项债券公益项目收益能够偿还债券本息

项目是否具有收益是专项债项目发行的前提。通过对比一般债券和专项债券的概念、特点和发行条件等要素，收益是两者最重要的区别点，一般债券对应的公益性项目没有收益，而专项债券对应的公益性项目有一定收益，因为存在收益，才使专项债券发行的债券由项目运营收入来偿还成为可能。

项目收益与公益项目的非营利要求并不矛盾。收益指就某财产收取天然的或法定的孳息，或生产活动取得的收入。营利指以金钱、财务、劳务等为资本而获得经济上的利益，主要体现为通过经营行为积极追求利益的最大化并将所得利润分配给股东。营利性和非营利性之别，区分的关键不在于是否从事经营活动获得收入，而主要看其是否将其经营所得进行利润分配。专项债券公益项目的收益全部归属政府财政收入用于偿还债券本息以及项目建设运营公共用途，不存在利润分配的可能性，因此虽然同样是地铁周边的房地产开发销售产生收入，专项债项目和商业地产开发商却有着本质的不同，关键是收益的用途和归属。

地方政府专项债公益性的特点与要求决定了专项债券不可能是全能债券，专项债券项目必须要同时满足项目公益性和收益偿还本息的要求，这对地方政府公共项目运营管理能力提出了更高的要求，公益性项目的特性决定了项目本身难以具有很高的投资回报率，同时投资回收期也难以达到市场经济投资人的要求，因此，专项债项目的整体设计、规划就显得更加重要，必须同时兼顾公益性和收益性的双重要求，既能实现当地社会经济发展必不可少的公共项目，提高人民生活基本水平，改善当地投资环境，同时还能实现项目收益，保证专项债券能够自我良性循环。

地方政府专项债公益性的特点也将债券市场中政府债券与其他债券发行进行了明确的界定与划分，即公益的归政府，营利的归市场。《财政部关于做好 2018 年地方政府债务管理工作的通知》（财预〔2018〕34 号）明确了公益性项目的范畴，项目收益专项债券要“按照中央经济工作会议确定的重点工作，优先在重大区域发展以及乡村振兴、生态环保、保障性住房、公立医院、公立高校、交通、水利、市政基础设施等领域选择符合条件的项目，积极探索试点发行项目收益专项债券”。这些领域充分体现了地方政府专项债发行的公益性要求，公益性项目发行政府专项债券改变了过去公益营利不分的地方政府融资平台融资乱象，随着后续的专项债发行不断完善，政府债务也会变得更加透明规范有序。

第二节　专项债券项目收益性界定

根据地方政府发行的项目收益专项债券现状可知，虽然其他项目收益专项债目前发行金额相对占比不大，但其他项目收益专项债券发行却引发了社会各方对地方政府专项债发行品种与范围的广泛关注，其他项目收益专项债券的收益能否覆盖债券本息是市场各方都普遍关注的问题。本节针对目前地方政府专项债发行过程中的核心问题：如何认识和理解地方政府专项债券的项目收益，从法律与管理的角度进行探讨分析，项目收益的界定是其他项目专项债发行的基础，项目收益弄清楚了，我们就能对政府专项债券项目有更加明确清晰的判断与认识。

要认识和理解专项债项目收益，首先要明确的问题就是哪些收益属于专项债券的项目收益？财政部 89 号文对项目收益的表述为“专项债券对应的项目取得的政府性基金或专项收入，应当按照该项目对应的专项债券余额统筹安排资金，专门用于偿还到期债券本金，不得通过其他项目对应的项目收益偿还到期债券本金”。这说明专项债券项目收益包括政府性基金与项目专项收入两部分，我国《预算法》已经确定财政收入包括一般公共预算收入、政府性基金预算收入、国有资本经营预算收入、社会保险基金预算收入四大部分。其中《预算法》第九条对政府性基金预算明确进行了界定：“对依照法律、行政法规的规定在一定期限内向特定对象征收、收取或者以其他方式筹集的资金，专项用于特定公共事业发展的收支预算。”财政部发布的《2018 政府收支分类科目》从收入角度对政府性基金收入进行了规定：“各级政府及其所属部门根据法律、行政法规规定并经国务院或财政部批准，向公民、法人和其他组织征收的政府性基金，以及参照政府性基金管理或纳入基金预算、具有特定用途的财政资金。”同时将专项债券对应项目专项收入列入政府性基金预算收支科目并做了进一步的明确：“反映地方政府专项债券对于项目形成、可用于偿付专项债券本息的经营收入。”并对其他地方自行试点项目收益专项债券对应项目专项收入进行了明确界定：“举借专项债券对应项目形成的，除相关政府性基金科目已反映收入之外可用于偿还专项债券本息的收入。”这说明专项债项目收益属于政府性基金预算范畴，不属于一般公共预算、国有资本经营预算、社会保险基金预算等政府预算。

基于上述专项债券和预算有关法律法规要求，我们可以对项目收益专项债券对应项目的项目收益作出如下理解：项目收益以项目为核心，通过政府性基金预算收支科目进行独立核算，由融资对应项目所形成收益计提按照国家和地方法律法规文件应当计提的比例后的部分构成项目收益范畴，具体类别包括对应项目的政府性基金收入与项目专项收入。

项目取得的政府性基金收入应当包括项目对应收取的政府性基金收入与项目获得的政府性基金资金支持（从财政角度看属于对应项目支出，但项目角度来看也应属于收入）两个方面来理解，这样才能更全面地理解项目政府性基金收入内涵。举例而言，如城市绿道、地下综合管廊等基础设施建设项目，其项目收益中政府性基金收益应当包括与项目相关的政府性基金收入，如国有土地使用权出让收入、城市基础设施配套费收入等，同时还应当包括政府性基金对于项目安排的支出，通常以项目补贴或购买服务方式进行，这部分同样属于项目政府性基金收入的一部分。

项目专项收入即项目自身经营带来的收入，是项目收益的主要来源。项目专项收入明确了只要是项目自身经营获得的收入都属于项目专项收入，这就为项目对应资产运营活动提供了巨大的空间，也为项目通过自身收益偿还债券本息带来了更大的可能性，政府专项债项目都承担了当地重要的公共服务功能，通过项目运营为公众提供更多的高品质公共服务来获取更多的项目运营收入，公众也乐意为优质的公共服务买单，由此形成公益性项目的良性循环，因此高水准的项目运营才是项目专项收入的基础与保证。就已经发行的高校、医院、生态环保类、城市地下综合管廊、污水处理厂等其他专项债券项目来看，充分体现了项目收入来源多样性的这一特点，这些收入包括学费、住宿费、诊疗费、广告费、租赁住房租金、配套商业设施租售、入廊费、污水处理费等收入形式，上述收入均来自项目经营所得，用于项目经营与偿还债券本息，符合项目专项债收入要求。

第三节　明确专项债券项目资产权属

近年来党中央、国务院高度重视国有资产管理的立法工作和体制机制建设，在2018—2021年，完成金融企业国有资产管理情况、行政事业性国有资产管理情况、企业国有资产（不含金融企业）管理情况、国有自然资源（资产）管理情况等专项报告，出台《行政事业性国有资产管理条例》，加强行政事业性国有资产管理和监督，明确管理职责，推进国有资产管理公开透明、规范有效，提高国有资产利用效率，促进国有资产保值增值。

1. 专项债券项目资产的权属性质

《政府投资条例》第二条规定，政府投资是指在中国境内使用预算安排的资金进行固定资产投资建设活动，包括新建、扩建、改建、技术改造等。同时《行政事业性国有资产管理条例》第二条、第三条规定，使用财政资金形成的资产属于行政事业性国有资产，行政事业性国有资产属于国家所有，实行政府分级监管、各部门及其所属单位直接支配的管理体制。89 号文“提出着力发展实现项目收益与融资自求平衡的专项债券品种，加快建立专项债券与项目资产、收益相对应的制度”。

因此，地方政府专项债券在《预算法》和专项债券有关制度框架下的“借、用、管、还”全生命周期均围绕项目且“封闭”进行，项目建设形成的资产、收益均属于政府预算资金投资形成的国有资产。

2. 专项债券项目资产管理要求

财政部 89 号文要求“地方各级财政部门应当会同行业主管部门、项目单位等加强专项债券项目对应资产管理，严禁将专项债券对应的资产用于为融资平台公司等企业融资提供任何形式的担保”。《四川省地方政府专项债券全生命周期管理办法》（川财规〔2021〕6 号）第三十五条规定“各级财政部门应当建立资产登记和统计报告制度，将专项债券项目形成的资产纳入国有资产管理，会同主管部门和项目单位加强日常统计和动态监控。专项债券项目形成的国有资产和权益应当按照规定的用途管理使用，严禁违规注入企业或担保抵押”。前述规定明确，专项债券形成项目资产及对应收益属于国有资产，实行政府分级监管、各部门及其所属单位直接支配，不允许注入企业和抵押担保。因此，专项债券项目资产管理具体来说，有以下三个要求：

（1）做好资产登记统计。根据《国务院关于 2018 年度全国行政事业性国有资产管理情况的专项报告》（2019 年 10 月 23 日），我国出台新的政府会计制度，制定公共基础设施等政府会计准则，规范会计核算，为加强行政事业性国有资产管理提供了可靠依据。2018 年以来，专项债券资金形成能源、天然气官网和储气设施、交通、医院、学校、污水垃圾处理设施、保障性安居工程住房等国有资产，资产形成后，首先应统一口径，通过政府会计准则进行会计核算后，做好登记、移交和管理。

（2）做好资产维护和使用管理。严格按照专项债券管理要求，禁止资产注入企业和抵押担保，实现资产动态化管理。

（3）基于发行专项债券建设的项目，是能够产生持续稳定的反映为政府性基金收入或专项收入的现金流收入的特点，专项债券项目将是推进资产管理与预算管理相结合重点项目类型，按照国家要求，未来将实现资产管理嵌入财政预算管理核心环节，从源头上提高财政配置资源的效率和财政资金使用效益。

第四节　选择适合的专项债券项目运营主体

在新冠肺炎疫情背景下，地方政府管理城市、经营城市、发展城市、繁荣地方经济的任务越来越重，地方政府通过债券方式大量募集资金投入基础设施建设，按照专项债券形成资产属于国有资产的属性，未来短期内将产生大量公益性基础设施资产。《行政事业性国有资产管理条例》虽然出台，明确公共基础设施应当用于保障事业发展、提供公共服务，但是偏重资产管理，强调产权保护和资产安全，对可运营资产并未就如何运营提出具体措施要求。

一、运营主体选择

对于专项债券项目，政府虽然是项目资产所有人与专项债券责任的主体，但不应当是项目运营主体，专项债券对应项目运营应当由政府以外的适格运营主体进行，应当是所有权与经营权分离的情形。项目收益专项债券对应项目的实施机构应当由政府或其授权制定的行政部门和相关机构负责实施，委托有一定资质资格的主体进行运营，委托运营主体可以是政府国有平台公司，也可以是国有企业、事业单位或民营企业等其他类型单位。如学校资产委托学校经营、医院资产委托医院经营、基础设施委托具备资质的企业法人建设运营等，项目收益由委托运营主体创造，因此选择运营能力高、能够创造运营高收益的主体是地方政府最重要的工作，也是项目融资与收益实现平衡的最重要保障。

二、国有资产运营模式创新

通过上述项目收益专项债的收益要求与特点分析我们可以看到，专项债开启了一个与过去完全不同的公益性国有资产运营模式。首先，这一模式不同于国有资本经营模式。国有资本模式是国有资产管理部门被通常被政府授权履行出资人职责，将经营性资产注入国有企业，由国有资产运营公司具体进行经营。政府按照市场运作的原则，以管资本为主。项目收益专项债券对应项目为公益性资产，是由政府直接投资，并通过发行债券直接负债募集资金投入形成的国有资产，政府财政部门代表政府持有公益性项目资产，直接委托运营机构进行项目资产经营，委托运营方公司是项目资产经营者，而非所有者。其次，项目采用独立封闭式运营机制。项目开始就严格按照项目融资与收益要求独立运营，先是体现于资产的独立，不与项目外的其他资产相混同。根据项目收益专项有关文件要求，财政和行业主管部门要针对专项债券项目建立资产统计报告制度；再是运营成本和收益现金流的独立，收益实现后的净利润并不能直接归入财政对应收入科目的账户，而应存入专门针对本项目设立独立账户，用于到期前的利息偿还和到期时的本息偿还。最后，项目委托运营主体与运营机制更加灵活，保证了项目收益的实现。随着政府职能的转型深入，将越来越多的公共事务交由市场解决，政府只需要选择合适的主体参与进来。项目收益的提升不能依靠提升政府的运营能力，而要依靠政府选择第三方的能力，比如引入竞争的方式，通过对参与竞争企业的历史沿革、项目经验、资质资格、专业队伍、企业管理模式等进行比较，选择最优的主体参与项目运营，这是政府实现国有资产高效运营的现实方式，也是项目收益专项债券项目收益实现的保障。委托运营并不代表政府放任不管，必须建立起有效的运营监督机制、运营主体筛选淘汰机制。也就是说，在债券存续期内，政府财政部门和相关行业主管部门应当担负起监督管理职责，确保运营主体合法合规运营和收益率的实现，一旦项目本身或者第三方出现可能导致收益不合理减少、违法违规经营等情形，政府或其指定的部门，应当对此作出反应，评估是否需要更换选择新的运营主体，以确保项目收益的持续稳定产生。

三、委托运营和授权运营比较

1. 政府委托项目运营单位代为运营

政府投资的公益性项目的代运营，指政府通过与选定的运营单位签订委托运营协议，将运营目标、运营内容、工作要求等要素通过合同的方式进行约定，支付代运营单位一定费用作为运营管理费用，实现项目持续稳定运行，提供公共产品或服务。

（1）代运营模式的主要优点是：项目收入和支出全部以政府名义进行，政府能够发挥全面监督的作用，政府及时掌握资产变化情况。

（2）代运营模式的主要缺点是：项目运营主体责任为政府，政府的运营监管成本太高。运营单位按照政府的指示运营资产，运营管理费用固定，运营单位缺乏激励，没有运营积极性，项目收益实现难度较大。

2. 政府授权项目运营单位运营

授权运营，指政府与专业运营单位签订授权运营协议，将项目资产的经营权利通过法律文件的方式正式授予项目运营单位，由其全权运营项目，并约定运营单位每年支付项目授权运营费，项目运营期间的授权费用应当能够保证债券本息偿还。

（1）授权运营模式的主要优点是：在这种模式下，项目资产的所有权仍属于政府，但将经营的权利在一定期限内让渡给了运营公司，可以实现所有权和经营权分离。项目资产以运营单位的名义被运营，具有较高的灵活性，运营单位会尽可能地引入更专业的团队，对运营资产的价值进行充分的挖掘和发挥，能够有效实现项目收入，保证债券本息偿还收入，同时还可能带来超过债券本息的更高回报率，让公益性资产的价值发挥最大价值。

（2）授权运营模式的主要缺点是：目前专项债项目公益性资产的授权运营还没有先例，属于专项债运营的创新探索，需要对相关各方的权利义务进行详细研究，坚持市场化、法治化方向进行专项债授权运营模式推进。

因此，项目收益专项债券对应项目资产的运营管理模式可以是一种全新的模式，政府通过资本市场筹集公益性项目建设资金，运营主体基于委托运营、授权运营来进行运营，实现国有资产效益最大化，通过项目运营收益偿还项目融资的本息，实现全民所需公共物品提供，最大限度满足社会公共服务需求，最终实现国有资产增值保值。这完全不同于国有企业改革的管资本模式，也不是计划经济时代政府直接参与管理的模式，非常具有创新意义。

第五节　落实专项债券项目全生命周期风险与绩效管理

近年来地方政府专项债券逐年增量均在数万亿级别，专项债券规模扩大导致偿债能力风险加剧。同时，在实际审查过程中，不乏专项债券资金闲置、对应形成实物工程量不足、收益无法覆盖融资、投向不合理等问题，项目质量不高也易导致财政偿付风险加剧，专项债券重发行、轻管理的弊端日益暴露，债券资金使用效率有待提升。

针对当前专项债券存在的问题，根据《中共中央 国务院关于全面实施预算绩效管理的意见》《国务院关于进一步深化预算管理制度改革的意见》等文件规定，2021 年 6 月 28 日，财政部印发了《地方政府专项债券项目资金绩效管理办法》（以下简称《资金绩效管理办法》）。该办法明确对专项债券项目资金绩效实行全生命周期管理，涵盖事前绩效评估、绩效目标管理、绩效运行监控、绩效评价管理、评价结果应用等环节。此举将有效防范政府债务风险，提高专项债券资金使用效益。通过建立专项债券项目资金绩效管理机制，将提升每一个专项债券项目资金投入的产出质量，最终让每个项目发挥最大的社会经济效益，同时，《资金绩效管理办法》也弥补了当前专项债券监管制度的空白，是未来政府专项债券风险管理、绩效管理等监管审查的重要指南。

一、专项债券项目的发行必须有事前绩效评估，同时要设定明确的绩效目标

1. 事前绩效评估方向和绩效目标设置均围绕项目展开，符合实施项目全生命周期管理的要求

党的十九届五中全会强调，要推进财政支出标准化，强化预算约束和绩效管理。《国务院关于进一步深化预算管理制度改革的意见》（国发〔2021〕5 号）对此提出了相应的改革举措之一，就是要实施项目全生命周期管理。

地方政府专项债券的设计是为有一定收益的公益性项目发行的、以项目对应的政府性基金收入或专项收入作为还本付息资金来源的政府债券，本身即是围绕项目展开。专项债券制度实施以来，相关文件始终在强调风险防控和项目管理，要求行业主管部门、项目单位要合理评估分类发行专项债券对应项目风险，切实履行项目管理责任，但并没有专门针对专项债券项目的各个流程有较为清晰的风险管理指导意见。

为提高专项债券资金使用效益，有效防范政府债务风险，《资金绩效管理办法》提出了以专项债券支持项目为对象，通过事前绩效评估、绩效目标管理、绩效运行监控、绩效评价管理、评价结果应用五个环节，来进行项目的资金绩效管理。在这个全流程的动态管理过程中，事前绩效评估和绩效目标管理这两个基础环节无处不体现实施项目全生命周期管理的要求。

（1）事前绩效评估通过论证专项债券项目的全流程，夯实项目实施的必要性和可行性。根据《资金绩效管理办法》第五条，在申请专项债券资金前要开展事前绩效评估，并将评估情况纳入专项债券项目最主要的公开信息披露文件——实施方案中。事前绩效评估主要是从八个方面覆盖专项债券项目的全过程来评估资金支持项目的必要性和可行性。

《财政部关于试点发展项目收益与融资自求平衡的地方政府专项债券品种的通知》（财预〔2017〕89 号）是推进地方政府专项债券制度发展的第一部重要文件，文件给出了实施方案参考框架，包括项目主要内容、项目重大经济社会效益分析、资金筹集情况、预期收益规模分析、项目预期收益、支出以及融资平衡情况、项目融资计划与潜在影响项目收益和融资平衡结果的各种风险评估。上述实施方案的参考框架实质是对专项债券项目的评估和发行提出了具体明确的要求，因此各个地方政府也是按照这

个框架来设计和发行专项债券。

《资金绩效管理办法》第五条列举了在事前绩效评估中重点论证资金必要性和可行性的八个方面，包括：①项目实施的必要性、公益性、收益性；②项目建设投资合规性与项目成熟度；③项目资金来源和到位可行性；④项目收入、成本、收益预测合理性；⑤债券资金需求合理性；⑥项目偿债计划可行性和偿债风险点；⑦绩效目标合理性；⑧其他需要纳入事前绩效评估的事项。上述八个方面与专项债券实施方案要求的内容是完全契合的，这个事前绩效评估环节的设定将推动各级财政部门、项目主管部门和项目单位在设计完专项债券项目后还要再反过来考虑项目每个环节内容的科学性和精准度，如在预测潜在影响项目收益和融资平衡结果的各种风险同时，也要通过绩效评估判断偿债风险点能否应对，即不仅要展现资金支持项目的必要性，还要展现资金支持项目后的直接产出和效果。

（2）绩效目标管理要求重点反映项目的产出和效益指标，通过指标的细化量化反映预测项目的全过程管理。

《资金绩效管理办法》第七条，明确要求绩效目标应当重点反映专项债券项目的产出数量、质量、时效、成本，还包括经济效益、社会效益、生态效益、可持续影响、服务对象满意度等绩效指标。并且绩效目标要尽可能细化量化，能有效反映项目的预期产出、融资成本、偿债风险等。

要真正做到“有效”反映，指标的制定必须具体明确。参考财政部 2020 年 2 月出台的《项目支出绩效评价管理办法》（财预〔2020〕10 号），绩效评价指标的确定应当符合以下要求：与评价对象密切相关，全面反映项目决策、项目和资金管理、产出和效益；优先选取最具代表性、最能直接反映产出和效益的核心指标，精简实用；指标内涵应当明确、具体、可衡量，数据及佐证资料应当可采集、可获得；同类项目绩效评价指标和标准应具有一致性，便于评价结果相互比较。应当突出结果导向，原则上产出、效益指标权重不低于 60%。

明确的绩效目标管理符合专项债券项目的根本要求——注重融资收益平衡与偿债风险。目标的制定体现了要将经济、效率、效益、公平等绩效管理理念贯穿在专项债券项目的全过程，同时也能形成可测量、易考核、全评价的工作规范，确保资金投入的项目能尽量转化为高质量的产出。

2. 树立结果导向，通过约束有力的程序设置强化了财政资金投入与绩效管理目标之间的关联

全面绩效管理贵在“约束有力”。在程序设置上，《资金绩效管理办法》充分展现了资金的绩效管理要以结果为导向。

一方面，《资金绩效管理办法》第六条，规定了事前绩效评估是项目进入专项债券项目库的必备条件。在申请专项债券资金前，项目单位或项目主管部门要开展事前绩效评估，并将评估情况纳入专项债券项目实施方案。《资金绩效管理办法》通过运用成本效益分析等方法研究开展事前绩效评估，建立健全项目入库评审机制，做实做细了专项债券的项目储备。

另一方面，《资金绩效管理办法》第九条，还规定了绩效目标设置是安排专项债券资金的前置条件。项目单位在申请专项债券项目资金需求时，要同步设定绩效目标，审核后的绩效目标与专项债券资金同步批复下达。《项目资金绩效管理办法》通过建立项目实施、资金投入以及绩效管理目标之间的关联，强力推动资金绩效管理的切实执行。

根据《资金绩效管理办法》第二十六条的规定，2022 年及以后年度新增专项债券到期后按规定发行的再融资专项债券即要按照上述程序严格执行。

二、专项债券项目要建立全生命周期的动态监控管理体系

专项债券属于公益性资本支出，大多数项目回报期在 10 年以上，需要立足项目的全生命周期进行运行监控，构建全方位多层次债券项目绩效管理体系，这与一般预算支出项目的绩效管理有较大区别。

当前，专项债券已成为国内目前及今后一个时期带动有效投资、补短板、扩内需的重要抓手，其绩效管理目标应该服务于提升项目中质量、加快使用债券。为管理好专项债券项目，防止出现“半拉子”工程，应坚持“资金跟着项目走、项目跟着规划走、规划跟着目标走”的定位，实行限额和自主申报两结合，实现债券发行需求和发行能力相匹配，更好地符合当地发展需要。

绩效目标作为申请政府专项债券额度的重要依据，要清晰反映政府专项债券资金的预期产出和效果，并细化量化为绩效指标。主要包括数量、质量、实效、成本以及效益，重点关注偿债资金来源、融资与项目收益平衡等反映偿债能力、风险防控的目标和指标，遵照“谁申请资金，谁设置目标”的原则。因此，建立以第三方机构为核心、财政部和项目单位为支撑的全方位、多层次专项债资金绩效评价体系迫在眉睫，这将有利于提高地方政府债券资金的使用绩效，从而促进地方社会经济的高质量发展。

《资金绩效管理办法办法》第十一条、第十八条指出，地方政府专项债券资金预算执行进度和绩效目标实现情况进行“双监控”。通过制定项目的绩效预算管理方案对债券全生命周期和本息偿还实施全方位、动态运行监控。专项债券项目建立全生命周期跟踪问效机制，项目建设期绩效评价侧重项目决策、管理和产出等，运营期绩效评价侧重项目产出和效益等。

明确专项债券绩效管理从运行到评价需要全生命周期监控管理，以项目绩效目标为核心，以绩效管理为抓手，从全方位、全过程、全覆盖角度出发，通过电子信息技术管控，实现预算绩效目标和资金支出同步监管，对各项政府工作制定考评指标，实施绩效评价，充分利用评价结果，以寻求“更高绩效的财政分配、更高质量的公共服务”，使各种资源得到更加合理的配置与利用，充分彰显“绩”与“效”，确保项目目标的最终实现。

构建以第三方机构为核心、财政部门和项目单位为支撑的全方位、多层次绩效评价体系，实现项目运营过程中的“自我纠正”“协助纠正”“合规纠正”，是提升专项债资金绩效和控制项目风险的重要举措。同时，在项目管理实操层面，强化三方绩效评价的作用，实现多层次绩效管理的效用叠加，确保实现专项债项目的绩效目标：一是项目目标的可量化，包括投资额、债券资金使用额和实物工作量的可量化；二是债券资金要根据项目实施进度分配、发行和使用，确保跟着项目走。

三、专项债券项目要开展全面化、常态化的绩效评价管理

绩效评价管理，建立了专项债券项目的全生命周期跟踪问效机制，坚持“举债必问效”。《资金绩效管理办法》对绩效评价管理的责任机制、指标框架、信息公开等做了具体规定。

《资金绩效管理办法》第十五条、第十六条，绩效评价责任机制由地方财政部门牵头组织本地区专项债券项目资金绩效评价工作。绩效评价以项目单位自主开展绩效自评为主，主管部门和本级财政部门选择部分重点项目开展绩效评估，省级财政部门选取部分重大项目开展绩效评估，财政部在必要时直接组织开展绩效评价。文件明确了省级财政部门每年开展重大项目绩效评价的资金规模，原则上不低于本地区上年新增专项债务限额的5%，并逐步提高比例。并鼓励引入第三方机构，对重大项目开展重点绩效评价。

《资金绩效管理办法》第十七条、第十八条，规定绩效评价指标框架和绩效评价提纲由省级财政部门结合实际情况自主制定，省级财政部门制定本地区专项债券项目资金绩效管理办法，报财政部备案。也就是说省级财政部门对绩效评价指标框架、绩效评价提纲和本地区专项债券项目资金绩效管理办法有自主权。虽然如此，但是相关制度的制定也需突出专项债券项目资金绩效评价特点，并贯穿于专项债券项目的立项、建设运营、本息偿还等债券存续期间的全过程，分别从决策、管理、产出和效益等多维度对项目进行客观、公正的测量、分析和评判，可以参考《项目支出绩效评价管理办法》有关范例。专项债券项目建立全生命周期跟踪问效机制，项目建设期绩效评价侧重项目决策、管理和产出等，运营期绩效评价侧重项目产出和效益等。

《资金绩效管理办法》第十九条，绩效评价信息公开按年度开展，并明确了公布时间及渠道，在每年6月底前公开上年度专项债券项目资金绩效评价结果。绩效评价结果要在全国统一的地方政府债务信息公开平台上公开，自觉接受社会监督，通过公开推动提高专项债券资金使用绩效。

四、地方政府专项债券项目资金绩效评价结果应用

评价结果应用，明确了绩效评价与结果应用相统一的原则，坚持“无效必问责”，突出绩效管理结果的激励约束作用，提高专项债券资金使用效益。《资金绩效管理办法》对评价结果的整改机制、激励约束机制、违法违规行为等做了具体规定。

《资金绩效管理办法》第二十一条、第二十二条，项目主管部门和项目单位要根据绩效评价结果及时整改问题，告知同级财政部门，根据财政整改意见，提出明确整改措施，认真组织开展整改工作。上级财政部门对下级财政部门绩效管理工作定期开展抽查，指导和督促提高绩效管理水平。

《资金绩效管理办法》第二十三条，制定了激励约束机制，规定财政部、省级财政部门要把绩效评价结果、抽查结果作为分配新增地方政府专项债务限额的调整因素之一，并与有关管理措施和政策试点等挂钩。地方财政部门也要将绩效评价结果作为项目建设期专项债券额度以及运营期财政补助资金分配的调整因素之一。对于绩效评价结果严重偏离绩效目标的项目要暂缓或停止拨款，督促及时整改，项目无法实施或存在严重问题的要及时追回专项债券资金并按程序调整用途。

《资金绩效管理办法》第二十四条，也对资金绩效管理过程中涉及的违法违规行为规定了对应的措施，对于各财政部门、主管单位、项目单位及个人违反相关管理规定致使财政资金使用严重低效无效并造成重大损失的，以及其他违法违规行为的，依法责令改正；对负有直接责任的主管人员和其他直接责任人员依法给予处分；涉嫌犯罪的，依法移送有关机关处理。

五、电子信息化管理系统运用

《资金绩效管理办法》第十四条提出，财政部门要利用信息化手段探索对专项债券项目实行穿透式监管，根据工作需要组织对专项债券项目建设运营等情况开展现场检查，及时纠偏纠错。

财政部在2021年一季度财政收支情况新闻发布会上提出，下一步将加强专项债券管理，基于预算一体化管理系统，通过信息化手段对专项债券发行使用实行穿透式监

管，及时掌握项目资金使用和建设进度等信息；研究提出进一步提高专项债券资金使用绩效的新办法、新举措；强化信息公开，促进形成市场化、法制化融资自律约束机制，推动地方完善专项债券使用管理。

目前财政部正在推进专项债穿透式监管试点工作，江西等试点省份正积极推动，专项债穿透式监管工作方案也已下发。当前全国各个省份已建立了地方债务监管系统，并取得了一些效果。但多数仍如同江西一样，现行的债务监管主要依托债务系统，功能还不够完善，还未实现对债券项目的全周期管理。此次财政部试点专项债穿透式监管，目的是实现地方债务系统与专项债券项目财务收支等会计核算信息、银行账户变动信息的自动化对接和数据采集，及时掌握项目资金使用、建设进度、运营管理等情况。

采用专项债券专用电子信息系统对专项债券资金预算执行进度和绩效目标实现情况进行实时、动态的穿透式监控，一方面能够将项目风险进行模块化管理，通过数据库对风险能直观揭示；另一方面可形成关键指标风险分析报告，为风险管理现场检查等提供支持，同时补充风险漏洞，实现风险管理反馈机制闭环。专项债实现电子信息化全流程穿透式监管可以使监管部门更好地掌握专项债项目建设运营情况，推动专项债项目尽快落地见效，提高债券资金使用效率，更好地发挥专项债在扩大有效投资、促进宏观经济平稳运行等方面的积极作用。

六、结语

坚持防控风险，是地方政府专项债券制度最重要的基本原则。《项目资金绩效管理办法》不仅是对专项债券项目的资金绩效管理，也是对专项债券项目全生命周期的风险管理。严格防范法定专项债券风险，牢牢守住不发生系统性风险的底线，就必须要严格规范资金管理。要对每支专项债券的资金实行逐笔监控，发挥最大效益，也要能对专项债券项目运行的全过程的风险进行有效把控。因此，项目的资金绩效管理和风险管理二者是相统一的，把握好二者的关系，对于提高专项债券资金使用效益、有效防范政府债务风险具有重要意义。

结　语

经营城市：专项债券对地方政府的价值与影响

地方政府专项债券作为近年来最重要的一项财政金融创新，已经开始在国家经济稳投资、扩内需、补短板中发挥重要的作用，接替银行贷款、企业债券，成为对实体经济提供的融资支持的又一大金融服务实体经济的基石力量。然而，我们认为地方政府专项债券的价值远远不只金融层面，其必将对地方政府的执政行为产生更为深远的影响。

地方政府专项债对与地方政府最直接的价值就是债务风险得到有效控制。

中央经济工作会议要求，打好防范化解重大风险攻坚战，重点是防控金融风险，地方政府债务风险管理属于防控金融风险的重点。财政部门当前的防范化解地方政府债务风险采用的是“大禹治水，疏堵并重”模式，一方面堵住“后门”，坚决遏制违法违规举债，另一方面把地方政府专项债券作为化解风险的“前门”。使地方政府依法健全规范举债融资，发挥政府规范举债的积极作用，支持补齐民生领域短板。疏堵并重实现了双向调节，使地方政府因发展资金不足导致在建项目资金断供、工程烂尾风险和不顾自身偿债能力盲目举债扩张的风险都得到了有效的控制与平衡。

从风险管理的专业角度来看，地方政府专项债券在控制债务风险总量的基础上，通过项目融资与收益对应进一步做到了对风险的精准识别与控制。过去我们对与地方政府债务风险总是停留在宏观分析层面，很难对地方政府的债务风险进行精准识别与评估。通过专项债发行，让地方政府债务风险下沉的项目层面，风险与项目严格对应，这就使地方政府的债务风险的精准识别与评估成为可能，从而能够实现对地方政府债务风险的精准管理。“债务额高不等于债务风险高”，今后判断一个地方政府债务风险的标准不能仅仅局限于总量，更要通过对其专项债券项目风险进行评估才能客观认定地方政府的债务风险。

从市场化法治化的角度看，地方政府专项债券的市场化发行实现了风险的市场化管理。在一个有效的债券金融市场中，所有采用主体都会独立判断债券的风险，地方政府债券发行必须通过金融机构风险评估这一关，如果金融机构认为债券风险太高，则地方政府也很难从市场中募集的相应的债券资金，金融市场帮助我们对地方政府债务风险又进行了一次严格的把关，地方政府必须提高自身的项目风险管理水平才能够被债券金融市场接受和认可。

地方政府专项债不仅仅是解决债务风险问题，对地方政府更大的价值是大幅促进财政资金使用效率的提升。

地方政府专项债的公益性要求对政府投资边界进行了明确的限定，严格遵循地方政府举借的债务只能用于公益性资本支出的法律规定，地方政府债券发行必须一律与公益性建设项目对应，这将政府与市场投资进行了明确的划分，公益性项目由政府投资进行，产业发展项目由企业市场化进行，对过去政府投资公益与市场不分的混乱现象进一步澄清，让政府回归提供公共基础服务的核心职能，集中政府财政资金用于公益性项目建设运营。

地方政府专项债的收益性要求对政府的公益性项目运营管理能力提出了更高的要求。专项债券对应的项目取得的政府性基金或专项收入，应当专门用于偿还到期债券本金，不得通过其他项目对应的项目收益偿还到期债券本金。公益性项目封闭管理，市场化运营全面展示了政府资金运营能力与水平，项目收益能够偿还项目融资本息是地方政府专项债券发行的基本要求，也是债券持有人判断地方政府的信用与能力的标准，只有高水平的项目运营才能保证地方政府的债券发行得到市场认可，从而持续从市场中获得城市建设发展资金。

地方政府专项债除了上面的直接价值外，还将对地方政府产生深层的影响，它为地方政府在土地财政之外，开拓了一条全新的地方政府筹资建设模式。

同样是积极的财政政策，近年来地方政府筹集的十数万亿专项债资金与2008年的4万亿元投资有着本质不同。地方政府专项债券并非来自货币增发，而是从债券金融市场募集而来，大多为金融机构持有，体现了金融对经济建设的资金支持，属于盘活存量金融资产，央行近期将地方政府专项债券纳入社会融资规模统计也充分肯定了地方政府专项债券这一政府筹资建设模式充分利用社会资金的有效性。

过去的政府建设资金主要来自土地收入和上级政府划转，土地财政给地方经济社会发展带来了各种弊端和问题且不可持续，依靠上级政府财政资金划转也很难满足城市建设需要，地方政府专项债券的市场化募资模式与传统地方政府资金获取有着巨大的不同，这是一种竞争性获取资金的良性地方政府筹资机制，对于有资源优势、项目运营管理能力出色的地方政府如同打开了一扇财富之门，可以源源不断获取经济建设资金支持。近年来的专项债发行情况已经充分证明了这一点，各地方政府建设资金已经不是上级财政平均分配或“跑部钱进”就可以获得，专项债券资金完全通过市场选择竞争性获取，能够设计出满足金融市场资金要求项目的地方政府就可以直接从金融市场获取建设资金，获得更快的发展速度，更多的发展机会。

地方政府专项债还将对地方政府的执政理念产生深远影响，实现从“管理城市”到“经营城市”的地方城市治理模式转变。

当前的地方政府专项债券发行品种包括土地储备、收费公路、棚改及其他项目。按照《财政部关于试点发展项目收益与融资自求平衡的地方政府专项债券品种的通知》（财预〔2017〕89号）规定，其他项目收益专项债券并没有给出具体的项目类型，而是采用开放性主题，鼓励地方政府结合自身城市发展特点，合理选择重点项目试点分类发行，这充分体现了中央财政通过地方政府专项债券引导地方政府转换思路的信心与决心。地方政府可以在党中央、国务院和国家发改委、财政部确定的九大领域选择符合条件的项目，同时项目不属于国家和地方确定的负面清单范围，积极实践专项债券融资。只要满足项目公益性和收益融资自求平衡的基本要求，地方政府就可能通过专项债券从金融市场募集建设资金。

地方政府专项债券要求政府是城市的经营者而不是简单的行政管理者，从项目的投资建设与运营对地方政府都有着更高的要求。经营城市的政府治理模式不可能是从中央到地方的城市治理简单复制，而是要根据城市自身发展的特性和要求，设计和运营与之相适应的城市公共服务项目，当前地方政府专项债券项目创新，正是体现和反映城市治理个性化与多样化的特点，财政部 89 号文对专项债券开放性的发行要求也是基于经营城市的要求而设定。经营城市要求地方政府从融资与收益平衡角度高效使用财政资金，杜绝劳民伤财的形象工程、政绩工程，基于项目进行资金的使用与绩效考核，项目的融资与收益能否达到平衡是一个重要标准，公益性项目本身对营利性要求并不高，能够偿还项目债券本息即可，这就要求地方政府在城市治理过程中始终能够从融资与收益平衡的角度来选择和进行公益性项目建设，保证每一个项目都能够切实在提升城市公共服务水准的同时，还能够达到可持续良性发展，基于上述要求，高投入低收益的粗放型投资项目显然不属于地方政府公共服务建设重点，政府公共服务建设中的财政资金使用要求决定了地方政府必须进行城市治理的转型。

经营城市的政府治理模式对政府公共服务项目的运营管理能力提出了更高的要求。通过地方政府专项债券发行进行公益性项目建设，形成的项目国有资产运营能力将是城市经营水平的重要体现。在保证国有资产所有权益的基础上，通过采用多样化的项目运营模式，引入竞争的方式选择适合的项目运营主体参与运营，运营主体基于委托运营协议来进行运营，实现国有资产效益最大化，通过项目运营收益偿还项目融资的本息，实现全民所需公共物品提供，最大限度满足社会公共服务需求。政府通过建立起有效的项目运营监督机制、运营主体筛选淘汰机制来实现对公益性项目运营的管理，政府担负起监督管理职责，确保运营主体合法合规运营和收益率的实现，一旦项目本身或者第三方出现可能导致收益不合理减少、违法违规经营等情形，政府或其指定的部门，应当对此作出反应，评估是否需要更换选择新的运营主体，以确保项目收益的持续稳定产生。通过运营模式的转换保证每一个项目都能够切实为城市公共服务的提升带来促进作用，优秀的城市公共基础设施运营能力必将促进城市的高速发展和规范发展。

附　录

地方政府专项债券法律法规和规范性文件

中华人民共和国预算法

（1994 年 3 月 22 日第八届全国人民代表大会第二次会议通过　1994 年 3 月 22 日中华人民共和国主席令第二十一号公布　自 1995 年 1 月 1 日起施行。根据 2014 年 8 月 31 日中华人民共和国主席令第十二号《全国人民代表大会常务委员会关于修改〈中华人民共和国预算法〉的决定》第一次修正。根据 2018 年 12 月 29 日中华人民共和国主席令第二十二号《全国人民代表大会常务委员会关于修改〈中华人民共和国产品质量法〉等五部法律的决定》第二次修正）

第一章　总　　则

第一条　为了规范政府收支行为，强化预算约束，加强对预算的管理和监督，建立健全全面规范、公开透明的预算制度，保障经济社会的健康发展，根据宪法，制定本法。

第二条　预算、决算的编制、审查、批准、监督，以及预算的执行和调整，依照本法规定执行。

第三条　国家实行一级政府一级预算，设立中央，省、自治区、直辖市，设区的市、自治州，县、自治县、不设区的市、市辖区，乡、民族乡、镇五级预算。

全国预算由中央预算和地方预算组成。地方预算由各省、自治区、直辖市总预算组成。

地方各级总预算由本级预算和汇总的下一级总预算组成；下一级只有本级预算的，下一级总预算即指下一级的本级预算。没有下一级预算的，总预算即指本级预算。

第四条　预算由预算收入和预算支出组成。

政府的全部收入和支出都应当纳入预算。

第五条　预算包括一般公共预算、政府性基金预算、国有资本经营预算、社会保险基金预算。

一般公共预算、政府性基金预算、国有资本经营预算、社会保险基金预算应当保持完整、独立。政府性基金预算、国有资本经营预算、社会保险基金预算应当与一般公共预算相衔接。

第六条　一般公共预算是对以税收为主体的财政收入，安排用于保障和改善民生、推动经济社会发展、维护国家安全、维持国家机构正常运转等方面的收支预算。

中央一般公共预算包括中央各部门（含直属单位，下同）的预算和中央对地方的税收返还、转移支付预算。

中央一般公共预算收入包括中央本级收入和地方向中央的上解收入。中央一般公共预算支出包括中央本级支出、中央对地方的税收返还和转移支付。

第七条 地方各级一般公共预算包括本级各部门（含直属单位，下同）的预算和税收返还、转移支付预算。

地方各级一般公共预算收入包括地方本级收入、上级政府对本级政府的税收返还和转移支付、下级政府的上解收入。地方各级一般公共预算支出包括地方本级支出、对上级政府的上解支出、对下级政府的税收返还和转移支付。

第八条 各部门预算由本部门及其所属各单位预算组成。

第九条 政府性基金预算是对依照法律、行政法规的规定在一定期限内向特定对象征收、收取或者以其他方式筹集的资金，专项用于特定公共事业发展的收支预算。

政府性基金预算应当根据基金项目收入情况和实际支出需要，按基金项目编制，做到以收定支。

第十条 国有资本经营预算是对国有资本收益作出支出安排的收支预算。

国有资本经营预算应当按照收支平衡的原则编制，不列赤字，并安排资金调入一般公共预算。

第十一条 社会保险基金预算是对社会保险缴款、一般公共预算安排和其他方式筹集的资金，专项用于社会保险的收支预算。

社会保险基金预算应当按照统筹层次和社会保险项目分别编制，做到收支平衡。

第十二条 各级预算应当遵循统筹兼顾、勤俭节约、量力而行、讲求绩效和收支平衡的原则。

各级政府应当建立跨年度预算平衡机制。

第十三条 经人民代表大会批准的预算，非经法定程序，不得调整。各级政府、各部门、各单位的支出必须以经批准的预算为依据，未列入预算的不得支出。

第十四条 经本级人民代表大会或者本级人民代表大会常务委员会批准的预算、预算调整、决算、预算执行情况的报告及报表，应当在批准后二十日内由本级政府财政部门向社会公开，并对本级政府财政转移支付安排、执行的情况以及举借债务的情况等重要事项作出说明。

经本级政府财政部门批复的部门预算、决算及报表，应当在批复后二十日内由各部门向社会公开，并对部门预算、决算中机关运行经费的安排、使用情况等重要事项作出说明。

各级政府、各部门、各单位应当将政府采购的情况及时向社会公开。

本条前三款规定的公开事项，涉及国家秘密的除外。

第十五条　国家实行中央和地方分税制。

第十六条　国家实行财政转移支付制度。财政转移支付应当规范、公平、公开，以推进地区间基本公共服务均等化为主要目标。

财政转移支付包括中央对地方的转移支付和地方上级政府对下级政府的转移支付，以为均衡地区间基本财力、由下级政府统筹安排使用的一般性转移支付为主体。

按照法律、行政法规和国务院的规定可以设立专项转移支付，用于办理特定事项。建立健全专项转移支付定期评估和退出机制。市场竞争机制能够有效调节的事项不得设立专项转移支付。

上级政府在安排专项转移支付时，不得要求下级政府承担配套资金。但是，按照国务院的规定应当由上下级政府共同承担的事项除外。

第十七条　各级预算的编制、执行应当建立健全相互制约、相互协调的机制。

第十八条　预算年度自公历1月1日起，至12月31日止。

第十九条　预算收入和预算支出以人民币元为计算单位。

第二章　预算管理职权

第二十条　全国人民代表大会审查中央和地方预算草案及中央和地方预算执行情况的报告；批准中央预算和中央预算执行情况的报告；改变或者撤销全国人民代表大会常务委员会关于预算、决算的不适当的决议。

全国人民代表大会常务委员会监督中央和地方预算的执行；审查和批准中央预算的调整方案；审查和批准中央决算；撤销国务院制定的同宪法、法律相抵触的关于预算、决算的行政法规、决定和命令；撤销省、自治区、直辖市人民代表大会及其常务委员会制定的同宪法、法律和行政法规相抵触的关于预算、决算的地方性法规和决议。

第二十一条　县级以上地方各级人民代表大会审查本级总预算草案及本级总预算执行情况的报告；批准本级预算和本级预算执行情况的报告；改变或者撤销本级人民代表大会常务委员会关于预算、决算的不适当的决议；撤销本级政府关于预算、决算的不适当的决定和命令。

县级以上地方各级人民代表大会常务委员会监督本级总预算的执行；审查和批准本级预算的调整方案；审查和批准本级决算；撤销本级政府和下一级人民代表大会及其常务委员会关于预算、决算的不适当的决定、命令和决议。

乡、民族乡、镇的人民代表大会审查和批准本级预算和本级预算执行情况的报告；监督本级预算的执行；审查和批准本级预算的调整方案；审查和批准本级决算；撤销本级政府关于预算、决算的不适当的决定和命令。

第二十二条　全国人民代表大会财政经济委员会对中央预算草案初步方案及上一

年预算执行情况、中央预算调整初步方案和中央决算草案进行初步审查，提出初步审查意见。

省、自治区、直辖市人民代表大会有关专门委员会对本级预算草案初步方案及上一年预算执行情况、本级预算调整初步方案和本级决算草案进行初步审查，提出初步审查意见。

设区的市、自治州人民代表大会有关专门委员会对本级预算草案初步方案及上一年预算执行情况、本级预算调整初步方案和本级决算草案进行初步审查，提出初步审查意见，未设立专门委员会的，由本级人民代表大会常务委员会有关工作机构研究提出意见。

县、自治县、不设区的市、市辖区人民代表大会常务委员会对本级预算草案初步方案及上一年预算执行情况进行初步审查，提出初步审查意见。县、自治县、不设区的市、市辖区人民代表大会常务委员会有关工作机构对本级预算调整初步方案和本级决算草案研究提出意见。

设区的市、自治州以上各级人民代表大会有关专门委员会进行初步审查、常务委员会有关工作机构研究提出意见时，应当邀请本级人民代表大会代表参加。

对依照本条第一款至第四款规定提出的意见，本级政府财政部门应当将处理情况及时反馈。

依照本条第一款至第四款规定提出的意见以及本级政府财政部门反馈的处理情况报告，应当印发本级人民代表大会代表。

全国人民代表大会常务委员会和省、自治区、直辖市、设区的市、自治州人民代表大会常务委员会有关工作机构，依照本级人民代表大会常务委员会的决定，协助本级人民代表大会财政经济委员会或者有关专门委员会承担审查预算草案、预算调整方案、决算草案和监督预算执行等方面的具体工作。

第二十三条 国务院编制中央预算、决算草案；向全国人民代表大会作关于中央和地方预算草案的报告；将省、自治区、直辖市政府报送备案的预算汇总后报全国人民代表大会常务委员会备案；组织中央和地方预算的执行；决定中央预算预备费的动用；编制中央预算调整方案；监督中央各部门和地方政府的预算执行；改变或者撤销中央各部门和地方政府关于预算、决算的不适当的决定、命令；向全国人民代表大会、全国人民代表大会常务委员会报告中央和地方预算的执行情况。

第二十四条 县级以上地方各级政府编制本级预算、决算草案；向本级人民代表大会作关于本级总预算草案的报告；将下一级政府报送备案的预算汇总后报本级人民代表大会常务委员会备案；组织本级总预算的执行；决定本级预算预备费的动用；编制本级预算的调整方案；监督本级各部门和下级政府的预算执行；改变或者撤销本级各部门和下级政府关于预算、决算的不适当的决定、命令；向本级人民代表大会、本级人民代表大会常务委员会会报告本级总预算的执行情况。

乡、民族乡、镇政府编制本级预算、决算草案；向本级人民代表大会作关于本级预算草案的报告；组织本级预算的执行；决定本级预算预备费的动用；编制本级预算的调整方案；向本级人民代表大会报告本级预算的执行情况。

经省、自治区、直辖市政府批准，乡、民族乡、镇本级预算草案、预算调整方案、决算草案，可以由上一级政府代编，并依照本法第二十一条的规定报乡、民族乡、镇的人民代表大会审查和批准。

第二十五条　国务院财政部门具体编制中央预算、决算草案；具体组织中央和地方预算的执行；提出中央预算预备费动用方案；具体编制中央预算的调整方案；定期向国务院报告中央和地方预算的执行情况。

地方各级政府财政部门具体编制本级预算、决算草案；具体组织本级总预算的执行；提出本级预算预备费动用方案；具体编制本级预算的调整方案；定期向本级政府和上一级政府财政部门报告本级总预算的执行情况。

第二十六条　各部门编制本部门预算、决算草案；组织和监督本部门预算的执行；定期向本级政府财政部门报告预算的执行情况。

各单位编制本单位预算、决算草案；按照国家规定上缴预算收入，安排预算支出，并接受国家有关部门的监督。

第三章　预算收支范围

第二十七条　一般公共预算收入包括各项税收收入、行政事业性收费收入、国有资源（资产）有偿使用收入、转移性收入和其他收入。

一般公共预算支出按照其功能分类，包括一般公共服务支出，外交、公共安全、国防支出，农业、环境保护支出，教育、科技、文化、卫生、体育支出，社会保障及就业支出和其他支出。

一般公共预算支出按照其经济性质分类，包括工资福利支出、商品和服务支出、资本性支出和其他支出。

第二十八条　政府性基金预算、国有资本经营预算和社会保险基金预算的收支范围，按照法律、行政法规和国务院的规定执行。

第二十九条　中央预算与地方预算有关收入和支出项目的划分、地方向中央上解收入、中央对地方税收返还或者转移支付的具体办法，由国务院规定，报全国人民代表大会常务委员会备案。

第三十条　上级政府不得在预算之外调用下级政府预算的资金。下级政府不得挤占或者截留属于上级政府预算的资金。

第四章　预算编制

第三十一条　国务院应当及时下达关于编制下一年预算草案的通知。编制预算草案的具体事项由国务院财政部门部署。

各级政府、各部门、各单位应当按照国务院规定的时间编制预算草案。

第三十二条　各级预算应当根据年度经济社会发展目标、国家宏观调控总体要求和跨年度预算平衡的需要，参考上一年预算执行情况、有关支出绩效评价结果和本年度收支预测，按照规定程序征求各方面意见后，进行编制。

各级政府依据法定权限作出决定或者制定行政措施，凡涉及增加或者减少财政收入或者支出的，应当在预算批准前提出并在预算草案中作出相应安排。

各部门、各单位应当按照国务院财政部门制定的政府收支分类科目、预算支出标准和要求，以及绩效目标管理等预算编制规定，根据其依法履行职能和事业发展的需要以及存量资产情况，编制本部门、本单位预算草案。

前款所称政府收支分类科目，收入分为类、款、项、目；支出按其功能分类分为类、款、项，按其经济性质分类分为类、款。

第三十三条　省、自治区、直辖市政府应当按照国务院规定的时间，将本级总预算草案报国务院审核汇总。

第三十四条　中央一般公共预算中必需的部分资金，可以通过举借国内和国外债务等方式筹措，举借债务应当控制适当的规模，保持合理的结构。

对中央一般公共预算中举借的债务实行余额管理，余额的规模不得超过全国人民代表大会批准的限额。

国务院财政部门具体负责对中央政府债务的统一管理。

第三十五条　地方各级预算按照量入为出、收支平衡的原则编制，除本法另有规定外，不列赤字。

经国务院批准的省、自治区、直辖市的预算中必需的建设投资的部分资金，可以在国务院确定的限额内，通过发行地方政府债券举借债务的方式筹措。举借债务的规模，由国务院报全国人民代表大会或者全国人民代表大会常务委员会批准。省、自治区、直辖市依照国务院下达的限额举借的债务，列入本级预算调整方案，报本级人民代表大会常务委员会批准。举借的债务应当有偿还计划和稳定的偿还资金来源，只能用于公益性资本支出，不得用于经常性支出。

除前款规定外，地方政府及其所属部门不得以任何方式举借债务。

除法律另有规定外，地方政府及其所属部门不得为任何单位和个人的债务以任何方式提供担保。

国务院建立地方政府债务风险评估和预警机制、应急处置机制以及责任追究制度。国务院财政部门对地方政府债务实施监督。

第三十六条　各级预算收入的编制，应当与经济社会发展水平相适应，与财政政策相衔接。

各级政府、各部门、各单位应当依照本法规定，将所有政府收入全部列入预算，不得隐瞒、少列。

第三十七条　各级预算支出应当依照本法规定，按其功能和经济性质分类编制。

各级预算支出的编制，应当贯彻勤俭节约的原则，严格控制各部门、各单位的机关运行经费和楼堂馆所等基本建设支出。

各级一般公共预算支出的编制，应当统筹兼顾，在保证基本公共服务合理需要的前提下，优先安排国家确定的重点支出。

第三十八条　一般性转移支付应当按照国务院规定的基本标准和计算方法编制。专项转移支付应当分地区、分项目编制。

县级以上各级政府应当将对下级政府的转移支付预计数提前下达下级政府。

地方各级政府应当将上级政府提前下达的转移支付预计数编入本级预算。

第三十九条　中央预算和有关地方预算中应当安排必要的资金，用于扶助革命老区、民族地区、边疆地区、贫困地区发展经济社会建设事业。

第四十条　各级一般公共预算应当按照本级一般公共预算支出额的百分之一至百分之三设置预备费，用于当年预算执行中的自然灾害等突发事件处理增加的支出及其他难以预见的开支。

第四十一条　各级一般公共预算按照国务院的规定可以设置预算周转金，用于本级政府调剂预算年度内季节性收支差额。

各级一般公共预算按照国务院的规定可以设置预算稳定调节基金，用于弥补以后年度预算资金的不足。

第四十二条　各级政府上一年预算的结转资金，应当在下一年用于结转项目的支出；连续两年未用完的结转资金，应当作为结余资金管理。

各部门、各单位上一年预算的结转、结余资金按照国务院财政部门的规定办理。

第四十三条　中央预算由全国人民代表大会审查和批准。

地方各级预算由本级人民代表大会审查和批准。

第四十四条　国务院财政部门应当在每年全国人民代表大会会议举行的四十五日前，将中央预算草案的初步方案提交全国人民代表大会财政经济委员会进行初步审查。

省、自治区、直辖市政府财政部门应当在本级人民代表大会会议举行的三十日前，将本级预算草案的初步方案提交本级人民代表大会有关专门委员会进行初步审查。

设区的市、自治州政府财政部门应当在本级人民代表大会会议举行的三十日前，将本级预算草案的初步方案提交本级人民代表大会有关专门委员会进行初步审查，或者送交本级人民代表大会常务委员会有关工作机构征求意见。

县、自治县、不设区的市、市辖区政府应当在本级人民代表大会会议举行的三十日前，将本级预算草案的初步方案提交本级人民代表大会常务委员会进行初步审查。

第四十五条 县、自治县、不设区的市、市辖区、乡、民族乡、镇的人民代表大会举行会议审查预算草案前，应当采用多种形式，组织本级人民代表大会代表，听取选民和社会各界的意见。

第四十六条 报送各级人民代表大会审查和批准的预算草案应当细化。本级一般公共预算支出，按其功能分类应当编列到项；按其经济性质分类，基本支出应当编列到款。本级政府性基金预算、国有资本经营预算、社会保险基金预算支出，按其功能分类应当编列到项。

第五章 预算审查和批准

第四十七条 国务院在全国人民代表大会举行会议时，向大会作关于中央和地方预算草案以及中央和地方预算执行情况的报告。

地方各级政府在本级人民代表大会举行会议时，向大会作关于总预算草案和总预算执行情况的报告。

第四十八条 全国人民代表大会和地方各级人民代表大会对预算草案及其报告、预算执行情况的报告重点审查下列内容：

（一）上一年预算执行情况是否符合本级人民代表大会预算决议的要求；

（二）预算安排是否符合本法的规定；

（三）预算安排是否贯彻国民经济和社会发展的方针政策，收支政策是否切实可行；

（四）重点支出和重大投资项目的预算安排是否适当；

（五）预算的编制是否完整，是否符合本法第四十六条的规定；

（六）对下级政府的转移性支出预算是否规范、适当；

（七）预算安排举借的债务是否合法、合理，是否有偿还计划和稳定的偿还资金来源；

（八）与预算有关重要事项的说明是否清晰。

第四十九条 全国人民代表大会财政经济委员会向全国人民代表大会主席团提出关于中央和地方预算草案及中央和地方预算执行情况的审查结果报告。

省、自治区、直辖市、设区的市、自治州人民代表大会有关专门委员会，县、自治县、不设区的市、市辖区人民代表大会常务委员会，向本级人民代表大会主席团提出关于总预算草案及上一年总预算执行情况的审查结果报告。

审查结果报告应当包括下列内容：

（一）对上一年预算执行和落实本级人民代表大会预算决议的情况作出评价；

（二）对本年度预算草案是否符合本法的规定，是否可行作出评价；

（三）对本级人民代表大会批准预算草案和预算报告提出建议；

（四）对执行年度预算、改进预算管理、提高预算绩效、加强预算监督等提出意见和建议。

第五十条 乡、民族乡、镇政府应当及时将经本级人民代表大会批准的本级预算报上一级政府备案。县级以上地方各级政府应当及时将经本级人民代表大会批准的本级预算及下一级政府报送备案的预算汇总，报上一级政府备案。

县级以上地方各级政府将下一级政府依照前款规定报送备案的预算汇总后，报本级人民代表大会常务委员会备案。国务院将省、自治区、直辖市政府依照前款规定报送备案的预算汇总后，报全国人民代表大会常务委员会备案。

第五十一条 国务院和县级以上地方各级政府对下一级政府依照本法第四十条规定报送备案的预算，认为有同法律、行政法规相抵触或者有其他不适当之处，需要撤销批准预算的决议的，应当提请本级人民代表大会常务委员会审议决定。

第五十二条 各级预算经本级人民代表大会批准后，本级政府财政部门应当在二十日内向本级各部门批复预算。各部门应当在接到本级政府财政部门批复的本部门预算后十五日内向所属各单位批复预算。

中央对地方的一般性转移支付应当在全国人民代表大会批准预算后三十日内正式下达。中央对地方的专项转移支付应当在全国人民代表大会批准预算后九十日内正式下达。

省、自治区、直辖市政府接到中央一般性转移支付和专项转移支付后，应当在三十日内正式下达到本行政区域县级以上各级政府。

县级以上地方各级预算安排对下级政府的一般性转移支付和专项转移支付，应当分别在本级人民代表大会批准预算后的三十日和六十日内正式下达。

对自然灾害等突发事件处理的转移支付，应当及时下达预算；对据实结算等特殊项目的转移支付，可以分期下达预算，或者先预付后结算。

县级以上各级政府财政部门应当将批复本级各部门的预算和批复下级政府的转移支付预算，抄送本级人民代表大会财政经济委员会、有关专门委员会和常务委员会有关工作机构。

第六章　预算执行

第五十三条　各级预算由本级政府组织执行，具体工作由本级政府财政部门负责。

各部门、各单位是本部门、本单位的预算执行主体，负责本部门、本单位的预算执行，并对执行结果负责。

第五十四条　预算年度开始后，各级预算草案在本级人民代表大会批准前，可以安排下列支出：

（一）上一年度结转的支出；

（二）参照上一年同期的预算支出数额安排必须支付的本年度部门基本支出、项目支出，以及对下级政府的转移性支出；

（三）法律规定必须履行支付义务的支出，以及用于自然灾害等突发事件处理的支出。

根据前款规定安排支出的情况，应当在预算草案的报告中作出说明。

预算经本级人民代表大会批准后，按照批准的预算执行。

第五十五条　预算收入征收部门和单位，必须依照法律、行政法规的规定，及时、足额征收应征的预算收入。不得违反法律、行政法规规定，多征、提前征收或者减征、免征、缓征应征的预算收入，不得截留、占用或者挪用预算收入。

各级政府不得向预算收入征收部门和单位下达收入指标。

第五十六条　政府的全部收入应当上缴国家金库（以下简称国库），任何部门、单位和个人不得截留、占用、挪用或者拖欠。

对于法律有明确规定或者经国务院批准的特定专用资金，可以依照国务院的规定设立财政专户。

第五十七条　各级政府财政部门必须依照法律、行政法规和国务院财政部门的规定，及时、足额地拨付预算支出资金，加强对预算支出的管理和监督。

各级政府、各部门、各单位的支出必须按照预算执行，不得虚假列支。

各级政府、各部门、各单位应当对预算支出情况开展绩效评价。

第五十八条　各级预算的收入和支出实行收付实现制。

特定事项按照国务院的规定实行权责发生制的有关情况，应当向本级人民代表大会常务委员会报告。

第五十九条　县级以上各级预算必须设立国库；具备条件的乡、民族乡、镇也应当设立国库。

中央国库业务由中国人民银行经理，地方国库业务依照国务院的有关规定办理。

各级国库应当按照国家有关规定，及时准确地办理预算收入的收纳、划分、留解、退付和预算支出的拨付。

各级国库库款的支配权属于本级政府财政部门。除法律、行政法规另有规定外，未经本级政府财政部门同意，任何部门、单位和个人都无权冻结、动用国库库款或者以其他方式支配已入国库的库款。

各级政府应当加强对本级国库的管理和监督，按照国务院的规定完善国库现金管理，合理调节国库资金余额。

各级政府应当加强对本级国库的管理和监督。

第六十条　已经缴入国库的资金，依照法律、行政法规的规定或者国务院的决定需要退付的，各级政府财政部门或者其授权的机构应当及时办理退付。按照规定应当由财政支出安排的事项，不得用退库处理。

第六十一条　国家实行国库集中收缴和集中支付制度，对政府全部收入和支出实行国库集中收付管理。

第六十二条　各级政府应当加强对预算执行的领导，支持政府财政、税务、海关等预算收入的征收部门依法组织预算收入，支持政府财政部门严格管理预算支出。

财政、税务、海关等部门在预算执行中，应当加强对预算执行的分析；发现问题时应当及时建议本级政府采取措施予以解决。

第六十三条　各部门、各单位应当加强对预算收入和支出的管理，不得截留或者动用应当上缴的预算收入，不得擅自改变预算支出的用途。

第六十四条　各级预算预备费的动用方案，由本级政府财政部门提出，报本级政府决定。

第六十五条　各级预算周转金由本级政府财政部门管理，不得挪作他用。

第六十六条　各级一般公共预算年度执行中有超收收入的，只能用于冲减赤字或者补充预算稳定调节基金。

各级一般公共预算的结余资金，应当补充预算稳定调节基金。

省、自治区、直辖市一般公共预算年度执行中出现短收，通过调入预算稳定调节基金、减少支出等方式仍不能实现收支平衡的，省、自治区、直辖市政府报本级人民代表大会或者其常务委员会批准，可以增列赤字，报国务院财政部门备案，并应当在下一年度预算中予以弥补。

第七章　预算调整

第六十七条　经全国人民代表大会批准的中央预算和经地方各级人民代表大会批准的地方各级预算，在执行中出现下列情况之一的，应当进行预算调整：

（一）需要增加或者减少预算总支出的；

（二）需要调入预算稳定调节基金的；

（三）需要调减预算安排的重点支出数额的；

（四）需要增加举借债务数额的。

第六十八条 在预算执行中，各级政府一般不制定新的增加财政收入或者支出的政策和措施，也不制定减少财政收入的政策和措施；必须作出并需要进行预算调整的，应当在预算调整方案中作出安排。

第六十九条 在预算执行中，各级政府对于必须进行的预算调整，应当编制预算调整方案。预算调整方案应当说明预算调整的理由、项目和数额。

在预算执行中，由于发生自然灾害等突发事件，必须及时增加预算支出的，应当先动支预备费；预备费不足支出的，各级政府可以先安排支出，属于预算调整的，列入预算调整方案。

国务院财政部门应当在全国人民代表大会常务委员会举行会议审查和批准预算调整方案的三十日前，将预算调整初步方案送交全国人民代表大会财政经济委员会进行初步审查。

省、自治区、直辖市政府财政部门应当在本级人民代表大会常务委员会举行会议审查和批准预算调整方案的三十日前，将预算调整初步方案送交本级人民代表大会有关专门委员会进行初步审查。

设区的市、自治州政府财政部门应当在本级人民代表大会常务委员会举行会议审查和批准预算调整方案的三十日前，将预算调整初步方案送交本级人民代表大会有关专门委员会进行初步审查，或者送交本级人民代表大会常务委员会有关工作机构征求意见。

县、自治县、不设区的市、市辖区政府财政部门应当在本级人民代表大会常务委员会举行会议审查和批准预算调整方案的三十日前，将预算调整初步方案送交本级人民代表大会常务委员会有关工作机构征求意见。

中央预算的调整方案应当提请全国人民代表大会常务委员会审查和批准。县级以上地方各级预算的调整方案应当提请本级人民代表大会常务委员会审查和批准；乡、民族乡、镇预算的调整方案应当提请本级人民代表大会审查和批准。未经批准，不得调整预算。

第七十条 经批准的预算调整方案，各级政府应当严格执行。未经本法第六十九条规定的程序，各级政府不得作出预算调整的决定。

对违反前款规定作出的决定，本级人民代表大会、本级人民代表大会常务委员会会或者上级政府应当责令其改变或者撤销。

第七十一条 在预算执行中，地方各级政府因上级政府增加不需要本级政府提供配套资金的专项转移支付而引起的预算支出变化，不属于预算调整。

接受增加专项转移支付的县级以上地方各级政府应当向本级人民代表大会常务委员会报告有关情况；接受增加专项转移支付的乡、民族乡、镇政府应当向本级人民代表大会报告有关情况。

第七十二条　各部门、各单位的预算支出应当按照预算科目执行。严格控制不同预算科目、预算级次或者项目间的预算资金的调剂，确需调剂使用的，按照国务院财政部门的规定办理。

第七十三条　地方各级预算的调整方案经批准后，由本级政府报上一级政府备案。

第八章　决　　算

第七十四条　决算草案由各级政府、各部门、各单位，在每一预算年度终了后按照国务院规定的时间编制。

编制决算草案的具体事项，由国务院财政部门部署。

第七十五条　编制决算草案，必须符合法律、行政法规，做到收支真实、数额准确、内容完整、报送及时。

决算草案应当与预算相对应，按预算数、调整预算数、决算数分别列出。一般公共预算支出应当按其功能分类编列到项，按其经济性质分类编列到款。

第七十六条　各部门对所属各单位的决算草案，应当审核并汇总编制本部门的决算草案，在规定的期限内报本级政府财政部门审核。

各级政府财政部门对本级各部门决算草案审核后发现有不符合法律、行政法规规定的，有权予以纠正。

第七十七条　国务院财政部门编制中央决算草案，经国务院审计部门审计后，报国务院审定，由国务院提请全国人民代表大会常务委员会审查和批准。

县级以上地方各级政府财政部门编制本级决算草案，经本级政府审计部门审计后，报本级政府审定，由本级政府提请本级人民代表大会常务委员会审查和批准。

乡、民族乡、镇政府编制本级决算草案，提请本级人民代表大会审查和批准。

第七十八条　国务院财政部门应当在全国人民代表大会常务委员会举行会议审查和批准中央决算草案的三十日前，将上一年度中央决算草案提交全国人民代表大会财政经济委员会进行初步审查。

省、自治区、直辖市政府财政部门应当在本级人民代表大会常务委员会举行会议审查和批准本级决算草案的三十日前，将上一年度本级决算草案提交本级人民代表大会有关专门委员会进行初步审查。

设区的市、自治州政府财政部门应当在本级人民代表大会常务委员会举行会议审查和批准本级决算草案的三十日前，将上一年度本级决算草案提交本级人民代表大会有关专门委员会进行初步审查，或者送交本级人民代表大会常务委员会有关工作机构征求意见。

县、自治县、不设区的市、市辖区政府财政部门应当在本级人民代表大会常务委员会举行会议审查和批准本级决算草案的三十日前，将上一年度本级决算草案送交本级人民代表大会常务委员会有关工作机构征求意见。

全国人民代表大会财政经济委员会和省、自治区、直辖市、设区的市、自治州人民代表大会有关专门委员会，向本级人民代表大会常务委员会提出关于本级决算草案的审查结果报告。

第七十九条 县级以上各级人民代表大会常务委员会和乡、民族乡、镇人民代表大会对本级决算草案，重点审查下列内容：

（一）预算收入情况；

（二）支出政策实施情况和重点支出、重大投资项目资金的使用及绩效情况；

（三）结转资金的使用情况；

（四）资金结余情况；

（五）本级预算调整及执行情况；

（六）财政转移支付安排执行情况；

（七）经批准举借债务的规模、结构、使用、偿还等情况；

（八）本级预算周转金规模和使用情况；

（九）本级预备费使用情况；

（十）超收收入安排情况，预算稳定调节基金的规模和使用情况；

（十一）本级人民代表大会批准的预算决议落实情况；

（十二）其他与决算有关的重要情况。

县级以上各级人民代表大会常务委员会应当结合本级政府提出的上一年度预算执行和其他财政收支的审计工作报告，对本级决算草案进行审查。

第八十条 各级决算经批准后，财政部门应当在二十日内向本级各部门批复决算。各部门应当在接到本级政府财政部门批复的本部门决算后十五日内向所属单位批复决算。

第八十一条 地方各级政府应当将经批准的决算及下一级政府上报备案的决算汇总，报上一级政府备案。

县级以上各级政府应当将下一级政府报送备案的决算汇总后，报本级人民代表大会常务委员会备案。

第八十二条 国务院和县级以上地方各级政府对下一级政府依照本法第六十四条

规定报送备案的决算，认为有同法律、行政法规相抵触或者有其他不适当之处，需要撤销批准该项决算的决议的，应当提请本级人民代表大会常务委员会审议决定；经审议决定撤销的，该下级人民代表大会常务委员会应当责成本级政府依照本法规定重新编制决算草案，提请本级人民代表大会常务委员会审查和批准。

第九章　监　　督

第八十三条　全国人民代表大会及其常务委员会对中央和地方预算、决算进行监督。

县级以上地方各级人民代表大会及其常务委员会对本级和下级预算、决算进行监督。

乡、民族乡、镇人民代表大会对本级预算、决算进行监督。

第八十四条　各级人民代表大会和县级以上各级人民代表大会常务委员会有权就预算、决算中的重大事项或者特定问题组织调查，有关的政府、部门、单位和个人应当如实反映情况和提供必要的材料。

第八十五条　各级人民代表大会和县级以上各级人民代表大会常务委员会举行会议时，人民代表大会代表或者常务委员会组成人员，依照法律规定程序就预算、决算中的有关问题提出询问或者质询，受询问或者受质询的有关的政府或者财政部门必须及时给予答复。

第八十六条　国务院和县级以上地方各级政府应当在每年六月至九月期间向本级人民代表大会常务委员会报告预算执行情况。

第八十七条　各级政府监督下级政府的预算执行；下级政府应当定期向上一级政府报告预算执行情况。

第八十八条　各级政府财政部门负责监督本级各部门及其所属各单位预算管理有关工作，并向本级政府和上一级政府财政部门报告预算执行情况。

第八十九条　县级以上政府审计部门依法对预算执行、决算实行审计监督。

对预算执行和其他财政收支的审计工作报告应当向社会公开。

第九十条　政府各部门负责监督检查所属各单位的预算执行，及时向本级政府财政部门反映本部门预算执行情况，依法纠正违反预算的行为。

第九十一条　公民、法人或者其他组织发现有违反本法的行为，可以依法向有关国家机关进行检举、控告。

接受检举、控告的国家机关应当依法进行处理，并为检举人、控告人保密。任何单位或者个人不得压制和打击报复检举人、控告人。

第十章　法律责任

第九十二条　各级政府及有关部门有下列行为之一的，责令改正，对负有直接责任的主管人员和其他直接责任人员追究行政责任：

（一）未依照本法规定，编制、报送预算草案、预算调整方案、决算草案和部门预算、决算以及批复预算、决算的；

（二）违反本法规定，进行预算调整的；

（三）未依照本法规定对有关预算事项进行公开和说明的；

（四）违反规定设立政府性基金项目和其他财政收入项目的；

（五）违反法律、法规规定使用预算预备费、预算周转金、预算稳定调节基金、超收收入的；

（六）违反本法规定开设财政专户的。

第九十三条 各级政府及有关部门、单位有下列行为之一的，责令改正，对负有直接责任的主管人员和其他直接责任人员依法给予降级、撤职、开除的处分：

（一）未将所有政府收入和支出列入预算或者虚列收入和支出的；

（二）违反法律、行政法规的规定，多征、提前征收或者减征、免征、缓征应征预算收入的；

（三）截留、占用、挪用或者拖欠应当上缴国库的预算收入的；

（四）违反本法规定，改变预算支出用途的；

（五）擅自改变上级政府专项转移支付资金用途的；

（六）违反本法规定拨付预算支出资金，办理预算收入收纳、划分、留解、退付，或者违反本法规定冻结、动用国库库款或者以其他方式支配已入国库库款的。

第九十四条 各级政府、各部门、各单位违反本法规定举借债务或者为他人债务提供担保，或者挪用重点支出资金，或者在预算之外及超预算标准建设楼堂馆所的，责令改正，对负有直接责任的主管人员和其他直接责任人员给予撤职、开除的处分。

第九十五条 各级政府有关部门、单位及其工作人员有下列行为之一的，责令改正，追回骗取、使用的资金，有违法所得的没收违法所得，对单位给予警告或者通报批评；对负有直接责任的主管人员和其他直接责任人员依法给予处分：

（一）违反法律、法规的规定，改变预算收入上缴方式的；

（二）以虚报、冒领等手段骗取预算资金的；

（三）违反规定扩大开支范围、提高开支标准的；

（四）其他违反财政管理规定的行为。

第九十六条 本法第九十二条、第九十三条、第九十四条、第九十五条所列违法行为，其他法律对其处理、处罚另有规定的，依照其规定。

违反本法规定，构成犯罪的，依法追究刑事责任。

第十一章　附　　则

第九十七条　各级政府财政部门应当按年度编制以权责发生制为基础的政府综合财务报告，报告政府整体财务状况、运行情况和财政中长期可持续性，报本级人民代表大会常务委员会备案。

第九十八条　国务院根据本法制定实施条例。

第九十九条　民族自治地方的预算管理，依照民族区域自治法的有关规定执行；民族区域自治法没有规定的，依照本法和国务院的有关规定执行。

第一百条　省、自治区、直辖市人民代表大会或者其常务委员会根据本法，可以制定有关预算审查监督的决定或者地方性法规。

第一百零一条　本法自1995年1月1日施行。1991年10月21日国务院发布的《国家预算管理条例》同时废止。

中华人民共和国预算法实施条例

（1995年11月22日中华人民共和国国务院令第186号发布
2020年8月3日中华人民共和国国务院令第729号修订）

第一章　总　　则

第一条　根据《中华人民共和国预算法》（以下简称预算法），制定本条例。

第二条　县级以上地方政府的派出机关根据本级政府授权进行预算管理活动，不作为一级预算，其收支纳入本级预算。

第三条　社会保险基金预算应当在精算平衡的基础上实现可持续运行，一般公共预算可以根据需要和财力适当安排资金补充社会保险基金预算。

第四条　预算法第六条第二款所称各部门，是指与本级政府财政部门直接发生预算缴拨款关系的国家机关、军队、政党组织、事业单位、社会团体和其他单位。

第五条　各部门预算应当反映一般公共预算、政府性基金预算、国有资本经营预算安排给本部门及其所属各单位的所有预算资金。

各部门预算收入包括本级财政安排给本部门及其所属各单位的预算拨款收入和其他收入。各部门预算支出为与部门预算收入相对应的支出，包括基本支出和项目支出。

本条第二款所称基本支出，是指各部门、各单位为保障其机构正常运转、完成日常工作任务所发生的支出，包括人员经费和公用经费；所称项目支出，是指各部门、各单位为完成其特定的工作任务和事业发展目标所发生的支出。

各部门及其所属各单位的本级预算拨款收入和其相对应的支出，应当在部门预算中单独反映。

部门预算编制、执行的具体办法，由本级政府财政部门依法作出规定。

第六条 一般性转移支付向社会公开应当细化到地区。专项转移支付向社会公开应当细化到地区和项目。

政府债务、机关运行经费、政府采购、财政专户资金等情况，按照有关规定向社会公开。

部门预算、决算应当公开基本支出和项目支出。部门预算、决算支出按其功能分类应当公开到项；按其经济性质分类，基本支出应当公开到款。

各部门所属单位的预算、决算及报表，应当在部门批复后20日内由单位向社会公开。单位预算、决算应当公开基本支出和项目支出。单位预算、决算支出按其功能分类应当公开到项；按其经济性质分类，基本支出应当公开到款。

第七条 预算法第十五条所称中央和地方分税制，是指在划分中央与地方事权的基础上，确定中央与地方财政支出范围，并按税种划分中央与地方预算收入的财政管理体制。

分税制财政管理体制的具体内容和实施办法，按照国务院的有关规定执行。

第八条 县级以上地方各级政府应当根据中央和地方分税制的原则和上级政府的有关规定，确定本级政府对下级政府的财政管理体制。

第九条 预算法第十六条第二款所称一般性转移支付，包括：

（一）均衡性转移支付；

（二）对革命老区、民族地区、边疆地区、贫困地区的财力补助；

（三）其他一般性转移支付。

第十条 预算法第十六条第三款所称专项转移支付，是指上级政府为了实现特定的经济和社会发展目标给予下级政府，并由下级政府按照上级政府规定的用途安排使用的预算资金。

县级以上各级政府财政部门应当会同有关部门建立健全专项转移支付定期评估和退出机制。对评估后的专项转移支付，按照下列情形分别予以处理：

（一）符合法律、行政法规和国务院规定，有必要继续执行的，可以继续执行；

（二）设立的有关要求变更，或者实际绩效与目标差距较大、管理不够完善的，应当予以调整；

（三）设立依据失效或者废止的，应当予以取消。

第十一条 预算收入和预算支出以人民币元为计算单位。预算收支以人民币以外的货币收纳和支付的，应当折合成人民币计算。

第二章　预算收支范围

第十二条　预算法第二十七条第一款所称行政事业性收费收入，是指国家机关、事业单位等依照法律法规规定，按照国务院规定的程序批准，在实施社会公共管理以及在向公民、法人和其他组织提供特定公共服务过程中，按照规定标准向特定对象收取费用形成的收入。

预算法第二十七条第一款所称国有资源（资产）有偿使用收入，是指矿藏、水流、海域、无居民海岛以及法律规定属于国家所有的森林、草原等国有资源有偿使用收入，按照规定纳入一般公共预算管理的国有资产收入等。

预算法第二十七条第一款所称转移性收入，是指上级税收返还和转移支付、下级上解收入、调入资金以及按照财政部规定列入转移性收入的无隶属关系政府的无偿援助。

第十三条　转移性支出包括上解上级支出、对下级的税收返还和转移支付、调出资金以及按照财政部规定列入转移性支出的给予无隶属关系政府的无偿援助。

第十四条　政府性基金预算收入包括政府性基金各项目收入和转移性收入。

政府性基金预算支出包括与政府性基金预算收入相对应的各项目支出和转移性支出。

第十五条　国有资本经营预算收入包括依照法律、行政法规和国务院规定应当纳入国有资本经营预算的国有独资企业和国有独资公司按照规定上缴国家的利润收入、从国有资本控股和参股公司获得的股息红利收入、国有产权转让收入、清算收入和其他收入。

国有资本经营预算支出包括资本性支出、费用性支出、向一般公共预算调出资金等转移性支出和其他支出。

第十六条　社会保险基金预算收入包括各项社会保险费收入、利息收入、投资收益、一般公共预算补助收入、集体补助收入、转移收入、上级补助收入、下级上解收入和其他收入。

社会保险基金预算支出包括各项社会保险待遇支出、转移支出、补助下级支出、上解上级支出和其他支出。

第十七条　地方各级预算上下级之间有关收入和支出项目的划分以及上解、返还或者转移支付的具体办法，由上级地方政府规定，报本级人民代表大会常务委员会备案。

第十八条　地方各级社会保险基金预算上下级之间有关收入和支出项目的划分以

及上解、补助的具体办法，按照统筹层次由上级地方政府规定，报本级人民代表大会常务委员会备案。

第三章　预算编制

第十九条　预算法第三十一条所称预算草案，是指各级政府、各部门、各单位编制的未经法定程序审查和批准的预算。

第二十条　预算法第三十二条第一款所称绩效评价，是指根据设定的绩效目标，依据规范的程序，对预算资金的投入、使用过程、产出与效果进行系统和客观的评价。

绩效评价结果应当按照规定作为改进管理和编制以后年度预算的依据。

第二十一条　预算法第三十二条第三款所称预算支出标准，是指对预算事项合理分类并分别规定的支出预算编制标准，包括基本支出标准和项目支出标准。

地方各级政府财政部门应当根据财政部制定的预算支出标准，结合本地区经济社会发展水平、财力状况等，制定本地区或者本级的预算支出标准。

第二十二条　财政部于每年 6 月 15 日前部署编制下一年度预算草案的具体事项，规定报表格式、编报方法、报送期限等。

第二十三条　中央各部门应当按照国务院的要求和财政部的部署，结合本部门的具体情况，组织编制本部门及其所属各单位的预算草案。

中央各部门负责本部门所属各单位预算草案的审核，并汇总编制本部门的预算草案，按照规定报财政部审核。

第二十四条　财政部审核中央各部门的预算草案，具体编制中央预算草案；汇总地方预算草案或者地方预算，汇编中央和地方预算草案。

第二十五条　省、自治区、直辖市政府按照国务院的要求和财政部的部署，结合本地区的具体情况，提出本行政区域编制预算草案的要求。

县级以上地方各级政府财政部门应当于每年 6 月 30 日前部署本行政区域编制下一年度预算草案的具体事项，规定有关报表格式、编报方法、报送期限等。

第二十六条　县级以上地方各级政府各部门应当根据本级政府的要求和本级政府财政部门的部署，结合本部门的具体情况，组织编制本部门及其所属各单位的预算草案，按照规定报本级政府财政部门审核。

第二十七条　县级以上地方各级政府财政部门审核本级各部门的预算草案，具体编制本级预算草案，汇编本级总预算草案，经本级政府审定后，按照规定期限报上一级政府财政部门。

省、自治区、直辖市政府财政部门汇总的本级总预算草案或者本级总预算，应当于下一年度 1 月 10 日前报财政部。

第二十八条　县级以上各级政府财政部门审核本级各部门的预算草案时，发现不符合编制预算要求的，应当予以纠正；汇编本级总预算草案时，发现下级预算草案不符合上级政府或者本级政府编制预算要求的，应当及时向本级政府报告，由本级政府予以纠正。

第二十九条　各级政府财政部门编制收入预算草案时，应当征求税务、海关等预算收入征收部门和单位的意见。

预算收入征收部门和单位应当按照财政部门的要求提供下一年度预算收入征收预测情况。

第三十条　财政部门会同社会保险行政部门部署编制下一年度社会保险基金预算草案的具体事项。

社会保险经办机构具体编制下一年度社会保险基金预算草案，报本级社会保险行政部门审核汇总。社会保险基金收入预算草案由社会保险经办机构会同社会保险费征收机构具体编制。财政部门负责审核并汇总编制社会保险基金预算草案。

第三十一条　各级政府财政部门应当依照预算法和本条例规定，制定本级预算草案编制规程。

第三十二条　各部门、各单位在编制预算草案时，应当根据资产配置标准，结合存量资产情况编制相关支出预算。

第三十三条　中央一般公共预算收入编制内容包括本级一般公共预算收入、从国有资本经营预算调入资金、地方上解收入、从预算稳定调节基金调入资金、其他调入资金。

中央一般公共预算支出编制内容包括本级一般公共预算支出、对地方的税收返还和转移支付、补充预算稳定调节基金。

中央政府债务余额的限额应当在本级预算中单独列示。

第三十四条　地方各级一般公共预算收入编制内容包括本级一般公共预算收入、从国有资本经营预算调入资金、上级税收返还和转移支付、下级上解收入、从预算稳定调节基金调入资金、其他调入资金。

地方各级一般公共预算支出编制内容包括本级一般公共预算支出、上解上级支出、对下级的税收返还和转移支付、补充预算稳定调节基金。

第三十五条　中央政府性基金预算收入编制内容包括本级政府性基金各项目收入、上一年度结余、地方上解收入。

中央政府性基金预算支出编制内容包括本级政府性基金各项目支出、对地方的转移支付、调出资金。

第三十六条　地方政府性基金预算收入编制内容包括本级政府性基金各项目收入、

上一年度结余、下级上解收入、上级转移支付。

地方政府性基金预算支出编制内容包括本级政府性基金各项目支出、上解上级支出、对下级的转移支付、调出资金。

第三十七条 中央国有资本经营预算收入编制内容包括本级收入、上一年度结余、地方上解收入。

中央国有资本经营预算支出编制内容包括本级支出、向一般公共预算调出资金、对地方特定事项的转移支付。

第三十八条 地方国有资本经营预算收入编制内容包括本级收入、上一年度结余、上级对特定事项的转移支付、下级上解收入。

地方国有资本经营预算支出编制内容包括本级支出、向一般公共预算调出资金、对下级特定事项的转移支付、上解上级支出。

第三十九条 中央和地方社会保险基金预算收入、支出编制内容包括本条例第十六条规定的各项收入和支出。

第四十条 各部门、各单位预算收入编制内容包括本级预算拨款收入、预算拨款结转和其他收入。

各部门、各单位预算支出编制内容包括基本支出和项目支出。

各部门、各单位的预算支出，按其功能分类应当编列到项，按其经济性质分类应当编列到款。

第四十一条 各级政府应当加强项目支出管理。各级政府财政部门应当建立和完善项目支出预算评审制度。各部门、各单位应当按照本级政府财政部门的规定开展预算评审。

项目支出实行项目库管理，并建立健全项目入库评审机制和项目滚动管理机制。

第四十二条 预算法第三十四条第二款所称余额管理，是指国务院在全国人民代表大会批准的中央一般公共预算债务的余额限额内，决定发债规模、品种、期限和时点的管理方式；所称余额，是指中央一般公共预算中举借债务未偿还的本金。

第四十三条 地方政府债务余额实行限额管理。各省、自治区、直辖市的政府债务限额，由财政部在全国人民代表大会或者其常务委员会批准的总限额内，根据各地区债务风险、财力状况等因素，并考虑国家宏观调控政策等需要，提出方案报国务院批准。

各省、自治区、直辖市的政府债务余额不得突破国务院批准的限额。

第四十四条 预算法第三十五条第二款所称举借债务的规模，是指各地方政府债务余额限额的总和，包括一般债务限额和专项债务限额。一般债务是指列入一般公共预算用于公益性事业发展的一般债券、地方政府负有偿还责任的外国政府和国际经济组织贷款转贷债务；专项债务是指列入政府性基金预算用于有收益的公益性事业发展的专项债券。

第四十五条　省、自治区、直辖市政府财政部门依照国务院下达的本地区地方政府债务限额，提出本级和转贷给下级政府的债务限额安排方案，报本级政府批准后，将增加举借的债务列入本级预算调整方案，报本级人民代表大会常务委员会批准。

接受转贷并向下级政府转贷的政府应当将转贷债务纳入本级预算管理。使用转贷并负有直接偿还责任的政府，应当将转贷债务列入本级预算调整方案，报本级人民代表大会常务委员会批准。

地方各级政府财政部门负责统一管理本地区政府债务。

第四十六条　国务院可以将举借的外国政府和国际经济组织贷款转贷给省、自治区、直辖市政府。

国务院向省、自治区、直辖市政府转贷的外国政府和国际经济组织贷款，省、自治区、直辖市政府负有直接偿还责任的，应当纳入本级预算管理。省、自治区、直辖市政府未能按时履行还款义务的，国务院可以相应抵扣对该地区的税收返还等资金。

省、自治区、直辖市政府可以将国务院转贷的外国政府和国际经济组织贷款再转贷给下级政府。

第四十七条　财政部和省、自治区、直辖市政府财政部门应当建立健全地方政府债务风险评估指标体系，组织评估地方政府债务风险状况，对债务高风险地区提出预警，并监督化解债务风险。

第四十八条　县级以上各级政府应当按照本年度转移支付预计执行数的一定比例将下一年度转移支付预计数提前下达至下一级政府，具体下达事宜由本级政府财政部门办理。

除据实结算等特殊项目的转移支付外，提前下达的一般性转移支付预计数的比例一般不低于90%；提前下达的专项转移支付预计数的比例一般不低于70%。其中，按照项目法管理分配的专项转移支付，应当一并明确下一年度组织实施的项目。

第四十九条　经本级政府批准，各级政府财政部门可以设置预算周转金，额度不得超过本级一般公共预算支出总额的1%。年度终了时，各级政府财政部门可以将预算周转金收回并用于补充预算稳定调节基金。

第五十条　预算法第四十二条第一款所称结转资金，是指预算安排项目的支出年度终了时尚未执行完毕，或者因故未执行但下一年度需要按原用途继续使用的资金；连续两年未用完的结转资金，是指预算安排项目的支出在下一年度终了时仍未用完的资金。

预算法第四十二条第一款所称结余资金，是指年度预算执行终了时，预算收入实际完成数扣除预算支出实际完成数和结转资金后剩余的资金。

第四章　预算执行

第五十一条　预算执行中，政府财政部门的主要职责：

（一）研究和落实财政税收政策措施，支持经济社会健康发展；

（二）制定组织预算收入、管理预算支出以及相关财务、会计、内部控制、监督等制度和办法；

（三）督促各预算收入征收部门和单位依法履行职责，征缴预算收入；

（四）根据年度支出预算和用款计划，合理调度、拨付预算资金，监督各部门、各单位预算资金使用管理情况；

（五）统一管理政府债务的举借、支出与偿还，监督债务资金使用情况；

（六）指导和监督各部门、各单位建立健全财务制度和会计核算体系，规范账户管理，健全内部控制机制，按照规定使用预算资金；

（七）汇总、编报分期的预算执行数据，分析预算执行情况，按照本级人民代表大会常务委员会、本级政府和上一级政府财政部门的要求定期报告预算执行情况，并提出相关政策建议；

（八）组织和指导预算资金绩效监控、绩效评价；

（九）协调预算收入征收部门和单位、国库以及其他有关部门的业务工作。

第五十二条　预算法第五十六条第二款所称财政专户，是指财政部门为履行财政管理职能，根据法律规定或者经国务院批准开设的用于管理核算特定专用资金的银行结算账户；所称特定专用资金，包括法律规定可以设立财政专户的资金，外国政府和国际经济组织的贷款、赠款，按照规定存储的人民币以外的货币，财政部会同有关部门报国务院批准的其他特定专用资金。

开设、变更财政专户应当经财政部核准，撤销财政专户应当报财政部备案，中国人民银行应当加强对银行业金融机构开户的核准、管理和监督工作。

财政专户资金由本级政府财政部门管理。除法律另有规定外，未经本级政府财政部门同意，任何部门、单位和个人都无权冻结、动用财政专户资金。

财政专户资金应当由本级政府财政部门纳入统一的会计核算，并在预算执行情况、决算和政府综合财务报告中单独反映。

第五十三条　预算执行中，各部门、各单位的主要职责：

（一）制定本部门、本单位预算执行制度，建立健全内部控制机制；

（二）依法组织收入，严格支出管理，实施绩效监控，开展绩效评价，提高资金使用效益；

（三）对单位的各项经济业务进行会计核算；

（四）汇总本部门、本单位的预算执行情况，定期向本级政府财政部门报送预算执行情况报告和绩效评价报告。

第五十四条　财政部门会同社会保险行政部门、社会保险费征收机构制定社会保险基金预算的收入、支出以及财务管理的具体办法。

社会保险基金预算由社会保险费征收机构和社会保险经办机构具体执行，并按照规定向本级政府财政部门和社会保险行政部门报告执行情况。

第五十五条　各级政府财政部门和税务、海关等预算收入征收部门和单位必须依法组织预算收入，按照财政管理体制、征收管理制度和国库集中收缴制度的规定征收预算收入，除依法缴入财政专户的社会保险基金等预算收入外，应当及时将预算收入缴入国库。

第五十六条　除依法缴入财政专户的社会保险基金等预算收入外，一切有预算收入上缴义务的部门和单位，必须将应当上缴的预算收入，按照规定的预算级次、政府收支分类科目、缴库方式和期限缴入国库，任何部门、单位和个人不得截留、占用、挪用或者拖欠。

第五十七条　各级政府财政部门应当加强对预算资金拨付的管理，并遵循下列原则：

（一）按照预算拨付，即按照批准的年度预算和用款计划拨付资金。除预算法第五十四条规定的在预算草案批准前可以安排支出的情形外，不得办理无预算、无用款计划、超预算或者超计划的资金拨付，不得擅自改变支出用途；

（二）按照规定的预算级次和程序拨付，即根据用款单位的申请，按照用款单位的预算级次、审定的用款计划和财政部门规定的预算资金拨付程序拨付资金；

（三）按照进度拨付，即根据用款单位的实际用款进度拨付资金。

第五十八条　财政部应当根据全国人民代表大会批准的中央政府债务余额限额，合理安排发行国债的品种、结构、期限和时点。

省、自治区、直辖市政府财政部门应当根据国务院批准的本地区政府债务限额，合理安排发行本地区政府债券的结构、期限和时点。

第五十九条　转移支付预算下达和资金拨付应当由财政部门办理，其他部门和单位不得对下级政府部门和单位下达转移支付预算或者拨付转移支付资金。

第六十条　各级政府、各部门、各单位应当加强对预算支出的管理，严格执行预算，遵守财政制度，强化预算约束，不得擅自扩大支出范围、提高开支标准；严格按照预算规定的支出用途使用资金，合理安排支出进度。

第六十一条　财政部负责制定与预算执行有关的财务规则、会计准则和会计制度。

各部门、各单位应当按照本级政府财政部门的要求建立健全财务制度，加强会计核算。

第六十二条 国库是办理预算收入的收纳、划分、留解、退付和库款支拨的专门机构。国库分为中央国库和地方国库。

中央国库业务由中国人民银行经理。未设中国人民银行分支机构的地区，由中国人民银行商财政部后，委托有关银行业金融机构办理。

地方国库业务由中国人民银行分支机构经理。未设中国人民银行分支机构的地区，由上级中国人民银行分支机构商有关地方政府财政部门后，委托有关银行业金融机构办理。

具备条件的乡、民族乡、镇，应当设立国库。具体条件和标准由省、自治区、直辖市政府财政部门确定。

第六十三条 中央国库业务应当接受财政部的指导和监督，对中央财政负责。

地方国库业务应当接受本级政府财政部门的指导和监督，对地方财政负责。

省、自治区、直辖市制定的地方国库业务规程应当报财政部和中国人民银行备案。

第六十四条 各级国库应当及时向本级政府财政部门编报预算收入入库、解库、库款拨付以及库款余额情况的日报、旬报、月报和年报。

第六十五条 各级国库应当依照有关法律、行政法规、国务院以及财政部、中国人民银行的有关规定，加强对国库业务的管理，及时准确地办理预算收入的收纳、划分、留解、退付和预算支出的拨付。

各级国库和有关银行业金融机构必须遵守国家有关预算收入缴库的规定，不得延解、占压应当缴入国库的预算收入和国库库款。

第六十六条 各级国库必须凭本级政府财政部门签发的拨款凭证或者支付清算指令于当日办理资金拨付，并及时将款项转入收款单位的账户或者清算资金。

各级国库和有关银行业金融机构不得占压财政部门拨付的预算资金。

第六十七条 各级政府财政部门、预算收入征收部门和单位、国库应当建立健全相互之间的预算收入对账制度，在预算执行中按月、按年核对预算收入的收纳以及库款拨付情况，保证预算收入的征收入库、库款拨付和库存金额准确无误。

第六十八条 中央预算收入、中央和地方预算共享收入退库的办法，由财政部制定。地方预算收入退库的办法，由省、自治区、直辖市政府财政部门制定。

各级预算收入退库的审批权属于本级政府财政部门。中央预算收入、中央和地方预算共享收入的退库，由财政部或者财政部授权的机构批准。地方预算收入的退库，由地方政府财政部门或者其授权的机构批准。具体退库程序按照财政部的有关规定办理。

办理预算收入退库，应当直接退给申请单位或者申请个人，按照国家规定用途使用。任何部门、单位和个人不得截留、挪用退库款项。

第六十九条　各级政府应当加强对本级国库的管理和监督，各级政府财政部门负责协调本级预算收入征收部门和单位与国库的业务工作。

第七十条　国务院各部门制定的规章、文件，凡涉及减免应缴预算收入、设立和改变收入项目和标准、罚没财物处理、经费开支标准和范围、国有资产处置和收益分配以及会计核算等事项的，应当符合国家统一的规定；凡涉及增加或者减少财政收入或者支出的，应当征求财政部意见。

第七十一条　地方政府依据法定权限制定的规章和规定的行政措施，不得涉及减免中央预算收入、中央和地方预算共享收入，不得影响中央预算收入、中央和地方预算共享收入的征收；违反规定的，有关预算收入征收部门和单位有权拒绝执行，并应当向上级预算收入征收部门和单位以及财政部报告。

第七十二条　各级政府应当加强对预算执行工作的领导，定期听取财政部门有关预算执行情况的汇报，研究解决预算执行中出现的问题。

第七十三条　各级政府财政部门有权监督本级各部门及其所属各单位的预算管理有关工作，对各部门的预算执行情况和绩效进行评价、考核。

各级政府财政部门有权对与本级各预算收入相关的征收部门和单位征收本级预算收入的情况进行监督，对违反法律、行政法规规定多征、提前征收、减征、免征、缓征或者退还预算收入的，责令改正。

第七十四条　各级政府财政部门应当每月向本级政府报告预算执行情况，具体报告内容、方式和期限由本级政府规定。

第七十五条　地方各级政府财政部门应当定期向上一级政府财政部门报送本行政区域预算执行情况，包括预算执行旬报、月报、季报，政府债务余额统计报告，国库库款报告以及相关文字说明材料。具体报送内容、方式和期限由上一级政府财政部门规定。

第七十六条　各级税务、海关等预算收入征收部门和单位应当按照财政部门规定的期限和要求，向财政部门和上级主管部门报送有关预算收入征收情况，并附文字说明材料。

各级税务、海关等预算收入征收部门和单位应当与相关财政部门建立收入征管信息共享机制。

第七十七条　各部门应当按照本级政府财政部门规定的期限和要求，向本级政府财政部门报送本部门及其所属各单位的预算收支情况等报表和文字说明材料。

第七十八条　预算法第六十六条第一款所称超收收入，是指年度本级一般公共预算收入的实际完成数超过经本级人民代表大会或者其常务委员会批准的预算收入数的部分。

预算法第六十六条第三款所称短收，是指年度本级一般公共预算收入的实际完成数小于经本级人民代表大会或者其常务委员会批准的预算收入数的情形。

前两款所称实际完成数和预算收入数，不包括转移性收入和政府债务收入。

省、自治区、直辖市政府依照预算法第六十六条第三款规定增列的赤字，可以通过在国务院下达的本地区政府债务限额内发行地方政府一般债券予以平衡。

设区的市、自治州以下各级一般公共预算年度执行中出现短收的，应当通过调入预算稳定调节基金或者其他预算资金、减少支出等方式实现收支平衡；采取上述措施仍不能实现收支平衡的，可以通过申请上级政府临时救助平衡当年预算，并在下一年度预算中安排资金归还。

各级一般公共预算年度执行中厉行节约、节约开支，造成本级预算支出实际执行数小于预算总支出的，不属于预算调整的情形。

各级政府性基金预算年度执行中有超收收入的，应当在下一年度安排使用并优先用于偿还相应的专项债务；出现短收的，应当通过减少支出实现收支平衡。国务院另有规定的除外。

各级国有资本经营预算年度执行中有超收收入的，应当在下一年度安排使用；出现短收的，应当通过减少支出实现收支平衡。国务院另有规定的除外。

第七十九条　年度预算确定后，部门、单位改变隶属关系引起预算级次或者预算关系变化的，应当在改变财务关系的同时，相应办理预算、资产划转。

第五章　决　　算

第八十条　预算法第七十四条所称决算草案，是指各级政府、各部门、各单位编制的未经法定程序审查和批准的预算收支和结余的年度执行结果。

第八十一条　财政部应当在每年第四季度部署编制决算草案的原则、要求、方法和报送期限，制发中央各部门决算、地方决算以及其他有关决算的报表格式。

省、自治区、直辖市政府按照国务院的要求和财政部的部署，结合本地区的具体情况，提出本行政区域编制决算草案的要求。

县级以上地方政府财政部门根据财政部的部署和省、自治区、直辖市政府的要求，部署编制本级政府各部门和下级政府决算草案的原则、要求、方法和报送期限，制发本级政府各部门决算、下级政府决算以及其他有关决算的报表格式。

第八十二条　地方政府财政部门根据上级政府财政部门的部署，制定本行政区域决算草案和本级各部门决算草案的具体编制办法。

各部门根据本级政府财政部门的部署，制定所属各单位决算草案的具体编制办法。

第八十三条　各级政府财政部门、各部门、各单位在每一预算年度终了时，应当清理核实全年预算收入、支出数据和往来款项，做好决算数据对账工作。

决算各项数据应当以经核实的各级政府、各部门、各单位会计数据为准，不得以估计数据替代，不得弄虚作假。

各部门、各单位决算应当列示结转、结余资金。

第八十四条　各单位应当按照主管部门的布置，认真编制本单位决算草案，在规定期限内上报。

各部门在审核汇总所属各单位决算草案基础上，连同本部门自身的决算收入和支出数据，汇编成本部门决算草案并附详细说明，经部门负责人签章后，在规定期限内报本级政府财政部门审核。

第八十五条　各级预算收入征收部门和单位应当按照财政部门的要求，及时编制收入年报以及有关资料并报送财政部门。

第八十六条　各级政府财政部门应当根据本级预算、预算会计核算数据等相关资料编制本级决算草案。

第八十七条　年度预算执行终了，对于上下级财政之间按照规定需要清算的事项，应当在决算时办理结算。

县级以上各级政府财政部门编制的决算草案应当及时报送本级政府审计部门审计。

第八十八条　县级以上地方各级政府应当自本级决算经批准之日起30日内，将本级决算以及下一级政府上报备案的决算汇总，报上一级政府备案；将下一级政府报送备案的决算汇总，报本级人民代表大会常务委员会备案。

乡、民族乡、镇政府应当自本级决算经批准之日起30日内，将本级决算报上一级政府备案。

第六章　监　　督

第八十九条　县级以上各级政府应当接受本级和上级人民代表大会及其常务委员会对预算执行情况和决算的监督，乡、民族乡、镇政府应当接受本级人民代表大会和上级人民代表大会及其常务委员会对预算执行情况和决算的监督；按照本级人民代表大会或者其常务委员会的要求，报告预算执行情况；认真研究处理本级人民代表大会代表或者其常务委员会组成人员有关改进预算管理的建议、批评和意见，并及时答复。

第九十条　各级政府应当加强对下级政府预算执行情况的监督，对下级政府在预算执行中违反预算法、本条例和国家方针政策的行为，依法予以制止和纠正；对本级预算执行中出现的问题，及时采取处理措施。

下级政府应当接受上级政府对预算执行情况的监督；根据上级政府的要求，及时提供资料，如实反映情况，不得隐瞒、虚报；严格执行上级政府作出的有关决定，并将执行结果及时上报。

第九十一条 各部门及其所属各单位应当接受本级政府财政部门对预算管理有关工作的监督。

财政部派出机构根据职责和财政部的授权，依法开展工作。

第九十二条 各级政府审计部门应当依法对本级预算执行情况和决算草案，本级各部门、各单位和下级政府的预算执行情况和决算，进行审计监督。

第七章 法律责任

第九十三条 预算法第九十三条第六项所称违反本法规定冻结、动用国库库款或者以其他方式支配已入国库库款，是指：

（一）未经有关政府财政部门同意，冻结、动用国库库款；

（二）预算收入征收部门和单位违反规定将所收税款和其他预算收入存入国库之外的其他账户；

（三）未经有关政府财政部门或者财政部门授权的机构同意，办理资金拨付和退付；

（四）将国库库款挪作他用；

（五）延解、占压国库库款；

（六）占压政府财政部门拨付的预算资金。

第九十四条 各级政府、有关部门和单位有下列行为之一的，责令改正；对负有直接责任的主管人员和其他直接责任人员，依法给予处分：

（一）突破一般债务限额或者专项债务限额举借债务；

（二）违反本条例规定下达转移支付预算或者拨付转移支付资金；

（三）擅自开设、变更账户。

第八章 附　　则

第九十五条 预算法第九十七条所称政府综合财务报告，是指以权责发生制为基础编制的反映各级政府整体财务状况、运行情况和财政中长期可持续性的报告。政府综合财务报告包括政府资产负债表、收入费用表等财务报表和报表附注，以及以此为基础进行的综合分析等。

第九十六条 政府投资年度计划应当和本级预算相衔接。政府投资决策、项目实施和监督管理按照政府投资有关行政法规执行。

第九十七条 本条例自 2020 年 10 月 1 日起施行。

政府投资条例
中华人民共和国国务院令

第 712 号

《政府投资条例》已经 2018 年 12 月 5 日国务院第 33 次常务会议通过，现予公布，自 2019 年 7 月 1 日起施行。

总　理　　李克强
2019 年 4 月 14 日

政府投资条例

第一章　总　　则

第一条　为了充分发挥政府投资作用，提高政府投资效益，规范政府投资行为，激发社会投资活力，制定本条例。

第二条　本条例所称政府投资，是指在中国境内使用预算安排的资金进行固定资产投资建设活动，包括新建、扩建、改建、技术改造等。

第三条　政府投资资金应当投向市场不能有效配置资源的社会公益服务、公共基础设施、农业农村、生态环境保护、重大科技进步、社会管理、国家安全等公共领域的项目，以非经营性项目为主。

国家完善有关政策措施，发挥政府投资资金的引导和带动作用，鼓励社会资金投向前款规定的领域。

国家建立政府投资范围定期评估调整机制，不断优化政府投资方向和结构。

第四条　政府投资应当遵循科学决策、规范管理、注重绩效、公开透明的原则。

第五条　政府投资应当与经济社会发展水平和财政收支状况相适应。

国家加强对政府投资资金的预算约束。政府及其有关部门不得违法违规举借债务筹措政府投资资金。

第六条 政府投资资金按项目安排，以直接投资方式为主；对确需支持的经营性项目，主要采取资本金注入方式，也可以适当采取投资补助、贷款贴息等方式。

安排政府投资资金，应当符合推进中央与地方财政事权和支出责任划分改革的有关要求，并平等对待各类投资主体，不得设置歧视性条件。

国家通过建立项目库等方式，加强对使用政府投资资金项目的储备。

第七条 国务院投资主管部门依照本条例和国务院的规定，履行政府投资综合管理职责。国务院其他有关部门依照本条例和国务院规定的职责分工，履行相应的政府投资管理职责。

县级以上地方人民政府投资主管部门和其他有关部门依照本条例和本级人民政府规定的职责分工，履行相应的政府投资管理职责。

第二章 政府投资决策

第八条 县级以上人民政府应当根据国民经济和社会发展规划、中期财政规划和国家宏观调控政策，结合财政收支状况，统筹安排使用政府投资资金的项目，规范使用各类政府投资资金。

第九条 政府采取直接投资方式、资本金注入方式投资的项目（以下统称政府投资项目），项目单位应当编制项目建议书、可行性研究报告、初步设计，按照政府投资管理权限和规定的程序，报投资主管部门或者其他有关部门审批。

项目单位应当加强政府投资项目的前期工作，保证前期工作的深度达到规定的要求，并对项目建议书、可行性研究报告、初步设计以及依法应当附具的其他文件的真实性负责。

第十条 除涉及国家秘密的项目外，投资主管部门和其他有关部门应当通过投资项目在线审批监管平台（以下简称在线平台），使用在线平台生成的项目代码办理政府投资项目审批手续。

投资主管部门和其他有关部门应当通过在线平台列明与政府投资有关的规划、产业政策等，公开政府投资项目审批的办理流程、办理时限等，并为项目单位提供相关咨询服务。

第十一条 投资主管部门或者其他有关部门应当根据国民经济和社会发展规划、相关领域专项规划、产业政策等，从下列方面对政府投资项目进行审查，作出是否批准的决定：

（一）项目建议书提出的项目建设的必要性；

（二）可行性研究报告分析的项目的技术经济可行性、社会效益以及项目资金等主要建设条件的落实情况；

（三）初步设计及其提出的投资概算是否符合可行性研究报告批复以及国家有关标准和规范的要求；

（四）依照法律、行政法规和国家有关规定应当审查的其他事项。

投资主管部门或者其他有关部门对政府投资项目不予批准的，应当书面通知项目单位并说明理由。

对经济社会发展、社会公众利益有重大影响或者投资规模较大的政府投资项目，投资主管部门或者其他有关部门应当在中介服务机构评估、公众参与、专家评议、风险评估的基础上作出是否批准的决定。

第十二条　经投资主管部门或者其他有关部门核定的投资概算是控制政府投资项目总投资的依据。

初步设计提出的投资概算超过经批准的可行性研究报告提出的投资估算10%的，项目单位应当向投资主管部门或者其他有关部门报告，投资主管部门或者其他有关部门可以要求项目单位重新报送可行性研究报告。

第十三条　对下列政府投资项目，可以按照国家有关规定简化需要报批的文件和审批程序：

（一）相关规划中已经明确的项目；

（二）部分扩建、改建项目；

（三）建设内容单一、投资规模较小、技术方案简单的项目；

（四）为应对自然灾害、事故灾难、公共卫生事件、社会安全事件等突发事件需要紧急建设的项目。

前款第三项所列项目的具体范围，由国务院投资主管部门会同国务院其他有关部门规定。

第十四条　采取投资补助、贷款贴息等方式安排政府投资资金的，项目单位应当按照国家有关规定办理手续。

第三章　政府投资年度计划

第十五条　国务院投资主管部门对其负责安排的政府投资编制政府投资年度计划，国务院其他有关部门对其负责安排的本行业、本领域的政府投资编制政府投资年度计划。

县级以上地方人民政府有关部门按照本级人民政府的规定，编制政府投资年度计划。

第十六条　政府投资年度计划应当明确项目名称、建设内容及规模、建设工期、项目总投资、年度投资额及资金来源等事项。

第十七条 列入政府投资年度计划的项目应当符合下列条件：

（一）采取直接投资方式、资本金注入方式的，可行性研究报告已经批准或者投资概算已经核定；

（二）采取投资补助、贷款贴息等方式的，已经按照国家有关规定办理手续；

（三）县级以上人民政府有关部门规定的其他条件。

第十八条 政府投资年度计划应当和本级预算相衔接。

第十九条 财政部门应当根据经批准的预算，按照法律、行政法规和国库管理的有关规定，及时、足额办理政府投资资金拨付。

第四章 政府投资项目实施

第二十条 政府投资项目开工建设，应当符合本条例和有关法律、行政法规规定的建设条件；不符合规定的建设条件的，不得开工建设。

国务院规定应当审批开工报告的重大政府投资项目，按照规定办理开工报告审批手续后方可开工建设。

第二十一条 政府投资项目应当按照投资主管部门或者其他有关部门批准的建设地点、建设规模和建设内容实施；拟变更建设地点或者拟对建设规模、建设内容等作较大变更的，应当按照规定的程序报原审批部门审批。

第二十二条 政府投资项目所需资金应当按照国家有关规定确保落实到位。

政府投资项目不得由施工单位垫资建设。

第二十三条 政府投资项目建设投资原则上不得超过经核定的投资概算。

因国家政策调整、价格上涨、地质条件发生重大变化等原因确需增加投资概算的，项目单位应当提出调整方案及资金来源，按照规定的程序报原初步设计审批部门或者投资概算核定部门核定；涉及预算调整或者调剂的，依照有关预算的法律、行政法规和国家有关规定办理。

第二十四条 政府投资项目应当按照国家有关规定合理确定并严格执行建设工期，任何单位和个人不得非法干预。

第二十五条 政府投资项目建成后，应当按照国家有关规定进行竣工验收，并在竣工验收合格后及时办理竣工财务决算。

政府投资项目结余的财政资金，应当按照国家有关规定缴回国库。

第二十六条 投资主管部门或者其他有关部门应当按照国家有关规定选择有代表性的已建成政府投资项目，委托中介服务机构对所选项目进行后评价。后评价应当根据项目建成后的实际效果，对项目审批和实施进行全面评价并提出明确意见。

第五章　监督管理

第二十七条　投资主管部门和依法对政府投资项目负有监督管理职责的其他部门应当采取在线监测、现场核查等方式，加强对政府投资项目实施情况的监督检查。

项目单位应当通过在线平台如实报送政府投资项目开工建设、建设进度、竣工的基本信息。

第二十八条　投资主管部门和依法对政府投资项目负有监督管理职责的其他部门应当建立政府投资项目信息共享机制，通过在线平台实现信息共享。

第二十九条　项目单位应当按照国家有关规定加强政府投资项目档案管理，将项目审批和实施过程中的有关文件、资料存档备查。

第三十条　政府投资年度计划、政府投资项目审批和实施以及监督检查的信息应当依法公开。

第三十一条　政府投资项目的绩效管理、建设工程质量管理、安全生产管理等事项，依照有关法律、行政法规和国家有关规定执行。

第六章　法律责任

第三十二条　有下列情形之一的，责令改正，对负有责任的领导人员和直接责任人员依法给予处分：

（一）超越审批权限审批政府投资项目；

（二）对不符合规定的政府投资项目予以批准；

（三）未按照规定核定或者调整政府投资项目的投资概算；

（四）为不符合规定的项目安排投资补助、贷款贴息等政府投资资金；

（五）履行政府投资管理职责中其他玩忽职守、滥用职权、徇私舞弊的情形。

第三十三条　有下列情形之一的，依照有关预算的法律、行政法规和国家有关规定追究法律责任：

（一）政府及其有关部门违法违规举借债务筹措政府投资资金；

（二）未按照规定及时、足额办理政府投资资金拨付；

（三）转移、侵占、挪用政府投资资金。

第三十四条　项目单位有下列情形之一的，责令改正，根据具体情况，暂停、停止拨付资金或者收回已拨付的资金，暂停或者停止建设活动，对负有责任的领导人员和直接责任人员依法给予处分：

（一）未经批准或者不符合规定的建设条件开工建设政府投资项目；

（二）弄虚作假骗取政府投资项目审批或者投资补助、贷款贴息等政府投资资金；

（三）未经批准变更政府投资项目的建设地点或者对建设规模、建设内容等作较大变更；

（四）擅自增加投资概算；

（五）要求施工单位对政府投资项目垫资建设；

（六）无正当理由不实施或者不按照建设工期实施已批准的政府投资项目。

第三十五条 项目单位未按照规定将政府投资项目审批和实施过程中的有关文件、资料存档备查，或者转移、隐匿、篡改、毁弃项目有关文件、资料的，责令改正，对负有责任的领导人员和直接责任人员依法给予处分。

第三十六条 违反本条例规定，构成犯罪的，依法追究刑事责任。

第七章 附 则

第三十七条 国防科技工业领域政府投资的管理办法，由国务院国防科技工业管理部门根据本条例规定的原则另行制定。

第三十八条 中国人民解放军和中国人民武装警察部队的固定资产投资管理，按照中央军事委员会的规定执行。

第三十九条 本条例自2019年7月1日起施行。

国务院关于加强地方政府性债务管理的意见

国发〔2014〕43号

各省、自治区、直辖市人民政府，国务院各部委、各直属机构：

为加强地方政府性债务管理，促进国民经济持续健康发展，根据党的十八大、十八届三中全会精神，现提出以下意见：

一、总体要求

（一）指导思想。以邓小平理论、“三个代表”重要思想、科学发展观为指导，全面贯彻落实党的十八大、十八届三中全会精神，按照党中央、国务院决策部署，建立“借、用、还”相统一的地方政府性债务管理机制，有效发挥地方政府规范举债的积极作用，切实防范化解财政金融风险，促进国民经济持续健康发展。

（二）基本原则。

疏堵结合。修明渠、堵暗道，赋予地方政府依法适度举债融资权限，加快建立规范的地方政府举债融资机制。同时，坚决制止地方政府违法违规举债。

分清责任。明确政府和企业的责任，政府债务不得通过企业举借，企业债务不得推给政府偿还，切实做到谁借谁还、风险自担。政府与社会资本合作的，按约定规则依法承担相关责任。

规范管理。对地方政府债务实行规模控制，严格限定政府举债程序和资金用途，把地方政府债务分门别类纳入全口径预算管理，实现“借、用、还”相统一。

防范风险。牢牢守住不发生区域性和系统性风险的底线，切实防范和化解财政金融风险。

稳步推进。加强债务管理，既要积极推进，又要谨慎稳健。在规范管理的同时，要妥善处理存量债务，确保在建项目有序推进。

二、加快建立规范的地方政府举债融资机制

（一）赋予地方政府依法适度举债权限。经国务院批准，省、自治区、直辖市政府可以适度举借债务，市县级政府确需举借债务的由省、自治区、直辖市政府代为举借。明确划清政府与企业界限，政府债务只能通过政府及其部门举借，不得通过企事业单位等举借。

（二）建立规范的地方政府举债融资机制。地方政府举债采取政府债券方式。没有收益的公益性事业发展确需政府举借一般债务的，由地方政府发行一般债券融资，主要以一般公共预算收入偿还。有一定收益的公益性事业发展确需政府举借专项债务的，由地方政府通过发行专项债券融资，以对应的政府性基金或专项收入偿还。

（三）推广使用政府与社会资本合作模式。鼓励社会资本通过特许经营等方式，参与城市基础设施等有一定收益的公益性事业投资和运营。政府通过特许经营权、合理定价、财政补贴等事先公开的收益约定规则，使投资者有长期稳定收益。投资者按照市场化原则出资，按约定规则独自或与政府共同成立特别目的公司建设和运营合作项目。投资者或特别目的公司可以通过银行贷款、企业债、项目收益债券、资产证券化等市场化方式举债并承担偿债责任。政府对投资者或特别目的公司按约定规则依法承担特许经营权、合理定价、财政补贴等相关责任，不承担投资者或特别目的公司的偿债责任。

（四）加强政府或有债务监管。剥离融资平台公司政府融资职能，融资平台公司不得新增政府债务。地方政府新发生或有债务，要严格限定在依法担保的范围内，并根据担保合同依法承担相关责任。地方政府要加强对或有债务的统计分析和风险防控，

做好相关监管工作。

三、对地方政府债务实行规模控制和预算管理

（一）对地方政府债务实行规模控制。地方政府债务规模实行限额管理，地方政府举债不得突破批准的限额。地方政府一般债务和专项债务规模纳入限额管理，由国务院确定并报全国人大或其常委会批准，分地区限额由财政部在全国人大或其常委会批准的地方政府债务规模内根据各地区债务风险、财力状况等因素测算并报国务院批准。

（二）严格限定地方政府举债程序和资金用途。地方政府在国务院批准的分地区限额内举借债务，必须报本级人大或其常委会批准。地方政府不得通过企事业单位等举借债务。地方政府举借债务要遵循市场化原则。建立地方政府信用评级制度，逐步完善地方政府债券市场。地方政府举借的债务，只能用于公益性资本支出和适度归还存量债务，不得用于经常性支出。

（三）把地方政府债务分门别类纳入全口径预算管理。地方政府要将一般债务收支纳入一般公共预算管理，将专项债务收支纳入政府性基金预算管理，将政府与社会资本合作项目中的财政补贴等支出按性质纳入相应政府预算管理。地方政府各部门、各单位要将债务收支纳入部门和单位预算管理。或有债务确需地方政府或其部门、单位依法承担偿债责任的，偿债资金要纳入相应预算管理。

四、控制和化解地方政府性债务风险

（一）建立地方政府性债务风险预警机制。财政部根据各地区一般债务、专项债务、或有债务等情况，测算债务率、新增债务率、偿债率、逾期债务率等指标，评估各地区债务风险状况，对债务高风险地区进行风险预警。列入风险预警范围的债务高风险地区，要积极采取措施，逐步降低风险。债务风险相对较低的地区，要合理控制债务余额的规模和增长速度。

（二）建立债务风险应急处置机制。要硬化预算约束，防范道德风险，地方政府对其举借的债务负有偿还责任，中央政府实行不救助原则。各级政府要制定应急处置预案，建立责任追究机制。地方政府出现偿债困难时，要通过控制项目规模、压缩公用经费、处置存量资产等方式，多渠道筹集资金偿还债务。地方政府难以自行偿还债务时，要及时上报，本级和上级政府要启动债务风险应急处置预案和责任追究机制，切实化解债务风险，并追究相关人员责任。

（三）严肃财经纪律。建立对违法违规融资和违规使用政府性债务资金的惩罚机

制，加大对地方政府性债务管理的监督检查力度。地方政府及其所属部门不得在预算之外违法违规举借债务，不得以支持公益性事业发展名义举借债务用于经常性支出或楼堂馆所建设，不得挪用债务资金或改变既定资金用途；对企业的注资、财政补贴等行为必须依法合规，不得违法为任何单位和个人的债务以任何方式提供担保；不得违规干预金融机构等正常经营活动，不得强制金融机构等提供政府性融资。地方政府要进一步规范土地出让管理，坚决制止违法违规出让土地及融资行为。

五、完善配套制度

（一）完善债务报告和公开制度。完善地方政府性债务统计报告制度，加快建立权责发生制的政府综合财务报告制度，全面反映政府的资产负债情况。对于中央出台的重大政策措施如棚户区改造等形成的政府性债务，应当单独统计、单独核算、单独检查、单独考核。建立地方政府性债务公开制度，加强政府信用体系建设。各地区要定期向社会公开政府性债务及其项目建设情况，自觉接受社会监督。

（二）建立考核问责机制。把政府性债务作为一个硬指标纳入政绩考核。明确责任落实，各省、自治区、直辖市政府要对本地区地方政府性债务负责任。强化教育和考核，纠正不正确的政绩导向。对脱离实际过度举债、违法违规举债或担保、违规使用债务资金、恶意逃废债务等行为，要追究相关责任人责任。

（三）强化债权人约束。金融机构等不得违法违规向地方政府提供融资，不得要求地方政府违法违规提供担保。金融机构等购买地方政府债券要符合监管规定，向属于政府或有债务举借主体的企业法人等提供融资要严格规范信贷管理，切实加强风险识别和风险管理。金融机构等违法违规提供政府性融资的，应自行承担相应损失，并按照商业银行法、银行业监督管理法等法律法规追究相关机构和人员的责任。

六、妥善处理存量债务和在建项目后续融资

（一）抓紧将存量债务纳入预算管理。以 2013 年政府性债务审计结果为基础，结合审计后债务增减变化情况，经债权人与债务人共同协商确认，对地方政府性债务存量进行甄别。对地方政府及其部门举借的债务，相应纳入一般债务和专项债务。对企事业单位举借的债务，凡属于政府应当偿还的债务，相应纳入一般债务和专项债务。地方政府将甄别后的政府存量债务逐级汇总上报国务院批准后，分类纳入预算管理。纳入预算管理的债务原有债权债务关系不变，偿债资金要按照预算管理要求规范管理。

（二）积极降低存量债务利息负担。对甄别后纳入预算管理的地方政府存量债务，

各地区可申请发行地方政府债券置换，以降低利息负担，优化期限结构，腾出更多资金用于重点项目建设。

（三）妥善偿还存量债务。处置到期存量债务要遵循市场规则，减少行政干预。对项目自身运营收入能够按时还本付息的债务，应继续通过项目收入偿还。对项目自身运营收入不足以还本付息的债务，可以通过依法注入优质资产、加强经营管理、加大改革力度等措施，提高项目盈利能力，增强偿债能力。地方政府应指导和督促有关债务举借单位加强财务管理、拓宽偿债资金渠道、统筹安排偿债资金。对确需地方政府偿还的债务，地方政府要切实履行偿债责任，必要时可以处置政府资产偿还债务。对确需地方政府履行担保或救助责任的债务，地方政府要切实依法履行协议约定，作出妥善安排。有关债务举借单位和连带责任人要按照协议认真落实偿债责任，明确偿债时限，按时还本付息，不得单方面改变原有债权债务关系，不得转嫁偿债责任和逃废债务。对确已形成损失的存量债务，债权人应按照商业化原则承担相应责任和损失。

（四）确保在建项目后续融资。地方政府要统筹各类资金，优先保障在建项目续建和收尾。对使用债务资金的在建项目，原贷款银行等要重新进行审核，凡符合国家有关规定的项目，要继续按协议提供贷款，推进项目建设；对在建项目确实没有其他建设资金来源的，应主要通过政府与社会资本合作模式和地方政府债券解决后续融资。

七、加强组织领导

各地区、各部门要高度重视，把思想和行动统一到党中央、国务院决策部署上来。地方政府要切实担负起加强地方政府性债务管理、防范化解财政金融风险的责任，结合实际制定具体方案，政府主要负责人要作为第一责任人，认真抓好政策落实。要建立地方政府性债务协调机制，统筹加强地方政府性债务管理。财政部门作为地方政府性债务归口管理部门，要完善债务管理制度，充实债务管理力量，做好债务规模控制、债券发行、预算管理、统计分析和风险监控等工作；发展改革部门要加强政府投资计划管理和项目审批，从严审批债务风险较高地区的新开工项目；金融监管部门要加强监管、正确引导，制止金融机构等违法违规提供融资；审计部门要依法加强对地方政府性债务的审计监督，促进完善债务管理制度，防范风险，规范管理，提高资金使用效益。各地区、各部门要切实履行职责，加强协调配合，全面做好加强地方政府性债务管理各项工作，确保政策贯彻落实到位。

国务院

2014 年 9 月 21 日

中共中央办公厅　国务院办公厅关于做好地方政府专项债券发行及项目配套融资工作的通知

（厅字〔2019〕33 号）

各省、自治区、直辖市党委和人民政府，中央和国家机关各部委，解放军各大单位、中央军委机关各部门，各人民团体：

为贯彻落实党中央、国务院决策部署，加大逆周期调节力度，更好发挥地方政府专项债券（以下简称专项债券）的重要作用，着力加大对重点领域和薄弱环节的支持力度，增加有效投资、优化经济结构、稳定总需求，保持经济持续健康发展，经中央领导同志同意，现就有关事项通知如下。

一、总体要求和基本原则

（一）总体要求。以习近平新时代中国特色社会主义思想为指导，全面贯彻党的十九大和十九届二中、三中全会精神，认真落实党中央、国务院决策部署，坚决打好防范化解重大风险攻坚战。坚持以供给侧结构性改革为主线不动摇，坚持结构性去杠杆的基本思路，按照坚定、可控、有序、适度要求，进一步健全地方政府举债融资机制，推进专项债券管理改革，在较大幅度增加专项债券规模基础上，加强宏观政策协调配合，保持市场流动性合理充裕，做好专项债券发行及项目配套融资工作，促进经济运行在合理区间。

（二）基本原则

——坚持疏堵结合。坚持用改革的办法解决发展中的矛盾和问题，把“开大前门”和“严堵后门”协调起来，在严控地方政府隐性债务（以下简称隐性债务）、坚决遏制隐性债务增量、坚决不走无序举债搞建设之路的同时，加大逆周期调节力度，厘清政府和市场边界，鼓励依法依规市场化融资，增加有效投资，促进宏观经济良性循环，提升经济社会发展质量和可持续性。

——坚持协同配合。科学实施政策“组合拳”，加强财政、货币、投资等政策协同配合。积极的财政政策要加力提效，充分发挥专项债券作用，支持有一定收益但难以商业化合规融资的重大公益性项目（以下简称重大项目）。稳健的货币政策要松紧适度，配合做好专项债券发行及项目配套融资，引导金融机构加强金融服务，按商业化原则依法合规保障重大项目合理融资需求。

——坚持突出重点。切实选准选好专项债券项目，集中资金支持重大在建工程建设和补短板并带动扩大消费，优先解决必要在建项目后续融资，尽快形成实物工作量，防止形成“半拉子”工程。

——坚持防控风险。始终从长期大势认识当前形势，坚持推动高质量发展，坚持举债要同偿债能力相匹配。专项债券必须用于有一定收益的重大项目，融资规模要保持与项目收益相平衡。地方政府加强专项债券风险防控和项目管理，金融机构按商业化原则独立审批、审慎决策，坚决防控风险。

——坚持稳定预期。既要强化宏观政策逆周期调节，主动预调微调，也要坚持稳中求进工作总基调，精准把握宏观调控的度，稳定和提振市场预期。必须坚持结构性去杠杆的改革方向，坚决不搞“大水漫灌”。对举借隐性债务上新项目、铺新摊子的要坚决问责、终身问责、倒查责任。

二、支持做好专项债券项目融资工作

（一）合理明确金融支持专项债券项目标准。发挥专项债券带动作用和金融机构市场化融资优势，依法合规推进专项债券支持的重大项目建设。对没有收益的重大项目，通过统筹财政预算资金和地方政府一般债券予以支持。对有一定收益且收益全部属于政府性基金收入的重大项目，由地方政府发行专项债券融资；收益兼有政府性基金收入和其他经营性专项收入（以下简称专项收入，包括交通票款收入等），且偿还专项债券本息后仍有剩余专项收入的重大项目，可以由有关企业法人项目单位（以下简称项目单位）根据剩余专项收入情况向金融机构市场化融资。

（二）精准聚焦重点领域和重大项目。鼓励地方政府和金融机构依法合规使用专项债券和其他市场化融资方式，重点支持京津冀协同发展、长江经济带发展、“一带一路”建设、粤港澳大湾区建设、长三角区域一体化发展、推进海南全面深化改革开放等重大战略和乡村振兴战略，以及推进棚户区改造等保障性安居工程、易地扶贫搬迁后续扶持、自然灾害防治体系建设、铁路、收费公路、机场、水利工程、生态环保、医疗健康、水电气热等公用事业、城镇基础设施、农业农村基础设施等领域以及其他纳入“十三五”规划符合条件的重大项目建设。

（三）积极鼓励金融机构提供配套融资支持。对于实行企业化经营管理的项目，鼓励和引导银行机构以项目贷款等方式支持符合标准的专项债券项目。鼓励保险机构为符合标准的中长期限专项债券项目提供融资支持。允许项目单位发行公司信用类债券，支持符合标准的专项债券项目。

（四）允许将专项债券作为符合条件的重大项目资本金。对于专项债券支持、符合中央重大决策部署、具有较大示范带动效应的重大项目，主要是国家重点支持的铁路、国家高速公路和支持推进国家重大战略的地方高速公路、供电、供气项目，在评估项目收益偿还专项债券本息后专项收入具备融资条件的，允许将部分专项债券作为一定比例的项目资本金，但不得超越项目收益实际水平过度融资。地方政府要按照一一对应原则，将专项债券严格落实到实体政府投资项目，不得将专项债券作为政府投资基金、产业投资基金等各类股权基金的资金来源，不得通过设立壳公司、多级子公司等中间环节注资，避免层层嵌套、层层放大杠杆。

（五）确保落实到期债务偿还责任。省级政府对专项债券依法承担全部偿还责任。组合使用专项债券和市场化融资的项目，项目收入实行分账管理。项目对应的政府性基金收入和用于偿还专项债券的专项收入及时足额缴入国库，纳入政府性基金预算管理，确保专项债券还本付息资金安全；项目单位依法对市场化融资承担全部偿还责任，在银行开立监管账户，将市场化融资资金以及项目对应可用于偿还市场化融资的专项收入，及时足额归集至监管账户，保障市场化融资到期偿付。市场化转型尚未完成、存量隐性债务尚未化解完毕的融资平台公司不得作为项目单位。严禁项目单位以任何方式新增隐性债务。

三、进一步完善专项债券管理及配套措施

（一）大力做好专项债券项目推介。地方政府通过印发项目清单、集中公告等方式，加大向金融机构推介符合标准专项债券项目力度。金融管理部门积极配合地方政府工作，组织和协调金融机构参与。金融机构按照商业化原则、自主自愿予以支持，加快专项债券推介项目落地。

（二）保障专项债券项目融资与偿债能力相匹配。地方政府、项目单位和金融机构加强对重大项目融资论证和风险评估，充分论证项目预期收益和融资期限及还本付息的匹配度，合理编制项目预期收益与融资平衡方案，反映项目全生命周期和年度收支平衡情况，使项目预期收益覆盖专项债券及市场化融资本息。需要金融机构市场化融资支持的，地方政府指导项目单位比照开展工作，向金融机构全面真实及时披露审批融资所需信息，准确反映偿还专项债券本息后的专项收入，使项目对应可用于偿还市场化融资的专项收入与市场化融资本息相平衡。金融机构严格按商业化原则审慎做好项目合规性和融资风险审核，在偿还专项债券本息后的专项收入确保市场化融资偿债

来源的前提下，对符合条件的重大项目予以支持，自主决策是否提供融资及具体融资数量并自担风险。

（三）强化信用评级和差别定价。推进全国统一的地方政府债务信息公开平台建设，由地方政府定期公开债务限额、余额、债务率、偿债率以及经济财政状况、债券发行、存续期管理等信息，形成地方政府债券统计数据库，支持市场机构独立评级，根据政府债务实际风险水平，合理形成市场化的信用利差。加快建立地方政府信用评级体系，加强地方政府债务风险评估和预警结果在金融监管等方面的应用。

（四）提升地方政府债券发行定价市场化程度。坚持地方政府债券市场化发行，进一步减少行政干预和窗口指导，不得通过财政存款和国库现金管理操作等手段变相干预债券发行定价，促进债券发行利率合理反映地区差异和项目差异。严禁地方政府及其部门通过金融机构排名、财政资金存放、设立信贷目标等方式，直接或间接向金融机构施压。

（五）丰富地方政府债券投资群体。落实完善相关政策，推动地方政府债券通过商业银行柜台在本地区范围内向个人和中小机构投资者发售，扩大对个人投资者发售量，提高商业银行柜台发售比例。鼓励和引导商业银行、保险公司、基金公司、社会保险基金等机构投资者和个人投资者参与投资地方政府债券。合理确定地方政府债券柜台发售的定价机制，增强对个人投资者的吸引力。适时研究储蓄式地方政府债券。指导金融机构积极参与地方政府债券发行认购，鼓励资管产品等非法人投资者增加地方政府债券投资。积极利用证券交易所提高非金融机构和个人投资地方政府债券的便利性。推出地方政府债券交易型开放式指数基金，通过“债券通”等机制吸引更多境外投资者投资。推动登记结算机构等债券市场基础设施互联互通。

（六）合理提高长期专项债券期限比例。专项债券期限原则上与项目期限相匹配，并统筹考虑投资者需求、到期债务分布等因素科学确定，降低期限错配风险，防止资金闲置。逐步提高长期债券发行占比，对于铁路、城际交通、收费公路、水利工程等建设和运营期限较长的重大项目，鼓励发行10年期以上的长期专项债券，更好匹配项目资金需求和期限。组合使用专项债券和市场化融资的项目，专项债券、市场化融资期限与项目期限保持一致。合理确定再融资专项债券期限，原则上与同一项目剩余期限相匹配，避免频繁发债增加成本。完善专项债券本金偿还方式，在到期一次性偿还本金方式基础上，鼓励专项债券发行时采取本金分期偿还方式，既确保分期项目收益用于偿债，又平滑债券存续期内偿债压力。

（七）加快专项债券发行使用进度。地方政府要根据提前下达的部分新增专项债务限额，结合国务院批准下达的后续专项债券额度，抓紧启动新增债券发行。金融机构按市场化原则配合地方政府做好专项债券发行工作。对预算拟安排新增专项债券的项目通过先行调度库款的办法，加快项目建设进度，债券发行后及时回补。各地要均衡专项债券发行时间安排，力争当年 9 月底前发行完毕，尽早发挥资金使用效益。

四、依法合规推进重大项目融资

（一）支持重大项目市场化融资。对于部分实行企业化经营管理且有经营性收益的基础设施项目，包括已纳入国家和省市县级政府及部门印发的“十三五”规划并按规定权限完成审批或核准程序的项目，以及发展改革部门牵头提出的其他补短板重大项目，金融机构可按照商业化原则自主决策，在不新增隐性债务前提下给予融资支持，保障项目合理资金需求。

（二）合理保障必要在建项目后续融资。在严格依法解除违法违规担保关系基础上，对存量隐性债务中的必要在建项目，允许融资平台公司在不扩大建设规模和防范风险前提下与金融机构协商继续融资。鼓励地方政府合法合规增信，通过补充有效抵质押物或由第三方担保机构（含政府出资的融资担保公司）担保等方式，保障债权人合法权益。

（三）多渠道筹集重大项目资本金。鼓励地方政府通过统筹预算收入、上级转移支付、结转结余资金，以及按规定动用预算稳定调节基金等渠道筹集重大项目资本金。允许各地使用财政建设补助资金、中央预算内投资作为重大项目资本金，鼓励将发行地方政府债券后腾出的财力用于重大项目资本金。

五、加强组织保障

（一）严格落实工作责任。财政部、国家发展改革委和金融管理部门等按职责分工和本通知要求，抓紧组织落实相关工作。省级政府对组合使用专项债券和市场化融资的项目建立事前评审和批准机制，对允许专项债券作为资本金的项目要重点评估论证，加强督促检查。地方各级政府负责组织制定本级专项债券项目预期收益与融资平衡方案，客观评估项目预期收益和资产价值。金融机构按照商业化原则自主决策，在不新增隐性债务前提下给予融资支持。

（二）加强部门监管合作。在地方党委和政府领导下，建立财政、金融管理、发展改革等部门协同配合机制，健全专项债券项目安排协调机制，加强地方财政、发展改革等部门与金融单位之间的沟通衔接，支持做好专项债券发行及项目配套融资工作。财政部门及时向当地发展改革、金融管理部门及金融机构提供有关专项债券项目安排信息、存量隐性债务中的必要在建项目信息等。发展改革部门按职责分工做好建设项目审批或核准工作。金融管理部门指导金融机构做好补短板重大项目和有关专项债券项目配套融资工作。

（三）推进债券项目公开。地方各级政府按照有关规定，加大地方政府债券信息公开力度，依托全国统一的集中信息公开平台，加快推进专项债券项目库公开，全面详细公开专项债券项目信息，对组合使用专项债券和市场化融资的项目以及将专项债券作为资本金的项目要单独公开，支持金融机构开展授信风险评估，让信息“多跑路”、金融机构“少跑腿”。进一步发挥主承销商作用，不断加强专项债券信息公开和持续监管工作。出现更换项目单位等重大事项的，应当第一时间告知债权人。金融机构加强专项债券项目信息应用，按照商业化原则自主决策，及时遴选符合条件的项目予以支持；需要补充信息的，地方政府及其相关部门要给予配合。

（四）建立正向激励机制。研究建立正向激励机制，将做好专项债券发行及项目配套融资工作、加快专项债券发行使用进度与全年专项债券额度分配挂钩，对专项债券发行使用进度较快的地区予以适当倾斜支持。适当提高地方政府债券作为信贷政策支持再贷款担保品的质押率，进一步提高金融机构持有地方政府债券的积极性。

（五）依法合规予以免责。既要强化责任意识，谁举债谁负责、谁融资谁负责，从严整治举债乱象，也要明确政策界限，允许合法合规融资行为，避免各方因担心被问责而不作为。对金融机构依法合规支持专项债券项目配套融资，以及依法合规支持已纳入国家和省市县级政府及部门印发的“十三五”规划并按规定权限完成审批或核准程序的项目，发展改革部门牵头提出的其他补短板重大项目，凡偿债资金来源为经营性收入、不新增隐性债务的，不认定为隐性债务问责情形。对金融机构支持存量隐性债务中的必要在建项目后续融资且不新增隐性债务的，也不认定为隐性债务问责情形。

（六）强化跟踪评估监督。地方各级政府、地方金融监管部门、金融机构动态跟踪政策执行情况，总结经验做法，梳理存在问题，及时研究提出政策建议。国务院有关部门要加强政策解读和宣传培训，按职责加大政策执行情况监督力度，尤其要对将专项债券作为资本金的项目加强跟踪评估，重大事项及时按程序请示报告。

中共中央办公厅

国务院办公厅

2019 年 5 月 30 日

关于对地方政府债务实行限额管理的实施意见

财预〔2015〕225 号

各省、自治区、直辖市、计划单列市人民政府：

为进一步规范地方政府债务管理，更好发挥政府债务促进经济社会发展的积极作用，防范和化解财政金融风险，根据预算法、《国务院关于加强地方政府性债务管理的意见》（国发〔2014〕43 号）和全国人民代表大会常务委员会批准的国务院关于提请审议批准 2015 年地方政府债务限额的议案有关要求，经国务院同意，现就地方政府债务限额管理提出以下实施意见：

一、切实加强地方政府债务限额管理

（一）合理确定地方政府债务总限额。对地方政府债务余额实行限额管理。年度地方政府债务限额等于上年地方政府债务限额加上当年新增债务限额（或减去当年调减债务限额），具体分为一般债务限额和专项债务限额。

地方政府债务总限额由国务院根据国家宏观经济形势等因素确定，并报全国人民代表大会批准。年度预算执行中，如出现下列特殊情况需要调整地方政府债务新增限额，由国务院提请全国人大常委会审批：当经济下行压力大、需要实施积极财政政策时，适当扩大当年新增债务限额；当经济形势好转、需要实施稳健财政政策或适度从紧财政政策时，适当削减当年新增债务限额或在上年债务限额基础上合理调减限额。

（二）逐级下达分地区地方政府债务限额。各省、自治区、直辖市政府债务限额，由财政部在全国人大或其常委会批准的总限额内，根据债务风险、财力状况等因素并统筹考虑国家宏观调控政策、各地区建设投资需求等提出方案，报国务院批准后下达各省级财政部门。

省级财政部门依照财政部下达的限额，提出本地区政府债务安排建议，编制预算调整方案，经省级政府报本级人大常委会批准；根据债务风险、财力状况等因素并统筹本地区建设投资需求提出省本级及所属各市县当年政府债务限额，报省级政府批准后下达各市县级政府。市县级政府确需举借债务的，依照经批准的限额提出本地区当年政府债务举借和使用计划，列入预算调整方案，报本级人大常委会批准，报省级政府备案并由省级政府代为举借。

（三）严格按照限额举借地方政府债务。省级财政部门在批准的地方政府债务限额内，统筹考虑地方政府负有偿还责任的中央转贷外债情况，合理安排地方政府债券的品种、结构、期限和时点，做好政府债券的发行兑付工作。中央和省级财政部门每半年向本级人大有关专门委员会书面报告地方政府债券发行和兑付等情况。对 2015 年地方政府债务限额下达前举借的在建项目后续贷款中需要纳入政府债务的，由各地在 2015 年地方政府债务限额内调整结构解决。今后，需要纳入政府债务的在建项目后续融资需求在确定每年新增地方政府债务限额时统筹考虑，依法通过发行地方政府债券举借。地方政府新发生或有债务，要严格限定在依法担保的外债转贷范围内，并根据担保合同依法承担相关责任。

（四）将地方政府债务分类纳入预算管理。地方政府要将其所有政府债务纳入限额，并分类纳入预算管理。其中，一般债务纳入一般公共预算管理，主要以一般公共预算收入偿还，当赤字不能减少时可采取借新还旧的办法。专项债务纳入政府性基金预算管理，通过对应的政府性基金或专项收入偿还；政府性基金或专项收入暂时难以实现，如收储土地未能按计划出让的，可先通过借新还旧周转，收入实现后即予归还。

二、建立健全地方政府债务风险防控机制

（一）全面评估和预警地方政府债务风险。地方各级政府要全面掌握资产负债、还本付息、财政运行等情况，加快建立政府综合财务报告制度，全面评估风险状况，跟踪风险变化，切实防范风险。中央和省级财政部门要加强对地方政府债务的监督，根据债务率、新增债务率、偿债率、逾期债务率、或有债务代偿率等指标，及时分析和评估地方政府债务风险状况，对债务高风险地区进行风险预警。

（二）抓紧建立债务风险化解和应急处置机制。各省、自治区、直辖市政府要对本地区地方政府债务风险防控负总责，建立债务风险化解激励约束机制，全面组织做好债务风险化解和应急处置工作。列入风险预警范围的地方各级政府要制订中长期债务风险化解规划和应急处置预案，在严格控制债务增量的同时，通过控制项目规模、减少支出、处置资产、引入社会资本等方式，多渠道筹集资金消化存量债务，逐步降低债务风险。市县级政府难以自行偿还债务时，要启动债务风险应急处置预案并及时上报；省级政府要加大对市县级政府债务风险应急处置的指导力度，并督促其切实化解债务风险，确保不发生区域性和系统性风险。

（三）健全地方政府债务监督和考核问责机制。地方各级政府要主动接受本级人大和社会监督，定期向社会公开政府债务限额、举借、使用、偿还等情况。地方政府举债要遵循市场化原则，强化市场约束。审计部门要依法加强债务审计监督，财政部门

要加大对地方政府违规举债及债务风险的监控力度。要将政府债务管理作为硬指标纳入政绩考核，强化对地方政府领导干部的考核。地方政府主要负责人要作为第一责任人，切实抓好本级政府债务风险防控等各项工作。对地方政府防范化解政府债务风险不力的，要进行约谈、通报，必要时可以责令其减少或暂停举借新债。对地方政府违法举债或担保的，责令改正，并按照预算法规定追究相关人员责任。

三、妥善处理存量债务

（一）切实履行政府债务偿还责任。对甄别后纳入预算管理的地方政府存量债务，属于公益性项目债务的，由地方政府统筹安排包括债券资金在内的预算资金偿还，必要时可以处置政府资产；属于非公益性项目债务的，由举借债务的部门和单位通过压减预算支出等措施偿还，暂时难以压减的可用财政资金先行垫付，并在以后年度部门和单位预算中扣回。取消融资平台公司的政府融资职能，推动有经营收益和现金流的融资平台公司市场化转型改制，通过政府和社会资本合作（PPP）、政府购买服务等措施予以支持。

地方政府存量债务中通过银行贷款等非政府债券方式举借部分，通过三年左右的过渡期，由省级财政部门在限额内安排发行地方政府债券置换。为避免地方竞相发债对市场产生冲击，财政部根据债务到期、债务风险等情况予以组织协调，并继续会同人民银行、银监会等有关部门做好定向承销发行置换债券等工作。

（二）依法妥善处置或有债务。对政府负有担保责任或可能承担一定救助责任的或有债务，地方政府要依法妥善处置。对确需依法代偿的或有债务，地方政府要将代偿部分的资金纳入预算管理，并依法对原债务单位及有关责任方保留追索权；对因预算管理方式变化导致原偿债资金性质变化为财政资金、相应确需转化为政府债务的或有债务，在不突破限额的前提下，报经省级政府批准后转化为政府债务；对违法违规担保的或有债务，由政府、债务人与债权人共同协商，重新修订合同，明确责任，依法解除担保关系。地方政府通过政府和社会资本合作等方式减少政府债务余额腾出的限额空间，要优先用于解决上述或有债务代偿或转化问题。

各地区、各部门要进一步统一思想认识，高度重视，严格执行地方政府债务管理的各项规定，结合本地区、本部门实际，明确任务分工、落实工作职责，积极研究解决新问题，及时总结经验做法，加强舆论引导，切实发挥规范地方政府债务管理对“稳增长”和“防风险”的积极作用，推动各项政策措施落实到位。

财政部
2015 年 12 月 21 日

关于印发《新增地方政府债务限额分配管理暂行办法》的通知

财预〔2017〕35 号

各省、自治区、直辖市、计划单列市财政厅（局）：

为规范新增地方政府债务限额管理，我们制定了《新增地方政府债务限额分配管理暂行办法》，现予印发。

附件：新增地方政府债务限额分配管理暂行办法

财政部
2017 年 3 月 23 日

附件：

新增地方政府债务限额分配管理暂行办法

第一章　总则

第一条　为健全地方政府债务限额管理机制，规范新增地方政府债务限额分配管理，发挥地方政府债务促进经济社会发展的积极作用，防范财政金融风险，根据《中华人民共和国预算法》、《国务院关于加强地方政府性债务管理的意见》（国发〔2014〕43 号）、《财政部关于对地方政府债务实行限额管理的通知》（财预〔2015〕225 号）等规定，制定本办法。

第二条　新增地方政府一般债务限额、新增地方政府专项债务限额（以下均简称新增限额）分别按照一般公共预算、政府性基金预算管理方式不同，单独测算。

第三条　新增限额分配管理应当遵循立足财力水平、防范债务风险、保障融资需求、注重资金效益、公平公开透明的原则。

第二章 管理权限和程序

第四条 各省、自治区、直辖市、计划单列市新增限额由财政部在全国人大或其常委会批准的地方政府债务规模内测算，报国务院批准后下达地方。

第五条 省本级及市县新增限额由省级财政部门在财政部下达的本地区新增限额内测算，报经省级政府批准后，按照财政管理级次向省本级及市县级财政部门下达。

第三章 新增限额分配

第六条 新增限额分配选取影响政府债务规模的客观因素，根据各地区债务风险、财力状况等，并统筹考虑中央确定的重大项目支出、地方融资需求等情况，采用因素法测算。各客观因素数据来源于统计年鉴、地方财政预决算及相关部门提供的资料。

第七条 新增限额分配应当体现正向激励原则，财政实力强、举债空间大、债务风险低、债务管理绩效好的地区多安排，财政实力弱、举债空间小、债务风险高、债务管理绩效差的地区少安排或不安排。新增限额分配用公式表示为：

某地区新增限额 = [该地区财力 × 系数 1 + 该地区重大项目支出 × 系数 2] × 该地区债务风险系数 × 波动系数 + 债务管理绩效因素调整 + 地方申请因素调整。

系数 1 和系数 2 根据各地区财力、重大项目支出以及当年全国新增地方政府债务限额规模计算确定。用公式表示为：

系数 1 =（某年新增限额 − 某年新增限额中用于支持重大项目支出额度）/（ $\sum i$ 各地政府财力）

i = 省、自治区、直辖市、计划单列市

某地区政府财力 = 某地区一般公共预算财力 + 某地区政府性基金预算财力

系数 2 =（某年新增债务限额中用于支持重大项目支出额度）÷（ $\sum i$ 各地重大项目支出额度）

i = 省、自治区、直辖市、计划单列市

第八条 本办法第七条所称地区财力分别为一般公共预算财力和政府性基金预算财力，按照政府收支分类科目分项测算，部分收入项目结合每年政府收支分类科目变动作适当调整。公式表示为：

某地区一般公共预算财力 = 本级一般公共预算收入 + 中央一般公共预算补助收入 − 地方一般公共预算上解

某地区政府性基金预算财力 = 本级政府性基金预算收入 + 中央政府性基金预算补助收入 − 地方政府性基金预算上解

第九条 重大项目支出主要根据各地区落实党中央、国务院确定的“一带一路”、京津冀协同发展、长江经济带等国家重大战略以及打赢脱贫攻坚战、推进农业供给侧结构性改革、棚户区改造等重点方向的融资需求测算。

根据经济社会发展程度、基本公共服务保障程度等差异，各地区部分项目额度可以作适当调整。

第十条 债务风险系数反映地方政府举债空间和偿债风险，根据各地区上年度政府债务限额与标准限额等比较测算。

某地区地方政府债务标准限额 = 该地区可以用于偿债的财力状况 × 全国地方政府债务平均年限。

全国地方政府债务平均年限是全国地方政府债券余额平均年限和非债券形式债务余额平均年限的加权平均值。用公式表示：

全国地方政府债务平均年限 = （地方政府债券余额 × 地方政府债券平均年限 + 非政府债券形式债务余额 × 非政府债券形式债务平均年限） ÷ 地方政府债务余额

第十一条 为防范地方政府债务风险，避免债务过快增长和异常波动，保障年度间地方财政运行的稳定性，以全国人大批准的新增限额平均增长率为基准确定波动系数区间，即各地区新增限额增长率最高不超过波动系数区间上限，最低不低于波动系数区间下限。

第十二条 为促进地方加强政府债务管理，保障债权人合法权益，提高债务资金使用效益，财政部应当根据地方政府债务收支预算编制、项目管理、执行进度、存量债务化解等因素，加快开展地方政府债务管理绩效评估，根据管理绩效情况对该地区予以适当调整。

第十三条 为合理反映各地区公益性项目建设融资需求，各地区的新增限额不应超过本地区申请额。

第十四条 按本办法第六条至第十三条测算分地区新增限额后，对一般债务率、专项债务率超过风险警戒线标准的地区，在分配该地区新增限额总量不变的前提下，应当优化其一般债务、专项债务结构，防控地方政府债务风险。

第十五条 按照地方政府性基金收入项目分类发行专项债券的，在年度地方政府专项债务新增限额内，根据相关领域融资需求、项目期限、政府性基金收入项目规模等因素，测算确定分地区分类专项债务额度，报国务院批准后在下达分地区专项债务新增限额时单独列示。

第四章 附则

第十六条 各级财政部门及其工作人员在新增地方政府债务限额分配管理工作中，存在违反本办法规定的行为，以及其他滥用职权、玩忽职守、徇私舞弊等违法违纪行为的，按照《预算法》《公务员法》《行政监察法》《财政违法行为处罚处分条例》等国家有关规定追究相应责任；涉嫌犯罪的，移送司法机关处理。

第十七条　省级财政部门可以参照本办法，综合考虑本地区各级政府融资需求、财政实力、项目管理、风险防控等情况，制定本地区新增限额分配管理的具体规定，报财政部备案。

第十八条　本办法由财政部负责解释，自公布之日起施行。

关于印发《地方政府专项债务预算管理办法》的通知

财预〔2016〕155 号

各省、自治区、直辖市、计划单列市财政厅（局）：

根据《中华人民共和国预算法》、《国务院关于加强地方政府性债务管理的意见》（国发〔2014〕43 号），我部制定了《地方政府专项债务预算管理办法》。现予印发，请认真贯彻执行。

附件：地方政府专项债务预算管理办法

财政部
2016 年 11 月 9 日

附件：

地方政府专项债务预算管理办法

第一章　总则

第一条　为规范地方政府专项债务预算管理，根据《中华人民共和国预算法》、《国务院关于加强地方政府性债务管理的意见》（国发〔2014〕43 号）等有关规定，制定本办法。

第二条 本办法所称地方政府专项债务（以下简称专项债务），包括地方政府专项债券（以下简称专项债券）、清理甄别认定的截至2014年12月31日非地方政府债券形式的存量专项债务（以下简称非债券形式专项债务）。

第三条 专项债务收入、安排的支出、还本付息、发行费用纳入政府性基金预算管理。

第四条 专项债务收入通过发行专项债券方式筹措。

省、自治区、直辖市政府为专项债券的发行主体，具体发行工作由省级财政部门负责。设区的市、自治州，县、自治县、不设区的市、市辖区政府（以下简称市县级政府）确需发行专项债券的，应当纳入本省、自治区、直辖市政府性基金预算管理，由省、自治区、直辖市政府统一发行并转贷给市县级政府。经省政府批准，计划单列市政府可以自办发行专项债券。

第五条 专项债务收入应当用于公益性资本支出，不得用于经常性支出。

第六条 专项债务应当有偿还计划和稳定的偿还资金来源。

专项债务本金通过对应的政府性基金收入、专项收入、发行专项债券等偿还。

专项债务利息通过对应的政府性基金收入、专项收入偿还，不得通过发行专项债券偿还。

第七条 专项债务收支应当按照对应的政府性基金收入、专项收入实现项目收支平衡，不同政府性基金科目之间不得调剂。执行中专项债务对应的政府性基金收入不足以偿还本金和利息的，可以从相应的公益性项目单位调入专项收入弥补。

第八条 非债券形式专项债务应当在国务院规定的期限内置换成专项债券。

第九条 加强地方政府债务管理信息化建设，专项债务预算收支纳入本级财政预算管理信息系统，专项债务管理纳入全国统一的管理信息系统。

第二章　专项债务限额和余额

第十条 财政部在全国人民代表大会或其常务委员会批准的专项债务限额内，根据债务风险、财力状况等因素并统筹考虑国家调控政策、各地区公益性项目建设需求等，提出分地区专项债务限额及当年新增专项债务限额方案，报国务院批准后下达省级财政部门。

省级财政部门应当于每年10月底前，提出本地区下一年度增加举借专项债务和安排公益性资本支出项目的建议，经省、自治区、直辖市政府批准后报财政部。

第十一条 省级财政部门在财政部下达的本地区专项债务限额内，根据债务风险、财力状况等因素并统筹考虑本地区公益性项目建设需求等，提出省本级及所辖各市县当年专项债务限额方案，报省、自治区、直辖市政府批准后下达市县级财政部门。

市县级财政部门应当提前提出省级代发专项债券和安排公益性资本支出项目的建议，经本级政府批准后按程序报省级财政部门。

第十二条　省、自治区、直辖市应当在专项债务限额内举借专项债务，专项债务余额不得超过本地区专项债务限额。

省、自治区、直辖市发行专项债券偿还到期专项债务本金计划，由省级财政部门统筹考虑本级和各市县实际需求提出，报省、自治区、直辖市政府批准后按规定组织实施。

第三章　预算编制和批复

第十三条　增加举借专项债务收入，以下内容应当列入预算调整方案：

（一）省、自治区、直辖市在新增专项债务限额内筹措的专项债券收入；

（二）市县级政府从上级政府转贷的专项债务收入。

专项债务收入应当在政府性基金预算收入合计线下反映，省级列入“专项债务收入”下对应的政府性基金债务收入科目，市县级列入“地方政府专项债务转贷收入”下对应的政府性基金债务转贷收入科目。

第十四条　增加举借专项债务安排的支出应当列入预算调整方案，包括本级支出和转贷下级支出。专项债务支出应当明确到具体项目，纳入财政支出预算项目库管理，并与中期财政规划相衔接。

专项债务安排本级的支出，应当在政府性基金预算支出合计线上反映，根据支出用途列入相关预算科目；转贷下级支出应当在政府性基金预算支出合计线下反映，列入“债务转贷支出”下对应的政府性基金债务转贷支出科目。

第十五条　专项债务还本支出应当根据当年到期专项债务规模、政府性基金财力、调入专项收入等因素合理预计、妥善安排，并列入年度预算草案。

专项债务还本支出应当在政府性基金预算支出合计线下反映，列入“地方政府专项债务还本支出”下对应的政府性基金债务还本支出科目。

第十六条　专项债务利息和发行费用应当根据专项债务规模、利率、费率等情况合理预计，并列入政府性基金预算支出统筹安排。

专项债务利息、发行费用支出应当在政府性基金预算支出合计线上反映。专项债务利息支出列入“地方政府专项债务付息支出”下对应的政府性基金债务付息支出科目，发行费用支出列入“地方政府专项债务发行费用支出”下对应的政府性基金债务发行费用支出科目。

第十七条　增加举借专项债务和相应安排的支出，财政部门负责具体编制政府性基金预算调整方案，由本级政府提请本级人民代表大会常务委员会批准。

第十八条　专项债务转贷下级政府的，财政部门应当在本级人民代表大会或其常务委员会批准后，及时将专项债务转贷的预算下达有关市县级财政部门。

接受专项债务转贷的市县级政府在本级人民代表大会或其常务委员会批准后，应当及时与上级财政部门签订转贷协议。

第四章 预算执行和决算

第十九条 省级财政部门统筹考虑本级和市县情况，根据预算调整方案、偿还专项债务本金需求和债券市场状况等因素，制定全省专项债券发行计划，合理确定期限结构和发行时点。

第二十条 省级财政部门发行专项债券募集的资金，应当缴入省级国库，并根据预算安排和还本计划拨付资金。

代市县级政府发行专项债券募集的资金，由省级财政部门按照转贷协议及时拨付市县级财政部门。

第二十一条 省级财政部门应当按照规定做好专项债券发行的信息披露和信用评级等相关工作。披露的信息应当包括政府性基金预算财力情况、发行专项债券计划和安排支出项目方案、偿债计划和资金来源，以及其他按照规定应当公开的信息。

第二十二条 省级财政部门应当在发行专项债券后 3 个工作日内，将专项债券发行情况报财政部备案，并抄送财政部驻当地财政监察专员办事处（以下简称专员办）。

第二十三条 地方各级财政部门应当依据预算调整方案及专项债券发行规定的预算科目和用途，使用专项债券资金。确需调整支出用途的，应当按照规定程序办理。

第二十四条 省级财政部门应当按照合同约定，及时偿还全省、自治区、直辖市专项债券到期本金、利息以及支付发行费用。市县级财政部门应当按照转贷协议约定，及时向省级财政部门缴纳本地区或本级应当承担的还本付息、发行费用等资金。

第二十五条 市县级财政部门未按时足额向省级财政部门缴纳专项债券还本付息、发行费用等资金的，省级财政部门可以采取适当方式扣回，并将违约情况向市场披露。

第二十六条 预算年度终了，地方各级财政部门编制政府性基金预算决算草案时，应当全面、准确反映专项债务收入、安排的支出、还本付息和发行费用等情况。

第五章 非债券形式专项债务纳入预算管理

第二十七条 县级以上地方各级财政部门应当将非债券形式专项债务纳入本地区专项债务限额，实行预算管理。

对非债券形式专项债务，应当由政府、债权人、债务人通过合同方式，约定在国务院规定的期限内置换成专项债券的时限，转移偿还义务。

偿还义务转移给地方政府后，地方财政部门应当根据相关材料登记总预算会计账。

第二十八条　对非债券形式专项债务，债务人为地方政府及其部门的，应当在国务院规定的期限内置换成专项债券；债务人为企事业单位或个人，且债权人同意在国务院规定的期限内置换成专项债券的，地方政府应当予以置换，债权人不同意在国务院规定的期限内置换成专项债券的，不再计入地方政府债务，由债务人自行偿还，对应的专项债务限额由财政部按照程序予以调减。

第六章　监督管理

第二十九条　县级以上地方各级财政部门应当按照法律、法规和财政部规定，向社会公开专项债务限额、余额、期限结构、使用、项目收支、偿还等情况，主动接受监督。

第三十条　县级以上地方各级财政部门应当建立和完善相关制度，加强对本地区专项债务的管理和监督。

第三十一条　专员办应当加强对所在地专项债务的监督，督促地方规范专项债务的举借、使用、偿还等行为，发现违反法律法规和财政管理规定的行为，及时报告财政部。

第三十二条　违反本办法规定情节严重的，财政部可以暂停相关地区专项债券发行资格。违反法律、行政法规的，依法追究有关人员责任；涉嫌犯罪的，移送司法机关依法处理。

第七章　附则

第三十三条　省、自治区、直辖市可以根据本办法制定实施细则。

第三十四条　本办法由财政部负责解释。

第三十五条　本办法自印发之日起施行。

关于印发《地方政府债券发行管理办法》的通知

（财库〔2020〕43 号）

各省、自治区、直辖市、计划单列市财政厅（局），新疆生产建设兵团财政局，财政部各地监管局，中央国债登记结算有限责任公司、中国证券登记结算有限责任公司，上海证券交易所、深圳证券交易所，地方政府债券承销团成员，地方政府债券信用评级机构等第三方专业机构：

为规范地方政府债券发行管理，保护投资者合法权益，根据《中华人民共和国预算法》《中共中央办公厅国务院办公厅关于做好地方政府专项债券发行及项目配套融资工作的通知》和《国务院关于加强地方政府性债务管理的意见》（国发〔2014〕43 号）等法律法规和相关规定，财政部制定了《地方政府债券发行管理办法》。现予以公布，请遵照执行。

《地方政府一般债券发行管理暂行办法》（财库〔2015〕64 号）和《地方政府专项债券发行管理暂行办法》（财库〔2015〕83 号）同时废止。

附件：地方政府债券发行管理办法

财政部
2020 年 12 月 9 日

附件：

地方政府债券发行管理办法

第一章　总则

第一条　为规范地方政府债券发行管理，保护投资者合法权益，根据《中华人民共和国预算法》、《中共中央办公厅国务院办公厅关于做好地方政府专项债券发行及项目配套融资工作的通知》和《国务院关于加强地方政府性债务管理的意见》（国发〔2014〕43 号）等法律法规和相关规定，制定本办法。

第二条　本办法所称地方政府债券，是指省、自治区、直辖市和经省级人民政府批准自办债券发行的计划单列市人民政府（以下称地方政府）发行的、约定一定期限内还本付息的政府债券。

地方政府债券包括一般债券和专项债券。一般债券是为没有收益的公益性项目发行，主要以一般公共预算收入作为还本付息资金来源的政府债券；专项债券是为有一定收益的公益性项目发行，以公益性项目对应的政府性基金收入或专项收入作为还本付息资金来源的政府债券。

第三条　地方政府依法自行组织本地区地方政府债券发行和还本付息工作。地方政府债券发行兑付工作由地方政府财政部门（以下称地方财政部门）负责办理。

第四条　地方财政部门应当切实履行偿债责任，及时支付债券本息，维护政府信誉。加强专项债券项目跟踪管理，严格落实项目收益与融资规模相平衡的有关要求，保障债券还本付息，防范专项债券偿付风险。

第五条　地方财政部门、地方政府债券承销团成员、信用评级机构及其他相关主体，应当按照市场化、规范化原则做好地方政府债券发行相关工作。

第二章　债券发行额度和期限

第六条　地方财政部门应当在国务院批准的分地区限额内发行地方政府债券。新增债券、再融资债券、置换债券发行规模不得超过财政部下达的当年本地区对应类别的债券限额或发行规模上限。

第七条　地方财政部门应当根据项目期限、融资成本、到期债务分布、投资者需求、债券市场状况等因素，合理确定债券期限结构。

第八条　地方财政部门可结合实际情况，在按照市场化原则保障债权人合法权益的前提下，采取到期偿还、提前偿还、分期偿还等本金偿还方式。

第九条　地方财政部门应当均衡一般债券期限结构，充分结合项目周期、债券市场需求等合理确定专项债券期限，专项债券期限应当与项目期限相匹配。专项债券期限与项目期限不匹配的，可在同一项目周期内以接续发行的方式进行融资。专项债券可以对应单一项目发行，也可以对应多个项目集合发行。财政部对地方政府债券发行期限进行必要的统筹协调。

第三章　信用评级和信息披露

第十条　地方财政部门应当按照公开、公平、公正原则，从具备中国境内债券市场评级资质的信用评级机构中依法竞争择优选择信用评级机构，并按规定及时披露所选定的信用评级机构。地方财政部门应当与信用评级机构签署信用评级协议，明确双方的权利和义务。

第十一条　信用评级机构应当按照独立、客观、公正和审慎性原则开展信用评级工作，严格遵守信用评级业管理有关办法、地方政府债券信用评级有关规定和行业自律规范，及时发布信用评级报告。

首次评级后，信用评级机构应当在评级结果有效期内每年开展一次跟踪评级，在债券存续期内发生可能影响偿债能力和偿债意愿的重大事项时，及时进行不定期跟踪评级，并公布跟踪评级结果。

第十二条　地方财政部门应当按照地方政府债券信息披露有关规定，及时公开地方政府债券发行安排、债券基本信息、本地区财政经济运行及债务情况、债券信用评级报告等。专项债券还应当全面详细公开项目信息、项目收益与融资平衡方案、债券对应的政府性基金或专项收入情况、由第三方专业机构出具的评估意见以及对投资者做出购买决策有重大影响的其他信息。

第十三条 地方财政部门应当在地方政府债券发行定价结束后，及时披露债券发行结果。

第十四条 地方政府债券到期前，地方财政部门应当按有关规定持续披露经济运行、财政收支、政府债务管理情况、跟踪评级报告以及可能影响债券偿还能力的重大事项等。专项债券还应当披露项目收益、对应的政府性基金或专项收入情况等。债券发行后确需调整债券资金用途的，地方财政部门应当按程序报批，经省级人民政府或省级人大常委会批准后及时披露相关信息。

第十五条 地方财政部门应当及时披露地方政府债券发行相关信息，对披露文件的合规性、完整性负责。

第十六条 信息披露遵循诚实信用原则，不得有虚假记载、误导性陈述或重大遗漏。

第十七条 地方财政部门披露债券发行时间后，因债券市场波动、市场资金面、承销团成员承销意愿、不可抗力等特殊因素需要推迟或取消地方政府债券发行时，应当按规定提前向财政部报告，并向市场披露推迟或取消发行信息。

第四章 债券发行与托管

第十八条 地方财政部门应当统筹债券发行、财政收支和库款管理等，结合资金需求科学安排地方政府债券发行节奏，提高债券资金使用效率。

第十九条 地方财政部门应当合理设置单只债券发行规模，公开发行的地方政府债券鼓励采用续发行方式。

第二十条 地方财政部门应当按照公开、公平、公正的原则组建地方政府债券承销团，根据市场环境和债券发行任务等因素，合理确定承销团成员和主承销商的数量、选择方式、组建流程等。

承销团成员应当是中国境内依法成立的金融机构，经营范围包括债券承销，财务稳健，资本充足率、偿付能力或者净资本状况等指标达到监管标准，具有较强的风险防控能力。除外国银行分行外，其他机构应当具备独立法人资格；外国银行分行参与承销地方政府债券，应当取得其总行对该事项的书面授权。

第二十一条 地方财政部门应当按照有关法律法规，在平等自愿基础上与地方政府债券承销团成员签署债券承销协议，明确双方权利和义务。承销团成员可以书面委托其分支机构代理签署并履行债券承销协议。地方财政部门可以在承销团成员中择优选择主承销商，主承销商发挥承销主力作用。

第二十二条 地方财政部门应当规范承销团管理，定期开展承销团考评，完善退出和增补机制，实现权利义务相匹配。

第二十三条 地方政府债券发行可以采用承销、招标等方式。

第二十四条 地方财政部门采用承销方式发行地方政府债券，应当与主承销商协商确定承销规则，明确承销方式和募集原则等。地方财政部门与主承销商协商确定利率（价格）区间，各承销商在规定时间内报送申购利率（价格）和数量意愿，按事先确定的定价和配售规则确定最终发行利率（价格）和各承销商债券承销额。

第二十五条 地方财政部门采用招标方式发行地方政府债券，应当科学制定招标规则，明确招标方式和中标原则，合理设定投标比例、承销比例等技术参数。地方财政部门通过财政部规定的电子招标系统，要求各承销商通过该系统在规定时间报送投标利率及投标额，按地方财政部门制定的招标发行规则，确定债券发行利率及各承销商债券中标额。地方财政部门可结合市场情况和自身需要，采用弹性招标方式发行地方政府债券。

第二十六条 地方财政部门应当按照财政部有关规定积极通过商业银行柜台市场发行地方政府债券，不断拓宽地方政府债券发行渠道，便利个人和非金融机构投资选择。

第二十七条 除财政部另有规定外，地方政府债券应当在中央国债登记结算有限责任公司办理总登记托管，在国家规定的登记托管机构办理分登记托管。地方政府债券在全国银行间债券市场（商业银行柜台市场除外）、证券交易所债券市场均实行一级托管，各类投资者直接在登记托管机构开立债券账户，实行穿透式管理。发行结束后，按有关规定及时上市交易。

第二十八条 发行服务机构、登记结算机构、代理还本付息机构等应当与地方财政部门商定合理的发行费用标准，原则上不得高于非政府债券标准。发行服务机构、登记结算机构、代理还本付息机构拟修改或新增收费标准的，应当提前报财政部核准后实施。

第五章 相关机构职责

第二十九条 地方财政部门应当加强地方政府债券发行现场管理，确保在发行定价过程中，不得有违反公平竞争、进行利益输送、谋取不正当利益以及其他破坏市场秩序的行为。

地方财政部门和地方政府债券发行服务机构应当按照地方政府债券发行现场管理有关规定，对发行现场的人员出入登记、通讯设备存放、无线电屏蔽和电话录音等方面进行严格管理。如遇特殊情况，应当及时向财政部报告。

第三十条 地方政府债券发行服务机构应当建立健全债券发行服务制度，优化发行服务工作流程，做好发行系统维护工作，强化内部控制，不断提升发行服务水平。

第三十一条 地方政府债券市场基础设施应当在财政部指导下，积极配合做好地方政府债券收益率曲线编制等工作。

第三十二条 地方政府债券市场基础设施应当加强市场跟踪分析，及时向财政部门报送数据信息及市场分析报告。

第三十三条 地方财政部门应当积极推动扩大地方政府债券投资者范围，鼓励各类机构投资者和个人投资者在符合法律法规等相关规定的前提下投资地方政府债券。

各交易场所和市场服务机构应当不断完善地方政府债券现券交易、回购、质押安排，促进地方政府债券流动性改善。鼓励各类机构在回购交易中更多接受地方政府债券作为质押品。

第六章　监督检查

第三十四条 财政部各地监管局应当加强对地方政府债券的监督检查，规范地方政府债券的发行、资金使用和偿还等行为。

第三十五条 登记结算机构、承销团成员、信用评级机构等第三方专业机构和人员应当勤勉尽责，严格遵守职业规范和相关规则，对弄虚作假、存在违法违规行为的，财政部将向地方财政部门通报。地方财政部门在组建承销团或选择第三方专业机构参与地方政府债券相关工作时，应当予以负面考虑。涉嫌犯罪的，依法移送有关国家机关处理。

第三十六条 地方财政部门应当按规定及时向财政部报送本地区地方政府债券发行计划。地方政府债券发行兑付过程中出现重大事项及时向财政部报告。

第七章　附则

第三十七条 本办法自 2021 年 1 月 1 日起施行。

关于试点发展项目收益与融资自求平衡的地方政府专项债券品种的通知

财预〔2017〕89 号

各省、自治区、直辖市、计划单列市财政厅（局）：

为落实《中华人民共和国预算法》和《国务院关于加强地方政府性债务管理的意

见》（国发〔2014〕43号）精神，健全规范的地方政府举债融资机制，经十二届全国人大五次会议审议批准，完善地方政府专项债券（以下简称专项债券）管理，加快按照地方政府性基金收入项目分类发行专项债券步伐，发挥政府规范举债促进经济社会发展的积极作用。现将有关事项通知如下：

一、政策目标

坚持以推进供给侧结构性改革为主线，围绕健全规范的地方政府举债融资机制，依法完善专项债券管理，指导地方按照本地区政府性基金收入项目分类发行专项债券，着力发展实现项目收益与融资自求平衡的专项债券品种，加快建立专项债券与项目资产、收益相对应的制度，打造立足我国国情、从我国实际出发的地方政府“市政项目收益债”，防范化解地方政府专项债务风险，深化财政与金融互动，引导社会资本加大投入，保障重点领域合理融资需求，更好地发挥专项债券对地方稳增长、促改革、调结构、惠民生、防风险的支持作用。

二、主要内容

（一）依法安排专项债券规模

严格执行法定限额管理，地方政府专项债务余额不得突破专项债务限额。各地试点分类发行专项债券的规模，应当在国务院批准的本地区专项债务限额内统筹安排，包括当年新增专项债务限额、上年末专项债务余额低于限额的部分。

（二）科学制定实施方案

各省、自治区、直辖市、计划单列市（以下简称省级）财政部门负责制定分类发行专项债券试点工作实施方案，重点明确专项债券对应的项目概况、项目预期收益和融资平衡方案、分年度融资计划、年度拟发行专项债券规模和期限、发行计划安排等事项。分类发行专项债券建设的项目，应当能够产生持续稳定的反映为政府性基金收入或专项收入的现金流收入，且现金流收入应当能够完全覆盖专项债券还本付息的规模。

（三）加强部门协调配合

省级财政部门负责按照专项债务管理规定，审核确定分类发行专项债券实施方案和管理办法，组织做好信息披露、信用评级、资产评估等工作。行业主管部门、项目单位负责配合做好专项债券发行准备工作，包括制定项目收益和融资平衡方案、提供必需的项目信息等，合理评估分类发行专项债券对应项目风险，切实履行项目管理责任。

（四）明确市县管理责任

市县级政府确需举借相关专项债务的，依法由省级政府代为分类发行专项债券、转贷市县使用。专项债券可以对应单一项目发行，也可以对应同一地区多个项目集合发行，具体由市县级财政部门会同有关部门提出建议，报省级财政部门确定。市县级政府及其部门负责承担专项债券的发行前期准备、使用管理、还本付息、信息公开等工作。相关专项债券原则上冠以“××年××省、自治区、直辖市（本级或××市、县）××专项债券（×期）——×年××省、自治区、直辖市政府专项债券（×期）”名称。

（五）推进债券信息公开

分类发行专项债券的地方政府应当及时披露专项债券及其项目信息。财政部门应当在门户网站等及时披露专项债券对应的项目概况、项目预期收益和融资平衡方案、专项债券规模和期限、发行计划安排、还本付息等信息。行业主管部门和项目单位应当及时披露项目进度、专项债券资金使用情况等信息。

（六）强化对应资产管理

省级财政部门应当按照财政部统一要求同步组织建立专项债券对应资产的统计报告制度。地方各级财政部门应当会同行业主管部门、项目单位等加强专项债券项目对应资产管理，严禁将专项债券对应的资产用于为融资平台公司等企业融资提供任何形式的担保。

（七）严格项目偿债责任

专项债券对应的项目取得的政府性基金或专项收入，应当按照该项目对应的专项债券余额统筹安排资金，专门用于偿还到期债券本金，不得通过其他项目对应的项目收益偿还到期债券本金。因项目取得的政府性基金或专项收入暂时难以实现，不能偿还到期债券本金时，可在专项债务限额内发行相关专项债券周转偿还，项目收入实现后予以归还。

三、工作安排

（一）选择重点领域先行试点

2017 年优先选择土地储备、政府收费公路 2 个领域在全国范围内开展试点。鼓励有条件的地方立足本地区实际，围绕省（自治区、直辖市）党委、政府确定的重大战略，积极探索在有一定收益的公益性事业领域分类发行专项债券，以对应的政府性基金或专项收入偿还，项目成熟一个、推进一个。

（二）明确管理程序和时间安排

各地在国务院批准的专项债务限额内发行土地储备、政府收费公路专项债券的，按照财政部下达的额度及制定的统一办法执行。除土地储备、收费公路额度外，各地利用新增专项债务限额，以及利用上年末专项债务限额大于余额的部分自行选择重点项目试点分类发行专项债券的，由省级政府制定实施方案以及专项债券管理办法，提前报财政部备案后组织实施。为加快支出进度，实施方案应当于每年9月底前提交财政部。

试点发展项目收益与融资自求平衡的地方政府专项债券品种，是专项债务限额内依法开好“前门”、保障重点领域合理融资需求、支持地方经济社会可持续发展的重要管理创新，也有利于遏制违法违规融资担保行为、防范地方政府债务风险，机制新、任务重、工作量大。请你省（自治区、直辖市、计划单列市）高度重视，将其作为贯彻落实党中央、国务院精神，防控政府债务风险的重要工作，加强组织协调，充实人员配备，狠抓贯彻落实，确保工作取得实效。

特此通知。

附件：1. 实施方案参考框架；

2. ××专项债券募集资金管理办法参考框架。

财政部

2017年6月2日

附件1：

实施方案参考框架

包括但不限于以下内容：

一、公益性事业领域项目（以下简称项目）主要内容；

二、项目重大经济社会效益分析，尤其是积极践行“创新、协调、绿色、开放、共享”新发展理念，促进地方经济社会可持续发展分析；

三、项目投资额、自有资本金及资本金到位情况、已有融资情况、项目建设计划及现状；

四、项目预期收益涉及的相关收费政策内容、收费政策合法合规依据、覆盖群体分布、预计产生反映为政府性基金收入或专项收入的稳定现金流收益规模分析（应当由独立第三方专业机构进行评估，并出具专项评估意见）；

五、项目预期收益、支出以及融资平衡情况（应当由独立第三方专业机构进行评估，并出具专项评估意见）；

六、项目融资计划，包括项目发行地方政府专项债券募集资金计划、分年专项债券发行规模和期限安排、专项债券投资者保护措施；

七、潜在影响项目收益和融资平衡结果的各种风险评估；

八、其他需要说明的事项。

附件 2：

××专项债券募集资金管理办法参考框架

应当根据项目实施方案，参考《地方政府专项债务预算管理办法》（财预〔2016〕155 号）、《地方政府土地储备专项债券管理办法（试行）》（财预〔2017〕62 号）等制定。主要包括但不限于总则、预算编制、监督管理、职能分工、附则等内容。

关于印发《地方政府土地储备专项债券管理办法（试行）》的通知

财预〔2017〕62 号

各省、自治区、直辖市、计划单列市财政厅（局）、各省级国土资源主管部门：

根据《中华人民共和国预算法》和《国务院关于加强地方政府性债务管理的意见》（国发〔2014〕43 号）等有关规定，为完善地方政府专项债券管理，逐步建立专项债券与项目资产、收益对应的制度，有效防范专项债务风险，2017 年先从土地储备领域开展试点，发行土地储备专项债券，规范土地储备融资行为，促进土地储备事业持续健康发展，今后逐步扩大范围。为此，我们研究制订了《地方政府土地储备专项债券管理办法（试行）》。

2017 年土地储备专项债券额度已经随同 2017 年分地区地方政府专项债务限额下达，请你们在本地区土地储备专项债券额度内组织做好土地储备专项债券额度管理、预算编制和执行等工作，尽快发挥债券资金效益。

现将《地方政府土地储备专项债券管理办法（试行）》印发给你们，请遵照执行。

附件：地方政府土地储备专项债券管理办法（试行）

财政部国土资源部
2017 年 5 月 16 日

附件：

地方政府土地储备专项债券管理办法（试行）

第一章　总则

第一条　为完善地方政府专项债券管理，规范土地储备融资行为，建立土地储备专项债券与项目资产、收益对应的制度，促进土地储备事业持续健康发展，根据《中华人民共和国预算法》和《国务院关于加强地方政府性债务管理的意见》（国发〔2014〕43 号）等有关规定，制订本办法。

第二条　本办法所称土地储备，是指地方政府为调控土地市场、促进土地资源合理利用，依法取得土地，进行前期开发、储存以备供应土地的行为。

土地储备由纳入国土资源部名录管理的土地储备机构负责实施。

第三条　本办法所称地方政府土地储备专项债券（以下简称土地储备专项债券）是地方政府专项债券的一个品种，是指地方政府为土地储备发行，以项目对应并纳入政府性基金预算管理的国有土地使用权出让收入或国有土地收益基金收入（以下统称土地出让收入）偿还的地方政府专项债券。

第四条　地方政府为土地储备举借、使用、偿还债务适用本办法。

第五条　地方政府为土地储备举借债务采取发行土地储备专项债券方式。省、自治区、直辖市政府（以下简称省级政府）为土地储备专项债券的发行主体。设区的市、自治州，县、自治县、不设区的市、市辖区级政府（以下简称市县级政府）确需发行土地储备专项债券的，由省级政府统一发行并转贷给市县级政府。经省级政府批准，计划单列市政府可以自办发行土地储备专项债券。

第六条　发行土地储备专项债券的土地储备项目应当有稳定的预期偿债资金来源，对应的政府性基金收入应当能够保障偿还债券本金和利息，实现项目收益和融资自求平衡。

第七条 土地储备专项债券纳入地方政府专项债务限额管理。土地储备专项债券收入、支出、还本、付息、发行费用等纳入政府性基金预算管理。

第八条 土地储备专项债券资金由财政部门纳入政府性基金预算管理，并由纳入国土资源部名录管理的土地储备机构专项用于土地储备，任何单位和个人不得截留、挤占和挪用，不得用于经常性支出。

第二章 额度管理

第九条 财政部在国务院批准的年度地方政府专项债务限额内，根据土地储备融资需求、土地出让收入状况等因素，确定年度全国土地储备专项债券总额度。

第十条 各省、自治区、直辖市年度土地储备专项债券额度应当在国务院批准的分地区专项债务限额内安排，由财政部下达各省级财政部门，抄送国土资源部。

第十一条 省、自治区、直辖市年度土地储备专项债券额度不足或者不需使用的部分，由省级财政部门会同国土资源部门于每年 8 月底前向财政部提出申请。财政部可以在国务院批准的该地区专项债务限额内统筹调剂额度并予批复，抄送国土资源部。

第三章 预算编制

第十二条 县级以上地方各级土地储备机构应当根据土地市场情况和下一年度土地储备计划，编制下一年度土地储备项目收支计划，提出下一年度土地储备资金需求，报本级国土资源部门审核、财政部门复核。市县级财政部门将复核后的下一年度土地储备资金需求，经本级政府批准后于每年 9 月底前报省级财政部门，抄送省级国土资源部门。

第十三条 省级财政部门会同本级国土资源部门汇总审核本地区下一年度土地储备专项债券需求，随同增加举借专项债务和安排公益性资本支出项目的建议，经省级政府批准后于每年 10 月底前报送财政部。

第十四条 省级财政部门在财政部下达的本地区土地储备专项债券额度内，根据市县近三年土地出让收入情况、市县申报的土地储备项目融资需求、专项债务风险、项目期限、项目收益和融资平衡情况等因素，提出本地区年度土地储备专项债券额度分配方案，报省级政府批准后将分配市县的额度下达各市县级财政部门，并抄送省级国土资源部门。

第十五条 市县级财政部门应当在省级财政部门下达的土地储备专项债券额度内，会同本级国土资源部门提出具体项目安排建议，连同年度土地储备专项债券发行建议报省级财政部门备案，抄送省级国土资源部门。

第十六条 增加举借的土地储备专项债券收入应当列入政府性基金预算调整方案。包括：

（一）省级政府在财政部下达的年度土地储备专项债券额度内发行专项债券收入；

（二）市县级政府收到的上级政府转贷土地储备专项债券收入。

第十七条　增加举借土地储备专项债券安排的支出应当列入预算调整方案，包括本级支出和转贷下级支出。土地储备专项债券支出应当明确到具体项目，在地方政府债务管理系统中统计，纳入财政支出预算项目库管理。

地方各级国土资源部门应当建立土地储备项目库，项目信息应当包括项目名称、地块区位、储备期限、项目投资计划、收益和融资平衡方案、预期土地出让收入等情况，并做好与地方政府债务管理系统的衔接。

第十八条　土地储备专项债券还本支出应当根据当年到期土地储备专项债券规模、土地出让收入等因素合理预计、妥善安排，列入年度政府性基金预算草案。

第十九条　土地储备专项债券利息和发行费用应当根据土地储备专项债券规模、利率、费率等情况合理预计，列入政府性基金预算支出统筹安排。

第二十条　土地储备专项债券收入、支出、还本付息、发行费用应当按照《地方政府专项债务预算管理办法》（财预〔2016〕155 号）规定列入相关预算科目。

第四章　预算执行和决算

第二十一条　省级财政部门应当根据本级人大常委会批准的预算调整方案，结合市县级财政部门会同本级国土资源部门提出的年度土地储备专项债券发行建议，审核确定年度土地储备专项债券发行方案，明确债券发行时间、批次、规模、期限等事项。

市县级财政部门应当会同本级国土资源部门、土地储备机构做好土地储备专项债券发行准备工作。

第二十二条　地方各级国土资源部门、土地储备机构应当配合做好本地区土地储备专项债券发行准备工作，及时准确提供相关材料，配合做好信息披露、信用评级、土地资产评估等工作。

第二十三条　土地储备专项债券应当遵循公开、公平、公正原则采取市场化方式发行，在银行间债券市场、证券交易所市场等交易场所发行和流通。

第二十四条　土地储备专项债券应当统一命名格式，冠以“××年××省、自治区、直辖市（本级或××市、县）土地储备专项债券（×期）——××年××省、自治区、直辖市政府专项债券（×期）”名称，具体由省级财政部门商省级国土资源部门确定。

第二十五条　土地储备专项债券的发行和使用应当严格对应到项目。根据土地储备项目区位特点、实施期限等因素，土地储备专项债券可以对应单一项目发行，也可以对应同一地区多个项目集合发行，具体由市县级财政部门会同本级国土资源部门、土地储备机构提出建议，报省级财政部门确定。

第二十六条 土地储备专项债券期限应当与土地储备项目期限相适应，原则上不超过 5 年，具体由市县级财政部门会同本级国土资源部门、土地储备机构根据项目周期、债务管理要求等因素提出建议，报省级财政部门确定。

土地储备专项债券发行时，可以约定根据土地出让收入情况提前偿还债券本金的条款。鼓励地方政府通过结构化创新合理设计债券期限结构。

第二十七条 省级财政部门应当按照合同约定，及时偿还土地储备专项债券到期本金、利息以及支付发行费用。市县级财政部门应当及时向省级财政部门缴纳本地区或本级应当承担的还本付息、发行费用等资金。

第二十八条 土地储备项目取得的土地出让收入，应当按照该项目对应的土地储备专项债券余额统筹安排资金，专门用于偿还到期债券本金，不得通过其他项目对应的土地出让收入偿还到期债券本金。

因储备土地未能按计划出让、土地出让收入暂时难以实现，不能偿还到期债券本金时，可在专项债务限额内发行土地储备专项债券周转偿还，项目收入实现后予以归还。

第二十九条 年度终了，县级以上地方各级财政部门应当会同本级国土资源部门、土地储备机构编制土地储备专项债券收支决算，在政府性基金预算决算报告中全面、准确反映土地储备专项债券收入、安排的支出、还本付息和发行费用等情况。

第五章 监督管理

第三十条 地方各级财政部门应当会同本级国土资源部门建立和完善相关制度，加强对本地区土地储备专项债券发行、使用、偿还的管理和监督。

第三十一条 地方各级国土资源部门应当加强对土地储备项目的管理和监督，保障储备土地按期上市供应，确保项目收益和融资平衡。

第三十二条 地方各级政府不得以土地储备名义为非土地储备机构举借政府债务，不得通过地方政府债券以外的任何方式举借土地储备债务，不得以储备土地为任何单位和个人的债务以任何方式提供担保。

第三十三条 地方各级土地储备机构应当严格储备土地管理，切实理清土地产权，按照有关规定完成土地登记，及时评估储备土地资产价值。县级以上地方各级国土资源部门应当履行国有资产运营维护责任。

第三十四条 地方各级土地储备机构应当加强储备土地的动态监管和日常统计，及时在土地储备监测监管系统中填报相关信息，获得相应电子监管号，反映土地储备专项债券运行情况。

第三十五条 地方各级土地储备机构应当及时在土地储备监测监管系统填报相关信息，反映土地储备专项债券使用情况。

第三十六条　财政部驻各地财政监察专员办事处对土地储备专项债券额度、发行、使用、偿还等进行监督，发现违反法律法规和财政管理、土地储备资金管理等政策规定的行为，及时报告财政部，抄送国土资源部。

第三十七条　违反本办法规定情节严重的，财政部可以暂停其地方政府专项债券发行资格。违反法律、行政法规的，依法追究有关人员责任；涉嫌犯罪的，移送司法机关依法处理。

第六章　职责分工

第三十八条　财政部负责牵头制定和完善土地储备专项债券管理制度，下达分地区土地储备专项债券额度，对地方土地储备专项债券管理实施监督。

国土资源部配合财政部加强土地储备专项债券管理，指导和监督地方国土资源部门做好土地储备专项债券管理相关工作。

第三十九条　省级财政部门负责本地区土地储备专项债券额度管理和预算管理、组织做好债券发行、还本付息等工作，并按照专项债务风险防控要求审核项目资金需求。

省级国土资源部门负责审核本地区土地储备规模和资金需求（含成本测算等），组织做好土地储备项目库与地方政府债务管理系统的衔接，配合做好本地区土地储备专项债券发行准备工作。

第四十条　市县级财政部门负责按照政府债务管理要求并根据本级国土资源部门建议以及专项债务风险、土地出让收入等因素，复核本地区土地储备资金需求，做好土地储备专项债券额度管理、预算管理、发行准备、资金监管等工作。

市县级国土资源部门负责按照土地储备管理要求并根据土地储备规模、成本等因素，审核本地区土地储备资金需求，做好土地储备项目库与政府债务管理系统的衔接，配合做好土地储备专项债券发行各项准备工作，监督本地区土地储备机构规范使用土地储备专项债券资金，合理控制土地出让节奏并做好与对应的专项债券还本付息的衔接，加强对项目实施情况的监控。

第四十一条　土地储备机构负责测算提出土地储备资金需求，配合提供土地储备专项债券发行相关材料，规范使用土地储备专项债券资金，提高资金使用效益。

第七章　附则

第四十二条　省、自治区、直辖市财政部门可以根据本办法规定，结合本地区实际制定实施细则。

第四十三条　本办法由财政部会同国土资源部负责解释。

第四十四条　本办法自印发之日起实施。

关于印发《地方政府收费公路专项债券管理办法（试行）》的通知

财预〔2017〕97 号

各省、自治区、直辖市、计划单列市财政厅（局）、交通运输厅（局）：

根据《中华人民共和国预算法》和《国务院关于加强地方政府性债务管理的意见》（国发〔2014〕43 号）等有关规定，为完善地方政府专项债券管理，逐步建立专项债券与项目资产、收益对应的制度，有效防范专项债务风险，2017 年在政府收费公路领域开展试点，发行收费公路专项债券，规范政府收费公路融资行为，促进政府收费公路事业持续健康发展，今后逐步扩大范围。为此，我们研究制订了《地方政府收费公路专项债券管理办法（试行）》。

2017 年收费公路专项债券额度已经随同 2017 年分地区地方政府专项债务限额下达，请你们在本地区收费公路专项债券额度内组织做好收费公路专项债券额度管理、预算编制和执行等工作，尽快发挥债券资金效益。

现将《地方政府收费公路专项债券管理办法（试行）》印发给你们，请遵照执行。

附件：地方政府收费公路专项债券管理办法（试行）

财政部交通运输部
2017 年 6 月 26 日

附件：

地方政府收费公路专项债券管理办法（试行）

第一章　总则

第一条　为完善地方政府专项债券管理，规范政府收费公路融资行为，建立收费公路专项债券与项目资产、收益对应的制度，促进政府收费公路事业持续健康发展，根据《中华人民共和国预算法》、《中华人民共和国公路法》和《国务院关于加强地方政府性债务管理的意见》（国发〔2014〕43 号）等有关规定，制订本办法。

第二条　本办法所称的政府收费公路，是指根据相关法律法规，采取政府收取车辆通行费等方式偿还债务而建设的收费公路，主要包括国家高速公路、地方高速公路及收费一级公路等。

第三条　本办法所称地方政府收费公路专项债券（以下简称收费公路专项债券）是地方政府专项债券的一个品种，是指地方政府为发展政府收费公路举借，以项目对应并纳入政府性基金预算管理的车辆通行费收入、专项收入偿还的地方政府专项债券。

前款所称专项收入包括政府收费公路项目对应的广告收入、服务设施收入、收费公路权益转让收入等。

第四条　地方政府为政府收费公路发展举借、使用、偿还债务适用本办法。

第五条　地方政府为政府收费公路发展举借债务采取发行收费公路专项债券方式。省、自治区、直辖市政府（以下简称省级政府）为收费公路专项债券的发行主体。设区的市、自治州，县、自治县、不设区的市、市辖区级政府（以下简称市县级政府）确需发行收费公路专项债券的，由省级政府统一发行并转贷给市县级政府。经省级政府批准，计划单列市政府可以自办发行收费公路专项债券。

第六条　发行收费公路专项债券的政府收费公路项目应当有稳定的预期偿债资金来源，对应的政府性基金收入应当能够保障偿还债券本金和利息，实现项目收益和融资自求平衡。

第七条　收费公路专项债券纳入地方政府专项债务限额管理。收费公路专项债券收入、支出、还本、付息、发行费用等纳入政府性基金预算管理。

第八条　收费公路专项债券资金应当专项用于政府收费公路项目建设，优先用于国家高速公路项目建设，重点支持“一带一路”、京津冀协同发展、长江经济带三大战略规划的政府收费公路项目建设，不得用于非收费公路项目建设，不得用于经常性支出和公路养护支出。任何单位和个人不得截留、挤占和挪用收费公路专项债券资金。

第二章　额度管理

第九条　财政部在国务院批准的年度地方政府专项债务限额内，根据政府收费公路建设融资需求、纳入政府性基金预算管理的车辆通行费收入和专项收入状况等因素，确定年度全国收费公路专项债券总额度。

第十条　各省、自治区、直辖市年度收费公路专项债券额度应当在国务院批准的分地区专项债务限额内安排，由财政部下达各省级财政部门，抄送交通运输部。

第十一条 省、自治区、直辖市年度收费公路专项债券额度不足或者不需使用的部分，由省级财政部门会同交通运输部门于每年 7 月底前向财政部提出申请。财政部可以在国务院批准的该地区专项债务限额内统筹调剂额度并予批复，抄送交通运输部。

第十二条 省级财政部门应当加强对本地区收费公路专项债券额度使用情况的监控。

第三章　预算编制

第十三条 省级交通运输部门应当根据本地区政府收费公路发展规划、中央和地方财政资金投入、未来经营收支预测等，组织编制下一年度政府收费公路收支计划，结合纳入政府性基金预算管理的车辆通行费收入和专项收入、项目收益和融资平衡情况等因素，测算提出下一年度收费公路专项债券需求，于每年 9 月底前报送省级财政部门。

市县级交通运输部门确需使用收费公路专项债券资金的，应当及时测算提出本地区下一年度收费公路专项债券需求，提交同级财政部门审核，经同级政府批准后报送省级交通运输部门。

第十四条 省级财政部门汇总审核本地区下一年度收费公路专项债券需求，随同增加举借专项债务和安排公益性资本支出项目的建议，报经省级政府批准后于每年 10 月底前报送财政部、交通运输部。

第十五条 交通运输部结合国家公路发展规划、各地公路发展实际和完善路网的现实需求、车辆购置税专项资金投资政策等，对各地区下一年度收费公路专项债券项目和额度提出建议，报财政部。

第十六条 省级财政部门应当在财政部下达的本地区收费公路专项债券额度内，根据省级和市县级政府纳入政府性基金预算管理的车辆通行费收入和专项收入情况、政府收费公路建设融资需求、专项债务风险、项目期限结构及收益平衡情况等因素，提出本地区年度收费公路专项债券额度分配方案，报省级政府批准后，将分配市县的额度下达各市县级财政部门，并抄送省级交通运输部门。

省级交通运输部门应当及时向本级财政部门提供政府收费公路建设项目的相关信息，便于财政部门科学合理分配收费公路专项债券额度。

第十七条 县级以上地方各级财政部门应当在上级下达的收费公路专项债券额度内，会同本级交通运输部门提出具体项目安排建议。

第十八条 增加举借的收费公路专项债券收入应当列入政府性基金预算调整方案。包括：

（一）省级政府在财政部下达的年度收费公路专项债券额度内发行专项债券收入；

（二）市县级政府收到的上级政府转贷收费公路专项债券收入。

第十九条　增加举借收费公路专项债券安排的支出应当列入预算调整方案，包括本级支出和转贷下级支出。收费公路专项债券支出应当明确到具体项目，在地方政府债务管理系统中统计，纳入财政支出预算项目库管理。

地方各级交通运输部门应当建立政府收费公路项目库，项目信息应当包括项目名称、立项依据、通车里程、建设期限、项目投资计划、收益和融资平衡方案、车辆购置税等一般公共预算收入安排的补助、车辆通行费征收标准及期限、预期专项收入等情况，并做好与地方政府债务管理系统的衔接。

第二十条　收费公路专项债券还本支出应当根据当年到期收费公路专项债务规模、车辆通行费收入、对应专项收入等因素合理预计、妥善安排，列入年度政府性基金预算草案。

第二十一条　收费公路专项债券利息和发行费用应当根据收费公路专项债券规模、利率、费率等情况合理预计，列入政府性基金预算支出统筹安排。

第二十二条　收费公路专项债券对应项目形成的广告收入、服务设施收入等专项收入，应当全部纳入政府性基金预算收入，除根据省级财政部门规定支付必需的日常运转经费外，专门用于偿还收费公路专项债券本息。

第二十三条　收费公路专项债券收入、支出、还本付息、发行费用应当按照《地方政府专项债务预算管理办法》（财预〔2016〕155号）规定列入相关预算科目。按照本办法第二十二条规定纳入政府性基金预算收入的专项收入，应当列入“专项债券项目对应的专项收入”下的“政府收费公路专项债券对应的专项收入”科目，在政府性基金预算收入合计线上反映。

第四章　预算执行和决算

第二十四条　省级财政部门应当根据本级人大常委会批准的预算调整方案，结合省级交通运输部门提出的年度收费公路专项债券发行建议，审核确定年度收费公路专项债券发行方案，明确债券发行时间、批次、规模、期限等事项。

市县级财政部门应当会同本级交通运输部门做好收费公路专项债券发行准备工作。

第二十五条　地方各级交通运输部门应当配合做好本地区政府收费公路专项债券发行准备工作，及时准确提供相关材料，配合做好信息披露、信用评级、资产评估等工作。

第二十六条　收费公路专项债券应当遵循公开、公平、公正原则采取市场化方式发行，在银行间债券市场、证券交易所市场等场所发行和流通。

第二十七条 收费公路专项债券应当统一命名格式，冠以“××年××省、自治区、直辖市（本级或××市、县）收费公路专项债券（×期）——××年××省、自治区、直辖市政府专项债券（×期）”名称，具体由省级财政部门商省级交通运输部门确定。

第二十八条 收费公路专项债券的发行和使用应当严格对应到项目。根据政府收费公路相关性、收费期限等因素，收费公路专项债券可以对应单一项目发行，也可以对应一个地区的多个项目集合发行，具体由省级财政部门会同省级交通运输部门确定。

第二十九条 收费公路专项债券期限应当与政府收费公路收费期限相适应，原则上单次发行不超过15年，具体由省级财政部门会同省级交通运输部门根据项目建设、运营、回收周期和债券市场状况等因素综合确定。

收费公路专项债券发行时，可以约定根据车辆通行费收入情况提前或延迟偿还债券本金的条款。鼓励地方政府通过结构化创新合理设计债券期限结构。

第三十条 省级财政部门应当会同交通运输部门及时向社会披露收费公路专项债券相关信息，包括收费公路专项债券规模、期限、利率、偿债计划及资金来源、项目名称、收益和融资平衡方案、建设期限、车辆通行费征收标准及期限等。省级交通运输部门应当积极配合提供相关材料。

省级交通运输部门应当于每年6月底前披露截至上一年度末收费公路专项债券对应项目的实施进度、债券资金使用等情况。

第三十一条 政府收费公路项目形成的专项收入，应当全部上缴国库。县级以上地方各级交通运输部门应当履行项目运营管理责任，加强成本控制，确保车辆通行费收入和项目形成的专项收入应收尽收，并按规定及时足额缴入国库。

第三十二条 省级财政部门应当按照合同约定，及时偿还收费公路专项债券到期本金、利息以及支付发行费用。市县级财政部门应当及时向省级财政部门缴纳本地区或本级应当承担的还本付息、发行费用等资金。

第三十三条 年度终了，县级以上地方各级财政部门应当会同本级交通运输部门编制收费公路专项债券收支决算，在政府性基金预算决算报告中全面、准确反映收费公路专项债券收入、安排的支出、还本付息和发行费用等情况。

第五章 监督管理

第三十四条 地方各级财政部门应当会同本级交通运输部门建立和完善相关制度，加强对本地区收费公路专项债券发行、使用、偿还的管理和监督。

第三十五条　地方各级交通运输部门应当加强收费公路专项债券对应项目的管理和监督，确保项目收益和融资平衡。

第三十六条　地方各级财政部门、交通运输部门不得通过企事业单位举借债务，不得通过地方政府债券以外的任何方式举借债务，不得为任何单位和个人的债务以任何方式提供担保。

第三十七条　地方各级财政部门应当会同本级交通运输部门，将收费公路专项债券对应项目形成的基础设施资产纳入国有资产管理。建立收费公路专项债券对应项目形成的资产登记和统计报告制度，加强资产日常统计和动态监控。县级以上地方各级交通运输部门及相关机构应当认真履行资产运营维护责任，并做好资产的会计核算管理工作。收费公路专项债券对应项目形成的基础设施资产和收费公路权益，应当严格按照债券发行时约定的用途使用，不得用于抵质押。

第三十八条　财政部驻各地财政监察专员办事处对收费公路专项债券额度、发行、使用、偿还等进行监督，发现违反法律法规和财政管理、收费公路等政策规定的行为，及时报告财政部，抄送交通运输部。

第三十九条　违反本办法规定情节严重的，财政部可以暂停其发行地方政府专项债券。违反法律、行政法规的，依法依规追究有关人员责任；涉嫌犯罪的，移送司法机关依法处理。

第四十条　各级财政部门、交通运输部门在地方政府收费公路专项债券监督和管理工作中，存在滥用职权、玩忽职守、徇私舞弊等违法违纪行为的，按照《中华人民共和国预算法》《公务员法》《行政监察法》《财政违法行为处罚处分条例》等国家有关规定追究相应责任；涉嫌犯罪的，移送司法机关处理。

第六章　职责分工

第四十一条　财政部负责牵头制定和完善收费公路专项债券管理制度，下达分地区收费公路专项债券额度，对地方收费公路专项债券管理实施监督。

交通运输部配合财政部加强收费公路专项债券管理，指导和监督地方交通运输部门做好收费公路专项债券管理相关工作。

第四十二条　省级财政部门负责本地区收费公路专项债券额度管理和预算管理，组织做好债券发行、还本付息等工作，并按照专项债务风险防控要求审核项目资金需求。

省级交通运输部门负责审核汇总本地区国家公路网规划、省级公路网规划建设的政府收费公路资金需求，组织做好政府收费公路项目库与地方政府债务管理系统的衔接，配合做好本地区收费公路专项债券各项发行准备工作，规范使用收费公路专项债券资金，组织有关单位及时足额缴纳车辆通行费收入、相关专项收入等。

第四十三条 市县级政府规划建设政府收费公路确需发行专项债券的，市县级财政部门、交通运输部门应当参照省级相关部门职责分工，做好收费公路专项债券以及对应项目管理相关工作。

第七章 附则

第四十四条 省、自治区、直辖市财政部门可以根据本办法规定，结合本地区实际制定实施细则。

第四十五条 本办法由财政部会同交通运输部负责解释。

第四十六条 本办法自印发之日起实施。

关于印发《试点发行地方政府棚户区改造专项债券管理办法》的通知

财预〔2018〕28 号

各省、自治区、直辖市、计划单列市财政厅（局），住房城乡建设厅（局、委）：

按照党中央、国务院有关精神和要求，根据《中华人民共和国预算法》《国务院关于加强地方政府性债务管理的意见》（国发〔2014〕43 号）等有关规定，为完善地方政府专项债券管理，规范棚户区改造融资行为，坚决遏制地方政府隐性债务增量，2018 年在棚户区改造领域开展试点，有序推进试点发行地方政府棚户区改造专项债券工作，探索建立棚户区改造专项债券与项目资产、收益相对应的制度，发挥政府规范适度举债改善群众住房条件的积极作用，我们研究制订了《试点发行地方政府棚户区改造专项债券管理办法》。现予以印发，请遵照执行。

附件：试点发行地方政府棚户区改造专项债券管理办法

财政部住房城乡建设部
2018 年 3 月 1 日

附件：

试点发行地方政府棚户区改造专项债券管理办法

第一章　总则

第一条　为完善地方政府专项债券管理，规范棚户区改造融资行为，坚决遏制地方政府隐性债务增量，有序推进试点发行地方政府棚户区改造专项债券工作，探索建立棚户区改造专项债券与项目资产、收益相对应的制度，发挥政府规范适度举债改善群众住房条件的积极作用，根据《中华人民共和国预算法》《国务院关于加强地方政府性债务管理的意见》（国发〔2014〕43 号）等有关规定，制订本办法。

第二条　本办法所称棚户区改造，是指纳入国家棚户区改造计划，依法实施棚户区征收拆迁、居民补偿安置以及相应的腾空土地开发利用等的系统性工程，包括城镇棚户区（含城中村、城市危房）、国有工矿（含煤矿）棚户区、国有林区（场）棚户区和危旧房、国有垦区危房改造项目等。

第三条　本办法所称地方政府棚户区改造专项债券（以下简称棚改专项债券）是地方政府专项债券的一个品种，是指遵循自愿原则、纳入试点的地方政府为推进棚户区改造发行，以项目对应并纳入政府性基金预算管理的国有土地使用权出让收入、专项收入偿还的地方政府专项债券。

前款所称专项收入包括属于政府的棚改项目配套商业设施销售、租赁收入以及其他收入。

第四条　试点期间地方政府为棚户区改造举借、使用、专项债务适用本办法。

第五条　省、自治区、直辖市政府（以下简称省级政府）为棚改专项债券的发行主体。试点期间设区的市、自治州，县、自治县、不设区的市、市辖区级政府（以下简称市县级政府）确需棚改专项债券的，由其省级政府统一发行并转贷给市县级政府。

经省政府批准，计划单列市政府可以自办发行棚改专项债券。

第六条　试点发行棚改专项债券的棚户区改造项目应当有稳定的预期偿债资金来源，对应的纳入政府性基金的国有土地使用权出让收入、专项收入应当能够保障偿还债券本金和利息，实现项目收益和融资自求平衡。

第七条　棚改专项债券纳入地方政府专项债务限额管理。棚改专项债券收入、支出、还本、付息、发行费用等纳入政府性基金预算管理。

第八条 棚改专项债券资金由财政部门纳入政府性基金预算管理，并由本级棚改主管部门专项用于棚户区改造，严禁用于棚户区改造以外的项目，任何单位和个人不得截留、挤占和挪用，不得用于经常性支出。

本级棚改主管部门是指各级住房城乡建设部门以及市县级政府确定的棚改主管部门。

第二章 额度管理

第九条 财政部在国务院批准的年度地方政府专项债务限额内，根据地方棚户区改造融资需求及纳入政府性基金预算管理的国有土地使用权出让收入、专项收入状况等因素，确定年度全国棚改专项债券总额度。

第十条 各省、自治区、直辖市年度棚改专项债券额度应当在国务院批准的本地区专项债务限额内安排，由财政部下达各省级财政部门，并抄送住房城乡建设部。

第十一条 预算执行中，各省、自治区、直辖市年度棚改专项债券额度不足或者不需使用的部分，由省级财政部门会同住房城乡建设部门于每年 8 月 31 日前向财政部提出申请。财政部可以在国务院批准的该地区专项债务限额内统筹调剂额度并予批复，同时抄送住房城乡建设部。

第十二条 省级财政部门应当加强对本地区棚改专项债券额度使用情况的监督管理。

第三章 预算编制

第十三条 县级以上地方各级棚改主管部门应当根据本地区棚户区改造规划和分年改造任务等，结合项目收益与融资平衡情况等因素，测算提出下一年度棚改专项债券资金需求，报本级财政部门复核。市县级财政部门将复核后的下一年度棚改专项债券资金需求，经本级政府批准后，由市县政府于每年 9 月底前报省级财政部门和省级住房城乡建设部门。

第十四条 省级财政部门会同本级住房城乡建设部门汇总审核本地区下一年度棚改专项债券需求，随同增加举借专项债务和安排公益性资本支出项目的建议，经省级政府批准后于每年 10 月 31 日前报送财政部。

第十五条 省级财政部门在财政部下达的本地区棚改专项债券额度内，根据市县近三年纳入政府性基金预算管理的国有土地使用权出让收入和专项收入情况、申报的棚改项目融资需求、专项债务风险、项目期限、项目收益和融资平衡情况等因素，提出本地区年度棚改专项债券分配方案，报省级政府批准后下达各市县级财政部门，并抄送省级住房城乡建设部门。

第十六条　市县级财政部门应当在省级财政部门下达的棚改专项债券额度内，会同本级棚改主管部门提出具体项目安排建议，连同年度棚改专项债券发行建议报省级财政部门备案，抄送省级住房城乡建设部门。

第十七条　增加举借的棚改专项债券收入应当列入政府性基金预算调整方案。包括：

（一）省级政府在财政部下达的年度棚改专项债券额度内发行专项债券收入。

（二）市县级政府使用的上级政府转贷棚改专项债券收入。

第十八条　增加举借棚改专项债券安排的支出应当列入预算调整方案，包括本级支出和转贷下级支出。棚改专项债券支出应当明确到具体项目，在地方政府债务管理系统中统计，纳入财政支出预算项目库管理。

地方各级棚改主管部门应当建立试点发行地方政府棚户区改造专项债券项目库，项目库信息应当包括项目名称、棚改范围、规模（户数或面积）、标准、建设期限、投资计划、预算安排、预期收益和融资平衡方案等情况，并做好与地方政府债务管理系统的衔接。

第十九条　棚改专项债券还本支出应当根据当年到期棚改专项债券规模、棚户区改造项目收益等因素合理预计、妥善安排，列入年度政府性基金预算草案。

第二十条　棚改专项债券利息和发行费用应当根据棚改专项债券规模、利率、费率等情况合理预计，列入政府性基金预算支出统筹安排。

第二十一条　棚改专项债券收入、支出、还本付息、发行费用应当按照《地方政府专项债务预算管理办法》（财预〔2016〕155 号）规定列入相关预算科目。

第四章　预算执行和决算

第二十二条　省级财政部门应当根据本级人大常委会批准的预算调整方案，结合市县级财政部门会同本级棚改主管部门提出的年度棚改专项债券发行建议，审核确定年度棚改专项债券发行方案，明确债券发行时间、批次、规模、期限等事项。

市县级财政部门应当会同本级棚改主管部门做好棚改专项债券发行准备工作。

第二十三条　地方各级棚改主管部门应当配合做好本地区棚改专项债券试点发行准备工作，及时准确提供相关材料，配合做好项目规划、信息披露、信用评级、资产评估等工作。

第二十四条　发行棚改专项债券应当披露项目概况、项目预期收益和融资平衡方案、第三方评估信息、专项债券规模和期限、分年投资计划、本金利息偿还安排等信息。项目实施过程中，棚改主管部门应当根据实际情况及时披露项目进度、专项债券资金使用情况等信息。

第二十五条 棚改专项债券应当遵循公开、公平、公正原则采取市场化方式发行，在银行间债券市场、证券交易所市场等交易场所发行和流通。

第二十六条 棚改专项债券应当统一命名格式，冠以“××年××省、自治区、直辖市（本级或××市、县）棚改专项债券（×期）——×年××省、自治区、直辖市政府专项债券（×期）”名称，具体由省级财政部门商省级住房城乡建设部门确定。

第二十七条 棚改专项债券的发行和使用应当严格对应到项目。根据项目地理位置、征拆户数、实施期限等因素，棚改专项债券可以对应单一项目发行，也可以对应同一地区多个项目集合发行，具体由市县级财政部门会同本级棚改主管部门提出建议，报省级财政部门确定。

第二十八条 棚改专项债券期限应当与棚户区改造项目的征迁和土地收储、出让期限相适应，原则上不超过15年，可根据项目实际适当延长，避免期限错配风险。具体由市县级财政部门会同本级棚改主管部门根据项目实施周期、债务管理要求等因素提出建议，报省级财政部门确定。

棚改专项债券发行时，可以约定根据项目收入情况提前偿还债券本金的条款。鼓励地方政府通过结构化设计合理确定债券期限。

第二十九条 棚户区改造项目征迁后腾空土地的国有土地使用权出让收入、专项收入，应当结合该项目对应的棚改专项债券余额统筹安排资金，专门用于偿还到期债券本金，不得通过其他项目对应的国有土地使用权出让收入、专项收入偿还到期债券本金。因项目对应的专项收入暂时难以实现，不能偿还到期债券本金时，可在专项债务限额内发行棚改专项债券周转偿还，项目收入实现后予以归还。

第三十条 省级财政部门应当按照合同约定，及时偿还棚改专项债券到期本金、利息以及支付发行费用。市县级财政部门应当及时向省级财政部门缴纳本地区或本级应当承担的还本付息、发行费用等资金。

第三十一条 年度终了，县级以上地方各级财政部门应当会同本级棚改主管部门编制棚改专项债券收支决算，在政府性基金预算决算报告中全面、准确反映当年棚改专项债券收入、安排的支出、还本付息和发行费用等情况。

第五章 监督管理

第三十二条 地方各级财政部门应当会同本级棚改主管部门建立和完善相关制度，加强对本地区棚改专项债券发行、使用、偿还的管理和监督。

第三十三条 地方各级棚改主管部门应当加强对使用棚改专项债券项目的管理和监督，确保项目收益和融资自求平衡。

地方各级棚改主管部门应当会同有关部门严格按照政策实施棚户区改造项目范围

内的征迁工作，腾空的土地及时交由国土资源部门按照有关规定统一出让。

第三十四条　地方各级政府及其部门不得通过发行地方政府债券以外的任何方式举借债务，除法律另有规定外不得为任何单位和个人的债务以任何方式提供担保。

第三十五条　地方各级财政部门应当会同本级棚改主管部门等，将棚改专项债券对应项目形成的国有资产，纳入本级国有资产管理，建立相应的资产登记和统计报告制度，加强资产日常统计和动态监控。县级以上各级棚改主管部门应当认真履行资产运营维护责任，并做好资产的会计核算管理工作。棚改专项债券对应项目形成的国有资产，应当严格按照棚改专项债券发行时约定的用途使用，不得用于抵押、质押。

第三十六条　财政部驻各地财政监察专员办事处对棚改专项债券额度、发行、使用、偿还等进行监督，发现违反法律法规和财政管理、棚户区改造资金管理等政策规定的行为，及时报告财政部，并抄送住房城乡建设部。

第三十七条　违反本办法规定情节严重的，财政部可以暂停其发行棚改专项债券。违反法律、行政法规的，依法追究有关人员责任；涉嫌犯罪的，移送司法机关依法处理。

第三十八条　地方各级财政部门、棚改主管部门在地方政府棚改专项债券监督和管理工作中，存在滥用职权、玩忽职守、徇私舞弊等违法违纪行为的，按照《中华人民共和国预算法》《公务员法》《行政监察法》《财政违法行为处罚处分条例》等国家有关规定追究相应责任；涉嫌犯罪的，移送司法机关处理。

第六章　职责分工

第三十九条　财政部负责牵头制定和完善试点发行棚改专项债券管理办法，下达分地区棚改专项债券额度，对地方棚改专项债券管理实施监督。

第四十条　住房城乡建设部配合财政部指导和监督地方棚改主管部门做好试点发行棚改专项债券管理相关工作。

第四十一条　省级财政部门负责本地区棚改专项债券额度管理和预算管理、组织做好债券发行、还本付息等工作，并按照专项债务风险防控要求审核项目资金需求。

第四十二条　省级住房城乡建设部门负责审核本地区棚改专项债券项目和资金需求，组织做好试点发行棚户区改造专项债券项目库与地方政府债务管理系统的衔接，配合做好本地区棚改专项债券发行准备工作。

第四十三条　市县级财政部门负责按照政府债务管理要求并根据本级试点发行棚改专项债券项目，以及本级专项债务风险、政府性基金收入等因素，复核本地区试点发行棚改专项债券需求，做好棚改专项债券额度管理、预算管理、发行准备、资金使用监管等工作。

市县级棚改主管部门负责按照棚户区改造工作要求并根据棚户区改造任务、成本等因素，建立本地区试点发行棚户区改造专项债券项目库，做好入库棚改项目的规划期限、投资计划、收益和融资平衡方案、预期收入等测算，做好试点发行棚户区改造专项债券年度项目库与政府债务管理系统的衔接，配合做好棚改专项债券发行各项准备工作，加强对项目实施情况的监控，并统筹协调相关部门保障项目建设进度，如期实现专项收入。

第七章　附则

第四十四条　省、自治区、直辖市财政部门可以根据本办法规定，结合本地区实际制定实施细则。

第四十五条　本办法由财政部会同住房城乡建设部负责解释。

第四十六条　本办法自2018年3月1日起实施。

关于印发《地方政府债务信息公开办法（试行）》的通知

财预〔2018〕209号

各省、自治区、直辖市、计划单列市财政厅（局），新疆生产建设兵团财政局：

近年来，为贯彻落实党中央、国务院决策部署，根据《中华人民共和国预算法》《国务院关于加强地方政府性债务管理的意见》（国发〔2014〕43号）等法律和政策规定，财政部持续推进地方政府债务信息公开工作，取得了明显成效。

按照《国务院办公厅关于印发2018年政务公开工作要点的通知》（国办发〔2018〕23号）要求，为进一步做好地方政府债务信息公开工作，增强地方政府债务信息透明度，自觉接受监督，防范地方政府债务风险，我们制定了《地方政府债务信息公开办法》。现印发给你们，请遵照执行。

特此通知。

财政部

2018年12月20日

附件：

地方政府债务信息公开办法（试行）

第一条【目的和依据】为依法规范地方政府债务管理，切实增强地方政府债务信息透明度，自觉接受监督，防范地方政府债务风险，根据《中华人民共和国预算法》《中华人民共和国政府信息公开条例》《国务院关于加强地方政府性债务管理的意见》（国发〔2014〕43号）等法律法规和制度规定，制定本办法。

第二条【适用范围】本办法适用于县级以上各级财政部门地方政府债务信息公开工作。

本办法所称地方政府债务包括地方政府一般债务和地方政府专项债务；地方政府债务信息包括预决算公开范围的地方政府债务限额、余额等信息以及预决算公开范围之外的地方政府债券发行、存续期、重大事项等相关信息；重大事项是指可能引起地方政府一般债券、专项债券投资价值发生增减变化，影响投资者合法权益的相关事项。

第三条【公开原则】地方政府债务信息公开应当遵循以下原则：

（一）坚持以公开为常态、不公开为例外；

（二）坚持谁制作、谁负责、谁公开；

（三）坚持突出重点，真实、准确、完整、及时公开；

（四）坚持以公开促改革、以公开促规范，推进国家治理体系和治理能力现代化。

第四条【公开渠道】预决算公开范围的地方政府债务限额、余额、使用安排及还本付息等信息应当在地方政府及财政部门门户网站公开。财政部门未设立门户网站的，应当在本级政府门户网站设立专栏公开。

预决算范围之外的地方政府债券等信息应当在省级财政部门、发行场所门户网站公开。财政部设立地方政府债务信息公开平台或专栏，支持地方财政部门公开地方政府债务（券）相关信息。

第五条【预决算公开】县级以上地方各级财政部门（以下简称“地方各级财政部门”）应当随同预决算公开地方政府债务限额、余额、使用安排及还本付息等信息。

（一）随同预算公开上一年度本地区、本级及所属地区地方政府债务限额及余额（或余额预计执行数），以及本地区和本级上一年度地方政府债券（含再融资债券）发行及还本付息额（或预计执行数）、本年度地方政府债券还本付息预算数等。

（二）随同调整预算公开当年本地区及本级地方政府债务限额、本级新增地方政府债券资金使用安排等。

（三）随同决算公开上年末本地区、本级及所属地区地方政府债务限额、余额决算数，地方政府债券发行、还本付息决算数，以及债券资金使用安排等。

第六条【债券发行安排公开】省级财政部门应当在每月二十日前公开本地区下一月度新增地方政府债券和再融资债券发行安排，鼓励有条件的地区同时公开多个月份地方政府债券发行安排。

第七条【新增一般债券发行公开】省级财政部门应当在新增一般债券发行前，提前5个以上工作日公开以下信息：

（一）经济社会发展指标。包括本地区国内生产总值、居民人均可支配收入等；

（二）地方政府一般公共预算情况；

（三）一般债务情况。包括本地区一般债务限额及余额、地区分布、期限结构等；

（四）拟发行一般债券信息。包括规模、期限、项目、偿债资金安排等；

（五）第三方评估材料。包括信用评级报告等；

（六）其他按规定需要公开的信息。

省级财政部门应当在新增一般债券发行后2个工作日内，公布发行债券编码、利率等信息。

第八条【新增专项债券发行公开】省级财政部门应当在新增专项债券发行前，提前5个以上工作日公开以下信息：

（一）经济社会发展指标。包括本地区国内生产总值、居民人均可支配收入等；

（二）地方政府性基金预算情况。包括本地区、本级或使用专项债券资金的市县级政府地方政府性基金收支、拟发行专项债券对应的地方政府性基金预算收支情况；

（三）专项债务情况。包括本地区专项债务限额及余额、地区分布、期限结构等；

（四）拟发行专项债券信息。包括规模、期限及偿还方式等基本信息；

（五）拟发行专项债券对应项目信息。包括项目概况、分年度投资计划、项目资金来源、预期收益和融资平衡方案、潜在风险评估、主管部门责任等；

（六）第三方评估信息。包括财务评估报告（重点是项目预期收益和融资平衡情况评估）、法律意见书、信用评级报告等；

（七）其他按规定需要公开的信息。

省级财政部门应当在新增专项债券发行后2个工作日内，公布发行债券编码、利率等信息。

第九条【再融资债券发行公开】省级财政部门应当在再融资债券发行前，提前5个以上工作日公开再融资债券发行规模以及原债券名称、代码、发行规模、到期本金规模等信息。

第十条【一般债券存续期公开】地方各级财政部门应当组织开展本地区和本级一般债券存续期信息公开工作，督促和指导使用一般债券资金的部门不迟于每年 6 月底前公开以下信息：

（一）截至上年末一般债券资金余额、利率、期限、地区分布等情况；

（二）截至上年末一般债券资金使用情况；

（三）截至上年末一般债券项目建设进度、运营情况等；

（四）其他按规定需要公开的信息。

第十一条【专项债券存续期公开】地方各级财政部门应当组织开展本地区和本级专项债券存续期信息公开工作，督促和指导使用专项债券资金的部门不迟于每年 6 月底前公开以下信息：

（一）截至上年末专项债券资金使用情况；

（二）截至上年末专项债券对应项目建设进度、运营情况等；

（三）截至上年末专项债券项目收益及对应形成的资产情况；

（四）其他按规定需要公开的信息。

第十二条【违法违规情形公开】涉及违法违规举债担保行为问责的，各级财政部门应当在收到问责决定后 20 个工作日内公开问责结果。

第十三条【一般债券重大事项公开】一般债券存续期内，发生可能影响使用一般债券资金地区的一般公共预算收入的重大事项的，财政部门应当按照《国务院办公厅关于印发地方政府性债务风险应急处置预案的通知》（国办函〔2016〕88 号）等有关规定提出具体补救措施，经本级政府批准后向省级财政部门报告，并由省级财政部门公告或以适当方式告知一般债券持有人。

第十四条【专项债券重大事项公开】专项债券存续期内，对应项目发生可能影响其收益与融资平衡能力的重大事项的，专项债券资金使用部门和财政部门应当按照《国务院办公厅关于印发地方政府性债务风险应急处置预案的通知》（国办函〔2016〕88 号）等有关规定提出具体补救措施，经本级政府批准后向省级财政部门报告，并由省级财政部门公告或以适当方式告知专项债券持有人。

第十五条【债券资金调整用途公开】地方政府债券存续期内确需调整债券资金用途的，按规定履行相关程序后，由省级财政部门予以公告或以适当方式告知债券持有人。

第十六条【财政经济信息】地方各级财政部门在公开政府债务信息时，应当根据本级政府及其相关部门信息公开进展，一并提供本级政府工作报告、预决算报告、预算执行和其他财政收支的审计工作报告等信息或其网址备查。

第十七条【政府债务管理制度】地方各级财政部门应当及时公开本地区政府债务

管理制度规定。

第十八条【职责分工】财政部负责指导、监督全国地方政府债务信息公开工作。地方各级财政部门负责组织实施本地区和本级政府债务信息公开工作，指导、监督和协调本级使用债券资金的部门和下级政府债务信息公开工作。

第十九条【绩效评价】地方各级财政部门要将地方政府债务信息公开情况纳入地方政府债务绩效评价范围，加强绩效评价结果应用。

第二十条【日常监督】财政部驻各省、自治区、直辖市、计划单列市财政监察专员办事处应当将地方政府债务信息公开工作纳入日常监督范围，对发现问题的予以督促整改。

第二十一条【法律责任】对未按规定公开地方政府债务信息的，应当依照《中华人民共和国预算法》《中华人民共和国政府信息公开条例》等法律法规的规定，责令改正，对负有直接责任的主管人员和其他直接责任人员依法依规给予处分。

第二十二条【社会监督】公民、法人或者其他组织认为有关部门不依法履行地方政府债务信息公开义务的，可以向同级或上一级财政部门举报。财政部门收到举报后应当依法依规予以处理。

第二十三条 省、自治区、直辖市、计划单列市财政部门可以根据本办法规定，结合本地区实际制定实施细则。

第二十四条 中央转贷地方国际金融组织和外国政府贷款信息公开办法由财政部另行制定。

第二十五条 本办法由财政部负责解释。

第二十六条 本办法自2019年1月1日起实施。

财政部关于印发《地方政府债券信息公开平台管理办法》的通知

（财预〔2021〕5号）

各省、自治区、直辖市、计划单列市财政厅（局），新疆生产建设兵团财政局，中央国债登记结算有限责任公司、中国证券登记结算有限责任公司、上海证券交易所、深圳证券交易所：

为贯彻落实党中央、国务院关于推进地方政府债务信息公开的要求，规范地方政府债券信息公开平台管理，根据《中华人民共和国预算法》及其实施条例、《中华人民共和国政府信息公开条例》《中共中央办公厅 国务院办公厅关于做好地方政府专项债券发行及项目配套融资工作的通知》和《地方政府债务信息公开办法（试行）》（财预〔2018〕209号）等法律法规和制度规定，财政部制定了《地方政府债券信息公开平台管理办法》。现予以印发，请遵照执行。

附件：地方政府债券信息公开平台管理办法

2021年1月14日

附件：

地方政府债券信息公开平台管理办法

第一条　为贯彻落实党中央、国务院关于推进地方政府债务信息公开的要求，规范地方政府债券信息公开平台管理，根据《中华人民共和国预算法》及其实施条例、《中华人民共和国政府信息公开条例》《中共中央办公厅 国务院办公厅关于做好地方政府专项债券发行及项目配套融资工作的通知》及《地方政府债务信息公开办法（试行）》（财预〔2018〕209号，以下简称公开办法）等法律法规和制度规定，制定本办法。

第二条　本办法所称地方政府债券信息公开平台（以下简称公开平台），是指按照党中央、国务院有关文件规定，由财政部组织建设的全国统一的地方政府债务信息公开官方平台，注册网站名称为“中国地方政府债券信息公开平台”，注册网站域名为www. celma. org. cn。

第三条　各省、自治区、直辖市、计划单列市财政厅（局）和新疆生产建设兵团（以下简称兵团）财政局，应当按照地方政府债务信息公开有关规定，组织本地区各级财政部门通过公开平台公开地方政府债务相关信息。地方政府债务相关信息包括地方政府债务数据和相关文本信息。

第四条　公开平台管理遵循依法合规、公开透明、简便高效、积极稳妥的原则。

第五条　财政部负责公开平台建设和管理，指导地方政府债务信息公开工作。

财政部预算司、国库司具体负责地方政府债务信息公开政策指导工作。财政部政府债务研究和评估中心（以下简称政府债务中心）负责公开平台日常运行管理工作，组织开展地方政府债务信息公开评估。财政部信息网络中心负责公开平台运行维护技术支持，确保平台安全运行。

第六条 地方各级财政部门和兵团财政部门（以下统称地方财政部门）及相关单位按照谁制作、谁公开、谁负责的原则，对地方政府债务相关信息公开的真实性、准确性、完整性、规范性、及时性负责。

第七条 地方财政部门应当按照公开办法等制度规定，在公开平台相应栏目及时公开地方政府债务限额、余额，地方政府债券发行、项目、还本付息、重大事项、存续期管理，以及经济社会发展指标、财政状况等相关信息。

第八条 地方财政部门应当指定专人负责公开平台信息公开工作，及时将地方政府债务相关信息归集、导入公开平台对应栏目，审核确认无误后在公开平台发布。

第九条 地方政府债券发行场所应当在地方政府债券发行结束后，不迟于3个工作日将发行结果传至财政部公开平台，进行数据核对。

第十条 地方政府债务信息一经公开平台发布，不得随意更改。确实有误需要更改的，应当向政府债务中心备案，并按程序重新在公开平台发布。

第十一条 政府债务中心应当建立评估和通报制度，组织开展地方政府债务信息公开情况评估，定期通报评估结果，评估结果作为地方政府债务绩效评价的重要参考。

第十二条 地方财政部门和相关单位应当增强网络安全意识，加强用户信息管理，防止用户信息泄露，工作人员岗位变动应当及时变更或注销相关用户信息。

政府债务中心应当做好开通、变更或注销公开平台用户和权限等工作。

第十三条 本办法自印发之日起施行。

关于印发《地方政府专项债券项目资金绩效管理办法》的通知

财预〔2021〕61号

各省、自治区、直辖市、计划单列市财政厅（局），新疆生产建设兵团财政局，财政部各地监管局：

为贯彻落实党中央、国务院决策部署，加强地方政府专项债券项目资金绩效管理，提高专项债券资金使用效益，有效防范政府债务风险，根据《中华人民共和国预算法》《中华人民共和国预算法实施条例》《中共中央国务院关于全面实施预算绩效管理的意见》《国务院关于进一步深化预算管理制度改革的意见》等法律法规及有关规定，我们制定了《地方政府专项债券项目资金绩效管理办法》。现印发给你们，请遵照执行。

特此通知。

附件：地方政府专项债券项目资金绩效管理办法

财　政　部
2021 年 6 月 10 日

附件：

地方政府专项债券项目资金绩效管理办法

第一章　总则

第一条　为加强地方政府专项债券项目资金绩效管理，提高专项债券资金使用效益，有效防范政府债务风险，根据《中华人民共和国预算法》《中华人民共和国预算法实施条例》《中共中央 国务院关于全面实施预算绩效管理的意见》《国务院关于进一步深化预算管理制度改革的意见》《项目支出绩效评价管理办法》等法律法规及有关规定，制定本办法。

第二条　本办法所称地方政府专项债券（以下简称专项债券）指省级政府为有一定收益的公益性项目发行的、以公益性项目对应的政府性基金收入或专项收入作为还本付息资金来源的政府债券，包括新增专项债券和再融资专项债券等。

第三条　本办法所称绩效管理，是指财政部门、项目主管部门和项目单位以专项债券支持项目为对象，通过事前绩效评估、绩效目标管理、绩效运行监控、绩效评价管理、评价结果应用等环节，推动提升债券资金配置效率和使用效益的过程。

第四条　绩效管理应当遵循以下原则：

（一）科学规范。专项债券项目资金绩效实行全生命周期管理。坚持“举债必问效、无效必问责”，遵循项目支出绩效管理的基本要求，注重融资收益平衡与偿债风险。建立规范的工作流程和指标体系，推动绩效管理工作有序开展。

（二）协同配合。各级财政部门牵头组织专项债券项目资金绩效管理工作，督促指导项目主管部门和项目单位具体实施各项管理工作。上级财政部门加强工作指导和检查。

（三）公开透明。绩效信息是专项债券项目信息的重要组成部分，应当依法依规公开，自觉接受社会监督，通过公开推动提高专项债券资金使用绩效。

（四）强化运用。突出绩效管理结果的激励约束作用，将专项债券项目资金绩效管理结果作为专项债券额度分配的重要测算因素，并与有关管理措施和政策试点等挂钩。

第二章　事前绩效评估

第五条　申请专项债券资金前，项目单位或项目主管部门要开展事前绩效评估，并将评估情况纳入专项债券项目实施方案。事前绩效评估主要判断项目申请专项债券资金支持的必要性和可行性，重点论证以下方面：

（一）项目实施的必要性、公益性、收益性；

（二）项目建设投资合规性与项目成熟度；

（三）项目资金来源和到位可行性；

（四）项目收入、成本、收益预测合理性；

（五）债券资金需求合理性；

（六）项目偿债计划可行性和偿债风险点；

（七）绩效目标合理性；

（八）其他需要纳入事前绩效评估的事项。

第六条　地方财政部门指导项目主管部门和项目单位做好事前绩效评估，将事前绩效评估作为项目进入专项债券项目库的必备条件。必要时财政部门可组织第三方机构独立开展绩效评估，并将评估结果作为是否获得专项债券资金支持的重要参考依据。

第三章　绩效目标管理

第七条　绩效目标应当重点反映专项债券项目的产出数量、质量、时效、成本，还包括经济效益、社会效益、生态效益、可持续影响、服务对象满意度等绩效指标。

第八条　项目单位在申请专项债券项目资金需求时，要同步设定绩效目标，经项目主管部门审核后，报同级财政部门审定。绩效目标要尽可能细化量化，能有效反映项目的预期产出、融资成本、偿债风险等。

第九条　地方财政部门要将绩效目标设置作为安排专项债券资金的前置条件，加强绩效目标审核，将审核后的绩效目标与专项债券资金同步批复下达。

第十条　绩效目标原则上执行中不作调整。确因项目建设运营环境发生重大变化等原因需要调整的，按照新设项目的工作流程办理。

第四章 绩效运行监控

第十一条 绩效运行监控是指在专项债券资金使用过程中，对专项债券资金预算执行进度和绩效目标实现情况进行“双监控”，查找资金使用和项目实施中的薄弱环节，及时纠正偏差。

第十二条 项目主管部门和项目单位应当建立专项债券项目资金绩效跟踪监测机制，对绩效目标实现程度进行动态监控，发现问题及时纠正并告知同级财政部门，提高专项债券资金使用效益，确保绩效目标如期实现。

第十三条 地方财政部门应当跟踪专项债券项目绩效目标实现程度，对严重偏离绩效目标的项目要暂缓或停止拨款，督促及时整改。项目无法实施或存在严重问题的要及时追回专项债券资金并按程序调整用途。

第十四条 财政部门利用信息化手段探索对专项债券项目实行穿透式监管，根据工作需要组织对专项债券项目建设运营等情况开展现场检查，及时纠偏纠错。

第五章 绩效评价管理

第十五条 地方财政部门负责组织本地区专项债券项目资金绩效评价工作。年度预算执行终了，项目单位要自主开展绩效自评，评价结果报送主管部门和本级财政部门。项目主管部门和本级财政部门选择部分重点项目开展绩效评价。

第十六条 省级财政部门根据工作需要，每年选取部分重大项目开展重点绩效评价。选取项目对应的资金规模原则上不低于本地区上年新增专项债务限额的5%，并逐步提高比例。鼓励引入第三方机构，对重大项目开展重点绩效评价。必要时财政部可直接组织开展绩效评价。

第十七条 项目主管部门和财政部门绩效评价要反映项目决策、管理、产出和效益。绩效评价指标框架和绩效评价提纲由省级财政部门结合实际情况自主制定，参考《项目支出绩效评价管理办法》有关范例，并突出专项债券项目资金绩效评价特点。包括但不限于以下内容：

（一）决策方面。项目立项批复情况；项目完成勘察、设计、用地、环评、开工许可等前期工作情况；项目符合专项债券支持领域和方向情况；项目绩效目标设定情况；项目申请专项债券额度与实际需要匹配情况等。

（二）管理方面。专项债券收支、还本付息及专项收入纳入政府性基金预算管理情况；债券资金按规定用途使用情况；资金拨付和支出进度与项目建设进度匹配情况；项目竣工后资产备案和产权登记情况；专项债券本息偿还计划执行情况；项目收入、成本及预期收益的合理性；项目年度收支平衡或项目全生命周期预期收益与专项债券规模匹配情况；专项债券期限与项目期限匹配情况等；专项债券项目信息公开情况；外部监督发现问题整改情况；信息系统管理使用情况；其他财务、采购和管理情况；

（三）产出方面。项目形成资产情况；项目建设质量达标情况；项目建设进度情况；项目建设成本情况；考虑闲置因素后债券资金实际成本情况；项目建成后提供公共产品和服务情况；项目运营成本情况等。

（四）效益方面。项目综合效益实现情况；项目带动社会有效投资情况；项目支持国家重大区域发展战略情况；项目直接服务对象满意程度等。

第十八条 专项债券项目建立全生命周期跟踪问效机制，项目建设期绩效评价侧重项目决策、管理和产出等，运营期绩效评价侧重项目产出和效益等。

第十九条 地方各级财政部门负责组织实施本地区绩效评价结果公开工作，指导项目主管部门和项目单位每年 6 月底前公开上年度专项债券项目资金绩效评价结果。绩效评价结果要在全国统一的地方政府债务信息公开平台上公开。

第六章 评价结果应用

第二十条 绩效评价结果量化为百分制综合评分，并按照综合评分进行分级。综合评分为 90 分（含）以上的为“优”，80 分（含）至 90 分的为“良”，60 分（含）至 80 分的为“中”，60 分以下的为“差”。

第二十一条 项目主管部门和项目单位要根据绩效评价结果及时整改问题。省级财政部门也要及时将重点绩效评价结果反馈项目主管部门和项目单位，并提出整改意见。项目主管部门和项目单位应根据评价结果和整改意见，提出明确整改措施，认真组织开展整改工作。

第二十二条 上级财政部门对下级财政部门绩效管理工作定期开展抽查，指导和督促提高绩效管理水平。财政部组织各地监管局定期抽查各地区绩效管理工作情况、省级财政部门重点绩效评价开展情况等，抽查情况书面报告财政部。

第二十三条 按照评价与结果应用主体相统一的原则，财政部在分配新增地方政府专项债务限额时，将财政部绩效评价结果及各地监管局抽查结果等作为分配调整因素。省级财政部门在分配专项债务限额时，将抽查情况及开展的重点绩效评价结果等作为分配调整因素。地方财政部门将绩效评价结果作为项目建设期专项债券额度以及运营期财政补助资金分配的调整因素。

第二十四条 各级财政部门、项目主管部门和项目单位及个人，违反专项债券项目资金绩效管理规定致使财政资金使用严重低效无效并造成重大损失的，以及有其他滥用职权、玩忽职守、徇私舞弊等违法违规行为的，依法责令改正；对负有直接责任的主管人员和其他直接责任人员依法给予处分；涉嫌犯罪的，依法移送有关机关处理。

第七章　附则

第二十五条　省级财政部门制定本地区专项债券项目资金绩效管理办法，报财政部备案，并抄送财政部相关监管局。

第二十六条　本办法自印发之日起施行。2022 年及以后年度新增专项债券到期后按规定发行的再融资专项债券参照本办法执行。

关于做好 2017 年地方政府债券发行工作的通知

财库〔2017〕59 号

各省、自治区、直辖市、计划单列市财政厅（局），中央国债登记结算有限责任公司、中国证券登记结算有限责任公司，上海证券交易所、深圳证券交易所：

根据《预算法》、《国务院关于加强地方政府性债务管理的意见》（国发〔2014〕43 号）和地方政府债券（以下简称地方债）发行管理有关规定，现就做好 2017 年地方债发行工作有关事宜通知如下：

一、合理制定债券发行计划，均衡债券发行节奏

（一）各省、自治区、直辖市、经省政府批准自办债券发行的计划单列市新增债券发行规模不得超过财政部下达的当年本地区新增债券限额；置换债券发行规模上限原则上按照各地上报财政部的置换债券建议发债数掌握。发行置换债券偿还存量地方债的，应当在置换债券发行规模上限内统筹考虑。

（二）各省、自治区、直辖市、经省政府批准自办债券发行的计划单列市财政部门（以下统称地方财政部门）应当加强地方债发行的计划管理。地方财政部门应当根据资金需求、债券市场状况等因素，统筹债券发行与库款管理，科学安排债券发行，合理制定债券全年发行总体安排（格式见附件 1）、季度发行初步安排（格式见附件 2）。在此基础上，不迟于每次发行前 7 个工作日，制定发行具体安排（格式见附件 3）。

（三）对于公开发行债券（含新增债券和公开发行置换债券，下同），各地应当按

照各季度发行规模大致均衡的原则确定发行进度安排，每季度发行量原则上控制在本地区全年公开发行债券规模的30%以内（按季累计计算）。对于采用定向承销方式发行置换债券，由各地财政部门会同当地人民银行分支机构、银监局，在与存量债务债权人充分沟通协商的基础上，自主确定发行进度安排。

（四）地方财政部门应当加大采用定向承销方式发行置换债券的力度。对于地方政府存量债务中向信托、证券、保险等机构融资形成的债务，经各方协商一致，地方财政部门应当积极采用定向承销方式发行置换债券予以置换。

二、不断提高地方债发行市场化水平，积极探索建立续发行机制

（一）地方财政部门、地方债承销团成员、信用评级机构及其他相关主体应当严格按照市场化原则，进一步做好地方债发行有关工作，不得以任何非市场化方式干扰债券发行工作。地方财政部门提前偿还以后年度到期债务，必须与债权人协商一致、公平合理置换。其中，公开发行置换债券提前置换以后年度到期债务的，在债券发行前应当由承担偿债责任的政府财政部门出具债权人同意提前置换的书面凭证，由省级财政部门组织核实后报财政部驻当地财政监察专员办事处（以下简称专员办）备案。

（二）地方财政部门应当遵循公开、公平、公正的原则组建（或增补）地方债承销团，按照地方债发行有关规定，在与承销团成员充分沟通的基础上，科学制定地方债招标发行规则等制度办法，合理设定投标比例、承销比例等技术参数。

（三）地方财政部门应当按年度、项目实际统筹设计债券期限结构，可适当减少每次发行的期限品种。鼓励发行规模较大、次数较多的地区，研究建立地方债续发行机制，合理设计地方债续发行期限品种、规模，每期债券可续发1—2次，以适当增大单期债券规模，同时避免出现单次兑付规模过大。

三、进一步规范地方债信用评级，提高信息披露质量

（一）财政部将积极推动相关行业协会研究制定地方债信用评级自律规范，强化对地方债信用评级机构的行业自律。财政部将研究建立地方债信用评级机构黑名单制度。违反行业自律规定、弄虚作假的地方债信用评级机构，将被列入黑名单，在规定时限内禁止参与地方债信用评级业务。

（二）地方财政部门应当进一步做好信息披露工作，积极扩大信息披露范围，不断提升信息披露质量，更好满足投资者需求。

1. 地方财政部门应当不迟于每次发行前5个工作日通过本单位门户网站、中国债

券信息网等网站（以下简称指定网站）披露当期债券基本信息、债券信用评级报告和跟踪评级安排；不迟于全年首次发行前 5 个工作日，通过指定网站披露债券发行兑付相关制度办法、本地区中长期经济规划、地方政府债务管理情况等信息，并按照附件 4 格式披露本地区经济、财政和债务有关数据。

2. 地方财政部门应当不迟于每次发行日终，通过指定网站按照附件 5 格式披露当次发行结果。

3. 地方财政部门应当进一步做好债券存续期信息披露工作，按规定披露财政预决算和收支执行情况、地方政府债务管理情况、跟踪评级报告等信息，并通过指定网站按照附件 6 格式披露季度经济、财政有关数据。

4. 地方财政部门要进一步加强重大事项披露工作，对地方政府发生的可能影响其偿债能力的重大事项应当及时进行披露。

5. 地方财政部门应当不迟于地方债还本付息前 5 个工作日，通过指定网站按照附件 7 格式披露还本付息相关信息。

四、进一步促进投资主体多元化，改善二级市场流动性

（一）鼓励具备条件的地区在合法合规、风险可控的前提下，研究推进地方债银行间市场柜台业务，便利非金融机构和个人投资地方债。

（二）在继续做好通过财政部政府债券发行系统、财政部上海证券交易所（以下简称上交所）政府债券发行系统发行地方债工作的基础上，鼓励具备条件的地区研究推进通过财政部深圳证券交易所（以下简称深交所）政府债券发行系统发行地方债。

（三）鼓励具备条件的地区积极在上海等自由贸易试验区发行地方债，吸引外资法人金融机构更多地参与地方债承销。

（四）鼓励地方财政部门在地方国库现金管理中更多接受地方债作为质押品。

五、加强债券资金管理，按时还本付息

（一）地方财政部门应当严格按照有关规定管理和使用地方债资金，置换债券资金只能用于偿还政府债务本金，以及回补按规定通过库款垫付的偿债资金，除此之外严禁将置换债券资金用于国库现金管理或任何其他支出用途。

（二）地方财政部门应当加快置换债券资金的置换进度，对于已入库的公开发行置换债券资金，原则上要在 1 个月内完成置换。省级财政部门要尽快向市县财政部门转贷资金，督促市县财政部门加快置换债券资金的支拨，防止资金长期滞留国库。

（三）地方财政部门要高度重视地方债还本付息工作，制定完善地方债还本付息相关制度，准确编制还本付息计划，提前落实并及时足额拨付还本付息资金，切实维护政府债券信誉。

六、密切跟踪金融市场运行，防范发行风险

（一）地方财政部门应当认真分析宏观经济形势，密切关注债券市场运行情况，加强地方债发行风险的防范和应对。

（二）地方财政部门应当加强与承销团成员沟通，通过召开承销团成员座谈会等方式，充分了解各成员债券投资计划、应债资金规模等情况，合理制定地方债发行安排，避免出现地方债未足额发行等风险事件。

（三）因债券市场波动、市场资金面趋紧、承销团成员承销意愿出现较大变化等原因需要推迟或取消地方债发行时，地方财政部门应当及时向财政部报告，并不迟于发行前 1 个工作日通过指定网站披露推迟或取消发行信息。

七、做好发行系统维护、现场管理、登记托管等工作，不断提高地方债发行服务水平

（一）中央国债登记结算有限责任公司（以下简称国债登记公司）、上交所、深交所等财政部政府债券发行系统业务技术支持部门（以下简称支持部门），应当认真做好发行系统维护工作，建立健全地方债发行服务制度，合理设计地方债发行服务工作流程，严格加强内部控制，不断提升发行服务水平。各支持部门地方债发行服务制度应当不迟于 2017 年 3 月 31 日向财政部备案。

（二）支持部门应当积极配合地方财政部门严格执行《地方政府债券发行现场管理工作规范》，规范做好发行现场人员出入登记、通讯设备存放、发行现场无线电屏蔽、电话录音等工作，保障地方债发行工作有序开展。

（三）国债登记公司、中国证券登记结算有限责任公司应当认真履行登记托管机构职责，规范开展地方债托管、转托管相关工作，并按照财政部要求，及时报送地方债发行、流通等数据。

八、加强组织领导，确保地方债发行工作顺利完成

（一）地方财政部门应当不迟于 2017 年 3 月 31 日，向财政部上报全年债券发行总

体安排，并不迟于每季度最后一个月15日，向财政部上报下一季度地方债发行初步安排，财政部汇总各地发行初步安排后及时反馈地方财政部门，作为地方财政部门制定具体发行安排的参考。2017年第一季度发行初步安排，应当不迟于2月28日向财政部报送。

（二）地方财政部门应当不迟于发行前7个工作日向财政部备案发行具体安排，财政部按照“先备案先得”的原则协调各地发行时间等发行安排。各地财政部门向财政部备案具体发行安排时，涉及公开发行置换债券提前置换以后年度到期政府债务的，应当附专员办出具的债权人同意提前置换的备案证明。

（三）地方财政部门要进一步完善地方债发行管理相关制度，规范操作流程。组建承销团、开展信息披露和信用评级、组织债券发行等制度文件原则上应当在对外公布前报财政部备案。

（四）地方财政部门应当不迟于全年地方债发行工作完成后20个工作日，向财政部及当地专员办上报年度发行情况。地方财政部门、支持部门、登记结算机构等如遇涉及地方债发行的重大或异常情况，应当及时向财政部报告。

（五）财政部将研究制定地方债续发行、银行间市场柜台业务的具体操作办法，指导各地开展相关业务。

其他未尽事宜，按照《财政部关于印发〈地方政府一般债券发行管理暂行办法〉的通知》（财库〔2015〕64号）、《财政部关于印发〈地方政府专项债券发行管理暂行办法〉的通知》（财库〔2015〕83号）、《财政部关于做好2016年地方政府债券发行工作的通知》（财库〔2016〕22号）等有关规定执行。

财政部

2017年2月20日

附件：1. 2017年____省（区、市）债券发行总体安排

2. ____年第____季度____省（区、市）地方债发行初步安排

3. 关于备案____省（区、市）政府债券发行安排的函

4. ____省（区、市）经济、财政和债务有关数据

5. ____年____省（区、市）政府一般（专项）债券（____至____期）

6. ____年第____季度____省（区、市）经济、财政有关数据

7. ____年____省（区、市）政府一般（专项）债券（____至____期）还本（付息）公告

附件1：

2017年____省（区、市）债券发行总体安排　　单位：亿元

发行时间	合计	新增债券	置换债券	
			公开发行	定向承销
全年				
一季度				
二季度				
三季度				
四季度				

附件2：

____年第____季度____省（区、市）地方债发行初步安排　　单位：亿元

			地方债计划发行量									
			月			月			月			合计
			上旬	中旬	下旬	上旬	中旬	下旬	上旬	中旬	下旬	
新增债券		一般债券										
		专项债券										
置换债券	公开发行	一般债券										
		专项债券										
	定向承销	一般债券										
		专项债券										

附件3：

关于备案____省（区、市）政府债券发行安排的函

财政部：

根据《财政部关于做好2017年地方政府债券发行工作的通知》（财库〔2017〕59号）有关规定，现就我省（区、市）地方债发行具体安排备案如下：

一、发行时间

____年____月____日上午/下午。

二、发行地点

中央国债登记结算有限责任公司（北京/上海/深圳）/上海证券交易所/深圳证券交易所。

三、发行方式与规模

公开发行一般债券____亿元，专项债券____亿元；

定向承销一般债券____亿元，专项债券____亿元。

四、新增债券、置换债券发行有关情况

本次发行新增债券____亿元（含一般债券____亿元和专项债券____亿元），置换债券____亿元（含一般债券____亿元和专项债券____亿元），在建项目后续融资____亿元。

置换债券拟置换当年到期政府债务及以前年度逾期政府债务____亿元，置换以后年度到期的政府债务____亿元。提前偿还以后年度到期债务部分，承担偿债责任的政府财政部门已出具债权人同意提前置换的书面凭证，当地专员办已进行备案（备案证明附后）。

截至本次发行完毕，2017 年，我省（区、市）已发行新增债券____亿元，其中，一般债券____亿元，完成全年计划发行额____亿元的____%；专项债券____亿元，完成全年计划发行额____亿元的____%。置换债券____亿元，完成置换债券建议发债数的____%。

附件 4：

____省（区、市）经济、财政和债务有关数据

一、地方经济状况			
2014—2016 年经济基本状况			
项目＼年份	2014 年	2015 年	2016 年
地区生产总值（亿元）			
地区生产总值增速（%）			
第一产业（亿元）			
第二产业（亿元）			
第三产业（亿元）			

续表

一、地方经济状况			
2014—2016 年经济基本状况			
年份 项目	2014 年	2015 年	2016 年
产业结构			
第一产业（%）			
第二产业（%）			
第三产业（%）			
固定资产投资（亿元）			
进出口总额（□亿元□亿美元）			
出口额（□亿元□亿美元）			
进口额（□亿元□亿美元）			
社会消费品零售总额（亿元）			
城镇（常住）居民人均可支配收入（元）			
农村（常住）居民人均纯收入（元）			
居民消费价格指数（上年 = 100）			
工业生产者出厂价格指数（上年 = 100）			
工业生产者购进价格指数（上年 = 100）			
金融机构各项存款余额（本外币）（亿元）			
金融机构各项贷款余额（本外币）（亿元）			

二、财政收支状况（亿元）						
（一）近三年一般公共预算收支						
年份 项目	2015 年		2016 年		2017 年	
	省本级	全省	省本级	全省	省本级	全省
一般公共预算收入						
一般公共预算支出						
地方政府一般债券收入						
地方政府一般债券还本支出						
转移性收入						
转移性支出						
（二）近三年政府性基金预算收支						
政府性基金收入						
政府性基金支出						
地方政府专项债券收入						
地方政府专项债券还本支出						

续表

（三）近三年国有资本经营预算收支						
国有资本经营收入						
国有资本经营支出						
三、地方政府债务状况（亿元）						
截至 2016 年底地方政府债务余额						
2016 年地方政府债务限额						
2017 年地方政府债务限额						

注：

1. 进出口总额、出口额、进口额数据单位，应当与本地区统计部门对外公布的进出口数据单位保持一致，并在表格中勾选相应单位。

2. 城镇（常住）居民人均可支配收入、农村（常住）居民人均纯收入数据，应当与本地区统计部门对外公布的数据口径保持一致。

3. 财政收支状况需按照地方政府本级、全省口径同时公布近三年有关数据。其中，2015 年数据按决算口径公布，2016 年数据在决算编制完成之前按预算口径公布，在决算编制完成之后按决算口径公布，2017 年数据按预算口径公布。

4. 全省口径数据不包含自办债券发行的计划单列市，如有的数据难以剔除计划单列市，应当进行备注说明。

5. 一般公共预算收入、一般公共预算支出、政府性基金收入、政府性基金支出四项数据不包含债券收支数。

附件 5：

____年____省（区、市）政府一般/专项债券（____至____期）发行结果公告

根据《财政部关于印发〈地方政府一般债券发行管理暂行办法〉的通知》（财库〔2015〕64 号）、《财政部关于印发〈地方政府专项债券发行管理暂行办法〉的通知》（财库〔2015〕83 号）、《财政部关于做好 2017 年地方政府债券发行工作的通知》（财库〔2017〕59 号）等有关规定，经____省（区、市）人民政府同意，____省（区、市）财政厅（局、委）决定发行____年____省（区、市）政府一般/专项债券（____至____期），____年____月____日已完成招标。现将招标结果公告如下：

债券名称			
计划发行规模		实际发行规模	
发行期限		票面利率	
发行价格		付息频率	
付息日		到期日	
债券名称			
…			
…			
…			
…			

附件6：

____年第____季度____省（区、市）经济、财政有关数据

项目	本年度截至季度末
地区生产总值（亿元）	
地区生产总值增速（%）	
第一产业（亿元）	
第二产业（亿元）	
第三产业（亿元）	
固定资产投资（亿元）	
进出口总额（□亿元□亿美元）	
出口额（□亿元□亿美元）	
进口额（□亿元□亿美元）	
社会消费品零售总额（亿元）	
金融机构各项存款余额（本外币）（亿元）	
金融机构各项贷款余额（本外币）（亿元）	

项目	本年度截至第季度末	
	省本级	全省
一般公共预算收入		
一般公共预算支出		
地方政府一般债券收入		
地方政府一般债券还本支出		
政府性基金收入		
政府性基金支出		
地方政府专项债券收入		
地方政府专项债券还本支出		
国有资本经营收入		
国有资本经营支出		

注：

1. 进出口总额、出口额、进口额数据单位，应当与本地区统计部门对外公布的进出口数据单位保持一致，并在表格中勾选相应单位。

2. 全省口径数据不包含自办债券发行的计划单列市，如有的数据难以剔除计划单列市，应当进行备注说明。

3. 一般公共预算收入、一般公共预算支出、政府性基金收入、政府性基金支出四项数据不包含债券收支数据。

附件 7：

____年____省（区、市）政府一般/专项债券（____至____期）还本/付息公告

按照财政部地方政府债券发行有关规定，现将____年____省（区、市）政府一般/专项债券（____至____期）还本/付息工作有关事宜公告如下：

债券名称			
债券简称		债券代码	
发行总额		票面利率	
还本日/本次付息日			
还本/付息金额			
债券名称			
…		…	
…		…	
…			
…			

关于做好 2018 年地方政府债务管理工作的通知

财预〔2018〕34 号

各省、自治区、直辖市、计划单列市财政厅（局）：

为贯彻落实党中央、国务院决策部署，按照推动高质量发展的要求，加强地方政府债务管理，发挥政府规范举债对经济社会发展的促进作用，有效防范化解地方政府债务风险，坚决打好防范化解重大风险的攻坚战，现就做好 2018 年地方政府债务管理工作通知如下：

一、高度重视地方政府债务管理工作

党中央、国务院高度重视地方政府债务管理工作。党的十九大报告指出，从现在

到二〇二〇年是全面建成小康社会决胜期，要紧扣我国社会主要矛盾变化，突出抓重点、补短板、强弱项，特别是要坚决打好防范化解重大风险、精准扶贫、污染防治的攻坚战，使全面建成小康社会得到人民认可、经得起历史检验。中央经济工作会议要求，切实加强地方政府债务管理。全国金融工作会议明确，各级地方党委和政府要树立正确政绩观，严控地方政府债务增量，终身问责、倒查责任。国务院常务会议强调，严格规范地方政府举债行为，积极稳妥化解累积的债务风险，各地要落实属地责任，堵住“后门”，坚决遏制违法违规举债。

地方政府举债要与偿还能力相匹配，是必须遵循的经济规律。地方各级财政部门要全面贯彻党的十九大精神，坚持新发展理念，按照高质量发展的要求，牢固树立政治意识、大局意识、核心意识、看齐意识，严格落实属地管理责任，将防范化解地方政府债务风险作为当前财政管理工作的重中之重，依法健全规范的地方政府举债融资机制，既要开好“前门”，稳步推进政府债券管理改革，强化政府债券资金绩效管理，提高政府债券资金使用效益，发挥政府规范举债的积极作用，支持补齐民生领域短板，又要严堵“后门”，守住国家法律“红线”，坚守财政可持续发展底线，加大财政约束力度，硬化预算约束，坚决制止和查处各类违法违规或变相举债行为，促进经济社会健康持续发展。

二、依法规范地方政府债务限额管理和预算管理

（一）合理确定分地区地方政府债务限额。地方政府债务限额分配要充分体现立足财力水平、防范债务风险、保障融资需求、注重资金效益、公平公开透明的原则，不得超越财力实际将上级政府批准的地方政府债务限额过多留用本级或下达下级，实现不同地区地方政府债务限额与其偿债能力相匹配。

（二）加快地方政府债务限额下达进度。省级财政部门要提前做好各项工作准备，自收到经国务院批准后下达的分地区地方政府债务限额起，尽快提请完成本地区政府债务安排的法定审批程序，原则上于 1 个月之内下达各市县级政府，具备条件的地区应当尽量提前下达。

（三）用好地方政府债务限额。在严格执行法定限额管理的同时，鼓励各地区按照《财政部关于试点发展项目收益与融资自求平衡的地方政府专项债券品种的通知》（财预〔2017〕89 号）规定，积极利用上年末专项债务未使用的限额，结合项目对应的政府性基金收入、专项收入情况，合理选择重点项目试点分类发行项目收益与融资自求平衡的专项债券（以下简称项目收益专项债券），保障重点领域合理融资需求。

（四）落实全面实施绩效管理要求。建立健全“举债必问效、无效必问责”的政府债务资金绩效管理机制，推进实施地方政府债务项目滚动管理和绩效管理，加强债务资金使用和对应项目实施情况监控，引导各地按照轻重缓急顺序合理安排使用债务资金，地方政府债务资金只能用于公益性资本支出，不得用于经常性开支，要优先保障在建工程项目建设，提高债务资金使用绩效。

（五）推进地方政府债务领域信息公开。及时公开本地区地方政府债务限额、余额、期限、用途等信息。完善地方政府债券信息披露机制，发行一般债券应当重点披露本地区生产总值、财政收支、债务风险等财政经济信息，以及债券规模、利率、期限、具体使用项目、偿债计划等债券信息；发行专项债券应当重点披露本地区及使用债券资金相关地区的政府性基金预算收入、专项债务风险等财政经济信息，以及债券规模、利率、期限、具体使用项目、偿债计划等债券信息，发行项目收益专项债券还应当披露债券投向的公益性项目概况、投资规模及分年投资计划、建设资金来源、项目融资平衡方案、潜在风险评估等信息，以及由第三方专业机构出具的财务审计报告、信用评级报告、法律意见书等。

三、及时完成存量地方政府债务置换工作

（六）加快存量地方政府债务置换进度。各地应当尽早启动置换债券发行，确保在国务院明确的期限内完成全部非政府债券形式存量政府债务置换工作。债权人不同意在规定期限内置换为政府债券的，仍由原债务人依法承担偿债责任，对应的地方政府债务限额由中央统一收回；地方政府作为出资人的，在出资范围内承担有限责任。

涉及按规定核减（销）存量政府债务的，应当有可验证的合法书面凭据。涉及工程款结算延期的，可以根据工程完成进度协商置换一部分对应的存量政府债务，后续工程建设通过财政预算资金或地方政府新增债券资金等统筹支持。

（七）强化置换债券资金管理。各地要督促本地区各级政府和相关单位对照《财政部关于做好2016年地方政府置换债券核查情况整改工作的函》（财预函〔2017〕31号）各项整改要求，规范使用置换债券资金，置换债券资金要严格用于偿还清理甄别认定的截至2014年末存量政府债务，严禁用于其他用途。

四、着力加强债务风险监测和防范

（八）健全地方政府性债务风险评估和预警机制。加强风险评估和预警结果应用，

动态监测高风险地区债务风险状况并向本地区政府性债务领导小组报告，提请建立风险评估和预警结果对高风险地区的约束机制，督促高风险地区采取有效措施逐步化解风险，研究制定对高风险地区政府投融资行为的约束性措施。

（九）发挥地方政府财政重整计划作用。按照《国务院办公厅关于印发地方政府性债务风险应急处置预案的通知》（国办函〔2016〕88 号）规定，督促相关高风险地区通过实施一系列增收、节支、资产处置等短期和中长期措施安排，使债务规模和偿债能力相一致，恢复财政收支平衡状态。

五、进一步强化地方政府债券管理

（十）加快实现地方政府债券管理与项目严格对应。坚持以健全市场约束机制为导向，依法规范地方政府债券管理。严格遵循地方政府举借的债务只能用于公益性资本支出的法律规定，地方政府债券发行必须一律与公益性建设项目对应，一般债券和专项债券发行信息披露时均要将债券资金安排明确到具体项目；债券资金使用要严格按照披露的项目信息执行，确需调整支出用途的，应当按照规定程序办理，保护投资者合法权益。

（十一）稳步推进地方政府专项债券管理改革。完善专项债券管理，在严格将专项债券发行与项目一一对应的基础上，加快实现债券资金使用与项目管理、偿债责任相匹配，以及债券期限与项目期限相匹配。继续推进发行土地储备和政府收费公路专项债券。合理扩大专项债券使用范围，鼓励地方按照《财政部关于试点发展项目收益与融资自求平衡的地方政府专项债券品种的通知》（财预〔2017〕89 号）要求，创新和丰富债券品种，按照中央经济工作会议确定的重点工作，优先在重大区域发展以及乡村振兴、生态环保、保障性住房、公立医院、公立高校、交通、水利、市政基础设施等领域选择符合条件的项目，积极探索试点发行项目收益专项债券。

各地利用上年末地方政府专项债务未使用限额的部分试点发行项目收益专项债券的，应当按照财预〔2017〕89 号文件要求，组织制定实施方案以及专项债券管理办法，报财政部备案后实施。

（十二）完善地方政府债券本金偿还机制。将防范地方政府债务风险和促进政府债券资金集约使用有机结合，既要根据公益性项目建设进展合理确定发债规模和期限，又要结合实际情况灵活创新地方政府债券本金偿还机制。在按照市场化原则保障债权人合法权益的前提下，地方政府发行政府债券时可以约定到期偿还、提前偿还、分年偿还等不同形式的本金偿还条款，避免偿债资金闲置，防范资金挪用风险。

（十三）大力发展地方政府债券市场。稳妥利用银行间市场、证券交易所市场发行地方政府债券，积极探索在商业银行柜台销售地方政府债券，推动地方政府债券投资主体多元化。完善地方政府债券市场化定价机制，各地要自觉增强市场化意识，严禁采取非市场化手段干预地方政府债券发行定价，充分发挥市场在地方政府债券发行中的决定性作用。鼓励各地通过政府购买服务等方式，引入第三方机构参与地方政府债券发行准备工作，提高地方政府债券管理专业化程度。

省级财政部门和财政部驻各地财政监察专员办事处要加强债务调研、核查和检查，发现问题的及时督促整改、严肃问责。

特此通知。

财政部
2018 年 2 月 24 日

关于做好 2018 年地方政府债券发行工作的意见

财库〔2018〕61 号

各省、自治区、直辖市、计划单列市财政厅（局），新疆生产建设兵团财政局，财政部驻各省、自治区、直辖市、计划单列市财政监察专员办事处，中国国债协会，中央国债登记结算有限责任公司、中国证券登记结算有限责任公司，上海证券交易所、深圳证券交易所：

根据《预算法》、《国务院关于加强地方政府性债务管理的意见》（国发〔2014〕43 号）和地方政府债券发行管理有关规定，现就做好 2018 年地方政府债券发行工作提出如下意见：

一、加强地方政府债券发行计划管理

（一）各省、自治区、直辖市、经省政府批准自办债券发行的计划单列市新增债券发行规模不得超过财政部下达的当年本地区新增债务限额；置换债券发行规模上限原则上为各地区上报财政部的置换债券建议发债数；发行地方政府债券用于偿还 2018 年到期地方政府债券的规模上限，按照申请发债数与到期还本数孰低的原则确定。

（二）地方财政部门应当根据资金需求、存量政府债务或地方政府债券到期情况、债券市场状况等因素，统筹资金需求与库款充裕程度，科学安排债券发行，合理制定债券全年发行总体安排、季度发行初步安排、每次发行具体安排。鼓励地方财政部门提前公布全年、季度发行安排。允许一个省份在同一时段发行相同期限的一般债券和专项债券。

（三）对于公开发行的地方政府债券，每季度发行量原则上控制在本地区全年公开发行债券规模的30%以内（按季累计计算）。全年发债规模不足500亿元（含500亿元，下同），或置换债券计划发行量占比大于40%（含40%），或项目建设时间窗口较少的地区，上述比例可以放宽至40%以内（按季累计计算）。如年内未发行规模不足100亿元，可选择一次性发行，不受上述进度比例限制。

（四）地方财政部门应当统筹做好置换债券发行和存量债务置换各项工作，确保存量债务置换工作如期完成。

二、提升地方政府债券发行定价市场化水平

（一）地方财政部门、地方政府债券承销团成员、信用评级机构及其他相关主体应当强化市场化意识，严格按照市场化、规范化原则做好地方政府债券发行相关工作。

（二）地方财政部门不得在地方政府债券发行中通过“指导投标”“商定利率”等方式干预地方政府债券发行定价。对于采用非市场化方式干预地方政府债券发行定价的地方财政部门，一经查实，财政部将予以通报。

（三）地方财政部门应当合理开展公开发行一般债券的续发行工作，适当增加单只一般债券规模，提高流动性。对于项目收益与融资自求平衡的专项债券（以下简称项目收益专项债券），地方财政部门应当加强与当地国土资源、交通运输等项目主管部门的沟通协调，按照相关专项债券管理办法，合理搭配项目集合发债，适当加大集合发行力度。对于单只债券募集额不足5亿元的债券，地方财政部门可以积极研究采用公开承销方式发行，提高发行效率。

（四）地方财政部门可结合市场情况和自身需要，采用弹性招标方式发行地方政府债券。鼓励各地加大采用定向承销方式发行置换债券的力度。

（五）地方财政部门应当在充分征求承销团成员意见的基础上，科学设定地方政府债券发行技术参数，可以不再设定单个承销团成员投标额上限。

（六）地方政府债券承销团成员应当根据债券市场利率资金供求、债券信用状况等因素，严格遵循市场化原则参与地方政府债券承销工作，科学设定投标标位。对于采用串标等方式恶意扰乱地方政府债券发行定价的承销团成员，一经查实，财政部将予

以通报。

三、合理设置地方政府债券期限结构

（一）公开发行的一般债券，增加 2 年、15 年、20 年期限。各地应当根据项目资金状况、市场需求等因素，合理安排债券期限结构。公开发行的 7 年期以下（不含 7 年期）一般债券，每个期限品种发行规模不再设定发行比例上限；公开发行的 7 年期以上（含 7 年期）债券发行总规模不得超过全年公开发行一般债券总规模的 60%；公开发行的 10 年期以上（不含 10 年期）一般债券发行总规模，不得超过全年公开发行 2 年期以下（含 2 年期）一般债券规模。

（二）公开发行的普通专项债券，增加 15 年、20 年期限。各地应当按照相关规定，合理设置地方政府债券期限结构，并按年度、项目实际统筹安排债券期限，适当减少每次发行的期限品种。公开发行的 7 年期以上（含 7 年期）普通专项债券发行总规模不得超过全年公开发行普通专项债券总规模的 60%；公开发行的 10 年期以上（不含 10 年期）普通专项债券发行总规模，不得超过全年公开发行 2 年期以下（含 2 年期）普通专项债券规模。

（三）公开发行的项目收益专项债券，各地应当按照相关规定，充分结合项目建设运营周期、资金需求、项目对应的政府性基金收入和专项收入情况、债券市场需求等因素，合理确定专项债券期限。

四、完善地方政府债券信用评级和信息披露机制

（一）中国国债协会应当研究制定地方政府债券信用评级自律规范，建立地方政府债券信用评级业务评价体系，强化对地方政府债券信用评级机构的行业自律。

（二）对于一般债券，地方财政部门应当重点披露本地区生产总值、财政收支、债务风险等财政经济信息，以及债券规模、利率、期限、具体使用项目、偿债计划等债券信息。对于专项债券，应当重点披露本地区及使用债券资金相关地区的政府性基金预算收入、专项债务风险等财政经济信息，以及债券规模、利率、期限、具体使用项目、偿债计划等债券信息。对于土地储备、收费公路专项债券等项目收益专项债券，地方财政部门应当在积极与国土资源、交通运输等相关部门沟通协调的基础上，充分披露对应项目详细情况、项目融资来源、项目预期收益情况、收益和融资平衡方案、潜在风险评估等信息。

（三）财政部将研究制定项目收益专项债券信息披露最低披露要求，鼓励各地结合

项目实际情况，不断丰富专项债券尤其是项目收益专项债券信息披露内容。

五、促进地方政府债券投资主体多元化

（一）丰富投资者类型，鼓励商业银行、证券公司、保险公司等各类机构和个人，全面参与地方政府债券投资。

（二）鼓励具备条件的地区积极在上海等自由贸易试验区发行地方政府债券，吸引外资金融机构更多地参与地方政府债券承销。

（三）各交易场所和市场服务机构应当不断完善地方政府债券现券交易、回购、质押安排，促进地方政府债券流动性改善。地方财政部门应当鼓励各类机构在回购交易中更多地接受地方政府债券作为质押品。

（四）财政部将积极探索在商业银行柜台销售地方政府债券业务，便利非金融机构和个人投资者购买地方政府债券。

六、加强债券资金管理

（一）地方财政部门应当加快置换债券资金的置换进度，对于已入库的公开发行置换债券资金，原则上要在 1 个月内完成置换。省级财政部门要尽快向市县财政部门转贷资金，督促市县财政部门加快置换债券资金的支拨，防止资金长期滞留国库。

（二）地方财政部门要高度重视地方政府债券还本付息工作，制定完善地方政府债券还本付息相关制度，准确编制还本付息计划，提前落实并及时足额拨付还本付息资金，切实维护政府信誉。

（三）发行地方政府债券偿还到期地方政府债券的，如债券到期时库款比较充裕，在严格保障财政支付需要的前提下，地方财政部门可使用库款垫付还本资金。待债券发行后，及时将资金回补国库。

（四）各地可根据项目具体情况，在严格按照市场化原则保障债权人合法权益的前提下，研究开展地方政府债券提前偿还、分年偿还等不同形式的本金偿还工作，防范偿债资金闲置浪费或挪用风险。

（五）各地应加快实现地方政府债券管理与项目严格对应。坚持以健全市场约束机制为导向，依法规范地方政府债券管理。债券资金使用要严格按照披露的项目信息执行，确需调整支出用途的，应当按照规定程序办理，保护投资者合法权益。

七、提高地方政府债券发行服务水平

（一）中央结算公司、上海证券交易所、深圳证券交易所等财政部政府债券发行系统业务技术支持部门（以下简称支持部门），应当认真做好发行系统维护工作，建立健全地方政府债券发行服务制度，合理设计地方政府债券发行服务工作流程，严格加强内部控制，不断提升发行服务水平。

（二）地方财政部门应当按照《地方政府债券发行现场管理工作规范》有关规定，切实加强地方政府债券发行现场管理。采用招标方式发行的，发行现场应当有地方财政部门经办人、复核人各一人，在双人核对的基础上开展标书发送、中标确认等工作，严格防范操作风险。采用承销方式（包括公开承销和定向承销，下同）发行的，地方财政部门应当配合簿记管理人组织发行现场各项工作。发行现场应当邀请审计或监察等非财政部门派出监督员，对发行现场人员、通讯、应急操作等情况进行监督。招标发行结束后，应当由发行人员负责人（不限行政级别）、监督员共同签字确认发行结果；承销发行结束后，应当由簿记管理人、监督员共同签字确认发行结果。

（三）支持部门应当积极配合地方财政部门严格执行《地方政府债券发行现场管理工作规范》，规范做好发行现场人员出入登记、通讯设备存放、发行现场无线电屏蔽、电话录音等工作，保障地方政府债券发行工作有序开展。

八、加强债券发行组织领导

（一）地方财政部门应当不迟于2018年5月15日，向财政部上报全年债券发行总体安排，并不迟于每季度最后一个月15日，向财政部上报下一季度地方政府债券发行初步安排，财政部汇总各地发行初步安排后及时反馈地方财政部门，作为地方财政部门制定具体发行安排的参考。第二季度地方政府债券发行初步安排于5月15日前上报财政部。

（二）地方财政部门应当不迟于发行前7个工作日向财政部备案发行具体安排，财政部按照“先备案先得”的原则协调各地发行时间等发行安排。各地财政部门向财政部备案具体发行安排时，涉及公开发行置换债券提前置换以后年度到期政府债务的，应当附专员办出具的债权人同意提前置换的备案证明。

（三）地方财政部门应当不迟于全年地方政府债券发行工作完成后20个工作日，向财政部及当地专员办上报年度发行情况。地方财政部门、支持部门、登记结算机构等如遇涉及地方政府债券发行的重大或异常情况，应当及时向财政部报告。

（四）地方财政部门内部应当加强相关处室的协调沟通，做好额度分配、品种选择、期限搭配、债务统计、信息发布等工作的衔接配合，保障地方政府债券发行工作平稳顺利开展。

（五）地方财政部门应当充实地方政府债券发行人员配备，维持人员队伍基本稳定，加强对地方发债人员的培训和指导，督促相关工作人员主动学习，真正掌握政府债务管理、地方政府债券发行管理相关政策制度，熟悉债券金融等相关知识。

（六）地方财政部门应当稳步推进地方政府专项债券管理改革。完善专项债券管理，在严格将专项债券发行与项目一一对应的基础上，加快实现债券资金使用与项目管理、偿债责任相匹配。

（七）鼓励各地通过政府购买服务等方式，引入第三方机构参与地方政府债券发行准备工作，提高地方政府债券管理专业化程度。

其他未尽事宜，按照《财政部关于印发〈地方政府一般债券发行管理暂行办法〉的通知》（财库〔2015〕64 号）、《财政部关于印发〈地方政府专项债券发行管理暂行办法〉的通知》（财库〔2015〕83 号）、《财政部关于做好 2017 年地方政府债券发行工作的通知》（财库〔2017〕59 号）等有关规定执行。

财政部

2018 年 5 月 4 日

财政部关于做好地方政府债券发行工作的意见

财库〔2019〕23 号

各省、自治区、直辖市、计划单列市财政厅（局），新疆生产建设兵团财政局，中央国债登记结算有限责任公司、中国证券登记结算有限责任公司，上海证券交易所、深圳证券交易所，相关金融机构和信用评级机构：

根据《中华人民共和国预算法》、《国务院关于加强地方政府性债务管理的意见》（国发〔2014〕43 号）和地方政府债券（以下称地方债券）发行管理有关规定，现就做好地方债券发行工作提出如下意见：

一、合理把握地方债券发行节奏，加快发行进度

地方财政部门应当根据资金需求、地方债券到期情况、债券市场状况等因素，统

筹资金需求与库款充裕程度，科学设计债券发行计划。各地应当合理把握发行节奏，切实加快债券发行进度，2019 年 6 月底前完成提前下达新增债券额度的发行，争取在 9 月底前完成全年新增债券发行。

二、进一步提升地方债券发行定价市场化水平

（一）地方财政部门、地方债券承销团成员、信用评级机构及其他相关主体应当进一步强化市场化意识，严格按照市场化、规范化原则做好地方债券发行相关工作。

（二）地方财政部门应当将地方国库现金管理与地方债券发行脱钩，不得在地方国库现金管理招标评分体系中，将 2019 年及以后年度发行地方债券的认购情况作为评价因素。

（三）地方财政部门应当在加强与承销团成员沟通的基础上，在招标发行规则中合理设定承销团成员最低投标比例、最低承销比例、最高投标比例、债券投标利率区间上下限、单一标位投标量等技术参数要求，其中，单一标位最高投标量不得高于当期债券计划发行量的 35%。在承销团中设有主承销商的地区，应当对不同类型承销团成员分别设定投标技术参数要求，合理匹配不同类型承销团成员的权利与义务。

三、科学确定地方债券期限结构

财政部不再限制地方债券期限比例结构，地方财政部门自主确定期限。对于一般债券，地方财政部门应当合理均衡各期限发行规模，满足更多类型投资者的期限偏好。对于专项债券，地方财政部门应当根据项目实际情况，综合考虑项目期限、投资者需求、债务年度分布等因素，科学确定发行期限，逐步提高长期债券发行占比，更好匹配项目资金需求和期限。

四、完善地方债券信息披露

地方财政部门应当严格执行财政部关于地方政府债务信息公开有关规定。地方财政部门应当在每月 20 日前披露本地区下一月度新增地方政府债券和再融资债券发行安排；在每季度最后一个月 20 日前披露本地区下季度地方债券发行计划，应包括发行时间（披露到旬）、债券品种（一般债券或专项债券）、用途（新增债券或再融资债券）、期限等。如每季度最后一个月 20 日前 10 个工作日各省发行额度尚未下达，地方财政部门应当在额度下达后 10 个工作日内披露季度计划。地方财政部门应当进一步做好专项债券信息披露工作，重点披露本地区及使用债券资金相关地区的政府性基金预算收入、

专项债券项目风险等财政经济信息，以及债券规模、利率、期限、具体使用项目、偿债计划等债券信息，并充分披露对应项目详细情况、项目融资来源、项目预期收益情况、收益和融资平衡方案，以及由第三方专业机构出具的评估意见等。地方财政部门要加大债券发行兑付信息披露力度。鼓励地方财政部门结合项目实际情况，不断丰富专项债券信息披露内容。

五、推出地方债券柜台发行

按照积极稳妥、分步推进的原则，由省级财政部门分批实施地方债券商业银行柜台市场发行业务。综合考虑市场需求、债券期限、债券品种、项目收益、发行节奏等因素，重点支持专项债券在本地区范围内面向个人和中小机构投资者发售。

六、加强地方债券资金拨付管理

（一）地方财政部门应当加快地方债券资金拨付，防范资金长期滞留国库，尽早发挥债券资金使用效益。有条件的地方在地方债券发行前，可对预算已安排的债券资金项目通过调度库款支付，加快项目建设进度，待债券发行后及时回补库款。

（二）对于再融资债券，如债券到期时库款比较充裕，在不突破再融资债券发行规模上限且严格保障财政支付需要的前提下，地方财政部门可使用库款支付还本资金，待债券发行后及时回补库款。

七、规范地方债券发行现场管理

地方财政部门以及中央国债登记结算有限责任公司、上海证券交易所、深圳证券交易所等财政部政府债券发行系统业务技术支持部门应当严格按照《地方债券发行现场管理工作规范》有关规定，切实加强地方债券发行现场管理，规范做好发行现场人员出入登记、通讯设备存放、无线电屏蔽、电话录音等工作，保障地方债券发行工作有序开展。发行现场应当邀请非财政部门派出监督员，对发行现场人员、通讯、应急操作等情况进行监督。如遇特殊情况，应当及时向财政部（国库司）报告。

八、及时报送发行情况

（一）地方财政部门应当在各省全年发行额度下达 10 个工作日内，向财政部上报全年债券发行总体安排，2019 年全年债券发行总体安排于 5 月 5 日前上报。每季度最后一个月 15 日前，向财政部上报下季度地方债券发行初步安排，如在上报时点各省发行额度尚未下达，应当在额度下达后 10 个工作日内上报季度发行安排。

（二）地方财政部门应当在全年地方债券发行工作完成后 20 个工作日内，向财政部及当地监管局报告年度发行情况。地方财政部门、支持部门、登记结算机构等如遇涉及地方债券发行的重大或异常情况，应当及时向财政部报告。

财政部
2019 年 4 月 25 日

财政部关于加快地方政府专项债券发行使用有关工作的通知

财预〔2020〕94 号

各省、自治区、直辖市、计划单列市财政厅（局），新疆生产建设兵团财政局：

为贯彻落实国务院常务会议部署，用好地方政府专项债券（以下简称专项债券），加强资金和项目对接、提高资金使用效益，做好“六稳”工作、落实“六保”任务，现就加快地方政府专项债券发行使用有关工作通知如下：

一、合理把握专项债券发行节奏。对近期下达及后续拟下达的新增专项债券，与抗疫特别国债、一般债券统筹把握发行节奏，妥善做好稳投资稳增长和维护债券市场稳定工作，确保专项债券有序稳妥发行，力争在 10 月底前发行完毕。

二、科学合理确定专项债券期限。专项债券期限原则上与项目期限相匹配，并统筹考虑投资者需求、到期债务分布等因素科学确定，降低期限错配风险，防止资金闲置。既要鼓励发行长期专项债券，支持铁路、城际交通、收费公路、水利工程等建设和运营期限较长的重大项目，更好匹配项目资金需求和期限，又要综合评估分年到期专项债券本息、可偿债财力以及融资成本等情况，合理确定专项债券期限，避免人为将偿债责任后移。

三、优化新增专项债券资金投向。坚持专项债券必须用于有一定收益的公益性项目，融资规模与项目收益相平衡。重点用于国务院常务会议确定的交通基础设施、能源项目、农林水利、生态环保项目、民生服务、冷链物流设施、市政和产业园区基础设施等七大领域。积极支持“两新一重”、公共卫生设施建设中符合条件的项目，可根据需要及时用于加强防灾减灾建设。

四、依法合规调整新增专项债券用途。赋予地方一定的自主权，对因准备不足短期内难以建设实施的项目，允许省级政府及时按程序调整用途，优先用于党中央、国务院明确的“两新一重”、城镇老旧小区改造、公共卫生设施建设等领域符合条件的重大项目。确需调整用途的，原则上应当于9月底前完成，合理简化程序，确保年内形成实物工作量。各地涉及依法合规调整专项债券用途的，应当将省级政府批准同意的相关文件按程序报财政部备案，并在地方政府债务管理信息系统全过程登记。

五、严格新增专项债券使用负面清单。严禁将新增专项债券资金用于置换存量债务，决不允许搞形象工程、面子工程。新增专项债券资金依法不得用于经常性支出，严禁用于发放工资、单位运行经费、发放养老金、支付利息等，严禁用于商业化运作的产业项目、企业补贴等。同时，坚持不安排土地储备项目、不安排产业项目、不安排房地产相关项目。

六、加快新增专项债券资金使用进度。抓紧安排已发行未使用的新增专项债券资金投入使用，做好与近期下达批次的新增专项债券资金使用的衔接。要依托地方政府债务管理信息系统，对专项债券发行使用实行穿透式、全过程监控，动态监测地方财政、相关主管部门以及项目单位等各类参与主体，逐个环节跟踪进展，一级抓一级，层层压实相关主体责任，既要督促加快专项债券资金使用进度，尽快形成实物工作量，也要确保项目质量，提高债券资金使用绩效，决不能乱花钱。

七、依法加大专项债券信息公开力度。发挥按中央要求建立的全国统一的地方政府债务信息公开平台（www. celma. org. cn）作用，全面详细公开发行专项债券对应项目信息，加快推进专项债券项目库公开，对组合使用专项债券和市场化融资的项目以及将专项债券作为资本金的项目要单独公开，发挥市场自律约束作用，以公开促规范、以公开防风险。

八、健全通报约谈机制和监督机制。要健全每月定期通报机制，对资金拨付进度快、安排使用合规有效的市县、相关主管部门和项目单位予以表扬，对资金拨付进度慢、安排使用不合规的市县、相关主管部门和项目单位予以通报或约谈，既要防止债券资金滞留国库，也要避免资金拨付后沉淀在项目单位，提高债券资金使用效益，尽快形成对经济的有效拉动。财政部各地监管局要加强属地监督。

特此通知。

财政部

2020年7月27日

关于进一步做好地方政府债券发行工作的意见

财库〔2020〕36 号

各省、自治区、直辖市、计划单列市财政厅（局），新疆生产建设兵团财政局，中央国债登记结算有限责任公司、中国证券登记结算有限责任公司，中国外汇交易中心，上海证券交易所、深圳证券交易所，地方政府债券承销团成员，地方政府债券信用评级机构等第三方专业机构：

为贯彻落实党中央、国务院有关决策部署，进一步完善地方政府债券（以下称地方债）发行机制，保障地方债发行工作长期可持续开展，根据《中华人民共和国预算法》、《国务院关于加强地方政府性债务管理的意见》（国发〔2014〕43 号）和地方债发行管理有关规定，现就进一步做好地方债发行工作提出以下意见：

一、不断完善地方债发行机制，提升发行市场化水平

（一）地方财政部门、地方债承销团成员、信用评级机构等第三方专业机构应当进一步强化市场化意识，按照市场化、规范化原则做好地方债发行工作，积极推动地方债市场发展。

（二）地方债采用招标或承销方式发行。地方财政部门应当加强与承销团成员的沟通，合理设定承销团成员最低投标比例、最低承销比例、最高投标比例、单一标位投标比例等技术参数。

（三）鼓励具备条件的地区参考地方债收益率曲线合理设定投标区间，不断提升地方债发行市场化水平，杜绝行政干预和窗口指导，促进地方债发行利率合理反映地区差异和项目差异。

二、科学设计地方债发行计划，维护债券市场平稳运行

（一）地方财政部门应当根据发债进度要求、财政支出使用需要、库款水平、债券市场等因素，科学设计地方债发行计划，合理选择发行时间窗口，适度均衡发债节奏，既要保障项目建设需要，又要避免债券资金长期滞留国库。

（二）地方财政部门应当在每季度最后一个月20日前，向财政部（国库司）报送下季度地方债发行计划，包括发行时间、发行量、债券种类等。财政部将统筹政府债券发行节奏，对各地发债进度进行必要的组织协调。

（三）地方财政部门应当做好债券发行与库款管理的衔接。对预算拟安排新增债券资金的项目，或拟发行再融资债券偿还的到期地方债，可通过先行调度库款的办法支付项目资金或还本资金，发行地方债后及时回补库款。

三、优化地方债期限结构，合理控制筹资成本

（一）地方财政部门应当统筹考虑地方债收益率曲线建设、项目期限、融资成本、到期债务分布、投资者需求等因素科学设计债券期限。地方债期限为1年、2年、3年、5年、7年、10年、15年、20年、30年。允许地方结合实际情况，采取到期还本、提前还本、分年还本等不同还本方式。

（二）地方财政部门应当均衡一般债券期限结构。年度新增一般债券平均发行期限应当控制在10年以下（含10年），10年以上（不含10年）新增一般债券发行规模应当控制在当年新增一般债券发行总额的30%以下（含30%），再融资一般债券期限应当控制在10年以下（含10年）。

（三）地方财政部门应当保障专项债券期限与项目期限相匹配。新增专项债券到期后原则上由地方政府安排政府性基金收入、专项收入偿还，债券与项目期限不匹配的允许在同一项目周期内接续发行，再融资专项债券期限原则上与同一项目剩余期限相匹配。

四、加强地方债发行项目评估，严防偿付风险

（一）地方财政部门应当严格专项债券项目合规性审核和风险把控，加强对拟发债项目的评估，切实保障项目质量，严格落实收支平衡有关要求。

（二）地方财政部门应当强化专项债券项目的全过程管理，对专项债券项目“借、用、管、还”实行逐笔监控，确保到期偿债、严防偿付风险。

（三）律师事务所、会计师事务所等第三方专业机构应当勤勉尽责，根据项目实际情况出具专项债券法律意见书和财务评估报告，对所依据的文件资料内容进行核查和验证，并对出具评估意见的准确性负责。

五、完善地方债信息披露和信用评级，促进形成市场化融资约束机制

（一）地方财政部门应当在每月20日前披露本地区下月地方债发行计划，在3月、6月、9月和12月20日前披露本地区下季度地方债发行计划。

（二）地方财政部门应当进一步加大专项债券信息披露力度，充分披露对应项目详细情况、项目收益和融资平衡方案、第三方评估意见等。地方债存续期内，应当于每年6月30日前披露对应项目上一年度全年实际收益、项目最新预期收益等信息。如新披露的信息与上一次披露的信息差异较大，应当进行必要的说明。

（三）地方债发行后，确需调整债券资金用途的，地方财政部门应当按程序报批，不迟于省级人民政府或省级人大常委会批准后第10个工作日进行信息披露，包括债券名称、调整金额、调整前后项目名称、调整后项目收益与融资平衡方案、跟踪评级报告、第三方评估意见等。

（四）信用评级机构应当规范开展地方债信用评级，不断完善信用评级指标体系，并对外披露。开展专项债券信用评级时，应当充分评估项目质量、收益与融资平衡等情况，促进评级结果合理反映项目差异，提高评级结果有效性。

六、规范承销团组建和管理，合理匹配权利义务

（一）地方财政部门应当按照公开、公平、公正的原则组建承销团，合理设定目标数量，鼓励优先吸纳记账式国债承销团成员加入承销团，鼓励优先吸纳记账式国债承销团甲类成员成为主承销商。采用公开承销方式发行地方债时，也应当按照有关规定组建承销团，不得随意指定部分承销团成员参与公开承销。

（二）地方财政部门应当加强承销团管理，定期开展承销团考评，完善退出机制。地方财政部门应当在承销协议中合理设置承销团成员最低投标额、最低承销额等参数及相应的退团触发条件，并严格执行协议约定。增补承销团时，应当提前公布增补通知，每年最多增补一次。

（三）地方债承销团成员应当按照承销协议约定和有关规定，积极开展地方债承销、分销、做市、交易等工作，定期将有关情况报地方财政部门。

七、加强组织领导，保障地方债平稳顺利发行

（一）地方财政部门应当按照本意见要求，结合实际情况，细化政策措施，保障地方债平稳顺利发行。

（二）地方债市场基础设施应当认真做好发行系统维护、发行现场管理、数据提供等工作，不断提高发行、登记、托管、交易、结算、代理兑付等服务水平，并积极落实降费政策，与地方财政部门合理商定地方债发行兑付服务费用标准，不得高于非政府债券标准。

（三）在地方债相关工作中出现重大违规行为、弄虚作假的承销团成员和第三方专业机构，财政部将向地方财政部门通报。地方财政部门在组建承销团或选择第三方专业机构参与地方债相关工作时，应当予以负面考虑。

本意见自 2021 年 1 月 1 日起实施。2019 年 4 月 25 日财政部发布的《财政部关于做好地方政府债券发行工作的意见》（财库〔2019〕23 号）仍然有效，其中与本意见规定不一致的，按照本意见执行。

财政部
2020 年 11 月 4 日

最高人民法院关于印发《全国法院审理债券纠纷案件座谈会纪要》的通知

法〔2020〕185 号

各省、自治区、直辖市高级人民法院，解放军军事法院，新疆维吾尔自治区高级人民法院生产建设兵团分院：

为正确审理因公司债券、企业债券、非金融企业债务融资工具的发行和交易所引发的合同、侵权和破产民商事案件，统一法律适用，保护债券投资人的合法权益，促进债券市场健康发展，经商国家发展和改革委员会、中国人民银行、中国证监会同意，最高人民法院制定了《全国法院审理债券纠纷案件座谈会纪要》，现将会议纪要印发。

各级人民法院要通过多种形式组织学习培训，使审判人员尽快准确理解掌握纪要

的相关内容，在案件审理中正确理解适用。对于适用中存在的问题，请及时层报最高人民法院。

最高人民法院
2020 年 7 月 15 日

全国法院审理债券纠纷案件座谈会纪要

近年来，我国债券市场发展迅速，为服务实体经济发展和国家重点项目建设提供了有力的支持和保障。债券市场在平稳、有序、健康发展的同时，也出现了少数债券发行人因经营不善、盲目扩张、违规担保等原因而不能按期还本付息，以及欺诈发行、虚假陈述等违法违规事件，严重损害了债券持有人和债券投资者的合法权益。为正确审理因公司债券、企业债券、非金融企业债务融资工具的发行和交易所引发的合同、侵权和破产民商事案件，统一法律适用，最高人民法院于 2019 年 12 月 24 日在北京召开了全国法院审理债券纠纷相关案件座谈会，邀请全国人大常委会法制工作委员会、司法部、国家发展和改革委员会、中国人民银行、中国证监会等单位有关负责同志参加会议，各省、自治区、直辖市高级人民法院和解放军军事法院以及新疆维吾尔自治区高级人民法院生产建设兵团分院主管民商事审判工作的院领导、相关庭室的负责同志，沪、深证券交易所、中国银行间市场交易商协会等市场自律监管机构、市场中介机构的代表也参加了会议。与会同志经认真讨论，就案件审理中的主要问题取得了一致意见，现纪要如下：

一、关于案件审理的基本原则

会议认为，当前债券市场风险形势总体稳定。债券市场风险的有序释放和平稳化解，是防范和化解金融风险的重要组成部分，事关国家金融安全和社会稳定。因此，人民法院必须高度重视此类案件，并在审理中注意坚持以下原则：

1. 坚持保障国家金融安全原则。民商事审判工作是国家维护经济秩序、防范和化解市场风险、维护国家经济安全的重要手段。全国法院必须服从和服务于防范和化解金融风险的国家工作大局，以民法总则、合同法、侵权责任法、公司法、中国人民银行法、证券法、信托法、破产法、企业债券管理条例等法律和行政法规为依据，将法律规则的适用与中央监管政策目标的实现相结合，将个案风险化解与国家经济政策、金融市场监管和社会影响等因素相结合，本着规范债券市场、防范金融风险、维护金融稳定和安全的宗旨，依法公正审理此类纠纷案件，妥善防范和化解金融风险，为国家经济秩序稳定和金融安全提供有力司法服务和保障。

2. 坚持依法公正原则。目前，债券发行和交易市场的规则体系，主要由法律、行政法规、部门规章、行政规范性文件构成。人民法院在审理此类案件中，要根据法律和行政法规规定的基本原理，对具有还本付息这一共同属性的公司债券、企业债券、非金融企业债务融资工具适用相同的法律标准。正确处理好保护债券持有人和债券投资者的合法权益、强化对发行人的信用约束、保障债券市场风险处置的平稳有序和促进债券市场健康发展之间的关系，统筹兼顾公募与私募、场内与场外等不同市场发展的实际情况，妥善合理弥补部门规章、行政规范性文件和自律监管规则的模糊地带，确保案件审理的法律效果和社会效果相统一。

3. 坚持“卖者尽责、买者自负”原则。债券依法发行后，因发行人经营与收益的变化导致的投资风险，依法应当由投资人自行负责。但是，“买者自负”的前提是“卖者尽责”。对于债券欺诈发行、虚假陈述等侵权民事案件的审理，要立足法律和相关监管规则，依法确定发行人董事、监事、高级管理人员及其控股股东、实际控制人，以及增信机构，债券承销机构，信用评级机构、资产评估机构、会计师事务所、律师事务所等中介机构（以下简称债券服务机构），受托管理人或者具有同等职责的机构（以下简称受托管理人）等相关各方的权利、义务和责任，将责任承担与行为人的注意义务、注意能力和过错程度相结合，将民事责任追究的损失填补与震慑违法两个功能相结合，切实保护债券持有人、债券投资者的合法权益，维护公开、公平、公正的资本市场秩序。

4. 坚持纠纷多元化解原则。债券纠纷案件涉及的投资者人数众多、发行和交易方式复杂、责任主体多元，要充分发挥债券持有人会议的议事平台作用，保障受托管理人和其他债券代表人能够履行参与诉讼、债务重组、破产重整、和解、清算等债券持有人会议赋予的职责。要进一步加强与债券监管部门的沟通联系和信息共享，建立、健全有机衔接、协调联动、高效便民的债券纠纷多元化解机制，协调好诉讼、调解、委托调解、破产重整、和解、清算等多种司法救济手段之间的关系，形成纠纷化解合力，构建债券纠纷排查预警机制，防止矛盾纠纷积累激化。充分尊重投资者的程序选择权，着眼于纠纷的实际情况，灵活确定纠纷化解的方式、时间和地点，尽可能便利投资者，降低解决纠纷成本。

二、关于诉讼主体资格的认定

会议认为，同期发行债券的持有人利益诉求高度同质化且往往人数众多，采用共同诉讼的方式能够切实降低债券持有人的维权成本，最大限度地保障债券持有人的利益，也有利于提高案件审理效率，节约司法资源，实现诉讼经济。案件审理中，人民法院应当根据当事人的协议约定或者债券持有人会议的决议，承认债券受托管理人或者债券持有人会议推选的代表人的法律地位，充分保障受托管理人、诉讼代表人履行统一行使诉权的职能。对于债券违约合同纠纷案件，应当以债券受托管理人或者债券持有人会议推选的代表人集中起诉为原则，以债券持有人个别起诉为补充。

5. 债券受托管理人的诉讼主体资格。债券发行人不能如约偿付债券本息或者出现债券募集文件约定的违约情形时，受托管理人根据债券募集文件、债券受托管理协议的约定或者债券持有人会议决议的授权，以自己的名义代表债券持有人提起、参加民事诉讼，或者申请发行人破产重整、破产清算的，人民法院应当依法予以受理。

受托管理人应当向人民法院提交符合债券募集文件、债券受托管理协议或者债券持有人会议规则的授权文件。

6. 债券持有人自行或者共同提起诉讼。在债券持有人会议决议授权受托管理人或者推选代表人代表部分债券持有人主张权利的情况下，其他债券持有人另行单独或者共同提起、参加民事诉讼，或者申请发行人破产重整、破产清算的，人民法院应当依法予以受理。

债券持有人会议以受托管理人怠于行使职责为由作出自行主张权利的有效决议后，债券持有人根据决议单独、共同或者代表其他债券持有人向人民法院提起诉讼、申请发行人破产重整或者破产清算的，人民法院应当依法予以受理。

7. 资产管理产品管理人的诉讼地位。通过各类资产管理产品投资债券的，资产管理产品的管理人根据相关规定或者资产管理文件的约定以自己的名义提起诉讼的，人民法院应当依法予以受理。

8. 债券交易对诉讼地位的影响。债券持有人以债券质押式回购、融券交易、债券收益权转让等不改变债券持有人身份的方式融资的，不影响其诉讼主体资格的认定。

三、关于案件的受理、管辖与诉讼方式

会议认为，对债券纠纷案件实施相对集中管辖，有利于债券纠纷的及时、有序化解和裁判尺度的统一。在债券持有人、债券投资者自行提起诉讼的情况下，受诉法院

也要选择适当的共同诉讼方式，实现案件审理的集约化。同时，为切实降低诉讼维权成本，应当允许符合条件的受托管理人、债券持有人和债券投资者以自身信用作为财产保全的担保方式。

9. 欺诈发行、虚假陈述案件的受理。债券持有人、债券投资者以自己受到欺诈发行、虚假陈述侵害为由，对欺诈发行、虚假陈述行为人提起的民事赔偿诉讼，符合民事诉讼法第一百一十九条规定的，人民法院应当予以受理。欺诈发行、虚假陈述行为人以债券持有人、债券投资者主张的欺诈发行、虚假陈述行为未经有关机关行政处罚或者生效刑事裁判文书认定为由请求不予受理或者驳回起诉的，人民法院不予支持。

10. 债券违约案件的管辖。受托管理人、债券持有人以发行人或者增信机构为被告提起的要求依约偿付债券本息或者履行增信义务的合同纠纷案件，由发行人住所地人民法院管辖。债券募集文件与受托管理协议另有约定的，从其约定。

债券募集文件与受托管理协议中关于管辖的约定不一致，根据《最高人民法院关于适用〈中华人民共和国民事诉讼法〉若干问题的解释》第三十条第一款的规定不能确定管辖法院的，由发行人住所地人民法院管辖。

本纪要发布之前，人民法院以原告住所地为合同履行地确定管辖的案件，尚未开庭审理的，应当移送发行人住所地人民法院审理；已经生效尚未申请执行的案件，应当向发行人住所地人民法院申请强制执行；已经执行尚未执结的案件，应当交由发行人住所地人民法院继续执行。

11. 欺诈发行和虚假陈述案件的管辖。债券持有人、债券投资者以发行人、债券承销机构、债券服务机构等为被告提起的要求承担欺诈发行、虚假陈述民事责任的侵权纠纷案件，由省、直辖市、自治区人民政府所在的市、计划单列市和经济特区中级人民法院管辖。

多个被告中有发行人的，由发行人住所地有管辖权的人民法院管辖。

12. 破产案件的管辖。受托管理人、债券持有人申请发行人重整、破产清算的破产案件，以及发行人申请重整、和解、破产清算的破产案件，由发行人住所地中级人民法院管辖。

13. 允许金融机构以自身信用提供财产保全担保。诉讼中，对证券公司、信托公司、基金公司、期货公司等由金融监管部门批准设立的具有独立偿付债务能力的金融机构及其分支机构以其自身财产作为信用担保的方式提出的财产保全申请，根据《最高人民法院关于人民法院办理财产保全案件若干问题的规定》（法释〔2016〕22号）第九条规定的精神，人民法院可以予以准许。

14. 案件的集中审理。为节约司法资源，对于由债券持有人自行主张权利的债券违约纠纷案件，以及债券持有人、债券投资者依法提起的债券欺诈发行、虚假陈述侵权赔偿纠纷案件，受诉人民法院可以根据债券发行和交易的方式等案件具体情况，以民事诉讼法第五十二条、第五十三条、第五十四条，证券法第九十五条和《最高人民法院关于适用〈中华人民共和国民事诉讼法〉若干问题的解释》的相关规定为依据，引导当事人选择适当的诉讼方式，对案件进行审理。

四、关于债券持有人权利保护的特别规定

会议认为，债券持有人会议是强化债券持有人权利主体地位、统一债券持有人立场的债券市场基础性制度，也是债券持有人指挥和监督受托管理人勤勉履职的专门制度安排。人民法院在案件审理过程中，要充分发挥债券持有人会议的议事平台作用，尊重债券持有人会议依法依规所作出决议的效力，保障受托管理人和诉讼代表人能够履行参与诉讼、债务重组、破产重整、和解、清算等债券持有人会议赋予的职责。对可能减损、让渡债券持有人利益的相关协议内容的表决，受托管理人和诉讼代表人必须忠实表达债券持有人的意愿。支持受托管理人开展代债券持有人行使担保物权、统一受领案件执行款等工作，切实保护债券持有人的合法权益。

15. 债券持有人会议决议的效力。债券持有人会议根据债券募集文件规定的决议范围、议事方式和表决程序所作出的决议，除非存在法定无效事由，人民法院应当认定为合法有效，除本纪要第 5 条、第 6 条和第 16 条规定的事项外，对全体债券持有人具有约束力。

债券持有人会议表决过程中，发行人及其关联方，以及对决议事项存在利益冲突的债券持有人应当回避表决。

16. 债券持有人重大事项决定权的保留。债券持有人会议授权的受托管理人或者推选的代表人作出可能减损、让渡债券持有人利益的行为，在案件审理中与对方当事人达成调解协议，或者在破产程序中就发行人重整计划草案、和解协议进行表决时，如未获得债券持有人会议特别授权的，应当事先征求各债券持有人的意见或者由各债券持有人自行决定。

17. 破产程序中受托管理人和代表人的债委会成员资格。债券持有人会议授权的受托管理人或者推选的代表人参与破产重整、清算、和解程序的，人民法院在确定债权人委员会的成员时，应当将其作为债权人代表人选。

债券持有人自行主张权利的，人民法院在破产重整、清算、和解程序中确定债权人委员会的成员时，可以责成自行主张权利的债券持有人通过自行召集债券持有人会议等方式推选出代表人，并吸收该代表人进入债权人委员会，以体现和代表多数债券持有人的意志和利益。

18. 登记在受托管理人名下的担保物权行使。根据《最高人民法院关于〈国土资源部办公厅关于征求为公司债券持有人办理国有土地使用权抵押登记意见函〉的答复》精神，为债券设定的担保物权可登记在受托管理人名下，受托管理人根据民事诉讼法第一百九十六条、第一百九十七条的规定或者通过普通程序主张担保物权的，人民法院应当予以支持，但应在裁判文书主文中明确由此所得权益归属于全体债券持有人。受托管理人仅代表部分债券持有人提起诉讼的，人民法院还应当根据其所代表的债券持有人份额占当期发行债券的比例明确其相应的份额。

19. 受托管理人所获利益归属于债券持有人。受托管理人提起诉讼或者参与破产程序的，生效裁判文书的既判力及于其所代表的债券持有人。在执行程序、破产程序中所得款项由受托管理人受领后在十个工作日内分配给各债券持有人。

20. 共益费用的分担。债券持有人会议授权的受托管理人或者推选的代表人在诉讼中垫付的合理律师费等维护全体债券持有人利益所必要的共益费用，可以直接从执行程序、破产程序中受领的款项中扣除，将剩余款项按比例支付给债券持有人。

五、关于发行人的民事责任

会议认为，民事责任追究是强化债券发行人信用约束的重要手段，各级人民法院要充分发挥审判职能作用，严格落实债券发行人及其相关人员的债券兑付和信息披露责任，依法打击公司控股股东、实际控制人随意支配发行人资产，甚至恶意转移资产等“逃废债”的行为。对于债券违约案件，要根据法律规定和合同约定，依法确定发行人的违约责任；对于债券欺诈发行和虚假陈述侵权民事案件，应当根据债券持有人和债券投资者的实际损失确定发行人的赔偿责任，依法提高债券市场违法违规成本。

21. 发行人的违约责任范围。债券发行人未能如约偿付债券当期利息或者到期本息的，债券持有人请求发行人支付当期利息或者到期本息，并支付逾期利息、违约金、实现债权的合理费用的，人民法院应当予以支持。

债券持有人以发行人出现债券募集文件约定的违约情形为由，要求发行人提前还本付息的，人民法院应当综合考量债券募集文件关于预期违约、交叉违约等的具体约定以及发生事件的具体情形予以判断。

债券持有人以发行人存在其他证券的欺诈发行、虚假陈述为由，请求提前解除合同并要求发行人承担还本付息等责任的，人民法院应当综合考量其他证券的欺诈发行、虚假陈述等行为是否足以导致合同目的不能实现等因素，判断是否符合提前解除合同的条件。

22. 债券欺诈发行和虚假陈述的损失计算。债券信息披露文件中就发行人财务业务信息等与其偿付能力相关的重要内容存在虚假记载、误导性陈述或者重大遗漏的，欺诈发行的债券认购人或者欺诈发行、虚假陈述行为实施日及之后、揭露日之前在交易市场上买入该债券的投资者，其损失按照如下方式计算：

（1）在起诉日之前已经卖出债券，或者在起诉时虽然持有债券，但在一审判决作出前已经卖出的，本金损失按投资人购买该债券所支付的加权平均价格扣减持有该债券期间收取的本金偿付（如有），与卖出该债券的加权平均价格的差额计算，并可加计实际损失确定之日至实际清偿之日止的利息。利息分段计算，在2019年8月19日之前，按照中国人民银行确定的同期同类贷款基准利率计算；在2019年8月20日之后，按照中国人民银行授权全国银行间同业拆借中心公布的贷款市场报价利率（LPR）标准计算。

（2）在一审判决作出前仍然持有该债券的，债券持有人请求按照本纪要第21条第一款的规定计算损失赔偿数额的，人民法院应当予以支持；债券持有人请求赔偿虚假陈述行为所导致的利息损失的，人民法院应当在综合考量欺诈发行、虚假陈述等因素的基础上，根据相关虚假陈述内容被揭露后的发行人真实信用状况所对应的债券发行利率或者债券估值，确定合理的利率赔偿标准。

23. 损失赔偿后债券的交还与注销。依照本纪要第21条、第22条第二项的规定请求发行人承担还本付息责任的，人民法院应当在一审判决作出前向债券登记结算机构调取本案当事人的债券交易情况，并通知债券登记结算机构冻结本案债券持有人所持有的相关债券。

人民法院判令发行人依照本纪要第21条、第22条第二项的规定承担还本付息责任的，无论债券持有人是否提出了由发行人赎回债券的诉讼请求，均应当在判项中明确债券持有人交回债券的义务，以及发行人依据生效法律文书申请债券登记结算机构注销该债券的权利。

24. 因果关系抗辩。债券持有人在债券信息披露文件中的虚假陈述内容被揭露后在交易市场买入债券的，对其依据本纪要第22条规定要求发行人承担责任的诉讼请求，人民法院不予支持。

债券投资人在债券信息披露文件中的虚假陈述内容被揭露后在交易市场买入该债券，其后又因发行人的其他信息披露文件中存在虚假记载、误导性陈述或者重大遗漏导致其信用风险进一步恶化所造成的损失，按照本纪要第22条的规定计算。

人民法院在认定债券信息披露文件中的虚假陈述内容对债券投资人交易损失的影响时，发行人及其他责任主体能够证明投资者通过内幕交易、操纵市场等方式卖出债券，导致交易价格明显低于卖出时的债券市场公允价值的，人民法院可以参考欺诈发行、虚假陈述行为揭露日之后的十个交易日的加权平均交易价格或前三十个交易日的市场估值确定该债券的市场公允价格，并以此计算债券投资者的交易损失。

发行人及其他责任主体能够证明债券持有人、债券投资者的损失部分或者全部是由于市场无风险利率水平变化（以同期限国债利率为参考）、政策风险等与欺诈发行、虚假陈述行为无关的其他因素造成的，人民法院在确定损失赔偿范围时，应当根据原因力的大小相应减轻或者免除赔偿责任。

人民法院在案件审理中，可以委托市场投资者认可的专业机构确定欺诈发行、虚假陈述行为对债券持有人和债券投资者损失的影响。

六、关于其他责任主体的责任

会议认为，对于债券欺诈发行、虚假陈述案件的审理，要按照证券法的规定，严格落实债券承销机构和债券服务机构保护投资者利益的核查把关责任，将责任承担与过错程度相结合。债券承销机构和债券服务机构对各自专业相关的业务事项未履行特别注意义务，对其他业务事项未履行普通注意义务的，应当判令其承担相应法律责任。

25. 受托管理人的赔偿责任。受托管理人未能勤勉尽责公正履行受托管理职责，损害债券持有人合法利益，债券持有人请求其承担相应赔偿责任的，人民法院应当予以支持。

26. 债券发行增信机构与发行人的共同责任。债券发行人不能如约偿付债券本息或者出现债券募集文件约定的违约情形时，人民法院应当根据相关增信文件约定的内容，判令增信机构向债券持有人承担相应的责任。监管文件中规定或者增信文件中约定增信机构的增信范围包括损失赔偿内容的，对债券持有人、债券投资者要求增信机构对发行人因欺诈发行、虚假陈述而应负的赔偿责任承担相应担保责任的诉讼请求，人民法院应当予以支持。增信机构承担责任后，有权向发行人等侵权责任主体进行追偿。

27. 发行人与其他责任主体的连带责任。发行人的控股股东、实际控制人、发行人的董事、监事、高级管理人员或者履行同等职责的人员，对其制作、出具的信息披露文件中存在虚假记载、误导性陈述或者重大遗漏，足以影响投资人对发行人偿债能力判断的，应当与发行人共同对债券持有人、债券投资者的损失承担连带赔偿责任，但是能够证明自己没有过错的除外。

28. 发行人内部人的过错认定。对发行人的执行董事、非执行董事、独立董事、监事、职工监事、高级管理人员或者履行同等职责的人员，以及参与信息披露文件制作的责任人员所提出的其主观上没有过错的抗辩理由，人民法院应当根据前述人员在公司中所处的实际地位、在信息披露文件的制作中所起的作用、取得和了解相关信息的渠道及其为核验相关信息所做的努力等实际情况，审查、认定其是否存在过错。

29. 债券承销机构的过错认定。债券承销机构存在下列行为之一，导致信息披露文件中的关于发行人偿付能力相关的重要内容存在虚假记载、误导性陈述或者重大遗漏，足以影响投资人对发行人偿债能力判断的，人民法院应当认定其存在过错：

（1）协助发行人制作虚假、误导性信息，或者明知发行人存在上述行为而故意隐瞒的；

（2）未按照合理性、必要性和重要性原则开展尽职调查，随意改变尽职调查工作计划或者不适当地省略工作计划中规定的步骤；

（3）故意隐瞒所知悉的有关发行人经营活动、财务状况、偿债能力和意愿等重大信息；

（4）对信息披露文件中相关债券服务机构出具专业意见的重要内容已经产生了合理怀疑，但未进行审慎核查和必要的调查、复核工作；

（5）其他严重违反规范性文件、执业规范和自律监管规则中关于尽职调查要求的行为。

30. 债券承销机构的免责抗辩。债券承销机构对发行人信息披露文件中关于发行人偿付能力的相关内容，能够提交尽职调查工作底稿、尽职调查报告等证据证明符合下列情形之一的，人民法院应当认定其没有过错：

（1）已经按照法律、行政法规和债券监管部门的规范性文件、执业规范和自律监管规则要求，通过查阅、访谈、列席会议、实地调查、印证和讨论等方法，对债券发行相关情况进行了合理尽职调查；

（2）对信息披露文件中没有债券服务机构专业意见支持的重要内容，经过尽职调查和独立判断，有合理的理由相信该部分信息披露内容与真实情况相符；

（3）对信息披露文件中相关债券服务机构出具专业意见的重要内容，在履行了审慎核查和必要的调查、复核工作的基础上，排除了原先的合理怀疑；

（4）尽职调查工作虽然存在瑕疵，但即使完整履行了相关程序也难以发现信息披露文件存在虚假记载、误导性陈述或者重大遗漏。

31. 债券服务机构的过错认定。信息披露文件中关于发行人偿付能力的相关内容存在虚假记载、误导性陈述或者重大遗漏，足以影响投资人对发行人偿付能力的判断的，会计师事务所、律师事务所、信用评级机构、资产评估机构等债券服务机构不能证明其已经按照法律、行政法规、部门规章、行业执业规范和职业道德等规定的勤勉义务谨慎执业的，人民法院应当认定其存在过错。

会计师事务所、律师事务所、信用评级机构、资产评估机构等债券服务机构的注意义务和应负责任范围，限于各自的工作范围和专业领域，其制作、出具的文件有虚假记载、误导性陈述或者重大遗漏，应当按照证券法及相关司法解释的规定，考量其是否尽到勤勉尽责义务，区分故意、过失等不同情况，分别确定其应当承担的法律责任。

32. 责任追偿。发行人的控股股东、实际控制人、发行人的董事、监事、高级管理人员或者履行同等职责的人员、债券承销机构以及债券服务机构根据生效法律文书或者按照先行赔付约定承担赔偿责任后，对超出其责任范围的部分，向发行人及其他相关责任主体追偿的，人民法院应当支持。

七、关于发行人破产管理人的责任

会议认为，对于债券发行人破产案件的审理，要坚持企业拯救、市场出清、债权人利益保护和维护社会稳定并重，在发行人破产重整、和解、清算程序中，应当进一步明确破产管理人及时确认债权、持续信息披露等义务，确保诉讼程序能够及时进行，保护债券持有人的合法权益，切实做到化解风险，理顺关系，安定人心，维护秩序。

33. 发行人破产管理人的债券信息披露责任。债券发行人进入破产程序后，发行人的债券信息披露义务由破产管理人承担，但发行人自行管理财产和营业事务的除外。破产管理人应当按照证券法及相关监管规定的要求，及时、公平地履行披露义务，所披露的信息必须真实、准确、完整。破产管理人就接管破产企业后的相关事项所披露的内容存在虚假记载、误导性陈述或者重大遗漏，足以影响投资人对发行人偿付能力的判断的，对债券持有人、债券投资者主张依法判令其承担虚假陈述民事责任的诉讼请求，人民法院应当予以支持。

34. 破产管理人无正当理由不予确认债权的赔偿责任。债券发行人进入破产程序后，受托管理人根据债券募集文件或者债券持有人会议决议的授权，依照债券登记机关出具的债券持仓登记文件代表全体债券持有人所申报的破产债权，破产管理人应当依法及时予以确认。因破产管理人无正当理由不予确认而导致的诉讼费用、律师费用、差旅费用等合理支出以及由此导致债权迟延清偿期间的利息损失，受托管理人另行向破产管理人主张赔偿责任的，人民法院应当予以支持。

全国人大常委会预算工委负责人就《关于加强地方人大对政府债务审查监督的意见》答记者问

《人民日报》（2021 年 7 月 22 日 07 版）

近日，中共中央办公厅印发了《关于加强地方人大对政府债务审查监督的意见》

（以下简称《意见》）。全国人大常委会预算工委负责人就《意见》有关情况回答了记者提问。

问：请介绍一下制定出台《意见》的背景和意义。

答：党的十八大以来，以习近平同志为核心的党中央就防范化解重大风险、加强人大对政府债务审查监督作出重要部署。适应进入新发展阶段、贯彻新发展理念、构建新发展格局、实现高质量发展的形势和任务要求，加强地方人大对政府债务的审查监督，是地方各级人大及其常委会落实党中央决策部署的重要任务，是人大预算审查监督重点向支出预算和政策拓展的重要内容，是推动防范化解地方政府债务风险的重要保障。在全国人大常委会党组领导下，常委会预算工委在开展调查研究、总结实践经验做法、听取各方面意见建议基础上，研究起草了《意见》稿。经全国人大常委会党组审议并报党中央批准后，由中共中央办公厅印发。《意见》就推动完善政府预算决算草案和报告中有关政府债务的内容、规范人大审查监督政府债务的内容和程序、加强人大对政府债务风险管控的监督、加强组织保障等，作出了明确规定，提出了工作要求。《意见》的印发实施，对加强地方人大对政府债务的审查监督，压实地方政府债务管理主体责任，打好防范化解重大风险攻坚战，更好统筹发展和安全，实现经济持续健康发展和社会大局稳定，具有重要意义。

问：加强地方人大对政府债务审查监督的总体要求是什么？

答：《意见》提出，要高度重视政府债务风险防范化解工作，依法推动政府严格规范债务管理，建立健全向人大报告政府债务机制，明确人大审查监督的程序和方法，深入开展全过程监管，强化违法违规举债责任追究。一是坚持党中央集中统一领导，确保政府债务资金安排和使用更好体现和落实党中央决策部署。二是坚持依法审查监督，根据预算法、监督法等法律规定，严格依照法定职责、限于法定范围、遵守法定程序，开展政府债务审查监督。三是坚持聚焦重点问题，针对政府债务管理中的突出问题和监督中的薄弱环节，完善制度机制和程序方法。四是坚持全过程监管，硬化预算约束，强化预算执行，防止政府在法定限额之外违法违规或变相举借债务。

问：《意见》对推动完善政府预算决算编制工作提出了哪些要求？

答：《意见》要求，地方各级人大及其常委会要积极推动政府在预算草案、预算调整方案和决算草案中，及时、完整、真实编制政府债务，完善并细化相关报告的内容。在上一年度政府债务执行和决算情况表中，应当反映一般债务和专项债务的限额和余额、债务年限、还本付息等情况，反映本级政府债券项目实施情况。在本年度政府债务预算收支安排情况表中，应当反映政府债务限额和预计余额情况，反映本级政府一般债务和专项债务的限额和预计余额、年度新增债务、债券项目安排等情况。对投资规模较大和对本地区有重要影响的重大建设项目，应当提供项目投资规模、资金来源及构成情况表。在政府债务指标情况表中，应当反映债务率、偿债资金保障倍数、利息支出率等债务风险评估指标情况。政府因举借债务而提请本级人大常委会审查批准的预算调整方案，应当反映政府债务限额和余额、新增债务规模和限额分配等情况。《意见》还明确，政府预算草案中要细化专项债务表的编报，反映上一年度本级政府专项债券收入、支出、还本付息及专项收入情况，反映本级项目的负债规模、期限、利率、还本付息等情况。预算安排的项目，应当按项目编制收支预算总体平衡方案和分年平衡方案。

问：《意见》对加强政府债务限额的审查监督，作了哪些规定？

答：地方政府债务限额是地方政府可以依法举借债务的总规模，是防范重大风险的主要控制指标。《意见》要求，地方各级政府应当在上级政府下达的债务限额之内，依据本地区经济发展和财政收入情况，统筹考虑政府存量债务水平，在保持财政可持续发展前提下，科学编制本级政府和下级政府债务限额分配方案。地方各级人大及其常委会在上级政府下达的债务限额内，按照正向激励原则，统筹平衡各级综合财力，通过债务率、偿债资金保障倍数、利息支出率等指标，衡量和评价政府债务风险，对本级政府和本级政府对下分配的新增政府债务限额总规模的合理性作出评价。

问：《意见》就加强专项债务的审查监督，作了哪些规定？

答：《意见》要求，加强专项债务项目科学性审查。重点审查本级政府新增专项债务规模是否控制在上级政府下达的债务限额内，是否用于有一定收益的公益性项目，债务资金投向是否符合相关政策规定；审查项目的方向和用途、收益测算、还款资金来源、最终偿债责任等内容；审查项目平衡方案是否根据项目建设运营周期、资金需求、项目对应的政府性基金收入和专项收入等因素，经过合理测算确定。

问：《意见》就规范审查监督政府债务的程序，作了哪些规定？

答：《意见》要求，地方各级人大及其常委会围绕政府预算草案、预算调整方案、决算草案的审查批准和预算执行监督，规范工作程序，完善工作机制，开展全过程监管。地方各级人大及其常委会要依法审查政府债务。地方各级人大财政经济委员会或预算委员会等有关专门委员会在对政府预算草案初步方案、预算调整初步方案、决算草案进行初步审查或对政府债务开展专题审议时，政府相关部门负责人应当按有关规定到会听取意见、回答询问。地方各级人大常委会预算工作委员会等工作机构应当加强对政府债务的调查研究，提出有针对性建议。预算草案、预算调整方案、决算草案经本级人大或其常委会审查批准后，本级人大常委会按规定及时将关于预算的决议、预算调整的决议、决算的决议及相应的审查结果报告和有关审议意见等，送本级政府研究处理。地方各级政府及其财政等部门要认真研究，并在规定期限内向本级人大常委会报告研究处理情况。

问：《意见》就加强对地方政府债务风险管控的监督，作了哪些规定？

答：《意见》明确，一要加强监督问责。加强对以政府投资基金、政府和社会资本合作（PPP）、政府购买服务等名义变相举债行为的监督；严格对下一级人大及其常委会违法担保、承诺等行为的监督；加强对违法违规建设项目和使用债务资金的监督；加强对政府通过地方国有企业变相融资行为的监督。二要监督政府建立完善债务风险评估预警和应急处置机制。重点监督政府是否定期分析评估债务风险并进行警示、举借债务是否考虑未来偿债压力、是否按规定对出现的风险及时启动应急处置措施等。三是推动政府债务信息公开透明。推动政府建立统一的政府债务信息披露机制，明确披露责任，规范披露内容、时间节点和渠道等。

问：《意见》对地方各级党委、人大及其常委会、政府做好贯彻落实工作，提出了哪些要求？

答：《意见》明确要求，地方各级党委要高度重视政府债务风险防范化解工作，加强组织领导，把握工作方向，支持和保障人大及其常委会依法加强对政府债务的审查监督，确保党中央有关决策部署落实落地，坚决守住不发生系统性区域性风险的底线。地方各级人大及其常委会要依法扎实做好政府债务审查监督工作，增强责任感使命感，将党中央关于加强人大对政府债务审查监督的决策部署落实到预算决算审查、预算执行监督和审计查出问题整改跟踪监督等各项工作中。重大事项按规定及时向本级党委请示报告。地方各级政府要依法接受本级人大及其常委会的监督，加快建立健全政府债务管理制度，不断完善和细化预算草案、预算调整方案、决算草案和报告中有关政府债务的内容。《意见》还对加强协调配合、综合运用监督方式方法等提出明确要求。

参考文献

[1] 许安拓，刘绪硕．多元视角下我国地方政府债券研究［J］．地方财政研究，2018（01）：71－81.

[2] 叶维武．加强地方政府性债务管理推进地方政府举债融资改革——兼论“89号文”对地方政府债券市场发展的影响［J］．农村金融研究，2018（01）：35－38.

[3] 朱颖，戚友翅．我国地方债的发展趋势及风险防范［J］．现代金融，2017（12）：33－35.

[4] 娄燚，伍宏伟，和琳．对地方政府债券发行的调查与思考［J］．区域金融研究，2017（11）：47－50.

[5] 吴凡．我国地方政府债券发行制度研究［D］．中国财政科学研究院，2017.

[6] 张明媚．财政责任视角下的地方债发行制度比较与借鉴［D］．北京外国语大学，2017.

[7] 周辉．中国地方政府融资平台创新模式研究［J］．时代金融，2017（05）：16－31.

[8] 王彩霞．我国地方政府举债的内在逻辑与完善路径［J］．当代经济管理，2016，38（12）：91－96.

[9] 温来成．“十三五”时期我国地方政府债券市场发展研究［J］．地方财政研究，2016（03）：4－8.

[10] 何浩．基于《预算法》的地方政府债券法律问题研究［D］．长春理工大学，2016.

[11] 易宇．中国市政债券运行的制度研究［D］．中国财政科学研究院，2015.

[12] 李倩茹．我国发展市政债券问题研究［D］．东北财经大学，2016.

[13] 宋佳娟．我国市政债券信用风险控制研究［D］．首都经济贸易大学，2015.

[14] 黄圣．中国市政债券模式及运行制度研究［D］．财政部财政科学研究所，2014.

[15] 傅智辉．中国市政债券市场监管制度研究［D］．财政部财政科学研究所，2014.

［16］董亮．中国地方政府债务融资问题研究［D］．辽宁大学，2013.

［17］廖秋华．美国市政债发行管理机制对我国地方政府债券风险防控的启示［J］．区域金融研究，2017（12）：28－32.

［18］李霞．美国市政债市场概况、监管体制及其对中国的启示［J］．农村金融研究，2016（05）：46－49.

［19］王勇．美国地方债特点与借鉴［J］．财政研究，2015（09）：99－104.

［20］鲁政委，郭草敏，陈天翔．美国市政债：市场概况、运作机制与监管［J］．金融发展评论，2014（09）：33－57.

［21］谢群．国外地方政府债券发行模式借鉴及启示［J］．地方财政研究，2013（06）：71－75.

［22］贺俊程．我国地方政府债券运行机制研究［D］．财政部财政科学研究所，2013.

［23］金荣学，魏晓兰．中国地方政府债券管理机制构建——以日本为鉴［J］．行政事业资产与财务，2017（13）：1－3.

［24］戴传利．我国地方政府债券融资法律监管程序问题研究［J］．学术界，2016（06）：220－228.

［25］王永钦，戴芸，包特．财政分权下的地方政府债券设计：不同发行方式与最优信息准确度［J］．经济研究，2015，50（11）：65－78.

［26］成涛林．地方政府融资平台转型发展研究——基于地方债管理新政视角［J］．现代经济探讨，2015（10）：55－58＋73.

［27］尹中卿．新预算法的十大亮点［J］．中国人大，2014（23）：40－44.

［28］窦鹏娟．地方政府债券融资的法治约束问题研究［M］．北京：法律出版社，2017.

［30］向东．中国政府债券法律制度研究［M］．北京：中国言实出版社，2014.

［31］国家发展改革委，建设部．建设项目经济评级方法与参数（第三版）［M］．北京：中国计划出版社，2006.

［32］蒲明书，罗学富，周勤．PPP 项目财务评价实战指南［M］．北京：中信出版社，2017.

［33］成其谦．投资项目评价［M］．北京：中国人民大学出版社，2017.

［34］［美］COSO 制定发布．企业风险管理——整合框架［M］．方红星，王宏，译．大连：东北财经大学出版社，2011.

［35］沈建明．项目风险管理［M］．北京：机械工业出版社，2017.

［36］国务院国有资产监督管理委员会．关于印发《中央企业全面风险管理指引》

的通知［Z］. 国资发改革〔2006〕108 号.

［37］崔志娟. 政府会计的 PPP 项目资产确认问题探讨［J］. 会计之友，2018（1）：2－9.

［38］夏诗园. 地方政府专项债与 PPP 模式融合研究［J］. 金融理论与教学，2021，6（3）：54－57.

［39］中国人民大学政府债务治理研究中心. 统筹发展与安全：中国政府债务研究［M］. 北京：中国财政经济出版社，2021.

［40］潘晓峰，王碧珍. 专项债券项目配套融资政策困境及思考［J］. 财政监督，2020（10）：72.

［41］耿松涛，张鸿霞，严荣. 我国国家公园特许经营分析与运营模式选择. 林业资源管理. https：//kns. cnki. net/kcms/detail/11. 2108. S. 20210802. 1500. 002. html.